한 번에 합격,
자격증은 이기적

이렇게
기막힌
적중률

함께 공부하고 특별한 혜택까지!

이기적 스터디 카페

구독자 13만 명, 전강 무료!

이기적 유튜브

인증만 하면, 고퀄리티 강의가 무료!

100% 무료 강의

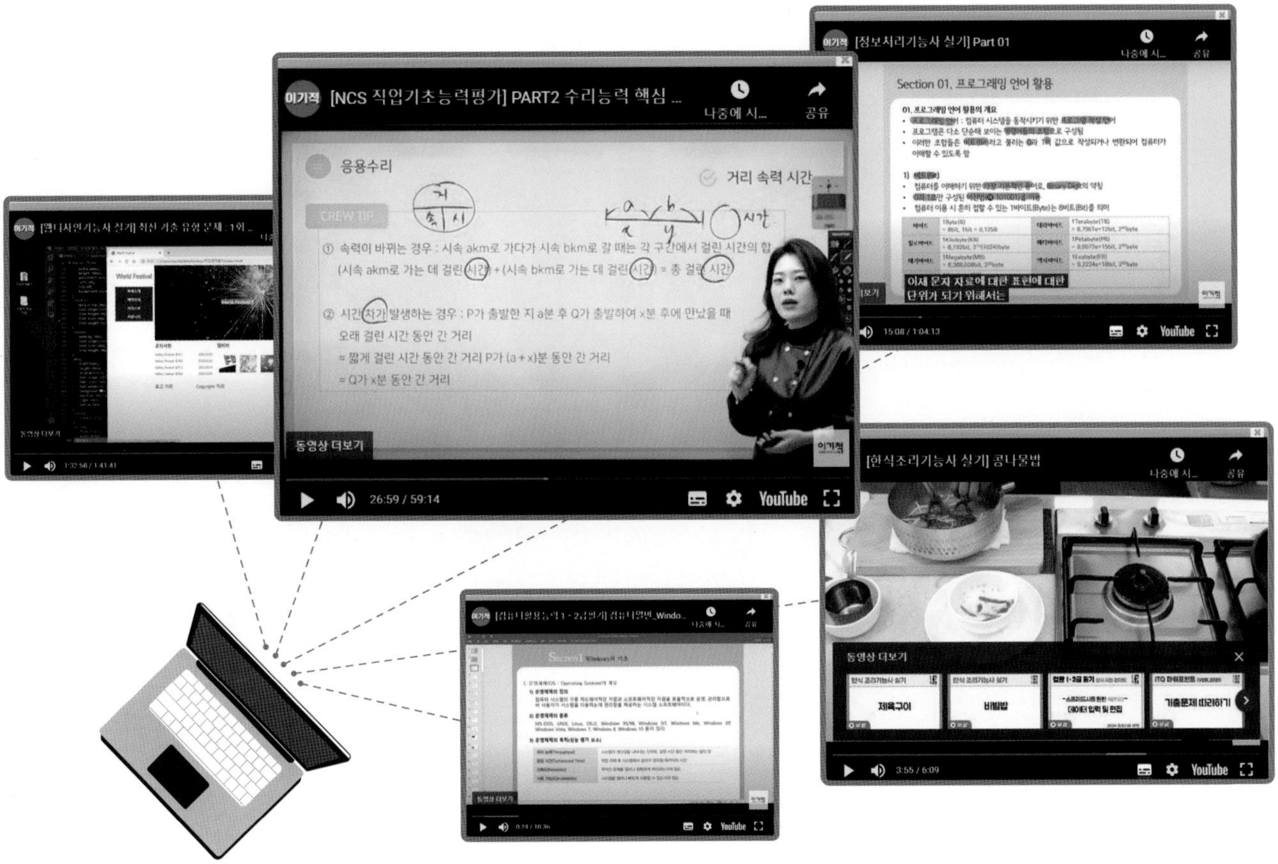

STEP 1
이기적 홈페이지 접속하기

STEP 2
무료동영상 게시판에서 과목 선택하기

STEP 3
ISBN 코드 입력 & 단어 인증하기

STEP 4
이기적이 준비한 명품 강의로 본격 학습하기

영진닷컴 이기적

이렇게 기막힌 적중률

정보처리기사 필기 기출 1300제

"이" 한 권으로 합격의 "기적"을 경험하세요!

YoungJin.com Y.
영진닷컴

차례

문제

해설과 함께 보는
최신 기출문제

최신 기출문제 **01회**(2020년 제4회) 10
최신 기출문제 **02회**(2021년 제1회) 30
최신 기출문제 **03회**(2021년 제2회) 49
최신 기출문제 **04회**(2021년 제3회) 69
최신 기출문제 **05회**(2022년 제1회) 92

문제 | 해설

해설과 따로 보는
최신 기출문제

최신 기출문제 **01회**(2022년 제2회) .... 116 | 240
최신 기출문제 **02회**(2022년 제3회) .... 132 | 252
최신 기출문제 **03회**(2023년 제1회) .... 147 | 263
최신 기출문제 **04회**(2023년 제2회) .... 163 | 276
최신 기출문제 **05회**(2023년 제3회) .... 179 | 288
최신 기출문제 **06회**(2024년 제1회) .... 194 | 298
최신 기출문제 **07회**(2024년 제2회) .... 209 | 312
최신 기출문제 **08회**(2024년 제3회) .... 224 | 324

정답 & 해설 **239**

문항별 난이도에 따라
상 중 하로 분류하였습니다.

구매인증 PDF

자주 출제되는
기출문제 200선

마지막 핵심 정리
마인드맵 PDF

※ 참여 방법: '이기적 스터디 카페' 검색 → 이기적 스터디 카페(cafe.naver.com/yj-books) 접속 → '구매 인증 PDF 증정' 게시판 → 구매 인증 → 메일로 자료 받기

※ PDF 자료는 1판 1쇄 기준 2년간 이용할 수 있으며 사용 기간 이후 만료됩니다.

이 책의 구성

Step 1 해설과 함께 보는 최신 기출문제

해설과 함께 보는 **최신 기출문제 01회**

시행 일자	시험 시간	문항 수
2020년 제4회	2시간 30분	100문항

풀이 시간 : ________ 채점 점수 : ________

1 과목 **소프트웨어 설계**

01 XP(eXtreme Programming)의 기본 원리로 볼 수 없는 것은?

① Linear Sequential Method
② Pair Programming
③ Collective Ownership
④ Continuous Integration

XP(eXtreme Programming) 12 실천사항
- Pair Programming
- Planning Game
- Test Driven Development
- Whole Team
- Continuous Integration
- Design Improvement
- Small Releases
- Coding Standards
- Collective Code Ownership
- Simple Design

03 CASE(Computer Aided Software Engineering)의 주요 기능으로 옳지 않은 것은?

① S/W 라이프사이클 전 단계의 연결
② 그래픽 지원
③ 다양한 소프트웨어 개발 모형 지원
④ 언어 번역

CASE가 제공하는 기능
- 개발을 신속하게 할 수 있다.
- 소프트웨어 생명주기의 전체 단계를 연결시켜 주고 자동화시켜 주는 통합 도구 제공 기술이다.
- 소프트웨어 시스템의 문서화 및 명세화를 위한 그래픽 기능을 제공한다.
- 오류 수정이 쉬워 S/W 품질이 향상된다.
- S/W 개발 단계의 표준화를 기할 수 있다.
- 모델들 사이의 모순 검사 기능을 지원한다.
- 다양한 소프트웨어 개발 모형을 지원한다.
- 자료 흐름도 작성 기능을 지원한다.

목표 점수/풀이 시간

처음에 문제를 풀어볼 때에는 자신의 실력을 점검해 보고, 점점 목표 점수를 높게 설정하면서 시험에 대비하세요.

해설 & 오답피하기

문제를 풀어보고 각 문제 아래의 해설 & 오답피하기로 이론을 다시 한번 복습해 보세요.

Step 2 해설과 따로 보는 최신 기출문제

해설과 따로 보는 **최신 기출문제 01회**

시행 일자	시험 시간	문항 수
2022년 제2회	2시간 30분	100문항

풀이 시간 : ________ 채점 점수 : ________

1 과목 **소프트웨어 설계**

01 UML 다이어그램 중 순차 다이어그램에 대한 설명으로 틀린 것은?

① 객체 간의 동적 상호 작용을 시간 개념을 중심으로 모델링하는 것이다.
② 주로 시스템의 정적 측면을 모델링하기 위해 사용된다.
③ 일반적으로 다이어그램의 수직 방향이 시간의 흐름을 나타낸다.
④ 회귀 메시지(Self-Message), 제어 블록(Statement Block) 등으로 구성된다.

02 메시지 지향 미들웨어(Message-Oriented Middleware, MOM)에 대한 설명으로 틀린 것은?

04 유스케이스(Use Case)의 구성 요소 간의 관계에 포함되지 않는 것은?

① 연관 ② 확장
③ 구체화 ④ 일반화

05 요구사항 분석에서 비기능적(Nonfunctional) 요구에 대한 설명으로 옳은 것은?

① 시스템의 처리량(Throughput), 반응 시간 등의 성능 요구나 품질 요구는 비기능적 요구에 해당하지 않는다.
② '차량 대여 시스템이 제공하는 모든 화면이 3초 이내에 사용자에게 보여야 한다'는 비기능적 요구이다.
③ 시스템 구축과 관련된 안전, 보안에 대한 요구사항들은 비기능적 요구에 해당하지 않는다.
④ '금융 시스템은 조회, 인출, 입금, 송금의 기능이

목표 점수/풀이 시간

시험 목표 점수와 풀이 시간을 체크하면서 실제 시험처럼 연습해 보세요.

문항별 난이도

문항별로 난이도를 **상/중/하**로 표시했습니다. 낮은 난이도의 문제부터 풀어나가면서 높은 낮이도의 문제까지 풀 수 있도록 연습하세요.

시험의 모든 것

자격검정

응시 절차 안내

시험 절차 및 내용은 반드시 시행처를 다시 한 번 확인하세요.

Step 1 응시 자격 조건

4년제 대학 졸업자 및 졸업 예정자 이상의 학력 소지자만 응시 가능

Step 2 시험 원서 접수하기

- 큐넷 홈페이지(q-net.or.kr)에서 접수
- 정기 검정 : 1년에 3회

Step 3 시험 응시하기

- 신분증과 수험표 지참
- 시험 시간 : 2시간 30분

Step 4 합격 여부 확인하기

q-net.or.kr에서 합격자 발표일에 합격/불합격 확인 가능

Step 5 실기 원서 접수하기

시험 기간 조회 후 원하는 장소 및 시간에 응시

1. 시험 개요

- 시행처 : 한국산업인력공단(www.q-net.or.kr)
- 검정 방법 : CBT(객관식 4지택일형)
- 합격 기준 : 100점 만점으로 하여 과목당 40점 이상, 전과목 평균 60점 이상

2. 출제 기준

소프트웨어 설계

요구사항 확인	현행 시스템 분석, 요구사항 확인, 분석 모델 확인
화면 설계	UI 요구사항 확인, UI 설계
애플리케이션 설계	공통 모듈 설계, 객체지향 설계
인터페이스 설계	인터페이스 요구사항 확인, 인터페이스 대상 식별, 인터페이스 상세 설계

소프트웨어 개발

데이터 입출력 구현	자료 구조, 데이터 조작 프로시저 작성, 데이터 조작 프로시저 최적화
통합 구현	모듈 구현, 통합 구현 관리
제품 소프트웨어 패키징	제품 소프트웨어 패키징, 제품 소프트웨어 매뉴얼 작성, 제품 소프트웨어 버전 관리
애플리케이션 테스트 관리	애플리케이션 테스트 케이스 설계, 애플리케이션 통합 테스트, 애플리케이션 성능 개선
인터페이스 구현	인터페이스 설계 확인, 인터페이스 기능 구현, 인터페이스 구현 검증

데이터베이스 구축

SQL 응용	절차형 SQL 작성, 응용 SQL 작성
SQL 활용	기본 SQL 작성, 고급 SQL 작성
논리 데이터베이스 설계	제품 소프트웨어 패키징, 제품 소프트웨어 매뉴얼 작성, 제품 소프트웨어 버전 관리
물리 데이터베이스 설계	물리 요소 조사 분석, 데이터베이스 물리 속성 설계, 물리 데이터베이스 모델링, 데이터베이스 반정규화, 물리 데이터 모델 품질 검토
데이터 전환	데이터 전환 기술, 데이터 전환 수행, 데이터 정제

프로그래밍 언어 활용

서버 프로그램 구현	개발 환경 구축, 공통 모듈 구현, 서버 프로그램 구현, 배치 프로그램 구현
프로그래밍 언어 활용	기본 문법 활용, 언어 특성 활용, 라이브러리 활용
응용 SW 기초 기술 활용	운영체제 기초 활용, 네트워크 기초 활용, 기본 개발 환경 구축

정보 시스템 구축 관리

소프트웨어 개발 방법론 활용	소프트웨어 개발 방법론 선정, 소프트웨어 개발 방법론 테일러링
IT 프로젝트 정보 시스템 구축 관리	네트워크 구축 관리, SW 구축 관리, HW 구축 관리, DB 구축 관리
소프트웨어 개발 보안 구축	SW 개발 보안 설계, SW 개발 보안 구현
시스템 보안 구축	시스템 보안 설계, 시스템 보안 구현

시험 출제 경향

1 과목 소프트웨어 설계

고객의 요구사항을 분석하고 요구사항에 적합한 소프트웨어를 개발하기 위한 개발 방법론 선정과 사용자에게 직접적인 만족도를 높일 수 있는 UI, SW의 각 기능을 어떻게 구성하여 설계하는지에 관한 내용을 학습하게 됩니다.

- 요구사항 확인 19%
- 화면 설계 5%
- 애플리케이션 설계 25%
- 인터페이스 설계 2%
- 소프트웨어 개발 및 방법론 49%

2 과목 소프트웨어 개발

설계된 소프트웨어의 실제 입출력 구현, 각 기능별 통합 방식, 그리고 실제 고객에게 전달하기 위한 패키징 등의 전반적인 내용을 다루게 되며 이런 과정에서 이루어지는 테스트에 관한 내용을 학습하게 됩니다.

- 데이터 입출력 구현 26%
- 통합 구현 8%
- 제품 소프트웨어 패키징 12%
- 애플리케이션 테스트 관리 40%
- 인터페이스 구현 14%

3 과목 데이터베이스 구축

애플리케이션에서 발생하는 자료를 어떻게 관리할 것 인가를 다루게 되며, 데이터베이스의 기본 이론부터 설계, 보안 그리고 데이터베이스 언어인 SQL의 실제까지 포괄적으로 학습하게 됩니다.

- SQL 응용 17%
- SQL 활용 22%
- 논리 데이터베이스 설계 42%
- 물리 데이터베이스 설계 18%
- 데이터 전환 1%

4 과목 프로그래밍 언어 활용

개발 기반 구축과 C언어, Java, Python 언어와 운영체제, 데이터 통신 관련 내용을 학습하게 됩니다.

- 서버 프로그램 구현 16%
- 프로그래밍 언어 활용 35%
- 응용 SW 기초 기술 활용 49%

5 과목 정보 시스템 구축 관리

소프트웨어 개발 방법론, 네트워크/컴퓨터/DB 관련 신기술, 정보보안, 서버인증 등의 내용을 학습하게 됩니다.

- 소프트웨어 개발 방법론 활용 18%
- IT 프로젝트 정보 시스템 구축 관리 16%
- 소프트웨어 개발 보안 구축 20%
- 시스템 보안 구축 46%

CBT 시험 가이드

CBT란?

CBT는 시험지와 필기구로 응시하는 일반 필기시험과 달리, 컴퓨터 화면으로 시험 문제를 확인하고 그에 따른 정답을 클릭하면 네트워크를 통하여 감독자 PC에 자동으로 수험자의 답안이 저장되는 방식의 시험입니다.

오른쪽 QR코드를 스캔해서 CBT를 체험해 보세요!

큐넷 CBT 체험하기

CBT 시험 진행 방식

본인 좌석 확인 후 착석 ▷ 수험자 정보 확인 ▷ 화면 안내에 따라 진행 ▷ 시험 문제 풀이 ▷ 검토 후 최종 답안 제출

CBT 응시 유의사항

- 수험자마다 문제가 모두 달라요. 문제은행에서 자동 출제됩니다!
- 답지는 따로 없어요!
- 문제를 다 풀면, 반드시 '제출' 버튼을 눌러야만 시험이 종료되어요!
- 시험 종료 안내방송이 따로 없어요.

FAQ

Q CBT 시험이 처음이에요! 시험 당일에는 어떤 것들을 준비해야 좋을까요?

A 시험 시작 20분 전 도착을 목표로 출발하는 게 좋아요. 그리고 시험장에는 주차할 자리가 마땅하지 않은 경우가 많으므로, 대중교통을 이용하는 것을 추천합니다. 무사히 시험 장소에 도착했다면 수험자 입장 시간에 늦지 않게 시험실에 입실하고, 자신의 자리를 확인한 뒤 착석하세요.

Q 기존보다 더 어려워졌을까요?

A 시험 자체의 난이도 차이는 없지만 랜덤으로 출제되는 CBT 시험 특성상 경우에 따라 유독 어려운 문제가 많이 출제될 수는 있어요. 이러한 돌발 상황에 대비하기 위해서는 이기적 CBT 온라인 문제집으로 실제 시험과 동일한 환경에서 미리 연습해두시는 게 좋아요.

CBT 진행 순서

좌석번호 확인	수험자 접속 대기 화면에서 본인의 좌석번호를 확인합니다.
수험자 정보 확인	시험 감독관이 수험자의 신분을 확인하는 단계입니다. 신분 확인이 끝나면 시험이 시작됩니다.
안내사항	시험 안내사항을 확인하고, 다음을 클릭합니다.
유의사항	시험과 관련된 유의사항을 확인합니다.
문제풀이 메뉴 설명	시험을 볼 때 필요한 메뉴에 대한 설명을 확인합니다. 메뉴를 이용해 글자 크기와 화면 배치를 조정할 수 있습니다. 남은 시간을 확인하며 답을 표기하고, 필요한 경우 아래의 계산기를 이용할 수 있습니다.
문제풀이 연습	시험 보기 전, 연습을 해 보는 단계입니다. 직접 시험 메뉴화면을 클릭하며, CBT가 어떻게 진행되는지 확인합니다.
시험 준비 완료	문제풀이 연습을 모두 마친 후 [시험 준비 완료] 버튼을 클릭하면 시험 감독관의 지시에 따라 시험이 시작됩니다.
시험 시작	시험이 시작되었습니다. 수험자는 제한 시간에 맞추어 문제풀이를 시작합니다.
시험 준비 완료	시험을 완료하면 [답안 제출] 버튼을 클릭합니다. 답안을 수정하기 위해 시험화면으로 돌아가고 싶으면 [아니오] 버튼을 클릭합니다.
답안 제출 최종 확인	답안 제출 메뉴에서 [예] 버튼을 클릭하면, 수험자의 실수를 방지하기 위해 한 번 더 주의 문구가 나타납니다. 완벽히 시험 문제 풀이가 끝났다면 [예] 버튼을 클릭하여 최종 제출합니다.
합격 발표	CBT 시험이 모두 종료되면, 퇴실할 수 있습니다.

이제 완벽하게 CBT 시험에 대해 이해하셨나요?
그렇다면 이기적이 준비한 CBT 온라인 문제집으로 학습해보세요!

이기적 온라인 문제집 : https://cbt.youngjin.com

Q&A

Q 정보처리기사 시험은 살고 있는 주소지에서만 볼 수 있나요?

A

아닙니다. 지역에 상관없이 원하는 시험장을 선택할 수 있어요. 필기 접수 기간 내에 인터넷을 이용하여 직접 시험장과 시험 시간을 선택하여 접수하면 됩니다(큐넷 회원가입 후 로그인 필수).

Q 정보처리기사는 어떻게 공부해야 하나요?

A

시험에서는 그동안 출제되었던 기출문제를 제대로 이해하고 풀 수 있는지가 가장 중요해요. 이론 내용을 공부하기 막막하다면 일단 기출문제 부분을 풀어보고 자신에게 부족한 부분이 어떤 내용인지 파악한 후에 이론 공부를 시작하는 것도 시간을 단축할 수 있는 좋은 방법입니다.

Q 필기 시험일에 주의해야 할 사항이 있을까요?

A

시험 날짜와 장소는 접수 즉시 확인할 수 있어요. 본인이 신청한 날짜와 장소가 수험표와 일치하는지 반드시 확인하고 시험을 보러 가면 됩니다. 시험 당일에는 입실 시간 전에 도착할 수 있도록 여유를 가지고 수험표, 신분증, 필기구 등을 잊지 말고 챙겨가세요.

Q 시험 내용이 너무 어려운 것 같아요.

A

처음 정보처리 분야를 공부하는 수험생이라면 교재의 내용이 어려울 수 있어요. 먼저 교재를 처음부터 끝까지 한 번 가볍게 훑어본 다음에, 차근차근 공부하면 충분히 시험에 합격할 수 있어요. 총 점수도 커트라인을 넘어야 하지만 과목별 과락 점수도 있으니 포기하는 과목 없이 공부해 두세요.

Q 시험 시간에 늦거나 신분증이 없으면 어떻게 해야 하나요?

A

부득이하게 시험을 가지 못하는 경우에는 접수 기간 내 시험을 취소하여 환불을 받을 수 있어요(접수 기간 외 환불은 시행처 홈페이지 확인). 다만 시험 당일에 늦어서 시험장에 입실하지 못하거나 기타 이유로 시험을 볼 수 없는 상황에는 환불을 받을 수 없으니, 꼭 시험 응시가 가능한 날짜에 접수하고 신분증을 지참해 주세요.

Q 공부하면서 궁금한 점은 어디에 문의하면 되나요?

A

이기적 수험서를 구매하신 분들은 이기적 스터디 카페(cafe.naver.com/yjbooks)에 가입하면 더욱 다양한 혜택을 받을 수 있어요. 구매인증을 하면 제공되는 추가 자료부터 매일 진행되는 이벤트에 응모할 수 있답니다. 또한 질문답변 게시판에서는 전문가 선생님들과 1:1 질의응답이 가능하니, 공부하면서 궁금한 사항이나 이해가 안 되는 문제의 추가 설명 등을 요청해 보세요. 이기적에서 여러분들의 합격을 응원할게요!

해설과 함께 보는 **최신 기출문제**

최신 기출문제 **01회**(2020년 제4회) 10
최신 기출문제 **02회**(2021년 제1회) 30
최신 기출문제 **03회**(2021년 제2회) 49
최신 기출문제 **04회**(2021년 제3회) 69
최신 기출문제 **05회**(2022년 제1회) 92

CBT 온라인 문제집

- QR 코드를 찍으면 원하는 시험에 응시할 수 있습니다.
- 풀이가 끝나면 자동 채점되며, 해설을 즉시 확인할 수 있습니다.
- 마이페이지에서 풀이 내역을 분석하여 드립니다.
- 모바일과 PC도 이용 가능합니다.

시험장과 동일한 환경에서 문제 풀이 서비스

해설과 함께 보는 최신 기출문제 01회

시행 일자	시험 시간	문항 수
2020년 제4회	2시간 30분	100문항

풀이 시간 : ______________ **채점 점수 :** ______________

1 과목 소프트웨어 설계

상 중 하

01 XP(eXtreme Programming)의 기본 원리로 볼 수 없는 것은?

① Linear Sequential Method
② Pair Programming
③ Collective Ownership
④ Continuous Integration

XP(eXtreme Programming) 12 실천사항
- Pair Programming
- Planning Game
- Test Driven Development
- Whole Team
- Continuous Integration
- Design Improvement
- Small Releases
- Coding Standards
- Collective Code Ownership
- Simple Design
- System Metaphor
- Sustainable Pace

상 중 하

02 럼바우(Rumbaugh) 객체지향 분석 기법에서 동적 모델링에 활용되는 다이어그램은?

① 객체 다이어그램(Object Diagram)
② 패키지 다이어그램(Package Diagram)
③ 상태 다이어그램(State Diagram)
④ 자료 흐름도(Data Flow Diagram)

럼바우(Rumbaugh) 객체지향 분석 기법
- 객체 모델링 : 객체를 다이어그램으로 표현한다.
- 동적 모델링 : 상태를 시간 흐름에 따라 상태 다이어그램으로 표현한다.
- 기능 모델링 : 자료 흐름도를 이용하여 여러 프로세스 간의 자료 흐름을 표현한다.

상 중 하

03 CASE(Computer Aided Software Engineering)의 주요 기능으로 옳지 않은 것은?

① S/W 라이프사이클 전 단계의 연결
② 그래픽 지원
③ 다양한 소프트웨어 개발 모형 지원
④ 언어 번역

CASE가 제공하는 기능
- 개발을 신속하게 할 수 있다.
- 소프트웨어 생명주기의 전체 단계를 연결시켜 주고 자동화시켜 주는 통합 도구 제공 기술이다.
- 소프트웨어 시스템의 문서화 및 명세화를 위한 그래픽 기능을 제공한다.
- 오류 수정이 쉬워 S/W 품질이 향상된다.
- S/W 개발 단계의 표준화를 기할 수 있다.
- 모델들 사이의 모순 검사 기능을 지원한다.
- 다양한 소프트웨어 개발 모형을 지원한다.
- 자료 흐름도 작성 기능을 지원한다.

상 중 하

04 객체지향 기법의 캡슐화(Encapsulation)에 대한 설명으로 틀린 것은?

① 인터페이스가 단순화된다.
② 소프트웨어 재사용성이 높아진다.
③ 변경 발생 시 오류의 파급 효과가 적다.
④ 상위 클래스의 모든 속성과 연산을 하위 클래스가 물려받는 것을 의미한다.

객체지향 기법의 캡슐화(Encapsulation)
- 서로 관련성이 높은 데이터(속성)와 그와 관련된 기능(메소드, 함수)을 묶는 기법이다.
- 결합도가 낮아져 소프트웨어 개발에 있어 재사용성이 높아진다.
- 정보은닉을 통하여 타 객체와 메시지 교환 시 인터페이스가 단순해진다.
- 변경 발생 시 오류의 파급 효과가 적다.

ANSWER 01 ① 02 ③ 03 ④ 04 ④

상 중 하

05 다음 내용이 설명하는 객체지향 설계 원칙은?

> – 클라이언트는 자신이 사용하지 않는 메소드와 의존 관계를 맺으면 안 된다.
> – 클라이언트가 사용하지 않는 인터페이스 때문에 영향을 받아서는 안 된다.

① 인터페이스 분리 원칙
② 단일 책임 원칙
③ 개방 폐쇄의 원칙
④ 리스코프 교체의 원칙

객체지향 설계 원칙(SOLID)

단일 책임의 원칙 (SRP : Single Responsibility Principle)	모든 클래스는 단일 목적으로 생성되고, 하나의 책임만 가져야 한다.
개방–폐쇄의 원칙 (OCP : Open Closed Principle	소프트웨어 구성 요소는 확장에 대해서는 개방되어야 하나 수정에 대해서는 폐쇄적이어야 한다.
리스코프 치환의 원칙 (LSP : Liskov Substitution Principle)	부모 클래스가 들어갈 자리에 자식 클래스를 대체하여도 계획대로 작동해야 한다.
인터페이스 분리의 원칙 (ISP : Interface Segregation Principle)	• 클라이언트는 자신이 사용하지 않는 메소드와 의존관계를 맺으면 안 된다. • 클라이언트가 사용하지 않는 인터페이스 때문에 영향을 받아서는 안 된다.
의존 관계 역전의 원칙 (DIP : Dependency Inversion Principle)	의존관계를 맺으면 변하기 쉽고 변화 빈도가 높은 것보다 변하기 어렵고 변화 빈도가 낮은 것에 의존한다.

상 중 하

06 파이프 필터 형태의 소프트웨어 아키텍처에 대한 설명으로 옳은 것은?

① 노드와 간선으로 구성된다.
② 서브 시스템이 입력 데이터를 받아 처리하고 결과를 다음 서브 시스템으로 넘겨주는 과정을 반복한다.
③ 계측 모델이라고도 한다.
④ 3개의 서브 시스템(모델, 뷰, 제어)으로 구성되어 있다.

파이프 필터(Pipe–Filters)

• 데이터 흐름(Data Stream)을 생성하고 처리하는 시스템을 위한 구조이다.
• 필터는 파이프를 통해 받은 데이터를 변경시키고 그 결과를 파이프로 전송한다.
• 각 처리 과정은 필터(Filter) 컴포넌트에서 이루어지며, 처리되는 데이터는 파이프(Pipes)를 통해 흐른다. 이 파이프는 버퍼링 또는 동기화 목적으로 사용될 수 있다.
• 컴파일러, 연속한 필터들은 어휘 분석, 파싱, 의미 분석 그리고 코드 생성을 수행한다.

오답 피하기

④번은 MVC 모델이다.

상 중 하

07 코드화 대상 항목의 중량, 면적, 용량 등의 물리적 수치를 이용하여 만든 코드는?

① 순차 코드
② 10진 코드
③ 표의 숫자 코드
④ 블록 코드

표의 숫자 코드(Significant Digit Code, 유효 숫자 코드)

• 코드화 대상 항목의 길이, 넓이, 부피, 무게 등을 나타내는 문자나 숫자, 기호를 그대로 코드로 사용한다.
• 코드의 추가 및 삭제가 용이하다.
• 같은 코드를 반복 사용하므로 오류가 적다.

상 중 하

08 디자인 패턴 사용의 장 · 단점에 대한 설명으로 거리가 먼 것은?

① 소프트웨어 구조 파악이 용이하다.
② 객체지향 설계 및 구현의 생산성을 높이는 데 적합하다.
③ 재사용을 위한 개발 시간이 단축된다.
④ 절차형 언어와 함께 이용될 때 효율이 극대화된다.

디자인 패턴을 사용할 때의 장 · 단점

장점	• 개발자 간의 원활한 의사소통을 지원한다. • 소프트웨어 구조 파악이 쉽다. • 재사용을 통한 개발 시간을 단축할 수 있다. • 설계 변경 요청에 대해 유연히 대처할 수 있다. • 객체지향 설계 및 구현의 생산성을 높이는 데 적합하다.
단점	• 객체지향 설계/구현 위주로 사용된다. • 초기 투자 비용 부담이 된다.

ANSWER 05 ① 06 ② 07 ③ 08 ④

상 중 하

09 DFD(Data Flow Diagram)에 대한 설명으로 틀린 것은?

① 자료 흐름 그래프 또는 버블(Bubble) 차트라고도 한다.
② 구조적 분석 기법에 이용된다.
③ 시간 흐름을 명확하게 표현할 수 있다.
④ DFD의 요소는 화살표, 원, 사각형, 직선(단선/이중선)으로 표시한다.

데이터(자료) 흐름도(DFD : Data Flow Diagram)는 시스템이나 프로그램 간의 총체적인 데이터 흐름을 표시할 수 있으며, 기본적인 데이터 요소와 그들 사이의 데이터 흐름 형태로 기술된다.

상 중 하

10 그래픽 표기법을 이용하여 소프트웨어 구성 요소를 모델링하는 럼바우 분석 기법에 포함되지 않는 것은?

① 객체 모델링
② 기능 모델링
③ 동적 모델링
④ 블랙박스 분석 모델링

럼바우(Rumbaugh) 객체지향 분석 기법
- 객체 모델링 : 객체를 다이어그램으로 표현한다.
- 동적 모델링 : 상태를 시간 흐름에 따라 상태 다이어그램으로 표현한다.
- 기능 모델링 : 자료 흐름도를 이용하여 여러 프로세스 간의 자료 흐름을 표현한다.

상 중 하

11 UML의 기본 구성 요소가 아닌 것은?

① Things ② Terminal
③ Relationship ④ Diagram

UML의 기본 구성

구성	내용
사물 (Things)	• 객체지향 모델을 구성하는 기본 요소이다. • 객체 간의 관계 형성 대상이다.
관계 (Relationship)	• 객체 간의 연관성을 표현하는 것이다. • 종류 : 연관, 집합, 포함, 일반화, 의존, 실체화
다이어그램 (Diagram)	• 객체의 관계를 도식화한 것이다. • 다양한 관점에서 의사소통할 수 있도록 View를 제공한다. • 정적 모델 – 구조 다이어그램 • 동적 모델 – 행위 다이어그램

상 중 하

12 소프트웨어의 상위 설계에 속하지 않는 것은?

① 아키텍처 설계
② 모듈 설계
③ 인터페이스 정의
④ 사용자 인터페이스 설계

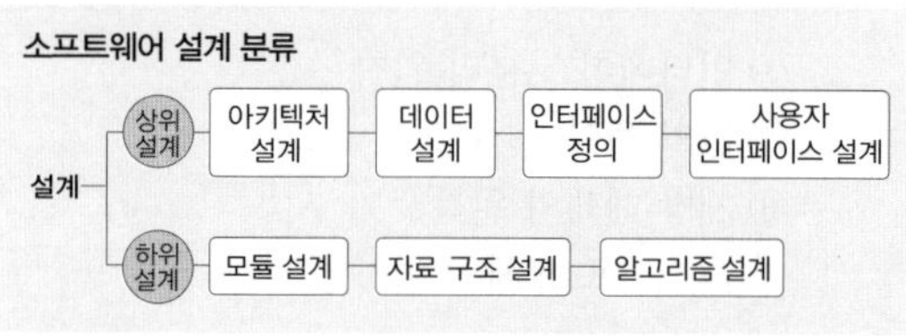

상 중 하

13 다음 중 자료 사전(Data Dictionary)에서 선택의 의미를 나타내는 것은?

① [ ] ② ( )
③ + ④ =

자료 사전 표기법

기호	의미	설명
=	자료의 정의	~로 구성되어 있다(is compose of).
+	자료의 연결	그리고(and, along with)
( )	자료의 생략	생략 가능한 자료(Optional)
[|]	자료의 선택	다중 택일(Selection), 또는(or)
{ }	자료의 반복 (Iteration of)	$\{\}_n$: 최소 n번 이상 반복 $\{\}^n$: 최대 n번 이하 반복 $\{\}_m^n$: m번 이상 n번 이하 반복
**	자료의 설명	주석(Comment)
|	대체 항목 나열	또는(or)

상 중 하

14 소프트웨어의 사용자 인터페이스 개발 시스템(User Interface Development System)이 가져야 할 기능이 아닌 것은?

① 사용자 입력의 검증
② 에러 처리와 에러 메시지 처리
③ 도움과 프롬프트(Prompt) 제공
④ 소스 코드 분석 및 오류 복구

소스 코드 분석 및 오류 복구는 테스트 도구가 가져야 할 기능이다.

오답 피하기

프롬프트(Prompt) : 사용자의 명령을 받아들일 준비가 되었음을 모니터에 나타내는 표시(커서)이다.

ANSWER 09 ③ 10 ④ 11 ② 12 ② 13 ① 14 ④

상 중 하

15 **요구사항 명세 기법에 대한 설명으로 틀린 것은?**

① 비정형 명세 기법은 사용자의 요구를 표현할 때 자연어를 기반으로 서술한다.
② 비정형 명세 기법은 사용자의 요구를 표현할 때 Z 비정형 명세 기법을 사용한다.
③ 정형 명세 기법은 사용자의 요구를 표현할 때 수학적인 원리와 표기법을 이용한다.
④ 정형 명세 기법은 비정형 명세 기법에 비해 표현이 간결하다.

요구사항 명세 기법

구분	정형 명세	비정형 명세
기법	• 수학적 기반 • 모델링 기반	• 상태/기능/객체 중심 명세 기법 • 자연어 기반
종류	• Z, VDM • Petri-Net(모형 기반) • LOTOS(대수적 방법) • CSP, CCS	• FSM(Finite State Machine) • Decision Table, ER 모델링 • State Chart(SADT) • UseCase • 사용자 기반 모델링
장점	• 시스템 요구 특성을 정확하고 간결하게 명세 • 명세/구현의 일치성	• 명세작성 이해 용이 • 의사전달 방법 다양성
단점	• 낮은 이해도 • 이해관계자의 부담 가중	• 불충분한 명세기능 • 모호성

상 중 하

16 **소프트웨어 개발 단계에서 요구 분석 과정에 대한 설명으로 거리가 먼 것은?**

① 분석 결과의 문서화를 통해 향후 유지보수에 유용하게 활용할 수 있다.
② 개발 비용이 가장 많이 소요되는 단계이다.
③ 자료 흐름도, 자료 사전 등이 효과적으로 이용될 수 있다.
④ 보다 구체적인 명세를 위해 소단위 명세서(Mini-Spec)가 활용될 수 있다.

개발 비용이 가장 많이 소요되는 단계는 유지보수 단계이다.

상 중 하

17 **애자일 방법론에 해당하지 않는 것은?**

① 기능 중심 개발 ② 스크럼
③ 익스트림 프로그래밍 ④ 모듈 중심 개발

애자일 방법론의 종류 : 익스트림프로그래밍(XP, eXtreme Programming), 스크럼(SCRUM), 린(Lean), DSDM(Dynamic System Development Method, 동적 시스템 개발 방법론), FDD(Feature Driven Development, 기능 중심 개발), Crystal, ASD(Adaptive Software Development, 적응형 소프트웨어 개발 방법론), DAD(Disciplined Agile Delivery, 학습 애자일 배포)

상 중 하

18 **클라이언트와 서버 간의 통신을 담당하는 시스템 소프트웨어를 무엇이라고 하는가?**

① 웨어러블 ② 하이웨어
③ 미들웨어 ④ 응용 소프트웨어

미들웨어 솔루션
• 클라이언트와 서버 간의 통신을 담당하는 시스템 소프트웨어이다.
• 이기종 하드웨어, 소프트웨어, 네트워크, 프로토콜, PC 환경, 운영체제 환경 등에서 시스템 간의 표준화된 연결을 도와주는 소프트웨어이다.

상 중 하

19 **GoF(Gangs of Four) 디자인 패턴 분류에 해당하지 않는 것은?**

① 생성 패턴 ② 구조 패턴
③ 행위 패턴 ④ 추상 패턴

GoF(Gang of Four) 디자인 패턴의 분류 : 생성 패턴, 구조 패턴, 행위 패턴

상 중 하

20 **바람직한 소프트웨어 설계 지침이 아닌 것은?**

① 적당한 모듈의 크기를 유지한다.
② 모듈 간의 접속 관계를 분석하여 복잡도와 중복을 줄인다.
③ 모듈 간의 결합도는 강할수록 바람직하다.
④ 모듈 간의 효과적인 제어를 위해 설계에서 계층적 자료 조직이 제시되어야 한다.

모듈의 결합도와 응집도
• 바람직한 소프트웨어 설계는 응집도는 강하게, 결합도는 약하게 설계하여 모듈의 독립성을 확보할 수 있도록 한다.
• 유지보수가 수월해야 하며 복잡도와 중복을 피한다.
• 입구와 출구는 하나씩 갖도록 한다.

ANSWER 15 ② 16 ② 17 ④ 18 ③ 19 ④ 20 ③

2 과목 소프트웨어 개발

상 중 하

21 소프트웨어 패키징 도구 활용 시 고려사항으로 틀린 것은?

① 반드시 내부 콘텐츠에 대한 암호화 및 보안을 고려한다.
② 보안을 위하여 이기종 연동을 고려하지 않아도 된다.
③ 사용자 편의성을 위한 복잡성 및 비효율성 문제를 고려한다.
④ 제품 소프트웨어 종류에 적합한 암호화 알고리즘을 적용한다.

다양한 이기종 콘텐츠 및 단말기 간 DRM 연동을 고려한다.

상 중 하

22 EAI(Enterprise Application Integration) 구축 유형 중 Hybrid에 대한 설명으로 틀린 것은?

① Hub & Spoke와 Message Bus의 혼합 방식이다.
② 필요한 경우 한 가지 방식으로 EAI 구현이 가능하다.
③ 데이터 병목 현상을 최소화할 수 있다.
④ 중간에 미들웨어를 두지 않고 각 애플리케이션을 Poin-to-Point로 연결한다.

④번은 Poin-to-Point 방식에 관한 설명이다.

상 중 하

23 소스 코드 품질 분석 도구 중 정적 분석 도구가 아닌 것은?

① pmd ② checkstyle
③ valance ④ cppcheck

소스 코드 품질 분석 도구

구분	종류
정적	pmd, cppcheck, SonarQube, checkstyle, ccm, cobertura, FindBugs
동적	Avalanche, Valgrind 등

상 중 하

24 다음 Postfix 연산식에 대한 연산 결과로 옳은 것은?

```
3 4 * 5 6 * +
```

① 35 ② 42
③ 77 ④ 360

Postfix 연산식을 Infix 형태로 변경한 뒤 연산한다.

식	설명
3 4 * 5 6 * +	기본값
(3 4) * (5 6) * +	연산자 앞의 각 피연산자를 괄호 침
(3 4) * (5 6) * +	마지막 + 는 두 괄호 사이에 위치
(3 * 4) + (5 * 6)	Infix 표현 완료
12 + 30 = 42	연산

상 중 하

25 인터페이스 보안을 위해 네트워크 영역에 적용될 수 있는 것으로 거리가 먼 것은?

① IPSec ② SSL
③ SMTP ④ S-HTTP

SMTP는 메일 전송 시 사용하는 프로토콜이다.

상 중 하

26 검증(Validation) 검사 기법 중 개발자의 장소에서 사용자가 개발자 앞에서 행해지며, 오류와 사용상의 문제점을 사용자와 개발자가 함께 확인하면서 검사하는 기법은?

① 디버깅 검사 ② 형상 검사
③ 자료 구조 검사 ④ 알파 검사

- 알파 테스트 : 베타 테스트 전에 프로그램 개발 시 내부에서 미리 평가하고 버그를 찾아 수정하기 위해 시험해 보는 검사이다.
- 베타 테스트 : 정식으로 프로그램을 공개하기 전에 한정된 집단 또는 일반인에게 공개하여 기능을 시험하는 검사이다.

ANSWER 21 ② 22 ④ 23 ③ 24 ② 25 ③ 26 ④

상 중 하

27 다음 초기 자료에 대하여 삽입 정렬(Insertion Sort)을 이용하여 오름차순 정렬한 경우 1회전 후의 결과는?

초기 자료 : 8, 3, 4, 9, 7

① 3, 4, 8, 7, 9　　② 3, 4, 9, 7, 8
③ 7, 8, 3, 4, 9　　④ 3, 8, 4, 9, 7

삽입 정렬(Insertion Sort) : 정렬된 파일에 2번째 값을 첫 번째 키 값으로 설정하고 키 값 앞쪽 배열과 비교해 정렬한다. 각 pass 결과를 유추해보면 선택 정렬은 1pass 때마다 가장 작은 값이 맨 앞으로 배치되고, 버블 정렬은 가장 큰 값이 맨 뒤에 배치되는 공식을 알고 있다면 쉽게 답을 찾을 수 있다.

초 기	8	3	4	9	7
pass 1	3	8	4	9	7
pass 2	3	4	8	9	7
pass 3	3	4	8	9	7
pass 3	3	4	7	8	9

상 중 하

28 소프트웨어 설치 매뉴얼에 대한 설명으로 틀린 것은?

① 설치 과정에서 표시될 수 있는 예외 상황에 관련 내용을 별도로 구분하여 설명한다.
② 설치 시작부터 완료할 때까지의 전 과정을 빠짐없이 순서대로 설명한다.
③ 설치 매뉴얼은 개발자 기준으로 작성한다.
④ 설치 매뉴얼에는 목차, 개요, 기본사항 등이 기본적으로 포함되어야 한다.

설치 매뉴얼은 사용자 기준으로 작성한다.

상 중 하

29 인터페이스 구현 검증 도구가 아닌 것은?

① ESB　　② xUnit
③ STAF　　④ NTAF

인터페이스 구현 검증 도구

구성	설명
Watir	Ruby 기반 웹 애플리케이션 테스트 프레임워크이며 모든 언어 기반의 웹 애플리케이션 테스트와 브라우저 호환성을 테스트할 수 있다.
xUnit	• java(Junit), C++(Cppunit), .Net(Nunit) 등 다양한 언어를 지원하는 단위 테스트 프레임워크이다. • 함수, 클래스 등 다른 구성 단위의 테스트를 도와준다.
FitNesse	• 웹 기반 테스트 케이스 설계/실행/결과 확인 등을 지원하는 테스트 프레임워크이다. • 테스트 케이스 테이블 작성하면 자동으로 빠르고 쉽게 작성한 테스트를 수행할 수 있다.
STAF	• 서비스 호출, 컴포넌트 재사용 등 다양한 환경을 지원하는 테스트 프레임워크이다. • 데몬을 사용하여 테스트 대상 분산 환경에서 대상 프로그램을 통해 테스트를 수행하고 통합하는 자동화 검증 도구이다.
NTAF Naver	테스트 자동화 프레임워크이며, STAF와 FitNesse를 통합한 것이다.
Selenium	• 다양한 브라우저 지원 및 개발 언어를 지원하는 웹 애플리케이션 테스트 프레임워크이다. • 테스트를 위한 스크립트 언어 습득없이, 기능 테스트 작성을 위한 플레이백 도구를 제공한다.

상 중 하

30 소프트웨어 형상 관리에서 관리 항목에 포함되지 않는 것은?

① 프로젝트 요구 분석서
② 소스 코드
③ 운영 및 설치 지침서
④ 프로젝트 개발 비용

형상 관리 항목(Configuration Item)

- 개발 프로세스에서 생산되거나 사용되는 작업 산출물, 작업 산출물들의 집합체를 의미한다.
- 대표적인 소프트웨어 형상 항목 : 프로젝트 요구 분석서, 운영 및 설치 지침서, 요구사항 명세서, 설계/인터페이스 명세서, 테스트 설계서, 소프트웨어 품질 보증, 형상 관리, V&V 계획서와 같은 계획서, 코드 모듈(소스와 오브젝트 모두)

ANSWER 27 ④ 28 ③ 29 ① 30 ④

상 중 하

31 다음 설명에 해당하는 것은?

> "물리적 저장 장치의 입장에서 본 데이터베이스 구조로서 실제로 데이터베이스에 저장될 레코드의 형식을 정의하고 저장 데이터 항목의 표현 방법, 내부 레코드의 물리적 순서 등을 나타낸다."

① 외부 스키마　② 내부 스키마
③ 개념 스키마　④ 슈퍼 스키마

스키마의 3계층

외부 스키마 (External Schema)	사용자나 응용 프로그래머가 접근할 수 있는 정의를 기술한다.
개념 스키마 (Conceptual Schema)	범 기관적 입장에서 데이터베이스를 정의한 것이다. 개체 간의 관계와 제약조건을 나타내고, 데이터베이스 접근 권한, 보안 및 무결성 규칙 명세가 있다.
내부 스키마 (Internal Schema)	물리적 저장 장치의 입장에서 본 데이터베이스 구조로서 실제로 데이터베이스에 저장될 레코드의 형식을 정의하고 저장 데이터 항목의 표현 방법, 내부 레코드의 물리적 순서 등을 나타낸다.

상 중 하

32 다음 트리에 대한 INORDER 운행 결과는?

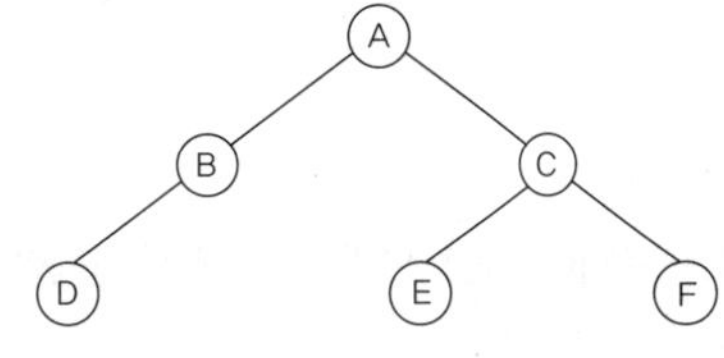

① D B A E C F　② A B D C E F
③ D B E C F A　④ A B C D E F

트리의 중위 순회
• 각 그룹을 운행한 뒤 그 결과를 합쳐 본다.

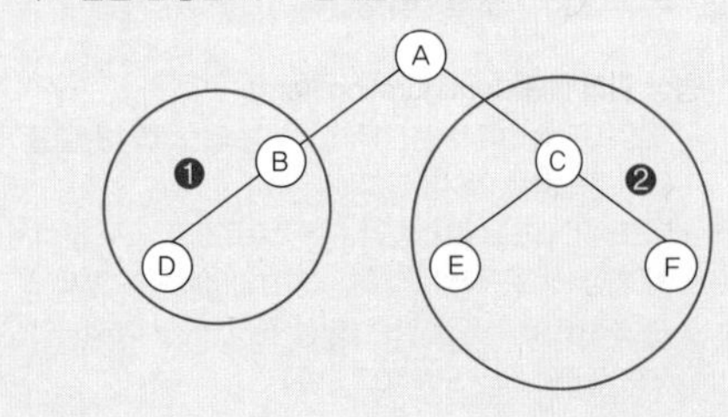

• LEFT – ROOT – RIGHT
❶ A ❷
❶ : D B
❷ : E C F
D B A E C F

상 중 하

33 n개의 노드로 구성된 무방향 그래프의 최대 간선 수는?

① n−1　② n/2
③ n(n−1)/2　④ n(n+1)

무방향 그래프의 최대 간선 수 : n(n−1)/2

오답 피하기
방향 그래프의 최대 간선 수 : n(n−1)

상 중 하

34 다음이 설명하는 테스트 용어는?

> – 테스트의 결과가 참인지 거짓인지를 판단하기 위해서 사전에 정의된 참값을 입력하여 비교하는 기법 및 활동을 말한다.
> – 종류에는 참, 샘플링, 휴리스틱, 일관성 검사가 존재한다.

① 테스트 케이스　② 테스트 시나리오
③ 테스트 오라클　④ 테스트 데이터

설명은 테스트 오라클에 관한 정의이다. 문제와 답으로 정리하도록 한다.

상 중 하

35 빌드 자동화 도구에 대한 설명으로 틀린 것은?

① Gradle은 실행할 처리 명령들을 모아 태스크로 만든 후 태스크 단위로 실행한다.
② 빌드 자동화 도구는 지속적인 통합 개발 환경에서 유용하게 활용된다.
③ 빌드 자동화 도구에는 Ant, Gradle, Jenkin 등이 있다.
④ Jenkins는 Groovy 기반으로 한 오픈소스로 안드로이드 앱 개발 환경에서 사용된다.

Groovy 기반으로 한 오픈소스로 안드로이드 앱 개발 환경에서 사용되는 도구는 Gradle이다.

ANSWER 31 ② 32 ① 33 ③ 34 ③ 35 ④

상 중 하

36 저작권 관리 구성 요소에 대한 설명이 틀린 것은?

① 콘텐츠 제공자(Contents Provider) : 콘텐츠를 제공하는 저작권자
② 콘텐츠 분배자(Contents Distributor) : 콘텐츠를 메타 데이터와 함께 배포 가능한 단위로 묶는 기능
③ 클리어링 하우스(Clearing House) : 키 관리 및 라이선스 발급 관리
④ DRM 컨트롤러 : 배포된 콘텐츠의 이용 권한을 통제

콘텐츠를 메타 데이터와 함께 배포 가능한 단위로 묶는 기능을 하는 것은 패키저(Packager)이다.

상 중 하

37 블랙박스 테스트 기법으로 거리가 먼 것은?

① 기초 경로 검사
② 동치 클래스 분해
③ 경계값 분석
④ 원인 결과 그래프

기초 경로 검사는 화이트박스 테스트 기법이다.

상 중 하

38 해싱 함수 중 레코드 키를 여러 부분으로 나누고, 나눈 부분의 각 숫자를 더하거나 XOR한 값을 홈주소로 사용하는 방식은?

① 제산법　② 폴딩법
③ 기수 변환법　④ 숫자 분석법

오답 피하기

중첩 방법(폴딩, Folding Method) : 해싱 함수 중 레코드 키를 여러 부분으로 나누고, 나눈 부분의 각 숫자를 더하거나 XOR한 값을 홈 주소로 삼는 방식이다.

상 중 하

39 다음에서 설명하는 클린 코드 작성 원칙은?

- 한 번에 한 가지 처리만 수행한다.
- 클래스/메소드/함수를 최소 단위로 분리한다.

① 다형성　② 단순성
③ 추상화　④ 의존성

클린 코드의 작성 원칙

가독성	• 누구나 코드를 쉽게 읽을 수 있도록 작성한다. • 이해하기 쉬운 용어를 사용하고 들여쓰기 등을 활용한다.
단순성	• 한 번에 한 가지 기능만 처리한다. • 클래스/메소드/함수는 최소 단위로 분리한다.
의존성 배제	다른 모듈에 미치는 영향을 최소화하여 코드 변경 시 다른 부분에 영향 없도록 작성한다.
중복성 최소화	중복된 코드는 삭제하여 공통된 코드로 사용한다.
추상화	상위 클래스/메소드/함수에서 간략하게 애플리케이션 특성을 나타내고, 상세 내용은 하위 클래스/메소드/함수에서 구현한다.

상 중 하

40 디지털 저작권 관리(DRM) 기술과 거리가 먼 것은?

① 콘텐츠 암호화 및 키 관리
② 콘텐츠 식별 체계 표현
③ 콘텐츠 오류 감지 및 복구
④ 라이선스 발급 및 관리

DRM 기술 요소 : 암호화 (Encryption), 키 관리(Key Management), 암호화 파일 생성(Packager), 식별 기술(Identification), 저작권 표현(Right Expression), 정책 관리(Policy Management), 크랙 방지(Tamper Resistance), 인증(Authentication), 인터페이스(Interface), 이벤트보고(Event Reporting), 사용 권한(Permission)

ANSWER 36 ② 37 ① 38 ② 39 ② 40 ③

3과목 데이터베이스 구축

상 중 하

41 다음 설명과 관련 있는 트랜잭션의 특징은?

> "트랜잭션의 연산은 모두 실행되거나, 모두 실행되지 않아야 한다."

① Durability
② Isolation
③ Consistency
④ Atomicity

트랜잭션의 특성
- 원자성(Atomicity) : 완전하게 수행 완료되지 않으면 전혀 수행되지 않아야 한다.
- 일관성(Consistency) : 시스템의 고정 요소는 트랜잭션 수행 전후에 같아야 한다.
- 격리성(Isolation, 고립성) : 트랜잭션 실행 시 다른 트랜잭션의 간섭을 받지 않아야 한다.
- 영속성(Durability, 지속성) : 트랜잭션의 완료 결과가 데이터베이스에 영구히 기억된다.

상 중 하

42 데이터베이스에 영향을 주는 생성, 읽기, 갱신, 삭제 연산으로 프로세스와 테이블 간에 매트릭스를 만들어서 트랜잭션을 분석하는 것은?

① CASE 분석
② 일치 분석
③ CRUD 분석
④ 연관성 분석

CRUD Matrix
- 데이터베이스에 영향을 주는 생성, 읽기, 갱신, 삭제 연산으로 프로세스와 테이블 간에 매트릭스를 만들어서 트랜잭션을 분석하는 도구이다.
- 업무 프로세스와 데이터 간의 상관관계 분석을 위한 것으로 업무 프로세스와 엔티티 타입을 행과 열로 구분하여 행과 열이 만나는 교차점에 이용에 대한 상태를 표시한다.

상 중 하

43 정규화된 엔티티, 속성, 관계를 시스템의 성능 향상과 개발 운영의 단순화를 위해 중복, 통합, 분리 등을 수행하는 데이터 모델링 기법은?

① 인덱스 정규화　　② 반정규화
③ 집단화　　④ 머징

반정규화
- 정규화된 엔티티, 속성, 관계에 대해 시스템의 성능 향상과 개발(Development)과 운영(Maintenance)의 단순화를 위해 중복, 통합, 분리 등을 수행하는 데이터 모델링의 기법을 의미한다.
- 정규화를 통하여 정합성과 데이터 무결성이 보장되지만, 테이블의 개수가 증가함에 따라 테이블 간의 조인이 증가하여 조회 성능이 떨어질 수 있다. 즉, DB의 성능 향상을 목적으로 정규화를 통해 분할된 테이블을 다시 합치는 과정을 의미한다.

상 중 하

44 학생 테이블을 생성한 후, 성별 필드가 누락되어 이를 추가하려고 한다. 이에 적합한 SQL 명령어는?

① INSERT　　② ALTER
③ DROP　　④ MODIFY

ALTER : 테이블 구조 변경문이다.

ADD	새로운 열(속성)을 추가할 때
ALTER	특정 열(속성)의 디폴트 값을 변경할 때
DROP	특정 열(속성)을 제거할 때

상 중 하

45 정규화의 필요성으로 거리가 먼 것은?

① 데이터 구조의 안정성 최대화
② 중복 데이터의 활성화
③ 수정, 삭제 시 이상 현상의 최소화
④ 테이블 불일치 위험의 최소화

정규화의 목적
- 데이터 구조의 안정성 최대화
- 중복 데이터의 최소화
- 수정 및 삭제 시 이상 현상 최소화
- 테이블 불일치 위험 간소화

ANSWER 41 ④ 42 ③ 43 ② 44 ② 45 ②

상 중 하

46 개체-관계 모델의 E-R 다이어그램에서 사용되는 기호와 그 의미의 연결이 틀린 것은?

① 사각형 - 개체 타입
② 삼각형 - 속성
③ 선 - 개체 타입과 속성을 연결
④ 마름모 - 관계 타입

E-R 다이어그램 : E-R 모델을 그래프 방식으로 표현하였다.

기호	기호 이름	의미
▭	사각형	개체(Entity)
◇	마름모	관계(Relationship)
⬭	타원	속성(Attribute)
―	실선	개체 타입과 속성을 연결

상 중 하

47 다음 SQL문에서 빈칸에 들어갈 내용으로 옳은 것은?

```
UPDATE 회원 ( ) 전화번호 = '010-14'
WHERE 회원번호 = 'N4';
```

① FROM ② SET
③ INTO ④ TO

UPDATE
- 튜플의 내용을 변경하는 명령어이다.
- 기본 구조

```
UPDATE 테이블명
SET 속성명 = 데이터
WHERE 조건;
```

상 중 하

48 릴레이션에 있는 모든 튜플에 대해 유일성은 만족시키지만 최소성은 만족시키지 못하는 키는?

① 후보키 ② 기본키
③ 슈퍼키 ④ 외래키

슈퍼키(Super Key)
- 두 개 이상의 속성으로 구성된 키 또는 혼합키(복합키)이다.
- 유일성은 만족하지만, 최소성은 만족하지 않는다.

후보키(Candidate Key)
- 모든 튜플들을 유일하게 식별할 수 있는 하나 또는 몇 개의 속성 집합이다.
- 유일성과 최소성을 모두 만족한다.

상 중 하

49 DBA가 사용자 PARK에게 테이블 [STUDENT]의 데이터를 갱신할 수 있는 시스템 권한을 부여하고자 하는 SQL문을 작성하고자 한다. 다음에 주어진 SQL문의 빈칸을 알맞게 채운 것은?

```
SQL> GRANT ___㉠___ ___㉡___
     STUDENT TO PARK;
```

① ㉠ INSERT, ㉡ INTO
② ㉠ ALTER, ㉡ TO
③ ㉠ UPDATE, ㉡ ON
④ ㉠ REPLACE, ㉡ IN

GRANT 권한 ON 데이터 객체 TO 사용자 [WITH GRANT OPTION];

오답 피하기
- WITH GRANT OPTION : 사용자가 부여받은 권한을 다른 사용자에게 다시 부여할 수 있는 권한을 부여한다.
- 부여 가능한 권한 : Update, Delete, Insert, Select

상 중 하

50 관계 대수에 대한 설명으로 틀린 것은?

① 주어진 릴레이션 조작을 위한 연산의 집합이다.
② 일반 집합 연산과 순수 관계 연산으로 구분된다.
③ 질의에 대한 해를 구하기 위해 수행해야 할 연산의 순서를 명시한다.
④ 원하는 정보와 그 정보를 어떻게 유도하는가를 기술하는 비절차적 방법이다.

관계 대수는 원하는 정보와 그 정보를 어떻게 유도하는가를 기술하는 절차적인 방법이다.

ANSWER 46 ② 47 ② 48 ③ 49 ③ 50 ④

상 중 하

51 다음 SQL문의 실행 결과는?

```
SELECT 과목이름
FROM 성적
WHERE EXISTS
(SELECT 학번 FROM 학생 WHERE 학생.학번 = 성적.학번 AND 학생.학과 IN ('전산', '전기') AND 학생.주소 = '경기');
```

[학생] 테이블

학번	이름	학년	학과	주소
1000	김철수	1	전산	서울
2000	고영준	1	전기	경기
3000	유진호	2	전자	경기
4000	김영진	2	전산	경기
5000	정현영	3	전자	서울

[성적] 테이블

학번	과목번호	과목이름	학점	점수
1000	A100	자료 구조	A	91
2000	A200	DB	A	99
3000	A100	자료 구조	B	88
3000	A200	DB	B	85
4000	A200	DB	A	94
4000	A300	운영체제	B	89
5000	A300	운영체제	B	88

①

과목이름
DB

②

과목이름
DB
DB

③

과목이름
DB
DB
운영체제

④

과목이름
DB
운영체제

(SELECT 학번 FROM 학생 WHERE 학생.학번 = 성적.학번 AND 학생.학과 IN ('전산', '전기') AND 학생.주소 = '경기');

하위 질의

학생 테이블과 성적 테이블의 학번 필드가 같은 학생 중 학생테이블의 학과 필드가 전산, 전기 이면서 학생 주소가 경기인 학생의 학번필드를 검색한다. ⇒ 2000, 4000

학번	이름	학년	학과	주소
1000	김철수	1	전산	서울
2000	고영준	1	전기	경기
3000	유진호	2	전자	경기
4000	김영진	2	전산	경기
5000	정현영	3	전자	서울

• 하위 질의의 경우 하위 질의를 먼저 처리하고 그결과를 상위 질의 조건에 입력한다.

SELECT 과목이름 FROM 성적 WHERE EXISTS

성적 테이블에서 아래 하위 테이블에서 검색된 2000, 4000에 해당하는 학생의 과목이름을 출력한다.

학번	과목번호	과목이름	학점	점수
1000	A100	자료 구조	A	91
2000	A200	DB	A	99
3000	A100	자료 구조	B	88
3000	A200	DB	B	85
4000	A200	DB	A	94
4000	A300	운영체제	B	89
5000	A300	운영체제	B	88

상 중 하

52 로킹(Locking) 기법에 대한 설명으로 틀린 것은?

① 로킹의 대상이 되는 객체의 크기를 로킹 단위라고 한다.
② 로킹 단위가 작아지면 병행성 수준이 낮아진다.
③ 데이터베이스도 로킹 단위가 될 수 있다.
④ 로킹 단위가 커지면 로크 수가 작아 로킹 오버헤드가 감소한다.

로킹(Locking) 특징

• 로킹 단위가 커지면 로크의 수가 적어 관리가 쉬워지지만 병행성 수준은 낮아진다.
• 로킹 단위가 작으면 로크의 수가 많아 관리가 어려워지지만 병행성 수준은 높아진다.

ANSWER 51 ③ 52 ②

상중하

53 사용자 X1에게 department 테이블에 대한 검색 연산을 회수하는 명령은?

① delete select on department to X1;
② remove select on department from X1;
③ revoke select on department from X1;
④ grant select on department from X1;

REVOKE
데이터베이스 사용자로부터 사용 권한을 취소한다.

기본 구조

```
REVOKE [GRANT OPTION FOR] 권한 ON 데이터 객체 FROM
사용자 [CASCADE];
```

- GRANT OPTION FOR : 다른 사용자에게 권한을 부여할 수 있는 권한을 취소한다.
- CASCADE : 권한을 부여받았던 사용자가 다른 사용자에게 부여한 권한도 연쇄 취소한다.
- 부여 가능한 권한 : Update, Delete, Insert, Select

상중하

54 뷰(VIEW)에 대한 설명으로 틀린 것은?

① 뷰 위에 또 다른 뷰를 정의할 수 있다.
② 뷰에 대한 조작에서 삽입, 갱신, 삭제 연산은 제약이 따른다.
③ 뷰의 정의는 기본 테이블과 같이 ALTER문을 이용하여 변경한다.
④ 뷰가 정의된 기본 테이블이 제거되면 뷰도 자동적으로 제거된다.

뷰의 정의 변경 시 ALTER문을 사용할 수 없고 DROP문을 이용한다.

상중하

55 데이터 모델에 표시해야 할 요소로 거리가 먼 것은?

① 논리적 데이터 구조
② 출력 구조
③ 연산
④ 제약조건

데이터 모델의 구성 요소
- 데이터 구조(Structure) : 데이터 구조 및 정적 성질 표현
- 연산(Operation) : 데이터의 인스턴스에 적용 가능한 연산 명세와 조작 기법 표현
- 제약조건(Constraint) : 데이터의 논리적 제한 명시 및 조작의 규칙

상중하

56 제3정규형에서 보이스 코드 정규형(BCNF)으로 정규화하기 위한 작업은?

① 원자값이 아닌 도메인을 분해
② 부분 함수 종속 제거
③ 이행 함수 종속 제거
④ 결정자가 후보키가 아닌 함수 종속 제거

BCNF 정규형
- 1, 2, 3정규형을 만족하고, 결정자가 후보키가 아닌 함수적 종속을 제거한다.
- 강력한 제3정규형이라고도 한다.

상중하

57 A1, A2, A3 3개 속성을 갖는 한 릴레이션에서 A1의 도메인은 3개 값, A2의 도메인은 2개 값, A3의 도메인은 4개 값을 갖는다. 이 릴레이션에 존재할 수 있는 가능한 튜플(Tuple)의 최대 수는?

① 24
② 12
③ 8
④ 9

- 모든 속성의 도메인 값을 곱하면 최대 튜플 수가 계산된다.
- 3 * 2 * 4 = 24

상중하

58 데이터베이스 설계 시 물리적 설계 단계에서 수행하는 사항이 아닌 것은?

① 저장 레코드 양식 설계
② 레코드 집중의 분석 및 설계
③ 접근 경로 설계
④ 목표 DBMS에 맞는 스키마 설계

물리적 설계
- 목표 DBMS에 종속적인 물리적 구조 설계
- 저장 레코드 양식 설계
- 레코드 집중의 분석/설계
- 접근 경로 설계
- 트랜잭션 세부 설계

ANSWER 53 ③ 54 ③ 55 ② 56 ④ 57 ① 58 ④

상중하

59 한 릴레이션 스키마가 4개 속성, 2개 후보키 그리고 그 스키마의 대응 릴레이션 인스턴스가 7개 튜플을 갖는다면 그 릴레이션의 차수(Degree)는?

① 1 ② 2
③ 4 ④ 7

속성(Attribute)
- 테이블의 열(Column)에 해당하며 파일 구조의 항목(Item), 필드(Field)와 같은 의미이다.
- 디그리(Degree) : 속성의 수(차수)

오답 피하기

제시된 릴레이션의 스키마(속성)가 4개 이므로 차수는 4가 된다.

상중하

60 데이터웨어하우스의 기본적인 OLAP(On-Line Analytical Processing) 연산이 아닌 것은?

① Translate
② Roll-Up
③ Dicing
④ Drill-Down

OLAP(On-Line Analytical Processing) 연산 종류 : Roll-Up, Drill-Down, Dicing, Slicing

4과목 프로그래밍 언어 활용

상중하

61 UNIX SHELL 환경 변수를 출력하는 명령어가 아닌 것은?

① configenv ② printenv
③ env ④ setenv

환경 변수 관련 명령어
- env : 전역 환경 변수를 설정하거나 출력한다.
- set : 사용자 환경 변수를 설정한다.
- printenv : 현재 설정되어 있는 환경 변수의 값을 모두 출력한다.
- echo : 특정 환경 변수의 값을 출력한다.
- setenv : 환경 변수의 값을 설정한다.

상중하

62 Java 프로그래밍 언어의 정수 데이터 타입 중 'long'의 크기는?

① 1byte ② 2byte
③ 4byte ④ 8byte

JAVA 정수 데이터 타입
- byte : 1Byte
- short : 2Byte
- int : 4Byte
- long : 8Byte

상중하

63 Java에서 사용되는 출력 함수가 아닌 것은?

① System.out.print()
② System.out.println()
③ System.out.printing()
④ System.out.printf()

JAVA 출력 함수
- System.out.print() : 괄호 안을 출력하고 줄 바꿈을 안 한다.
- System.out.println() : 괄호 안을 출력하고 줄 바꿈을 한다.
- System.out.printf() : 변환 문자를 사용하여 출력한다.

상중하

64 운영체제에서 커널의 기능이 아닌 것은?

① 프로세스 생성, 종료
② 사용자 인터페이스
③ 기억 장치 할당, 회수
④ 파일 시스템 관리

사용자 인터페이스 제공은 쉘(Shell)의 기능이다.

오답 피하기

커널(Kernel)은 프로세스 관리, 기억 장치 관리, 입·출력 관리, 파일 시스템 관리 등의 기능을 수행한다.

상중하

65 OSI 7계층에서 단말기 사이에 오류 수정과 흐름 제어를 수행하여 신뢰성 있고 명확한 데이터를 전달하는 계층은?

① 전송 계층 ② 응용 계층
③ 세션 계층 ④ 표현 계층

전송 계층(Transport Layer)
- 통신 양단간(End-to-End) 투명한 데이터 전송을 제공한다.
- 에러 제어 및 흐름 제어를 담당한다.
- 표준 : TCP, UDP

ANSWER 59 ③ 60 ① 61 ① 62 ④ 63 ③ 64 ② 65 ①

상중하

66 다음 쉘 스크립트의 의미로 옳은 것은?

```
until who | grep wow
do
  sleep 5
done
```

① wow 사용자가 로그인한 경우에만 반복문을 수행한다.
② wow 사용자가 로그인할 때까지 반복문을 수행한다.
③ wow 문자열을 복사한다.
④ wow 사용자에 대한 정보를 무한 반복하여 출력한다.

until문 형식
- 조건식을 만족할 때까지 명령문을 반복 실행한다.

```
until 조건식
do
조건식의 결과가 거짓일 때 실행하는 명령문
done
```

- until who | grep wow : wow 사용자가 로그인할 때까지(grep : 특정 단어나 문자열 검색)
- do : 다음의 명령문을 반복 실행
- sleep 5 : 5초마다 로그인 여부 확인
- done

상중하

67 다음 자바 코드를 실행한 결과는?

```
int x = 1, y = 6;
while (y– –) {
    x++;
}
System.out.println("x =" + x + "y+" + y);
```

① x=7 y=0
② x=6 y=–1
③ x=7 y=–1
④ Unresolved compilation problem 오류 발생

- while문의 조건식 부분에 입력된 'y– –'는 참이나 거짓을 판단하는 조건식이 아니기 때문에 오류가 발생한다.
- 예를 들어 다음과 같이 코드를 수정하여 실행하면 'x=7, y=0'이 출력된다.

```
int x = 1, y = 6;
while (y > 0) {
  x++;
  y- -;
}
```

상중하

68 다음 파이썬으로 구현된 프로그램의 실행 결과로 옳은 것은?

```
>>> a = [0,10,20,30,40,50,60,70,80,90]
>>> a[:7:2]
```

① [20, 60]
② [60, 20]
③ [0, 20, 40, 60]
④ [10, 30, 50, 70]

- [x:y:z] : 인덱스 x부터 (y–1)까지 z만큼 건너뛰면서 추출한다.
- a[:7:2] : 인덱스 0(값: 0)부터 6(값: 60)까지 2만큼 건너뛰면서 추출한다.
- 결과 : 0, 20, 40, 60

상중하

69 공통 모듈의 재사용 범위에 따른 분류가 아닌 것은?

① 컴포넌트 재사용
② 더미 코드 재사용
③ 함수와 객체 재사용
④ 애플리케이션 재사용

소프트웨어 재사용 범위에 따른 분류 : 함수와 객체 재사용, 컴포넌트 재사용, 애플리케이션 재사용

상중하

70 다음과 같은 프로세스가 차례로 큐에 도착하였을 때, SJF(Shortest Job First) 정책을 사용할 경우 가장 먼저 처리되는 작업은?

프로세스 번호	실행 시간
P1	6
P2	8
P3	4
P4	3

① P1 ② P2
③ P3 ④ P4

SJF(Shortest Job First)
- 비선점 스케줄링 기법의 일종이다.
- 준비 상태 큐에서 기다리고 있는 프로세스들 중 실행 시간이 가장 짧은 프로세스에게 먼저 CPU를 할당하는 스케줄링 기법이다.
- 그러므로 실행 시간이 가장 짧은 P4가 가장 먼저 처리된다.

ANSWER 66 ② 67 ④ 68 ③ 69 ② 70 ④

상 중 하

71

4개의 페이지를 수용할 수 있는 주기억 장치가 있으며, 초기에는 모두 비어 있다고 가정한다. 다음의 순서로 페이지 참조가 발생할 때, FIFO 페이지 교체 알고리즘을 사용할 경우 페이지 결함의 발생 횟수는?

페이지 참조 순서 : 1, 2, 3, 1, 2, 4, 5, 1

① 6회　② 7회
③ 8회　④ 9회

FIFO(First In First Out, 선입선출) 알고리즘
- 가장 먼저 적재된 페이지를 먼저 교체하는 기법이다.
- 구현이 간단하다.

참조 페이지	1	2	3	1	2	4	5	1
프레임 1	1	1	1	1	1	1	5	5
프레임 2		2	2	2	2	2	2	1
프레임 3			3	3	3	3	3	3
프레임 4						4	4	4
페이지 부재	●	●	●			●	●	●

상 중 하

72

TCP 흐름 제어 기법 중 프레임이 손실되었을 때, 손실된 프레임 1개를 전송하고 수신자의 응답을 기다리는 방식으로 한 번에 프레임 1개만 전송할 수 있는 기법은?

① Slow Start
② Sliding Window
③ Stop and Wait
④ Congestion Avoidance

정지-대기(Stop and Wait) 방식
- 한 개의 프레임을 전송하고, 수신측으로부터 ACK(긍정 응답) 및 NAK(부정 응답) 신호를 수신할 때까지 정보 전송을 중지하고 기다리는 기법이다.
- 가장 간단한 방식이다.

상 중 하

73

결합도(Coupling)에 대한 설명으로 틀린 것은?

① 데이터 결합도(Data Coupling)는 두 모듈이 매개변수로 자료를 전달할 때, 자료 구조 형태로 전달되어 이용될 때 데이터가 결합되어 있다고 한다.
② 내용 결합도(Content Coupling)는 하나의 모듈이 직접적으로 다른 모듈의 내용을 참조할 때 두 모듈은 내용적으로 결합되어 있다고 한다.
③ 공통 결합도(Common Coupling)는 두 모듈이 동일한 전역 데이터를 접근한다면 공통결합 되어 있다고 한다.
④ 결합도(Coupling)는 두 모듈 간의 상호작용, 또는 의존도 정도를 나타내는 것이다.

데이터 결합도(Data Coupling) : 한 모듈이 파라미터나 인수로 다른 모듈에게 데이터를 넘겨주고 호출받은 모듈은 받은 데이터에 대한 처리 결과를 다시 돌려주는 경우의 결합도이다.

상 중 하

74

응집도의 종류 중 서로 간에 어떠한 의미 있는 연관 관계도 지니지 않은 기능 요소로 구성되는 경우이며, 서로 다른 상위 모듈에 의해 호출되어 처리상의 연관성이 없는 서로 다른 기능을 수행하는 경우의 응집도는?

① Functional Cohesion
② Sequential Cohesion
③ Logical Cohesion
④ Coincidental Cohesion

응집도(Cohesion) 종류

기능적 응집도 (Functional Cohesion)	한 모듈 내부의 한 기능 요소에 의한 출력 자료가 다음 기능 원소의 입력 자료로써 제공되는 경우의 응집도
순차적 응집도 (Sequential Cohesion)	모듈의 구성 요소가 하나의 활동으로부터 나온 출력 자료를 그다음 활동의 입력 자료로 사용하는 같은 모듈 내에서의 응집도
교환적 응집도 (Communicational Cohesion)	동일한 입력과 출력을 사용하는 소 작업들이 모인 모듈에서 볼 수 있는 응집도
절차적 응집도 (Procedural Cohesion)	모듈이 다수의 관련 기능을 가질 때 모듈 내부의 기능 요소들이 그 기능을 순차적으로 수행할 경우의 응집도
시간적 응집도 (Temporal Cohesion)	특정 시간에 처리되는 여러 기능을 모아 한 개의 모듈로 작성할 경우의 응집도
논리적 응집도 (Logical Cohesion)	유사한 성격을 갖거나 특정 형태로 분류되는 처리 요소들로 하나의 모듈이 형성되는 경우의 응집도
우연적 응집도 (Coincidental Cohesion)	서로 간에 어떠한 의미 있는 연관 관계도 지니지 않은 기능 요소로 구성되는 경우의 응집도

ANSWER 71 ① 72 ③ 73 ① 74 ④

상 중 하

75 자바에서 사용하는 접근 제어자의 종류가 아닌 것은?

① internal ② private
③ default ④ public

JAVA 접근 제한자(접근 제어자)
- public : 모든 접근을 허용한다.
- private : 같은 패키지에 있는 객체와 상속 관계의 객체들만 허용한다.
- default : 같은 패키지에 있는 객체들만 허용한다.
- protected : 현재 객체 내에서만 허용한다.

상 중 하

76 UDP 특성에 해당되는 것은?

① 데이터 전송 후, ACK를 받는다.
② 송신 중에 링크를 유지 관리하므로 신뢰성이 높다.
③ 흐름 제어나 순서 제어가 없어 전송 속도가 빠르다.
④ 제어를 위한 오버헤드가 크다.

UDP(User Datagram Protocol)
- 비연결형, 비신뢰성 전송 서비스를 제공한다.
- TCP에 비해 헤더 구조가 간단하고 오버헤드가 적다.
- 흐름 제어나 순서 제어가 없어 전송 속도가 빠르다.
- 수신된 데이터의 순서 재조정이나 복구 기능을 지원하지 않는다.

상 중 하

77 다음과 같은 세그먼트 테이블을 가지는 시스템에서 논리 주소(2, 176)에 대한 물리 주소는?

세그먼트 번호	시작 주소	길이(바이트)
0	670	248
1	1752	422
2	222	198
3	996	604

① 398 ② 400
③ 1928 ④ 1930

- 논리 주소(2, 176)에서 2는 세그먼트 번호를 의미하고, 176은 해당 세그먼트의 시작 주소로부터의 오프셋을 의미한다.
- 세그먼트 2의 시작 주소는 222이고 오프셋 176을 더하면 물리 주소는 398이 된다.

상 중 하

78 TCP/IP에서 사용되는 논리 주소를 물리 주소로 변환시켜 주는 프로토콜은?

① TCP ② ARP
③ FTP ④ IP

- ARP(Address Resolution Protocol) : 논리 주소(IP 주소)를 물리 주소(MAC 주소)로 변환하는 프로토콜이다.
- RARP(Reverse Address Resolution Protocol) : 호스트의 물리 주소(MAC 주소)로부터 논리 주소(IP 주소)를 구하는 프로토콜이다.

상 중 하

79 C언어에서 구조체를 사용하여 데이터를 처리할 때 사용하는 것은?

① for ② scanf
③ struct ④ abstract

- C언어에서 서로 다른 데이터 타입을 묶은 자료 구조를 구조체(Structure)라고 한다.
- 구조체를 사용하여 데이터를 처리하려면 키워드 struct를 사용해야 한다.

상 중 하

80 PHP에서 사용 가능한 연산자가 아닌 것은?

① @ ② #
③ < > ④ ===

PHP 연산자

산술 연산자	+, −, *, /, %, **
할당 연산자	=, +=, −=, *=, /=, %=
증가/감소 연산자	++, —
관계 연산자	==, ===, !=, <>, >, <, >=, <=
논리 연산자	and, or, xor, &&, ||, !

오답 피하기

PHP는 C언어를 기반으로 만들어진 언어이므로 연산자는 유사하다. 단, PHP는 다음과 같은 연산자를 추가적으로 사용한다.
- = = = → = =는 값만 같으면 참이지만 = = =는 데이터 타입까지 같아야만 참이 된다.
- != = → !=는 값이 다르면 참이지만 != =는 데이터 타입까지 달라야 참이 된다.
- <> → !=과 같은 연산자이다.
- and → &&와 같은 연산자이다.
- xor → XOR(^) 연산자이다.
- or → ||와 같은 연산자이다.
- @ → 오류 제어 연산자로 명령어가 정상이면 수행, 오류가 발생하면 수행하지 않게 하는 연산자이다.

ANSWER 75 ① 76 ③ 77 ① 78 ② 79 ③ 80 ②

5 과목 **정보 시스템 구축 관리**

상 중 하

81 **이용자가 인터넷과 같은 공중망에 사설망을 구축하여 마치 전용망을 사용하는 효과를 가지는 보안 솔루션은?**

① ZIGBEE ② NDD
③ IDS ④ VPN

VPN(Virtual Private Network, 가상 사설망)
- 이용자가 인터넷과 같은 공중망에 사설망을 구축하여 마치 전용망을 사용하는 효과를 가지는 보안 솔루션이다.
- 안전하지 않은 공용 네트워크를 이용하여 사설 네트워크를 구성하는 기술이다.

오답 피하기

IDS(Intrusion Detection System, 침입 탐지 시스템)
- 침입 공격에 대하여 탐지하는 것을 목표로 하는 보안 솔루션이다.
- 외부 침입에 대한 정보를 수집하고 분석하여 침입 활동을 탐지해 이에 대응하도록 보안 담당자에게 통보하는 기능을 수행하는 네트워크 보안 시스템이다.

상 중 하

82 **CMM(Capability Maturity Model) 모델의 레벨로 옳지 않은 것은?**

① 최적 단계 ② 관리 단계
③ 계획 단계 ④ 정의 단계

CMMI 5단계(소프트웨어 프로세스 성숙도)

단계	내용
1. 초기(Initial)	예측/통제 불가능
2. 관리(Managed)	기본적인 프로젝트 관리 체계 수립
3. 정의(Defined)	조직 차원의 표준 프로세스를 통한 프로젝트 지원
4. 정량적 관리(Quantitatively Managed)	정량적으로 프로세스가 측정/통제됨
5. 최적화(Optimizing)	프로세스 개선 활동

상 중 하

83 **다음 설명에 해당하는 생명주기 모형으로 가장 옳은 것은?**

> 가장 오래된 모형으로 많은 적용 사례가 있지만 요구사항의 변경이 어려우며, 각 단계의 결과가 확인되어야지만 다음 단계로 넘어간다. 선형 순차적 모형으로 고전적 생명주기 모형이라고도 한다.

① 패키지 모형 ② 코코모 모형
③ 폭포수 모형 ④ 관계형 모델

폭포수 모형(Waterfall Model)
- Boehm이 제시한 고전적 생명주기 모형으로, 소프트웨어 개발 과정의 각 단계가 순차적으로 진행되는 모형이다.
- 선형 순차적 모델이라고도 한다.

상 중 하

84 **서비스 지향 아키텍처 기반 애플리케이션을 구성하는 층이 아닌 것은?**

① 표현층 ② 프로세스층
③ 제어 클래스층 ④ 비즈니스층

서비스 지향 아키텍처 기반 애플리케이션 계층 : 표현 계층(Presentation Layer), 프로세스 계층(Process Layer), 비즈니스 논리 계층(Business Logic Layer), 데이터 접근 계층(Data Access Layer)

상 중 하

85 **다음 내용이 설명하는 스토리지 시스템은?**

> – 하드 디스크와 같은 데이터 저장 장치를 호스트 버스 어댑터에 직접 연결하는 방식
> – 저장 장치와 호스트 기기 사이에 네트워크 디바이스가 있지 말아야 하고 직접 연결하는 방식으로 구성

① DAS ② NAS
③ N-SCREEN ④ NFC

직접 연결 저장 장치(DAS : Direct-Attached Storage)
- 하드 디스크와 같은 데이터 저장 장치를 호스트 버스 어댑터에 직접 연결하는 방식이다.
- 저장 장치와 호스트 기기 사이에 네트워크 디바이스가 있지 말아야 하고 직접 연결하는 방식으로 구성된다.

ANSWER 81 ④ 82 ③ 83 ③ 84 ③ 85 ①

상중하

86 소프트웨어 개발 프레임워크의 적용 효과로 볼 수 없는 것은?

① 공통 컴포넌트 재사용으로 중복 예산 절감
② 기술 종속으로 인한 선행사업자 의존도 증대
③ 표준화된 연계 모듈 활용으로 상호 운용성 향상
④ 개발 표준에 의한 모듈화로 유지보수 용이

소프트웨어 개발 프레임워크 적용 시 장점
- 개발 용이성 : 패턴 기반 개발과 비즈니스 로직에만 집중한 개발이 가능하며, 공통 기능은 프레임워크가 제공한다.
- 운영 용이성 : 변경이 용이하며, 비즈니스 로직/아키텍처 파악이 용이하다.
- 시스템 복잡도의 감소 : 복잡한 기술은 프레임워크에 의해 숨겨진다. 미리 잘 정의된 기술 Set을 적용할 수 있다.
- 개발 코드의 최소화 : 반복 개발을 제거하며, 공통 컴포넌트와 서비스 활용이 가능하다.
- 이식성 : 플랫폼에 비의존적인 개발이 가능하며, 플랫폼과의 연동은 프레임워크가 제공한다.
- 변경 용이성 : 잘 구조화된 아키텍처를 적용하며, 플랫폼에 비의존적이다.
- 품질 보증 : 검증된 개발 기술과 패턴에 따른 개발이 가능하며, 고급 개발자와 초급 개발자의 차이를 줄여준다.
- 설계와 코드의 재사용성 : 프레임워크의 서비스 및 패턴의 재사용, 사전에 개발된 컴포넌트의 재사용이 가능하다.

상중하

87 SoftTech사에서 개발된 것으로 구조적 요구 분석을 하기 위해 블록 다이어그램을 채택한 자동화 도구는?

① SREM ② PSL/PSA
③ HIPO ④ SADT

SADT(Structured Analaysis and Design Technique)
- SoftTech 사에서 개발한 것으로 시스템 정의, 소프트웨어 요구사항 분석, 시스템/소프트웨어 설계를 위해 널리 이용되어 온 구조적 분석 및 설계 도구이다.
- 구조적 요구 분석을 하기 위해 블록 다이어그램을 채택한 자동화 도구다.

상중하

88 익스트림 프로그래밍(eXtreme Programming)의 5가지 가치에 속하지 않는 것은?

① 의사소통 ② 단순성
③ 피드백 ④ 고객 배제

XP 핵심 가치
- 의사소통(Communication) : 개발자, 관리자, 고객 간의 원활한 소통을 지향한다.
- 단순성(Simplicity) : 부가적 기능 또는 미사용 구조와 알고리즘은 배제한다.
- Feedback : 소프트웨어 개발에서 변화는 불가피하다. 이러한 변화는 지속적 테스트와 통합, 반복적 결함 수정 등을 빠르게 피드백한다.
- 용기(Courage) : 고객 요구사항 변화에 능동적으로 대응한다.
- 존중(Respect) : 개발 팀원 간의 상호 존중을 기본으로 한다.

상중하

89 다음은 정보의 접근 통제 정책에 대한 설명이다. (ㄱ)에 들어갈 내용으로 옳은 것은?

정책	(ㄱ)	DAC	RBAC
권한 부여	시스템	데이터 소유자	중앙 관리자
접근 결정	보안 등급(Label)	신분(Identity)	역할(Role)
정책 변경	고정적 (변경 어려움)	변경 용이	변경 용이
장점	안정적 중앙 집중적	구현 용이 유연함	관리 용이

① NAC ② MAC
③ SDAC ④ AAC

MAC vs DAC vs RBAC

정책	MAC	DAC	RBAC
권한 부여	시스템	데이터 소유자	중앙 관리자
접근 결정	보안 등급(Label)	신분(Identity)	역할(Role)
정책 변경	고정적 (변경 어려움)	변경 용이	변경 용이
장점	안정적 중앙 집중적	구현 용이 유연함	관리 용이

상중하

90 소프트웨어 개발 모델 중 나선형 모델의 4가지 주요 활동이 순서대로 나열된 것은?

Ⓐ 계획 수립 Ⓒ 개발 및 검증
Ⓑ 고객 평가 Ⓓ 위험 분석

① Ⓐ-Ⓑ-Ⓓ-Ⓒ순으로 반복
② Ⓐ-Ⓓ-Ⓒ-Ⓑ순으로 반복
③ Ⓐ-Ⓑ-Ⓒ-Ⓓ순으로 반복
④ Ⓐ-Ⓒ-Ⓑ-Ⓓ순으로 반복

나선형 모형(Spiral Model)
- Boehm이 제시하였으며, 반복적인 작업을 수행하는 점증적 생명주기 모형이다.
- 점증적 모형, 집중적 모형이라고도 한다.
- 개발 단계 : 계획 수립(Planning) → 위험 분석(Risk Analysis) → 공학적 개발(Engineering) → 고객 평가(Customer Evaluation)

오답 피하기

폭포수 모형(Waterfall Model)
- Boehm이 제시한 고전적 생명주기 모형으로, 소프트웨어 개발 과정의 각 단계가 순차적으로 진행되는 모형이다.
- 선형 순차적 모델이라고도 한다.
- 개발 단계 : 타당성 검사 → 계획 → 요구 분석 → 설계 → 구현 → 시험(검사) → 운용 → 유지보수

ANSWER 86 ② 87 ④ 88 ④ 89 ② 90 ②

상 중 하

91 소프트웨어 비용 추정 모형(Estimation Models)이 아닌 것은?

① COCOMO ② Putnam
③ Function-Point ④ PERT

비용 산정 모델의 종류
전문가 감정 기법, 델파이(Delphi) 기법, LOC(Line Of Code) 기법, COCOMO(COnstructive COst MOdel) 모델, Putnam 모델, 기능 점수(FP : Functional Point)

오답 피하기
PERT(Program Evaluation And Review Technique) : 소요 시간 예측이 어려운 경우 최단 시간 내에 완성할 수 있게 하는 프로젝트 일정 방법이다.

상 중 하

92 공개키 암호화 방식에 대한 설명으로 틀린 것은?

① 공개키로 암호화된 메시지는 반드시 공개키로 복호화해야 한다.
② 비대칭 암호 기법이라고도 한다.
③ 대표적인 기법은 RSA 기법이 있다.
④ 키 분배가 용이하고, 관리해야 할 키 개수가 적다.

공개키(Public Key) 암호화 기법
- 암호키와 해독키가 서로 다른 기법이다.
- 비대칭키 암호화 기법 또는 공중키 암호화 기법이라고도 한다.
- 키 분배가 비밀키 암호화 기법보다 용이하다.
- 암호화/복호화 속도가 느리고 알고리즘이 복잡하다.

상 중 하

93 다음이 설명하는 다중화 기술은?

- 광섬유를 이용한 통신 기술의 하나를 의미함
- 파장이 서로 다른 복수의 광신호를 동시에 이용하는 것으로 광섬유를 다중화하는 방식임
- 빛의 파장 축과 파장이 다른 광선은 서로 간섭을 일으키지 않는 성질을 이용함

① Wavelength Division Multiplexing
② Frequency Division Multiplexing
③ Code Division Multiplexing
④ Time Division Multiplexing

파장 분할 다중(Wavelength Division Multiplexing)
- 레이저 빛의 다른 파장(다른 색)을 사용하여 여러 반송파 신호를 단일 광섬유에 적용하는 기술이다.
- 광섬유를 이용한 통신 기술의 하나를 의미한다.
- 파장이 서로 다른 복수의 광신호를 동시에 이용하는 것으로 광섬유를 다중화하는 방식이다.
- 빛의 파장 축과 파장이 다른 광선은 서로 간섭을 일으키지 않는 성질을 이용한다.

상 중 하

94 웹 페이지에 악의적인 스크립트를 포함시켜 사용자 측에서 실행되게 유도함으로써, 정보 유출 등의 공격을 유발할 수 있는 취약점은?

① Ransomware ② Pharming
③ Phishing ④ XSS

크로스사이트 스크립트(XSS)
- 웹페이지에 악의적인 스크립트를 포함시켜 사용자 측에서 실행되게 유도함으로써, 정보 유출 등의 공격을 유발할 수 있는 취약점이다.
- 외부 입력값에 스크립트가 삽입되지 못하도록 문자열 치환 함수를 사용하거나 JSTL이나 크로스사이트 스크립트 방지 라이브러리를 사용함으로써 방지할 수 있다.

상 중 하

95 CBD(Component Based Development)에 대한 설명으로 틀린 것은?

① 개발 기간 단축으로 인한 생산성 향상
② 새로운 기능 추가가 쉬운 확장성
③ 소프트웨어 재사용이 가능
④ 1960년대까지 가장 많이 적용되었던 소프트웨어 개발 방법

1960년대까지는 별도의 개발 방법론 없이 무원칙 상향식 프로그래밍 방식을 사용하였다.

상 중 하

96 소프트웨어 정의 데이터센터(SDDC : Software Defined Data Center)에 대한 설명으로 틀린 것은?

① 컴퓨팅, 네트워킹, 스토리지, 관리 등을 모두 소프트웨어로 정의한다.
② 인력 개입 없이 소프트웨어 조작만으로 자동 제어 관리한다.
③ 데이터센터 내 모든 자원을 가상화하여 서비스한다.
④ 특정 하드웨어에 종속되어 특화된 업무를 서비스하기에 적합하다.

소프트웨어 정의 데이터센터(SDDC : Software Defined Data Center)
- 가상 데이터센터(VDC : Virtual Data Center)라고도 하며, 추상화, 풀링(Pooling), 자동화 등을 통해 인프라를 가상화하는 데이터 센터를 의미한다.
- 컴퓨팅, 네트워킹, 스토리지, 관리 등을 모두 소프트웨어로 정의한다.
- 인력 개입 없이 소프트웨어 조작만으로 자동 제어 관리한다.
- 데이터센터 내 모든 자원을 가상화하여 서비스한다.

ANSWER 91 ④ 92 ① 93 ① 94 ④ 95 ④ 96 ④

상 중 하

97 **컴퓨터 운영체제의 커널에 보안 기능을 추가한 것으로 운영체제의 보안상 결함으로 인하여 발생 가능한 각종 해킹으로부터 시스템을 보호하기 위하여 사용되는 것은?**

① GPID ② CentOS
③ XSS ④ Secure OS

Secure OS
- 컴퓨터 운영체제의 커널에 보안 기능을 추가한 것으로 운영체제의 보안상 결함으로 인하여 발생 가능한 각종 해킹으로부터 시스템을 보호하기 위하여 사용된다.
- 네트워크 보안 제품의 무력화 시 최후 시스템 보호 역할을 수행하며 조직의 보안 정책 및 역할에 최적화되어 보안 정책 관리를 지원한다.

상 중 하

98 **NS(Nassi-Schneiderman) Chart에 대한 설명으로 거리가 먼 것은?**

① 논리의 기술에 중점을 둔 도형식 표현 방법이다.
② 연속, 선택 및 다중 선택, 반복 등의 제어 논리 구조로 표현한다.
③ 주로 화살표를 사용하여 논리적인 제어 구조로 흐름을 표현한다.
④ 조건이 복합되어 있는 곳의 처리를 시각적으로 명확히 식별하는 데 적합하다.

N-S 차트(Nassi-Schneiderman Chart)
- 구조적 프로그램의 순차, 선택, 반복 구조를 사각형으로 도식화한 것으로 논리적 기술에 중점을 둔 도형식 표현 방법이다.
- 조건이 복합되어 있는 곳의 처리를 시각적으로 명확히 식별하는 데 적합하다.

상 중 하

99 **다음 내용에 적합한 용어는?**

- 대용량 데이터를 분산 처리하기 위한 목적으로 개발된 프로그래밍 모델이다.
- Google에 의해 고안된 기술로써 대표적인 대용량 데이터 처리를 위한 병렬 처리 기법을 제공한다.
- 임의의 순서로 정렬된 데이터를 분산 처리하고 이를 다시 합치는 과정을 거친다.

① MapReduce
② SQL
③ Hijacking
④ Logs

MapReduce : HADOOP의 핵심 구성 요소로서 대용량 데이터를 분산 처리하기 위한 목적으로 개발된 프로그래밍 모델이다.

상 중 하

100 **소프트웨어 프로세스에 대한 개선 및 능력 측정 기준에 대한 국제 표준은?**

① ISO 14001
② IEEE 802.5
③ IEEE 488
④ SPICE

SPICE(Software Process Improvement and Capability dEtermination)
- 소프트웨어 품질 및 생산성 향상을 위해 소프트웨어 프로세스를 평가 및 개선하는 국제 표준이다.
- 공식 명칭은 ISO/IEC 15504이다.
- ISO/IEC 12207의 단점을 해결하기 위해 개발되었다.

ANSWER 97 ④ 98 ③ 99 ① 100 ④

해설과 함께 보는 **최신 기출문제 02회**

시행 일자	시험 시간	문항 수
2021년 제1회	2시간 30분	100문항

풀이 시간 : ______________ **채점 점수 :** ______________

1과목 소프트웨어 설계

상 중 하

01 분산 컴퓨팅 환경에서 서로 다른 기종 간의 하드웨어나 프로토콜, 통신 환경 등을 연결하여 응용 프로그램과 운영 환경 간에 원만한 통신이 이루어질 수 있게 서비스를 제공하는 소프트웨어는?

① 미들웨어 ② 하드웨어
③ 오픈허브웨어 ④ 그레이웨어

- 미들웨어 : 이기종 하드웨어, 소프트웨어, 네트워크, 프로토콜, PC 환경, 운영체제 환경 등에서 시스템 간의 표준화된 연결을 도와주는 소프트웨어이다.
- 오픈허브웨어 : 웹 서비스 모음들과 오픈소스 소프트웨어 개발 환경의 전반을 안내하는 데 초점을 둔 온라인 커뮤니티플랫폼을 제공하는 웹 사이트이다.
- 그레이웨어 : 악성 코드와 바이러스 중간 단계로 사용자 동의를 얻어 설치된다. 사용자의 중요정보를 탈취하지 않지만 불편함을 준다.

상 중 하

02 기본 유스케이스 수행 시 특별한 조건을 만족할 때 수행하는 유스케이스는?

① 연관 ② 확장
③ 선택 ④ 특화

확장 관계(Extends Association)
- 기준 유스케이스와 확장 대상 유스케이스 사이에 형성되는 관계로, 해당 유스케이스에 부가적인 유스케이스를 실행할 수 있을 때의 관계이다.
- 확장 대상 유스케이스를 수행할 때 특정 조건에 따라 확장 기능 유스케이스를 수행하는 경우에 적용한다.

상 중 하

03 UML(Unified Modeling Language)에 대한 설명 중 틀린 것은?

① 기능적 모델은 사용자 측면에서 본 시스템 기능이며, UML에서는 Use Case Diagram을 사용한다.
② 정적 모델은 객체, 속성, 연관 관계, 오피레이션의 시스템의 구조를 나타내며, UML에서는 Class Diagram을 사용한다.
③ 동적 모델은 시스템의 내부 동작을 말하며, UML에서는 Sequence Diagram, State Diagram, Activity Diagram을 사용한다.
④ State Diagram은 객체들 사이의 메시지 교환을 나타내며, Sequence Diagram은 하나의 객체가 가진 상태와 그 상태의 변화에 의한 동작 순서를 나타낸다.

상태 머신 다이어그램(State Machine Diagram)
- 객체의 생명주기를 표현한다.
- 동적 행위를 모델링 하지만 특정 객체만을 다룬다. 예 실시간 임베디드 시스템, 게임, 프로토콜 설계에 이용

순차 다이어그램(Sequence Diagram)
시스템의 동작을 정형화하고 객체 간의 메시지 교환을 쉽게 표현하고 시간에 따른 메시지 발생 순서를 강조한다.

상 중 하

04 운영체제 분석을 위해 리눅스에서 버전을 확인하고자 할 때 사용되는 명령어는?

① ls ② cat
③ pwd ④ uname

- uname -a : 현재 설치된 리눅스 커널 정보를 모두 표시한다.
- cat /etc/issue : cat은 문서를 열어 볼 수 있는 명령어이고 /etc/issue는 etc 폴더의 issue 문서를 열어 보는 것으로 리눅스 버전을 볼 수 있다.
- cat /etc/*release* : release 문서에 저장된 리눅스 릴리즈를 확인할 수 있다.

ANSWER 01 ① 02 ② 03 ④ 04 ②,④

상 중 하

05 럼바우(Rumbaugh) 분석 기법에서 정보 모델링이라고도 하며, 시스템에서 요구되는 객체를 찾아내어 속성과 연산 식별 및 객체들 간의 관계를 규정하여 다이어그램으로 표시하는 모델링은?

① Object ② Dynamic
③ Function ④ Static

럼바우(Rumbaugh) 객체지향 분석 기법
- 객체 모델링 : 정보 모델링이라고도 한다. 시스템에서 요구되는 객체를 찾아내어 속성과 연산 식별 및 객체들 간의 관계를 규정하여 객체를 다이어그램으로 표시한다.
- 동적 모델링 : 제어 흐름, 상호작용, 동작 순서 등의 상태를 시간 흐름에 따라 상태 다이어그램으로 표시한다.
- 기능 모델링 : 자료 흐름도를 이용하여 여러 프로세스 간의 자료 흐름을 표시한다. 어떤 데이터를 입력하여 어떤 결과를 가져올 수 있을지를 표현한다.

상 중 하

06 GoF(Gangs of Four) 디자인 패턴의 생성 패턴에 속하지 않는 것은?

① 추상 팩토리(Abstract Factory)
② 빌더(Builder)
③ 어댑터(Adapter)
④ 싱글턴(Singleton)

GOF 디자인 패턴
- 구조 : Adapter, Bridge, Composite, Decorator, Facade, Flyweight, Proxy
- 행위 : Chain of Responsibility, Iterator, Command, Interpreter, Memento, Observer, State, Strategy, Visitor, Template Method, Mediator
- 생성 : Factory Method, Singleton, Prototype, Builder, Abstraction Factory

상 중 하

07 현행 시스템 분석에서 고려하지 않아도 되는 항목은?

① DBMS 분석
② 네트워크 분석
③ 운영체제 분석
④ 인적 자원 분석

현행 시스템 파악 절차
- 1단계(시스템 구성 파악 → 시스템 기능 파악 → 시스템 인터페이스 현황 파악)
- 2단계(아키텍처 파악 → 소프트웨어 구성 파악)
- 3단계(시스템 하드웨어 현황 파악 → 네트워크 구성 파악)

상 중 하

08 UML 다이어그램 중 시스템 내 클래스의 정적 구조를 표현하고 클래스와 클래스, 클래스의 속성 사이의 관계를 나타내는 것은?

① Activity Diagram
② Model Diagram
③ State Diagram
④ Class Diagram

- 클래스 다이어그램(Class Diagram) : 시스템 내 클래스의 정적 구조를 표현하고 시스템을 구성하는 클래스들 사이의 관계를 표현한다.
- 상태 머신 다이어그램(State Machine Diagram) : 객체의 생명주기를 표현한다. 동적 행위를 모델링하지만 특정 객체만을 다룬다.
  예 실시간 임베디드 시스템, 게임, 프로토콜 설계에 이용
- 활동 다이어그램 (Activity Diagram) : 업무 처리 과정이나 연산이 수행되는 과정을 표현한다.

상 중 하

09 객체지향 분석 방법론 중 Coad-Yourdon 방법에 해당하는 것은?

① E-R 다이어그램을 사용하여 객체의 행위를 데이터 모델링하는 데 초점을 둔 방법이다.
② 객체, 동적, 기능 모델로 나누어 수행하는 방법이다.
③ 미시적 개발 프로세스와 거시적 개발 프로세스를 모두 사용하는 방법이다.
④ Use Case를 강조하여 사용하는 방법이다.

Coad와 Yourdon 방법 : 객체지향 분석 방법론에서 E-R 다이어그램을 사용하여 객체의 행위를 모델링한다.

상 중 하

10 객체지향 개념에서 연관된 데이터와 함수를 함께 묶어 외부와 경계를 만들고 필요한 인터페이스만을 밖으로 드러내는 과정은?

① 메시지(Message)
② 캡슐화(Encapsulation)
③ 다형성(Polymorphism)
④ 상속(Inheritance)

캡슐화(Encapsulation)
- 서로 관련성이 높은 데이터(속성)와 그와 관련된 기능(메소드, 함수)을 묶는 기법이다.
- 결합도가 낮아져 소프트웨어 개발에 있어 재사용성이 높아진다.
- 정보은닉을 통하여 타 객체와 메시지 교환 시 인터페이스가 단순해진다.
- 변경 발생 시 오류의 파급 효과가 적다.

ANSWER 05 ① 06 ③ 07 ④ 08 ④ 09 ① 10 ②

상 중 하

11 디자인 패턴을 이용한 소프트웨어 재사용으로 얻어지는 장점이 아닌 것은?

① 소프트웨어 코드의 품질을 향상시킬 수 있다.
② 개발 프로세스를 무시할 수 있다.
③ 개발자들 사이의 의사소통을 원활하게 할 수 있다.
④ 소프트웨어의 품질과 생산성을 향상시킬 수 있다.

디자인 패턴은 자주 사용하는 설계 형태를 정형화하여 유형별로 설계 템플릿을 만들어 두고 소프트웨어 개발 중 나타나는 과제를 해결하기 위한 방법 중 한 가지이므로 개발 프로세스를 무시할 수 없다.

상 중 하

12 다음은 어떤 프로그램 구조를 나타낸다. 모듈 F에서의 Fan-In과 Fan-Out의 수는 얼마인가?

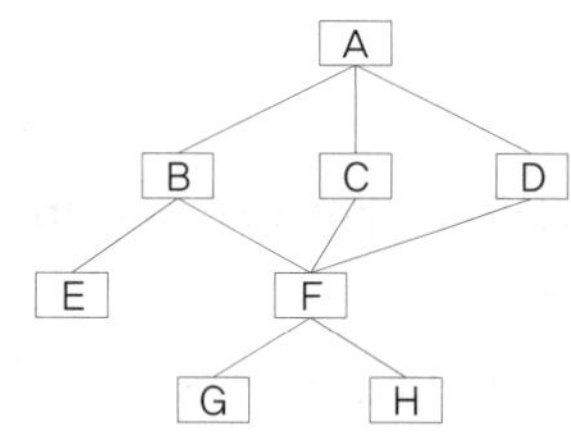

① Fan-In : 2, Fan-Out : 3
② Fan-In : 3, Fan-Out : 2
③ Fan-In : 1, Fan-Out : 2
④ Fan-In : 2, Fan-Out : 1

- Fan-In : 주어진 한 모듈을 제어하는 상위 모듈 수 → 3
- Fan-Out : 주어진 한 모듈이 제어하는 하위 모듈 수 → 2

상 중 하

13 소프트웨어를 개발하기 위한 비즈니스(업무)를 객체와 속성, 클래스와 멤버, 전체와 부분 등으로 나누어서 분석해 내는 기법은?

① 객체지향 분석 ② 구조적 분석
③ 기능적 분석 ④ 실시간 분석

객체지향(Object Oriented) 분석
- 현실 세계의 대상 체인 개체(Entity)를 속성(Attribute)과 메소드(Method)로 결합하여 객체(Object)로 표현(모델링)한다.
- 소프트웨어 개발의 대상을 기능이 아닌 개체를 대상으로 하며 개체 간의 상호 관계를 모델링하는 방식이다.

상 중 하

14 다음 중 요구사항 모델링에 활용되지 않는 것은?

① 애자일(Agile) 방법
② 유스케이스 다이어그램(Use Case Diagram)
③ 시퀀스 다이어그램(Sequence Diagram)
④ 단계 다이어그램(Phase Diagram)

요구사항 모델링이나 UML 다이어그램 중 단계 다이어그램 포함되지 않는다.

상 중 하

15 애자일 소프트웨어 개발 기법의 가치가 아닌 것은?

① 프로세스와 도구보다는 개인과 상호작용에 더 가치를 둔다.
② 계약 협상보다는 고객과의 협업에 더 가치를 둔다.
③ 실제 작동하는 소프트웨어보다는 이해하기 좋은 문서에 더 가치를 둔다.
④ 계획을 따르기보다는 변화에 대응하는 것에 더 가치를 둔다.

애자일(Agile) 선언문
- 프로세스나 도구보다 개인과의 소통이 더 중요하다.
- 완벽한 문서보다 실행되는 소프트웨어가 더 중요하다.
- 계약 협상보다 고객과의 협업이 더 중요하다.
- 계획을 따르는 것보다 변경에 대한 응답이 더 중요하다.

상 중 하

16 응용 프로그램의 프로시저를 사용하여 원격 프로시저를 로컬 프로시저처럼 호출하는 방식의 미들웨어는?

① WAS(Web Application Server)
② MOM(Message Oriented Middleware)
③ RPC(Remote Procedure Call)
④ ORB(Object Request Broker)

RPC(Remote Procedure Call) : 응용 프로그램의 프로시저를 사용하여 원격 프로시저를 마치 로컬 프로시저처럼 호출하는 방식이다.

오답 피하기
- ORB(Object Request Broker) : 객체 지향 미들웨어로 코바(CORBA) 표준 스펙을 구현한 미들웨어이다.
- MOM(Message Oriented Middleware) : 메시지 기반의 비동기형 메시지를 전달하는 방식의 미들웨어이다.
- WAS(Web Application Server) : 사용자의 요구에 따라 변하는 동적인 콘텐츠를 처리하기 위해 사용되는 미들웨어이다.

ANSWER 11 ② 12 ② 13 ① 14 ④ 15 ③ 16 ③

상 중 하

17 **바람직한 소프트웨어 설계 지침이 아닌 것은?**

① 모듈의 기능을 예측할 수 있도록 정의한다.
② 이식성을 고려한다.
③ 적당한 모듈의 크기를 유지한다.
④ 가능한 모듈을 독립적으로 생성하고 결합도를 최대화한다.

결합도(Coupling)
- 서로 다른 두 모듈 간의 상호 의존도로서 두 모듈 간의 기능적인 연관 정도를 나타낸다.
- 모듈 간의 결합도를 약하게 하면 모듈 독립성이 향상되어 시스템의 구현 및 유지보수 작업이 쉬워진다.

상 중 하

18 **통신을 위한 프로그램을 생성하여 포트를 할당하고, 클라이언트의 통신 요청 시 클라이언트와 연결하는 내·외부 송·수신 연계 기술은?**

① DB 링크 기술
② 소켓 기술
③ 스크럽 기술
④ 프로토타입 기술

인터페이스 연계 기술
- DB Link : DB에서 제공하는 DB Link 객체를 이용하는 것이다. 수신 시스템의 DB에서 송신 시스템에서 접근 가능한 DB Link를 생성한 뒤 송신 시스템에서 DB Link로 직접 참조하여 연계하는 것이다.
- Socket : 서버에서 통신을 위한 소켓(Socket)을 생성, 포트를 할당한 뒤 클라이언트의 통신 요청 시 클라이언트와 연결하는 방식이다.

상 중 하

19 **소프트웨어 설계 시 제일 상위에 있는 Main User Function에서 시작하여 기능을 하위 기능들로 분할해 가면서 설계하는 방식은?**

① 객체지향 설계
② 데이터 흐름 설계
③ 상향식 설계
④ 하향식 설계

- 하향식 설계 : 소프트웨어 설계 시 제일 상위에 있는 Main User Function에서 시작하여 기능을 하위 기능들로 분할해 가면서 설계하는 방식이다.
- 상향식 설계 : 가장 기본적인 컴포넌트를 먼저 설계한 다음 이것을 사용하는 상위 수준의 컴포넌트를 설계하는 방식이다.

상 중 하

20 **CASE(Computer Aided Software Engineering)에 대한 설명으로 틀린 것은?**

① 소프트웨어 모듈의 재사용성이 향상된다.
② 자동화된 기법을 통해 소프트웨어 품질이 향상된다.
③ 소프트웨어 사용자들에게 사용 방법을 신속히 숙지시키기 위해 사용된다.
④ 소프트웨어 유지보수를 간편하게 수행할 수 있다.

CASE가 제공하는 기능
- 개발을 신속하게 할 수 있고, 오류 수정이 쉬워 S/W 품질이 향상된다.
- 소프트웨어 생명주기의 전체 단계를 연결해 주고 자동화시켜 주는 통합된 도구를 제공해 주는 기술이다.
- 소프트웨어 시스템의 문서화 및 명세화를 위한 그래픽 기능을 제공한다.
- S/W 개발 단계의 표준화를 기할 수 있으며 자료 흐름도 작성 기능을 제공한다.
- 모델들 사이의 모순 검사 기능을 제공하며 다양한 소프트웨어 개발 모형을 지원한다.

2 과목 소프트웨어 개발

상 중 하

21 **구현 단계에서의 작업 절차를 순서에 맞게 나열한 것은?**

㉠ 코딩한다.
㉡ 코딩 작업을 계획한다.
㉢ 코드를 테스트한다.
㉣ 컴파일한다.

① ㉠-㉡-㉢-㉣
② ㉡-㉠-㉣-㉢
③ ㉢-㉠-㉡-㉣
④ ㉣-㉡-㉠-㉢

구현 단계의 작업 절차 : 코딩 계획 → 코딩 → 컴파일 → 테스트

ANSWER 17 ④ 18 ② 19 ④ 20 ③ 21 ②

상 중 하

22 소프트웨어 설치 매뉴얼에 포함된 항목이 아닌 것은?

① 제품 소프트웨어 개요
② 설치 관련 파일
③ 프로그램 삭제
④ 소프트웨어 개발 기간

소프트웨어 설치 매뉴얼 기본 사항 : 제품 소프트웨어 개요, 설치 관련 파일, 설치 아이콘, 프로그램 삭제, 관련 추가 정보

상 중 하

23 다음 전위식(Prefix)을 후위식(Postfix)으로 옳게 표현한 것은?

− / ∗ A + B C D E

① A B C + D / ∗ E −
② A B ∗ C D / + E −
③ A B ∗ C + D / E −
④ A B C + ∗ D / E −

• 피연산자의 왼쪽에 연산자가 있으므로 연산자 1개와 피연산자 2개씩 묶어준다.

(− (/ (A ∗ (+ B C)) D) E)

• 연산자를 피연산자 뒤로 이동시킨다.

(((A (B C +) ∗) D /) E −)

• 괄호를 제거한다.

A B C + ∗ D / E −

상 중 하

24 소프트웨어 품질 목표 중 쉽게 배우고 사용할 수 있는 정도를 나타내는 것은?

① Correctness ② Reliability
③ Usability ④ Integrity

소프트웨어 품질 목표

정확성 (Correctness)	사용자의 요구 기능을 충족시키는 정도
신뢰성 (Reliability)	주어진 시간 동안 주어진 기능을 오류 없이 수행하는 정도
사용 용이성 (Usability)	• 사용에 필요한 노력을 최소화하고 쉽게 사용할 수 있는 정도 • 적절한 사용자 인터페이스와 문서를 가지고 있는 정도
효율성 (Efficiency)	명시된 조건하에서 소프트웨어 제품의 일정한 성능과 자원 소요량의 관계에 관한 속성, 즉 요구되는 기능을 수행하기 위해 필요한 자원의 소요 정도
무결성 (Integrity)	허용되지 않는 사용이나 자료의 변경을 제어하는 정도

상 중 하

25 여러 개의 선택 항목 중 하나의 선택만 가능한 경우 사용하는 사용자 인터페이스(UI) 요소는?

① 토글 버튼 ② 텍스트 박스
③ 라디오 버튼 ④ 체크 박스

• 라디오 버튼 : 선택 영역에서 어느 하나를 선택할 때 사용하는 버튼이다. 항목 중 1개만 선택할 수 있다.

☐ Radio1
☐ Radio2
☑ Radio3

• 체크박스 : 라디오 버튼과 달리 동시에 여러 항목을 선택할 수 있다.

☐ Basketball
☑ Cats
☑ Dogs
☑ Mobile & Wireless

• 토글 버튼 : 항목을 on/off하는 경우에 사용된다.

• 드롭다운 리스트(목록상자) : 기본값이 보이는 디폴트 값을 가지고 있다가 드롭다운 버튼을 누르면 선택 항목이 표시된다.

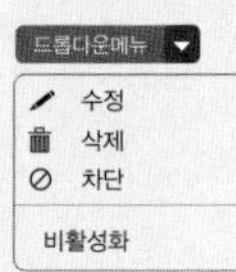

상 중 하

26 퀵 정렬에 관한 설명으로 옳은 것은?

① 레코드의 키 값을 분석하여 같은 값끼리 그 순서에 맞는 버킷에 분배하였다가 버킷의 순서대로 레코드를 꺼내어 정렬한다.
② 주어진 파일에서 인접한 두 개의 레코드 키 값을 비교하여 그 크기에 따라 레코드 위치를 서로 교환한다.
③ 레코드의 많은 자료 이동을 없애고 하나의 파일을 부분적으로 나누어 가면서 정렬한다.
④ 임의의 레코드 키와 매개 변수(h) 값만큼 떨어진 곳의 레코드 키를 비교하여 서로 교환해 가면서 정렬한다.

퀵 정렬 : 레코드의 많은 자료 이동을 없애고 하나의 파일을 부분적으로 나누어 가면서 정렬한다.

오답 피하기

① 해시 정렬, ② 삽입 정렬, ④ 선택 정렬

ANSWER 22 ④ 23 ④ 24 ③ 25 ③ 26 ③

상중하

27 디지털 저작권 관리(DRM)에 사용되는 기술 요소가 아닌 것은?

① 키 관리 ② 방화벽
③ 암호화 ④ 크랙 방지

DRM 요소 기술 : 암호화, 키 관리, 암호화 파일 생성, 식별 기술, 저작권 표현, 정책 관리, 크랙 방지, 인증, 인터페이스, 이벤트 보고, 사용 권한

상중하

28 스택에 대한 설명으로 틀린 것은?

① 입 · 출력이 한쪽 끝으로만 제한된 리스트이다.
② Head(front)와 Tail(rear)의 2개 포인터를 갖고 있다.
③ LIFO 구조이다.
④ 더 이상 삭제할 데이터가 없는 상태에서 데이터를 삭제하면 언더플로(Underflow)가 발생한다.

②번은 큐에 관한 설명이다.

상중하

29 필드 테스팅(Field Testing)이라고도 불리며 개발자 없이 고객의 사용 환경에 소프트웨어를 설치하여 검사를 수행하는 인수 검사 기법은?

① 베타 검사 ② 알파 검사
③ 형상 검사 ④ 복구 검사

- 알파 테스트 : 베타 테스트 전에 프로그램 개발 시 내부에서 미리 평가하고 버그를 찾아 수정하기 위해 시험해 보는 검사이다.
- 베타 테스트 : 정식으로 프로그램을 공개하기 전에 한정된 집단 또는 일반인에게 공개하여 기능을 시험하는 검사이다.

상중하

30 소프트웨어 형상 관리(Configuration Management)에 관한 설명으로 틀린 것은?

① 소프트웨어에서 일어나는 수정이나 변경을 알아내고 제어하는 것을 의미한다.
② 소프트웨어 개발의 전체 비용을 줄이고, 개발 과정의 여러 방해 요인이 최소화되도록 보증하는 것을 목적으로 한다.
③ 형상 관리를 위하여 구성된 팀을 "chief programmer team"이라고 한다.
④ 형상 관리의 기능 중 하나는 버전 제어 기술이다.

형상 관리를 위해 구성된 팀은 형상통제위원회이다.

상중하

31 그래프의 특수한 형태로 노드(Node)와 선분(Branch)으로 되어 있고, 정점 사이에 사이클(Cycle)이 형성되어 있지 않으며, 자료 사이의 관계성이 계층 형식으로 나타나는 비선형 구조는?

① Tree ② Network
③ Stack ④ Distributed

트리(Tree)
- 자료 사이의 관계성이 계층 형식으로 나타나는 비선형 구조이다.
- 그래프의 특수한 형태로 노드(Node)와 선분(Branch)으로 되어 있다.
- 정점 사이에 사이클(Cycle)이 형성되어 있지 않다.

상중하

32 이진 검색 알고리즘에 대한 설명으로 틀린 것은?

① 탐색 효율이 좋고 탐색 기간이 적게 소요된다.
② 검색할 데이터가 정렬되어 있어야 한다.
③ 피보나치수열에 따라 다음에 비교할 대상을 선정하여 검색한다.
④ 비교 횟수를 거듭할 때마다 검색 대상이 되는 데이터의 수가 절반으로 줄어든다.

피보나치 수열에 따라 다음에 비교할 대상을 선정하여 검색하는 것은 피보나치 검색 방식이다.

상중하

33 소프트웨어의 일부분을 다른 시스템에서 사용할 수 있는 정도를 의미하는 것은?

① 신뢰성(Reliability)
② 유지보수성(Maintainability)
③ 가시성(Visibility)
④ 재사용성(Reusability)

소프트웨어 품질 목표 – 변경 수용성

이식성 (Portability)	다양한 하드웨어 환경에서도 운용 가능하도록 쉽게 수정될 수 있는 정도
상호운용성 (Interoperability)	다른 소프트웨어와 정보를 교환할 수 있는 정도
재사용성 (Reusability)	전체나 일부 소프트웨어를 다른 목적으로 사용할 수 있는가 하는 정도

ANSWER 27 ② 28 ② 29 ① 30 ③ 31 ① 32 ③ 33 ④

상 중 하

34 하향식 통합 시험을 위해 일시적으로 필요한 조건만을 가지고 임시로 제공되는 시험용 모듈은?

① Stub ② Driver
③ Procedure ④ Function

테스트 스텁(Test Stub)
- 상위 모듈에서 하위 모듈 방향으로 통합 테스트를 진행하는 하향식 테스트에서 사용된다.
- 상위 모듈에서 하위 모듈로의 테스트를 진행하는 과정 중 하위 시스템 컴포넌트의 개발이 완료되지 않은 상황에서 시스템 테스트를 진행하기 위하여 임시로 생성된 가상의 더미 컴포넌트(Dummy Component)를 일컫는다.

테스트 드라이버(Test Driver)
- 하위 모듈에서 상위 모듈로 통합하면서 테스트하는 것으로 상향식 테스트에서 사용된다.
- 테스트할 소프트웨어 또는 시스템을 제어하고 동작시키는 데 사용되는 도구를 의미한다.
- 시스템 및 시스템 컴포넌트를 시험하는 환경의 일부분으로 시험을 지원하는 목적하에 생성된 코드와 데이터이다.
- 일 예로 순차적 실행을 지원하는 프로그램이나 명령들이 묶여 있는 배치 파일이 있다.

상 중 하

35 해싱 함수(Hashing Function)의 종류가 아닌 것은?

① 제곱법(Mid-Square)
② 숫자 분석법(Digit Analysis)
③ 개방 조소법(Open Addressing)
④ 제산법(Division)

해싱 함수의 종류 : 제산 방법(Division Method), 중간 제곱 방법(Mid-Square Method), 중첩 방법(폴딩, Folding Method), 기수 변환 방법(Radix Conversion Method), 무작위 방법(Random Method), 계수 분석 방법(Digit Analysis Method)

상 중 하

36 다음 중 블랙박스 검사 기법은?

① 경계값 분석 ② 조건 검사
③ 기초 경로 검사 ④ 루프 검사

블랙박스 테스트 종류 : 동치 분할 검사, 경계값 분석, 원인-효과 그래프 검사, 오류 예측 검사, 비교 검사 등이 있다.

오답 피하기

조건, 루프 검사, 기초 경로 검사는 내부를 들여다봐야 하므로 화이트박스 테스트에 해당한다.

상 중 하

37 다음 트리를 Preorder 운행법으로 운행할 경우 다섯 번째로 탐색되는 것은?

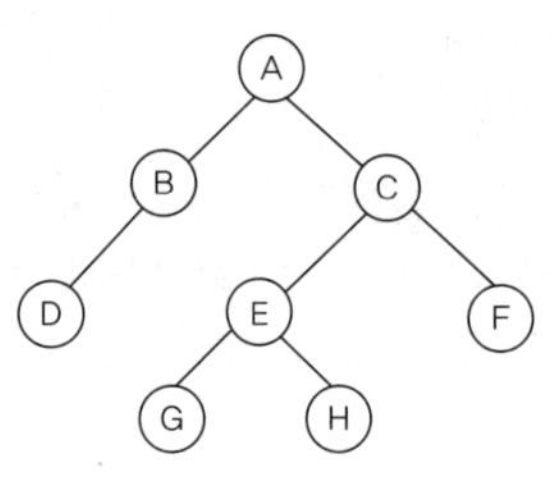

① C ② E
③ G ④ H

Preorder의 순회 순서는 Root → Left → Right이다.
- A ❶ ❷
- A B D C ❸ F
- A B D C E G H F
- 이므로 5번째 E가 검색된다.

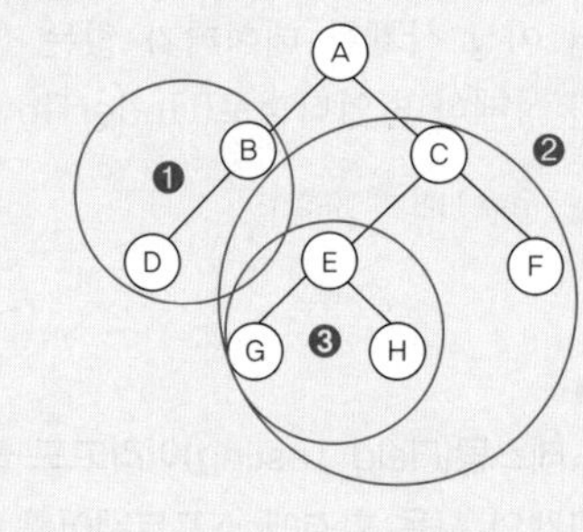

상 중 하

38 다음 자료에 대하여 "Selection Sort"를 사용하여 오름차순으로 정렬한 경우 PASS 3의 결과는?

초기 상태 : 8, 3, 4, 9, 7

① 3, 4, 7, 9, 8 ② 3, 4, 8, 9, 7
③ 3, 8, 4, 9, 7 ④ 3, 4, 7, 8, 9

오름차순 선택 정렬의 경우 각 pass 마다 가장 작은 값이 맨 앞으로 이동한다.
- 1pass : 8 3 4 9 7 → 3 8 4 9 7
- 2pass : 3 8 4 9 7 → 3 4 8 9 7
- 3pass : 3 4 8 9 7 → 3 4 7 9 8
- 4pass : 3 4 7 9 8 → 3 4 7 8 9

ANSWER 34 ① 35 ③ 36 ① 37 ② 38 ①

상 중 하

39 **자료 구조에 대한 설명으로 틀린 것은?**

① 큐는 비선형 구조에 해당한다.
② 큐는 First In – First Out 처리를 수행한다.
③ 스택은 Last In – First Out 처리를 수행한다.
④ 스택은 서브 루틴 호출, 인터럽트 처리, 수식 계산 및 수식 표기법에 응용된다.

큐는 대표적인 선형 구조에 해당한다.

상 중 하

40 **테스트 케이스에 일반적으로 포함되는 항목이 아닌 것은?**

① 테스트 조건 ② 테스트 데이터
③ 테스트 비용 ④ 예상 결과

테스트 케이스의 구성 항목 : 식별자, 일련번호, 테스트할 모듈 또는 기능, 입력값(테스트 데이터) 또는 테스트 조건, 테스트 케이스 실행 시 기대되는 출력값(예상 결과), 환경 설정, 특수 절차, 테스트 케이스 간의 의존성

3과목 데이터베이스 구축

상 중 하

41 **다음 릴레이션의 카디널리티와 차수가 옳게 나타낸 것은?**

아이디	성명	나이	등급	적립금	가입년도
yuyu01	원유철	36	3	2000	2008
sykim10	김성일	29	2	3300	2014
kshan4	한경선	45	3	2800	2009
namsu52	이남수	33	5	1000	2016

① 카디널리티 : 4, 차수 : 4
② 카디널리티 : 4, 차수 : 6
③ 카디널리티 : 6, 차수 : 4
④ 카디널리티 : 6, 차수 : 6

- 카디널리티(Cardinality) : 튜플(레코드, 행)의 수(기수)
- 디그리(Degree) : 속성(필드, 열)의 수(차수)

상 중 하

42 **데이터베이스 성능에 많은 영향을 주는 DBMS의 구성 요소로 테이블과 클러스터에 연관되어 독립적인 저장 공간을 보유하며, 데이터베이스에 저장된 자료를 더욱 빠르게 조회하기 위하여 사용되는 것은?**

① 인덱스(Index)
② 트랜잭션(Transaction)
③ 역정규화(Denormalization)
④ 트리거(Trigger)

인덱스(Index) : 데이터베이스 성능에 많은 영향을 주는 DBMS의 구성 요소로 테이블과 클러스터에 연관되어 독립적인 저장 공간을 보유하며, 데이터베이스에 저장된 자료를 더욱 빠르게 조회하기 위하여 별도로 구성한 순서 데이터를 말한다.

상 중 하

43 **데이터베이스 설계 단계 중 저장 레코드 양식 설계, 레코드 집중의 분석 및 설계, 접근 경로 설계와 관계되는 것은?**

① 논리적 설계
② 요구 조건 분석
③ 개념적 설계
④ 물리적 설계

물리적 설계
- 저장 레코드 양식 설계와 레코드 집중의 분석/설계, 액세스 경로 인덱싱, 클러스터링, 해싱 등의 설계가 포함된다.
- 접근 경로 설계 및 트랜잭션 세부 설계이다.

상 중 하

44 **시스템 카탈로그에 대한 설명으로 틀린 것은?**

① 시스템 카탈로그의 갱신은 무결성 유지를 위하여 SQL을 이용하여 사용자가 직접 갱신하여야 한다.
② 데이터베이스에 포함되는 데이터 객체에 대한 정의나 명세에 대한 정보를 유지 관리한다.
③ DBMS가 스스로 생성하고 유지하는 데이터베이스 내의 특별한 테이블의 집합체이다.
④ 카탈로그에 저장된 정보를 메타 데이터라고도 한다.

사용자가 시스템 카탈로그를 직접 갱신할 수는 없으나 SQL문으로 여러 가지 객체에 변화를 주면 시스템이 자동으로 갱신된다.

ANSWER 39 ① 40 ③ 41 ② 42 ① 43 ④ 44 ①

상 중 하

45 정규화를 거치지 않아 발생하게 되는 이상(Anomaly) 현상의 종류에 대한 설명으로 옳지 않은 것은?

① 삭제 이상이란 릴레이션에서 한 튜플을 삭제할 때 의도와는 상관없는 값들도 함께 삭제되는 연쇄 삭제 현상이다.
② 삽입 이상이란 릴레이션에서 데이터를 삽입할 때 의도와는 상관없이 원하지 않는 값들도 함께 삽입되는 현상이다.
③ 갱신 이상이란 릴레이션에서 튜플에 있는 속성값을 갱신할 때 일부 튜플의 정보만 갱신되어 정보에 모순이 생기는 현상이다.
④ 종속 이상이란 하나의 릴레이션에 하나 이상의 함수적 종속성이 존재하는 현상이다.

이상 현상(Anomaly)
- 릴레이션 조작 시 데이터들이 불필요하게 중복되어 예기치 않게 발생하는 곤란한 현상을 의미한다.
- 종류 : 삽입 이상, 삭제 이상, 갱신 이상

상 중 하

46 다음과 같은 트랜잭션의 특성은?

> 시스템이 가지고 있는 고정 요소는 트랜잭션 수행 전과 트랜잭션 수행 완료 후의 상태가 같아야 한다.

① 원자성(Atomicity)
② 일관성(Consistency)
③ 격리성(Isolation)
④ 영속성(Durability)

일관성(Consistency)
- 시스템의 고정 요소는 트랜잭션 수행 전후가 같아야 한다.
- 트랜잭션 결과는 일관성을 유지해야 한다.
- 트랜잭션 처리 전과 후의 데이터베이스 상태는 같아야 한다. 처리 후라고 해서 구조나 형식이 변경되어서는 안 된다.

상 중 하

47 뷰(VIEW)에 대한 설명으로 옳지 않은 것은?

① DBA는 보안 측면에서 뷰를 활용할 수 있다.
② 뷰 위에 또 다른 뷰를 정의할 수 있다.
③ 뷰에 대한 삽입, 갱신, 삭제 연산 시 제약사항이 따르지 않는다.
④ 독립적인 인덱스를 가질 수 없다.

뷰의 삽입, 삭제, 갱신 연산 시 ALTER문을 사용할 수 없는 제약이 있다.

상 중 하

48 아래의 SQL문을 실행한 결과는?

[R1 테이블]

학번	이름	학년	학과	주소
1000	홍길동	4	컴퓨터	서울
2000	김철수	3	전기	경기
3000	강남길	1	컴퓨터	경기
4000	오말자	4	컴퓨터	경기
5000	장미화	2	전자	서울

[R2 테이블]

학번	과목번호	성적	점수
1000	C100	A	91
1000	C200	A	94
2000	C300	B	85
3000	C400	A	90
3000	C500	C	75
3000	C100	A	90
4000	C400	A	95
4000	C500	A	91
4000	C100	B	80
4000	C200	C	74
5000	C400	B	85

```
SELECT 이름
FROM R1
WHERE 학번 IN
      (SELECT 학번
       FROM R2
       WHERE 과목번호 = 'C100');
```

①

이름
홍길동
강남길
장미화

②

이름
홍길동
강남길
오말자

③

이름
홍길동
김철수
강남길
오말자
장미화

④

이름
홍길동
김철수

ANSWER 45 ④ 46 ② 47 ③ 48 ②

- 하위 질의문은 하위 질의를 먼저 처리하고 검색된 결과는 상위 질의에 적용되어 검색된다.
- 하위 질의 : (SELECT 학번 FROM R2 WHERE 과목번호 = 'C100');
- R2 테이블에서 과목번호가 'C100'인 튜플의 학번 필드를 조회한다. → 학번, 1000, 3000, 4000
- SELECT 이름 FROM R1 WHERE 학번 IN (1000, 3000 ,4000)
- R1 테이블에서 학번이 1000, 2000, 4000인 튜플의 이름을 조회한다. → 홍길동, 강남길, 오말자

상중하

49 조건을 만족하는 릴레이션의 수평적 부분 집합으로 구성하며, 연산자의 기호는 그리스 문자 시그마(σ)를 사용하는 관계 대수 연산은?

① Select ② Project
③ Join ④ Division

순수 관계 연산자의 종류

Select(σ)	튜플 집합을 검색한다.
Project(π)	속성 집합을 검색한다.
Join(⋈)	두 릴레이션의 공통 속성을 연결한다.
Division(÷)	두 릴레이션에서 특정 속성을 제외한 속성만 검색한다.

상중하

50 관계 데이터 모델에서 릴레이션(Relation)에 관한 설명으로 옳은 것은?

① 릴레이션의 각 행을 스키마(Schema)라 하며, 예로 도서 릴레이션을 구성하는 스키마에는 도서번호, 도서명, 저자, 가격 등이 있다.
② 릴레이션과 각 열을 튜플(Tuple)이라 하며, 하나의 튜플을 각 속성에서 정의된 값을 이용하여 구성된다.
③ 도메인(Domain)은 하나의 속성이 가질 수 있는 같은 타입의 모든 값의 집합으로 각 속성의 도메인은 원자값을 갖는다.
④ 속성(Attribute)은 한 개의 릴레이션의 논리적인 구조를 정의한 것으로 릴레이션의 이름과 릴레이션에 포함된 속성들의 집합을 의미한다.

① 릴레이션의 각 열을 스키마(Schema)라 하며, 예로 도서 릴레이션을 구성하는 스키마에는 도서번호, 도서명, 저자, 가격 등이 있다.
② 릴레이션과 각 행을 튜플(Tuple)이라 하며, 하나의 튜플을 각 속성에서 정의된 값을 이용하여 구성된다.
④ 릴레이션 스키마는 한 개의 릴레이션의 논리적인 구조를 정의한 것으로 릴레이션의 이름과 릴레이션에 포함된 속성들의 집합을 의미한다.

관계형 데이터베이스 모델 구조

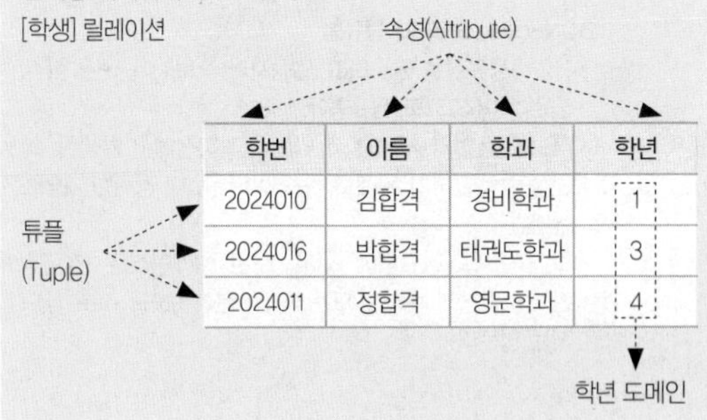

학번	이름	학과	학년
2024010	김합격	경비학과	1
2024016	박합격	태권도학과	3
2024011	정합격	영문학과	4

상중하

51 다음에서 설명하는 스키마(Schema)는?

> 데이터베이스 전체를 정의한 것으로 데이터 개체, 관계, 제약조건, 접근 권한, 무결성 규칙 등을 명세한 것

① 개념 스키마
② 내부 스키마
③ 외부 스키마
④ 내용 스키마

개념 스키마(Conceptual Schema)
- 모든 응용 시스템들이나 사용자들이 필요로 하는 데이터를 통합한 조직 전체의 데이터베이스를 정의한다.
- 범 기관적 입장에서 데이터베이스를 정의한다.
- 개체 간의 관계와 제약조건을 나타내고, 데이터베이스 접근 권한, 보안 및 무결성 규칙 명세가 있다.

오답 피하기

외부 스키마(External Schema)
사용자나 응용 프로그래머가 접근할 수 있는 정의를 기술한다.

내부 스키마(Internal Schema)
- 데이터의 실제 저장 방법을 기술한다.
- 물리적 저장 장치의 입장에서 본 데이터베이스 구조로써 실제로 데이터베이스에 저장될 레코드의 형식을 정의하고 저장 데이터 항목의 표현 방법, 내부 레코드의 물리적 순서 등을 나타낸다.

ANSWER 49 ① 50 ③ 51 ①

상 중 하

52 3NF에서 BCNF가 되기 위한 조건은?

① 이행적 함수 종속 제거
② 부분적 함수 종속 제거
③ 다치 종속 제거
④ 결정자이면서 후보키가 아닌 것 제거

BCNF(보이스/코드) 정규형
- 1, 2, 3정규형을 만족하고, 결정자가 후보키가 아닌 함수 종속 제거되면 보이스/코드 정규형에 속한다.
- 후보키를 여러 개 가지고 있는 릴레이션에서 발생할 수 있는 이상 현상을 해결하기 위해 3정규형보다 좀 더 강력한 제약조건을 적용한다.
- 보이스/코드 정규형에 속하는 모든 릴레이션은 3정규형에 속하지만, 3정규형에 속하는 모든 릴레이션이 보이스/코드 정규형에 속하지는 않는다.

상 중 하

53 다음 정의에서 말하는 기본 정규형은?

어떤 릴레이션 R에 속한 모든 도메인이 원자값(Atomic Value)만으로 되어 있다.

① 제1정규형(1NF)
② 제2정규형(2NF)
③ 제3정규형(3NF)
④ 보이스/코드 정규형(BCNF)

제1정규형(1NF) : 어떤 릴레이션에 속한 모든 도메인이 원자값(Atomic Value)만으로 되어 있는 릴레이션이다.

상 중 하

54 「회원」 테이블 생성 후 「주소」 필드(컬럼)가 누락되어 이를 추가하려고 한다. 이에 적합한 SQL 명령어는?

① DELETE ② RESTORE
③ ALTER ④ ACCESS

ALTER문 문법 구조
- ALTER TABLE : 테이블 구조(필드 추가, 삭제, 변경) 변경문이다.
- ALTER TABLE 테이블_이름 ADD 열_이름 데이터_타입 DEFAULT 값;
- ALTER TABLE 테이블_이름 ALTER 열_이름 SET DEFAULT 값;
- ALTER TABLE 테이블_이름 DROP 열_이름 CASCADE;

상 중 하

55 SQL에서 스키마(Schema), 도메인(Domain), 테이블(Table), 뷰(View), 인덱스(Index)를 정의하거나 변경 또는 삭제할 때 사용하는 언어는?

① DML(Data Manipulation Language)
② DDL(Data Definition Language)
③ DCL(Data Control Language)
④ IDL(Interactive Data Language)

DDL(Data Definition Language, 데이터 정의어)
- 데이터베이스의 정의/변경/삭제에 사용되는 언어이다.
- 논리적 데이터 구조와 물리적 데이터 구조로 정의할 수 있다.
- 논리적 데이터 구조와 물리적 데이터 구조 간의 사상을 정의한다.
- 번역한 결과가 데이터 사전에 저장된다.

상 중 하

56 릴레이션 R1에 속한 애트리뷰트의 조합인 외래키를 변경하려면 이를 참조하고 있는 릴레이션 R2의 기본키도 변경해야 하는데 이를 무엇이라 하는가?

① 정보 무결성 ② 고유 무결성
③ 널 제약성 ④ 참조 무결성

무결성(Integrity)
- 개체 무결성 : 기본키의 값은 널(Null)값이나 중복값을 가질 수 없다는 제약조건이다.
- 참조 무결성 : 참조할 수 없는 외래키 값을 가질 수 없다는 제약조건이다.
- 도메인 무결성 : 각 속성값은 해당 속성 도메인에 지정된 값이어야 한다는 제약조건이다.

상 중 하

57 트랜잭션을 수행하는 도중 장애로 인해 손상된 데이터베이스를 손상되기 이전의 정상적인 상태로 복구시키는 작업은?

① Recovery ② Commit
③ Abort ④ Restart

트랜잭션의 연산
- Commit 연산 : 트랜잭션 실행이 성공적으로 종료되었음을 선언한다.
- Rollback 연산 : 트랜잭션 실행이 실패하였음을 선언한다.
- Recovery 연산 : 트랜잭션을 수행하는 도중 장애로 인해 손상된 데이터베이스를 손상되기 이전의 정상적인 상태로 복구시키는 작업이다.

ANSWER 52 ④ 53 ① 54 ③ 55 ② 56 ④ 57 ①

상중하

58 E-R 다이어그램의 표기법으로 옳지 않은 것은?

① 개체 타입–사각형
② 속성–타원
③ 관계 집합–삼각형
④ 개체 타입과 속성을 연결–선

E-R 다이어그램 : E-R 모델을 그래프 방식으로 표현하였다.

기호	기호 이름	의미
(사각형)	사각형	개체(Entity)
(마름모)	마름모	관계(Relationship)
(타원)	타원	속성(Attribute)
(실선)	실선	개체 타입과 속성을 연결

상중하

59 병행 제어의 로킹(Locking) 단위에 대한 설명으로 옳지 않은 것은?

① 데이터베이스, 파일, 레코드 등은 로킹 단위가 될 수 있다.
② 로킹 단위가 작아지면 로킹 오버헤드가 증가한다.
③ 한꺼번에 로킹할 수 있는 단위를 로킹 단위라고 한다.
④ 로킹 단위가 작아지면 병행성 수준이 낮아진다.

로킹(Locking) 특징
- 로킹 단위가 커지면 로크의 수가 적어 관리가 쉬워지지만 병행성 수준은 낮아진다.
- 로킹 단위가 작으면 로크의 수가 많아 관리가 어려워지지만 병행성 수준은 높아진다.
- 로킹의 대상이 되는 객체(파일, 테이블, 필드, 레코드)의 크기를 로킹 단위라고 한다.

상중하

60 결과값이 아래와 같을 때 SQL 질의로 옳은 것은?

[공급자 테이블]

공급자번호	공급자명	위치
16	대신공업사	수원
27	삼진사	서울
39	삼양사	인천
62	진아공업사	대전
70	신촌상사	서울

[결과]

공급자번호	공급자명	위치
16	대신공업사	수원
70	신촌상사	서울

① SELECT * FROM 공급자 WHERE 공급자명 LIKE '%신%';
② SELECT * FROM 공급자 WHERE 공급자명 LIKE '대%';
③ SELECT * FROM 공급자 WHERE 공급자명 LIKE '%사';
④ SELECT * FROM 공급자 WHERE 공급자명 IS NOT NULL;

LIKE 연산자를 이용한 특정 문자열 검색
- SELECT 검색문에서 와일드카드 문자 '%'를 이용하여 특정 지정된 패턴과 일치하는지를 확인할 때는 LIKE 연산자를 사용한다.
- '%신%' : 공급자명에 '신'이 포함된 모든 레코드
- '대%' : 공급자명에 '대'로 시작하는 모든 레코드
- '%사' : 공급자명이 '사'로 끝나는 모든 레코드
- IS NOT NULL : 공급자명이 비어있지 않은 레코드

ANSWER 58 ③ 59 ④ 60 ①

4과목 **프로그래밍 언어 활용**

상중하

61 운영체제를 기능에 따라 분류할 경우 제어 프로그램이 아닌 것은?

① 데이터 관리 프로그램
② 서비스 프로그램
③ 작업 제어 프로그램
④ 감시 프로그램

제어 프로그램(Control Program)
- 감시 프로그램(Supervisor Program)
- 작업 제어 프로그램(Job Control Program)
- 자료 관리 프로그램(Data Management Program)

오답 피하기

치리 프로그램(Processing Program)
- 언어 번역 프로그램(Language Translate Program)
- 서비스 프로그램(Service Program)
- 문제 프로그램(Problem Program)

상중하

62 교착상태가 발생할 수 있는 조건이 아닌 것은?

① Mutual Exclusion
② Hold and Wait
③ Non-preemption
④ Linear Wait

교착상태의 발생 조건
- 상호배제(Mutual Exclusion) : 한 번에 한 개의 프로세스만이 공유 자원을 사용할 수 있어야 한다(데커 알고리즘, 피터슨 알고리즘, Lamport의 빵집 알고리즘, Test and Set 기법, Swap 명령어 기법).
- 점유와 대기(Hold and Wait) : 이미 자원을 가진 프로세스가 다른 자원의 할당을 요구한다.
- 비선점(Non-preemption) : 프로세스에 할당된 자원은 사용이 끝날 때까지 강제로 빼앗을 수 없다.
- 환형 대기(Circular Wait) : 이미 자원을 가진 프로세스가 앞이나 뒤의 프로세스 자원을 요구한다.

상중하

63 기억 공간이 15K, 23K, 22K, 21K 순으로 빈 공간이 있을 때 기억 장치 배치 전략으로 "First Fit"을 사용하여 17K의 프로그램을 적재할 경우 내부 단편화의 크기는 얼마인가?

① 5K ② 6K
③ 7K ④ 8K

- 최초 적합(First Fit) : 프로그램/데이터가 할당 가능한 영역 중에서 첫 번째 영역에 할당한다.
- 17K가 입력될 수 있는 공간은 23K, 22K, 21K가 있으나 첫 번째인 23K에 입력되며 단편화는 23K − 17K = 6K가 된다.

상중하

64 결합도가 낮은 것부터 높은 순으로 옳게 나열한 것은?

(ㄱ) 내용 결합도	(ㄴ) 자료 결합도
(ㄷ) 공통 결합도	(ㄹ) 스탬프 결합도
(ㅁ) 외부 결합도	(ㅂ) 제어 결합도

① (ㄱ) → (ㄴ) → (ㄹ) → (ㅂ) → (ㅁ) → (ㄷ)
② (ㄴ) → (ㄹ) → (ㅁ) → (ㅂ) → (ㄷ) → (ㄱ)
③ (ㄴ) → (ㄹ) → (ㅂ) → (ㅁ) → (ㄷ) → (ㄱ)
④ (ㄱ) → (ㄴ) → (ㄹ) → (ㅁ) → (ㅂ) → (ㄷ)

결합도 정도(낮음 → 높음) : 데이터 결합도 < 스탬프 결합도 < 제어 결합도 < 외부 결합도 < 공통 결합도 < 내용 결합도

상중하

65 다음 설명의 ㉠과 ㉡에 들어갈 내용으로 옳은 것은?

> 가상 기억 장치의 일반적인 구현 방법에는 프로그램을 고정된 크기의 일정한 블록으로 나누는 (㉠) 기법과 가변적인 크기의 블록으로 나누는 (㉡) 기법이 있다.

① ㉠ : Paging, ㉡ : Segmentation
② ㉠ : Segmentation, ㉡ : Allocation
③ ㉠ : Segmentation, ㉡ : Compaction
④ ㉠ : Paging, ㉡ : Linking

가상 기억 장치(Virtual Memory)
- 주기억 장치의 부족한 용량을 해결하기 위해 보조 기억 장치를 주기억 장치처럼 사용하는 기법이다.
- 가상 기억 장치의 일반적인 구현 방법에는 프로그램을 고정된 크기의 일정한 블록(페이지)으로 나누는 페이징 기법과 가변적인 크기의 블록(세그먼트)으로 나누는 세그멘테이션 기법이 있다.

상중하

66 C언어에서 문자열을 정수형으로 변환하는 라이브러리 함수는?

① atoi( ) ② atof( )
③ itoa( ) ④ ceil( )

- atoi( ) : 문자열을 정수형으로 변환
- atof( ) : 문자열을 실수형으로 변환
- itoa( ) : 숫자를 문자열로 변환
- ceil( ) : 자리올림
- floor( ) : 자리버림

ANSWER 61 ② 62 ④ 63 ② 64 ③ 65 ① 66 ①

상 중 하

67 WAS(Web Application Server)가 아닌 것은?

① JEUS ② JVM
③ Tomcat ④ WebSphere

WAS(Web Application Server)의 종류 : RedHat의 JBoss, Tmax의 JEUS, Oracle의 Weblogic, IBM의 Websphere, GlasFish, Jetty, Resin, Tomcat

오답 피하기

JVM(Java Virtual Machine)은 자바 애플리케이션을 클래스 로더를 통해 읽어 들여 자바 API와 함께 실행시키는 자바 가상 머신이다.

상 중 하

68 C언어에서 산술 연산자가 아닌 것은?

① % ② *
③ / ④ =

C언어 연산자

산술 연산자	*, /, %
	+, −
시프트 연산자	<<, >>
관계 연산자	<, <=, >, >=
	==, !=
할당 연산자	=, +=, −=, *=, /=, %=, <<=, >>=

상 중 하

69 OSI 7계층에서 물리적 연결을 이용해 신뢰성 있는 정보를 전송하려고 동기화, 오류 제어, 흐름 제어 등의 전송 에러를 제어하는 계층은?

① 데이터 링크 계층
② 물리 계층
③ 응용 계층
④ 표현 계층

데이터 링크 계층(Data Link Layer)
- 인접한 두 개의 통신 시스템 간에 신뢰성 있는 효율적인 데이터를 전송하는 계층이다.
- 링크의 설정과 유지 및 종료를 담당한다.
- 전송 데이터의 흐름 제어, 프레임 동기, 오류 제어 등을 수행한다.
- 링크의 효율성을 향상시킨다.
- 프로토콜 종류 : HDLC, PPP, LLC, LAPB, LAPD, ADCCP

상 중 하

70 IEEE 802.3 LAN에서 사용되는 전송 매체 접속 제어(MAC) 방식은?

① CSMA/CD
② Token Bus
③ Token Ring
④ Slotted Ring

IEEE 802의 표준 규격

802.1	상위 계층 인터페이스
802.2	논리 링크 제어(LLC)
802.3	CSMA/CD
802.4	토큰 버스(Token Bus)
802.5	토큰 링(Token Ring)
802.6	MAN
802.8	고속 이더넷(Fast Ethernet)
802.11	무선 LAN
802.15	블루투스

상 중 하

71 IPv6에 대한 설명으로 틀린 것은?

① 멀티캐스트(Multicast) 대신 브로드캐스트(Broadcast)를 사용한다.
② 보안과 인증 확장 헤더를 사용함으로써 인터넷 계층의 보안 기능을 강화하였다.
③ 애니캐스트(Anycast)는 하나의 호스트에서 그룹 내의 가장 가까운 곳에 있는 수신자에게 전달하는 방식이다.
④ 128비트 주소 체계를 사용한다.

IPv6의 장점
- 인증 및 보안 기능을 포함하고 있어 IPv4보다 보안성이 강화되었다.
- IPv6 확장 헤더를 통해 네트워크 기능 확장이 용이하다.
- 임의 크기의 패킷을 주고받을 수 있도록 패킷 크기 제한이 없다.
- 멀티미디어의 실시간 처리가 가능하다.
- 자동으로 네트워크 환경 구성이 가능하다.
- 주소 체계는 유니캐스트(Unicast), 애니캐스트(Anycast), 멀티캐스트(Multicast) 방식이 있다.

ANSWER 67 ② 68 ④ 69 ① 70 ① 71 ①

상 중 하

72 TCP/IP 프로토콜에서 TCP가 해당하는 계층은?

① 데이터 링크 계층 ② 네트워크 계층
③ 트랜스포트 계층 ④ 세션 계층

TCP(Transmission Control Protocol)
- OSI 7계층의 전송 계층에 해당한다.
- 특징 : 접속형 서비스, 전이중 전송 서비스, 신뢰성 서비스
- 기능 : 패킷 다중화, 오류 제어, 흐름 제어, 순서 제어
- 메시지를 Encapsulation과 Decapsulation한다.
- 서비스 처리를 위해 Multiplexing과 Demultiplexing을 이용한다.
- 전이중 서비스와 스트림 데이터 서비스를 제공한다.

상 중 하

73 다음 중 응집도가 가장 높은 것은?

① 절차적 응집도 ② 순차적 응집도
③ 우연적 응집도 ④ 논리적 응집도

응집도 정도(높음 〉 낮음) : 기능적 응집도 〉 순차적 응집도 〉 교환적 응집도 〉 절차적 응집도 〉 시간적 응집도 〉 논리적 응집도 〉 우연적 응집도

상 중 하

74 다음 JAVA 코드 출력문의 결과는?

```
..생략..
System.out.println("5 + 2 = " + 3 + 4);
System.out.println("5 + 2 = " + (3 +
4));
..생략..
```

① 5 + 2 = 34
5 + 2 = 34
② 5 + 2 + 3 + 4
5 + 2 = 7
③ 7 = 7
7 + 7
④ 5 + 2 = 34
5 + 2 = 7

JAVA의 System.out.println 메소드
- System.out.println 메소드는 콘솔에 문자열 결과를 출력 후, 행을 변경한다.
- "5 + 2 = "의 문자열 이후의 + 연산의 경우 문자열 간 연결 기능을 수행한다.
- 따라서, "5 + 2 = " 이후 + 3을 수행하면 3이 "3" 문자열로 형 변환 후 "5 + 2 = 3"으로 문자열 연결되며 + 4 역시 4가 "4" 문자열로 형 변환 후 "5 + 2 = 34"로 문자열 연결된 후 출력된다.
- "5 + 2 = " + (3 + 4)의 경우 괄호에 의해 (3 + 4)가 먼저 덧셈 수행 후 7로 산술 연산이 된다. "5 + 2 = "와 "7"이 문자열 연결되어 "5 + 2 = 7"이 출력된다.

상 중 하

75 다음은 파이썬으로 만들어진 반복문 코드이다. 이 코드의 결과는?

```
>>> while(True) :
        print('A')
        print('B')
        print('C')
        continue
        print('D')
```

① A, B, C 출력이 반복된다.
② A, B, C까지만 출력된다.
③ A, B, C, D 출력이 반복된다.
④ A, B, C, D까지만 출력된다.

파이썬의 무한 반복과 continue 명령문
- while 반복 조건식의 결과가 True 값이므로 항상 '참'인 판별 상황으로 반복문을 항상 실행하게 된다.
- 반복문에서 continue 명령문을 만나면 continue 명령문 이후 문장을 실행하지 않고, 반복 조건식으로 제어를 이동한다.
- 위 반복 코드는 무한 반복문 내에서 A, B, C를 출력 후 continue문을 실행하게 되어 반복 조건식을 수행하는 동작을 반복하게 된다.

상 중 하

76 C언어에서 변수로 사용할 수 없는 것은?

① data02 ② int01
③ _sub ④ short

C언어 변수명 작성 규칙
- 영문 대소문자(A~Z, a~z), 숫자(0~9), '_'를 혼용하여 사용할 수 있다.
- 첫 글자는 숫자로 시작할 수 없으며, 영문자나 '_'로 시작해야 한다.
- 영문자는 대소문자를 구분한다.
- 공백을 포함할 수 없다.
- 예약어(Reserved Word)를 사용할 수 없다.

오답 피하기

C언어에서 사용되는 예약어는 변수명으로 사용할 수 없다. short 자료형은 2byte 정수를 저장하고자 할 때 사용한다.

ANSWER 72 ③ 73 ② 74 ④ 75 ① 76 ④

상 중 하

77 라이브러리의 개념과 구성에 대한 설명 중 틀린 것은?

① 라이브러리란 필요할 때 찾아서 쓸 수 있도록 모듈화되어 제공되는 프로그램을 말한다.
② 프로그래밍 언어에 따라 일반적으로 도움말, 설치 파일, 샘플 코드 등을 제공한다.
③ 외부 라이브러리는 프로그래밍 언어가 기본적으로 가지고 있는 라이브러리를 의미하며, 표준 라이브러리는 별도의 파일 설치를 필요로 하는 라이브러리를 의미한다.
④ 라이브러리는 모듈과 패키지를 총칭하며, 모듈이 개별 파일이라면 패키지는 파일들을 모아 놓은 폴더라고 볼 수 있다.

> 표준 라이브러리는 프로그래밍 언어가 기본적으로 가지고 있는 라이브러리를 의미하며, 외부 라이브러리는 별도의 파일 설치를 필요로 하는 라이브러리를 의미한다.

상 중 하

78 UDP 특성에 해당되는 것은?

① 양방향 연결형 서비스를 제공한다.
② 송신 중에 링크를 유지 관리하므로 신뢰성이 높다.
③ 순서 제어, 오류 제어, 흐름 제어 기능을 한다.
④ 흐름 제어나 순서 제어가 없어 전송 속도가 빠르다.

> **UDP(User Datagram Protocol)**
> - 비연결형 및 비신뢰성 전송 서비스를 제공한다.
> - 흐름 제어나 순서 제어가 없어 전송 속도가 빠르다.
> - 수신된 데이터의 순서 재조정 기능을 지원하지 않는다.
> - 복구 기능을 제공하지 않는다.
>
> **오답 피하기**
>
> ①, ②, ③번은 TCP의 특성이다.

상 중 하

79 운영체제의 가상 기억 장치 관리에서 프로세스가 일정 시간 동안 자주 참조하는 페이지들의 집합을 의미하는 것은?

① Locality
② Deadlock
③ Thrashing
④ Working Set

> 워킹 셋(Working Set) : 운영체제의 가상 기억 장치 관리에서 프로세스가 일정 시간 동안 자주 참조하는 페이지들의 집합이다.

상 중 하

80 JAVA에서 변수와 자료형에 대한 설명으로 틀린 것은?

① 변수는 어떤 값을 주기억 장치에 기억하기 위해서 사용하는 공간이다.
② 변수의 자료형에 따라 저장할 수 있는 값의 종류와 범위가 달라진다.
③ char 자료형은 나열된 여러 개의 문자를 저장하고자 할 때 사용한다.
④ boolean 자료형은 조건이 참인지 거짓인지 판단하고자 할 때 사용한다.

> char 자료형은 한 개의 문자를 저장하고자 할 때 사용한다.

5 과목 정보 시스템 구축 관리

상 중 하

81 다음 내용이 설명하는 것은?

> - 블록체인(Blockchain) 개발 환경을 클라우드로 서비스하는 개념
> - 블록체인 네트워크에 노드의 추가 및 제거가 용이
> - 블록체인의 기본 인프라를 추상화하여 블록체인 응용 프로그램을 만들 수 있는 클라우드 컴퓨팅 플랫폼

① OTT　② Baas
③ SDDC　④ Wi-SUN

> **BaaS(Backend as a Service)**
> - 블록체인(Blockchain) 개발 환경을 클라우드로 서비스하는 개념으로 블록체인 네트워크에 노드의 추가 및 제거가 용이하다.
> - 블록체인의 기본 인프라를 추상화하여 블록체인 응용 프로그램을 만들 수 있는 클라우드 컴퓨팅 플랫폼이다.

ANSWER 77 ③ 78 ④ 79 ④ 80 ③ 81 ②

상 중 하

82 소프트웨어 개발 방법론 중 CBD(Component Based Development)에 대한 설명으로 틀린 것은?

① 생산성과 품질을 높이고, 유지보수 비용을 최소화할 수 있다.
② 컴포넌트 제작 기법을 통해 재사용성을 향상시킨다.
③ 모듈의 분할과 정복에 의한 하향식 설계 방식이다.
④ 독립적인 컴포넌트 단위의 관리로 복잡성을 최소화할 수 있다.

컴포넌트 기반 개발 방법론(CBD)
- 재사용이 가능한 컴포넌트의 개발 또는 상용 컴포넌트들을 조합하여 애플리케이션 개발 생산성과 품질을 높이고, 시스템 유지보수 비용을 최소화할 수 있는 개발 방법 프로세스이다.
- 컴포넌트 단위의 개발 및 조립을 통하여 정보 시스템의 신속한 구축, 변경, 확장의 용이성과 타 시스템과의 호환성을 달성하고자 하는 소프트웨어 공학 프로세스, 방법론 및 기술의 총체적 개념이다.

상 중 하

83 LOC 기법에 의하여 예측된 총 라인수가 36,000라인, 개발에 참여할 프로그래머가 6명, 프로그래머들의 평균 생산성이 월간 300라인일 때 개발에 소요되는 기간은?

① 5개월 ② 10개월
③ 15개월 ④ 20개월

- 개발 기간 = 예측된 LOC / (개발자 수 × 1인당 월평균 생산 LOC)
- 개발 기간 = 36000 / (6 × 300) = 20

상 중 하

84 다음 내용이 설명하는 소프트웨어 개발 모형은?

> 소프트웨어 생명주기 모형 중 Boehm이 제시한 고전적 생명주기 모형으로서 선형 순차적 모델이라고도 하며, 타당성 검토, 계획, 요구사항 분석, 설계, 구현, 테스트, 유지보수의 단계를 통해 소프트웨어를 개발하는 모형

① 프로토타입 모형 ② 나선형 모형
③ 폭포수 모형 ④ RAD 모형

폭포수 모델(Waterfall Model)
각 단계가 끝나는 시점에서 확인, 검증, 검사를 거쳐 다음 단계로 넘어가거나 이전 단계로 환원하면서 구현 및 운영 단계에 이르는 하향식 생명주기 모형이다.

상 중 하

85 소프트웨어 공학에 대한 설명으로 거리가 먼 것은?

① 소프트웨어 공학이란 소프트웨어의 개발, 운용, 유지보수 및 파기에 대한 체계적인 접근 방법이다.
② 소프트웨어 공학은 소프트웨어 제품의 품질을 향상시키고 소프트웨어 생산성과 작업 만족도를 증대시키는 것이 목적이다.
③ 소프트웨어 공학의 궁극적 목표는 최대의 비용으로 계획된 일정보다 가능한 빠른 시일 내에 소프트웨어를 개발하는 것이다.
④ 소프트웨어 공학은 신뢰성 있는 소프트웨어를 경제적인 비용으로 획득하기 위해 공학적 원리를 정립하고 이를 이용하는 것이다.

소프트웨어 공학의 궁극적 목표는 최소의 비용으로 계획된 일정보다 가능한 빠른 시일 내에 소프트웨어를 개발하는 것이다.

상 중 하

86 다음 암호 알고리즘 중 성격이 다른 하나는?

① MD4 ② MD5
③ SHA-1 ④ AES

해시(HASH) 암호화 방식의 종류 : SHA, SHA-1, SHA256, MD4, MD5, RMD160, HAS-160 기법 등이 있다.

오답 피하기
AES는 블록 암호화 방식이다.

상 중 하

87 다음 LAN의 네트워크 토폴로지는 어떤 형인가?

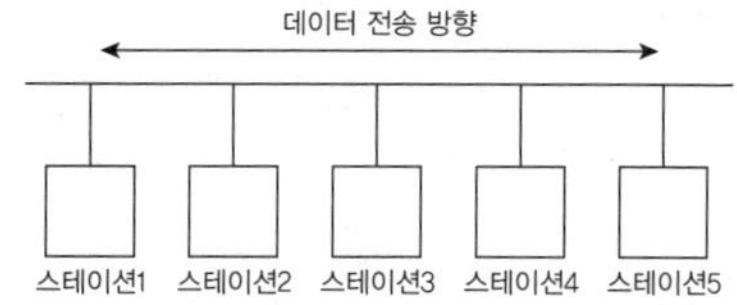

① 그물형 ② 십자형
③ 버스형 ④ 링형

버스형(Bus)
- 한 개의 통신 회선에 여러 개의 사이트가 연결된 형태이다.
- 한 사이트의 고장은 나머지 사이트 간의 통신에 아무런 영향을 주지 않는다.

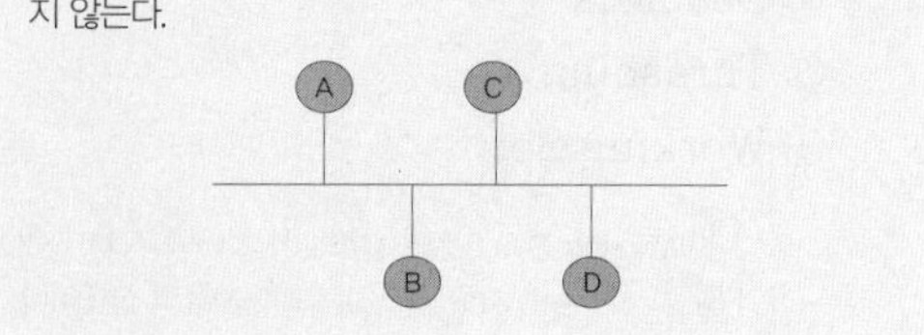

ANSWER 82 ③ 83 ④ 84 ③ 85 ③ 86 ④ 87 ③

상 중 하

88 정보보호를 위한 암호화에 대한 설명으로 틀린 것은?

① 평문 – 암호화되기 전의 원본 메시지
② 암호문 – 암호화가 적용된 메시지
③ 복호화 – 평문을 암호문으로 바꾸는 작업
④ 키(Key) – 적절한 암호화를 위하여 사용하는 값

암호 알고리즘(Cryptographic Algorithm)의 개념
- 평문(Plaintext)을 암호문(Ciphertext)으로 바꾸고, 암호문을 다시 평문으로 바꿀 때 사용되는 알고리즘을 의미한다.
- 평문을 암호문으로 바꾸는 과정을 암호화(Encryption)라고 하고, 암호문을 다시 평문으로 바꾸는 과정을 복호화(Decryption)라고 한다.
- 암호화 및 복호화 과정에 암호키(Cryptographic Key)가 필요하다.

상 중 하

89 정보 보안을 위한 접근 통제 정책 종류에 해당하지 않는 것은?

① 임의적 접근 통제
② 데이터 전환 접근 통제
③ 강제적 접근 통제
④ 역할 기반 접근 통제

접근 통제(Access Control)의 개념
- 비인가자가 컴퓨터 시스템에 액세스하지 못하도록 하는 것이다.
- 시스템의 자원 이용에 대한 불법적인 접근을 방지하는 과정이다.
- 크래커(Cracker)의 침입으로부터 보호한다.
- 종류 : 강제적 접근 통제, 임의적 접근 통제, 역할 기반 접근 통제

상 중 하

90 정보 보안의 3요소에 해당하지 않는 것은?

① 기밀성 ② 무결성
③ 가용성 ④ 휘발성

정보 보안의 3대 요소 : 기밀성(Confidentiality), 무결성(Integrity), 가용성(Availability)

상 중 하

91 소셜 네트워크에서 악의적인 사용자가 지인 또는 특정 유명인으로 가장하여 활동하는 공격 기법은?

① Evil Twin Attack
② Phishing
③ Logic Bomb
④ Cyberbullying

피싱(Phishing)
- 소셜 네트워크에서 진짜 웹 사이트와 거의 동일하게 꾸며진 가짜 웹 사이트를 통해 개인정보를 탈취하는 수법이다.
- 금융기관 등의 웹 사이트에서 보내온 메일로 위장하여 개인의 인증번호나 신용카드번호, 계좌정보 등을 빼내 이를 불법적으로 이용한다.

상 중 하

92 소프트웨어 비용 산정 기법 중 개발 유형으로 Organic, Semi-Detach, Embedded로 구분되는 것은?

① PUTNAM ② COCOMO
③ FP ④ SLIM

COCOMO(COnstructive COst MOdel) 모델
- 보헴(Boehm)이 제안한 소스 코드(Source Code)의 규모에 의한 비용 예측 모델이다.
- 같은 규모의 소프트웨어라도 그 유형에 따라 비용이 다르게 산정된다.
- 개발 유형 : Organic, Semi-Detach, Embedded

상 중 하

93 나선형(Spiral) 모형의 주요 태스크에 해당하지 않는 것은?

① 버전 관리 ② 위험 분석
③ 개발 ④ 평가

나선형 모형의 개발 단계

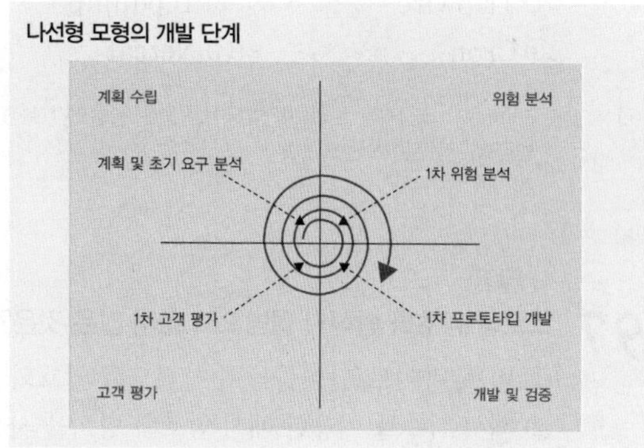

상 중 하

94 정형화된 분석 절차에 따라 사용자 요구사항을 파악, 문서화하는 체계적 분석 방법으로 자료 흐름도, 자료 사전, 소단위 명세서의 특징을 갖는 것은?

① 구조적 개발 방법론
② 객체지향 개발 방법론
③ 정보공학 방법론
④ CBD 방법론

구조적 분석
- 자료(Data)의 흐름, 처리를 중심으로 한 요구 분석 방법이다. 전체 시스템의 일관성 있는 이해를 돕는 분석 도구로 모형화에 필요한 도구 제공 및 시스템을 나누어 분석할 수 있다.
- 정형화된 분석 절차에 따라 사용자 요구사항을 파악, 문서화하는 체계적 분석 방법으로 자료 흐름도, 자료 사전, 소단위 명세를 사용한다.
- 시스템 분할 가능하며 하향식 분석 기법을 사용하고 분석자와 사용자 간의 의사소통을 돕는다.

ANSWER 88 ③ 89 ② 90 ④ 91 ①,② 92 ② 93 ① 94 ①

상 중 하

95 전기 및 정보통신 기술을 활용하여 전력망을 지능화, 고도화함으로써 고품질의 전력 서비스를 제공하고 에너지 이용 효율을 극대화하는 전력망은?

① 사물 인터넷 ② 스마트 그리드
③ 디지털 아카이빙 ④ 미디어 빅뱅

스마트 그리드(Smart Grid)
- 전기 및 정보 통신 기술을 활용하여 전력망을 지능화, 고도화함으로써 고품질의 전력 서비스를 제공하고 에너지 이용 효율을 극대화하는 전력망 시스템이다.
- 기존의 전력망에 정보 기술을 접목하여 전력 공급자와 소비자가 쌍방향으로 실시간 정보를 교환함으로써 에너지 효율을 최적화하고 새로운 부가가치를 창출한다.

상 중 하

96 크래커가 침입하여 백도어를 만들어 놓거나, 설정 파일을 변경했을 때 분석하는 도구는?

① Tripwire ② Tcpdump
③ Cron ④ Netcat

Tripwire : 크래커가 침입하여 백도어를 만들어 놓거나 설정 파일을 변경했을 때 분석하는 도구이다.

상 중 하

97 스트림 암호화 방식의 설명으로 옳지 않은 것은?

① 비트/바이트/단어들을 순차적으로 암호화한다.
② 해시 함수를 이용한 해시 암호화 방식을 사용한다.
③ RC4는 스트림 암호화 방식에 해당한다.
④ 대칭키 암호화 방식이다.

②번은 해시 암호화 알고리즘 방식에 관한 내용이다.

상 중 하

98 공개키 암호에 대한 설명으로 틀린 것은?

① 10명이 공개키 암호를 사용할 경우 5개의 키가 필요하다.
② 복호화키는 비공개되어 있다.
③ 송신자는 수신자의 공개키로 문서를 암호화한다.
④ 공개키 암호로 널리 알려진 알고리즘은 RSA가 있다.

공개키(Public Key) 암호화 기법
- 암호키와 해독키가 서로 다른 기법으로 키 개수는 2N개가 필요하다.
- 비대칭키 암호화 기법 또는 공중키 암호화 기법이라고도 한다.

상 중 하

99 다음 내용이 설명하는 것은?

- 사물 통신, 사물 인터넷과 같이 대역폭이 제한된 통신 환경에 최적화하여 개발된 푸시 기술 기반의 경량 메시지 전송 프로토콜
- 메시지 매개자(Broker)를 통해 송신자가 특정 메시지를 발행하고 수신자가 메시지를 구독하는 방식
- IBM이 주도하여 개발

① GRID ② TELNET
③ GPN ④ MQTT

MQTT(Message Queuing Telemetry Transport)에 관한 지문이다.

상 중 하

100 세션 하이재킹을 탐지하는 방법으로 거리가 먼 것은?

① FTP SYN SEGMENT 탐지
② 비동기화 상태 탐지
③ ACK STORM 탐지
④ 패킷의 유실 및 재전송 증가 탐지

세션 하이재킹 탐지 기법 : 비동기화 상태 감지, ACK STORM 탐지, 패킷의 유실 및 재전송 증가 탐지, 예상치 못한 접속의 리셋을 탐지한다.

ANSWER 95 ② 96 ① 97 ② 98 ① 99 ④ 100 ①

해설과 함께 보는 최신 기출문제 03회

시행 일자	시험 시간	문항 수
2021년 제2회	2시간 30분	100문항

풀이 시간 : ______________ 채점 점수 : ______________

1과목 소프트웨어 설계

상 중 하

01 요구사항 관리 도구의 필요성으로 틀린 것은?

① 요구사항 변경으로 인한 비용 편익 분석
② 기존 시스템과 신규 시스템의 성능 비교
③ 요구사항 변경의 추적
④ 요구사항 변경에 따른 영향 평가

기존 시스템과 신규 시스템의 성능 비교는 소프트웨어 재공학 시 벤치마킹 도구를 활용한다.

상 중 하

02 GoF(Gangs of Four) 디자인 패턴에 대한 설명으로 틀린 것은?

① Factory Method Pattern은 상위 클래스에서 객체를 생성하는 인터페이스를 정의하고, 하위 클래스에서 인스턴스를 생성하도록 하는 방식이다.
② Prototype Pattern은 Prototype을 먼저 생성하고 인스턴스를 복제하여 사용하는 구조이다.
③ Bridge Pattern은 기존에 구현되어 있는 클래스에 기능 발생 시 기존 클래스를 재사용할 수 있도록 중간에서 맞춰주는 역할을 한다.
④ Mediator Pattern은 객체 간의 통제와 지시의 역할을 하는 중재자를 두어 객체지향의 목표를 달성하게 해준다.

Bridge Pattern은 기능 클래스 계층과 구현 클래스 계층을 연결하고, 구현부에서 추상 계층을 분리하여 각자 독립적으로 변형할 수 있도록 해주는 패턴이다.

오답 피하기

③번은 Adapter 패턴에 대한 설명이다.

상 중 하

03 애자일 개발 방법론이 아닌 것은?

① 스크럼(Scrum)
② 익스트림 프로그래밍(XP, eXtreme Programming)
③ 기능 주도 개발(FDD, Feature Driven Development)
④ 하둡(Hadoop)

하둡(Hadoop) : 빅데이터를 분석 처리할 수 있는 큰 컴퓨터 클러스터에서 동작하는 분산 응용 프로그램을 지원하는 프리웨어 자바 소프트웨어 프레임워크이다.

상 중 하

04 유스케이스(Usecase)에 대한 설명 중 옳은 것은?

① 유스케이스 다이어그램은 개발자의 요구를 추출하고 분석하기 위해 주로 사용한다.
② 액터는 대상 시스템과 상호작용하는 사람이나 다른 시스템에 의한 역할이다.
③ 사용자 액터는 본 시스템과 데이터를 주고받는 연동 시스템을 의미한다.
④ 연동의 개념은 일방적으로 데이터를 파일이나 정해진 형식으로 넘겨주는 것을 의미한다.

액터(Actor) : 서비스를 이용하는 외부 객체이다. 시스템이 특정한 사례(Use Case)를 실행하도록 요구할 수 있는 존재이다.

상 중 하

05 CASE(Computer-Aided Software Engineering)의 원천 기술이 아닌 것은?

① 구조적 기법
② 프로토타이핑 기술
③ 정보 저장소 기술
④ 일괄 처리 기술

CASE(Computer-Aided Software Engineering) 원천 기술 : 구조적 기법, 프로토타이핑 기술, 정보 저장소 기술

ANSWER 01 ② 02 ③ 03 ④ 04 ② 05 ④

상 중 하

06 럼바우(Rumbaugh)의 객체지향 분석에서 사용하는 분석 활동으로 옳은 것은?

① 객체 모델링, 동적 모델링, 정적 모델링
② 객체 모델링, 동적 모델링, 기능 모델링
③ 동적 모델링, 기능 모델링, 정적 모델링
④ 정적 모델링, 객체 모델링, 기능 모델링

럼바우(Rumbaugh) 객체지향 분석 기법
- 객체 모델링 : 정보 모델링이라고도 한다. 시스템에서 요구되는 객체를 찾아내어 속성과 연산 식별 및 객체들 간의 관계를 규정하여 객체를 다이어그램으로 표시한다.
- 동적 모델링 : 제어 흐름, 상호작용, 동작 순서 등의 상태를 시간 흐름에 따라 상태 다이어그램으로 표시한다.
- 기능 모델링 : 자료 흐름도를 이용하여 여러 프로세스 간의 자료 흐름을 표시한다. 어떤 데이터를 입력하여 어떤 결과를 가져올 수 있을지를 표현한다.

상 중 하

07 UML 모델에서 한 객체가 다른 객체에게 오퍼레이션을 수행하도록 지정하는 의미적 관계로 옳은 것은?

① Dependency
② Realization
③ Generalization
④ Association

UML 실체화 관계(Realization Relation)
- 인터페이스와 실제 구현된 일반 클래스 간의 관계로 존재하는 행동에 대한 구현을 표현한다.
- 한 객체가 다른 객체에게 오퍼레이션을 수행하도록 지정하는 의미적 관계이다.

상 중 하

08 시스템의 구성 요소로 볼 수 없는 것은?

① Process ② Feedback
③ Maintenance ④ Control

시스템의 기본 요소 : 입력, 처리, 출력, 제어, 피드백으로 구성된다.

상 중 하

09 사용자 인터페이스(UI)의 특징으로 틀린 것은?

① 구현하고자 하는 결과의 오류를 최소화한다.
② 사용자의 편의성을 높임으로써 작업 시간을 증가시킨다.
③ 막연한 작업 기능에 대해 구체적인 방법을 제시하여 준다.
④ 사용자 중심의 상호작용이 되도록 한다.

UI의 특징
- 실사용자의 만족도에 직접 영향을 준다.
- 적절한 UI 구성으로 편리성, 가독성, 동선의 축약 등으로 작업 시간을 줄일 수 있고 업무 효율을 높일 수 있다.
- 실사용자가 수행해야 할 기능을 구체적으로 제시한다.
- UI 설계 전 소프트웨어 아키텍처를 우선 숙지하고 있어야 한다.

상 중 하

10 요구사항 개발 프로세스의 순서로 옳은 것은?

㉠ 도출(Elicitation) ㉡ 분석(Analysis) ㉢ 명세(Specification) ㉣ 확인(Validation)

① ㉠-㉡-㉢-㉣ ② ㉠-㉢-㉡-㉣
③ ㉠-㉣-㉡-㉢ ④ ㉠-㉡-㉣-㉢

SWEBOK에 따른 요구사항 개발 프로세스 : 도출(Elicitation) → 분석(Analysis) → 명세(Specification) → 확인(Validation)

상 중 하

11 요구사항 분석이 어려운 이유가 아닌 것은?

① 개발자와 사용자 간의 지식이나 표현의 차이가 커서 상호 이해가 쉽지 않다.
② 사용자의 요구는 예외가 거의 없어 열거와 구조화가 어렵지 않다.
③ 사용자의 요구사항이 모호하고 불명확하다.
④ 소프트웨어 개발 과정 중에 요구사항이 계속 변할 수 있다.

요구사항 분석(Requirement Analysis)
- 소프트웨어가 환경과 어떻게 상호작용하는지 이해하고, 사용자의 요구사항은 구조화와 열거가 어려워, 명확하지 못하거나 모호한 부분이 많다.
- 이러한 요구를 걸러내기 위한 과정을 통하여 요구사항을 도출하고, 요구사항 정의를 문서화하는 과정이다.
- 도출된 사항을 분석하고 소프트웨어 개발 범위를 파악하여 개발 비용, 일정에 대한 제약을 설정하고 타당성 조사를 수행한다.

ANSWER 06 ② 07 ② 08 ③ 09 ② 10 ① 11 ②

상 중 하

12 소프트웨어 아키텍처 설계에서 시스템 품질 속성이 아닌 것은?

① 가용성(Availability)
② 독립성(Isolation)
③ 변경 용이성(Modificability)
④ 사용성(Usability)

Software Architecture 시스템 품질 속성 7 : 성능, 사용 운용성, 보안성, 시험 용이성, 가용성, 변경 용이성, 사용성

상 중 하

13 서브 시스템이 입력 데이터를 받아 처리하고 결과를 다른 시스템에 보내는 작업이 반복되는 아키텍처 스타일은?

① 클라이언트 서버 구조
② 계층 구조
③ MVC 구조
④ 파이프 필터 구조

파이프 필터(Pipe-Filters)
- 데이터 흐름(Data Stream)을 생성하고 처리하는 시스템을 위한 구조이다.
- 필터는 파이프를 통해 받은 데이터를 변경시키고 그 결과를 파이프로 전송한다.
- 각 처리 과정은 필터 컴포넌트에서 이루어지며, 처리되는 데이터는 파이프를 통해 흐른다. 이 파이프는 버퍼링 또는 동기화 목적으로 사용될 수 있다.

상 중 하

14 객체지향 기법에서 같은 클래스에 속한 각각의 객체를 의미하는 것은?

① Instance ② Message
③ Method ④ Module

객체지향의 Object(객체)
- 데이터와 함수를 묶어 캡슐화하는 대상이 된다.
- Class(클래스)에 속한 Instance(인스턴스)를 Object(객체)라 한다.
- 하나의 소프트웨어 모듈로서 목적, 대상을 표현한다.
- 같은 클래스에 속한 각각의 객체를 Instance라고 한다.

상 중 하

15 GoF(Gangs of Four) 디자인 패턴 중 생성 패턴으로 옳은 것은?

① Singleton Pattern
② Adapter Pattern
③ Decorator Pattern
④ State Pattern

생성 패턴의 종류 : Factory Method, Singleton, Prototype, Builder, Abstraction Factory

상 중 하

16 다음 중 상위 CASE 도구가 지원하는 주요 기능으로 볼 수 없는 것은?

① 모델들 사이의 모순 검사 기능
② 전체 소스 코드 생성 기능
③ 모델의 오류 검증 기능
④ 자료 흐름도 작성 기능

CASE의 분류
- 상위(Upper) CASE : 요구 분석 및 설계 단계 지원(모델 간 모순 검사 기능, 모델 오류 검증 기능, 자료 흐름도 작성 기능)
- 하위(Lower) CASE : 소스 코드 작성, 테스트, 문서화 과정 지원
- 통합(Integrate) CASE : 소프트웨어 개발 주기 전체 과정 지원

상 중 하

17 다음 설명에 해당하는 시스템으로 옳은 것은?

> 시스템 인터페이스를 구성하는 시스템으로, 연계할 데이터를 데이터베이스와 애플리케이션으로부터 연계 테이블 또는 파일 형태로 생성하여 송신하는 시스템이다.

① 연계 서버
② 중계 서버
③ 송신 시스템
④ 수신 시스템

인터페이스 시스템의 구성
- 송신 시스템 : 연계할 데이터를 테이블, 파일 형태로 생성하고 전송하는 시스템
- 수신 시스템 : 송신된 데이터를 수신 시스템에서 관리하는 형식의 데이터를 변환하여 DB에 저장하거나 애플리케이션에 활용할 수 있도록 지원하는 시스템
- 중계 시스템 : 송 · 수신 시스템 사이에서 데이터 송 · 수신 상태를 모니터링하는 시스템

ANSWER 12 ② 13 ④ 14 ① 15 ① 16 ② 17 ③

상 중 하

18 UML 다이어그램이 아닌 것은?

① 액티비티 다이어그램(Activity Diagram)
② 절차 다이어그램(Procedural Diagram)
③ 클래스 다이어그램(Class Diagram)
④ 시퀀스 다이어그램(Sequence Diagram)

UML 다이어그램의 분류
- 구조적 다이어그램 : Class Diagram, Object Diagram, Composite Structure Diagram, Deployment Diagram, Component Diagram, Package Diagram
- 행위 다이어그램 : Use Case Diagram, Activity Diagram, Collaboration Diagram, State Diagram Interaction Diagram, Sequence Diagram, Communication Diagram, Interaction Overview Diagram, Timing Diagram

상 중 하

19 객체에게 어떤 행위를 하도록 지시하는 명령은?

① Class ② Package
③ Object ④ Message

객체지향의 구성 요소
- Class : 유사한 객체를 정의한 집합으로 속성+행위를 정의한 것으로 일반적인 Type을 의미한다.
- Object : 데이터와 함수를 묶어 캡슐화하는 대상이 된다.
- Message : Object 간에 서로 주고받는 통신을 의미한다.

상 중 하

20 객체지향 설계에서 객체가 가지고 있는 속성과 오퍼레이션의 일부를 감추어서 객체의 외부에서는 접근이 불가능하게 하는 개념은?

① 조직화(Organizing)
② 캡슐화(Encapsulation)
③ 정보은닉(Information Hiding)
④ 구조화(Structuralization)

정보은닉(Information Hiding)
- 객체 내부의 속성과 메소드를 숨기고 공개된 인터페이스를 통해서만 메시지를 주고받을 수 있도록 하는 것을 의미한다.
- 예기치 못한 부작용을 줄이기 위해서 사용한다.

오답 피하기
- 중복 답안 : ②, ③
- 객체가 가지고 있는 속성과 오퍼레이션의 일부를 감추는 것을 캡슐화라고 하고 이렇게 캡슐화된 상태에서 외부의 접근이 불가능한 상태를 정보은닉되었다고 한다.

2과목 소프트웨어 개발

상 중 하

21 클린 코드 작성 원칙에 대한 설명으로 틀린 것은?

① 코드의 중복을 최소화한다.
② 코드가 다른 모듈에 미치는 영향을 최대화하도록 작성한다.
③ 누구든지 코드를 쉽게 읽을 수 있도록 작성한다.
④ 간단하게 코드를 작성한다.

클린 코드 최적화 원칙 : 가독성, 단순성, 의존성 배제, 중복성 최소화, 추상화

상 중 하

22 소프트웨어 형상 관리에 대한 설명으로 거리가 먼 것은?

① 소프트웨어에 가해지는 변경을 제어하고 관리한다.
② 프로젝트 계획, 분석서, 설계서, 프로그램, 테스트 케이스 모두 관리 대상이다.
③ 대표적인 형상 관리 도구로 Ant, Maven, Gradle 등이 있다.
④ 유지보수 단계뿐만 아니라 개발 단계에도 적용할 수 있다.

Ant, Maven, Gradle은 빌드 자동화 도구이다.

오답 피하기

빌드 자동화 도구
- 소스 코드 컴파일 후 다수의 연관된 모듈을 묶어 실행 파일로 만드는 과정을 빌드라 한다.
- 소프트웨어 개발자가 반복 작업해야 하는 코딩을 잘 짜여진 프로세스를 통해 자동으로 실행하여, 신뢰성 있는 결과물을 생산해 낼 수 있는 작업 방식 및 방법이다.

상 중 하

23 EAI(Enterprise Application Integration) 구축 유형에서 애플리케이션 사이에 미들웨어를 두어 처리하는 것은?

① Message Bus ② Poin-to-Point
③ Hub & Spoke ④ Hybrid

오답 피하기
- 중복 답안 : ①, ③, ④
- Poin-to-Point 외 방식은 모두 미들웨어(Hub, Bus)를 사용한다.

ANSWER 18 ② 19 ④ 20 ②,③ 21 ② 22 ③ 23 ①,③,④

상 중 하

24 소프트웨어 패키징에 대한 설명으로 틀린 것은?

① 패키징은 개발자 중심으로 진행한다.
② 신규 및 변경 개발 소스를 식별하고, 이를 모듈화하여 상용 제품으로 패키징한다.
③ 고객의 편의성을 위해 매뉴얼 및 버전 관리를 지속적으로 한다.
④ 범용 환경에서 사용이 가능하도록 일반적인 배포 형태로 패키징이 진행된다.

패키징은 사용자를 중심으로 진행하며, 사용자의 다양한 환경에서 설치할 수 있도록 한다.

상 중 하

25 애플리케이션의 처리량, 응답 시간, 경과 시간, 자원 사용률에 대해 가상의 사용자를 생성하고 테스트를 수행함으로써 성능 목표를 달성하였는지를 확인하는 테스트 자동화 도구는?

① 명세 기반 테스트 설계 도구
② 코드 기반 테스트 설계 도구
③ 기능 테스트 수행 도구
④ 성능 테스트 도구

성능 테스트 도구 : 애플리케이션의 처리량, 응답 시간, 경과 시간, 자원 사용률에 대해 가상의 사용자를 생성하고 테스트를 수행함으로써 성능 목표를 달성하였는지를 확인하는 테스트 자동화 도구이다.

상 중 하

26 디지털 저작권 관리(DRM) 구성 요소가 아닌 것은?

① Dataware House
② DRM Controller
③ Packager
④ Contents Distributor

저작권 관리(DRM) 구성 요소 : 콘텐츠 제공자(Contents Provider), 콘텐츠 분배자(Contents Distributor), 패키저(Packager), 보안 컨테이너(Security Container), DRM Controller, Clearing House

상 중 하

27 다음 설명의 소프트웨어 테스트의 기본 원칙은?

- 파레토 법칙이 좌우한다.
- 애플리케이션 결함의 대부분은 소수의 특정한 모듈에 집중되어 존재한다.
- 결함은 발생한 모듈에서 계속 추가로 발생할 가능성이 높다.

① 살충제 패러독스
② 결함 집중
③ 오류 부재의 궤변
④ 완벽한 테스팅은 불가능

소프트웨어 테스트의 원리

- 테스팅은 결함이 존재함을 밝히는 활동이다. : 소프트웨어의 잠재적인 결함을 줄일 수 있지만, 결함이 발견되지 않아도 결함이 없다고 증명할 수 없음을 나타낸다.
- 완벽한 테스팅은 불가능하다. : 무한 경로, 무한 입력값, 무한 시간이 소요되어 완벽하게 테스트할 수 없으므로 리스크 분석과 우선순위를 토대로 테스트에 집중할 것을 의미한다.
- 테스팅은 개발 초기에 시작해야 한다. : 애플리케이션의 개발 단계에 테스트를 계획하고 SDLC(Software Development Life Cycle)의 각 단계에 맞춰 전략적으로 접근하는 것을 고려하라는 뜻이다.
- 결함 집중(Defect Clustering) : 애플리케이션 결함의 대부분은 소수의 특정한 모듈에 집중되어 존재한다. 파레토 법칙이 좌우한다.
- 살충제 패러독스(Presticide Paradox) : 동일한 테스트 케이스로 반복 테스트 시 결함을 발견할 수 없으므로 주기적으로 테스트 케이스를 리뷰하고 개선해야 한다.
- 테스팅은 정황(Context)에 의존한다. : 정황과 비즈니스 도메인에 따라 테스트를 다르게 수행하여야 한다.
- 오류-부재의 궤변(Absence of Errors Fallacy) : 사용자의 요구사항을 만족하지 못하는 오류를 발견하고 그 오류를 제거하였다 해도, 해당 애플리케이션의 품질이 높다고 말할 수 없다.

ANSWER 24 ① 25 ④ 26 ① 27 ②

상 중 하

28 다음 자료를 버블 정렬을 이용하여 오름차순으로 정렬할 경우 Pass2의 결과는?

9, 6, 7, 3, 5

① 3, 5, 6, 7, 9 ② 6, 7, 3, 5, 9
③ 3, 5, 9, 6, 7 ④ 6, 3, 5, 7, 9

버블 정렬의 오름차순 수행 시 매 회전마다 마지막 값이 가장 큰 값이 된다.
초 기 : 9, 6, 7, 3, 5
1Pass : 6, 7, 3, 5, 9
2Pass : 6, 3, 5, 7, 9
3Pass : 3, 5, 6, 7, 9
4Pass : 3, 5, 6, 7, 9

상 중 하

29 다음 설명의 소프트웨어 버전 관리 도구 방식은?

- 버전 관리 자료가 원격 저장소와 로컬 저장소에 함께 저장되어 관리된다.
- 로컬 저장소에서 버전 관리가 가능하므로 원격 저장소에 문제가 생겨도 로컬 저장소의 자료를 이용하여 작업할 수 있다.
- 대표적인 버전 관리 도구로 Git이 있다.

① 단일 저장소 방식
② 분산 저장소 방식
③ 공유 폴더 방식
④ 클라이언트 · 서버 방식

분산 저장소 방식
- 버전 관리 자료가 원격 저장소와 로컬 저장소에 함께 저장되어 관리된다.
- 로컬 저장소에서 버전 관리가 가능하므로 원격 저장소에 문제가 생겨도 로컬 저장소의 자료를 이용하여 작업할 수 있다.
- 개발자별로 원격 저장소의 자료를 각자의 로컬 저장소로 복사하여 작업 후 변경사항을 로컬 저장소에서 우선 적용하여 로컬 버전 관리가 가능하다.
- 개발 완료한 파일을 수정한 다음에 로컬 저장소에 먼저 커밋(Commit)한 이후, 다시 원격 저장소에 반영(Push)하는 방식이다.
- 종류 : Git, Bazaar, Mercurial, TeamWare, Bitkeeper, Plastic SCM, GNU Arch

상 중 하

30 인터페이스 구현 검증 도구가 아닌 것은?

① Foxbase ② STAF
③ Watir ④ xUnit

인터페이스 구현 검증 도구

구분	설명
Watir	Ruby 기반 웹 애플리케이션 테스트 프레임워크이며 모든 언어 기반의 웹 애플리케이션 테스트와 브라우저 호환성을 테스트할 수 있다.
xUnit	• java(Junit), C++(Cppunit), .Net(Nunit) 등 다양한 언어를 지원하는 단위 테스트 프레임워크이다. • 함수, 클래스 등 다른 구성 단위의 테스트를 도와준다.
FitNesse	• 웹 기반 테스트 케이스 설계/실행/결과 확인 등을 지원하는 테스트 프레임워크이다. • 테스트 케이스 테이블 작성하면 자동으로 빠르고 쉽게 작성한 테스트를 수행할 수 있다.
STAF	• 서비스 호출, 컴포넌트 재사용 등 다양한 환경을 지원하는 테스트 프레임워크이나. • 데몬을 사용하여 테스트 대상 분산 환경에서 대상 프로그램을 통해 테스트를 수행하고 통합하는 자동화 검증 도구이다.
NTAF Naver	테스트 자동화 프레임워크이며, STAF와 FitNesse를 통합한다.
Selenium	• 다양한 브라우저 지원 및 개발 언어를 지원하는 웹 애플리케이션 테스트 프레임워크이다. • 테스트를 위한 스크립트 언어 습득 없이, 기능 데스트를 작성을 위한 플레이백 도구를 제공한다.

상 중 하

31 정렬된 N개의 데이터를 처리하는 데 O(nlog₂n)의 시간이 소요되는 정렬 알고리즘은?

① 합병 정렬 ② 버블 정렬
③ 선택 정렬 ④ 삽입 정렬

시간 복잡도 Big-*O*(빅-오) 표기법

$O(1)$	상수 시간의 복잡도를 의미하며 입력값 n이 주어졌을 때, 문제를 해결하는 데 오직 한 단계만 거친다(해시 함수).
$O(\log_2 n)$	로그 시간의 복잡도를 의미하며 입력값 n이 주어졌을 때, 문제를 해결하는 데 필요한 단계들이 연산마다 특정 요인에 의해 줄어든다(이진 탐색).
$O(n\log_2 n)$	선형 로그 시간의 복잡도를 의미하며 문제 해결을 위한 단계수는 $n\log_2 n$번의 수행 시간을 갖는다(퀵 정렬, 병합(합병) 정렬).
$O(n)$	선형 시간의 복잡도를 의미하며 문제를 해결하기 위한 단계의 수와 입력값 n이 1 : 1 관계이다(순차 탐색).
$O(n^2)$	제곱 시간의 복잡도를 의미하며 문제를 해결하기 위한 단계의 수는 입력값 n의 제곱근이다(거품 정렬, 삽입 정렬, 선택 정렬).
$O(C^n)$	지수 시간의 복잡도를 의미하며 문제를 해결하기 위한 단계의 수는 주어진 상수값 C의 n 제곱이다.

ANSWER 28 ④ 29 ② 30 ① 31 ①

상중하

32 **블랙박스 테스트를 이용하여 발견할 수 있는 오류가 아닌 것은?**

① 비정상적인 자료를 입력해도 오류 처리를 수행하지 않는 경우
② 정상적인 자료를 입력해도 요구된 기능이 제대로 수행되지 않는 경우
③ 반복 조건을 만족하는데도 루프 내의 문장이 수행되지 않는 경우
④ 경계값을 입력할 경우 요구된 출력 결과가 나오지 않는 경우

반복 조건을 만족하는데도 루프 내의 문장이 수행되지 않는 경우는 화이트박스 테스트를 이용하여 발견할 수 있는 오류이다.

상중하

33 **소프트웨어 테스트와 관련한 설명으로 틀린 것은?**

① 화이트박스 테스트는 모듈의 논리적인 구조를 체계적으로 점검할 수 있다.
② 블랙박스 테스트는 프로그램의 구조를 고려하지 않는다.
③ 테스트 케이스에는 일반적으로 시험 조건, 테스트 데이터, 예상 결과가 포함되어야 한다.
④ 화이트박스 테스트에서 기본 경로(Basis Path)란 흐름 그래프의 시작 노드에서 종료 노드까지의 서로 독립된 경로로 싸이클을 허용하지 않는 경로를 말한다.

화이트박스 테스트에서 기본 경로(Basis Path)란 제어 흐름 그래프를 분석하여 선형 독립 실행 경로 집합을 찾는 것이다. Mccabe의 순환 복잡도를 사용하여 선형 독립 경로 수를 결정한 다음 얻어진 각 경로에 대한 테스트 사례를 생성한다.

상중하

34 **공학적으로 잘된 소프트웨어(Well Engineered Software)의 설명 중 틀린 것은?**

① 소프트웨어는 유지보수가 용이해야 한다.
② 소프트웨어는 신뢰성이 높아야 한다.
③ 소프트웨어는 사용자 수준에 무관하게 일관된 인터페이스를 제공해야 한다.
④ 소프트웨어는 충분한 테스팅을 거쳐야 한다.

소프트웨어는 사용자 수준에 맞게 잘 작동할 수 있도록 인터페이스를 제공해야 한다.

상중하

35 **다음 중 단위 테스트를 통해 발견할 수 있는 오류가 아닌 것은?**

① 알고리즘 오류에 따른 원치 않는 결과
② 탈출구가 없는 반복문의 사용
③ 모듈 간의 비정상적 상호작용으로 인한 원치 않는 결과
④ 틀린 계산 수식에 의한 잘못된 결과

모듈 간의 비정상적 상호작용으로 인한 원치 않는 결과는 통합 테스트로 확인할 수 있다.

상중하

36 **힙 정렬(Heap Sort)에 대한 설명으로 틀린 것은?**

① 정렬할 입력 레코드들로 힙을 구성하고 가장 큰 키 값을 갖는 루트 노드를 제거하는 과정을 반복하여 정렬하는 기법이다.
② 평균 수행 시간은 $O(nlog_2n)$이다.
③ 완전 이진 트리(Complete Binary Tree)로 입력 자료의 레코드를 구성한다.
④ 최악의 수행 시간은 $O(2n^4)$이다.

힙 정렬의 경우 최악 복잡도와 평균 복잡도가 동일하다.

상중하

37 **버전 관리 항목 중 저장소에 새로운 버전의 파일로 갱신하는 것을 의미하는 용어는?**

① 형상 검사(Configuration Audit)
② 롤백(Rollback)
③ 단위 테스트(Unit Test)
④ 체크인(Check-In)

Subversion(SVN) 주요 명령어

Import	아무것도 없는 서버의 저장소에 맨 처음 소스 파일을 저장
Check-in	체크아웃으로 가져온 파일을 수정 후 저장소(Repository)에 새로운 버전으로 갱신
Check-out	타 개발자가 수정 작업을 위하여 저장소(Repository)에 저장된 파일을 자신의 작업 공간으로 인출
Commit	체크인 시 이전 갱신 사항이 있는 경우, 충돌(Conflict)이 있을 경우 알림을 표시하고 Diff(코드 비교) 도구를 이용하여 수정한 뒤 Commit(예치) 과정 수행
Diff	새로운 개발자가 추가된 파일의 수정 기록(Change Log)을 보면서 기존 개발자가 처음 추가한 파일과 이후 변경된 파일의 차이(Diff)

ANSWER 32 ③ 33 ④ 34 ③ 35 ③ 36 ④ 37 ④

상 중 하

38 테스트와 디버그의 목적으로 옳은 것은?

① 테스트는 오류를 찾는 작업이고 디버깅은 오류를 수정하는 작업이다.
② 테스트는 오류를 수정하는 작업이고 디버깅은 오류를 찾는 작업이다.
③ 둘 다 소프트웨어의 오류를 찾는 작업으로 오류 수정은 하지 않는다.
④ 둘 다 소프트웨어 오류의 발견, 수정과 무관하다.

테스트는 오류를 찾는 작업이고 디버깅은 오류를 수정하는 작업이다.

상 중 하

39 다음 Postfix로 표현된 연산식의 연산 결과로 옳은 것은?

```
3 4 * 5 6 * +
```

① 35　② 42
③ 81　④ 360

• Postfix(전위 표기법)를 Infix(중위 표기법)로 변환 후 계산한다.

3 4 * 5 6 * +

• ((3 4) * (5 6) *) + : 연산자 앞 피연산자 2개를 괄호( )로 묶는다.
• ((3 * 4) + (5 * 6)) : 연산자를 괄호 ( )안의 피연산자 사이로 이동한다.
• 12 + 30 = 42

상 중 하

40 다음 중 스택을 이용한 연산과 거리가 먼 것은?

① 선택 정렬
② 재귀 호출
③ 후위 표현(Post-fix expression)의 연산
④ 깊이 우선 탐색

선택 정렬은 하나의 임시 기억 공간만 있으면 정렬할 수 있으므로 스택(LIFO, 후입선출)과는 무관하다.

3과목 데이터베이스 구축

상 중 하

41 릴레이션 R의 차수가 4이고 카디널리티가 5이며, 릴레이션 S의 차수가 6이고 카디널리티가 7일 때, 두 개의 릴레이션을 카티션 프로덕트한 결과의 새로운 릴레이션의 차수와 카디널리티는 얼마인가?

① 24, 35　② 24, 12
③ 10, 35　④ 10, 12

• Cartesian Product(교차곱)의 결과는 두 릴레이션의 속성의 개수는 더하고 각 튜플의 개수는 곱한 크기의 결과 릴레이션이 생성된다.
• 릴레이션 R : 차수 4, 카디널리티 5
• 릴레이션 S : 차수 6, 카디널리티 7
• 결과 릴레이션 : 차수 10, 카디널리티 35

상 중 하

42 시스템 카탈로그에 대한 설명으로 옳지 않은 것은?

① 사용자가 직접 시스템 카탈로그의 내용을 갱신하여 데이터베이스 무결성을 유지한다.
② 시스템 자신이 필요로 하는 스키마 및 여러 가지 객체에 관한 정보를 포함하고 있는 시스템 데이터베이스이다.
③ 시스템 카탈로그에 저장되는 내용을 메타 데이터라고도 한다.
④ 시스템 카탈로그는 DBMS가 스스로 생성하고 유지한다.

사용자가 시스템 카탈로그를 직접 갱신할 수는 없으나 SQL문으로 여러 가지 객체에 변화를 주면 시스템이 자동으로 갱신된다.

상 중 하

43 다음 관계 대수 중 순수 관계 연산자가 아닌 것은?

① 차집합(Difference)
② 프로젝트(Project)
③ 조인(Join)
④ 디비전(Division)

관계 대수의 순수 관계 연산자 종류

연산자	설명
Select(σ)	튜플 집합을 검색한다.
Project(π)	속성 집합을 검색한다.
Join(⋈)	두 릴레이션의 공통 속성을 연결한다.
Division(÷)	두 릴레이션에서 특정 속성을 제외한 속성만 검색한다.

ANSWER 38 ① 39 ② 40 ① 41 ③ 42 ① 43 ①

상 중 하

44 데이터베이스 설계 시 물리적 설계 단계에서 수행하는 사항이 아닌 것은?

① 레코드 집중의 분석 및 설계
② 접근 경로 설계
③ 저장 레코드의 양식 설계
④ 목표 DBMS에 맞는 스키마 설계

물리적 설계
- 저장 레코드 양식 설계와 레코드 집중의 분석/설계, 액세스 경로 인덱싱, 클러스터링, 해싱 등의 설계가 포함된다.
- 접근 경로 설계 및 트랜잭션 세부 설계이다.

오답 피하기

④번은 개념적 설계 단계에 관한 내용이다.

상 중 하

45 다음 R1과 R2의 테이블에서 아래의 실행 결과를 얻기 위한 SQL문은?

[R1 테이블]

학번	이름	학년	학과	주소
1000	홍길동	1	컴퓨터공학	서울
2000	김철수	1	전기공학	경기
3000	강남길	2	전자공학	경기
4000	오말자	2	컴퓨터공학	경기
5000	장미화	3	전자공학	서울

[R2 테이블]

학번	과목번호	과목이름	학점	점수
1000	C100	컴퓨터구조	A	91
2000	C200	데이터베이스	A+	99
3000	C100	컴퓨터구조	B+	89
3000	C200	데이터베이스	B	85
4000	C200	데이터베이스	A	93
4000	C300	운영체제	B+	88
5000	C300	운영체제	B	82

[실행 결과]

과목번호	과목이름
C100	컴퓨터구조
C200	데이터베이스

① SELECT 과목번호, 과목이름 FROM R1, R2 WHERE R1.학번 = R2.학번 AND R1.학과 = '전자공학' AND R1.이름 = '강남길';
② SELECT 과목번호, 과목이름 FROM R1, R2 WHERE R1.학번 = R2.학번 OR R1.학과 = '전자공학' OR R1.이름 = '홍길동';
③ SELECT 과목번호, 과목이름 FROM R1, R2 WHERE R1.학번 = R2.학번 AND R1.학과 = '컴퓨터공학' AND R1.이름 = '강남길';
④ SELECT 과목번호, 과목이름 FROM R1, R2 WHERE R1.학번 = R2.학번 OR R1.학과 = '컴퓨터공학' OR R1.이름 = '홍길동';

- R1, R2 테이블에서 학번이 같으면서, R1의 학과가 '전자공학'이면서 '강남길'인 항목의 과목번호, 과목이름을 조회하는 SQL문이다.
- R1, R2 테이블을 학번으로 조인하고, '전자공학'이면서 '강남길'인 레코드 중에서 과목번호, 과목이름 필드를 조회한다.

상 중 하

46 병행 제어 기법의 종류가 아닌 것은?

① 로킹 기법
② 시분할 기법
③ 타임스탬프 기법
④ 다중 버전 기법

병행 제어(Concurrency Control)
- 동시에 수행되는 트랜잭션들을 일관성 있게 처리하기 위해 제어하는 것이다.
- 병행 수행의 문제점 : 갱신 분실, 비완료 의존성, 모순성, 연쇄 복귀가 있다.
- 종류 : 로킹, 최적 병행 수행, 타임스탬프, 다중 버전 기법

ANSWER 44 ④ 45 ① 46 ②

상 중 하

47 SQL문에서 SELECT에 대한 설명으로 옳지 않은 것은?

① FROM 절에는 질의에 의해 검색될 데이터들을 포함하는 테이블명을 기술한다.

② 검색 결과에 중복되는 레코드를 없애기 위해서는 WHERE 절에 'DISTINCT' 키워드를 사용한다.

③ HAVING 절은 GROUP BY 절과 함께 사용되며, 그룹에 대한 조건을 지정한다.

④ ORDER BY 절은 특정 속성을 기준으로 정렬하여 검색할 때 사용한다.

SELECT문 기본 구조

SELECT 속성명 [ALL | DISTINCT]
FROM 릴레이션명
WHERE 조건
[GROUP BY 속성명1, 속성명2,…] – 그룹화
[HAVING 조건]
[ORDER BY 속성명 [ASC | DESC]]; – 정렬

- ALL : 모든 튜플을 검색(생략 가능)
- DISTINCT : 중복된 튜플 생략

상 중 하

48 제3정규형(3NF)에서 BCNF(Boyce-Codd Normal Form)가 되기 위한 조건은?

① 결정자가 후보키가 아닌 함수 종속 제거

② 이행적 함수 종속 제거

③ 부분적 함수 종속 제거

④ 원자값이 아닌 도메인 분해

BCNF(보이스/코드) 정규형

- 1, 2, 3정규형을 만족하고, 결정자가 후보키가 아닌 함수 종속 제거되면 보이스/코드 정규형에 속한다.
- 후보키를 여러 개 가지고 있는 릴레이션에서 발생할 수 있는 이상 현상을 해결하기 위해 제3정규형보다 좀 더 강력한 제약조건을 적용한다.
- 보이스/코드 정규형에 속하는 모든 릴레이션은 3정규형에 속하지만, 3정규형에 속하는 모든 릴레이션이 보이스/코드 정규형에 속하지는 않는다.

상 중 하

49 SQL에서 VIEW를 삭제할 때 사용하는 명령은?

① ERASE ② KILL

③ DROP ④ DELETE

뷰(View) 특징

- 뷰의 생성 시 CREATE문, 검색 시 SELECT문을 사용한다.
- 뷰의 정의 변경 시 ALTER문을 사용할 수 없고 DROP문을 이용한다.
- 뷰를 이용한 또 다른 뷰의 생성이 가능하다.

상 중 하

50 트랜잭션의 실행이 실패하였음을 알리는 연산자로 트랜잭션이 수행한 결과를 원래의 상태로 원상 복귀시키는 연산은?

① COMMIT 연산

② BACKUP 연산

③ LOG 연산

④ ROLLBACK 연산

DCL 종류

COMMIT	명령어로 수행된 결과를 실제 물리적 디스크로 저장하고, 명령어로 수행을 성공적으로 완료하였음을 선언한다.
ROLLBACK	명령어로 수행에 실패하였음을 알리고, 수행된 결과를 원상 복귀시킨다.
GRANT	데이터베이스 사용자에게 사용 권한을 부여한다.
REVOKE	데이터베이스 사용자로부터 사용 권한을 취소한다.

상 중 하

51 DDL(Data Define Language)의 명령어 중 스키마, 도메인, 인덱스 등을 정의할 때 사용하는 SQL문은?

① ALTER ② SELECT

③ CREATE ④ INSERT

DDL 종류

CREATE	스키마, 도메인, 테이블, 뷰 정의
ALTER	테이블 정의 변경
DROP	스키마, 도메인, 테이블, 뷰 삭제

상 중 하

52 데이터 속성 간의 종속성에 대한 엄밀한 고려 없이 잘못 설계된 데이터베이스에서는 데이터 처리 연산 수행 시 각종 이상 현상이 발생할 수 있는데, 이러한 이상 현상이 아닌 것은?

① 검색 이상 ② 삽입 이상

③ 삭제 이상 ④ 갱신 이상

이상 현상(Anomaly)

- 릴레이션 조작 시 데이터들이 불필요하게 중복되어 예기치 않게 발생하는 곤란한 현상을 의미한다.
- 종류 : 삽입 이상, 삭제 이상, 갱신 이상

ANSWER 47 ② 48 ① 49 ③ 50 ④ 51 ③ 52 ①

상 중 하

53 테이블 R1, R2에 대하여 다음 SQL문의 결과는?

```
(SELECT 학번 FROM R1)
INTERSECT
(SELECT 학번 FROM R2);
```

[R1 테이블]

학번	학점 수
20201111	15
20202222	20

[R2 테이블]

학번	과목번호
20202222	CS200
20203333	CS300

①

학번	학점 수	과목번호
20202222	20	CS200

②

학번
20202222

③

학번
20201111
20202222
20203333

④

학번	학점 수	과목번호
20201111	15	NULL
20202222	20	CS200
20203333	NULL	CS300

두 테이블의 중복 레코드는 학번 : 20202222이므로 ②번이 답이 된다.

상 중 하

54 관계 데이터베이스 모델에서 차수(Degree)의 의미는?

① 튜플의 수
② 테이블의 수
③ 데이터베이스의 수
④ 애트리뷰트의 수

- 디그리(Degree) : 속성의 수(차수)
- 카디널리티(Cardinality) : 튜플의 수(기수)

상 중 하

55 다음 SQL문에서 ( ) 안에 들어갈 내용으로 옳은 것은?

```
UPDATE 인사급여 (  ) 호봉 = 15
WHERE 성명 = '홍길동';
```

① SET ② FROM
③ INTO ④ IN

UPDATE
- 튜플의 내용을 변경(갱신)하는 명령어이다.
- 기본 구조
  UPDATE 테이블명
  SET 속성명 = 값
  WHERE 조건;

상 중 하

56 병렬 데이터베이스 환경 중 수평 분할에서 활용되는 분할 기법이 아닌 것은?

① 라운드-로빈 ② 범위 분할
③ 예측 분할 ④ 해시 분할

데이터베이스 분할
- 수평 분할 : 효율성, 지역의 최적화, 보안 향상을 위해 행 단위로 분할한다. 종류에는 라운드-로빈, 해시 분할, 영역 분할(범위 분할), 이용자 정의 분할 방식 등이 있다.
- 수직 분할 : 열 단위로 분할한다. 응용 프로그램에 따라 컬럼을 그룹핑하는 방법과 분열하는 방법이 있다.

상 중 하

57 관계형 데이터 모델의 릴레이션에 대한 설명으로 틀린 것은?

① 모든 속성값은 원자값을 갖는다.
② 한 릴레이션에 포함된 튜플은 모두 상이하다.
③ 한 릴레이션에 포함된 튜플 사이에는 순서가 없다.
④ 한 릴레이션을 구성하는 속성 사이에는 순서가 존재한다.

릴레이션의 특징
- 튜플의 유일성 : 모든 튜플은 서로 다른 값을 갖는다.
- 튜플의 무순서성 : 하나의 릴레이션에서 튜플의 순서는 없다.
- 속성의 원자성 : 속성값은 원자값을 갖는다.
- 속성의 무순서성 : 각 속성은 릴레이션 내에서 유일한 이름을 가지며, 속성의 순서는 큰 의미가 없다.

ANSWER 53 ② 54 ④ 55 ① 56 ③ 57 ④

상중하

58 속성(Attribute)에 대한 설명으로 틀린 것은?

① 속성은 개체의 특성을 기술한다.
② 속성은 데이터베이스를 구성하는 가장 작은 논리적 단위이다.
③ 속성은 파일 구조상 데이터 항목 또는 데이터 필드에 해당된다.
④ 속성의 수를 "Cardinality"라고 한다.

- 디그리(Degree) : 속성의 수(차수)
- 카디널리티(Cardinality) : 튜플의 수(기수)

상중하

59 릴레이션에서 기본키를 구성하는 속성은 널(Null) 값이나 중복값을 가질 수 없다는 것을 의미하는 제약조건은?

① 참조 무결성
② 보안 무결성
③ 개체 무결성
④ 정보 무결성

무결성(Integrity)
- 개체 무결성 : 기본키의 값은 널(Null) 값이나 중복값을 가질 수 없다는 제약조건이다.
- 참조 무결성 : 참조할 수 없는 외래키 값을 가질 수 없다는 제약조건이다.
- 도메인 무결성 : 각 속성값은 해당 속성 도메인에 지정된 값이어야 한다는 제약조건이다.

상중하

60 개체-관계 모델(E-R)의 그래픽 표현으로 옳지 않은 것은?

① 개체 타입 – 사각형
② 속성 – 원형
③ 관계 타입 – 마름모
④ 연결 – 삼각형

E-R 다이어그램 : E-R 모델을 그래프 방식으로 표현하였다.

기호	기호 이름	의미
▭	사각형	개체(Entity)
◇	마름모	관계(Relationship)
⬭	타원	속성(Attribute)
―	실선	개체 타입과 속성을 연결

4과목 프로그래밍 언어 활용

상중하

61 페이징 기법에서 페이지 크기가 작아질수록 발생하는 현상이 아닌 것은?

① 기억 장소 이용 효율이 증가한다.
② 입 · 출력 시간이 늘어난다.
③ 내부 단편화가 감소한다.
④ 페이지 맵 테이블의 크기가 감소한다.

페이지의 크기가 클수록 페이지 맵 테이블의 크기가 작아지고, 단편화가 증가하고, 디스크 접근 횟수가 감소하며, 전체 입 · 출력 시간이 감소한다.

상중하

62 다음 C언어 프로그램이 실행되었을 때의 결과는?

```
#include <stdio.h>
int main(int argc, char *argv[]) {
    int a = 4;
    int b = 7;
    int c = a | b;
    printf("%d", c);
    return 0;
}
```

① 3　② 4
③ 7　④ 10

- 변수 a와 b의 4, 7을 (2진수)비트 연산자 |(OR)로 연산한다.
- 비트 연산자는 2진수로 변환 후 계산한다.
- OR 연산자는 두 비트 중 1개라도 1이면 1이 출력된다.

```
        0100 (10진수 : 4)
비트 OR ) 0111 (10진수 : 7)
        0111 (10진수 : 7)
```

- 0111는 "%d" 출력 형식 지정 문자에 의해 10진수로 변환하면 7이 되어 출력된다.

ANSWER 58 ④ 59 ③ 60 ④ 61 ④ 62 ③

상 중 하

63 다음 파이썬(Python) 프로그램이 실행되었을 때의 결과는?

```
class FourCal:
   def setdata(sel, fir, sec):
      sel.fir = fir
      sel.sec = sec
   def add(sel):
      result = sel.fir + sel.sec
      return result
a = FourCal( )
a.setdata(4, 2)
print(a.add( ))
```

① 0 ② 2
③ 4 ④ 6

파이썬의 클래스 메소드 호출
- 클래스 FourCal에 setdata( ) 메소드와 add( ) 메소드가 정의되어 있다.
- setdata(sel, fir, sec) 메소드 : 두 개의 매개 변수를 전달받아 객체 변수 fir와 sec에 각각 저장된다.
- add(sel) 메소드 : 객체 변수들의 덧셈을 수행 후 결과값을 반환한다.
- a = FourCal( ) 명령문을 통해 FourCal 클래스 형의 객체 a를 생성한다.
- 객체명.메소드 형태로 호출을 수행한다.
- a.setdata(4, 2) : 메소드 호출 시, 객체명을 통해 호출할 때는 self를 반드시 생략해서 호출한다. 4와 2의 값을 매개 변수로 전달하여 객체 a의 객체 변수를 fir를 4로 sec를 2로 저장한다.
- a.add( ) : add( ) 메소드 호출 후, 두 객체 변수를 덧셈한 결과 6을 반환받아 온다. print( ) 함수를 통해 콘솔에 출력한다.

상 중 하

64 CIDR(Classless Inter-Domain Routing) 표기로 203.241.132.82/27과 같이 사용되었다면, 해당 주소의 서브넷 마스크(Subnet Mask)는?

① 255.255.255.0
② 255.255.255.224
③ 255.255.255.240
④ 255.255.255.248

서브넷 마스크(Subnet Mask)
- 네트워크를 작은 내부 네트워크로 분리하여 효율적으로 네트워크를 관리하기 위한 수단이다.
- 서브넷 마스크는 32bit의 값으로 IP 주소를 네트워크와 호스트 IP 주소를 구분하는 역할을 한다.
- 네트워크 ID에 해당하는 모든 비트를 1로 설정하며 호스트 ID에 해당하는 모든 bit를 0으로 설정한다.
- CIDR 표기 형식 : 10진수의 IP/네트워크 ID의 1bit의 개수이다.
- 203.241.132.82/27
- 27은 32bit의 2진수 IP 주소 중 27bit가 네트워크 ID인 1bit의 개수이고 나머지 5(32-27)bit가 호스트 ID인 0bit의 개수이다.
- 서브넷 마스크 : 11111111.11111111.11111111.11100000
- 10진수 표기법 : 255.255.255.224

상 중 하

65 OSI 7계층 중 네트워크 계층에 대한 설명으로 틀린 것은?

① 패킷을 발신지로부터 최종 목적지까지 전달하는 책임을 진다.
② 한 노드로부터 다른 노드로 프레임을 전송하는 책임을 진다.
③ 패킷에 발신지와 목적지의 논리 주소를 추가한다.
④ 라우터 또는 교환기는 패킷 전달을 위해 경로를 지정하거나 교환 기능을 제공한다.

오답 피하기
②번은 데이터 링크 계층에 대한 설명이다.

ANSWER 63 ④ 64 ② 65 ②

상 중 하

66 다음 C언어 프로그램이 실행되었을 때의 결과는?

```
#include <stdio.h>
int main(int argc, char *argv[]) {
    char a;
    a = 'A' + 1;
    printf("%d", a);
    return 0;
}
```

① 1　② 11
③ 66　④ 98

C언어의 문자 상수 ASCII 코드값
- char 자료형은 한 개의 문자 상수를 1byte의 공간에 ASCII 코드값으로 저장한다.
- 대문자 'A'의 ASCII 코드값은 01000001으로 10진수 65이다.

a = 'A' + 1;
- 대문자 'A'의 ASCII 코드값(65)과 1을 덧셈한 결과 66을 char형 변수 a에 대문자 'B'의 ASCII 코드값으로 저장한다.
- 출력 결과는 "%d"의 출력 형식 지정 문자에 의해 10진 정수로 변환되어 콘솔에 66이 출력된다.

상 중 하

67 다음 중 가장 강한 응집도(Cohesion)는?

① Sequential Cohesion
② Procedural Cohesion
③ Logical Cohesion
④ Coincidental Cohesion

응집도(강함 〉 약함) : 기능적 응집도 〉 순차적 응집도 〉 교환적 응집도 〉 절차적 응집도 〉 시간적 응집도 〉 논리적 응집도 〉 우연적 응집도

상 중 하

68 프레임워크(Framework)에 대한 설명으로 옳은 것은?

① 소프트웨어 구성에 필요한 기본 구조를 제공함으로써 재사용이 가능하게 해준다.
② 소프트웨어 개발 시 구조가 잡혀있기 때문에 확장이 불가능하다.
③ 소프트웨어 아키텍처(Architecture)와 동일한 개념이다.
④ 모듈화(Modularity)가 불가능하다.

프레임워크(FrameWork) : 복잡한 소프트웨어 문제를 해결하거나 서술하는 데 필요한 기본 구조를 제공함으로써 재사용이 가능하게 해준다.

상 중 하

69 다음 JAVA 프로그램이 실행되었을 때의 결과는?

```
public class Operator {
    public static void main(String[] args) {
        int x = 5, y = 0, z = 0;
        y = x++;
        z = - -x;
        System.out.print(x + ", " + y + ", " + z);
    }
}
```

① 5, 5, 5　② 5, 6, 5
③ 6, 5, 5　④ 5, 6, 4

후위 증가 연산자(++)와 전위 감소 연산자(- -)

y = x++;
- 변수 y에 변수 x의 값을 대입 후, 변수 x의 값을 1증가시켜 변수 y에는 5가 변수 x에는 6이 저장된다.

z = - -x;
- 변수 x의 값을 1감소시킨 후, 변수 z에 변수 x의 값을 대입하여 변수 x는 5가 변수 z에 저장된다.
- 최종 결과 변수 x, 변수 y, 변수 z를 출력하면 5, 5, 5가 출력된다.

ANSWER 66 ③ 67 ① 68 ① 69 ①

상 중 하

70 다음 C언어 프로그램이 실행되었을 때의 결과는?

```
#include <stdio.h>
int main(int argc, char *argv[]) {
   int a[2][2] = {{11, 22}, {44, 55}};
   int i, sum = 0;
   int *p;
   p = a[0];
   for(i = 1; i < 4; i++)
      sum += *(p + i);
   printf("%d", sum);
   return 0;
}
```

① 55 ② 77
③ 121 ④ 132

C언어 포인터 변수의 덧셈 연산

- 포인터 변수는 정수와 덧셈과 뺄셈 연산이 가능하다.
- 포인터 변수의 덧셈 연산을 통해 포인터 변수가 가리키는 연속된 메모리 주소 간의 거리를 계산할 수 있다.
- 포인터 변수의 덧셈 시 주소의 변량 = 자료형의 크기 * 정수

p = a[0];

- int형 2차원 배열 a의 0행의 시작 주소를 포인터 변수에 저장한다(예를 들어 int형 2차원 배열 a의 시작 주소를 1000번지라고 가정한다).
- int형 변수는 4byte 크기이므로 2차원 배열 a에 16(4byte*2*2)byte 크기의 연속된 메모리 공간이 할당된다.

p+0	→ 1000번지	a[0][0]	11	← *(p+0)
p+1	→ 1004번지	a[0][1]	22	← *(p+1)
p+2	→ 1008번지	a[1][0]	44	← *(p+2)
p+3	→ 1012번지	a[1][1]	55	← *(p+3)

- for 반복 명령을 통해 포인터 변수 p로 2차원 배열 a의 요소의 값에 접근하여 변수 sum에 누적 합계를 구한다.

i	p + i	*(p + i)	sum
1	1000 + (4byte*1) = 1004번지	22	22
2	1000 + (4byte*2) = 1008번지	44	66
3	1000 + (4byte*3) = 1012번지	55	121

- 포인터 연산자 *는 주소(번지)의 내용을 참조하는 연산자이다.

상 중 하

71 C언어 라이브러리 중 stdlib.h에 대한 설명으로 옳은 것은?

① 문자열을 수치 데이터로 바꾸는 문자 변환 함수와 수치를 문자열로 바꿔주는 변환 함수 등이 있다.
② 문자열 처리 함수로 strlen( )이 포함되어 있다.
③ 표준 입 · 출력 라이브러리이다.
④ 삼각 함수, 제곱근, 지수 등 수학적인 함수를 내장하고 있다.

- stdio.h : C언어 표준 입 · 출력 라이브러리(Standard Input and Output Library)이다.
- stdlib.h : C 표준 유틸리티 함수를 모아놓은 헤더 파일이다. 문자형 변환, 수치를 문자형으로 변환하는 등 동적 할당 관련 함수, 난수 생성 함수, 정수의 연산 함수, 검색 및 정렬 함수 등이다.

상 중 하

72 프로세스 적재 정책과 관련한 설명으로 틀린 것은?

① 반복, 스택, 부프로그램은 시간 지역성(Temporal Locality)과 관련이 있다.
② 공간 지역성(Spatial Locality)은 프로세스가 어떤 페이지를 참조했다면 이후 가상 주소 공간상 그 페이지와 인접한 페이지들을 참조할 가능성이 높음을 의미한다.
③ 일반적으로 페이지 교환에 보내는 시간보다 프로세스 수행에 보내는 시간이 더 크면 스레싱(Thrashing)이 발생한다.
④ 스레싱(Thrashing) 현상을 방지하기 위해서는 각 프로세스가 필요로 하는 프레임을 제공할 수 있어야 한다.

스래싱(Thrashing) : 하나의 프로세스가 작업 수행 과정에 수행하는 기억 장치 접근에서 지나치게 페이지 부재가 발생하여 프로세스 수행에 소요되는 시간보다 페이지 이동에 소요되는 시간이 더 커지는 현상이다.

ANSWER 70 ③ 71 ① 72 ③

상 중 하

73 **교착상태의 해결 방법 중 은행원 알고리즘(Banker's Algorithm)이 해당되는 기법은?**

① Detection ② Avoidance
③ Recovery ④ Prevention

교착상태의 해결 방법

예방 (Prevention)	• 교착상태가 발생하지 않도록 사전에 시스템을 제어하는 방법이다. • 일반적으로 자원의 낭비가 가장 심한 것으로 알려진 기법이다.
회피 (Avoidance)	• 교착상태 발생 가능성을 인정하고 교착상태가 발생하려고 할 때, 교착상태 가능성을 피해 가는 방법이다. • 주로 은행가 알고리즘(Banker's Algorithm)을 사용한다.
발견 (Detection)	교착상태가 발생했는지 검사하여 교착상태에 빠진 프로세스와 자원을 발견하는 방법이다.
회복 (Recovery)	교착상태에 빠진 프로세스를 종료하거나 해당 프로세스가 점유하고 있는 자원을 선점하여 다른 프로세스에게 할당하는 기법이다.

상 중 하

74 **다음 중 가장 약한 결합도(Coupling)는?**

① Common Coupling
② Content Coupling
③ External Coupling
④ Stamp Coupling

결합도 정도(약함 < 강함) : 데이터 결합도 < 스탬프 결합도 < 제어 결합도 < 외부 결합도 < 공통 결합도 < 내용 결합도

상 중 하

75 **자바스크립트(JavaScript)와 관련한 설명으로 틀린 것은?**

① 프로토타입(Prototype)의 개념이 존재한다.
② 클래스 기반으로 객체 상속을 지원한다.
③ Prototype Link와 Prototype Object를 활용할 수 있다.
④ 객체지향 언어이다.

모두 정답 처리됨

상 중 하

76 **C언어에서 연산자 우선순위가 높은 것에서 낮은 것으로 바르게 나열된 것은?**

㉠ ( )	㉡ ==	㉢ <
㉣ <<	㉤ ||	㉥ /

① ㉠, ㉥, ㉣, ㉢, ㉡, ㉤
② ㉠, ㉣, ㉥, ㉢, ㉡, ㉤
③ ㉠, ㉣, ㉥, ㉢, ㉤, ㉡
④ ㉠, ㉥, ㉣, ㉤, ㉡, ㉢

C언어의 연산자 우선순위(높음 → 낮음)

- 괄호( ) → 산술 연산자 → 비트 이동 연산자 → 관계 연산자 → 비트 논리 연산자 → 논리 연산자
- 산술 연산자 : *, /, %, +, −
- 비트 이동 연산자 : <<, >>
- 관계 연산자 : <, <=, >, =, ==, !=
- 비트 논리 연산자 : &, ^, |
- 논리 연산자 : !, &&, ||

상 중 하

77 **다음 JAVA 프로그램이 실행되었을 때의 결과는?**

```
public class array1 {
    public static void main(String[]
args) {
        int cnt = 0;
        do {
            cnt++;
        } while (cnt < 0);
        if(cnt == 1)
            cnt++;
        else
            cnt = cnt + 3;
        System.out.printf("%d", cnt);
    }
}
```

① 2 ② 3
③ 4 ④ 5

C언어의 do~while 명령문과 if~else 명령문

- 변수 cnt를 초기화 후, 반복문(do~while)과 조건문(if~else)을 실행 후 변수 cnt의 값을 출력하는 프로그램이다.
- 변수 cnt의 초기값은 0이며, do~while 명령문에 의해 무조건 반복문 내부로 진입하여 cnt++;를 수행하여 변수 cnt는 1이 된다. 조건식 cnt < 0의 결과가 거짓이므로 다음 if~else 명령문을 수행하게 된다.
- 변수 cnt는 1이므로 조건식 cnt==1은 참이므로 cnt++;를 수행하여 변수 cnt는 2이 된다.
- 출력문에 의해 변수 cnt는 2가 출력된다.

ANSWER 73 ② 74 ④ 75 모두 정답 76 ① 77 ①

상 중 하

78 리눅스 Bash 쉘(Shell)에서 export와 관련한 설명으로 틀린 것은?

① 변수를 출력하고자 할 때는 export를 사용해야 한다.
② export가 매개 변수 없이 쓰일 경우 현재 설정된 환경 변수들이 출력된다.
③ 사용자가 생성하는 변수는 export 명령어로 표시하지 않는 한 현재 쉘에 국한된다.
④ 변수를 export 시키면 전역(Global) 변수처럼 되어 끝까지 기억된다.

- export 명령은 리눅스에서 사용자 환경 변수를 전역 변수로 설정할 때 사용한다.
- 사용법 : export [변수명]=[데이터값]

오답 피하기

- 변수를 출력하고자 할 때는 echo를 사용해야 한다.
- 사용법 : echo $[변수명]

상 중 하

79 TCP 프로토콜과 관련한 설명으로 틀린 것은?

① 인접한 노드 사이의 프레임 전송 및 오류를 제어한다.
② 흐름 제어(Flow Control)의 기능을 수행한다.
③ 전이중(Full Duplex) 방식의 양방향 가상 회선을 제공한다.
④ 전송 데이터와 응답 데이터를 함께 전송할 수 있다.

①번은 데이터 링크 계층에 관한 내용이다.

상 중 하

80 다음 설명에 해당하는 방식은?

> – 무선 랜에서 데이터 전송 시, 매체가 비어있음을 확인한 뒤 충돌을 회피하기 위해 임의 시간을 기다린 후 데이터를 전송하는 방법이다.
> – 네트워크에 데이터의 전송이 없는 경우라도 동시 전송에 의한 충돌에 대비하여 확인 신호를 전송한다.

① STA ② Collision Domain
③ CSMA/CA ④ CSMA/CD

CSMA/CD(Carrier Sensing Multiple Access/Collision Detection)

- 전송 중에 충돌이 감지되면 패킷의 전송을 즉시 중단하고 충돌이 발생한 사실을 모든 스테이션들이 알 수 있도록 간단한 통보 신호를 송신한다.
- 스테이션의 수가 많아지면 충돌이 많아져서 효율이 떨어진다.
- 어느 한 기기에 고장이 발생하여도 다른 기기의 통신에 전혀 미치지 않는다.

5과목 정보 시스템 구축 관리

상 중 하

81 SSH(Secure Shell)에 대한 설명으로 틀린 것은?

① SSH의 기본 네트워크 포트는 220번을 사용한다.
② 전송되는 데이터는 암호화된다.
③ 키를 통한 인증은 클라이언트의 공개키를 서버에 등록해야 한다.
④ 서로 연결되어 있는 컴퓨터 간 원격 명령 실행이나 셸 서비스 등을 수행한다.

SSH의 기본 네트워크 포트는 22번을 사용한다.

상 중 하

82 침입 차단 시스템(방화벽) 중 다음과 같은 형태의 구축 유형은?

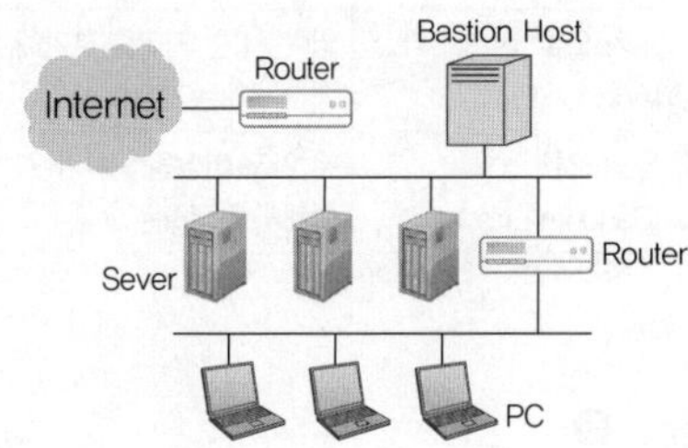

① Block Host
② Tree Host
③ Screened Subnet
④ Ring Homed

스크린된 서브넷 게이트웨이(Screened Subnet Gateway)

- 스크린드 호스트의 보안상 문제점을 보완한 모델이다. 외부 네트워크와 내부 네트워크 사이에 하나 이상의 경계 네트워크를 두어 내부 네트워크를 외부 네트워크로 분리하기 위한 구조이다.
- 스크린된 서브넷 게이트웨이 방식은 외부와 내부의 가운데인 DMZ(DeMilitarized Zone)에 위치시키며 방화벽도 DMZ 부분에 위치하고 주로 프록시가 설치된다.
- 설치 및 관리가 어렵고 속도가 느리며 고비용이다.

ANSWER 78 ① 79 ① 80 ③ 81 ① 82 ③

상중하

83 코드의 기입 과정에서 원래 '12536'으로 기입되어야 하는데 '12936'으로 표기되었을 경우, 어떤 코드 오류에 해당하는가?

① Addition Error
② Omission Error
③ Sequence Error
④ Transcription Error

코드의 오류 종류

오류	의미	예
필사 오류 (Transcription Error)	입력 시 한 자리를 잘못 기록하는 오류	1234 → 1235
전위 오류 (Transposition Error)	입력 시 좌우 자리를 바꾸어 발생하는 오류	1234 → 1243
이중 오류 (Double Transposition Error)	전위 오류가 두 개 이상 발생하는 오류	1234 → 2143
생략 오류 (Missing Error)	입력 시 한 자리를 빼고 기록하는 오류	1234 → 123
추가 오류 (Addition Error)	입력 시 한 자리를 추가해서 기록하는 오류	1234 → 12345
임의 오류 (Random Error)	두 가지 이상의 오류가 결합해서 발생하는 오류	1234 → 21345

상중하

84 PC, TV, 휴대폰에서 원하는 콘텐츠를 끊김없이 자유롭게 이용할 수 있는 서비스는?

① Meristor ② MEMS
③ SNMP ④ N-Screen

N-Screen : 동일한 콘텐츠를 PC, 스마트TV, 스마트폰, 태블릿 PC 등 다양한 디지털 정보기기에서 자유롭게 이용할 수 있는 서비스이다.

상중하

85 Secure OS의 보안 기능으로 거리가 먼 것은?

① 식별 및 인증
② 임의적 접근 통제
③ 고가용성 지원
④ 강제적 접근 통제

Secure OS의 보안 기능 : 강제적 접근 통제, 임의적 접근 통제, 식별 및 인증, 객체 사용 보호, 완전성 조성, 신뢰 경로

상중하

86 메모리상에서 프로그램의 복귀 주소와 변수 사이에 특정 값을 저장해 두었다가 그 값이 변경되었을 경우 오버플로우 상태로 가정하여 프로그램 실행을 중단하는 기술은?

① Stack Guard ② Bridge
③ ASLR ④ FIN

Stack Guard : 메모리상에서 프로그램의 복귀 주소와 변수 사이에 특정 값을 저장해 두었다가 그 값이 변경되었을 경우 오버플로우 상태로 가정하여 프로그램 실행을 중단하는 기술이다.

상중하

87 다음 내용이 설명하는 접근 제어 모델은?

- 군대의 보안 레벨처럼 정보의 기밀성에 따라 상하 관계가 구분된 정보를 보호하기 위해 사용한다.
- 자신의 권한보다 낮은 보안 레벨 권한을 가진 경우에는 높은 보안 레벨의 문서를 읽을 수 없고 자신의 권한보다 낮은 수준의 문서만을 읽을 수 있다.
- 자신의 권한보다 높은 보안 레벨의 문서에는 쓰기가 가능하지만 보안 레벨이 낮은 문서의 쓰기 권한은 제한한다.

① Clark-Wilson Integrity Model
② PDCA Model
③ Bell-Lapadula Model
④ Chinese Wall Model

벨라파듈라 모델 (BLP : Bell-LaPadula Confidentiality Model)
군대의 보안 레벨처럼 정보의 기밀성에 따라 상하 관계가 구분된 정보를 보호하기 위해 사용하며, 자신의 권한보다 낮은 보안 레벨 권한을 가진 경우에는 높은 보안 레벨의 문서를 읽을 수 없고 자신의 권한보다 낮은 수준의 문서만을 읽을 수 있다.

상중하

88 ISO 12207 표준의 기본 생명주기의 주요 프로세스에 해당하지 않는 것은?

① 획득 프로세스 ② 개발 프로세스
③ 성능평가 프로세스 ④ 유지보수 프로세스

ISO/IEC 12207
- 소프트웨어 개발 작업에 일관적이고 체계적인 프레임워크를 제공하기 위하여 1995년에 ISO/IEC에서 제정한 소프트웨어 생명주기 프로세스 국제 표준이다.
- 기본 생명주기 프로세스 구분 : 획득 프로세스(Acquisition Process), 공급 프로세스(Supply Process), 개발 프로세스(Development Process), 운영 프로세스(Operation Process), 유지보수(Maintenance)

ANSWER 83 ④ 84 ④ 85 ③ 86 ① 87 ③ 88 ③

상중하

89 라우팅 프로토콜인 OSPF(Open Shortest Path First)에 대한 설명으로 옳지 않은 것은?

① 네트워크 변화에 신속하게 대처할 수 있다.
② 거리 벡터 라우팅 프로토콜이라고 한다.
③ 멀티캐스팅을 지원한다.
④ 최단 경로 탐색에 Dijkstra 알고리즘을 사용한다.

거리 벡터 라우팅 프로토콜을 사용하는 방식은 RIP이다.

오답 피하기

OSPF는 링크 상태 방식을 사용한다.

상중하

90 다음 내용이 설명하는 것은?

- 네트워크상에 광채널 스위치의 이점인 고속 전송과 장거리 연결 및 멀티 프로토콜 기능을 활용
- 각기 다른 운영체제를 가진 여러 기종들이 네트워크상에서 동일 저장 장치의 데이터를 공유하게 함으로써, 여러 개의 저장 장치나 백업 장비를 단일화시킨 시스템

① SAN ② MBR
③ NAC ④ NIC

SAN(Storage Area Network) : 네트워크상에 광채널 스위치의 이점인 고속 전송과 장거리 연결 및 멀티 프로토콜 기능을 활용하여 각기 다른 운영체제를 가진 여러 기종들이 네트워크상에서 동일 저장 장치의 데이터를 공유하게 함으로써, 여러 개의 저장 장치나 백업 장비를 단일화시킨 시스템이다.

상중하

91 CBD(Component Based Development) SW 개발 표준 산출물 중 분석 단계에 해당하는 것은?

① 클래스 설계서
② 통합 시험 결과서
③ 프로그램 코드
④ 사용자 요구사항 정의서

CBD(Component Based Development) SW 개발 표준 산출물
- 분석 : 사용자 요구사항 정의서, 유스케이스 명세서, 요구사항 추적표
- 설계 : 클래스 명세서, 사용자 인터페이스 설계서, 아키텍처 설계서, 총괄 시험 계획서, 시스템 시험 시나리오, 엔티티 관계 모형 설계서, 데이터베이스 설계서, 통합 시험 시나리오, 단위 시험 케이스, 데이터 전환 및 초기 데이터 설계서
- 구현 : 프로그램 코드, 단위 시험 결과서, 데이터베이스 테이블
- 시험 : 통합 시험 결과서, 시스템 시험 결과서, 사용자 지침서, 운영자 지침서, 시스템 설치 결과서, 인수 시험 시나리오, 인수 시험 결과서

상중하

92 소프트웨어 비용 산정 기법 중 개발 유형으로 Organic, Semi-detached, Embedded로 구분되는 것은?

① PUTNAM
② COCOMO
③ FP
④ SLIM

COCOMO 모델
- 보헴이 제안한 소스 코드의 규모에 의한 비용 예측 모델이다.
- 개발 유형 : Organic Mode(단순형), Semi-Detached Mode(중간형), Embedded Mode(임베디드형)

상중하

93 SPICE 모델의 프로세스 수행 능력 수준의 단계별 설명이 틀린 것은?

① 수준 7 – 미완성 단계
② 수준 5 – 최적화 단계
③ 수준 4 – 예측 단계
④ 수준 3 – 확립 단계

SPICE 모델의 레벨

레벨	설명
레벨 5 최적(Optimizing) 단계	정의된 프로세스와 표준 프로세스가 지속적으로 개선되는 단계이다.
레벨 4 예측(Predictable) 단계	표준 프로세스 능력에 대하여 정량적인 이해와 성능이 예측되는 단계이다.
레벨 3 확립(Established) 단계	표준 프로세스를 사용하여 계획되고 관리된 단계이다.
레벨 2 관리(Managed) 단계	프로세스가 정해진 절차에 따라 이루어져 산출물을 내며, 모든 작업이 계획되고 추적되는 단계이다.
레벨 1 수행(Performed) 단계	해당 프로세스의 목적은 달성하지만, 계획되거나 추적되지 않은 단계이다.
레벨 0 불완전(Incomplete) 단계	프로세스가 구현되지 않거나 프로세스 목적을 달성하지 못한 단계이다.

상중하

94 서로 다른 네트워크 대역에 있는 호스트들 상호 간에 통신할 수 있도록 해주는 네트워크 장비는?

① L2 스위치 ② HIPO
③ 라우터 ④ RAD

라우터
- 네트워크 계층(Network Layer)에서 동작하며 동일 전송 프로토콜을 사용하는 분리된 2개 이상의 네트워크를 연결해주는 통신 장치이다.
- 네트워크상에서 가장 최적의 IP 경로를 설정하여 전송하는 장비이다.

ANSWER 89 ② 90 ① 91 ④ 92 ② 93 ① 94 ③

상 중 하

95 **암호화 키와 복호화 키가 동일한 암호화 알고리즘은?**

① RSA ② AES
③ DSA ④ ECC

비밀키(Private Key, 대칭키) 암호화 기법
- 동일한 키로 암호화하고 복호화하는 기법으로 키 개수는 N(N-1)/2 개가 필요하다.
- 대칭키 암호화 기법 또는 개인키 암호화 기법이라고도 한다.
- 암호화/복호화 속도가 빠르고 알고리즘이 단순하다.
- 종류 : DES, AES, ARIA, SEED, IDEA, RC4

상 중 하

96 **IPSec(IP Security)에 대한 설명으로 틀린 것은?**

① 암호화 수행 시 일방향 암호화만 지원한다.
② ESP는 발신지 인증, 데이터 무결성, 기밀성 모두를 보장한다.
③ 운영 모드는 Tunnel 모드와 Transport 모드로 분류된다.
④ AH는 발신지 호스트를 인증하고, IP 패킷의 무결성을 보장한다.

IPSec(IP Security)
- 통신 세션의 각 IP 패킷을 암호화하고 인증하는 안전한 인터넷 프로토콜(IP) 통신을 위한 인터넷 프로토콜로 양방향 암호화를 지원한다.
- ESP는 발신지 인증, 데이터 무결성, 기밀성 모두를 보장한다.
- 운영 모드는 Tunnel 모드와 Transport 모드로 분류된다.
- AH는 발신지 호스트를 인증하고, IP 패킷의 무결성을 보장한다.

상 중 하

97 **서버에 열린 포트 정보를 스캐닝해서 보안 취약점을 찾는데 사용하는 도구는?**

① Type ② Mkdir
③ Ftp ④ Nmap

Nmap(Network mapper) : 고든 라이온(Gordon Lyon)이 작성한 보안 스캐너로 컴퓨터와 서비스를 찾을 때 쓰이며, 네트워크 "지도"를 함께 만들어 서버에 열린 포트 정보를 스캐닝해서 보안 취약점을 찾는데 사용한다.

상 중 하

98 **하둡(Hadoop)과 관계형 데이터베이스 간에 데이터를 전송할 수 있도록 설계된 도구는?**

① Apnic ② Topology
③ Sqoop ④ SDB

스쿱(Sqoop) : 하둡(Hadoop)과 관계형 데이터베이스 간에 데이터를 전송할 수 있도록 설계된 도구이다. MySQL이나 Oracle과 같은 관계형 데이터베이스 관리 시스템으로부터 Hadoop 분산 파일 시스템(HDFS)으로 데이터를 가져오는 데에 Sqoop을 사용할 수 있다.

상 중 하

99 **해시(Hash) 기법에 대한 설명으로 틀린 것은?**

① 임의 길이의 입력 데이터를 받아 고정된 길이의 해시 값으로 변환한다.
② 주로 공개키 암호화 방식에서 키 생성을 위해 사용한다.
③ 대표적인 해시 알고리즘으로 HAVAL, SHA-1 등이 있다.
④ 해시 함수는 일방향 함수(One-way Function)이다.

공개키 암호화 방식이 아니라 대표적인 해싱 암호화 기법이다.

상 중 하

100 **소프트웨어 비용 추정 모형(Estimation Models)이 아닌 것은?**

① COCOMO
② Putnam
③ Function-Point
④ PERT

PERT(Program Evaluation and Review Technique) : 프로젝트 관리를 분석하거나, 주어진 완성 프로젝트를 포함한 일을 묘사하는 데 쓰이는 모델이다.

ANSWER 95 ② 96 ① 97 ④ 98 ③ 99 ② 100 ④

해설과 함께 보는 최신 기출문제 04회

시행 일자	시험 시간	문항 수
2021년 제3회	2시간 30분	100문항

풀이 시간 : ____________ 채점 점수 : ____________

1과목 소프트웨어 설계

상 중 하

01 럼바우(Rumbaugh)의 객체지향 분석 기법 중 자료 흐름도(DFD)를 주로 이용하는 것은?

① 기능 모델링 ② 동적 모델링
③ 객체 모델링 ④ 정적 모델링

럼바우(Rumbaugh) 객체지향 분석 기법
- 소프트웨어 구성 요소를 그래픽으로 모형화하였다.
- 객체 모델링 기법(OMT : Object Modeling Technique)이라고도 한다.
- 객체 모델링 : 객체를 다이어그램으로 표시
- 동적 모델링 : 상태를 시간 흐름에 따라 다이어그램으로 표시
- 기능 모델링 : 자료 흐름도를 이용하여 여러 프로세스 간의 자료 흐름을 표시

상 중 하

02 클래스 다이어그램의 요소로 다음 설명에 해당하는 용어는?

- 클래스의 동작을 의미한다.
- 클래스에 속하는 객체에 대하여 적용될 메소드를 정의한 것이다.
- UML에서는 동작에 대한 인터페이스를 지칭한다고 볼 수 있다.

① Instance ② Operation
③ Item ④ Hiding

클래스 다이어그램
시스템 내 클래스의 정적 구조를 표현하고 시스템을 구성하는 클래스들 사이의 관계를 표현한다.

구성 요소
- 속성 : 클래스류 인스턴스에 속하는 정보나 데이터의 특성을 나타낸다.
- 연산 : 클래스의 동작을 의미하며, 클래스에 속하는 객체에 대하여 적용될 메소드를 정의한 것이다.

상 중 하

03 요구사항 검증(Requirements Validation)과 관련한 설명으로 틀린 것은?

① 요구사항이 고객이 정말 원하는 시스템을 제대로 정의하고 있는지 점검하는 과정이다.
② 개발 완료 이후에 문제점이 발견될 경우 막대한 재작업 비용이 들 수 있기 때문에 요구사항 검증은 매우 중요하다.
③ 요구사항이 실제 요구를 반영하는지, 문서상의 요구사항은 서로 상충되지 않는지 등을 점검한다.
④ 요구사항 검증 과정을 통해 모든 요구사항 문제를 발견할 수 있다.

요구사항 검증(Requirements Validation)을 통해 모든 요구사항 문제를 발견할 수는 없다.

상 중 하

04 소프트웨어 공학에서 모델링(Modeling)과 관련한 설명으로 틀린 것은?

① 개발팀이 응용 문제를 이해하는 데 도움을 줄 수 있다.
② 유지보수 단계에서만 모델링 기법을 활용한다.
③ 개발될 시스템에 대하여 여러 분야의 엔지니어들이 공통된 개념을 공유하는 데 도움을 준다.
④ 절차적인 프로그램을 위한 자료 흐름도는 프로세스 위주의 모델링 방법이다.

모델링은 소프트웨어 개발 전 단계에 사용된다.

ANSWER 01 ① 02 ② 03 ④ 04 ②

상 중 하

05 분산 시스템을 위한 마스터-슬레이브(Master-Slave) 아키텍처에 대한 설명으로 틀린 것은?

① 일반적으로 실시간 시스템에서 사용된다.
② 마스터 프로세스는 일반적으로 연산, 통신, 조정을 책임진다.
③ 슬레이브 프로세스는 데이터 수집 기능을 수행할 수 없다.
④ 마스터 프로세스는 슬레이브 프로세스들을 제어할 수 있다.

주/종(Master/Slave) 아키텍처
- 마스터는 여러 슬레이브를 관리하고 실제 작업은 슬레이브가 처리한다.
- 마스터는 작업 요청을 받아 적절히 나누어 슬레이브에 분배하고 결과를 적절히 받아 병합한다.
- 일반적으로 실시간 시스템에서 사용된다.
- 마스터 프로세서는 일반적으로 연산, 통신, 조정을 책임진다.
- 슬레이브 프로세서는 데이터 수집 기능을 수행할 수 있다.
- 마스터 프로세서는 슬레이브 프로세서를 제어할 수 있다.

상 중 하

06 사용자 인터페이스(User Interface)에 대한 설명으로 틀린 것은?

① 사용자와 시스템이 정보를 주고받는 상호작용이 잘 이루어지도록 하는 장치나 소프트웨어를 의미한다.
② 편리한 유지보수를 위해 개발자 중심으로 설계되어야 한다.
③ 배우기가 용이하고 쉽게 사용할 수 있도록 만들어져야 한다.
④ 사용자 요구사항이 UI에 반영될 수 있도록 구성해야 한다.

UI 설계 지침
- 사용자 중심 : 실사용자의 이해를 바탕으로 쉽게 이해하고, 쉽게 사용할 수 있는 환경을 제공한다.
- 일관성 : 사용자가 기억하기 쉽고 빠른 습득이 가능하도록 버튼이나 조작법을 제공한다.
- 단순성 : 인지적 부담을 줄이기 위해 쉽게 조작되도록 한다.

상 중 하

07 객체지향 분석 기법과 관련한 설명으로 틀린 것은?

① 동적 모델링 기법이 사용될 수 있다.
② 기능 중심으로 시스템을 파악하며 순차적인 처리가 중요시되는 하향식(Top-down) 방식으로 볼 수 있다.
③ 데이터와 행위를 하나로 묶어 객체를 정의 내리고 추상화시키는 작업이라 할 수 있다.
④ 코드 재사용에 의한 프로그램 생산성 향상 및 요구에 따른 시스템의 쉬운 변경이 가능하다.

②번은 절차지향 분석 기법에 관한 설명이다.

상 중 하

08 대표적으로 DOS 및 Unix 등의 운영체제에서 조작을 위해 사용하던 것으로, 정해진 명령 문자열을 입력하여 시스템을 조작하는 사용자 인터페이스(User Interface)는?

① GUI(Graphical User Interface)
② CLI(Command Line Interface)
③ CUI(Cell User Interface)
④ MUI(Mobile User Interface)

사용자 인터페이스(User Interface)의 종류
- CUI(Character User Interface) : 문자 방식의 명령어 입력 사용자 인터페이스
- GUI(Graphic User Interface) : 그래픽 환경 기반의 마우스 입력 사용자 인터페이스
- WUI(Web User Interface) : 인터넷과 웹 브라우저를 통해 웹 페이지를 열람하고 조작하는 인터페이스
- CLI(Command Line Interface) : 사용자가 컴퓨터 자판 등을 이용해 명령 문자열을 입력하여 체계를 조작하는 인터페이스

ANSWER 05 ③ 06 ② 07 ② 08 ②

상 중 하

09 **객체지향의 주요 개념에 대한 설명으로 틀린 것은?**

① 캡슐화는 상위 클래스에서 속성이나 연산을 전달받아 새로운 형태의 클래스로 확장하여 사용하는 것을 의미한다.
② 객체는 실세계에 존재하거나 생각할 수 있는 것을 말한다.
③ 클래스는 하나 이상의 유사한 객체들을 묶어 공통된 특성을 표현한 것이다.
④ 다형성은 상속받은 여러 개의 하위 객체들이 다른 형태의 특성을 갖는 객체로 이용될 수 있는 성질이다.

캡슐화(Encapsulation)
- 서로 관련성이 높은 데이터(속성)와 그와 관련된 기능(메소드, 함수)을 묶는 기법이다.
- 결합도가 낮아져 소프트웨어 개발에 있어 재사용성이 높아진다.
- 정보은닉을 통하여 타 객체와 메시지 교환 시 인터페이스가 단순해진다.

오답 피하기
①번은 상속에 대한 설명이다.

상 중 하

10 **객체지향 설계에서 정보은닉(Information Hiding)과 관련한 설명으로 틀린 것은?**

① 필요하지 않은 정보는 접근할 수 없도록 하여 한 모듈 또는 하부 시스템이 다른 모듈의 구현에 영향을 받지 않게 설계되는 것을 의미한다.
② 모듈들 사이의 독립성을 유지시키는 데 도움이 된다.
③ 설계에서 은닉되어야 할 기본 정보로는 IP 주소와 같은 물리적 코드, 상세 데이터 구조 등이 있다.
④ 모듈 내부의 자료 구조와 접근 동작들에만 수정을 국한하기 때문에 요구사항 등 변화에 따른 수정이 불가능하다.

정보은닉(Information Hiding) : 객체 내부의 속성과 메소드를 숨기고 공개된 인터페이스를 통해서만 메시지를 주고받을 수 있도록 하는 것을 의미한다.

상 중 하

11 **익스트림 프로그래밍(XP)에 대한 설명으로 틀린 것은?**

① 빠른 개발을 위해 테스트를 수행하지 않는다.
② 사용자의 요구사항은 언제든지 변할 수 있다.
③ 고객과 직접 대면하며 요구사항을 이야기하기 위해 사용자 스토리(User Story)를 활용할 수 있다.
④ 기존의 방법론에 비해 실용성(Pragmatism)을 강조한 것이라고 볼 수 있다.

XP(eXtreme Programming)
- 1999년 Kent Beck이 제안하였으며, 개발 단계 중 요구사항이 시시각각 변동이 심한 경우 적합한 방법론이다.
- 요구에 맞는 양질의 소프트웨어를 신속하게 제공하는 것을 목표로 한다.
- 요구사항을 모두 정의해 놓고 작업을 진행하는 것이 아니라 요구사항이 변경되는 것을 적용하는 방식으로 예측성보다는 적응성에 더 높은 가치를 부여한 방법이다.
- 고객의 참여와 개발 과정의 반복을 극대화하여 생산성을 향상시키는 방법이다.

상 중 하

12 **순차 다이어그램(Sequence Diagram)과 관련한 설명으로 틀린 것은?**

① 객체들의 상호작용을 나타내기 위해 사용한다.
② 시간의 흐름에 따라 객체들이 주고받는 메시지의 전달 과정을 강조한다.
③ 동적 다이어그램보다는 정적 다이어그램에 가깝다.
④ 교류 다이어그램(Interaction Diagram)의 한 종류로 볼 수 있다.

순차 다이어그램은 동적 다이어그램에 가깝다.

ANSWER 09 ① 10 ④ 11 ① 12 ③

상 중 하

13 **분산 시스템에서의 미들웨어(Middleware)와 관련한 설명으로 틀린 것은?**

① 분산 시스템에서 다양한 부분을 관리하고 통신하며 데이터를 교환하게 해주는 소프트웨어로 볼 수 있다.
② 위치 투명성을 제공한다.
③ 분산 시스템의 여러 컴포넌트가 요구하는 재사용 가능한 서비스의 구현을 제공한다.
④ 애플리케이션과 사용자 사이에서만 분산 서비스를 제공한다.

미들웨어 솔루션의 정의
- 클라이언트와 서버 간의 통신을 담당하는 시스템 소프트웨어이다.
- 이기종 하드웨어, 소프트웨어, 네트워크, 프로토콜, 운영체제 환경 등에서 시스템 간의 표준화된 연결을 도와주는 소프트웨어이다.
- 표준화된 인터페이스를 통하여 시스템 간의 데이터 교환에 있어 일관성을 제공한다.
- 운영체제와 애플리케이션 사이에서 중간 매개 역할을 하는 다목적 소프트웨어이다.

상 중 하

14 **GoF(Gang of Four) 디자인 패턴과 관련한 설명으로 틀린 것은?**

① 디자인 패턴을 목적(Purpose)으로 분류할 때 생성, 구조, 행위로 분류할 수 있다.
② Strategy 패턴은 대표적인 구조 패턴으로 인스턴스를 복제하여 사용하는 구조를 말한다.
③ 행위 패턴은 클래스나 객체들이 상호작용하는 방법과 책임을 분산하는 방법을 정의한다.
④ Singleton 패턴은 특정 클래스의 인스턴스가 오직 하나임을 보장하고, 이 인스턴스에 대한 접근 방법을 제공한다.

- Strategy 패턴은 행위 패턴이다.
- 인스턴스를 복제하여 사용하는 구조는 프로토타입 패턴에 해당한다.

상 중 하

15 **소프트웨어 설계에서 사용되는 대표적인 추상화(Abstraction) 기법이 아닌 것은?**

① 자료 추상화
② 제어 추상화
③ 과정 추상화
④ 강도 추상화

추상화(Abstraction)
- 시스템 내의 공통 성질을 추출한 뒤 추상 클래스를 설정하는 기법이다.
- 현실 세계를 컴퓨터 시스템에 자연스럽게 표현할 수 있다.
- 기능 추상화, 제어 추상화, 자료 추상화 등이 있다.

상 중 하

16 **소프트웨어 아키텍처와 관련한 설명으로 틀린 것은?**

① 파이프 필터 아키텍처에서 데이터는 파이프를 통해 양방향으로 흐르며, 필터 이동 시 오버헤드가 발생하지 않는다.
② 외부에서 인식할 수 있는 특성이 담긴 소프트웨어의 골격이 되는 기본 구조로 볼 수 있다.
③ 데이터 중심 아키텍처는 공유 데이터 저장소를 통해 접근자 간의 통신이 이루어지므로 각 접근자의 수정과 확장이 용이하다.
④ 이해관계자들의 품질 요구사항을 반영하여 품질 속성을 결정한다.

파이프 필터 : 상태 정보 공유를 위해 비용이 소요되며 데이터 변환에 오버헤드가 발생할 수 있다.

상 중 하

17 **애자일 개발 방법론과 관련한 설명으로 틀린 것은?**

① 빠른 릴리즈를 통해 문제점을 빠르게 파악할 수 있다.
② 정확한 결과 도출을 위해 계획 수립과 문서화에 중점을 둔다.
③ 고객과의 의사소통을 중요하게 생각한다.
④ 진화하는 요구사항을 수용하는 데 적합하다.

애자일(Agile) 개발 방법론
- 날렵한, 재빠른 이란 사전적 의미가 있다.
- 특정 방법론이 아닌 소프트웨어를 빠르고 낭비 없이 제작하기 위해 고객과의 협업에 초점을 두고 소프트웨어 개발 중 설계 변경에 신속히 대응하여 요구사항을 수용할 수 있다.
- 절차와 도구보다 개인과 소통을 중요시하고 고객과의 피드백을 중요하게 생각한다.

ANSWER 13 ④ 14 ② 15 ④ 16 ① 17 ②

상 중 하

18 UML 모델에서 한 사물의 명세가 바뀌면 다른 사물에 영향을 주며, 일반적으로 한 클래스가 다른 클래스를 오퍼레이션의 매개 변수로 사용하는 경우에 나타나는 관계는?

① Association
② Dependency
③ Realization
④ Generalization

UML 의존 관계(Dependency Relation)
• 연관 관계와 같지만 메소드를 사용할 때와 같이 매우 짧은 시간만 유지된다.
• 영향을 주는 객체(User)에서 영향을 받는 객체 방향으로 점선 화살표를 연결한다.

상 중 하

19 요구사항 정의 및 분석 · 설계의 결과물을 표현하기 위한 모델링 과정에서 사용되는 다이어그램(Diagram)이 아닌 것은?

① Data Flow Diagram
② UML Diagram
③ E-R Diagram
④ AVL Diagram

럼바우 객체지향 분석 기법에서 E-R, Data Flow Diagram(자료 흐름도), UML을 사용한다.

상 중 하

20 요구 분석(Requirement Analysis)에 대한 설명으로 틀린 것은?

① 요구 분석은 소프트웨어 개발의 실제적인 첫 단계로 사용자의 요구에 대해 이해하는 단계라 할 수 있다.
② 요구 추출(Requirement Elicitation)은 프로젝트 계획 단계에 정의한 문제의 범위 안에 있는 사용자의 요구를 찾는 단계이다.
③ 도메인 분석(Domain Analysis)은 요구에 대한 정보를 수집하고 배경을 분석하여 이를 토대로 모델링을 하게 된다.
④ 기능적(Functional) 요구에서 시스템 구축에 대한 성능, 보안, 품질, 안정 등에 대한 성능, 보안, 품질, 안정성 등에 대한 요구사항을 도출한다.

성능, 보안, 품질, 안정 등은 비기능적 요구사항에 해당한다.

2과목 소프트웨어 개발

상 중 하

21 다음 중 선형 구조로만 묶인 것은?

① 스택, 트리 ② 큐, 데크
③ 큐, 그래프 ④ 리스트, 그래프

• 선형 구조 : 큐, 스택, 데크, 리스트, 연결 리스트
• 비선형 구조 : 그래프, 트리, 인접 행렬

상 중 하

22 테스트 드라이버(Test Driver)에 대한 설명으로 틀린 것은?

① 시험 대상 모듈을 호출하는 간이 소프트웨어이다.
② 필요에 따라 매개 변수를 전달하고 모듈을 수행한 후의 결과를 보여줄 수 있다.
③ 상향식 통합 테스트에서 사용된다.
④ 테스트 대상 모듈이 호출하는 하위 모듈의 역할을 한다.

④번은 테스트 스텁(Test Stub)에 관한 설명이다.

상 중 하

23 다음 트리에 대한 중위 순회 운행 결과는?

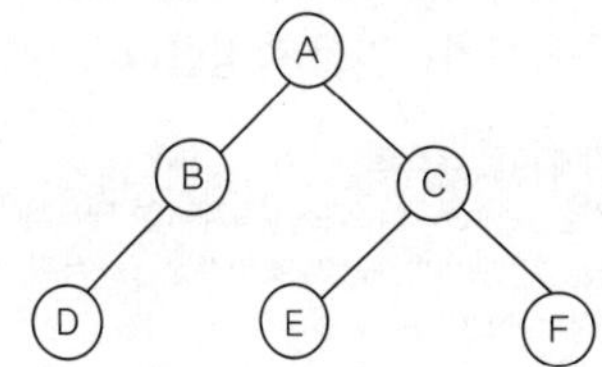

① A B D C E F ② A B C D E F
③ D B E C F A ④ D B A E C F

트리의 중위 순회
• 각 그룹을 운행한 뒤 그 결과를 합쳐 본다.

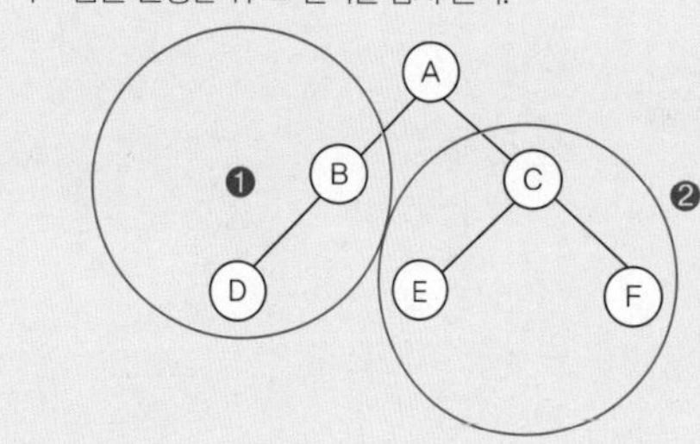

• LEFT – ROOT – RIGHT
❶ A ❷
❶ : D B
❷ : E C F
• 결과 : D B A E C F

ANSWER 18 ② 19 ④ 20 ④ 21 ② 22 ④ 23 ④

상중하

24 테스트 케이스 자동 생성 도구를 이용하여 테스트 데이터를 찾아내는 방법이 아닌 것은?

① 스터브(Stub)와 드라이버(Driver)
② 입력 도메인 분석
③ 랜덤(Random) 테스트
④ 자료 흐름도

테스트 케이스 자동 생성
- 자료 흐름도 – 테스트 경로 관리
- 입력 도메인 분석 – 테스트 데이터 산출
- 랜덤 테스트 – 무작위 값 입력, 신뢰성 검사

상중하

25 소프트웨어 테스트에서 검증(Verification)과 확인(Validation)에 대한 설명으로 틀린 것은?

① 소프트웨어 테스트에서 검증과 확인을 구별하면 찾고자 하는 결함 유형을 명확하게 하는 데 도움이 된다.
② 검증은 소프트웨어 개발 과정을 테스트하는 것이고, 확인은 소프트웨어 결과를 테스트 것이다.
③ 검증은 작업 제품이 요구명세의 기능, 비기능 요구사항을 얼마나 잘 준수하는지 측정하는 작업이다.
④ 검증은 작업 제품이 사용자의 요구에 적합한지 측정하며, 확인은 작업 제품이 개발자의 기대를 충족시키는지를 측정한다.

시각에 따른 테스트
- 검증(Verification) 테스트 : 제품이 명세서대로 완성되었는지 검증하는 단계이다. 개발자의 시각에서 제품의 생산 과정을 테스트하는 것을 의미한다.
- 확인(Validation) 테스트 : 사용자의 요구사항을 잘 수행하고 있는지 사용자의 시각에서 생산된 제품의 결과를 테스트하는 것을 의미한다.

상중하

26 저작권 관리 구성 요소 중 패키저(Packager)의 주요 역할로 옳은 것은?

① 콘텐츠를 제공하는 저작권자를 의미한다.
② 콘텐츠를 메타 데이터와 함께 배포 가능한 단위로 묶는다.
③ 라이선스를 발급하고 관리한다.
④ 배포된 콘텐츠의 이용 권한을 통제한다.

① 콘텐츠 제공자, ③ 클리어링 하우스, ④ 보안 컨테이너

상중하

27 다음 설명에 부합하는 용어로 옳은 것은?

> – 소프트웨어 구조를 이루며, 다른 것들과 구별될 수 있는 독립적인 기능을 갖는 단위이다.
> – 하나 또는 몇 개의 논리적인 기능을 수행하기 위한 명령어들의 집합이라고도 할 수 있다.
> – 서로 모여 하나의 완전한 프로그램으로 만들어질 수 있다.

① 통합 프로그램　② 저장소
③ 모듈　④ 데이터

단위 모듈
- 소프트웨어 구현에 필요한 다양한 동작 중 한 가지 동작을 수행하는 기능을 모듈로 구현한 것을 의미한다.
- 사용자 또는 다른 모듈로부터 값을 전달받아 시작되는 작은 프로그램이다.
- 독립적인 컴파일이 가능하며, 다른 모듈에 호출되거나 삽입될 수 있다.
- 두 개의 단위 모듈이 합쳐지면 두 개의 기능을 갖는 모듈로 구현할 수 있다.
- 종류 : 화면, DB 접근, 인터페이스, 비즈니스 트랜잭션, 데이터 암호화 등

ANSWER 24 ① 25 ④ 26 ② 27 ③

상중하

28 제품 소프트웨어의 사용자 매뉴얼 작성 절차로 (가)~(다)와 [보기]의 기호를 바르게 연결한 것은?

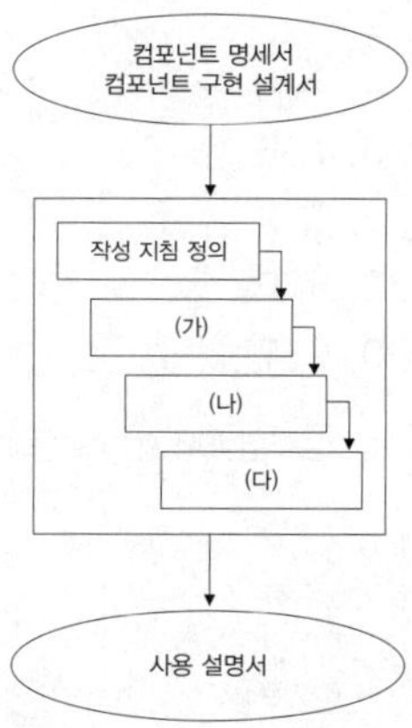

[보기]

㉠ 사용 설명서 검토
㉡ 구성 요소별 내용 작성
㉢ 사용 설명서 구성 요소 정의

① (가)-㉠, (나)-㉡, (다)-㉢
② (가)-㉢, (나)-㉡, (다)-㉠
③ (가)-㉠, (나)-㉢, (다)-㉡
④ (가)-㉢, (나)-㉠, (다)-㉡

사용자 매뉴얼 작성 프로세스 : 작성 지침 정의 → 사용 설명서 구성 요소 정의 → 구성 요소별 내용 작성 → 사용자 매뉴얼 검토

상중하

29 코드의 간결성을 유지하기 위해 사용되는 지침으로 틀린 것은?

① 공백을 이용하여 실행문 그룹과 주석을 명확히 구분한다.
② 복잡한 논리식과 산술식은 괄호와 들여쓰기(Indentation)를 통해 명확히 표현한다.
③ 빈 줄을 사용하여 선언부와 구현부를 구별한다.
④ 한 줄에 최대한 많은 문장을 코딩한다.

코드의 간결성을 유지하기 위한 지침
- 공백을 이용하여 실행문 그룹과 주석을 명확히 구분하고, 복잡한 논리식과 산술식은 괄호와 들여쓰기(Indentation)를 통해 명확히 표현한다.
- 빈 줄을 사용하여 선언부와 구현부를 구별하고 한 줄에 되도록 적은 문장을 코딩한다.

상중하

30 다음 중 최악의 경우 검색 효율이 가장 나쁜 트리 구조는?

① 이진 탐색 트리
② AVL 트리
③ 2-3 트리
④ 레드-블랙 트리

AVL 트리, 2-3 트리, 레드-블랙 트리는 모두 이진 탐색 트리(이진 트리 검색)의 효율을 높이기 위한 트리이다.

상중하

31 다음 그래프에서 정점 A를 선택하여 깊이 우선 탐색(DFS)으로 운행한 결과는?

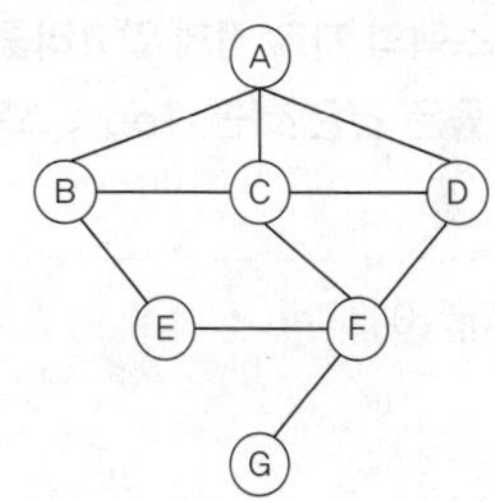

① A B E C D F G
② A B E C F D G
③ A B C D E F G
④ A B E F G C D

깊이 우선 탐색(DFS)
- 루트 노드(혹은 다른 임의의 노드)에서 시작해서 다음 분기(Branch)로 넘어가기 전에 해당 분기를 완벽하게 탐색하는 방법이다.
- 넓게(Wide) 탐색하기 전에 깊게(Deep) 탐색하는 것이다.

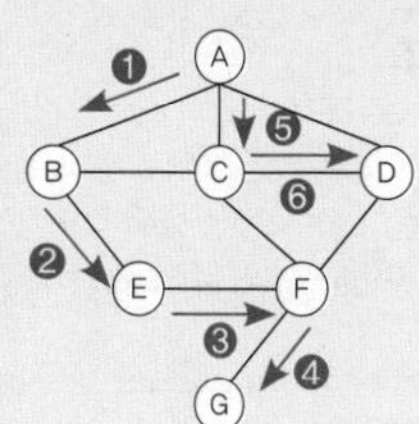

ANSWER 28 ② 29 ④ 30 ① 31 ④

상 중 하

32 개별 모듈을 시험하는 것으로 모듈이 정확하게 구현되었는지, 예정한 기능이 제대로 수행되는지를 점검하는 것이 주요 목적인 테스트는?

① 통합 테스트(Integration Test)
② 단위 테스트(Unit Test)
③ 시스템 테스트(System Test)
④ 인수 테스트(Acceptance Test)

단위(Unit) 테스트
- 개발자가 원시 코드를 대상으로 각각의 단위를 다른 부분과 연계되는 부분은 고려하지 않고 단위 자체에만 집중하여 테스트한다.
- 객체지향에서 클래스 테스팅에 해당한다.

상 중 하

33 다음은 스택의 자료 삭제 알고리즘이다. ⓐ에 들어갈 내용으로 옳은 것은? (단, Top : 스택 포인터, S : 스택의 이름)

```
If Top=0 Then
    (   ⓐ   )
Else {
    remove S(Top)
    Top=Top-1
}
```

① Overflow
② Top=Top+1
③ Underflow
④ Top=Top

조건문 구조
- if 조건 then 조건 참 결과 else 조건 거짓 결과
- Top = 0이라는 것은 스택 포인터(Top)가 Bottom에 닿아있다는 것을 의미한다. 즉 스택에 아무 값도 없으면 Underflow 그렇지 않으면 스택 포인터를 1씩 감소하라는 명령이다.

상 중 하

34 다음 자료를 버블 정렬을 이용하여 오름차순으로 정렬할 경우 PASS 3의 결과는?

9, 6, 7, 3, 5

① 6, 3, 5, 7, 9
② 3, 5, 6, 7, 9
③ 6, 7, 3, 5, 9
④ 3, 5, 9, 6, 7

버블 정렬의 오름차순 수행 시 매 회전마다 마지막 값이 가장 큰 값이 된다.
초 기 : 9, 6, 7, 3, 5
1Pass : 6, 7, 3, 5, 9
2Pass : 6, 3, 5, 7, 9
3Pass : 3, 5, 6, 7, 9
4Pass : 3, 5, 6, 7, 9

상 중 하

35 순서가 A, B, C, D로 정해진 입력 자료를 스택에 입력한 후 출력한 결과로 불가능한 것은?

① D, C, B, A
② B, C, D, A
③ C, B, A, D
④ D, B, C, A

- 스택 입력 및 출력 문제를 해결할 때는 우선 보기의 첫 번째 문자까지 스택에 입력해 보고 순서대로 PUSH와 POP을 진행해 보면 된다.
- 첫 번째 자료가 제일 먼저 나온 자료이므로 첫 번째 자료 이전의 데이터가 순서대로 입력되어야 첫 번째 데이터가 출력될 수 있다는 것에 포인트를 둔다.

- 보기① D가 제일 먼저 출력되려면 A, B, C, D까지 입력된 상태에서 D가 제일 먼저 출력될 수 있다. D → C → B → A 순으로 출력될 수 있다.
- 보기④ D가 제일 먼저 출력되려면 A, B, C, D까지 입력된 상태에서 D가 제일 먼저 출력될 수 있다. D 다음으로 C에 막혀 B가 출력될 수 없다.

ANSWER 32 ② 33 ③ 34 ② 35 ④

상 중 하

36 **소프트웨어 개발 활동을 수행함에 있어서 시스템이 고장(Failure)을 일으키게 하며, 오류(Error)가 있는 경우 발생하는 것은?**

① Fault
② Testcase
③ Mistake
④ Inspection

결함(Fault)
- 소프트웨어 개발 활동을 수행함에 있어서 시스템이 고장(Failure)을 일으키게 하며, 오류(Error)가 있는 경우 발생하는 것이다.
- 프로그램 코드상에 존재하는 것으로 비정상적인 프로그램과 정상적인 프로그램 버전 간의 차이로 인하여 발생되며, 잘못된 연산자가 사용된 경우에 프로그램이 서브 루틴으로부터의 에러 리턴을 점검하는 코드가 누락된 것을 말한다.

상 중 하

37 **소프트웨어 품질 목표 중 하나 이상의 하드웨어 환경에서 운용되기 위해 쉽게 수정될 수 있는 시스템 능력을 의미하는 것은?**

① Portability
② Efficiency
③ Usability
④ Correctness

소프트웨어 품질 목표 – 변경 수용 특성

이식성 (Portability)	다양한 하드웨어 환경에서도 운용 가능하도록 쉽게 수정될 수 있는 정도
상호 운용성 (Interoperability)	다른 소프트웨어와 정보를 교환할 수 있는 정도
재사용성 (Reusability)	전체나 일부 소프트웨어를 다른 목적으로 사용할 수 있는가 하는 정도

상 중 하

38 **테스트를 목적에 따라 분류했을 때, 강도(Stress) 테스트에 대한 설명으로 옳은 것은?**

① 시스템에 고의로 실패를 유도하고 시스템이 정상적으로 복귀하는지 테스트한다.
② 시스템에 과다 정보량을 부과하여 과부하 시에도 시스템이 정상적으로 작동되는지를 테스트한다.
③ 사용자의 이벤트에 시스템이 응답하는 시간, 특정 시간 내에 처리하는 업무량, 사용자 요구에 시스템이 반응하는 속도 등을 테스트한다.
④ 부당하고 불법적인 침입을 시도하여 보안 시스템이 불법적인 침투를 잘 막아내는지 테스트한다.

목적에 따른 테스트

안전(Security)	소프트웨어가 불법적인 침입으로부터 시스템을 보호할 수 있는지 확인한다.
강도(Stress)	소프트웨어에 과도하게 부하를 가하여도 소프트웨어가 정상적으로 실행되는지 확인한다.
병행(Parallel)	변경된 소프트웨어와 기존 소프트웨어에 동일한 데이터를 입력하여 두 결과를 비교 확인한다.

상 중 하

39 **형상 관리의 개념과 절차에 대한 설명으로 틀린 것은?**

① 형상 식별은 형상 관리 계획을 근거로 형상 관리의 대상이 무엇인지 식별하는 과정이다.
② 형상 관리를 통해 가시성과 추적성을 보장함으로써 소프트웨어의 생산성과 품질을 높일 수 있다.
③ 형상 통제 과정에서는 형상 목록의 변경 요구를 즉시 수용 및 반영해야 한다.
④ 형상 감사는 형상 관리 계획대로 형상 관리가 진행되고 있는지, 형상 항목의 변경이 요구사항에 맞도록 제대로 이뤄졌는지 등을 살펴보는 활동이다.

형상 통제 과정에서 형상 목록의 변경 요구의 경우 변경 통제 위원회를 통하여 변경 통제가 이루어져야 한다.

ANSWER 36 ① 37 ① 38 ② 39 ③

상 중 하

40 소스 코드 정적 분석(Static Analysis)에 대한 설명으로 틀린 것은?

① 소스 코드를 실행시키지 않고 분석한다.
② 코드에 있는 오류나 잠재적인 오류를 찾아내기 위한 활동이다.
③ 하드웨어적인 방법으로만 코드 분석이 가능하다.
④ 자료 흐름이나 논리 흐름을 분석하여 비정상적인 패턴을 찾을 수 있다.

- 정적 분석 도구는 소프트웨어를 이용한 코드 분석 기법이다.
- 정적 분석 도구 종류 : pmd, cppcheck, SonarQube, checkstyle, ccm, cobertura 등

3과목 데이터베이스 구축

상 중 하

41 데이터의 중복으로 인하여 관계 연산을 처리할 때 예기치 못한 곤란한 현상이 발생하는 것을 무엇이라 하는가?

① 이상(Anomaly) ② 제한(Restriction)
③ 종속성(Dependency) ④ 변환(Translation)

이상 현상(Anomaly)
- 릴레이션 조작 시 데이터들이 불필요하게 중복되어 예기치 않게 발생하는 곤란한 현상을 의미한다.
- 종류 : 삽입 이상, 삭제 이상, 갱신 이상

상 중 하

42 다음 중 기본키는 NULL 값을 가져서는 안 되며, 릴레이션 내에 오직 하나의 값만 존재해야 한다는 조건을 무엇이라 하는가?

① 개체 무결성 제약조건
② 참조 무결성 제약조건
③ 도메인 무결성 제약조건
④ 속성 무결성 제약조건

무결성(Integrity) 제약조건
- 개체 무결성 : 기본키의 값은 널(NULL) 값이나 중복값을 가질 수 없다는 제약조건이다.
- 참조 무결성 : 릴레이션 R1에 속한 애트리뷰트의 조합인 외래키를 변경하려면 이를 참조하고 있는 릴레이션 R2의 기본키도 변경해야 한다. 이때 참조할 수 없는 외래키 값을 가질 수 없다는 제약조건이다.
- 도메인 무결성 : 각 속성값은 해당 속성 도메인에 지정된 값이어야 한다는 제약조건이다.

상 중 하

43 다음 두 릴레이션 R1과 R2의 카티션 프로덕트(Cartesian Product) 수행 결과는?

[R1]

학년
1
2
3

[R2]

학과
컴퓨터
국문
수학

①

학년	학과
1	컴퓨터
2	국문
3	수학

②

학년	학과
2	컴퓨터
2	국문
2	수학

③

학년	학과
3	컴퓨터
3	국문
3	수학

④

학년	학과
1	컴퓨터
1	국문
1	수학
2	컴퓨터
2	국문
2	수학
3	컴퓨터
3	국문
3	수학

Cartesian Product(교차곱)의 결과 릴레이션은 두 릴레이션의 속성의 개수는 더하고 각 튜플의 개수는 곱한 크기의 결과 릴레이션이 생성된다.

상 중 하

44 정규화에 대한 설명으로 적절하지 않은 것은?

① 데이터베이스의 개념적 설계 단계 이전에 수행한다.
② 데이터 구조의 안정성을 최대화한다.
③ 중복을 배제하여 삽입, 삭제, 갱신 이상의 발생을 방지한다.
④ 데이터 삽입 시 릴레이션을 재구성할 필요성을 줄인다.

오답 피하기

정규화는 데이터베이스의 개념 설계 단계 이후인 논리적 설계 단계에 수행한다.

ANSWER 40 ③ 41 ① 42 ① 43 ④ 44 ①

상 중 하

45 이전 단계의 정규형을 만족하면서 후보키를 통하지 않는 조인 종속(JD : Join Dependency)을 제거해야 만족하는 정규형은?

① 제3정규형　② 제4정규형
③ 제5정규형　④ 제6정규형

정규화 과정

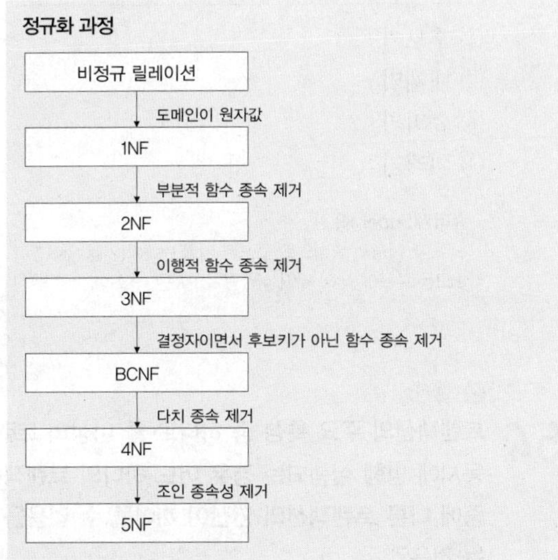

상 중 하

46 물리적 데이터베이스 설계에 대한 설명으로 거리가 먼 것은?

① 물리적 설계의 목적은 효율적인 방법으로 데이터를 저장하는 것이다.
② 트랜잭션 처리량과 응답 시간, 디스크 용량 등을 고려해야 한다.
③ 저장 레코드의 형식, 순서, 접근 경로와 같은 정보를 사용하여 설계한다.
④ 트랜잭션의 인터페이스를 설계하며, 데이터 타입 및 데이터 타입들 간의 관계로 표현한다.

논리적 설계
- 목표 DBMS에 종속적인 논리적 스키마 설계 및 스키마의 평가 및 정제이다.
- 논리적 데이터 모델로 변환 및 트랜잭션 인터페이스 설계이다.

물리적 설계
- 목표 DBMS에 종속적인 물리적 구조 설계이다.
- 저장 레코드 양식 설계와 레코드 집중의 분석/설계, 액세스 경로 인덱싱, 클러스터링, 해싱 등의 설계가 포함된다.

상 중 하

47 SQL의 논리 연산자가 아닌 것은?

① AND　② OTHER
③ OR　④ NOT

SQL의 논리 연산자

논리 연산자	설명
AND	이면서, 그리고 조건
OR	이거나, 또는 조건
NOT	부정 조건

상 중 하

48 학적 테이블에서 전화번호가 NULL 값이 아닌 학생명을 모두 검색할 때, SQL 구문으로 옳은 것은?

① SELECT 학생명 FROM 학적 WHERE 전화번호 DON'T NULL;
② SELECT 학생명 FROM 학적 WHERE 전화번호 != NOT NULL;
③ SELECT 학생명 FROM 학적 WHERE 전화번호 IS NOT NULL;
④ SELECT 학생명 FROM 학적 WHERE 전화번호 IS NULL;

- WHERE 전화번호 IS NOT NULL;
  전화번호가 NULL 값이 아니면
- WHERE 전화번호 IS NULL;
  전화번호가 NULL 값이면

상 중 하

49 다음 중 SQL에서의 DDL문이 아닌 것은?

① CREATE　② DELETE
③ ALTER　④ DROP

DDL 종류
- CREATE : 스키마, 도메인, 테이블, 뷰 정의
- ALTER : 테이블 정의 변경
- DROP : 스키마, 도메인, 테이블, 뷰 삭제

ANSWER 45 ③ 46 ④ 47 ② 48 ③ 49 ②

상 중 하

50 동시성 제어를 위한 직렬화 기법으로 트랜잭션 간의 처리 순서를 미리 정하는 방법은?

① 로킹 기법
② 타임스탬프 기법
③ 검증 기법
④ 배타 로크 기법

타임스탬프 기법
- 트랜잭션이 DBMS로부터 유일한 타임스탬프(시간 허가 인증 도장)를 부여받는다.
- 동시성 제어를 위한 직렬화 기법으로 트랜잭션 간의 순서를 미리 정하는 방법이다.

상 중 하

51 데이터베이스에서 하나의 논리적 기능을 수행하기 위한 작업의 단위 또는 한꺼번에 모두 수행되어야 할 일련의 연산들을 의미하는 것은?

① 트랜잭션
② 뷰
③ 튜플
④ 카디널리티

트랜잭션 : 데이터베이스에서 하나의 논리적 기능을 수행하기 위한 작업의 단위 또는 한꺼번에 모두 수행되어야 할 일련의 연산들을 의미한다.

상 중 하

52 로킹 단위(Locking Granularity)에 대한 설명으로 옳은 것은?

① 로킹 단위가 크면 병행성 수준이 낮아진다.
② 로킹 단위가 크면 병행 제어 기법이 복잡해진다.
③ 로킹 단위가 작으면 로크(Lock)의 수가 적어진다.
④ 로킹은 파일 단위로 이루어지며, 레코드와 필드는 로킹 단위가 될 수 없다.

로킹(Locking) 특징
- 로킹 단위가 커지면 로크의 수가 적어 관리가 쉬워지지만 병행성 수준은 낮아진다.
- 로킹 단위가 작으면 로크의 수가 많아 관리가 어려워지지만 병행성 수준은 높아진다.
- 로킹의 대상이 되는 객체(파일, 테이블, 필드, 레코드)의 크기를 로킹 단위라고 한다.

상 중 하

53 관계형 데이터베이스에서 다음 설명에 해당하는 키(Key)는?

> 한 릴레이션 내의 속성들의 집합으로 구성된 키로서, 릴레이션을 구성하는 모든 튜플에 대한 유일성은 만족시키지만 최소성은 만족시키지 못한다.

① 후보키
② 대체키
③ 슈퍼키
④ 외래키

슈퍼키(Super Key)
- 두 개 이상의 속성으로 구성된 키 또는 혼합키를 의미한다.
- 모든 튜플에 대해 유일성은 만족하지만, 최소성은 만족하지 않는다.

상 중 하

54 트랜잭션의 주요 특성 중 하나로 둘 이상의 트랜잭션이 동시에 병행 실행되는 경우 어느 하나의 트랜잭션 실행 중에 다른 트랜잭션의 연산이 끼어들 수 없음을 의미하는 것은?

① Log
② Consistency
③ Isolation
④ Durability

격리성(Isolation, 고립성)
- 트랜잭션의 주요 특성 중 하나로 둘 이상의 트랜잭션이 동시에 병행 실행되는 경우 어느 하나의 트랜잭션 실행 중에 다른 트랜잭션의 연산이 끼어들 수 없음을 의미한다.
- 은행계좌에 100원이 있을 경우 A, B 사람이 동시에 한 계좌에서 100원을 인출하려고 시도하면 먼저 요구한 트랜잭션을 판별하여 순위를 결정하고 우선권을 가진 트랜잭션을 먼저 처리할 때 우선권이 없는 트랜잭션이 끼어들 수 없도록 한다. 즉, 100원이 있는 계좌에서 200원이 출금되는 현상이 발생하는 것을 방지한다.

ANSWER 50 ② 51 ① 52 ① 53 ③ 54 ③

상중하

55 데이터베이스에서 인덱스(Index)와 관련한 설명으로 틀린 것은?

① 인덱스의 기본 목적은 검색 성능을 최적화하는 것으로 볼 수 있다.
② B-트리 인덱스는 분기를 목적으로 하는 Branch Block을 가지고 있다.
③ BETWEEN 등 범위(Range) 검색에 활용될 수 있다.
④ 시스템이 자동으로 생성하여 사용자가 변경할 수 없다.

인덱스(Index)
- 데이터베이스 성능에 많은 영향을 주는 DBMS의 구성 요소로 테이블과 클러스터에 연관되어 독립적인 저장 공간을 보유하며, 데이터베이스에 저장된 자료를 더욱 빠르게 조회하기 위하여 별도로 구성한 순서 데이터를 말한다. 예 책의 맨 뒤에 빠르게 찾기에 해당한다.
- B-트리 인덱스는 분기를 목적으로 하는 Branch Block을 가지고 있다.
- BETWEEN 등 범위(Range) 검색에 활용될 수 있다.

상중하

56 SQL문에서 HAVING을 사용할 수 있는 절은?

① LIKE 절 ② WHERE 절
③ GROUP BY 절 ④ ORDER BY 절

HAVING절을 사용한 조회 검색 : GROUP BY절에 의해 선택된 그룹의 탐색 조건을 지정할 수 있으며 SUM, AVG, COUNT, MAN, MIN 등의 그룹 함수와 함께 사용할 수 있다.

상중하

57 어떤 릴레이션 R에서 X와 Y를 각각 R의 애트리뷰트 집합의 부분 집합이라고 할 경우 애트리뷰트 X의 값 각각에 대해 시간에 관계없이 항상 애트리뷰트 Y의 값이 오직 하나만 연관되어 있을 때 Y는 X에 함수 종속이라고 한다. 이 함수 종속의 표기로 옳은 것은?

① $Y \rightarrow X$ ② $Y \subset X$
③ $X \rightarrow Y$ ④ $X \subset Y$

함수적 종속 표현 : $X \rightarrow Y$로 표현하고 X가 결정자, Y가 종속자가 된다.

상중하

58 관계 대수에 대한 설명으로 틀린 것은?

① 원하는 릴레이션을 정의하는 방법을 제공하며 비절차적 언어이다.
② 릴레이션 조작을 위한 연산의 집합으로 피연산자와 결과가 모두 릴레이션이다.
③ 일반 집합 연산과 순수 관계 연산으로 구분된다.
④ 질의에 대한 해를 구하기 위해 수행해야 할 연산의 순서를 명시한다.

관계 대수(Relational Algebra)
- 원하는 정보와 그 정보를 어떻게 유도하는가를 기술하는 절차적인 방법이다.
- 주어진 릴레이션 조작을 위한 연산의 집합이다.
- 질의에 대한 해를 구하기 위해 수행해야 할 연산의 순서를 명시한다.
- 릴레이션 조작을 위한 연산의 집합으로 피연산자와 결과가 모두 릴레이션이다.
- 일반 집합 연산과 순수 관계 연산으로 구분된다.

상중하

59 관계 데이터베이스에 있어서 관계 대수 연산이 아닌 것은?

① 디비전(Division)
② 프로젝트(Project)
③ 조인(Join)
④ 포크(Fork)

순수 관계 연산자의 종류

Select(σ)	튜플 집합을 검색한다.
Project(π)	속성 집합을 검색한다.
Join(⋈)	두 릴레이션의 공통 속성을 연결한다.
Division(÷)	두 릴레이션에서 특정 속성을 제외한 속성만 검색한다.

ANSWER 55 ④ 56 ③ 57 ③ 58 ① 59 ④

상중하

60 데이터베이스의 무결성 규정(Integrity Rule)과 관련한 설명으로 틀린 것은?

① 무결성 규정에는 데이터가 만족해야 될 제약조건, 규정을 참조할 때 사용하는 식별자 등의 요소가 포함될 수 있다.
② 무결성 규정의 대상으로는 도메인, 키, 종속성 등이 있다.
③ 정식으로 허가받은 사용자가 아닌 불법적인 사용자에 의한 갱신으로부터 데이터베이스를 보호하기 위한 규정이다.
④ 릴레이션 무결성 규정(Relation Integrity Rules)은 릴레이션을 조작하는 과정에서의 의미적 관계(Semantic Relationship)를 명세한 것이다.

③번은 DB 보안에 관련된 내용이다.

4과목 프로그래밍 언어 활용

상중하

61 C Class에 속하는 IP Address는?

① 200.168.30.1
② 10.3.2.1 4
③ 225.2.4.1
④ 172.16.98.3

C Class
- 192.0.0.0 ~ 223.255.255.255
- 기본 서브넷 마스크 : 255.255.255.0
- 소규모 통신망에서 사용한다.

상중하

62 다음 중 페이지 교체(Page Replacement) 알고리즘이 아닌 것은?

① FIFO(First-In-First-Out)
② LUF(Least Used First)
③ Optimal
④ LRU(Least Recently Used)

페이지 교체 알고리즘 : 주기억 장치의 모든 페이지 프레임이 사용 중일 때 어떤 페이지 프레임을 교체할 것인지 결정하는 전략이다.

OPT (OPTimal Replacement)	• 이후에 가장 오랫동안 사용되지 않을 페이지를 먼저 교체하는 기법이다. • 실현 가능성이 희박하다.
FIFO (First In First Out)	• 가장 먼저 적재된 페이지를 먼저 교체하는 기법이다. • 구현이 간단하다.
LRU (Least Recently Used)	각 페이지마다 계수기나 스택을 두어 현 시점에서 가장 오랫동안 사용하지 않은 페이지를 교체하는 기법이다.
LFU (Least Frequently Used)	참조된 횟수가 가장 적은 페이지를 먼저 교체하는 기법이다.

상중하

63 다음 JAVA 프로그램이 실행되었을 때의 결과를 쓰시오.

```
public class Ovr {
     public static void main(String[]
args) {
          int arr[];
          int i = 0;
          arr = new int[10];
          arr[0] = 0;
          arr[1] = 1;
          while(i < 8) {
               arr[i + 2] = arr[i+1] +
arr[i];
               i++;
          }
          System.out.println(arr[9]);
     }
}
```

① 13　　② 21
③ 34　　④ 55

ANSWER 60 ③ 61 ① 62 ② 63 ③

1차원 배열을 이용한 피보나치수열

- 참조형 변수 arr는 new int[10];을 통해 생성된 10개의 정수 배열을 참조한다. arr[0]=0;과 arr[1]=1; 명령문을 통해 0번째 항과 1번째 항의 값을 각각 0과 1로 초기화한다.
- while 반복문을 통해 8회(i가 0부터 7까지)에 걸쳐 i번째와 i+1번째 요소의 값을 더해 i+2번째 요소의 값을 저장한다.

i	arr[i]		arr[i+1]		(결과) arr[i+2]	
0	arr[0]	0	arr[1]	1	arr[2]	1
1	arr[1]	1	arr[2]	1	arr[3]	2
2	arr[2]	1	arr[3]	2	arr[4]	3
3	arr[3]	2	arr[4]	3	arr[5]	5
4	arr[4]	3	arr[5]	5	arr[6]	8
5	arr[5]	5	arr[6]	8	arr[7]	13
6	arr[6]	8	arr[7]	13	arr[8]	21
7	arr[7]	13	arr[8]	21	arr[9]	34

- arr[9]의 요소 3값은 34이므로 결과는 34가 출력된다.

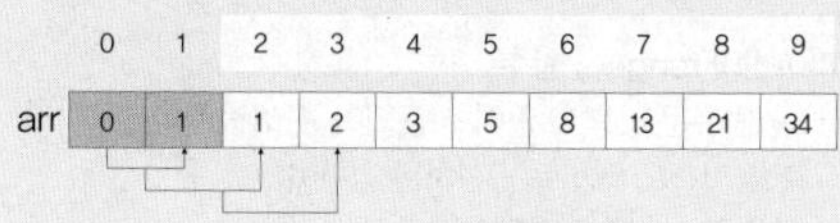

상중하

64 JAVA에서 힙(Heap)에 남아있으나 변수가 가지고 있던 참조값을 잃거나 변수 자체가 없어짐으로써 더 이상 사용되지 않는 객체를 제거해주는 역할을 하는 모듈은?

① Heap Collector
② Garbage Collector
③ Memory Collector
④ Variable Collector

Garbage Collector : S/W 개발 중 유효하지 않은 가비지 메모리가 발생한다. JAVA에서는 C와 달리 JVM 가비지 컬렉터가 불필요 메모리를 알아서 정리해 준다.

상중하

65 C언어에서의 변수 선언으로 틀린 것은?

① int else;　　② int Test2;
③ int pc;　　④ int True;

C언어 변수명 작성 규칙

- 영문 대소문자(A~Z, a~z), 숫자(0~9), '_'를 혼용하여 사용할 수 있다.
- 첫 글자는 숫자로 시작할 수 없고, 영문자나 '_'로 시작해야 한다.
- 영문자는 대소문자를 구분한다.
- 공백을 포함할 수 없다.
- auto, beak, case, char, const, continue, default, do, double, else, enum, extern, float, for, goto, if, int, long, register, return, short, signed, sizeof, static, struct, switch, typedef, union, unsigend, void, volatile, while 32개 예약어(reserved word)를 사용할 수 없다.

상중하

66 모듈 내 구성 요소들이 서로 다른 기능을 같은 시간대에 함께 실행하는 경우의 응집도(Cohesion)는?

① Temporal Cohesion
② Logical Cohesion
③ Coincidental Cohesion
④ Sequential Cohesion

- 시간적 응집도(Temporal Cohesion) : 특정 시간에 처리되는 여러 기능을 모아 한 개의 모듈로 작성할 경우의 응집도이다.
- 논리적 응집도(Logical Cohesion) : 유사한 성격을 갖거나 특정 형태로 분류되는 처리 요소들로 하나의 모듈이 형성되는 경우의 응집도이다.

상중하

67 오류 제어에 사용되는 자동 반복 요청 방식(ARQ)이 아닌 것은?

① Stop-and-Wait ARQ
② Go-back-N ARO
③ Selective-Repeat ARQ
④ Non-Acknowledge ARQ

자동 반복 요청(ARQ : Automatic Repeat reQuest)

- 통신 경로에서 오류 발생 시 수신측은 오류의 발생을 송신측에 통보하고, 송신측은 오류가 발생한 프레임을 재전송하는 오류 제어 방식이다.
- 종류 : 정지-대기 ARQ(Stop-and-Wait ARQ), 연속 ARQ(Continuous ARQ), 적응적 ARQ(Adaptive ARQ)

상중하

68 사용자가 요청한 디스크 입·출력 내용이 다음과 같은 순서로 큐에 들어 있을 때 SSTF 스케줄링을 사용한 경우의 처리 순서는? (단, 현재 헤드 위치는 53이고, 제일 안쪽이 1번, 바깥쪽이 200번 트랙이다.)

큐의 내용 : 98 183 37 122 14 124 65 67

① 53-65-67-37-14-98-122-124-183
② 53-98-183-37-122-14-124-65-67
③ 53-37-14-65-67-98-122-124-183
④ 53-67-65-124-14-122-37-183-98

SSTF : 가까운 트랙을 먼저 탐색하는 스케줄링 기법

- 헤드 이동 순서 : 53-65-67-37-14-98-122-124-183
- 총 이동 거리 : 12+2+30+23+84+24+2+59=236

ANSWER 64 ② 65 ① 66 ① 67 ④ 68 ①

상 중 하

69 파일 디스크립터(File Descriptor)에 대한 설명으로 틀린 것은?

① 파일 관리를 위해 시스템이 필요로 하는 정보를 가지고 있다.
② 보조 기억 장치에 저장되어 있다가 파일이 개방(Open)되면 주기억 장치로 이동된다.
③ 사용자가 파일 디스크립터를 직접 참조할 수 있다.
④ 파일 제어 블록(File Control Block)이라고도 한다.

파일 디스크립터(File Descriptor)
- 파일을 관리하기 위해 필요한 파일에 대한 정보를 갖고 있는 제어 블록이다.
- 파일 제어 블록(FCB : File Control Block)이라고도 한다.
- 파일마다 독립적으로 존재하며, 시스템에 따라 다른 구조를 가질 수 있다.
- 대개 보조 기억 장치에 저장되어 있다가 해당 파일이 열릴(Open) 때 주기억 장치로 옮겨진다.
- 파일 시스템이 관리하므로 사용자가 직접 참조할 수 없다.

상 중 하

70 귀도 반 로섬(Guido van Rossum)이 발표한 언어로 인터프리터 방식이자 객체지향적이며, 배우기 쉽고 이식성이 좋은 것이 특징인 스크립트 언어는?

① C++
② JAVA
③ C#
④ Python

파이썬
- 1991년 귀도 반 로섬(Guido van Rossum)이 개발한 고급 프로그래밍 언어이다.
- 플랫폼에 독립적이고 인터프리터식, 객체지향적, 동적 타이핑 대화형 언어이다. 매우 쉬운 문법 구조로 초보자들도 쉽게 배울 수 있다.

상 중 하

71 다음 파이썬(Python) 프로그램이 실행되었을 때의 결과는?

```
def cs(n):
    s=0
    for num in range(n+1):
        s + = num
    return s

print(cs(11))
```

① 45 ② 55
③ 66 ④ 78

파이썬의 range( ) 함수
- for 반복문과 함께 많이 사용되며, 주어진 인수로 0부터 연속된 정수를 리스트 객체로 반환하는 함수이다.
- (예1) Range(3) → (결과) [0, 1, 2]
- (예2) Range(1, 3) → (결과) [1, 2]

파이썬의 함수 호출과 매개 변수 전달
- 파이썬의 cs( ) 함수는 정수를 전달받아 0부터 정수까지의 합을 누적하여 반환하도록 정의되어 있다.
- print(cs(11)) 명령문을 통해 정수 11을 cs( ) 함수에 전달한 후 반환되는 값을 출력한다.
- cs( ) 함수에 정수 11이 매개 변수 n에 전달된 후 for ~ in 반복문을 통해 0부터 11까지의 num의 값을 s에 누적한다.
- s의 최종 결과 66은 반환되며 print( ) 함수를 통해 콘솔에 출력한다.

상 중 하

72 모듈화(Modularity)와 관련한 설명으로 틀린 것은?

① 소프트웨어의 모듈은 프로그래밍 언어에서 Subroutine, Function 등으로 표현될 수 있다.
② 모듈의 수가 증가하면 상대적으로 각 모듈의 크기가 커지며, 모듈 사이의 상호교류가 감소하여 과부하(Overload) 현상이 나타난다.
③ 모듈화는 시스템을 지능적으로 관리할 수 있도록 해주며, 복잡도 문제를 해결하는 데 도움을 준다.
④ 모듈화는 시스템의 유지보수와 수정을 용이하게 한다.

모듈화(Modularity)
- 모듈화는 거대한 문제를 작은 조각의 문제로 나누어 다루기 쉽도록 하는 과정으로, 작게 나누어진 각 부분을 모듈이라고 한다.
- 소프트웨어의 모듈은 프로그래밍 언어에서 Subroutine, Function 등으로 표현될 수 있다.
- 모듈화는 시스템을 지능적으로 관리할 수 있도록 해주며, 복잡도 문제를 해결하는 데 도움을 준다.
- 모듈화는 시스템의 유지보수와 수정을 용이하게 한다.

ANSWER 69 ③ 70 ④ 71 ③ 72 ②

상 중 하

73 **192.168.1.0/24 네트워크를 FLSM 방식을 이용하여 4개의 Subnet으로 나누고 IP Subnet-zero를 적용했다. 이때 Subnetting된 네트워크 중 4번째 네트워크의 4번째 사용 가능한 IP는 무엇인가?**

① 192.168.1.192
② 192.168.1.195
③ 192.168.1.196
④ 192.168.1.198

- 192.168.1.0/24란 서브넷팅(Subnetting) 서브넷 마스크의 1의 개수가 24개를 의미한다.
- 서브넷 마스크 : 11111111. 11111111. 11111111. 00000000
- 255.255.255.0의 C클래스를 서브넷으로 사용하는 것을 의미한다.
- FLSM 방식으로 4개의 서브넷을 나누라고 지시했으나 2의 승수 단위로만 나눌 수 있으므로 $2^2 = 4$ 즉 4개로 Subneting하여야 한다.
- 256 / 4 = 64이므로 각 서브넷에 할당되는 IP는 대역별로 64개가 된다.

No	대역
1	192.168.1.0~63
2	192.168.1.64~127
3	192.168.1.128~191
4	192.168.1.192~255

- 각 대역의 첫 번째 IP(192.168.1.192)는 네트워크 ID, 마지막 IP는 브로드캐스트 주소로 할당된다.
- 사용 가능한 4번째 : 193.194.195.196이다.

상 중 하

74 **모듈의 독립성을 높이기 위한 결합도(Coupling)와 관련한 설명으로 틀린 것은?**

① 오류가 발생했을 때 전파되어 다른 오류의 원인이 되는 파문 효과(Ripple Effect)를 최소화해야 한다.
② 인터페이스가 정확히 설정되어 있지 않을 경우 불필요한 인터페이스가 나타나 모듈 사이의 의존도는 높아지고 결합도가 증가한다.
③ 모듈들이 변수를 공유하여 사용하게 하거나 제어 정보를 교류하게 함으로써 결합도를 낮추어야 한다.
④ 다른 모듈과 데이터 교류가 필요한 경우 전역 변수(Global Variable)보다는 매개 변수(Parameter)를 사용하는 것이 결합도를 낮추는 데 도움이 된다.

모듈들이 변수를 공유하지 않도록 결합도를 낮추어야 한다.

상 중 하

75 **프로세스와 관련한 설명으로 틀린 것은?**

① 프로세스가 준비 상태에서 프로세서가 배당되어 실행 상태로 변화하는 것을 디스패치(Dispatch)라고 한다.
② 프로세스 제어 블록(PCB : Process Control Block)은 프로세스 식별자, 프로세스 상태 등의 정보로 구성된다.
③ 이전 프로세스의 상태 레지스터 내용을 보관하고 다른 프로세스의 레지스터를 적재하는 과정을 문맥 교환(Context Switching)이라고 한다.
④ 프로세스는 스레드(Thread) 내에서 실행되는 흐름의 단위이며, 스레드와 달리 주소 공간에 실행 스택(Stack)이 없다.

스레드(Thread)
- 프로세스 내에서의 작업 단위로서 시스템의 여러 자원을 할당받아 실행하는 프로그램의 단위를 의미한다.
- 하드웨어, 운영체제의 성능과 응용 프로그램의 처리율을 향상시킬 수 있다.
- 한 개의 프로세스는 여러 개의 스레드를 가질 수 있다.

상 중 하

76 **TCP 헤더와 관련한 설명으로 틀린 것은?**

① 순서번호(Sequence Number)는 전달하는 바이트마다 번호가 부여된다.
② 수신번호 확인(Acknowledgement Number)은 상대편 호스트에서 받으려는 바이트의 번호를 정의한다.
③ 체크섬(Checksum)은 데이터를 포함한 세그먼트의 오류를 검사한다.
④ 윈도우 크기는 송 · 수신 측의 버퍼 크기로 최대 크기는 32767bit이다.

TCP Header 구조

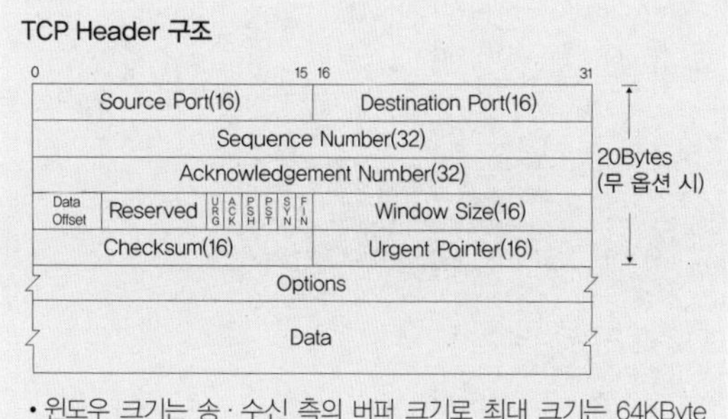

- 윈도우 크기는 송 · 수신 측의 버퍼 크기로 최대 크기는 64KByte (2^{16}Byte, 65535bit)이다.

ANSWER 73 ③ 74 ③ 75 ④ 76 ④

상 중 하

77 다음 C언어 프로그램이 실행되었을 때의 결과는?

```
#include <stdio.h>
#include <string.h>
int main(void) {
        char str[50] = "nation";
        char *p2 = "alter";
        strcat(str, p2);
        printf("%s", str);
        return 0;
}
```

① nation
② nationalter
③ alter
④ alternation

C언어의 문자열 결합 함수 strcat( )

- strcat( ) 함수는 'string.h' 헤더 파일에서 제공하는 대표적인 문자열 처리 함수이다. 하나의 문자열에 다른 문자열을 연결한다. 첫 번째 문자열을 기준으로 두 번째 문자열이 복사되어 추가된다.

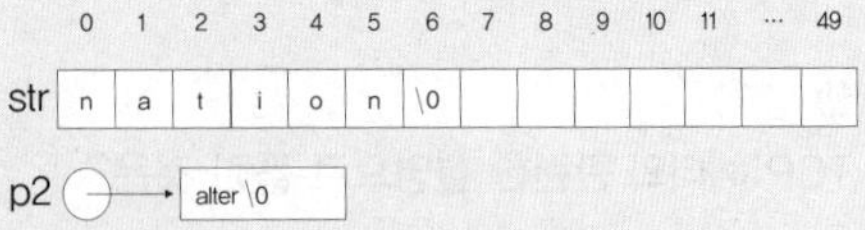

	0	1	2	3	4	5	6	7	8	9	10	11	…	49
str	n	a	t	i	o	n	\0							

p2 ⟶ alter \0

- strcat(str, p2) ; 실행 후의 str 배열은 다음과 같다.

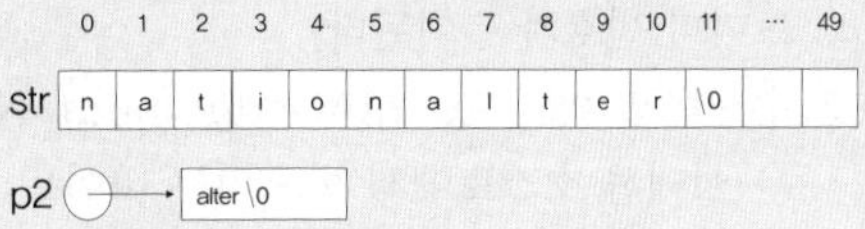

	0	1	2	3	4	5	6	7	8	9	10	11	…	49
str	n	a	t	i	o	n	a	l	t	e	r	\0		

p2 ⟶ alter \0

- printf("%s", str) ; 명령문은 최종 str 배열 내의 '\0' 이전까지의 문자열 "nationalter"이 콘솔에 출력된다.

상 중 하

78 다음 중 JAVA에서 우선순위가 가장 낮은 연산자는?

① −− ② %
③ & ④ =

JAVA 연산자의 종류 및 우선순위

<table>
<tr><th>연산자</th><th>종류</th><th>결합 방향</th><th>우선순위</th></tr>
<tr><td>단항 연산자</td><td>+, −!, ~, ++, −−, &, *</td><td>←</td><td>높음</td></tr>
<tr><td rowspan="2">산술 연산자</td><td>*, /, %</td><td rowspan="7">→</td><td rowspan="9">↑
↓</td></tr>
<tr><td>+, −</td></tr>
<tr><td>시프트 연산자</td><td>《, 》, 》》</td></tr>
<tr><td rowspan="2">관계 연산자</td><td>〈, 〈=, 〉, 〉=</td></tr>
<tr><td>==, !=</td></tr>
<tr><td>비트 연산자</td><td>&, |, ^</td></tr>
<tr><td>논리 연산자</td><td>&&, ||</td></tr>
<tr><td>조건 연산자</td><td>? :</td><td>←</td></tr>
<tr><td>할당 연산자</td><td>=, +=, −=, *=, /=, %=,
《=, 》=</td><td>←</td></tr>
<tr><td>콤마 연산자</td><td>,</td><td>→</td><td>낮음</td></tr>
</table>

ANSWER 77 ② 78 ④

상 중 하

79 다음 C언어 프로그램이 실행되었을 때의 결과는?

```
#include <stdio.h>
int main(void) {
    int a = 3, b = 4, c = 2;
    int r1, r2, r3;

    r1 = b< = 4 || c == 2;
    r2 = (a > 0) && (b < 5);
    r3 = !c;

    printf("%d", r1+r2+r3);
    return 0;
}
```

① 0 ② 1
③ 2 ④ 3

C언어의 관계 연산자와 논리 연산자

- 이항 연산의 관계 연산자(==, !=, <, <=, >, >=)는 논리 연산자(&&, ||)보다 우선순위가 높다.
- 정수 변수 r1, r2, r3의 수행 결과는 다음과 같다.

<table>
<tr><td rowspan="5">r1</td><td>① b<=4||c==2</td><td rowspan="5">논리 OR 연산자 ||는 두 항 중 하나만 '참'이면 결과가 '참'으로 연산한다.</td></tr>
<tr><td>② (4<=4)||(2==2)</td></tr>
<tr><td>③ 참||참</td></tr>
<tr><td>④ 참</td></tr>
<tr><td>(결과) 1</td></tr>
<tr><td rowspan="5">r2</td><td>① (a>0) && (b<5)</td><td rowspan="5">논리 AND 연산자 &&는 두 항 모두 '참'이어야 결과가 '참'으로 연산한다.</td></tr>
<tr><td>② (3>0) && (4<5)</td></tr>
<tr><td>③ 참 && 참</td></tr>
<tr><td>④ 참</td></tr>
<tr><td>(결과) 1</td></tr>
<tr><td rowspan="5">r3</td><td>① !c</td><td rowspan="5">논리 NOT 연산자 !는 하나의 항에 대해 '참'은 '거짓'으로 '거짓'은 '참'으로 연산한다.</td></tr>
<tr><td>② !2</td></tr>
<tr><td>③ !참</td></tr>
<tr><td>④ 거짓</td></tr>
<tr><td>(결과) 0</td></tr>
</table>

- r1은 1, r2는 2, r3는 0이므로 최종 결과는 2가 출력된다.

상 중 하

80 다음 C언어 프로그램이 실행되었을 때의 결과는?

```
#include <stdio.h>
int main(void) {
    int n = 4;
    int* pt = NULL;
    pt = &n;

    printf("%d", &n+*pt-*&pt+n);
    return 0;
}
```

① 0 ② 4
③ 8 ④ 12

C언어 주소 연산자(&)와 포인터 연산자(*)

- C언어의 단항 연산자 중 주소 연산자(&)와 포인터 연산자(*)를 통해 정수형 변수를 참조한 값을 출력하는 프로그램이다.
- 주소 연산자 &는 할당된 메모리의 시작 주소를 의미는 연산자이다.
- 포인터 연산자 *는 주소(번지)의 내용을 참조하는 연산자이다.
- 정수형 변수 n은 정수상수 4로 초기화되어 있고 정수형 포인터 변수 pt는 널 포인터(NULL)로 초기화되어 있다.
- pt = &n; 명령문에 의해 포인터 변수 pt가 변수 n을 참조하게 된다.

1000번지 p2 (100번지) → 100번지 n [4]

- printf("%d", &n+*pt-*&pt+n); 명령문의 출력 결과는 4개의 항을 다음과 같이 차례로 산출한 결과이다.

&n	변수 n의 주소	100번지
*pt	포인터 변수의 참조 내용	4
*&pt	① *(&pt)로 포인터 변수 pt의 주소를 먼저 연산 후,	*(1000번지)
	② 해당 주소의 참조 내용	100번지
n	변수 n의 내용	4

- printf("%d", 100번지+4−100번지+4);가 되어 8이 출력된다.

ANSWER 79 ③ 80 ③

5 과목 **정보 시스템 구축 관리**

상 중 하

81 특정 사이트에 매우 많은 ICMP Echo를 보내면, 이에 대한 응답(Respond)을 하기 위해 시스템 자원을 모두 사용해버려 시스템이 정상적으로 동작하지 못하도록 하는 공격 방법은?

① Role–Based Access Control
② Ping Flood
③ Brute–Force
④ Trojan Horses

Ping Flood
- 네트워크의 정상 작동 여부를 확인하기 위해 사용하는 Ping 테스트를 공격자가 공격 대상 컴퓨터를 확인하기 위한 방법으로 사용하는 공격 방법이다.
- 특정 사이트에 매우 많은 ICMP Echo를 보내면, 이에 대한 응답(Respond)을 하기 위해 시스템 자원을 모두 사용해 버려 시스템이 정상적으로 동작하지 못하도록 하는 공격 방법이다.

상 중 하

82 구글의 구글 브레인 팀이 제작하여 공개한 기계 학습(Machine Learning)을 위한 오픈소스 소프트웨어 라이브러리는?

① 타조(Tajo)
② 원 세그(One Seg)
③ 포스퀘어(Foursquare)
④ 텐서플로(TensorFlow)

텐서플로(TensorFlow)
- 구글 브레인 팀이 제작하여 공개한 기계 학습(Machine Learning)을 위한 오픈소스 소프트웨어 라이브러리이다.
- 텐서플로를 사용할 때 인공지능 소프트웨어가 이미지 및 음성을 인식하기 위해서는 신경망의 합성곱 신경망 모델을 주로 사용한다.

상 중 하

83 비대칭 암호화 방식으로 소수를 활용한 암호화 알고리즘은?

① DES　　② AES
③ SMT　　④ RSA

RSA(Rivest Shamir Adleman)
- 소인수분해의 어려움에 기초를 둔 알고리즘이다.
- 1978년 MIT에 의해 제안되었다.
- 전자문서에 대한 인증 및 부인 방지에 활용된다.

상 중 하

84 시스템이 몇 대가 되어도 하나의 시스템에서 인증에 성공하면 다른 시스템에 대한 접근 권한도 얻는 시스템을 의미하는 것은?

① SOS　　② SBO
③ SSO　　④ SOA

SSO(Single Sign-On) : 시스템이 몇 대가 되어도 하나의 시스템에서 인증에 성공하면 다른 시스템에 대한 접근 권한도 얻는 시스템이다.
예 구글 로그인, 네이버 로그인

상 중 하

85 오픈소스 웹 애플리케이션 보안 프로젝트로서 주로 웹을 통한 정보 유출, 악성 파일 및 스크립트, 보안 취약점 등을 연구하는 곳은?

① WWW　　② OWASP
③ WBSEC　　④ ITU

OWASP(The Open Web Application Security Project)
- 오픈소스 웹 애플리케이션 보안 프로젝트로서 주로 웹을 통한 정보 유출, 악성 파일 및 스크립트, 보안 취약점 등을 연구하는 곳이다.
- 연구 결과에 따라 취약점 발생 빈도가 높은 10가지 취약점을 공개한다.

상 중 하

86 생명주기 모형 중 가장 오래된 모형으로 많은 적용 사례가 있지만 요구사항의 변경이 어렵고 각 단계의 결과가 확인되어야 다음 단계로 넘어갈 수 있는 선형 순차적, 고전적 생명주기 모형이라고도 하는 것은?

① Waterfall Model
② Prototype Model
③ COCOMO Model
④ Spiral Model

폭포수 모델(Waterfall Model)
- 보헴(Boehm)이 제안한 고전적 생명주기 모형으로, 선형 순차적 모형이라도 한다.
- 타당성 검토, 계획, 요구사항 분석, 구현, 테스트, 유지보수의 단계를 통해 소프트웨어를 개발하는 모형이다.
- 순차적인 접근 방법을 이용하여 단계적 정의와 산출물이 명확하다.
- 각 단계의 결과가 확인되어야지만 다음 단계로 넘어간다.

ANSWER 81 ② 82 ④ 83 ④ 84 ③ 85 ② 86 ①

상 중 하

87 COCOMO Model 중 기관 내부에서 개발된 중소규모의 소프트웨어로 일괄 자료 처리나 과학 기술 계산용, 비즈니스 자료 처리용으로 5만 라인 이하의 소프트웨어를 개발하는 유형은?

① Embeded
② Organic
③ Semi-detached
④ Semi-embeded

COCOMO Model(소프트웨어 개발 유형)

Organic Mode (단순형)	• 5만 라인 이하의 소프트웨어를 개발하는 유형 • 기관 내부에서 개발된 중소 규모의 소프트웨어로 일괄 자료 처리나 과학 기술 계산용, 비즈니스 자료 처리 등 • 노력(MM) = 2.4 × $(KDSI)^{1.05}$
Semi-detached Mode (중간형)	• 30만 라인 이하의 소프트웨어를 개발하는 유형 • 트랜잭션 처리 시스템이나 운영체제, 데이터베이스 관리 시스템 등 • 노력(MM) = 3.0 × $(KDSI)^{1.12}$
Embedded Mode (임베디드형)	• 30만 라인 이상의 소프트웨어를 개발하는 유형 • 초대형 규모의 트랜잭션 처리 시스템이나 운영체제 등 • 노력(MM) = 3.6 × $(KDSI)^{1.20}$

상 중 하

88 다음에서 설명하는 IT 스토리지 기술은?

– 가상화를 적용하여 필요한 공간만큼 나눠 사용할 수 있도록 하며 서버 가상화와 유사함
– 컴퓨팅 소프트웨어로 규정하는 데이터 스토리지 체계이며, 일정 조직 내 여러 스토리지를 하나처럼 관리하고 운용하는 컴퓨터 이용 환경
– 스토리지 자원을 효율적으로 나누어 쓰는 방법으로 이해할 수 있음

① Software Defined Storage
② Distribution Oriented Storage
③ Network Architected Storage
④ Systematic Network Storage

Software Defined Storage
• 가상화를 적용하여 필요한 공간만큼 나눠 사용할 수 있도록 하며 서버 가상화와 유사하다.
• 컴퓨팅 소프트웨어로 규정하는 데이터 스토리지 체계이며, 일정 조직 내 여러 스토리지를 하나처럼 관리하고 운용하는 컴퓨터 이용 환경으로 스토리지 자원을 효율적으로 나누어 쓰는 방법이다.

상 중 하

89 TCP/IP 기반 네트워크에서 동작하는 발행-구독 기반의 메시징 프로토콜로 최근 IoT 환경에서 자주 사용되고 있는 프로토콜은?

① MLFQ ② MQTT
③ Zigbee ④ MTSP

MQTT(Message Queuing Telemetry Transport)
• IBM이 주도하여 개발한 기술로 사물 통신, 사물 인터넷과 같이 대역폭이 제한된 통신 환경에 최적화하여 개발된 푸시 기술 기반의 경량 메시지 전송 프로토콜이다.
• TCP/IP 기반 네트워크에서 동작하는 발행-구독 기반의 메시징 프로토콜로 최근 IoT 환경에서 자주 사용되고 있는 프로토콜이다.

상 중 하

90 다음 내용이 설명하는 것은?

개인과 기업, 국가적으로 큰 위협이 되고 있는 주요 사이버 범죄 중 하나로 Snake, Darkside 등 시스템을 잠그거나 데이터를 암호화해 사용할 수 없도록 하고 이를 인질로 금전을 요구하는 데 사용되는 악성 프로그램

① Format String
② Ransomware
③ Buffer overflow
④ Adware

랜섬웨어(Ransomware) : 개인과 기업, 국가적으로 큰 위협이 되고 있는 주요 사이버 범죄 중 하나로 Snake, Darkside 등 시스템을 잠그거나 데이터를 암호화해 사용할 수 없도록 하고 이를 인질로 금전을 요구하는 데 사용되는 악성 프로그램이다.

상 중 하

91 정보 보안을 위한 접근 제어(Access Control)와 관련한 설명으로 틀린 것은?

① 적절한 권한을 가진 인가자만 특정 시스템이나 정보에 접근할 수 있도록 통제하는 것이다.
② 시스템 및 네트워크에 대한 접근 제어의 가장 기본적인 수단은 IP와 서비스 포트로 볼 수 있다.
③ DBMS에 보안 정책을 적용하는 도구인 XDMCP를 통해 데이터베이스에 대한 접근 제어를 수행할 수 있다.
④ 네트워크 장비에서 수행하는 IP에 대한 접근 제어로는 관리 인터페이스의 접근 제어와 ACL(Access Control List) 등이 있다.

XDMCP(X Display Manager Control Protocol) : LINUX의 X 서버가 실행하는 호스트와 X 클라이언트가 XDM과 통신하기 위해 X 단말기에서 이용하는 프로토콜이다.

ANSWER 87 ② 88 ① 89 ② 90 ② 91 ③

상중하

92 **국내 IT 서비스 경쟁력 강화를 목표로 개발되었으며 인프라 제어 및 관리 환경, 실행 환경, 개발 환경, 서비스 환경, 운영 환경으로 구성되어 있는 개방형 클라우드 컴퓨팅 플랫폼은?**

① N20S
② PaaS–TA
③ KAWS
④ Metaverse

PaaS–TA : 국내 IT 서비스 경쟁력 강화를 목표로 개발, 인프라 제어 및 관리 환경, 실행 환경, 개발 환경, 서비스 환경, 운영 환경으로 구성되어 있는 개방형 클라우드 컴퓨팅 플랫폼이다.

상중하

93 **물리적 배치와 상관없이 논리적으로 LAN을 구성하여 Broadcast Domain을 구분할 수 있게 해주는 기술로 접속된 장비들의 성능 향상 및 보안성 증대 효과가 있는 것은?**

① VLAN ② STP
③ L2AN ④ ARP

VLAN(Virtual Local Area Network) : 물리적 배치와 상관없이 논리적으로 LAN을 구성하여 Broadcast Domain을 구분할 수 있게 해주는 기술로 접속된 장비들의 성능 향상 및 보안성 증대 효과를 목표로 한다.

상중하

94 **S/W 각 기능의 원시 코드 라인수의 비관치, 낙관치, 기대치를 측정하여 예측치를 구하고 이를 이용하여 비용을 산정하는 기법은?**

① Effort Per TSK 기법
② 전문가 감정 기법
③ 델파이 기법
④ LOC 기법

LOC(Line Of Code) 기법
- 소프트웨어 각 기능의 원시 코드 라인 수의 비관치, 낙관치, 기대치를 측정하여 예측치를 구하고 이를 이용하여 비용을 산정하는 기법이다.
- 예측치 = a + (4 × c) + b / 6 (단, a는 낙관치, b는 비관치, c는 기대치임)

상중하

95 **소프트웨어 개발 프레임워크와 관련한 설명으로 틀린 것은?**

① 반제품 상태의 제품을 토대로 도메인별로 필요한 서비스 컴포넌트를 사용하여 재사용성 확대와 성능을 보장받을 수 있게 하는 개발 소프트웨어이다.
② 개발해야 할 애플리케이션의 일부분이 이미 구현되어 있어 동일한 로직 반복을 줄일 수 있다.
③ 라이브러리와 달리 사용자 코드가 직접 호출하여 사용하기 때문에 소프트웨어 개발 프레임워크가 직접 코드의 흐름을 제어할 수 없다.
④ 생산성 향상과 유지보수성 향상 등의 장점이 있다.

소프트웨어 개발 프레임워크 적용 시 기대 효과 : SW 프레임워크를 활용하면 개발 및 운영 용이성을 제공하고, 시스템 복잡도 감소, 유지보수성, 재사용성 확대 등의 장점이 있나.

상중하

96 **정보 시스템 내에서 어떤 주체가 특정 개체에 접근하려 할 때 양쪽의 보안 레이블(Security Label)에 기초하여 높은 보안 수준을 요구하는 정보(객체)가 낮은 보안 수준의 주체에게 노출되지 않도록 하는 접근 제어 방법은?**

① Mandatory Access Control
② User Access Control
③ Discretionary Access Control
④ Data–Label Access Control

강제적 접근 통제(MAC : Mandatory Access Control)
- 중앙에서 정보를 수집하고 분류하여 보안 레벨을 결정하고 정책적으로 접근 제어를 수행하는 방식으로 다단계 보안 모델이라고도 한다.
- 어떤 주체가 특정 개체에 접근하려 할 때 양쪽의 보안 레이블(Security Label)에 기초하여 높은 보안 수준을 요구하는 정보(객체)가 낮은 보안 수준의 주체에게 노출되지 않도록 하는 접근 제어 방법이다.
- 대표적 접근 통제 모델로 BLP(Bell–Lapadula), Biba, Clark–Wilson, 만리장성 모델 등이 있다.

ANSWER 92 ② 93 ① 94 ④ 95 ③ 96 ①

상중하

97 소프트웨어 생명주기 모형 중 Spiral Model에 대한 설명으로 틀린 것은?

① 비교적 대규모 시스템에 적합하다.
② 개발 순서는 계획 및 정의, 위험 분석, 공학적 개발, 고객 평가 순으로 진행된다.
③ 소프트웨어를 개발하면서 발생할 수 있는 위험을 관리하고 최소화하는 것을 목적으로 한다.
④ 계획, 설계, 개발, 평가의 개발 주기가 한 번만 수행된다.

오답 피하기

여러 번의 개발 과정을 거쳐 완벽한 최종 소프트웨어를 개발하는 점진적 모형이다.

상중하

98 SQL Injection 공격과 관련한 설명으로 틀린 것은?

① SQL Injection은 임의로 작성한 SQL 구문을 애플리케이션에 삽입하는 공격 방식이다.
② SQL Injection 취약점이 발생하는 곳은 주로 웹 애플리케이션과 데이터베이스가 연동되는 부분이다.
③ DBMS의 종류와 관계없이 SQL Injection 공격 기법은 모두 동일하다.
④ 로그인과 같이 웹에서 사용자의 입력값을 받아 데이터베이스 SQL문으로 데이터를 요청하는 경우 SQL Injection을 수행할 수 있다.

SQL Injection 공격 기법은 DBMS의 종류에 따라 다양하다.

상중하

99 침입 탐지 시스템(IDS : Intrusion Detection System)과 관련한 설명으로 틀린 것은?

① 이상 탐지 기법(Anomaly Detection)은 Signature Base나 Knowledge Base라고도 불리며 이미 발견되고 정립된 공격 패턴을 입력해두었다가 탐지 및 차단한다.
② HIDS(Host-Based Intrusion Detection)는 운영체제에 설정된 사용자 계정에 따라 어떤 사용자가 어떤 접근을 시도하고 어떤 작업을 했는지에 대한 기록을 남기고 추적한다.
③ NIDS(Network-Based Intrusion Detection System)로는 대표적으로 Snort가 있다.
④ 외부 인터넷에 서비스를 제공하는 서버가 위치하는 네트워크인 DMZ(Demilitarized Zone)에는 IDS가 설치될 수 있다.

이상 탐지(Anomaly Detection)
- 장기간 수집된 올바른 사용자 행동 패턴을 활용해 통계적으로 침입을 탐지. 알려지지 않은 공격을 탐지하는 데 적합하다.
- False Negative가 높은 반면 False Positive가 낮다.
- 호스트 기반과 네트워크 기반 침입 탐지 시스템에 모두 적용될 수 있다.

오답 피하기

①번은 오용 탐지에 관한 설명이다.

상중하

100 시스템에 저장되는 패스워드들은 Hash 또는 암호화 알고리즘의 결과값으로 저장된다. 이때 암호 공격을 막기 위해 똑같은 패스워드들이 다른 암호 값으로 저장되도록 추가되는 값을 의미하는 것은?

① Pass flag
② Bucket
③ Opcode
④ Salt

Salt : 시스템에 저장되는 패스워드들은 Hash 또는 암호화 알고리즘의 결과값으로 저장된다. 이때 암호 공격을 막기 위해 똑같은 패스워드들이 다른 암호 값으로 저장되도록 추가되는 값을 의미한다.

ANSWER 97 ④ 98 ③ 99 ① 100 ④

해설과 함께 보는 최신 기출문제 05회

시행 일자	시험 시간	문항 수
2022년 제1회	2시간 30분	100문항

풀이 시간 : ______________ 채점 점수 : ______________

1 과목 소프트웨어 설계

상 중 하

01 User Interface 설계 시 오류 메시지나 경고에 관한 지침으로 가장 거리가 먼 것은?

① 메시지는 이해하기 쉬워야 한다.
② 오류로부터 회복을 위한 구체적인 설명이 제공되어야 한다.
③ 오류로 인해 발생 될 수 있는 부정적인 내용을 적극적으로 사용자들에게 알려야 한다.
④ 소리나 색의 사용을 줄이고 텍스트로만 전달하도록 한다.

오류 메시지는 사용자가 쉽게 이해할 수 있도록 소리, 색 등을 사용하여 전달한다.

상 중 하

02 다음 중 애자일(Agile) 소프트웨어 개발에 대한 설명으로 틀린 것은?

① 공정과 도구보다 개인과의 상호작용을 더 가치 있게 여긴다.
② 동작하는 소프트웨어보다는 포괄적인 문서를 가치 있게 여긴다.
③ 계약 협상보다는 고객과의 협력을 가치 있게 여긴다.
④ 계획을 따르기보다 변화에 대응하기를 가치 있게 여긴다.

포괄적 문서보다는 실제 동작하는 소프트웨어에 중심을 둔다.

상 중 하

03 소프트웨어 설계에서 요구사항 분석에 대한 설명으로 틀린 것은?

① 소프트웨어가 무엇을 해야 하는가를 추적하여 요구사항 명세를 작성하는 작업이다.
② 사용자의 요구를 추출하여 목표를 정하고 어떤 방식으로 해결할 것인지 결정하는 단계이다.
③ 소프트웨어 시스템이 사용되는 동안 발견되는 오류를 정리하는 단계이다.
④ 소프트웨어 개발의 출발점이면서 실질적인 첫 번째 단계이다.

소프트웨어 시스템이 사용되는 동안 발견되는 오류를 정리하는 단계는 테스트 및 유지보수 단계에서 진행된다.

상 중 하

04 객체지향 기법에서 상위 클래스의 메소드와 속성을 하위 클래스가 물려받는 것을 의미하는 것은?

① Abstraction
② Polymorphism
③ Encapsulation
④ Inheritance

상속(Inheritance)
- 상위 클래스의 모든 속성, 연산을 하위 클래스가 재정의 없이 물려받아 사용하는 것이다.
- 상위 클래스는 추상적 성질을, 자식 클래스는 구체적 성질을 가진다.
- 하위 클래스는 상속받은 속성과 연산에 새로운 속성과 연산을 추가하여 사용할 수 있다.
- 다중상속 : 다수 상위 클래스에서 속성과 연산을 물려받는 것이다.

ANSWER 01 ④ 02 ② 03 ③ 04 ④

상 중 하

05 설계 기법 중 하향식 설계 방법과 상향식 설계 방법에 대한 비교 설명으로 가장 옳지 않은 것은?

① 하향식 설계에서는 통합 검사 시 인터페이스가 이미 정의되어 있어 통합이 간단하다.
② 하향식 설계에서 레벨이 낮은 데이터 구조의 세부 사항은 설계 초기 단계에서 필요하다.
③ 상향식 설계는 최하위 수준에서 각각의 모듈들을 설계하고 이러한 모듈이 완성되면 이들을 결합하여 검사한다.
④ 상향식 설계에서는 인터페이스가 이미 성립되어 있지 않더라도 기능 추가가 쉽다.

상향식 설계는 가장 기본적인 컴포넌트를 먼저 설계한 뒤 이것을 사용하는 상위 수준의 컴포넌트를 설계하므로 기능 추가가 어렵다.

상 중 하

06 자료 흐름도(DFD)의 각 요소별 표기 형태의 연결이 옳지 않은 것은?

① Process : 원
② Data Flow : 화살표
③ Data Store : 삼각형
④ Terminator : 사각형

자료 흐름도(DFD : Data Flow Diagram)

구성 요소	의미	표기법
프로세스 (Process)	자료를 변환시키는 시스템의 한 부분을 나타냄	(원) 프로세스 이름
자료 흐름 (Data Flow)	자료의 이동(흐름)을 나타냄	자료 이름 →
자료 저장소 (Data Store)	시스템에서의 자료 저장소(파일, 데이터베이스)를 나타냄	자료 저장소 이름 (위아래 선)
단말 (Terminator)	• 자료의 발생지와 종착지를 나타냄 • 시스템의 외부에 존재하는 사람이나 조직체	(사각형) 단말 이름

상 중 하

07 소프트웨어 개발에 이용되는 모델(Model)에 대한 설명 중 거리가 먼 것은?

① 모델은 개발 대상을 추상화하고 기호나 그림 등으로 시각적으로 표현한다.
② 모델을 통해 소프트웨어에 대한 이해도를 향상시킬 수 있다.
③ 모델을 통해 이해 당사자 간의 의사소통이 향상된다.
④ 모델을 통해 향후 개발될 시스템의 유추는 불가능하다.

소프트웨어 개발 모델을 이용해 개발 대상 시스템을 유추할 수 있다.

상 중 하

08 다음의 설명에 해당하는 언어는?

> 객체지향 시스템을 개발할 때 산출물을 명세화, 시각화, 문서화하는 데 사용된다.
> 즉, 개발하는 시스템을 이해하기 쉬운 형태로 표현하여 분석가, 의뢰인, 설계자가 효율적인 의사소통을 할 수 있게 해준다.
> 따라서, 개발 방법론이나 개발 프로세스가 아니라 표준화된 모델링 언어이다.

① JAVA ② C
③ UML ④ Python

UML
객체지향 시스템을 개발할 때 산출물을 명세화, 시각화, 문서화하는 데 사용된다.

Python
• 1991년 귀도 반 로섬(Guido van Rossum)이 개발한 고급 프로그래밍 언어이다.
• 플랫폼에 독립적이고 인터프리터식, 객체지향적, 동적 타이핑 대화형 언어이다. 매우 쉬운 문법 구조로 초보자들도 쉽게 배울 수 있다.

ANSWER 05 ④ 06 ③ 07 ④ 08 ③

상 중 하

09 다음 내용이 설명하는 UI 설계 도구는?

> – 디자인, 사용 방법 설명, 평가 등을 위해 실제 화면과 유사하게 만든 정적인 형태의 모형
> – 시각적으로 구성 요소를 배치하는 것으로 일반적으로 실제로 구현되지는 않음

① 스토리보드(Storyboard)
② 목업(Mockup)
③ 프로토타입(Prototype)
④ 유스케이스(Usecase)

UI 설계에 도움을 주는 도구들
• 와이어 프레임(Wire Frame) : UI 중심의 화면 레이아웃을 선을 이용하여 개략적으로 작성한다.
• 목업(Mockup) : 실물과 흡사한 정적인 모형을 의미한다. 시각적으로 구성 요소를 배치하는 것으로 일반적으로 실제로 구현되지는 않는다.
• 프로토타입(Prototype) : Interaction이 결합하여 실제 작동하는 모형이다.
• 스토리보드(Storyboard) : 정책, 프로세스, 와이어 프레임, 설명이 모두 포함된 설계 문서이다.

상 중 하

10 애자일(Agile) 기법 중 스크럼(Scrum)과 관련된 용어에 대한 설명이 틀린 것은?

① 스크럼 마스터(Scrum Master)는 스크럼 프로세스를 따르고, 팀이 스크럼을 효과적으로 활용할 수 있도록 보장하는 역할 등을 맡는다.
② 제품 백로그(Product Backlog)는 스크럼 팀이 해결해야 하는 목록으로 소프트웨어 요구사항, 아키텍처 정의 등이 포함될 수 있다.
③ 스프린트(Sprint)는 하나의 완성된 최종 결과물을 만들기 위한 주기로 3달 이상의 장기간으로 결정된다.
④ 속도(Velocity)는 한 번의 스프린트에서 한 팀이 어느 정도의 제품 백로그를 감당할 수 있는지에 대한 추정치로 볼 수 있다.

Sprint : 사전적으로 "전력 질주", 작은 단위의 개발 업무를 단기간에 전력 질주하여 개발한다는 의미로 반복 주기(2~4주)마다 이해관계자에게 일의 진척도를 보고한다.

상 중 하

11 UML 다이어그램 중 정적 다이어그램이 아닌 것은?

① 컴포넌트 다이어그램
② 배치 다이어그램
③ 순차 다이어그램
④ 패키지 다이어그램

순차 다이어그램은 동적 다이어그램이다.

오답 피하기
• 구조 다이어그램(정적) : 클래스, 객체, 복합체 구조, 배치, 컴포넌트, 패키지
• 행위 다이어그램(동적) : 유스케이스, 활동, 상태 머신, 콜라보레이션, 상호작용(순차, 상호작용 개요, 통신, 타이밍)

상 중 하

12 LOC 기법에 의하여 예측된 총 라인수가 36000라인, 개발에 참여할 프로그래머가 6명, 프로그래머들의 평균 생산성이 월간 300라인일 때 개발에 소요되는 기간을 계산한 결과로 가장 옳은 것은?

① 5개월　　② 10개월
③ 15개월　　④ 20개월

개발 기간 = 예측된 LOC / (개발자 수 × 1인당 월평균 생산 LOC)
= 360000 / (6 × 300)
= 360000 / 1800
= 20(개월)

ANSWER 09 ② 10 ③ 11 ③ 12 ④

상 중 하

13 **클래스 설계 원칙에 대한 바른 설명은?**

① 단일 책임의 원칙 : 하나의 클래스만 변경 가능해야 한다.
② 개방-폐쇄의 원칙 : 클래스는 확장에 대해 열려 있어야 하며 변경에 대해 닫혀 있어야 한다.
③ 리스코프 치환의 원칙 : 여러 개의 책임을 가진 클래스는 하나의 책임을 가진 클래스로 대체되어야 한다.
④ 의존 관계 역전의 원칙 : 클라이언트는 자신이 사용하는 메소드와 의존 관계를 갖지 않도록 해야 한다.

객체지향 설계 원칙(SOLID)

단일 책임의 원칙 (SRP : Single Responsibility Principle)	모든 클래스는 단일 목적으로 생성되고, 하나의 책임만 가져야 한다.
개방-폐쇄의 원칙 (OCP : Open Closed Principle)	소프트웨어 구성 요소는 확장에 대해서는 개방되어야 하나 수정에 대해서는 폐쇄적이어야 한다.
리스코프 치환의 원칙 (LSP : Liskov Substitution Principle)	부모 클래스가 들어갈 자리에 자식 클래스를 대체하여도 계획대로 작동해야 한다.
인터페이스 분리의 원칙 (ISP : Interface Segregation Principle)	• 클라이언트는 자신이 사용하지 않는 메소드와 의존관계를 맺으면 안 된다. • 클라이언트가 사용하지 않는 인터페이스 때문에 영향을 받아서는 안 된다.
의존 관계 역전의 원칙 (DIP : Dependency Inversion Principle)	의존 관계를 맺으면 변하기 쉽고 변화 빈도가 높은 것보다 변하기 어렵고 변화 빈도가 낮은 것에 의존한다.

상 중 하

14 **GoF(Gangs of Four) 디자인 패턴에서 생성(Creational) 패턴에 해당하는 것은?**

① 컴퍼지트(Composite)
② 어댑터(Adapter)
③ 추상 팩토리(Abstract Factory)
④ 옵서버(Observer)

GoF 디자인 패턴
• 구조 : Adapter, Bridge, Composite, Decorator, Facade, Flyweight, Proxy
• 행위 : Chain of Responsibility, Iterator, Command, Interpreter, Memento, Observer, State, Strategy, Visitor, Template Method, Mediator
• 생성 : Factory Method, Singleton, Prototype, Builder, Abstraction Factory

상 중 하

15 **아키텍처 설계 과정이 올바른 순서로 나열된 것은?**

㉮ 설계 목표 설정
㉯ 시스템 타입 결정
㉰ 스타일 적용 및 커스터마이즈
㉱ 서브 시스템의 기능, 인터페이스 동작 작성
㉲ 아키텍처 설계 검토

① ㉮ → ㉯ → ㉰ → ㉱ → ㉲
② ㉲ → ㉮ → ㉯ → ㉱ → ㉰
③ ㉮ → ㉲ → ㉯ → ㉱ → ㉰
④ ㉮ → ㉯ → ㉰ → ㉲ → ㉱

아키텍처 설계 과정 : 설계 목표 설정 → 시스템 타입 결정 → 스타일 적용 및 커스터마이즈 → 서브 시스템의 기능, 인터페이스 동작 작성 → 아키텍처 설계 검토

상 중 하

16 **사용자 인터페이스를 설계할 경우 고려해야 할 가이드라인과 가장 거리가 먼 것은?**

① 심미성을 사용성보다 우선하여 설계해야 한다.
② 효율성을 높이게 설계해야 한다.
③ 발생하는 오류를 쉽게 수정할 수 있어야 한다.
④ 사용자에게 피드백을 제공해야 한다.

사용자 인터페이스는 사용자의 사용성을 우선한다.

상 중 하

17 **소프트웨어 설계에서 자주 발생하는 문제에 대한 일반적이고 반복적인 해결 방법을 무엇이라고 하는가?**

① 모듈 분해 ② 디자인 패턴
③ 연관 관계 ④ 클래스 도출

디자인 패턴 : 디자인 패턴은 자주 사용하는 설계 형태를 정형화하여 유형별로 설계 템플릿을 만들어 두고 소프트웨어 개발 중 나타나는 과제를 해결하기 위한 방법 중 한 가지이므로 개발 프로세스를 무시할 수 없다.

ANSWER 13 ② 14 ③ 15 ① 16 ① 17 ②

상 중 하

18 객체지향 분석 기법의 하나로 객체 모형, 동적 모형, 기능 모형의 3개 모형을 생성하는 방법은?

① Wirfs-Block Method
② Rumbaugh Method
③ Booch Method
④ Jacobson Method

럼바우(Rumbaugh) 객체지향 분석 기법
- 소프트웨어 구성 요소를 그래픽으로 모형화하였다.
- 객체 모델링 기법(OMT : Object Modeling Technique)이라고도 한다.
- 객체 모델링 : 객체를 다이어그램으로 표시
- 동적 모델링 : 상태를 시간 흐름에 따라 다이어그램으로 표시
- 기능 모델링 : 자료 흐름도를 이용하여 여러 프로세스 간의 자료 흐름을 표시

상 중 하

19 입력되는 데이터를 컴퓨터의 프로세서가 처리하기 전에 미리 처리하여 프로세서가 처리하는 시간을 줄여주는 프로그램이나 하드웨어를 말하는 것은?

① EAI ② FEP
③ GPL ④ Duplexing

FEP(Front-End Processor, 전위 처리기)
- 입력 데이터를 프로세서가 처리하기 전에 미리 처리하여 프로세서가 처리하는 시간을 줄여주는 프로그램이나 하드웨어이다.
- 여러 통신 라인을 중앙 컴퓨터에 연결하고 터미널의 메시지(Message)가 보낼 상태로 있는지 받을 상태로 있는지 검색한다. 통신 라인의 에러를 검출한다.

상 중 하

20 객체지향 개념 중 하나 이상의 유사한 객체들을 묶어 공통된 특성을 표현한 데이터 추상화를 의미하는 것은?

① Method ② Class
③ Field ④ Message

클래스(Class)
- 유사한 객체를 정의한 집합으로 속성+행위를 정의한 것으로 일반적인 Type을 의미한다.
- 기본적인 사용자 정의 데이터형이며, 데이터를 추상화하는 단위이다.
- 구조적 기법에서의 단위 테스트(Unit Test)와 같은 개념이다.
- 상위 클래스(부모 클래스, Super Class), 하위 클래스(자식 클래스, Sub Class)

2 과목 소프트웨어 개발

상 중 하

21 클린 코드(Clean Code)를 작성하기 위한 원칙으로 틀린 것은?

① 추상화 : 하위 클래스/메소드/함수를 통해 애플리케이션의 특성을 간략하게 나타내고, 상세 내용은 상위 클래스/메소드/함수에서 구현한다.
② 의존성 : 다른 모듈에 미치는 영향을 최소화하도록 작성한다.
③ 가독성 : 누구든지 읽기 쉽게 코드를 작성한다.
④ 중복성 : 중복을 최소화할 수 있는 코드를 작성한다.

클린 코드(Clean Code)
- 깔끔하게 잘 성리된 코드이다.
- 중복 코드 제거로 애플리케이션의 설계가 개선된다.
- 가독성이 높아진다.
- 버그를 찾기 쉬워지며, 프로그래밍 속도가 빨라진다.
- 클린 코드 최적화 원칙 : 가독성, 단순성, 의존성 배제, 중복성 최소화, 추상화

상 중 하

22 단위 테스트에서 테스트의 대상이 되는 하위 모듈을 호출하고, 파라미터를 전달하는 가상의 모듈로 상향식 테스트에 필요한 것은?

① 테스트 스텁(Test Stub)
② 테스트 드라이버(Test Driver)
③ 테스트 슈트(Test Suites)
④ 테스트 케이스(Test Case)

테스트 드라이버(Test Driver)
- 하위 → 상위 모듈로 통합하면서 테스트하는 것으로 상향식 테스트에서 사용된다.
- 테스트 대상을 제어하고 동작시키는데 사용되는 도구를 의미한다.
- 시스템 및 컴포넌트를 시험하는 환경의 일부분으로 시험을 지원하는 목적하에 생성된 코드와 데이터이다.
- 순차적 실행을 지원하는 프로그램이나 명령들이 묶여 있는 배치 파일이다.

ANSWER 18 ② 19 ② 20 ② 21 ① 22 ②

상중하

23 스택(Stack)에 대한 옳은 내용으로만 나열된 것은?

> ㉠ FIFO 방식으로 처리된다.
> ㉡ 순서 리스트의 뒤(Rear)에서 노드가 삽입되며, 앞(Front)에서 노드가 제거된다.
> ㉢ 선형 리스트의 양쪽 끝에서 삽입과 삭제가 모두 가능한 자료 구조이다.
> ㉣ 인터럽트 처리, 서브 루틴 호출 작업 등에 응용된다.

① ㉠, ㉡ ② ㉡, ㉢
③ ㉣ ④ ㉠, ㉡, ㉢, ㉣

스택(Stack)
- 리스트의 한쪽 끝에서만 자료의 삽입과 삭제가 이루어지는 선형 자료 구조로 인터럽트 처리, 서브루틴 호출 작업 등에 응용된다.
- 가장 나중에 삽입된 자료가 가장 먼저 삭제되는 후입선출(LIFO, Last In First Out) 방식이다.
- 가장 나중에 삽입된 자료의 위치를 top이라 하고, 가장 먼저 삽입된 자료의 위치를 Bottom이라고 한다.
- 문장 중 top이나 push, pop이란 단어가 제시되면 Stack이다.

상중하

24 소프트웨어 모듈화의 장점이 아닌 것은?

① 오류의 파급 효과를 최소화한다.
② 기능의 분리가 가능하여 인터페이스가 복잡하다.
③ 모듈의 재사용 기능으로 개발과 유지보수가 용이하다.
④ 프로그램의 효율적인 관리가 가능하다.

모듈화(Modularity)
- 모듈화는, 거대한 문제를 작은 조각의 문제로 나누어 다루기 쉽도록 하는 과정으로, 작게 나누어진 각 부분을 모듈이라고 한다.
- 소프트웨어의 모듈은 프로그래밍 언어에서 Subroutine, Function 등으로 표현될 수 있다.
- 모듈화는 시스템을 지능적으로 관리할 수 있도록 해주며, 복잡도 문제를 해결하는 데 도움을 준다.
- 모듈화는 시스템의 유지보수와 수정을 용이하게 한다.

상중하

25 소프트웨어 프로젝트 관리 목표에 대한 설명으로 가장 옳은 것은?

① 개발에 따른 산출물 관리
② 소요 인력은 최대화하되 정책 결정은 신속하게 처리
③ 주어진 기간은 연장하되 최소의 비용으로 시스템을 개발
④ 주어진 기간 내에 최소의 비용으로 사용자를 만족시키는 시스템을 개발

프로젝트 관리의 목표는 주어진 기간 내에 최소의 비용으로 사용자를 만족시키는 시스템을 개발하는 것이다.

상중하

26 정형 기술 검토(FTR)의 지침으로 틀린 것은?

① 의제를 제한한다.
② 논쟁과 반박을 제한한다.
③ 문제 영역을 명확히 표현한다.
④ 참가자의 수를 제한하지 않는다.

정형 기술 검토 지침사항
- 의제와 그 범위를 유지하라.
- 참가자의 수를 제한하라.
- 각 체크리스트를 작성하고, 자원과 시간 일정을 할당하라.
- 개발자가 아닌 제품의 검토에 집중하라.
- 논쟁과 반박을 제한하라.
- 검토 과정과 결과를 재검토하라.

상중하

27 소프트웨어 재공학의 주요 활동 중 기존 소프트웨어 시스템을 새로운 기술 또는 하드웨어 환경에서 사용할 수 있도록 변환하는 작업을 의미하는 것은?

① Analysis
② Migration
③ Restructuring
④ Reverse Engineering

재공학의 주요 활동
- 분석(Analysis) : 소프트웨어 재공학 활동 중 기본 소프트웨어의 명세서를 확인하여 소프트웨어의 동작을 이해하고 재공학 대상을 선정하는 것이다.
- 재구성(Restructuring) : 소프트웨어 구조를 향상시키기 위해 코드를 재구성하는 것이다.
- 역공학(Reverse Engineering) : 소프트웨어 재공학 활동 중 원시 코드를 분석하여 소프트웨어 관계를 파악하고 기존 시스템의 설계 정보를 재발견하고 다시 제작하는 작업이다.
- 이식(Migration) : 소프트웨어 재공학의 주요 활동 중 기존 소프트웨어 시스템을 새로운 기술 또는 하드웨어 환경에서 사용할 수 있도록 변환하는 작업이다.

상중하

28 정보 시스템을 개발 단계에서 프로그래밍 언어 선택 시 고려할 사항으로 가장 거리가 먼 것은?

① 개발 정보 시스템의 특성
② 사용자의 요구사항
③ 컴파일러의 가용성
④ 컴파일러의 독창성

컴파일러가 독창적이면 타 시스템 호환성 등의 문제가 생길 수 있다.

ANSWER 23 ③ 24 ② 25 ④ 26 ④ 27 ② 28 ④

상중하

29 소프트웨어 패키징에 대한 설명으로 틀린 것은?

① 패키징은 개발자 중심으로 진행한다.
② 신규 및 변경 개발 소스를 식별하고, 이를 모듈화하여 상용 제품으로 패키징한다.
③ 고객의 편의성을 위해 매뉴얼 및 버전 관리를 지속적으로 한다.
④ 범용 환경에서 사용이 가능하도록 일반적인 배포 형태로 패키징이 진행된다.

오답 피하기
사용자를 중심으로 진행하며, 사용자의 다양한 환경에서 설치할 수 있도록 패키징한다.

상중하

30 자료 구조의 분류 중 선형 구조가 아닌 것은?

① 트리　② 리스트
③ 스택　④ 데크

- 선형 구조 : 큐, 스택, 데크, 리스트, 연결 리스트
- 비선형 구조 : 그래프, 트리, 인접 행렬

상중하

31 아주 오래되거나 참고문서 또는 개발자가 없어 유지보수 작업이 아주 어려운 프로그램을 의미하는 것은?

① Title Code
② Source Code
③ Object Code
④ Alien Code

외계인 코드(Alien Code) : 아주 오래되거나 참고문서 또는 개발자가 없어 유지보수 작업이 어려운 프로그램을 의미한다.

상중하

32 소프트웨어를 재사용함으로써 얻을 수 있는 이점으로 가장 거리가 먼 것은?

① 생산성 증가
② 프로젝트 문서 공유
③ 소프트웨어 품질 향상
④ 새로운 개발 방법론 도입 용이

소프트웨어 재사용의 특징
- 개발 시간 및 비용 감소
- 품질 향상과 생산성 향상
- 신뢰성 향상과 프로그램 생성 지식 공유
- 프로젝트 실패 위험 감소

상중하

33 인터페이스 간의 통신을 위해 이용되는 데이터 포맷이 아닌 것은?

① AJTML　② JSON
③ XML　④ YAML

인터페이스 간의 통신을 위해 이용되는 데이터 포맷 : JSON, XML, YAML, AJAX

상중하

34 프로그램 설계도의 하나인 N-S Chart에 대한 설명으로 가장 거리가 먼 것은?

① 논리의 기술에 중점을 두고 도형을 이용한 표현 방법이다.
② 이해하기 쉽고 코드 변환이 용이하다.
③ 화살표나 GOTO를 사용하여 이해하기 쉽다.
④ 연속, 선택, 반복 등의 제어 논리 구조를 표현한다.

N-S 차트(Nassi-Schneiderman Chart)
- 구조적 프로그램의 순차, 선택, 반복의 구조를 사각형으로 도식화하여 알고리즘을 논리적 기술에 중점을 둔 도형식 표현 방법이다.
- 조건이 복합되어 있는 곳의 처리를 시각적으로 명확히 식별하는 데 적합하다.
- 제어 구조 : 순차(Sequence), 선택 및 다중 선택(If~Then~Else, Case), 반복(Repeat~Until, While, For)
- 박스 다이어그램이라고도 한다.

오답 피하기
③번은 흐름도에 대한 설명이다.

ANSWER 29 ① 30 ① 31 ④ 32 ④ 33 ① 34 ③

상 중 하

35 **순서가 A, B, C, D로 정해진 입력 자료를 push, push, pop, push, push, pop, pop, pop 순서로 스택 연산을 수행하는 경우 출력 결과는?**

① B D C A ② A B C D
③ B A C D ④ A B D C

• 입력 순서 : A → B → C → D

연산	스택	행동
push	A	A 삽입
push	A, B	B 삽입
pop	A	B 출력
push	A, C	C 삽입
push	A, C, D	D 삽입
pop	D	D 출력
pop	C	C 출력
pop	A	A 출력

• 출력을 순서대로 표시하면 B → D → C → A

상 중 하

36 **분할 정복(Divide and Conquer)에 기반한 알고리즘으로 피벗(Pivot)을 사용하며 최악의 경우 $\frac{n(n-1)}{2}$회의 비교를 수행하는 정렬(Sort)은?**

① Selection Sort
② Bubble Sort
③ Insert Sort
④ Quick Sort

분할 정복법(Divide & Conquer)

• 제시된 문제를 분할이 불가할 때까지 나누고, 각 과제를 풀면서 다시 병합해 문제의 답을 얻는 Top-Down 방식이다.
• ① 분할(Divide) : 정복이 필요한 과제를 분할이 가능한 부분까지 분할한다.
• ② 정복(Conquer) : ①에서 분할된 하위 과제들을 모두 해결(정복)한다.
• ③ 결합(Combine) : 그리고 ②에서 정복된 해답을 모두 취합(결합)한다. 예 퀵 정렬 알고리즘, 병합(합병) 정렬 알고리즘

상 중 하

37 **화이트 박스 검사 기법에 해당하는 것으로만 짝지어진 것은?**

㉠ 데이터 흐름 검사
㉡ 루프 검사
㉢ 동등 분할 검사
㉣ 경계값 분석
㉤ 원인 결과 그래프 기법
㉥ 오류 예측 기법

① ㉠, ㉡ ② ㉠, ㉣
③ ㉡, ㉤ ④ ㉢, ㉥

화이트박스 테스트 종류 : 기초 경로 검사, 제어 구조 검사, 데이터 흐름 검사

상 중 하

38 **소프트웨어 품질 관련 국제 표준인 ISO/IEC 25000에 관한 설명으로 옳지 않은 것은?**

① 소프트웨어 품질 평가를 위한 소프트웨어 품질 평가 통합 모델 표준이다.
② System and Software Quality Requirements and Evaluation으로 줄여서 SQuaRE라고도 한다.
③ ISO/IEC 2501n에서는 소프트웨어의 내부 측정, 외부 측정, 사용 품질 측정, 품질 측정 요소 등을 다룬다.
④ 기존 소프트웨어 품질 평가 모델과 소프트웨어 평가 절차 모델인 ISO/IEC 9126과 ISO/IEC 14598을 통합하였다.

ISO/IEC 25000

• 기존 소프트웨어 품질 평가 모델과 소프트웨어 평가 절차 모델인 ISO/IEC 9126과 ISO/IEC 14598을 통합하였다.
• 2500n, 2501n, 2502n, 2503n, 2504n의 다섯 가지 분야로 나눌 수 있고, 확장 분야인 2505n이 있다.
• 2501n(9126-2, 품질 모형) : 품질 모델 및 품질 사용
• 2503n(9126-3, 품질 측정) : 매트릭을 통한 측정 방법 제시

ANSWER 35 ① 36 ④ 37 ① 38 ③

상 중 하

39 코드 인스펙션과 관련한 설명으로 틀린 것은?

① 프로그램을 수행시켜보는 것 대신에 읽어보고 눈으로 확인하는 방법으로 볼 수 있다.
② 코드 품질 향상 기법 중 하나이다.
③ 동적 테스트 시에만 활용하는 기법이다.
④ 결함과 함께 코딩 표준 준수 여부, 효율성 등의 다른 품질 이슈를 검사하기도 한다.

코드 인스펙션(감사)은 정적 테스트 기법에 주로 사용된다.

상 중 하

40 프로젝트에 내재된 위험 요소를 인식하고 그 영향을 분석하여 이를 관리하는 활동으로서, 프로젝트를 성공시키기 위하여 위험 요소를 사전에 예측, 대비하는 모든 기술과 활동을 포함하는 것은?

① Critical Path Method
② Risk Analysis
③ Work Breakdown Structure
④ Waterfall Model

Risk Analysis(위험 분석)
- 프로젝트에 내재된 위험 요소를 인식하고 그 영향을 분석하여 이를 관리하는 활동으로서, 프로젝트를 성공시키기 위하여 위험 요소를 사전에 예측하여 대비하는 모든 기술과 활동을 포함한다.
- 해당 위험의 가능성과 영향을 평가하여 관리하는 과정이다.
- 프로젝트를 진행하면서 예상되는 위험을 사전에 파악하고, 적절한 대응 전략을 수립하여 위험을 최소화하고 성공적으로 프로젝트를 완료하는 것이다.
- 대표적인 기법으로는 위험 등급 평가, 위험 행렬, 위험 시나리오 작성 등이 있다.

3 과목 데이터베이스 구축

상 중 하

41 데이터베이스 설계 단계 중 물리적 설계 시 고려사항으로 적절하지 않은 것은?

① 스키마의 평가 및 정제
② 응답 시간
③ 저장 공간의 효율화
④ 트랜잭션 처리량

논리적 설계
- 목표 DBMS에 종속적인 논리적 스키마 설계 및 스키마의 평가 및 정제를 담당한다.
- 논리적 데이터 모델로 변환 및 트랜잭션 인터페이스를 설계한다.

물리적 설계
- 목표 DBMS에 종속적인 물리적 구조 설계이다.
- 저장 레코드 양식 설계와 레코드 집중의 분석/설계, 액세스 경로 인덱싱, 클러스터링, 해싱 등의 설계를 한다.

상 중 하

42 DELETE 명령에 대한 설명으로 틀린 것은?

① 테이블의 행을 삭제할 때 사용한다.
② WHERE 조건절이 없는 DELETE 명령을 수행하면 DROP TABLE 명령을 수행했을 때와 동일한 효과를 얻을 수 있다.
③ SQL을 사용 용도에 따라 분류할 경우 DML에 해당한다.
④ 기본 사용 형식은 "DELETE FROM 테이블 [WHERE 조건];" 이다.

SQL 데이터베이스 조작어의 종류
- SELECT : 튜플을 검색할 때 사용한다.
- INSERT : 튜플을 삽입할 때 사용한다.
- DELETE : 튜플을 삭제할 때 사용한다.
- UPDATE : 튜플의 내용을 변경할 때 사용한다.

오답 피하기
- 데이터베이스 조작어는 튜플을 관리할 때 사용한다.
- 레코드를 모두 삭제한다고 해서 테이블이 삭제되지는 않는다. 테이블을 삭제하려면 데이터베이스 정의어인 DROP문을 사용한다.

ANSWER 39 ③ 40 ② 41 ① 42 ②

상 중 하

43 어떤 릴레이션 R의 모든 조인 종속성의 만족이 R의 후보키를 통해서만 만족될 때, 이 릴레이션 R이 해당하는 정규형은?

① 제5정규형
② 제4정규형
③ 제3정규형
④ 제1정규형

정규화 과정

비정규 릴레이션
↓ 도메인이 원자값
1NF
↓ 부분적 함수 종속 제거
2NF
↓ 이행적 함수 종속 제거
3NF
↓ 결정자이면서 후보키가 아닌 함수 종속 제거
BCNF
↓ 다치 종속 제거
4NF
↓ 조인 종속성 제거
5NF

상 중 하

44 E-R 모델에서 다중값 속성의 표기법은?

① ◇ (마름모)
② □ (사각형)
③ ◎ (2중 타원)
④ ─ (실선)

E-R 다이어그램

기호	기호 이름	의미
□	사각형	개체(Entity)
◇	마름모	관계(Relationship)
○	타원	속성(Attribute)
─	실선	개체 타입과 속성을 연결
◎	2중 타원	다중값 속성

상 중 하

45 다른 릴레이션의 기본키를 참조하는 키를 의미하는 것은?

① 필드키
② 슈퍼키
③ 외래키
④ 후보키

외래키

- 관계형 데이터 모델에서 한 릴레이션의 외래키는 참조되는 릴레이션의 기본키와 대응되어 릴레이션 간에 참조 관계를 표현하는 데 사용되는 중요한 도구이다.
- 외래키를 포함하는 릴레이션이 참조하는 릴레이션이 되고, 대응되는 기본키를 포함하는 릴레이션이 참조 릴레이션이 된다.

상 중 하

46 관계 해석에서 '모든 것에 대하여'의 의미를 나타내는 논리 기호는?

① ∃ ② ∈
③ ∀ ④ ⊂

관계 해석 자유변수

- ∀ : for all(모든 것에 대하여), 전칭 정량자(Universal Quantifier)
- ∃ : "There exists", "For Some", 존재 정량자(Existential Quantifier)

상 중 하

47 다음 릴레이션의 Degree와 Cardinality는?

학번	이름	학년	학과
13001	홍길동	3학년	전기
13002	이순신	4학년	기계
13003	강감찬	2학년	컴퓨터

① Degree : 4, Cardinality : 3
② Degree : 3, Cardinality : 4
③ Degree : 3, Cardinality : 12
④ Degree : 12, Cardinality : 3

- 카디널리티(Cardinality) : 튜플(행)의 수(기수) – 3개
- 디그리(Degree) : 속성(열)의 수(차수) – 4개

ANSWER 43 ① 44 ③ 45 ③ 46 ③ 47 ①

상 중 하

48 뷰(View)에 대한 설명으로 틀린 것은?

① 뷰 위에 또 다른 뷰를 정의할 수 있다.
② DBA는 보안성 측면에서 뷰를 활용할 수 있다.
③ 사용자가 필요한 정보를 요구에 맞게 가공하여 뷰로 만들 수 있다.
④ SQL을 사용하면 뷰에 대한 삽입, 갱신, 삭제 연산 시 제약사항이 없다.

오답 피하기

뷰의 삽입, 삭제, 갱신 연산 시 ALTER문을 사용할 수 없는 제약이 있다.

상 중 하

49 관계 대수식을 SQL 질의로 옳게 표현한 것은?

$\pi_{이름}(\sigma_{학과='교육'}(학생))$

① SELECT 학생 FROM 이름 WHERE 학과 = '교육';
② SELECT 이름 FROM 학생 WHERE 학과 = '교육';
③ SELECT 교육 FROM 학과 WHERE 이름 = '학생';
④ SELECT 학과 FROM 학생 WHERE 이름 = '교육';

관계 대수

- select(σ) : 튜플 집합을 검색한다.
- project(π) : 속성 집합을 검색한다.

$\pi_{이름}$ → SELECT 이름
$\sigma_{학과='교육'}(학생)$ → FROM 학생 WHERE 학과 = '교육';

상 중 하

50 정규화 과정에서 함수 종속이 A → B이고 B → C 일 때 A → C인 관계를 제거하는 단계는?

① 1NF → 2NF
② 2NF → 3NF
③ 3NF → BCNF
④ BCNF → 4NF

이행 종속 규칙 : 릴레이션에서 속성 A가 B를 결정하고(A → B), 속성 B가 C를 결정하면(B → C) 속성 A가 C도 결정한다는(A → C) 종속 규칙이다. 또한 정규화 과정에서 이행 종속을 제거한 단계를 '3차 정규형'이라고 한다.

상 중 하

51 CREATE TABLE문에 포함되지 않는 기능은?

① 속성의 타입 변경
② 속성의 NOT NULL 여부 지정
③ 기본키를 구성하는 속성 지정
④ CHECK 제약조건의 정의

CREATE TABLE문

```
CREATE TABLE 테이블명
 ({ 열이름 데이터_타입 [NOT NULL], [DEFALUT 값] }
   [PRIMARY KEY(열이름_리스트)]
   [UNIQUE(열이름_리스트,…)]
  { [FOREIGN KEY(열이름_리스트)]
   REFERENCES 기본테이블[(기본키_열이름)]
   [ON DELETE 옵션]
   [ON UPDATE 옵션] }
   [CHECK(조건식)] );
```

- { }는 중복 가능한 부분, [ ]는 생략 가능한 부분
- NOT NULL은 특정 열에 대해 널(Null) 값을 허용하지 않을 때 기술
- PRIMARY KEY는 기본키를 구성하는 속성을 지정할 때
- FOREIGN KEY는 외래키로 어떤 릴레이션의 기본키를 참조하는지를 기술

오답 피하기

속성의 타입 변경은 ALTER문을 사용한다.

상 중 하

52 SQL과 관련한 설명으로 틀린 것은?

① REVOKE 키워드를 사용하여 열 이름을 다시 부여할 수 있다.
② 데이터 정의어는 기본 테이블, 뷰 테이블 또는 인덱스 등을 생성, 변경, 제거하는 데 사용되는 명령어이다.
③ DISTINCT를 활용하여 중복값을 제거할 수 있다.
④ JOIN을 통해 여러 테이블의 레코드를 조합하여 표현할 수 있다.

REVOKE : 데이터베이스 사용자의 사용 권한을 회수하는 명령어이다.

ANSWER 48 ④ 49 ② 50 ② 51 ① 52 ①

상 중 하

53 다음 SQL문의 실행 결과로 생성되는 튜플 수는?

```
SELECT 급여 FROM 사원;
```

[사원] 테이블

사원ID	사원명	급여	부서ID
101	박철수	30000	1
102	한나라	35000	2
103	김감동	40000	3
104	이구수	35000	2
105	최초록	40000	3

① 1 ② 3
③ 4 ④ 5

사원 테이블의 급여 속성을 검색하면 5개의 튜플이 검색된다.

상 중 하

54 다음 SQL문에서 사용된 BETWEEN 연산의 의미와 동일한 것은?

```
SELECT *
FROM 성적
WHERE (점수 BETWEEN 90 AND 95)
        AND 학과 = '컴퓨터공학과';
```

① 점수 >= 90 AND 점수 <= 95
② 점수 > 90 AND 점수 < 95
③ 점수 > 90 AND 점수 <= 95
④ 점수 >= 90 AND 점수 < 95

BETWEEN
- 구간 값 조건식이다.
- BETWEEN 90 AND 95은 90이상에서 95이하까지의 범위를 의미한다.
- WHERE 학과 >= 90 AND 학과 <= 95로 표현할 수 있다.

상 중 하

55 트랜잭션의 상태 중 트랜잭션의 수행이 실패하여 Rollback 연산을 실행한 상태는?

① 철회(Aborted)
② 부분 완료(Partially Committed)
③ 완료(Commit)
④ 실패(Fail)

트랜잭션 상태
- 활동(Active) : 초기 상태로 트랜잭션이 Begin_Trans에서부터 실행을 시작하였거나 실행 중인 상태이다.
- 부분 완료(Partially Committed) : 트랜잭션의 마지막 연산이 실행된 직후의 상태로, 모든 연산의 처리는 끝났지만, 트랜잭션이 수행한 최종 결과를 데이터베이스에 반영하지 않은 상태이다.
- 철회(Aborted) : 트랜잭션이 실행에 실패하여 Rollback 연산을 수행한 상태이다.
- 완료(Committed) : 트랜잭션이 실행을 성공적으로 완료 연산을 수행한 상태이다.

상 중 하

56 데이터 제어어(DCL)에 대한 설명으로 옳은 것은?

① ROLLBACK : 데이터의 보안과 무결성을 정의한다.
② COMMIT : 데이터베이스 사용자의 사용 권한을 취소한다.
③ GRANT : 데이터베이스 사용자에게 사용 권한을 부여한다.
④ REVOKE : 데이터베이스 조작 작업이 비정상적으로 종료되었을 때 원래 상태로 복구한다.

55번 해설 참고

ANSWER 53 ④ 54 ① 55 ① 56 ③

상 중 하

57 테이블 R과 S에 대한 SQL문이 실행되었을 때, 실행 결과로 옳은 것은?

[R]

A	B
1	A
3	B

[S]

A	B
1	A
2	B

```
SELECT A FROM R
UNION ALL
SELECT A FROM S;
```

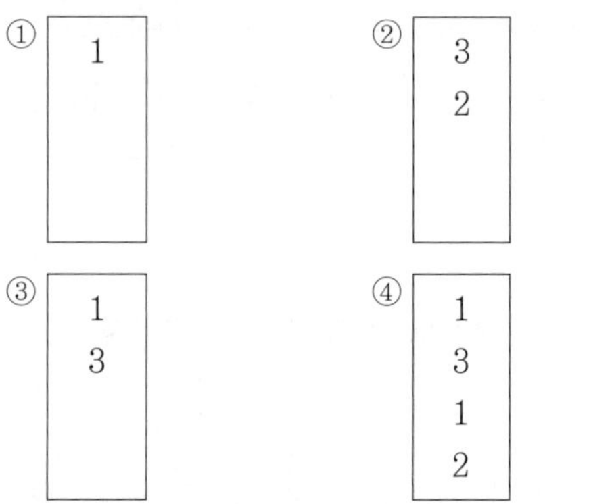

릴레이션 R, S에서 속성 A를 기준으로 합집합(UNION ALL) 연산을 수행하면 릴레이션 R, S의 속성 A값 모두가 검색된다.

상 중 하

58 분산 데이터베이스 시스템(Distributed Database System)에 대한 설명으로 틀린 것은?

① 분산 데이터베이스는 논리적으로는 하나의 시스템에 속하지만 물리적으로는 여러 개의 컴퓨터 사이트에 분산되어 있다.
② 위치 투명성, 중복 투명성, 병행 투명성, 장애 투명성을 목표로 한다.
③ 데이터베이스의 설계가 비교적 어렵고, 개발 비용과 처리 비용이 증가한다는 단점이 있다.
④ 분산 데이터베이스 시스템의 주요 구성 요소는 분산 처리기, P2P 시스템, 단일 데이터베이스 등이 있다.

- 분산 데이터베이스의 구성 요소 : 분산 처리기, 분산 데이터베이스, 통신 네트워크, 분산 트랜잭션
- 분산 데이터베이스의 구조 : 전역, 분할(단편화), 할당, 지역 스키마

상 중 하

59 테이블 두 개를 조인하여 뷰 V_1을 정의하고, V_1을 이용하여 뷰 V_2를 정의하였다. 다음 명령 수행 후 결과로 옳은 것은?

```
DROP VIEW V_1 CASCADE;
```

① V_1만 삭제된다.
② V_2만 삭제된다.
③ V_1과 V_2 모두 삭제된다.
④ V_1과 V_2 모두 삭제되지 않는다.

CASCADE vs RESTRICT
- DROP VIEW : VIEW_이름 [CASCADE | RESTRICT];
- CASCADE : 삭제할 요소가 다른 개체에서 참조 중이라도 삭제가 수행된다.
- 즉, V_1 하위에 연결된 V_2도 같이 삭제된다.

오답 피하기

RESTRICT : 삭제할 요소가 다른 개체에서 참조 중일 경우 삭제가 취소된다.

상 중 하

60 데이터베이스에서 병행 제어의 목적으로 틀린 것은?

① 시스템 활용도 최대화
② 사용자에 대한 응답 시간 최소화
③ 데이터베이스 공유 최소화
④ 데이터베이스 일관성 유지

병행 제어의 목적
- 데이터베이스 공유 최대화
- 데이터베이스 일관성 최대화
- 시스템 활용도 최대화
- 사용자에 대한 응답 시간 최소화

ANSWER 57 ④ 58 ④ 59 ③ 60 ③

4과목 **프로그래밍 언어 활용**

상중하

61 IP 주소 체계와 관련한 설명으로 틀린 것은?

① IPv6의 패킷 헤더는 32octet의 고정된 길이를 가진다.

② IPv6는 주소 자동 설정(Auto Configuration) 기능을 통해 손쉽게 이용자의 단말을 네트워크에 접속시킬 수 있다.

③ IPv4는 호스트 주소를 자동으로 설정하며 유니캐스트(Unicast)를 지원한다.

④ IPv4는 클래스별로 네트워크와 호스트 주소의 길이가 다르다.

IPv6의 패킷 헤더는 40octet(320바이트)의 고정된 길이를 가지므로 IPv4처럼 Header Length Field가 필요 없다.

상중하

62 다음 C언어 프로그램이 실행되었을 때, 실행 결과는?

```
#include <stdio.h>
#include <stdlib.h>
int main(int argc, char *argv[]) {
   int arr[2][3] = {1, 2, 3, 4, 5, 6};
   int (*p)[3] = NULL;
   p = arr;
   printf("%d, ", *(p[0]+1) + *(p[1]+2));
   printf("%d", *(*(p+1)+0) + *(*(p+1)+1));
   return 0;
}
```

① 7, 5　　② 8, 5

③ 8, 9　　④ 7, 9

C언어의 2차원 배열과 배열 포인터
- C언어의 배열 포인터는 2차원 배열을 참조하기 위해 사용된다.
- int(*p)[3] = NULL; 명령문은 3개의 열 단위로 2차원 배열을 참조할 수 있는 배열 포인터 변수 p를 선언하였다.
- p = arr; 명령문으로 2차원 배열 arr을 p를 통해 참조한다.

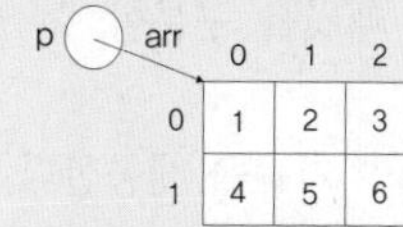

- p[0]과 *(p+0) : 2차원 배열 arr의 0행을 의미
- p[1]과 *(p+1) : 2차원 배열 arr의 1행을 의미

	표현	의미	요소값
①	*(p[0]+1)	arr[0][1]을 의미	2
②	*(p[1]+2)	arr[1][2]를 의미	6
③	*(*(p+1)+0)	arr[1][0]을 의미	4
④	*(*(p+1)+1)	arr[1][1]을 의미	5

- ①+②는 8이고 ③+④는 9이므로 출력 8, 9가 출력된다.

상중하

63 OSI 7계층 중 데이터 링크 계층에 해당되는 프로토콜이 아닌 것은?

① HTTP　　② HDLC

③ PPP　　④ LLC

HTTP는 응용 계층 프로토콜이다.

오답 피하기

데이터링크 제어 계층 프로토콜의 종류
- BSC : 문자 위주의 프로토콜로 반이중 전송만 지원한다.
- HDLC, SDLC, LAPB : 비트 위주의 프로토콜로 전이중 전송을 지원한다.
- Link Access Procedure–Balanced(LAPB) : HDLC를 기반으로 하는 비트 위주 데이터 링크 제어 프로토콜이다.

상중하

64 C언어에서 두 개의 논리값 중 하나라도 참이면 1을, 모두 거짓이면 0을 반환하는 연산자는?

① ||　　② &&

③ **　　④ !=

- || : OR 연산, 둘 중 하나라도 참이면 True
- && : AND 연산, 둘 다 참이어야 True
- ** : C언어 연산자가 아님
- != : 같지 않음(피연산자가 서로 다를 시 True)

ANSWER 61 ① 62 ③ 63 ① 64 ①

상 중 하

65 IPv6에 대한 특성으로 틀린 것은?

① 표시 방법은 8비트씩 4부분의 10진수로 표시한다.
② 2^{128}개의 주소를 표현할 수 있다.
③ 등급별, 서비스별로 패킷을 구분할 수 있어 품질 보장이 용이하다.
④ 확장 기능을 통해 보안 기능을 제공한다.

오답 피하기
IPv6 : 16비트씩 8부분의 16진수로 표시한다.

상 중 하

66 JAVA의 예외(Exception)와 관련한 설명으로 틀린 것은?

① 문법 오류로 인해 발생한 것
② 오동작이나 결과에 악영향을 미칠 수 있는 실행 시간 동안에 발생한 오류
③ 배열의 인덱스가 그 범위를 넘어서는 경우 발생하는 오류
④ 존재하지 않는 파일을 읽으려고 하는 경우에 발생하는 오류

문법 오류는 컴파일 과정 중에 에러가 발생하여 프로그램의 정상적인 실행이 불가능하므로 실행 과정 중 발행하는 JAVA의 예외 조건에 부합하지 않는다.

상 중 하

67 TCP/IP 계층 구조에서 IP의 동작 과정에서의 전송 오류가 발생하는 경우에 대비해 오류 정보를 전송하는 목적으로 사용하는 프로토콜은?

① ECP(Error Checking Protocol)
② ARP(Address Resolution Protocol)
③ ICMP(Internet Control Message Protocol)
④ PPP(Point-to-Point Protocol)

ICMP(Internet Control Message Protocol, 인터넷 제어 메시지 프로토콜)
- TCP/IP 계층의 인터넷 계층에 해당한다. 네트워크 컴퓨터에서 운영체제의 오류 메시지를 전송받는 데 주로 쓰이며, 인터넷 프로토콜에 의존하여 작업을 수행한다.
- IP의 동작 과정에서의 전송 오류가 발생하는 경우에 대비해 오류 정보를 전송하는 목적으로 사용하는 프로토콜이다.

상 중 하

68 좋은 소프트웨어 설계를 위한 소프트웨어의 모듈 간의 결합도(Coupling)와 모듈 내 요소 간 응집도(Cohesion)에 대한 설명으로 옳은 것은?

① 응집도는 낮게 결합도는 높게 설계한다.
② 응집도는 높게 결합도는 낮게 설계한다.
③ 양쪽 모두 낮게 설계한다.
④ 양쪽 모두 높게 설계한다.

모듈의 결합도와 응집도
- 바람직한 소프트웨어 설계는 응집도는 강하게, 결합도는 약하게 설계하여 모듈의 독립성을 확보할 수 있도록 한다.
- 유지보수가 수월해야 하며 복잡도와 중복을 피한다.
- 입구와 출구는 하나씩 갖도록 한다.

상 중 하

69 다음과 같은 형태로 임계 구역의 접근을 제어하는 상호배제 기법은?

```
P(S) : while S <= 0 do skip;
S := S - 1;
V(S) : S := S + 1;
```

① Dekker Algorithm
② Lamport Algorithm
③ Peterson Algorithm
④ Semaphore

세마포어(Semaphore)
- Dijkstra가 제안한 상호배제 알고리즘이다.
- 각 프로세스가 임계 구역에 대해 각각의 프로세스들이 접근하기 위하여 사용되는 P(Wait)와 V(Wake up) 연산을 통해 프로세스 사이의 동기를 유지하고 상호배제의 원리를 보장한다.
- P 연산에서 자원을 사용하려는 프로세스들의 진입을 S를 통해 대기할 것인지를 결정하게 된다.
- S를 기다리는 것이 아닌 S를 사용하고 있다면 자원의 수 S는 하나 감소하게 된다.
- V 연산에서 자원을 다 사용한 후 자원을 원래대로 복귀시키는 것이므로 자원을 사용 가능하다는 것을 V 연산을 통해서 알리게 된다. 자원이 복귀되므로 자원을 나타내는 S는 증가하게 된다.

ANSWER 65 ① 66 ① 67 ③ 68 ② 69 ④

상중하

70 **소프트웨어 개발에서 모듈(Module)이 되기 위한 주요 특징에 해당하지 않는 것은?**

① 다른 것들과 구별될 수 있는 독립적인 기능을 가진 단위(Unit)이다.
② 독립적인 컴파일이 가능하다.
③ 유일한 이름을 가져야 한다.
④ 다른 모듈에서의 접근이 불가능해야 한다.

> 모듈은 일종의 부품으로서 다른 모듈과 인터페이스를 통해 통합된다.

상중하

71 **빈 기억 공간의 크기가 20KB, 16KB, 8KB, 40KB 일 때 기억 장치 배치 전략으로 "Best Fit"을 사용하여 17KB의 프로그램을 적재할 경우 내부 단편화의 크기는 얼마인가?**

① 3KB ② 23KB
③ 64KB ④ 67KB

> 최적 적합(Best Fit) : 프로그램/데이터가 할당 가능한 영역 중에서 단편화가 가장 작은 영역에 할당한다.

상중하

72 **다음 C언어 프로그램이 실행되었을 때, 실행 결과는?**

```
#include <stdio.h>
#include <stdlib.h>
int main(int argc, char *argv[]) {
    int i = 0;
    while(1) {
        if(i == 4) {
            break;
        }
        ++i;
    }
    printf("i = %d", i);
    return 0;
}
```

① i = 0 ② i = 1
③ i = 3 ④ i = 4

> **C언어의 무한 반복과 탈출 조건식**
> while 반복문의 조건식이 1일 경우 '참'으로 판별되어 무한 반복을 실행한다. break; 명령문은 조건식 내에서 탈출한다.

코드	설명
`int i = 0;`	변수 i를 1로 초기화한다.
`while(1) {`	조건식이 항상 참인 경우 무한 반복한다.
`if(i == 4) { break; }`	만약 i가 4이면 무한 반복을 종료한다.
`++i;`	i가 4가 아니라면 i를 1씩 증가시킨다.
`}`	즉, i는 0 ~ 4까지 반복한 뒤 탈출한다.
`printf("i = %d", i);`	i는 4이므로 "i = 4"를 출력한다.

ANSWER 70 ④ 71 ① 72 ④

상 중 하

73 다음 JAVA 프로그램이 실행되었을 때, 실행 결과는?

```
public class Ape {
        static void rs(char a[]) {
          for(int i = 0; i < a.length;
i++)
                if(a[i] == 'B')
                  a[i] = 'C';
              else if(i == a.length - 1)
                a[i] = a[i-1];
                else a[i] = a[i+1];
        }

        static void pca(char a[]) {
          for(int i = 0; i < a.length;
i++)
                System.out.print(a[i]);
          System.out.println();
        }

      public static void main(String[]
args) {
          char c[] = {'A', 'B', 'D', 'D',
'A', 'B', 'C'};
          rs(c);
          pca(c);
        }
}
```

① BCDABCA
② BCDABCC
③ CDDACCC
④ CDDACCA

JAVA의 배열 객체.length

- 배열 객체.length : 배열 객체의 크기(요소의 개수)
- 실행의 순서 : main() → rs(c) → pca(c)
- c.length : 1차원 문자 배열 객체의 크기(7)

`static void rs(char a[]) {`	객체 c를 a로 전달
`for(int i = 0; i < a.length; i++)`	i는 0에서 6까지 반복
`if(a[i] == 'B')`	a[i]가 'B'이면 'C'로 변경
`a[i] = 'C';`	
`else if(i == a.length - 1)`	i가 6이면 마지막 요소는 이전 요소값으로 변경
`a[i] = a[i-1];`	
`else a[i] = a[i+1];`	이외의 경우 수행
`}`	

- rs(char a[]) 메소드의 else a[i] = a[i+1]; 은 배열 객체 a의 요소값이 'B'가 아니거나 마지막(6번째) 요소가 아닌 경우에는 바로 뒤에 위치한 요소값이 바로 앞 요소의 값으로 저장된다.

		0	1	2	3	4	5	6
rs(c) 호출 전	c	A	B	D	D	A	B	C
rs(c) 호출 후	c	B	C	D	A	B	C	C

상 중 하

74 개발 환경 구성을 위한 빌드(Build) 도구에 해당하지 않는 것은?

① Ant ② Kerberos
③ Maven ④ Gradle

- Ant : 아파치 재단에서 개발한 자바의 공식적인 빌드 도구이다.
- Kerberos : 컴퓨터 네트워크 인증 암호화 프로토콜이다.
- Maven : 아파치 재단에서 개발, Ant 대안으로 개발되었다.
- Gradle : Ant, Maven의 보완으로 개발된 빌드 도구(안드로이드 스튜디오 주 빌드 도구)이다.

오답 피하기

Kerberos : 커버로스(Kerberos)는 '티켓(ticket)'을 기반으로 동작하며 클라이언트/서버 사이의 인증을 제공하는 암호화 프로토콜이다.

상 중 하

75 3개의 페이지 프레임을 갖는 시스템에서 페이지 참조 순서가 1, 2, 1, 0, 4, 1, 3일 경우 FIFO 알고리즘에 의한 페이지 교체의 경우 프레임의 최종 상태는?

① 1, 2, 0 ② 2, 4, 3
③ 1, 4, 2 ④ 4, 1, 3

FIFO(First In First Out)는 가장 먼저 적재된 페이지를 먼저 교체하는 기법이다.

요청 페이지	1	2	1	0	4	1	3
페이지 프레임	1	1	1	1	4	4	4
		2	2	2	2	1	1
				0	0	0	3
페이지 부재	○	○		○	○	○	○

ANSWER 73 ② 74 ② 75 ④

상중하

76 다음 C언어 프로그램이 실행되었을 때, 실행 결과는?

```
#include <stdio.h>
#include <string.h>
int main(int argc, char *argv[]) {
    char str1[20] = "KOREA";
    char str2[20] = "LOVE";
    char* p1 = NULL;
    char* p2 = NULL;
    p1 = str1;
    p2 = str2;
    str1[1] = p2[2];
    str2[3] = p1[4];
    strcat(str1, str2);
    printf("%c", *(p1+2));
    return 0;
}
```

① E　　② V
③ R　　④ O

C언어의 문자열 포인터와 strcat( ) 함수

- strcat(st1, str2) : str1의 '\0' 문자의 위치부터 str2를 이어붙이는 함수이다.
- p1 = str1; 명령문에 의해 포인터 변수 p1가 변수 str1을 참조하게 된다.
- p2 = str2; 명령문에 의해 포인터 변수 p2가 변수 str2를 참조하게 된다.

– strcat(str1, str2); 후행 후 str1 배열은 다음과 같다.

str1
0 1 2 3 4 5 …
p1　K O R E A L O V E \0

- printf("%c", *(p1+2)); : 포인터 변수 p1에서 문자 주소 간격 2 위치의 내용은 str1[2]을 의미하므로 R이 출력된다.

상중하

77 다음 Python 프로그램이 실행되었을 때, 실행 결과는?

```
a = 100
list_data = ['a', 'b', 'c']
dict_data = {'a' : 90, 'b' : 95}
print(list_data[0])
print(dict_data['a'])
```

① a
90　　② 100
90
③ 100
100　　④ a
a

파이썬의 리스트와 딕셔너리

- 리스트 객체 : [요소1, 요소2, ...]
- 딕셔너리 객체 : { 'key1' : value1, 'key2' : value2, ... }
- print(list_data[0]) : list_data[0]의 슬라이싱 연산을 통해 리스트 객체의 0번째 요소를 추출하여 출력한다. → a
- print(dict_data['a']) : dict_data['a']는 딕셔너리의 키 'a'에 대응하는 값을 추출하여 출력한다. → 90

상중하

78 C언어에서 정수 변수 a, b에 각각 1, 2가 저장되어있을 때 다음 식의 연산 결과로 옳은 것은?

```
a < b + 2 && a << 1 <= b
```

① 0　　② 1
③ 3　　④ 5

C언어의 연산자 우선순위

- 연산자 우선순위 : 산술 → 비트 이동 → 관계 → 비트 논리 → 논리
- 우선순위를 반영하여 ( )를 추가 후, 연산을 진행한 결과는 다음과 같다.

조건식	a < b + 2 && a << 1 <= b
STEP1	((a < (b + 2)) && ((a << 1) <= b))
STEP2	((1 < (2 + 2)) && ((1 << 1) <= 2))
STEP3	((1 < 4) && ((1 << 1) <= 2))
STEP4	((참) && ((1 << 1) <= 2))
STEP5	((참) && (2 <= 2))
STEP6	((참) && (참))
STEP7	참 → 1

ANSWER 76 ③ 77 ① 78 ②

79 다음 Python 프로그램이 실행되었을 때의 결과는?

```
a = ["대", "한", "민", "국"]
for i in a:
    print(i)
```

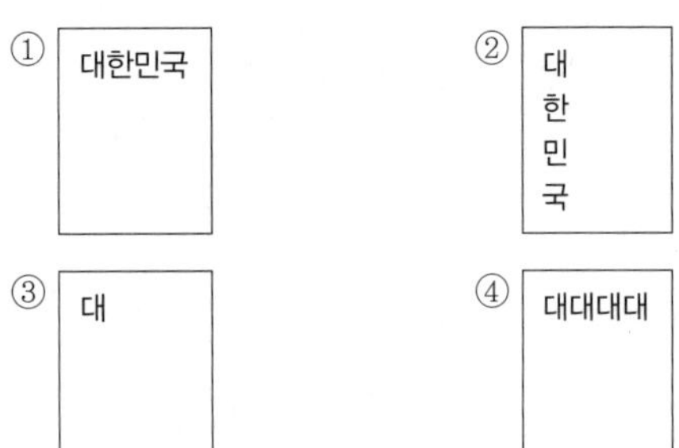

파이썬의 반복문 for 변수 in 시퀀스 객체(문자열, 튜플, 리스트)

- for 반복문은 in 키워드 뒷부분에 있는 객체(문자열, 튜플, 리스트)의 모든 요소를 꺼내 와서 변수를 통해 사용 가능하다.
- for i in a: 은 for i in ["대", "한", "민", "국"]로 리스트 객체 내의 각각의 요소 "대", "한", "민", "국"을 차례로 변수 i에 꺼내 와서 print(i)에 의해 출력을 반복한다.

80 UNIX 시스템의 쉘(Shell)의 주요 기능에 대한 설명이 아닌 것은?

① 사용자 명령을 해석하고 커널로 전달하는 기능을 제공한다.
② 반복적인 명령을 프로그램으로 만드는 프로그래밍 기능을 제공한다.
③ 쉘 프로그램 실행을 위해 프로세스와 메모리를 관리한다.
④ 초기화 파일을 이용해 사용자 환경을 설정하는 기능을 제공한다.

쉘(Shell)

- 사용자가 지정한 명령들을 해석하여 커널로 전달하는 명령어 해석기이다.
- 시스템과 사용자 간의 인터페이스를 담당한다.
- 종류 : C Shell, Bourn Shell, Korn Shell 등

오답 피하기

③번은 커널(Kernel)의 기능이다.

5 과목 정보 시스템 구축 관리

81 소프트웨어 생명주기 모델 중 나선형 모델(Spiral Model)과 관련한 설명으로 틀린 것은?

① 소프트웨어 개발 프로세스를 위험 관리(Risk Management) 측면에서 본 모델이다.
② 위험 분석(Risk Analysis)은 반복적인 개발 진행 후 주기의 마지막 단계에서 최종적으로 한 번 수행해야 한다.
③ 시스템을 여러 부분으로 나누어 여러 번의 개발 주기를 거치면서 시스템이 완성된다.
④ 요구사항이나 아키텍처를 이해하기 어렵다거나 중심이 되는 기술에 문제가 있는 경우 적합한 모델이다.

오답 피하기

위험 분석(Risk Analysis)은 반복적인 매주기 마다 수행해야 한다.

82 정보 시스템과 관련한 다음 설명에 해당하는 것은?

- 각 시스템 간에 공유 디스크를 중심으로 클러스터링으로 엮여 다수의 시스템을 동시에 연결할 수 있다.
- 조직, 기업의 기간 업무 서버 등의 안정성을 높이기 위해 사용될 수 있다.
- 여러 가지 방식으로 구현되며 2개의 서버를 연결하는 것으로 2개의 시스템이 각각 업무를 수행하도록 구현하는 방식이 널리 사용된다.

① 고가용성 솔루션(HACMP)
② 점대점 연결 방식(Point-to-Point Mode)
③ 스턱스넷(Stuxnet)
④ 루팅(Rooting)

고가용성 솔루션(HACMP : High Availability Cluster Multi Processing)

- AIX(AIXadvanced interactive executive, IBM 운영체제)를 기반으로 Solution, Resource의 중복 또는 공유를 통해 Application의 보호를 가능하게 해준다.
- 두 대 이상의 시스템을 하나의 Cluster로 묶어 Cluster 내의 한 시스템에서 장애가 발생할 경우 다른 시스템이 장애가 발생한 시스템의 자원을 인수할 수 있도록 하여 서비스의 중단을 최소화하도록 도와주는 솔루션이다.
- 각 시스템 간에 공유 디스크를 중심으로 클러스터링으로 엮여 다수의 시스템을 동시에 연결할 수 있다.
- 조직, 기업의 기간 업무 서버 등의 안정성을 높이기 위해 사용된다.

오답 피하기

스턱스넷(Stuxnet)은 2010년 6월에 발견된 웜 바이러스이다.

ANSWER 79 ② 80 ③ 81 ② 82 ①

상 중 하

83 **위조된 매체 접근 제어(MAC) 주소를 지속적으로 네트워크로 흘려보내, 스위치 MAC 주소 테이블의 저장 기능을 혼란시켜 더미 허브(Dummy Hub)처럼 작동하게 하는 공격은?**

① Parsing
② LAN Tapping
③ Switch Jamming
④ FTP Flooding

- Parsing : 하나의 프로그램을 런타임 환경(예를 들면, 브라우저 내 자바스크립트 엔진)이 실제로 실행할 수 있는 내부 포맷으로 분석하고 변환하는 것이다.
- LAN Tapping : 정확히 정의할 수 없으나 Lan+Tapping으로 해석한다면 LAN 신호를 직접 자신에게 끌어오는 방식의 공격 정도로 해석할 수 있다.
- Switch Jamming : 스위칭 허브의 기능이 방해받아 정상 동작을 하지 못해 스위치가 더미 허브처럼 작동하게 되는 것(Switch + Jamming)이다.
- FTP(SYN) Flooding : TCP의 3 Way Handshake 취약점을 이용한 DoS 공격으로 다량의 SYN 패킷을 보내 백로그큐를 가득 채우는 공격이다.

상 중 하

84 **다음 내용이 설명하는 스토리지 시스템은?**

> – 하드 디스크와 같은 데이터 저장 장치를 호스트 버스 어댑터에 직접 연결하는 방식
> – 저장 장치와 호스트 기기 사이에 네트워크 디바이스 없이 직접 연결하는 방식으로 구성

① DAS ② NAS
③ BSA ④ NFC

직접 연결 저장 장치(DAS : Direct Attached Storage)
- 하드 디스크와 같은 데이터 저장 장치를 호스트 버스 어댑터에 직접 연결하는 방식이다.
- 저장 장치와 호스트 기기 사이에 네트워크 디바이스가 있지 말아야 하고 직접 연결하는 방식으로 구성된다.

상 중 하

85 **취약점 관리를 위해 일반적으로 수행하는 작업이 아닌 것은?**

① 무결성 검사
② 응용 프로그램의 보안 설정 및 패치(Patch) 적용
③ 중단 프로세스 및 닫힌 포트 위주로 확인
④ 불필요한 서비스 및 악성 프로그램의 확인과 제거

중단된 프로세스와 닫힌 포트가 아니라, 활성화된 프로세스와 열린 포트를 중심으로 취약점 관리를 수행한다.

상 중 하

86 **소프트웨어 생명주기 모델 중 V 모델과 관련한 설명으로 틀린 것은?**

① 요구 분석 및 설계 단계를 거치지 않으며 항상 통합 테스트를 중심으로 V 형태를 이룬다.
② Perry에 의해 제안되었으며 세부적인 테스트 과정으로 구성되어 신뢰도 높은 시스템을 개발하는 데 효과적이다.
③ 개발 작업과 검증 작업 사이의 관계를 명확히 들어내 놓은 폭포수 모델의 변형이라고 볼 수 있다.
④ 폭포수 모델이 산출물 중심이라면 V 모델은 작업과 결과의 검증에 초점을 둔다.

V-모델
- 폭포수 모델에 시스템 검증과 테스트 작업을 강조한 모델이다.
- 세부적인 프로세스로 구성되어 있어서 신뢰도 높은 시스템 개발에 효과적이다.
- 개발 단계의 작업을 확인하기 위해 테스트 작업을 수행한다.
- 생명주기 초반부터 테스트 작업을 지원한다.

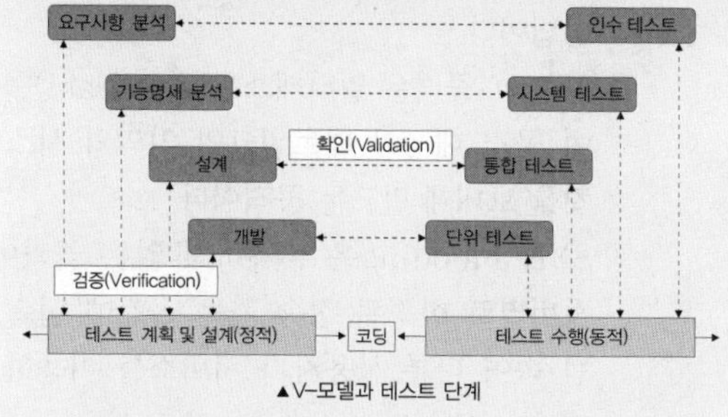

▲V-모델과 테스트 단계

ANSWER 83 ③ 84 ① 85 ③ 86 ①

상중하

87 블루투스(Bluetooth) 공격과 해당 공격에 대한 설명이 올바르게 연결된 것은?

① 블루버그(BlueBug) – 블루투스의 취약점을 활용하여 장비의 파일에 접근하는 공격으로 OPP를 사용하여 정보를 열람

② 블루스나프(BlueSnarf) – 블루투스를 이용해 스팸처럼 명함을 익명으로 퍼뜨리는 것

③ 블루프린팅(BluePrinting) – 블루투스 공격 장치의 검색 활동을 의미

④ 블루재킹(BlueJacking) – 블루투스 장비 사이의 취약한 연결 관리를 악용한 공격

- 블루버그 : 블루투스 장비 사이 취약한 연결 관리를 악용한 공격 기법이다.
- 블루스나프(블루스나핑) : 블루투스의 취약점을 활용하여 장비의 파일에 접근하는 공격으로 OPP(Obex Push Protocol)를 사용하여 정보를 열람하는 공격 기법이다.
- 블루재킹 : 블루투스를 이용해 스팸처럼 명함을 익명으로 퍼뜨리는 공격 기법이다.

오답 피하기

OPP : 블루투스 장치끼리 인증 없이 정보를 간편하게 교환하기 위한 프로토콜이다.

상중하

88 DoS(Denial of Service) 공격과 관련한 내용으로 틀린 것은?

① Ping of Death 공격은 정상 크기보다 큰 ICMP 패킷을 작은 조각(Fragment)으로 쪼개어 공격 대상이 조각화된 패킷을 처리하게 만드는 공격 방법이다.

② Smurf 공격은 멀티캐스트(Multicast)를 활용하여 공격 대상이 네트워크의 임의의 시스템에 패킷을 보내게 만드는 공격이다.

③ SYN Flooding은 존재하지 않는 클라이언트가 서버별로 한정된 접속 가능 공간에 접속한 것처럼 속여 다른 사용자가 서비스를 이용하지 못하게 하는 것이다.

④ Land 공격은 패킷 전송 시 출발지 IP 주소와 목적지 IP 주소 값을 똑같이 만들어서 공격 대상에게 보내는 공격 방법이다.

Smurf 공격 : 희생자의 스푸핑된 원본 IP를 가진 수많은 인터넷 제어 메시지 프로토콜(ICMP) 패킷들이 IP 브로드캐스트 주소를 사용하여 컴퓨터 네트워크로 브로드캐스트하는 분산 서비스 거부 공격이다.

상중하

89 다음 설명에 해당하는 시스템은?

> – 1990년대 David Clock이 처음 제안하였다.
> – 비정상적인 접근의 탐지를 위해 의도적으로 설치해 둔 시스템이다.
> – 침입자를 속여 실제 공격당하는 것처럼 보여줌으로써 크래커를 추적 및 공격 기법의 정보를 수집하는 역할을 한다.
> – 쉽게 공격자에게 노출되어야 하며 쉽게 공격이 가능한 것처럼 취약해 보여야 한다.

① Apache ② Hadoop

③ Honeypot ④ MapReduce

Honeypot : 비정상적인 접근을 탐지하기 위해 의도적으로 설치해 둔 시스템을 의미한다.

오답 피하기

- 하둡(Hadoop) : 빅데이터를 분석 처리할 수 있는 큰 컴퓨터 클러스터에서 동작하는 분산 응용 프로그램을 지원하는 프리웨어 자바 소프트웨어 프레임워크이다.
- MapReduce : HADOOP의 핵심 구성 요소로서 대용량 데이터를 분산 처리하기 위한 목적으로 개발된 프로그래밍 모델이다.

상중하

90 다음이 설명하는 IT 기술은?

> – 컨테이너 응용 프로그램의 배포를 자동화하는 오픈소스 엔진이다.
> – 소프트웨어 컨테이너 안에 응용 프로그램들을 배치시키는 일을 자동화해 주는 오픈소스 프로젝트이자 소프트웨어로 볼 수 있다.

① Stack Guard

② Docker

③ Cipher Container

④ Scytale

- Docker : 컨테이너 응용프로그램의 배포를 자동화하는 오픈소스 엔진으로 SW 컨테이너 안의 응용 프로그램들을 배치시키는 일을 자동화해 주는 오픈소스 프로젝트이자 소프트웨어이다.
- Cipher Container : 조직이 동적 컨테이너 환경 내에서 데이터를 보호하기 위한 규정 준수, 규정 및 모범 사례 요구사항을 충족할 수 있도록 중요한 암호화, 액세스 제어 및 데이터 액세스 감사 로깅을 제공한다.
- Scytale : 암호화 기법으로 단순하게 문자열의 위치를 바꾸는 방법이다.

오답 피하기

Stack Guard : 메모리상에서 프로그램의 복귀 주소와 변수 사이에 특정 값을 저장해 두었다가 그 값이 변경되었을 경우 오버플로우 상태로 가정하여 프로그램 실행을 중단하는 기술이다.

ANSWER 87 ③ 88 ② 89 ③ 90 ②

상 중 하

91 간트 차트(Gantt Chart)에 대한 설명으로 틀린 것은?

① 프로젝트를 이루는 소작업별로 언제 시작되고 언제 끝나야 하는지를 한눈에 볼 수 있도록 도와준다.
② 자원 배치 계획에 유용하게 사용된다.
③ CPM 네트워크로부터 만드는 것이 가능하다.
④ 수평 막대의 길이는 각 작업(Task)에 필요한 인원수를 나타낸다.

간트 차트(Gantt Chart)
- 각 작업들의 일정을 막대로 표시하는 기법이다.
- 이정표, 작업 기간, 작업 일정 등을 나타낸다.
- 시간선(Time-Line) 차트라고도 한다.
- 막대로 표시하며, 수평 막대의 길이는 각 태스크의 기간을 나타낸다.

상 중 하

92 Python 기반의 웹 크롤링(Web Crawling) 프레임워크로 옳은 것은?

① Li-fi
② Scrapy
③ CrawlCat
④ SBAS

Scrapy
- 파이썬 기반의 웹크롤러 프레임워크이다.
- 가볍고 빠르고 확장성이 좋다.

오답 피하기
- Li-fi : 스펙트럼의 빛을 이용한 5세대 이동통신 기술이다.
- SBAS(위성항법보강시스템) : GPS의 오차를 보정해 신뢰성과 안정성을 높인 기법이다.

상 중 하

93 Secure 코딩에서 입력 데이터의 보안 약점과 관련한 설명으로 틀린 것은?

① SQL 삽입 : 사용자의 입력값 등 외부 입력값이 SQL 쿼리에 삽입되어 공격
② 크로스사이트 스크립트 : 검증되지 않은 외부 입력값에 의해 브라우저에서 악의적인 코드가 실행
③ 운영체제 명령어 삽입 : 운영체제 명령어 파라미터 입력값이 적절한 사전 검증을 거치지 않고 사용되어 공격자가 운영체제 명령어를 조작
④ 자원 삽입 : 사용자가 내부 입력값을 통해 시스템 내에 사용이 불가능한 자원을 지속적으로 입력함으로써 시스템에 과부하 발생

경로 조작 및 자원 삽입 : 검증되지 않은 외부 입력값이 시스템 자원 접근 경로를 조작하거나 시스템 자원에 삽입되어 공격할 수 있는 보안 약점이다.

상 중 하

94 Windows 파일 시스템인 FAT과 비교했을 때의 NTFS의 특징이 아닌 것은?

① 보안에 취약
② 대용량 볼륨에 효율적
③ 자동 압축 및 안정성
④ 저용량 볼륨에서의 속도 저하

NTFS(New Technology File System)
- FAT32에서 최대 파일 크기는 4GB이지만, NTFS에서 파일의 크기는 볼륨 크기에 의해서만 제한된다.
- 이론적으로 최대 볼륨의 크기는 256TB이다.
- NTFS는 FAT에 비하여 보안성이 높다.

상 중 하

95 DES는 몇 비트의 암호화 알고리즘인가?

① 8 ② 24
③ 64 ④ 132

DES(Data Encryption Standard)는 블록 암호의 일종으로 평문을 64비트로 나누어 56비트의 키를 사용한 알고리즘 방법이다.

상 중 하

96 리눅스에서 생성된 파일 권한이 644일 경우 umask 값은?

① 022 ② 666
③ 777 ④ 755

umask
- 파일이나 디렉터리 생성 시 초기 접근 권한을 설정할 때 사용한다.
- 초기 파일의 권한은 666이고 디렉터리는 777이며, 여기에 umask 값을 빼서 초기 파일 권한을 설정할 수 있다.
- 파일 초기 권한 666 – ? = 파일 권한 644

소유자			그룹			사용자		
r	w	x	r	w	x	r	w	x
4	2	1	4	2	1	4	2	1

- rwx(7) 은 모든 권한을 갖는다.
- ---(0) 은 모든 권한이 해제된 상태이다.
- 644는 소유자(읽기+쓰기), 그룹(읽기), 사용자(읽기) 권한이 부여된 상태이다.
- 파일 초기 권한(666) – umask 값 = 파일 권한(644)

ANSWER 91 ④ 92 ② 93 ④ 94 ① 95 ③ 96 ①

상 중 하

97 다음 내용이 설명하는 로그 파일은?

- 리눅스 시스템에서 사용자의 성공한 로그인/로그아웃 정보 기록
- 시스템의 종료/시작 시간 기록

① tapping
② xtslog
③ linuxer
④ wtmp

리눅스 로그파일
- utmp : 현재 로그인한 사용자 상태 정보를 담고 있는 로그파일
- wtmp : 성공한 로그인/로그아웃 정보와 시스템 boot/shutdown의 히스토리를 담고 있는 로그파일
- btmp : 실패한 로그인 정보를 담고 있는 로그파일

상 중 하

98 상향식 비용 산정 기법 중 LOC(원시 코드 라인 수) 기법에서 예측치를 구하기 위해 사용하는 항목이 아닌 것은?

① 낙관치
② 기대치
③ 비관치
④ 모형치

LOC(Line Of Code) 기법
- 소프트웨어 각 기능의 원시 코드 라인 수의 비관치, 낙관치, 기대치를 측정하여 예측치를 구하고 이를 이용하여 비용을 산정하는 기법이다.
- 예측치 = a+(4×c)+b/6 (단, a는 낙관치, b는 비관치, c는 기대치임)

상 중 하

99 OSI 7Layer 전 계층의 프로토콜과 패킷 내부의 콘텐츠를 파악하여 침입 시도, 해킹 등을 탐지하고 트래픽을 조정하기 위한 패킷 분석 기술은?

① PLCP(Packet Level Control Processor)
② Traffic Distributor
③ Packet Tree
④ DPI(Deep Packet Inspection)

PLCP(Physical Layer Convergence Procedure, 물리 계층 수렴 처리)
- 논리적인 802.11 MAC 부계층과 물리적인 특성을 연결하는 역할이다.
- 802.11 MAC 부계층이 물리적 특성에 관계없이 동작하도록 한다.

Traffic Distributor
네트워크 통신 간에 트래픽을 분배해주는 솔루션이다.

DPI(Deep Packet Inspection)
- OSI 7계층까지 전 계층의 프로토콜과 패킷 내부의 콘텐츠를 파악하여 침입 시도, 해킹 등을 탐지하고 트래픽을 조정하기 위한 패킷 분석 기술이다.
- 유해 정보 차단, 해킹 차단, 다양한 탐지/분석 모델이다.
- 네트워크 보안, 관리, 콘텐츠 관리 등의 목적을 갖는다.

SPI(Shallow Packet Inspection)
- OSI 7계층 중 하위 4계층까지의 패킷을 분석한다.
- IP Packet, TCP Segment, 네트워크를 관리한다.
- DPI 대비 콘텐츠 보호가 미흡하다.

상 중 하

100 소프트웨어 개발 방법론의 테일러링(Tailoring)과 관련한 설명으로 틀린 것은?

① 프로젝트 수행 시 예상되는 변화를 배제하고 신속히 진행하여야 한다.
② 프로젝트에 최적화된 개발 방법론을 적용하기 위해 절차, 산물출 등을 적절히 변경하는 활동이다.
③ 관리 측면에서의 목적 중 하나는 최단 기간에 안정적인 프로젝트 진행을 위한 사전 위험을 식별하고 제거하는 것이다.
④ 기술적 측면에서의 목적 중 하나는 프로젝트에 최적화된 기술 요소를 도입하여 프로젝트 특성에 맞는 최적의 기법과 도구를 사용하는 것이다.

프로젝트 수행 시 예상되는 변화를 고려하여 정밀하게 진행한다.

ANSWER 97 ④ 98 ④ 99 ④ 100 ①

해설과 따로 보는

최신 기출문제

최신 기출문제 **01회**(2022년 제2회) 116
최신 기출문제 **02회**(2022년 제3회) 132
최신 기출문제 **03회**(2023년 제1회) 147
최신 기출문제 **04회**(2023년 제2회) 163
최신 기출문제 **05회**(2023년 제3회) 179
최신 기출문제 **06회**(2024년 제1회) 194
최신 기출문제 **07회**(2024년 제2회) 209
최신 기출문제 **08회**(2024년 제3회) 224

해설과 따로 보는 최신 기출문제 01회

시행 일자	시험 시간	문항 수
2022년 제2회	2시간 30분	100문항

풀이 시간 : ____________ 채점 점수 : ____________

1 과목 소프트웨어 설계

상 중 하

01 UML 다이어그램 중 순차 다이어그램에 대한 설명으로 틀린 것은?

① 객체 간의 동적 상호 작용을 시간 개념을 중심으로 모델링하는 것이다.
② 주로 시스템의 정적 측면을 모델링하기 위해 사용된다.
③ 일반적으로 다이어그램의 수직 방향이 시간의 흐름을 나타낸다.
④ 회귀 메시지(Self-Message), 제어 블록(Statement Block) 등으로 구성된다.

상 중 하

02 메시지 지향 미들웨어(Message-Oriented Middle-ware, MOM)에 대한 설명으로 틀린 것은?

① 느리고 안정적인 응답보다는 즉각적인 응답이 필요한 온라인 업무에 적합하다.
② 독립적인 애플리케이션을 하나의 통합된 시스템으로 묶기 위한 역할을 한다.
③ 송신측과 수신측의 연결 시 메시지 큐를 활용하는 방법이 있다.
④ 상이한 애플리케이션 간 통신을 비동기 방식으로 지원한다.

상 중 하

03 익스트림 프로그래밍에 대한 설명으로 틀린 것은?

① 대표적인 구조적 방법론 중 하나이다.
② 소규모 개발 조직이 불확실하고 변경이 많은 요구를 접하였을 때 적절한 방법이다.
③ 익스트림 프로그래밍을 구동시키는 원리는 상식적인 원리와 경험을 최대한 끌어올리는 것이다.
④ 구체적인 실천 방법을 정의하고 있으며, 개발 문서보다는 소스 코드에 중점을 둔다.

상 중 하

04 유스케이스(Use Case)의 구성 요소 간의 관계에 포함되지 않는 것은?

① 연관 ② 확장
③ 구체화 ④ 일반화

상 중 하

05 요구사항 분석에서 비기능적(Nonfunctional) 요구에 대한 설명으로 옳은 것은?

① 시스템의 처리량(Throughput), 반응 시간 등의 성능 요구나 품질 요구는 비기능적 요구에 해당하지 않는다.
② '차량 대여 시스템이 제공하는 모든 화면이 3초 이내에 사용자에게 보여야 한다'는 비기능적 요구이다.
③ 시스템 구축과 관련된 안전, 보안에 대한 요구사항들은 비기능적 요구에 해당하지 않는다.
④ '금융 시스템은 조회, 인출, 입금, 송금의 기능이 있어야 한다'는 비기능적 요구이다.

상 중 하

06 정보 공학 방법론에서 데이터베이스 설계의 표현으로 사용하는 모델링 언어는?

① Package Diagram
② State Transition Diagram
③ Deployment Diagram
④ Entity-Relationship Diagram

상 중 하

07 미들웨어(Middleware)에 대한 설명으로 틀린 것은?

① 여러 운영체제에서 응용 프로그램들 사이에 위치한 소프트웨어이다.
② 미들웨어의 서비스 이용을 위해 사용자가 정보 교환 방법 등의 내부 동작을 쉽게 확인할 수 있어야 한다.
③ 소프트웨어 컴포넌트를 연결하기 위한 준비된 인프라 구조를 제공한다.
④ 여러 컴포넌트를 1대1, 1대다, 다대다 등 여러 가지 형태로 연결이 가능하다.

상 중 하

08 UI의 설계 지침으로 틀린 것은?

① 이해하기 편하고 쉽게 사용할 수 있는 환경을 제공해야 한다.
② 주요 기능을 메인 화면에 노출하여 조작이 쉽도록 하여야 한다.
③ 치명적인 오류에 대한 부정적인 사항은 사용자가 인지할 수 없도록 한다.
④ 사용자의 직무, 연령, 성별 등 다양한 계층을 수용하여야 한다.

상 중 하

09 객체지향 개념에서 다형성(Polymorphism)과 관련한 설명으로 틀린 것은?

① 다형성은 현재 코드를 변경하지 않고 새로운 클래스를 쉽게 추가할 수 있게 한다.
② 다형성이란 여러 가지 형태를 가지고 있다는 의미로 여러 형태를 받아들일 수 있는 특징을 말한다.
③ 메소드 오버라이딩(Overriding)은 상위 클래스에서 정의한 일반 메소드의 구현을 하위 클래스에서 무시하고 재정의할 수 있다.
④ 메소드 오버로딩(Overloading)의 경우 매개 변수 타입은 동일하지만, 메소드명을 다르게 함으로써 구현, 구분할 수 있다.

상 중 하

10 소프트웨어 개발 영역을 결정하는 요소 중 다음 사항과 관계있는 것은?

> – 소프트웨어에 의해 간접적으로 제어되는 장치와 소프트웨어를 실행하는 하드웨어
> – 기존의 소프트웨어와 새로운 소프트웨어를 연결하는 소프트웨어
> – 순서적 연산에 의해 소프트웨어를 실행하는 절차

① 기능(Function)
② 성능(Performance)
③ 제약 조건(Constraint)
④ 인터페이스(Interface)

상 중 하

11 객체에 대한 설명으로 틀린 것은?

① 객체는 상태, 동작, 고유 식별자를 가진 모든 것이라 할 수 있다.
② 객체는 공통 속성을 공유하는 클래스들의 집합이다.
③ 객체는 필요한 자료 구조와 이에 수행되는 함수들을 가진 하나의 독립된 존재이다.
④ 객체의 상태는 속성값에 의해 정의된다.

상 중 하

12 속성과 관련된 연산(Operation)을 클래스 안에 묶어서 하나로 취급하는 것을 의미하는 객체지향 개념은?

① Inheritance ② Class
③ Encapsulation ④ Association

상 중 하

13 애자일(Agile) 프로세스 모델에 대한 설명으로 틀린 것은?

① 변화에 대한 대응보다는 자세한 계획을 중심으로 소프트웨어를 개발한다.
② 프로세스와 도구 중심이 아닌 개개인과의 상호소통을 통해 의견을 수렴한다.
③ 협상과 계약보다는 고객과의 협력을 중시한다.
④ 문서 중심이 아닌, 실행 가능한 소프트웨어를 중시한다.

상중하

14 **명백한 역할을 가지고 독립적으로 존재할 수 있는 시스템의 부분으로 넓은 의미에서 재사용되는 모든 단위라고 볼 수 있으며 인터페이스를 통해서만 접근할 수 있는 것은?**

① Model ② Sheet
③ Component ④ Cell

상중하

15 **GoF(Gang of Four) 디자인 패턴을 생성, 구조, 행동 패턴의 세 그룹으로 분류할 때, 구조 패턴이 아닌 것은?**

① Adapter 패턴
② Bridge 패턴
③ Builder 패턴
④ Proxy 패턴

상중하

16 **UI와 관련된 기본 개념 중 하나로, 시스템의 상태와 사용자의 지시에 대한 효과를 보여주어 사용자가 명령에 대한 진행 상황과 표시된 내용을 해석할 수 있도록 도와주는 것은?**

① Feedback ② Posture
③ Module ④ Hash

상중하

17 **UI의 종류로 멀티 터치(Multi-touch), 동작 인식(Gesture Recognition) 등 사용자의 자연스러운 움직임을 인식하여 서로 주고받는 정보를 제공하는 사용자 인터페이스?**

① GUI(Graphical User Interface)
② OUI(Organic User Interface)
③ NUI(Natural User Interface)
④ CLI(Command Line Interface)

상중하

18 **소프트웨어 모델링과 관련한 설명으로 틀린 것은?**

① 모델링 작업의 결과물은 다른 모델링 작업에 영향을 줄 수 없다.
② 구조적 방법론에서는 DFD(Data Flow Diagram), DD(Data Dictionary) 등을 사용하여 요구사항의 결과를 표현한다.
③ 객체지향 방법론에서는 UML 표기법을 사용한다.
④ 소프트웨어 모델을 사용할 경우 개발될 소프트웨어에 대한 이해도 및 이해 당사자 간의 의사소통 향상에 도움이 된다.

상중하

19 **유스케이스 다이어그램에 관련된 내용으로 틀린 것은?**

① 시스템과 상호 작용하는 외부 시스템은 액터로 파악해서는 안 된다.
② 유스케이스는 사용자 측면에서의 요구사항으로, 사용자가 원하는 목표를 달성하기 위해 수행할 내용을 기술한다.
③ 시스템 액터는 다른 프로젝트에서 이미 개발되어 사용되고 있으며, 본 시스템과 데이터를 주고받는 등 서로 연동되는 시스템을 말한다.
④ 액터가 인식할 수 없는 시스템 내부의 기능을 하나의 유스케이스로 파악해서는 안 된다.

상중하

20 **소프트웨어 아키텍처 모델 중 MVC(Model-View-Controller)와 관련한 설명으로 틀린 것은?**

① MVC 모델은 사용자 인터페이스를 담당하는 계층의 응집도를 높일 수 있고 여러 개의 다른 UI를 만들어 그사이에 결합도를 낮출 수 있다.
② 모델(Model)은 뷰(View)와 제어(Controller) 사이에서 전달자 역할을 하며, 뷰마다 모델 서브시스템이 각각 하나씩 연결된다.
③ 뷰(View)는 모델(Model)에 있는 데이터를 사용자 인터페이스에 보이는 역할을 담당한다.
④ 제어(Controller)는 모델(Model)에 명령을 보냄으로써 모델의 상태를 변경할 수 있다.

2과목 소프트웨어 개발

상중하

21 통합 테스트(Integration Test)와 관련한 설명으로 틀린 것은?

① 시스템을 구성하는 모듈의 인터페이스와 결합을 테스트하는 것이다.
② 하향식 통합 테스트의 경우 너비 우선(Breadth First) 방식으로 테스트를 할 모듈을 선택할 수 있다.
③ 상향식 통합 테스트의 경우 시스템 구조도의 최상위에 있는 모듈을 먼저 구현하고 테스트한다.
④ 모듈 간의 인터페이스와 시스템의 동작이 정상적으로 잘 되고 있는지를 빨리 파악하고자 할 때 상향식보다는 하향식 통합 테스트를 사용하는 것이 좋다.

상중하

22 다음과 같이 레코드가 구성되어 있을 때, 이진 검색 방법으로 14를 찾을 경우 비교되는 횟수는?

1 2 3 4 5 6 7 8 9 10 11 12 13 14 15

① 2　② 3　③ 4　④ 5

상중하

23 소프트웨어 공학에서 워크스루(Walkthrough)에 대한 설명으로 틀린 것은?

① 사용 사례를 확장하여 명세하거나 설계 다이어그램, 원시 코드, 테스트 케이스 등에 적용할 수 있다.
② 복잡한 알고리즘 또는 반복, 실시간 동작, 병행 처리와 같은 기능이나 동작을 이해하려고 할 때 유용하다.
③ 인스펙션(Inspection)과 동일한 의미를 가진다.
④ 단순한 테스트 케이스를 이용하여 프로덕트를 수작업으로 수행해 보는 것이다.

상중하

24 소프트웨어의 개발 과정에서 소프트웨어의 변경 사항을 관리하기 위해 개발된 일련의 활동을 뜻하는 것은?

① 복호화　② 형상 관리
③ 저작권　④ 크랙

상중하

25 테스트 케이스와 관련한 설명으로 틀린 것은?

① 테스트의 목표 및 테스트 방법을 결정하기 전에 테스트 케이스를 작성해야 한다.
② 프로그램에 결함이 있더라도 입력에 대해 정상적인 결과를 낼 수 있기 때문에 결함을 검사할 수 있는 테스트 케이스를 찾는 것이 중요하다.
③ 개발된 서비스가 정의된 요구사항을 준수하는지 확인하기 위한 입력값과 실행 조건, 예상 결과의 집합으로 볼 수 있다.
④ 테스트 케이스 실행이 통과되었는지 실패하였는지 판단하기 위한 기준을 테스트 오라클(Tes-tOracle)이라고 한다.

상중하

26 객체지향 개념을 활용한 소프트웨어 구현과 관련한 설명 중 틀린 것은?

① 객체(Object)란 필요한 자료 구조와 수행되는 함수들을 가진 하나의 독립된 존재이다.
② Java에서 정보은닉(Information Hiding)을 표기할 때 private의 의미는 '공개'이다.
③ 상속(Inheritance)은 개별 클래스를 상속 관계로 묶음으로써 클래스 간의 체계화된 전체 구조를 파악하기 쉽다는 장점이 있다.
④ 같은 클래스에 속하는 개개의 객체이자 하나의 클래스에서 생성된 객체를 인스턴스(Instance)라고 한다.

상중하

27 DRM(Digital Rights Management)과 관련한 설명으로 틀린 것은?

① 디지털 콘텐츠와 디바이스의 사용을 제한하기 위해 하드웨어 제조업자, 저작권자, 출판업자 등이 사용할 수 있는 접근 제어 기술을 의미한다.
② 디지털 미디어의 생명주기 동안 발생하는 사용 권한 관리, 과금, 유통 단계를 관리하는 기술로도 볼 수 있다.
③ 클리어링 하우스(Clearing House)는 사용자에게 콘텐츠 라이센스를 발급하고 권한을 부여해주는 시스템을 말한다.
④ 원본을 안전하게 유통하기 위한 전자적 보안은 고려하지 않기 때문에 불법 유통과 복제의 방지는 불가능하다.

상 중 하

28 위험 모니터링의 의미로 옳은 것은?

① 위험을 이해하는 것
② 첫 번째 조치로 위험을 피할 수 있는 것
③ 위험 발생 후 즉시 조치하는 것
④ 위험 요소 징후들에 대하여 계속적으로 인지하는 것

상 중 하

29 동시에 소스를 수정하는 것을 방지하며 다른 방향으로 진행된 개발 결과를 합치거나 변경 내용을 추적할 수 있는 소프트웨어 버전 관리 도구는?

① RCS(Revision Control System)
② RTS(Reliable Transfer Service)
③ RPC(Remote Procedure Call)
④ RVS(Relative Version System)

상 중 하

30 화이트 박스 테스트와 관련한 설명으로 틀린 것은?

① 화이트박스 테스트의 이해를 위해 논리 흐름도(Logic-Flow Diagram)를 이용할 수 있다.
② 테스트 데이터를 이용해 실제 프로그램을 실행함으로써 오류를 찾는 동적 테스트(Dynamic Test)에 해당한다.
③ 프로그램의 구조를 고려하지 않기 때문에 요구나 명세를 기초로 결정한다.
④ 테스트 데이터를 선택하기 위하여 검증 기준(Test Coverage)을 정한다.

상 중 하

31 알고리즘과 관련한 설명으로 틀린 것은?

① 주어진 작업을 수행하는 컴퓨터 명령어를 순서대로 나열한 것으로 볼 수 있다.
② 검색(Searching)은 정렬이 되지 않은 데이터 혹은 정렬이 된 데이터 중에서 키값에 해당되는 데이터를 찾는 알고리즘이다.
③ 정렬(Sorting)은 흩어져 있는 데이터를 키값을 이용하여 순서대로 열거하는 알고리즘이다.
④ 선형 검색은 검색을 수행하기 전에 반드시 데이터의 집합이 정렬되어 있어야 한다.

상 중 하

32 버블 정렬을 이용하여 다음 자료를 오름차순으로 정렬할 경우 PASS 1의 결과는?

9, 6, 7, 3, 5

① 6, 9, 7, 3, 5
② 3, 9, 6, 7, 5
③ 3, 6, 7, 9, 5
④ 6, 7, 3, 5, 9

상 중 하

33 다음은 인스펙션(Inspection) 과정을 표현한 것이다. (가) ~ (마)에 들어갈 말을 [보기]에서 찾아 바르게 연결한 것은?

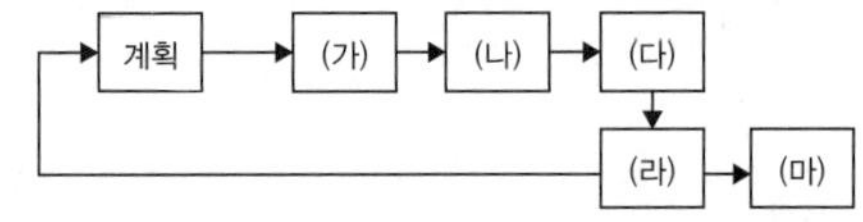

㉠ 준비	㉡ 사전교육
㉢ 인스펙션 회의	㉣ 재작업
㉤ 추적	

① (가) – ㉡, (나) – ㉢
② (나) – ㉠, (다) – ㉢
③ (다) – ㉢, (라) – ㉤
④ (라) – ㉣, (마) – ㉢

상 중 하

34 소프트웨어를 보다 쉽게 이해할 수 있고 적은 비용으로 수정할 수 있도록 겉으로 보이는 동작의 변화 없이 내부 구조를 변경하는 것은?

① Refactoring
② Architecting
③ Specification
④ Renewal

상 중 하

35 단위 테스트(Unit Test)와 관련한 설명으로 틀린 것은?

① 구현 단계에서 각 모듈의 개발을 완료한 후 개발자가 명세서의 내용대로 정확히 구현되었는지 테스트한다.
② 모듈 내부의 구조를 구체적으로 볼 수 있는 구조적 테스트를 주로 시행한다.
③ 필요 테스트를 인자를 통해 넘겨주고, 테스트 완료 후 그 결과값을 받는 역할을 하는 가상의 모듈을 테스트 스텁(Stub)이라고 한다.
④ 테스트할 모듈을 호출하는 모듈도 있고, 테스트할 모듈이 호출하는 모듈도 있다.

상 중 하

36 IDE(Integrated Development Environment) 도구의 각 기능에 대한 설명으로 틀린 것은?

① Coding – 프로그래밍 언어를 가지고 컴퓨터 프로그램을 작성할 수 있는 환경을 제공하는 기능
② Compile – 저급 언어의 프로그램을 고급 언어 프로그램으로 변환하는 기능
③ Debugging – 프로그램에서 발견되는 버그를 찾아 수정할 수 있는 기능
④ Deployment – 소프트웨어를 최종 사용자에게 전달하기 위한 기능

상 중 하

37 아래 Tree 구조에 대하여 후위 순회(Post-order)한 결과는?

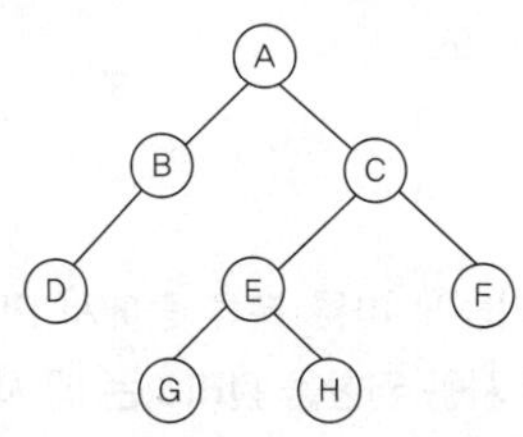

① A → B → D → C → E → G → H → F
② D → B → G → H → E → F → C → A
③ D → B → A → G → E → H → C → F
④ A → B → D → G → E → H → C → F

상 중 하

38 인터페이스 구현 시 사용하는 기술로 속성-값 쌍(Attribute-Value Pairs)으로 이루어진 데이터 오브젝트를 전달하기 위해 사용하는 개방형 표준 포맷은?

① JSON ② HTML
③ AVPN ④ DOF

상 중 하

39 순서가 있는 리스트에서 데이터의 삽입(Push), 삭제(Pop)가 한 쪽 끝에서 일어나며 LIFO(Last-In-First-Out)의 특징을 가지는 자료 구조는?

① Tree ② Graph
③ Stack ④ Queue

상 중 하

40 다음 중 단위 테스트 도구로 사용할 수 없는 것은?

① CppUnit
② JUnit
③ HttpUnit
④ IgpUnit

3 과목 데이터베이스 구축

상 중 하

41 다음 조건을 모두 만족하는 정규형은?

- 테이블 R에 속한 모든 도메인이 원자값만으로 구성되어 있다.
- 테이블 R에서 키가 아닌 모든 필드가 키에 대해 함수적으로 종속되며, 키의 부분 집합이 결정자가 되는 부분 종속이 존재하지 않는다.
- 테이블 R에 존재하는 모든 함수적 종속에서 결정자가 후보키이다.

① BCNF
② 제1정규형
③ 제2정규형
④ 제3정규형

상 중 하

42 데이터베이스의 트랜잭션 성질들 중에서 다음 설명에 해당하는 것은?

> 트랜잭션의 모든 연산들이 정상적으로 수행 완료되거나 아니면 전혀 어떠한 연산도 수행되지 않은 원래 상태가 되도록 해야 한다.

① Atomicity
② Consistency
③ Isolation
④ Durability

상 중 하

43 분산 데이터베이스 시스템과 관련한 설명으로 틀린 것은?

① 물리적으로 분산된 데이터베이스 시스템을 논리적으로 하나의 데이터베이스 시스템처럼 사용할 수 있도록 한 것이다.
② 물리적으로 분산되어 지역별로 필요한 데이터를 처리할 수 있는 지역 컴퓨터(Local Computer)를 분산 처리기(Distributed Processor)라고 한다.
③ 분산 데이터베이스 시스템을 위한 통신 네트워크 구조가 데이터 통신에 영향을 주므로 효율적으로 설계해야 한다.
④ 데이터베이스가 분산되어 있음을 사용자가 인식할 수 있도록 분산 투명성(Distribution Transparency)을 배제해야 한다.

상 중 하

44 다음 테이블을 보고 강남지점의 판매량이 많은 제품부터 출력되도록 할 때 다음 중 가장 적절한 SQL 구문은? (단, 출력은 제품명과 판매량이 출력되도록 한다.)

[푸드] 테이블

지점명	제품명	판매량
강남지점	비빔밥	500
강북지점	도시락	300
강남지점	도시락	200
강남지점	미역국	550
수원지점	비빔밥	600
인천지점	비빔밥	800
강남지점	잡채밥	250

① SELECT 제품명, 판매량 FROM 푸드
ORDER BY 판매량 ASC;
② SELECT 제품명, 판매량 FROM 푸드
ORDER BY 판매량 DESC;
③ SELECT 제품명, 판매량 FROM 푸드
WHERE 지점명 = '강남지점'
ORDER BY 판매량 ASC;
④ SELECT 제품명, 판매량 FROM 푸드
WHERE 지점명 = '강남지점'
ORDER BY 판매량 DESC;

상 중 하

45 데이터베이스의 인덱스와 관련한 설명으로 틀린 것은?

① 문헌의 색인, 사전과 같이 데이터를 쉽고 빠르게 찾을 수 있도록 만든 데이터 구조이다.
② 테이블에 붙여진 색인으로 데이터 검색 시 처리 속도 향상에 도움이 된다.
③ 인덱스의 추가, 삭제 명령어는 각각 ADD, DELETE이다.
④ 대부분의 데이터베이스에서 테이블을 삭제하면 인덱스도 같이 삭제된다.

상 중 하

46 물리적 데이터베이스 구조의 기본 데이터 단위인 저장 레코드의 양식을 설계할 때 고려 사항이 아닌 것은?

① 데이터 타입
② 데이터 값의 분포
③ 트랜잭션 모델링
④ 접근 빈도

상 중 하

47 SQL의 기능에 따른 분류 중에서 REVOKE 문과 같이 데이터의 사용 권한을 관리하는 데 사용하는 언어는?

① DDL(Data Definition Language)
② DML(Data Manipulation Language)
③ DCL(Data Control Language)
④ DUL(Data User Language)

상 중 하

48 데이터 사전에 대한 설명으로 틀린 것은?

① 시스템 카탈로그 또는 시스템 데이터베이스라고도 한다.
② 데이터 사전 역시 데이터베이스의 일종이므로 일반 사용자가 생성, 유지 및 수정할 수 있다.
③ 데이터베이스에 대한 데이터인 메타 데이터(Meta Data)를 저장하고 있다.
④ 데이터 사전에 있는 데이터에 실제로 접근하는 데 필요한 위치 정보는 데이터 디렉터리(Data Directory)라는 곳에서 관리한다.

상 중 하

49 데이터베이스에서 릴레이션에 대한 설명으로 틀린 것은?

① 모든 튜플은 서로 다른 값을 가지고 있다.
② 하나의 릴레이션에서 튜플은 특정한 순서를 가진다.
③ 각 속성은 릴레이션 내에서 유일한 이름을 가진다.
④ 모든 속성값은 원자값(Atomic Value)을 가진다.

상 중 하

50 데이터베이스에서의 뷰(View)에 대한 설명으로 틀린 것은?

① 뷰는 다른 뷰를 기반으로 새로운 뷰를 만들 수 있다.
② 뷰는 일종의 가상 테이블이며, update에는 제약이 따른다.
③ 뷰는 기본 테이블을 만드는 것처럼 create view를 사용하여 만들 수 있다.
④ 뷰는 논리적으로 존재하는 기본 테이블과 다르게 물리적으로만 존재하며 카탈로그에 저장된다.

상 중 하

51 트랜잭션의 상태 중 트랜잭션의 마지막 연산이 실행된 직후의 상태로, 모든 연산의 처리는 끝났지만 트랜잭션이 수행한 최종 결과를 데이터베이스에 반영하지 않은 상태는?

① Active
② Partially Committed
③ Committed
④ Aborted

상 중 하

52 SQL의 명령을 사용 용도에 따라 DDL, DML, DCL로 구분할 경우, 그 성격이 나머지 셋과 다른 것은?

① SELECT
② UPDATE
③ INSERT
④ GRANT

상 중 하

53 키의 종류 중 유일성과 최소성을 만족하는 속성 또는 속성들의 집합은?

① Atomic Key
② Super Key
③ Candidate Key
④ Test Key

상 중 하

54 데이터베이스에서 개념적 설계 단계에 대한 설명으로 틀린 것은?

① 산출물로 E-R Diagram을 만들 수 있다.
② DBMS에 독립적인 개념 스키마를 설계한다.
③ 트랜잭션 인터페이스를 설계 및 작성한다.
④ 논리적 설계 단계의 앞 단계에서 수행된다.

상 중 하

55 테이블의 기본키(Primary Key)로 지정된 속성에 관한 설명으로 가장 거리가 먼 것은?

① NOT NULL로 널 값을 가지지 않는다.
② 릴레이션에서 튜플을 구별할 수 있다.
③ 외래키로 참조될 수 있다.
④ 검색할 때 반드시 필요하다.

상 중 하

56 데이터 모델의 구성 요소 중 데이터 구조에 따라 개념 세계나 컴퓨터 세계에서 실제로 표현된 값들을 처리하는 작업을 의미하는 것은?

① Relation
② Data Structure
③ Constraint
④ Operation

상 중 하

57 다음 [조건]에 부합하는 SQL문을 작성하고자 할 때, [SQL문]의 빈칸에 들어갈 내용으로 옳은 것은? (단, '팀코드' 및 '이름'은 속성이며, '직원'은 테이블이다.)

[조건]

> 이름이 '정도일'인 팀원이 소속된 팀코드를 이용하여 해당 팀에 소속된 팀원들의 이름을 출력하는 SQL문 작성

[SQL문]

```
SELECT 이름
FROM 직원
WHERE 팀코드 = (    ㄱ    );
```

① WHERE 이름 = '정도일'
② SELECT 팀코드 FROM 이름
   WHERE 직원 = '정도일'
③ WHERE 직원 = '정도일'
④ SELECT 팀코드 FROM 직원
   WHERE 이름 = '정도일'

상 중 하

58 무결성 제약 조건 중 개체 무결성 제약 조건에 대한 설명으로 옳은 것은?

① 릴레이션 내의 튜플들이 각 속성의 도메인에 정해진 값만을 가져야 한다.
② 기본키는 NULL 값을 가져서는 안 되며 릴레이션 내에 오직 하나의 값만 존재해야 한다.
③ 자식 릴레이션의 외래키는 부모 릴레이션의 기본키와 도메인이 동일해야 한다.
④ 자식 릴레이션의 값이 변경될 때 부모 릴레이션의 제약을 받는다.

상 중 하

59 관계 데이터 모델에서 릴레이션(Relation)에 포함되어 있는 튜플(Tuple)의 수를 무엇이라고 하는가?

① Degree
② Cardinality
③ Attribute
④ Cartesian Product

상 중 하

60 사용자 'PARK'에게 테이블을 생성할 수 있는 권한을 부여하기 위한 SQL문의 구성으로 빈칸에 적합한 내용은?

[SQL문]

```
GRANT (              ) PARK;
```

① CREATE TABLE TO
② CREATE TO
③ CREATE FROM
④ CREATE TABLE FROM

4과목 프로그래밍 언어 활용

상 중 하

61 C언어에서 문자열 처리 함수의 서식과 그 기능의 연결로 틀린 것은?

① strlen(s) – s의 길이를 구한다.
② strcpy(s1, s2) – s2를 s1으로 복사한다.
③ strcmp(s1, s2) – s1과 s2를 연결한다.
④ strrev(s) – s를 거꾸로 변환한다.

상 중 하

62 다음 C언어 프로그램이 실행되었을 때, 실행 결과는?

```
#include <stdio.h>
int main(int argc, char *argv[]) {
      int a = 5, b = 3, c = 12;
      int t1, t2, t3;
      t1 = a && b;
      t2 = a || b;
      t3 = !c;
      printf("%d", t1 + t2 + t3);
      return 0;
}
```

① 0　　② 2
③ 5　　④ 14

상 중 하

63 다음 C언어 프로그램이 실행되었을 때, 실행 결과는?

```
#include <stdio.h>
struct st {
	int a;
	int c[10];
};

int main(int argc, char *argv[]) {
	int i = 0;
	struct st ob1;
	struct st ob2;
	ob1.a = 0;
	ob2.a = 0;

	for(i = 0; i < 10; i++) {
		ob1.c[i] = i;
		ob2.c[i] = ob1.c[i] + i;
	}

	for(i = 0; i < 10; i = i + 2) {
		ob1.a = ob1.a + ob1.c[i];
		ob2.a = ob2.a + ob2.c[i];
	}
	printf("%d", ob1.a + ob2.a);
	return 0;
}
```

① 30　　② 60
③ 80　　④ 120

상 중 하

64 IP 프로토콜에서 사용하는 필드와 해당 필드에 대한 설명으로 틀린 것은?

① Header Length는 IP 프로토콜의 헤더 길이를 32bit 워드 단위로 표시한다.
② Packet Length는 IP 헤더를 제외한 패킷 전체의 길이를 나타내며 최대 크기는 $2^{32}-1$비트이다.
③ Time To Live는 송신 호스트가 패킷을 전송하기 전 네트워크에서 생존할 수 있는 시간을 지정한 것이다.
④ Version Number는 IP 프로토콜의 버전 번호를 나타낸다.

상 중 하

65 다음 Python 프로그램의 실행 결과가 [실행 결과]와 같을 때, 빈칸에 적합한 것은?

```
x = 20

if x == 10:
    print('10')
(      ) x == 20:
    print('20')
else:
    print('other')
```

[실행 결과]

```
20
```

① either　　② elif
③ else if　　④ else

상 중 하

66 RIP 라우팅 프로토콜에 대한 설명으로 틀린 것은?

① 경로 선택 매트릭은 홉 카운트(Hop Count)이다.
② 라우팅 프로토콜을 IGP와 EGP로 분류했을 때 EGP에 해당한다.
③ 최단 경로 탐색에 Bellman-Ford 알고리즘을 사용한다.
④ 각 라우터는 이웃 라우터들로부터 수신한 정보를 이용하여 라우팅 표를 갱신한다.

상 중 하

67 다음에서 설명하는 프로세스 스케줄링은?

> 최소 작업 우선(SJF) 기법의 약점을 보완한 비선점 스케줄링 기법으로 다음과 같은 식을 이용해 우선순위를 판별한다.
>
> $$\text{우선순위 계산식} = \frac{(\text{대기 시간} + \text{서비스를 받을 시간})}{\text{서비스를 받을 시간}}$$

① FIFO 스케줄링
② RR 스케줄링
③ HRN 스케줄링
④ MQ 스케줄링

상 중 하

68 UNIX 운영체제에 관한 특징으로 틀린 것은?

① 하나 이상의 작업에 대하여 백그라운드에서 수행이 가능하다.
② Multi-User는 지원하지만 Multi-Tasking은 지원하지 않는다.
③ 트리 구조의 파일 시스템을 갖는다.
④ 이식성이 높으며 장치 간의 호환성이 높다.

상 중 하

69 UDP 프로토콜의 특징이 아닌 것은?

① 비연결형 서비스를 제공한다.
② 단순한 헤더 구조로 오버헤드가 적다.
③ 주로 주소를 지정하고, 경로를 설정하는 기능을 한다.
④ TCP와 같이 트랜스포트 계층에 존재한다.

상 중 하

70 Python 데이터 타입 중 시퀀스(Sequence) 데이터 타입에 해당하며 다양한 데이터 타입들을 주어진 순서에 따라 저장할 수 있으나 저장된 내용을 변경할 수 없는 것은?

① 복소수(Complex) 타입
② 리스트(List) 타입
③ 사전(Dict) 타입
④ 튜플(Tuple) 타입

상 중 하

71 다음 Java 프로그램이 실행되었을 때 실행 결과는?

```
public class Rarr {
 static int[] marr() {
   int temp[] = new int[4];
   for(int i = 0; i < temp.length; i++)
          temp[i] = i;
   return temp;
 }
 public static void main(String[] args)
{
   int iarr[];
   iarr = marr();
   for(int i = 0; i < iarr.length; i++)
            System.out.print(iarr[i] +
" ");
 }
}
```

① 1 2 3 4　② 0 1 2 3
③ 1 2 3　④ 0 1 2

상 중 하

72 다음 Java 프로그램이 실행되었을 때의 결과는?

```
public class ovr {
    public static void main(String[] args) {
        int a = 1, b = 2, c = 3, d = 4;
        int mx, mn;
        mx = a < b ? b : a;
        if(mx == 1) {
            mn = a > mx ? b : a;
        }
        else {
            mn = b < mx ? d : c;
        }
        System.out.println(mn);
    }
}
```

① 1 ② 2
③ 3 ④ 4

상 중 하

73 다음 중 Myers가 구분한 응집도(Cohesion)의 정도에서 가장 낮은 응집도를 갖는 단계는?

① 순차적 응집도(Sequential Cohesion)
② 기능적 응집도(Functional Cohesion)
③ 시간적 응집도(Temporal Cohesion)
④ 우연적 응집도(Coincidental Cohesion)

상 중 하

74 다음 C언어 프로그램이 실행되었을 때, 실행 결과는?

```
#include <stdio.h>
int main(int argc, char *argv[]) {
    int n1 = 1, n2 = 2, n3 = 3;
    int r1, r2, r3;

    r1 = (n2 <= 2) || (n3 > 3);
    r2 = !n3;
    r3 = (n1 > 1) && (n2 < 3);

    printf("%d", r3 - r2 + r1);
    return 0;
}
```

① 0 ② 1
③ 2 ④ 3

상 중 하

75 IP 프로토콜의 주요 특징에 해당하지 않는 것은?

① 체크섬(Checksum) 기능으로 데이터 체크섬(Data Checksum)만 제공한다.
② 패킷을 분할, 병합하는 기능을 수행하기도 한다.
③ 비연결형 서비스를 제공한다.
④ Best Effort 원칙에 따른 전송 기능을 제공한다.

상 중 하

76 4개의 페이지를 수용할 수 있는 주기억 장치가 있으며, 초기에는 모두 비어 있다고 가정한다. 다음의 순서로 페이지 참조가 발생할 때, LRU 페이지 교체 알고리즘을 사용할 경우 몇 번의 페이지 결함이 발생하는가?

페이지 참조 순서 : 1, 2, 3, 1, 2, 4, 1, 2, 5

① 5회 ② 6회
③ 7회 ④ 8회

상 중 하

77 사용자 수준에서 지원되는 스레드(Thread)가 커널에서 지원되는 스레드에 비해 가지는 장점으로 옳은 것은?

① 한 프로세스가 운영체제를 호출할 때 전체 프로세스가 대기할 필요가 없으므로 시스템 성능을 높일 수 있다.
② 동시에 여러 스레드가 커널에 접근할 수 있으므로 여러 스레드가 시스템 호출을 동시에 사용할 수 있다.
③ 각 스레드를 개별적으로 관리할 수 있으므로 스레드의 독립적인 스케줄링이 가능하다.
④ 커널 모드로의 전환 없이 스레드 교환이 가능하므로 오버헤드가 줄어든다.

상 중 하

78 한 모듈이 다른 모듈의 내부 기능 및 그 내부 자료를 참조하는 경우의 결합도는?

① 내용 결합도(Content Coupling)
② 제어 결합도(Control Coupling)
③ 공통 결합도(Common Coupling)
④ 스탬프 결합도(Stamp Coupling)

상 중 하

79 a[0]의 주소값이 10일 경우 다음 C언어 프로그램이 실행되었을 때의 결과는? (단, int형의 크기는 4Byte로 가정한다.)

```
#include <stdio.h>
int main(int argc, char *argv[]) {
      int a[] = {14, 22, 30, 38};
      printf("%u, ", &a[2]);
      printf("%u", a);
      return 0;
}
```

① 14, 10 ② 14, 14
③ 18, 10 ④ 18, 14

상 중 하

80 모듈화(Modularity)와 관련한 설명으로 틀린 것은?

① 시스템을 모듈로 분할하면 각각의 모듈을 별개로 만들고 수정할 수 있기 때문에 좋은 구조가 된다.
② 응집도는 모듈과 모듈 사이의 상호의존 또는 연관 정도를 의미한다.
③ 모듈 간의 결합도가 약해야 독립적인 모듈이 될 수 있다.
④ 모듈 내 구성 요소들 간의 응집도가 강해야 좋은 모듈 설계이다.

5과목 정보 시스템 구축 관리

상 중 하

81 소프트웨어 개발에서 정보보안 3요소에 해당하지 않는 설명은?

① 기밀성 : 인가된 사용자에 대해서만 자원 접근이 가능하다.
② 무결성 : 인가된 사용자에 대해서만 자원 수정이 가능하며 전송 중인 정보는 수정되지 않는다.
③ 가용성 : 인가된 사용자는 가지고 있는 권한 범위 내에서 언제든 자원 접근이 가능하다.
④ 휘발성 : 인가된 사용자가 수행한 데이터는 처리 완료 즉시 폐기되어야 한다.

상 중 하

82 어떤 외부 컴퓨터가 접속되면 접속 인가 여부를 점검해서 인가된 경우에는 접속이 허용되고, 그 반대의 경우에는 거부할 수 있는 접근 제어 유틸리티는?

① tcp wrapper
② trace checker
③ token finder
④ change detector

상 중 하

83 기기를 키오스크에 갖다 대면 원하는 데이터를 바로 가져올 수 있는 기술로 10cm 이내 근접 거리에서 기가급 속도로 데이터 전송이 가능한 초고속 근접 무선 통신(NFC : Near Field Communication) 기술은?

① BcN(Broadband Convergence Network)
② Zing
③ Marine Navi
④ C-V2X(Cellular Vehicle To Everything)

상 중 하

84 취약점 관리를 위한 응용 프로그램의 보안 설정과 가장 거리가 먼 것은?

① 서버 관리실 출입 통제
② 실행 프로세스 권한 설정
③ 운영체제의 접근 제한
④ 운영체제의 정보 수집 제한

상 중 하

85 소프트웨어 개발 프레임워크와 관련한 설명으로 가장 적절하지 않은 것은?

① 반제품 상태의 제품을 토대로 도메인별로 필요한 서비스 컴포넌트를 사용하여 재사용성 확대와 성능을 보장받을 수 있게 하는 개발 소프트웨어이다.
② 라이브러리와는 달리 사용자 코드에서 프레임워크를 호출해서 사용하고, 그에 대한 제어도 사용자 코드가 가지는 방식이다.
③ 설계 관점에 개발 방식을 패턴화시키기 위한 노력의 결과물인 소프트웨어 상태로 집적화시킨 것으로 볼 수 있다.
④ 프레임워크의 동작 원리를 그 제어 흐름의 일반적인 프로그램 흐름과 반대로 동작한다고 해서 IoC (Inversion of Control)이라고 설명하기도 한다.

상 중 하

86 클라우드 기반 HSM(Cloud-based Hardware Security Module)에 대한 설명으로 틀린 것은?

① 클라우드(데이터센터) 기반 암호화 키 생성, 처리, 저장 등을 하는 보안 기기이다.
② 국내에서는 공인인증제의 폐지와 전자서명법 개정을 추진하면서 클라우드 HSM 용어가 자주 등장하였다.
③ 클라우드에 인증서를 저장하므로 기존 HSM 기기나 휴대폰에 인증서를 저장해 다닐 필요가 없다.
④ 하드웨어가 아닌 소프트웨어적으로만 구현되기 때문에 소프트웨어식 암호 기술에 내재된 보안 취약점을 해결할 수 없다는 것이 주요 단점이다.

상 중 하

87 다음 내용이 설명하는 기술로 가장 적절한 것은?

- 다른 국을 향하는 호출이 중계에 의하지 않고 직접 접속되는 그물 모양의 네트워크이다.
- 통신량이 많은 비교적 소수의 국 사이에 구성될 경우 경제적이며 간편하지만, 다수의 국 사이에는 회선이 세분화되어 비경제적일 수도 있다.
- 해당 형태의 무선 네트워크의 경우 대용량을 빠르고 안전하게 전달할 수 있어 행사장이나 군 등에서 많이 활용된다.

① Virtual Local Area Network
② Simple Station Network
③ Mesh Network
④ Modem Network

상 중 하

88 물리적 위협으로 인한 문제에 해당하지 않는 것은?

① 화재, 홍수 등 천재지변으로 인한 위협
② 하드웨어 파손, 고장으로 인한 장애
③ 방화, 테러로 인한 하드웨어와 기록 장치를 물리적으로 파괴하는 행위
④ 방화벽 설정의 잘못된 조작으로 인한 네트워크, 서버 보안 위협

상중하

89 악성 코드의 유형 중 다른 컴퓨터의 취약점을 이용하여 스스로 전파하거나 메일로 전파되며 스스로를 증식하는 것은?

① Worm
② Rogue Ware
③ Adware
④ Reflection Attack

상중하

90 다음 설명에 해당되는 공격 기법은?

시스템 공격 기법 중 하나로 허용 범위 이상의 ICMP 패킷을 전송하여 대상 시스템의 네트워크를 마비시킨다.

① Ping of Death
② Session Hijacking
③ Piggyback Attack
④ XSS

상중하

91 다음 설명에 해당되는 소프트웨어는?

> – 개발해야 할 애플리케이션의 일부분이 이미 내장된 클래스 라이브러리로 구현이 되어 있다.
> – 따라서, 그 기반이 되는 이미 존재하는 부분을 확장 및 이용하는 것으로 볼 수 있다.
> – Java 기반의 대표적인 소프트웨어로는 스프링(Spring)이 있다.

① 전역 함수 라이브러리
② 소프트웨어 개발 프레임워크
③ 컨테이너 아키텍처
④ 어휘 분석기

상중하

92 소프트웨어 개발 방법론 중 애자일(Agile) 방법론의 특징과 가장 거리가 먼 것은?

① 각 단계의 결과가 완전히 확인된 후 다음 단계 진행
② 소프트웨어 개발에 참여하는 구성원들 간의 의사소통 중시
③ 환경 변화에 대한 즉시 대응
④ 프로젝트 상황에 따른 주기적 조정

상중하

93 대칭 암호 알고리즘과 비대칭 암호 알고리즘에 대한 설명으로 틀린 것은?

① 대칭 암호 알고리즘은 비교적 실행 속도가 빠르기 때문에 다양한 암호의 핵심 함수로 사용될 수 있다.
② 대칭 암호 알고리즘은 비밀키 전달을 위한 키 교환이 필요하지 않아 암호화 및 복호화의 속도가 빠르다.
③ 비대칭 암호 알고리즘은 자신만이 보관하는 비밀키를 이용하여 인증, 전자 서명 등에 적용이 가능하다.
④ 대표적인 대칭 키 암호 알고리즘으로는 AES, IDEA 등이 있다.

상중하

94 두 명의 개발자가 5개월에 걸쳐 10000라인의 코드를 개발하였을 때, 월별(Man-month) 생산성 측정을 위한 계산 방식으로 옳은 것은?

① $\frac{10000}{2}$ ② $\frac{10000}{(5\times2)}$

③ $\frac{10000}{5}$ ④ $\frac{(2\times10000)}{5}$

상중하

95 접근 통제 방법 중 조직 내에서 직무, 직책 등 개인의 역할에 따라 결정하여 부여하는 접근 정책은?

① RBAC ② DAC
③ MAC ④ QAC

상 중 하

96 **COCOMO(Constructive Cost Model) 모형의 특징이 아닌 것은?**

① 프로젝트를 완성하는데 필요한 Man-month로 산정 결과를 나타낼 수 있다.
② 보헴(Boehm)이 제안한 것으로 원시 코드 라인 수에 의한 비용 산정 기법이다.
③ 비교적 작은 규모의 프로젝트 기록을 통계 분석하여 얻은 결과를 반영한 모델이며 중소 규모 소프트웨어 프로젝트 비용 추정에 적합하다.
④ 프로젝트 개발 유형에 따라 Object, Dynamic, Function의 3가지 모드로 구분한다.

상 중 하

97 **각 사용자 인증의 유형에 대한 설명으로 가장 적절하지 않은 것은?**

① 지식 : 주체는 '그가 알고 있는 것'을 보여주며 예시로는 패스워드, PIN 등이 있다.
② 소유 : 주체는 '그가 가지고 있는 것'을 보여주며 예시로는 토큰, 스마트카드 등이 있다.
③ 존재 : 주체는 '그를 대체하는 것'을 보여주며 예시로는 패턴, QR 등이 있다.
④ 행위 : 주체는 '그가 하는 것'을 보여주며 예시로는 서명, 움직임, 음성 등이 있다.

상 중 하

98 **시스템의 사용자가 로그인하여 명령을 내리는 과정에 대한 시스템의 동작 중 다음 설명에 해당하는 것은?**

- 자신의 신원을 시스템에 증명하는 과정이다.
- 아이디와 패스워드를 입력하는 과정이 가장 일반적인 예시라고 볼 수 있다.

① Aging
② Accounting
③ Authorization
④ Authentication

상 중 하

99 **다음에서 설명하는 IT 기술은?**

- 네트워크를 제어부, 데이터 전달부로 분리하여 네트워크 관리자가 보다 효율적으로 네트워크를 제어, 관리할 수 있는 기술
- 기존의 라우터, 스위치 등과 같이 하드웨어에 의존하는 네트워크 체계에서 안정성, 속도, 보안 등을 소프트웨어로 제어, 관리하기 위해 개발됨
- 네트워크 장비의 펌웨어 업그레이드를 통해 사용자의 직접적인 데이터 전송 경로 관리가 가능하고, 기존 네트워크에는 영향을 주지 않으면서 특정 서비스의 전송 경로 수정을 통하여 인터넷상에서 발생하는 문제를 처리할 수 있음

① SDN(Software Defined Networking)
② NFS(Network File System)
③ Network Mapper
④ AOE Network

상 중 하

100 **프로젝트 일정 관리 시 사용하는 PERT 차트에 대한 설명에 해당하는 것은?**

① 각 작업들이 언제 시작하고 언제 종료되는지에 대한 일정을 막대도 표를 이용하여 표시한다.
② 시간선(Time-line) 차트라고도 한다.
③ 수평 막대의 길이는 각 작업의 기간을 나타낸다.
④ 작업들 간의 상호 관련성, 결정 경로, 경계 시간, 자원 할당 등을 제시한다.

해설과 따로 보는 최신 기출문제 02회

시행 일자	시험 시간	문항 수
2022년 제3회	2시간 30분	100문항

풀이 시간 : ______________ 채점 점수 : ______________

1과목 소프트웨어 설계

상 중 하

01 UML 다이어그램 중 순차 다이어그램에 대한 설명으로 틀린 것은?

① 객체 간의 동적 상호 작용을 시간 개념을 중심으로 모델링하는 것이다.
② 주로 시스템의 정적 측면을 모델링하기 위해 사용된다.
③ 일반적으로 다이어그램의 수직 방향은 시간의 흐름을 나타낸다.
④ 회귀 메시지(Self-Message), 제어 블록(Statement Block) 등으로 구성된다.

상 중 하

02 다음 내용이 설명하는 UI 설계 도구는?

> – 디자인, 사용 방법 설명, 평가 등을 위해 실제 화면과 유사하게 만든 정적인 형태의 모형
> – 시각적으로 구성 요소를 배치하는 것으로 일반적으로 실제로 구현되지는 않음

① 스토리보드(Storyboard)
② 목업(Mockup)
③ 프로토타입(Prototype)
④ 유스케이스(Usecase)

상 중 하

03 UI 설계 원칙 중 누구나 쉽게 이해하고 사용할 수 있어야 한다는 원칙은?

① 학습성 ② 유연성
③ 직관성 ④ 멀티운용성

상 중 하

04 개체-관계 모델(E-R 모델)에 대한 설명으로 옳지 않은 것은?

① 개체 타입과 관계 타입을 이용해서 현실 세계를 개념적으로 표현하는 방법이다.
② E-R 다이어그램은 E-R 모델을 그래프 방식으로 표현한 것이다.
③ E-R 다이어그램의 다이아몬드 형태는 관계 타입을 표현하며, 연관된 개체 타입들을 링크로 연결한다.
④ 현실 세계의 자료가 데이터베이스로 표현될 수 있는 물리적 구조를 기술하는 것이다.

상 중 하

05 DFD(Data Flow Diagram)에 대한 설명으로 틀린 것은?

① 자료 흐름 그래프 또는 버블(Bubble) 차트라고도 한다.
② 구조적 분석 기법에 이용된다.
③ 시간 흐름을 명확하게 표현할 수 있다.
④ DFD의 요소는 화살표, 원, 사각형, 직선(단선/이중선)으로 표시한다.

상 중 하

06 다음 중 사용자와 시스템의 관계를 보여주는 UML 다이어그램은?

① 유스케이스 다이어그램
② 액티비티 다이어그램
③ 컴포넌트 다이어그램
④ 시퀀스 다이어그램

상중하

07 리스코프 교환 원칙에 따르면, 자식 클래스는 어떤 관계를 유지해야 하는가?

① 부모 클래스보다 더 많은 메소드를 가져야 한다.
② 부모 클래스와 완전히 동일한 메소드를 가져야 한다.
③ 부모 클래스의 메소드를 오버라이딩할 수 없다.
④ 부모 클래스의 메소드를 원하는 대로 변경할 수 있다.

상중하

08 인터페이스 명세서 작성 중 관련 없는 것은?

① 인터페이스명
② 파라미터
③ 반환값
④ 변수명

상중하

09 소프트웨어 아키텍처 설계에서 시스템 품질 속성이 아닌 것은?

① 가용성(Availability)
② 독립성(Isolation)
③ 변경 용이성(Modificability)
④ 사용성(Usability)

상중하

10 아키텍처 설계 과정이 올바른 순서로 나열된 것은?

㉮ 설계 목표 설정 ㉯ 시스템 타입 결정 ㉰ 스타일 적용 및 커스터마이즈 ㉱ 서브 시스템의 기능, 인터페이스 동작 작성 ㉲ 아키텍처 설계 검토

① ㉮ → ㉯ → ㉰ → ㉱ → ㉲
② ㉲ → ㉮ → ㉯ → ㉱ → ㉰
③ ㉮ → ㉲ → ㉯ → ㉱ → ㉰
④ ㉮ → ㉯ → ㉰ → ㉲ → ㉱

상중하

11 소프트웨어 재공학의 주요 활동 중 다음 설명에 해당하는 것은?

"기존 소프트웨어를 분석하여 소프트웨어 개발 과정과 데이터 처리 과정을 설명하는 분석 및 설계 정보를 재발견하거나 다시 만들어내는 작업"

① Analysis
② Reverse Engineering
③ Restructuring
④ Migration

상중하

12 속성과 관련된 연산(Operation)을 클래스 안에 묶어서 하나로 취급하는 것을 의미하는 객체지향 개념은?

① Inheritance
② Class
③ Encapsulation
④ Association

상중하

13 애자일(Agile) 기법 중 스크럼(Scrum)과 관련된 용어에 대한 설명이 틀린 것은?

① 스크럼 마스터(Scrum Master)는 스크럼 프로세스를 따르고, 팀이 스크럼을 효과적으로 활용할 수 있도록 보장하는 역할 등을 맡는다.
② 제품 백로그(Product Backlog)는 스크럼 팀이 해결해야 하는 목록으로 소프트웨어 요구사항, 아키텍처 정의 등이 포함될 수 있다.
③ 스프린트(Sprint)는 하나의 완성된 최종 결과물을 만들기 위한 주기로 3달 이상의 장기간으로 결정된다.
④ 속도(Velocity)는 한 번의 스프린트에서 한 팀이 어느 정도의 제품 백로그를 감당할 수 있는지에 대한 추정치로 볼 수 있다.

상 중 하

14 **소프트웨어 프로젝트 관리를 효율적으로 수행하기 위한 3P 중 소프트웨어 프로젝트를 수행하기 위한 Frame-work의 고려와 가장 연관되는 것은?**

① People ② Problem
③ Product ④ Process

상 중 하

15 **GoF(Gang of Four) 디자인 패턴을 생성, 구조, 행동 패턴의 세 그룹으로 분류할 때, 다른 그룹의 패턴에 해당하는 것은?**

① Singleton 패턴
② Bridge 패턴
③ Adapter 패턴
④ Proxy 패턴

상 중 하

16 **소프트웨어 품질 목표 중 정해진 조건 아래에서 소프트웨어 제품의 정확하고 일관된 결과를 얻기 위해 요구된 기능을 오류 없이 수행하는 정도의 품질 기준을 갖는 것은?**

① Integrity
② Flexibility
③ Efficiency
④ Reliability

상 중 하

17 **소프트웨어의 위기 현상과 가장 거리가 먼 것은?**

① 개발 인력의 급증
② 유지보수의 어려움
③ 개발 기간의 지연 및 개발 비용의 증가
④ 신기술에 대한 교육과 훈련의 부족

상 중 하

18 **객체지향 분석 기법과 관련한 설명으로 틀린 것은?**

① 동적 모델링 기법이 사용될 수 있다.
② 기능 중심으로 시스템을 파악하며 순차적인 처리가 중요시되는 하향식(Top-down) 방식으로 볼 수 있다.
③ 데이터와 행위를 하나로 묶어 객체를 정의 내리고 추상화시키는 작업이라 할 수 있다.
④ 코드 재사용에 의한 프로그램 생산성 향상 및 요구에 따른 시스템의 쉬운 변경이 가능하다.

상 중 하

19 **유스케이스 다이어그램에 관련된 내용으로 틀린 것은?**

① 시스템과 상호 작용하는 외부 시스템은 액터로 파악해서는 안 된다.
② 유스케이스는 사용자 측면에서의 요구사항으로, 사용자가 원하는 목표를 달성하기 위해 수행할 내용을 기술한다.
③ 시스템 액터는 다른 프로젝트에서 이미 개발되어 사용되고 있으며, 본 시스템과 데이터를 주고받는 등 서로 연동되는 시스템을 말한다.
④ 액터가 인식할 수 없는 시스템 내부의 기능을 하나의 유스케이스로 파악해서는 안 된다.

상 중 하

20 **폭포수 모델(Waterfall Model)에 대한 설명으로 옳지 않은 것은?**

① 앞 단계가 끝나야만 다음 단계로 넘어갈 수 있다.
② 요구 분석 단계에서 프로토타입을 사용하는 것이 특징이다.
③ 제품의 일부가 될 매뉴얼을 작성해야 한다.
④ 각 단계가 끝난 후 결과물이 명확히 나와야 한다.

2 과목 소프트웨어 개발

상 중 하

21 GoF 디자인 패턴 중 구체적인 클래스에 의존하지 않고 서로 연관되거나 의존적인 객체들의 조합을 만드는 인터페이스를 제공하는 패턴은?

① Singleton
② Builder
③ Factory Method
④ Abstraction Factory

상 중 하

22 소프트웨어 테스트에서 오류의 80%는 전체 모듈의 20% 내에서 발견된다는 법칙은?

① Brooks의 법칙
② Boehm의 법칙
③ Pareto의 법칙
④ Jackson의 법칙

상 중 하

23 인터페이스 구현 검증 도구 중 아래에서 설명하는 것은?

- 서비스 호출, 컴포넌트 재사용 등 다양한 환경을 지원하는 테스트 프레임워크
- 각 테스트 대상 분산 환경에 데몬을 사용하여 테스트 대상 프로그램을 통해 테스트를 수행하고, 통합하여 자동화하는 검증 도구

① xUnit
② STAF
③ FitNesse
④ RubyNode

상 중 하

24 소프트웨어의 개발 과정에서 소프트웨어의 변경 사항을 관리하기 위해 개발된 일련의 활동을 뜻하는 것은?

① 복호화 ② 형상 관리
③ 저작권 ④ 크랙

상 중 하

25 단위 테스트(Unit Test)와 관련한 설명으로 틀린 것은?

① 구현 단계에서 각 모듈의 개발을 완료한 후 개발자가 명세서의 내용대로 정확히 구현되었는지 테스트한다.
② 모듈 내부의 구조를 구체적으로 볼 수 있는 구조적 테스트를 주로 시행한다.
③ 필요 테스트를 인자를 통해 넘겨주고, 테스트 완료 후 그 결과값을 받는 역할을 하는 가상의 모듈을 테스트 스텁(Stub)이라고 한다.
④ 테스트할 모듈을 호출하는 모듈도 있고, 테스트할 모듈이 호출하는 모듈도 있다.

상 중 하

26 UML에 대한 설명으로 옳지 않은 것은?

① OMG에서 만든 통합 모델링 언어로서 객체지향적 분석, 설계 방법론의 표준 지정을 목표로 한다.
② 애플리케이션을 개발할 때 쉽게 이해할 수 있도록 도와주는 여러 가지 유형의 다이어그램을 제공한다.
③ 실시간 시스템 및 분산 시스템과 같은 시스템의 분석과 설계에는 사용될 수 없다.
④ 개발자와 고객 또는 개발자 상호 간의 의사소통을 원활하게 할 수 있다.

상 중 하

27 소프트웨어 생명주기 모형 중 다음 설명에 해당하는 것은?

- 시스템 기능을 사용자에게 미리 보여줌으로써 개발자와 사용자 간의 오해 요소를 줄인다.
- 사용자와 개발자 간의 커뮤니케이션이 원활하지 못할 때 서로의 이해에 도움을 준다.
- 실제 개발될 시스템 견본을 미리 만들어 최종 결과물을 예측하는 모형이다.

① 폭포수 모형
② 나선형 모형
③ 프로토타입 모형
④ 4GT 모형

상 중 하

28 **테스트 케이스와 관련한 설명으로 틀린 것은?**

① 테스트의 목표 및 테스트 방법을 결정하기 전에 테스트 케이스를 작성해야 한다.
② 프로그램에 결함이 있더라도 입력에 대해 정상적인 결과를 낼 수 있기 때문에 결함을 검사할 수 있는 테스트 케이스를 찾는 것이 중요하다.
③ 개발된 서비스가 정의된 요구사항을 준수하는지 확인하기 위한 입력값과 실행 조건, 예상 결과의 집합으로 볼 수 있다.
④ 테스트 케이스 실행이 통과되었는지 실패하였는지 판단하기 위한 기준을 테스트 오라클(Test Oracle)이라고 한다.

상 중 하

29 **각종 사물에 컴퓨터 칩과 통신 기능을 내장하여 인터넷에 연결하는 기술은?**

① IoT
② PSDN
③ ISDN
④ IMT-2000

상 중 하

30 **블랙박스 테스트 종류 중 입력 자료에 초점을 맞춰 테스트 케이스를 만들어 입력 조건에 타당한 입력 자료와 그렇지 않은 자료의 개수를 균등하게 나눠 테스트 케이스를 설정하는 것은?**

① Boundary Value Analysis
② Cause-Effect Graphing
③ Equivalence Partitioning
④ Comparison Testing

상 중 하

31 **럼바우(Rumbaugh)의 객체지향 분석 절차를 바르게 나열한 것은?**

① 객체 모형 → 동적 모형 → 기능 모형
② 객체 모형 → 기능 모형 → 동적 모형
③ 기능 모형 → 동적 모형 → 객체 모형
④ 기능 모형 → 객체 모형 → 동적 모형

상 중 하

32 **이진 트리의 레코드 R = (88, 74, 63, 55, 37, 25, 33, 19, 26, 14, 9)에 대하여 힙(heap) 정렬을 만들 때 37의 왼쪽과 오른쪽의 자식 노드(Child Node)의 값은?**

① 55, 25
② 63, 33
③ 33, 19
④ 14, 9

상 중 하

33 **해싱 등의 사상 함수를 사용하여 레코드 키(Record Key)에 의한 주소 계산을 통해 레코드에 접근할 수 있도록 구성한 파일은?**

① 순차 파일
② 인덱스 파일
③ 직접 파일
④ 다중 링 파일

상 중 하

34 **다음과 같이 레코드가 구성되어 있을 때, 이진 검색 방법으로 'E'를 찾을 경우 비교되는 횟수는?**

A, B, C, D, E, F, G, H, I, J, K, L, M, N, O

① 2번　② 3번
③ 4번　④ 5번

상 중 하

35 **정형 기술 검토(FTR)의 지침사항으로 옳은 내용 모두를 나열한 것은?**

1) 의제를 제한한다. 2) 논쟁과 반박을 제한한다. 3) 문제 영역을 명확히 표현한다. 4) 참가자의 수를 제한하지 않는다.

① 1), 4)
② 1), 2), 3)
③ 1), 2), 4)
④ 1), 2), 3), 4)

상중하

36 UML 확장 모델에서 스테레오 타입 객체를 표현할 때 사용하는 기호로 맞는 것은?

① 《 》 ② (( ))

③ {{ }} ④ [[ ]]

상중하

37 아래 Tree 구조에 대하여 후위 순회(Post-order)한 결과는?

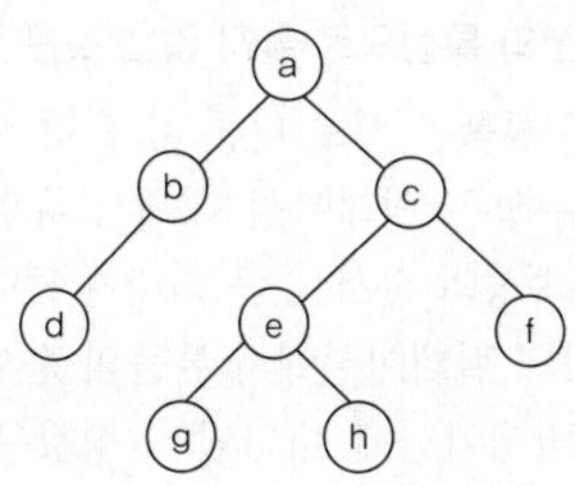

① a → b → d → c → e → g → h → f

② d → b → g → h → e → f → c → a

③ d → b → a → g → e → h → c → f

④ a → b → d → g → e → h → c → f

상중하

38 소프트웨어 비용 산정 방법 중 전문가가 독자적으로 감정할 때 발생할 수 있는 편차를 줄이기 위해 단계별로 전문가들의 견해를 조정자가 조정하여 최종 견적을 결정하는 것은?

① 전문가 감정에 의한 방법

② 델파이 방법

③ LOC 방법

④ COCOMO 방법

상중하

39 다음 중 중위 표기법의 수식을 표현하기 적합한 자료 구조는?

① Queue ② Graph

③ Stack ④ Tree

상중하

40 테스트 단계 중 SW 제품에 대한 요구사항이 제대로 이행되었는지 점검하는 것이 주요 목적인 테스트는?

① 통합 테스트(Integration Test)

② 단위 테스트(Unit Test)

③ 시스템 테스트(System Test)

④ 인수 테스트(Acceptance Test)

3과목 데이터베이스 구축

상중하

41 정규화의 목적으로 옳지 않은 것은?

① 어떠한 릴레이션이라도 데이터베이스 내에서 표현 가능하게 만든다.

② 데이터 삽입 시 릴레이션을 재구성할 필요성을 줄인다.

③ 중복을 배제하여 삽입, 삭제, 갱신 이상의 발생을 야기 한다.

④ 효과적인 검색 알고리즘을 생성할 수 있다.

상중하

42 이행적 함수 종속 관계를 의미하는 것은?

① A → B이고 B → C일 때, A → C를 만족하는 관계

② A → B이고 B → C일 때, C → A를 만족하는 관계

③ A → B이고 B → C일 때, B → A를 만족하는 관계

④ A → B이고 B → C일 때, C → B를 만족하는 관계

상중하

43 분산 시스템에 대한 설명으로 거리가 먼 것은?

① 다수의 사용자들이 데이터를 공유할 수 있다.

② 다수의 사용자들 간에 통신이 용이하다.

③ 귀중한 장치들이 다수의 사용자들에 의해 공유될 수 있다.

④ 집중형(Centralized) 시스템에 비해 소프트웨어의 개발이 용이하다.

상중하

44 다음 질의어를 SQL 문장으로 바르게 나타낸 것은?

> "부서번호가 널(NULL)인 사원번호와 이름을 검색하라."

① SELECT 사원번호, 이름 FROM 직원 WHERE 부서번호 = NULL;

② SELECT 사원번호, 이름 FROM 직원 WHERE 부서번호 〈 〉 NULL;

③ SELECT 사원번호, 이름 FROM 직원 WHERE 부서번호 IS NULL;

④ SELECT 사원번호, 이름 FROM 직원 WHERE 부서번호 = " ";

상 중 하

45 로킹 기법에서 2단계 로킹 규약(2PLP)에 대한 설명으로 옳은 것은?

① 트랜잭션은 Look만 수행할 수 있고, Unlook은 수행할 수 없는 확장 단계가 있다.
② 트랜잭션이 Unlook과 Lock을 동시에 수행할 수 있는 단계를 병렬 전환 단계라 한다.
③ 한 트랜잭션이 Unlook 후 다른 데이터 아이템을 Lock할 수 있다.
④ 교착상태를 일으키지 않는다.

상 중 하

46 관계 데이터베이스의 정규화에 대한 설명으로 옳지 않은 것은?

① 정규화를 거치지 않으면 여러 가지 상이한 종류의 정보를 하나의 릴레이션으로 표현하여 그 릴레이션을 조작할 때 이상(Anomaly) 현상이 발생할 수 있다.
② 정규화의 목적은 각 릴레이션에 분산된 종속성을 하나의 릴레이션에 통합하는 것이다.
③ 이상(Anomaly) 현상은 데이터들 간에 존재하는 함수 종속이 하나의 원인이 될 수 있다.
④ 정규화가 잘못되면 데이터의 불필요한 중복이 야기되어 릴레이션을 조작할 때 문제가 발생할 수 있다.

상 중 하

47 다음의 관계 대수 문장을 SQL로 표현한 것으로 옳은 것은?

$$\pi_{name,\ dept}(\sigma_{year\ =\ 3}(student))$$

① SELECT name, dept FROM student HAVING year = 3;
② SELECT name, dept FROM student WHERE year = 3;
③ SELECT student FROM name, dept WHERE year = 3;
④ SELECT student FROM name, dept HAVING year = 3;

상 중 하

48 다음 기법과 가장 관계되는 것은?

Deferred Modification, Immediate Update, Shadow Paging, Check Point

① Locking ② Integrity
③ Recovery ④ Security

상 중 하

49 릴레이션의 특징으로 옳지 않은 것은?

① 모든 튜플은 서로 다른 값을 갖는다.
② 각 속성은 릴레이션 내에서 유일한 이름을 가지며, 속성의 순서는 큰 의미가 없다.
③ 하나의 릴레이션에서 튜플의 순서는 없다.
④ 한 릴레이션에 나타난 속성값은 논리적으로 더 이상 분해할 수 없는 원자값이어서는 안 된다.

상 중 하

50 뷰(View)에 대한 설명으로 옳지 않은 것은?

① 뷰의 정의 변경을 위해서는 ALTER문을 이용한다.
② 뷰에 대한 조작은 기본 테이블 조작과 거의 동일하며, 삽입, 갱신, 삭제 연산에는 제약이 따른다.
③ 뷰 위에 또 다른 뷰를 정의할 수 있다.
④ 뷰가 정의된 기본 테이블이 삭제되면 뷰도 자동적으로 삭제된다.

상 중 하

51 트랜잭션의 정의 및 특징이 아닌 것은?

① 한꺼번에 수행되어야 할 일련의 데이터베이스 연산 집합
② 사용자의 시스템에 대한 서비스 요구 시 시스템의 상태 변환 과정의 작업 단위
③ 병행 제어 및 회복 작업의 논리적 작업 단위
④ 트랜잭션의 연산이 데이터베이스에 모두 반영되지 않고 일부만 반영시키는 원자성의 성질

상 중 하

52 SQL의 명령을 사용 용도에 따라 DDL, DML, DCL로 구분할 경우, 그 성격이 나머지 셋과 다른 것은?

① SELECT ② ALTER
③ CREATE ④ DROP

상 중 하

53 다음은 관계형 데이터베이스의 키(Key)를 설명하고 있다. 해당되는 키는?

> 한 릴레이션 내의 속성들의 집합으로 구성된 키로서, 릴레이션을 구성하는 모든 튜플에 대한 유일성은 만족시키지만 최소성은 만족시키지 못한다.

① 후보키
② 대체키
③ 슈퍼키
④ 외래키

상 중 하

54 다음 중 암호화 과정에 대한 설명으로 틀린 것은?

① 평문을 암호학적 방법으로 변환한 것을 암호문이라 한다.
② 암호학을 이용하여 보호해야 할 메시지를 평문이라 한다.
③ 암호화 알고리즘은 공개로 하기보다는 개별적으로 해야 한다.
④ 암호문을 다시 평문으로 변환하는 과정을 복호화라 한다.

상 중 하

55 다음 중 파일 구조가 아닌 것은?

① Sequential File
② Indexed Sequential File
③ Direct File
④ Recurcive File

상 중 하

56 데이터 모델이 포함하는 구성 요소와 거리가 먼 것은?

① Concept
② Structure
③ Operation
④ Constraint

상 중 하

57 STUDENT(SNO, SNAME, YEAR, DEPT) 테이블에 200번, 김길동, 2학년, 전산과 학생 튜플을 삽입하는 SQL 명령으로 옳은 것은?

① INSERT STUDENT INTO VALUES (200, '김길동', 2, '전산과');
② INSERT TO STUDENT VALUES (200, '김길동', '전산과', 2);
③ INSERT INTO STUDENT(SNO, SNAME, YEAR, DEPT) VALUES (200, '김길동', 2, '전산과');
④ INSERT TO STUDENT(SNO, SNAME, YEAR, DETP) VALUES (200, '김길동', 2, '전산과');

상 중 하

58 참조 무결성을 유지하기 위하여 DROP문에서 부모 테이블의 항목 값을 삭제할 경우 자동적으로 자식 테이블의 해당 레코드를 삭제하기 위한 옵션은?

① CLUSTER
② CASCADE
③ SET-NULL
④ RESTRICT

상 중 하

59 Linear Search의 평균 검색 횟수는?

① n−1
② (n+1)/2
③ n
④ n/2

상 중 하

60 다음 SQL문의 빈칸에 들어갈 내용은?

```
update 직원 (    ) 급여 = 급여 * 1.1
where 급여 <= 100000 or 입사일 < 19990101;
```

① into ② set
③ from ④ select

4과목 프로그래밍 언어 활용

상중하

61 C언어에서 식별자로 사용할 수 없는 것은?

① _2hrdk　　② str1
③ union　　④ Total

상중하

62 다음 C언어 프로그램이 실행되었을 때의 결과는?

```
#include <stdio.h>
int main(int argc, char *argv[]) {
        int a[2][2] = {(33, 44}, (55,
66)};
        int i, sum = 0;
        int *p;
        p = a[0];
        for(i = 1; i < 4; i++)
            sum += *(p + i);
        printf("%d", sum);
        return 0;
}
```

① 55　　② 77
③ 165　　④ 132

상중하

63 다음 C언어 프로그램이 실행되었을 때, 실행 결과는?

```
#include <stdio.h>
int main(int argc, char *argv[]) {
    int arr[3][3] = {1, 2, 3, 4, 5, 6,
7, 8, 9};
    int (*p)[3] = NULL;
    p = arr;

  printf("%d, ", *(p[0]+1) + *(p[1]+2));
  printf("%d", *(*(p+1)+0) + *(*(p+1)+1));

    return 0;
}
```

① 7, 5　　② 8, 5
③ 8, 9　　④ 7, 9

상중하

64 IPv6에 대한 설명으로 틀린 것은?

① 더 많은 IP 주소를 지원할 수 있도록 주소의 크기는 64비트이다.
② 프로토콜의 확장을 허용하도록 설계되었다.
③ 확장 헤더로 이동성을 지원하고, 보안 및 서비스 품질 기능 등이 개선되었다.
④ 유니캐스트, 멀티캐스트, 애니캐스트를 지원한다.

상 중 하

65 다음 Python 프로그램이 실행되었을 때, 실행 결과는?

```
a = 0
b = 0

def func1():
    a = 10
    b = a
    return b
def func2():
    global a
    b = a
    return b

a = 20
b = 20
print(func1())
print(func2())
a = a + 20
b = b + 20
print(func1())
print(func2())
```

① 10 20 10 40

② 10 20 10 20

③ 20 20 10 40

④ 20 20 40 40

상 중 하

66 다음 중 IP의 라우팅 프로토콜이 아닌 것은?

① IGP ② RIP
③ EGP ④ HDLC

상 중 하

67 HRN 방식으로 스케줄링할 경우, 입력된 작업이 다음 <표>와 같을 때 우선순위가 가장 높은 것은?

작업	대기 시간	서비스(실행) 시간
A	5	20
B	40	20
C	15	45
D	40	10

① A ② B ③ C ④ D

상 중 하

68 메모리 관리 기법 중 Worst-Fit 방법을 사용할 경우 10K 크기의 프로그램 실행을 위해서는 어느 부분이 할당되는가?

영역 번호	메모리 크기	사용 여부
NO.1	8K	FREE
NO.2	12K	FREE
NO.3	10K	IN USE
NO.4	20K	IN USE
NO.5	16K	FREE

① NO.2 ② NO.3
③ NO.4 ④ NO.5

상 중 하

69 다음은 교착상태 발생 조건 중 어떤 조건을 제거하기 위한 것인가?

- 프로세스가 수행되기 전에 필요한 모든 자원을 할당시켜 준다.
- 자원이 점유되지 않은 상태에서만 자원을 요구하도록 한다.

① Mutual Exclusion
② Hold and Wait
③ Non-preemption
④ Circular Wait

상 중 하

70 다음 중 Java의 예외 처리 구문의 예약어가 아닌 것은?

① try ② catch
③ finally ④ extends

상 중 하

71 다음 Java 프로그램이 실행되었을 때의 결과는?

```
public class Operator {
     public static void main(String[]
args) {
          int x = 7, y = 0, z = 0;
          y = x++;
          z = --x;
          System.out.print(x + ", " + y
+ ", " + z);
     }
}
```

① 7, 7, 7 ② 5, 6, 5
③ 6, 5, 5 ④ 5, 6, 4

상 중 하

72 다음 Java 프로그램이 실행되었을 때의 결과는?

```
public class BBB extends AAA
{
    int a = 20;
    void d() {
        System.out.print("Hello");
    }
     public static void main(String[]
args) {
        AAA obj = new BBB();
        obj.d();
        System.out.print(obj.a);
    }
}
class AAA
{
    int a = 10;
    void d() {
        System.out.print("Hi");
     }
}
```

① Hi10 ② Hi20
③ Hello10 ④ Hello20

상 중 하

73 귀도 반 로섬(Guido van Rossum)이 발표한 언어로 인터프리터 방식이자 객체지향적이며, 배우기 쉽고 이식성이 좋은 것이 특징인 스크립트 언어는?

① C++ ② Java
③ C# ④ Python

상 중 하

74 다음 Java의 연산자 중 우선순위가 가장 높은 것은?

① ^ ② %
③ = ④ <<

상중하

75 OSI 7계층 중 네트워크 계층에 대한 설명으로 틀린 것은?

① 패킷을 발신지로부터 최종 목적지까지 전달하는 책임을 진다.
② 한 노드로부터 다른 노드로 프레임을 전송하는 책임을 진다.
③ 패킷에 발신지와 목적지의 논리 주소를 추가한다.
④ 라우터 또는 교환기는 패킷 전달을 위해 경로를 지정하거나 교환 기능을 제공한다.

상중하

76 10.0.0.0 네트워크 전체에서 마스크값으로 255.240.0.0을 사용할 경우 유효한 서브넷 ID는?

① 10.240.0.0　② 10.0.0.32
③ 10.1.16.3　④ 10.29.240.0

상중하

77 페이지 부재율(Page Fault Ratio)과 스래싱(Thrashing)의 관계에 대한 설명 중 가장 옳은 것은?

① 페이지 부재율이 크면 스래싱이 많이 일어난 것이다.
② 페이지 부재율과 스래싱은 관계가 없다.
③ 다중 프로그래밍의 정도가 높아지면 페이지 부재율과 스래싱이 감소한다.
④ 스래싱이 많이 발생하면 페이지 부재율이 감소할 수 있어서 여러 스레드가 시스템 호출을 동시에 사용할 수 없다.

상중하

78 결합도(Coupling) 단계를 약한 순서에서 강한 순서로 가장 옳게 표시한 것은?

① Stamp → Data → Control → Common → Content
② Control → Data → Stamp → Common → Content
③ Content → Stamp → Control → Common → Data
④ Data → Stamp → Control → Common → Content

상중하

79 다음 C언어 프로그램이 실행되었을 때, 실행 결과는?

```
#include <stdio.h>
#include <string.h>
int main(int argc, char *argv[]) {
        char str1[20] = "KOREA";
        char str2[20] = "LOVE";
        char* p1 = NULL;
        char* p2 = NULL;
        p1 = str1;
        p2 = str2;
        str1[1] = p2[2];
        str2[3] = p1[4];
        strcat(str1, str2);
        printf("%c", *(p1+2));
        return 0;
}
```

① E　② V
③ R　④ O

상중하

80 다음 중 Java의 비교 연산자가 아닌 것은?

① >　② ||
③ !=　④ ==

5 과목 # 정보 시스템 구축 관리

상 중 하

81 **정보보호를 위한 암호화에 대한 설명으로 틀린 것은?**

① 평문 – 암호화되기 전의 원본 메시지
② 암호문 – 암호화가 적용된 메시지
③ 복호화 – 평문을 암호문으로 바꾸는 작업
④ 키(Key) – 적절한 암호화를 위하여 사용하는 값

상 중 하

82 **제어 흐름 그래프가 다음과 같을 때 McCabe의 Cyclomatic 수는 얼마인가?**

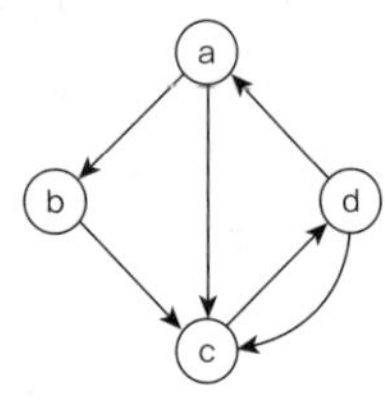

① 3　　② 4
③ 5　　④ 6

상 중 하

83 **다음이 설명하는 공격 기법은?**

> 컴퓨터 소프트웨어나 하드웨어 및 컴퓨터 관련 전자 제품의 버그, 보안 취약점 등 설계상 결함을 이용하여 공격자의 의도된 동작을 수행하도록 만들어진 절차나 일련의 명령, 스크립트, 프로그램 또는 특정한 데이터 조각을 말한다.

① 익스플로잇(Exploit)
② 웜(Worm)
③ LAND Attack
④ TearDrop

상 중 하

84 **취약점 관리를 위한 응용 프로그램의 보안 설정과 가장 거리가 먼 것은?**

① 서버 관리실 출입 통제
② 실행 프로세스 권한 설정
③ 운영체제의 접근 제한
④ 운영체제의 정보 수집 제한

상 중 하

85 **페어 프로그래밍(Pair Programming)에 대한 설명으로 틀린 것은?**

① 두 사람이 짝이 되어 한 사람은 코딩을, 다른 사람은 검사를 수행하는 방식이다.
② 게임처럼 선수와 규칙, 목표를 두고 기획에 임한다.
③ 코드에 대한 책임을 공유하고, 비형식적인 검토를 수행할 수 있다.
④ 코드 개선을 위한 리팩토링을 장려하며, 생산성이 떨어지지 않는다.

상 중 하

86 **이용자가 인터넷과 같은 공중망에 사설망을 구축하여 마치 전용망을 사용하는 효과를 가지는 보안 솔루션은?**

① ZIGBEE　　② KDD
③ IDS　　④ VPN

상 중 하

87 **소프트웨어 개발 모델 중 나선형 모델의 4가지 주요 활동이 순서대로 나열된 것은?**

Ⓐ 계획 수립	Ⓑ 고객 평가
Ⓒ 개발 및 검증	Ⓓ 위험 분석

① Ⓐ → Ⓑ → Ⓓ → Ⓒ순으로 반복
② Ⓐ → Ⓓ → Ⓒ → Ⓑ순으로 반복
③ Ⓐ → Ⓑ → Ⓒ → Ⓓ순으로 반복
④ Ⓐ → Ⓒ → Ⓑ → Ⓓ순으로 반복

상 중 하

88 **다음 설명에 해당하는 시스템은?**

> – 1990년대 David Clock이 처음 제안하였다.
> – 비정상적인 접근의 탐지를 위해 의도적으로 설치해 둔 시스템이다.
> – 침입자를 속여 실제 공격당하는 것처럼 보여줌으로써 크래커를 추적 및 공격 기법의 정보를 수집하는 역할을 한다.
> – 쉽게 공격자에게 노출되어야 하며 쉽게 공격이 가능한 것처럼 취약해 보여야 한다.

① Apache　　② Hadoop
③ Honeypot　　④ MapReduce

상중하

89 물리적 배치와 상관없이 논리적으로 LAN을 구성하여 Broadcast Domain을 구분할 수 있게 해주는 기술로 접속된 장비들의 성능 향상 및 보안성 증대 효과가 있는 것은?

① VLAN ② STP
③ L2AN ④ ARP

상중하

90 대칭 암호 알고리즘과 비대칭 암호 알고리즘에 대한 설명으로 틀린 것은?

① 대칭 암호 알고리즘은 비교적 실행 속도가 빠르기 때문에 다양한 암호의 핵심 함수로 사용될 수 있다.
② 대칭 암호 알고리즘은 비밀키 전달을 위한 키 교환이 필요하지 않아 암호화 및 복호화의 속도가 빠르다.
③ 비대칭 암호 알고리즘은 자신만이 보관하는 비밀키를 이용하여 인증, 전자 서명 등에 적용이 가능하다.
④ 대표적인 대칭 키 암호 알고리즘으로는 AES, IDEA 등이 있다.

상중하

91 정보 시스템과 관련한 다음 설명에 해당하는 것은?

- 각 시스템 간에 공유 디스크를 중심으로 클러스터링으로 엮여 다수의 시스템을 동시에 연결할 수 있다.
- 조직, 기업의 기간 업무 서버 등의 안정성을 높이기 위해 사용될 수 있다.
- 여러 가지 방식으로 구현되며 2개의 서버를 연결하는 것으로 2개의 시스템이 각각 업무를 수행하도록 구현하는 방식이 널리 사용된다.

① 고가용성 솔루션(HACMP)
② 점대점 연결 방식(Point-to-Point Mode)
③ 스턱스넷(Stuxnet)
④ 루팅(Rooting)

상중하

92 IP 또는 ICMP의 특성을 악용하여 특정 사이트에 집중적으로 데이터를 보내 네트워크 또는 시스템의 상태를 불능으로 만드는 공격 방법은?

① TearDrop
② Smishing
③ Qshing
④ Smurfing

상중하

93 다음 보안 인증 방법 중 패스워드에 해당하는 것은?

① Something You Know
② Something You Have
③ Something You Are
④ Somewhere You Are

상중하

94 OSI 7계층 중 물리 계층에서만 사용하는 장비로써 근거리 무선 통신망(LAN)의 전송 매체상에 흐르는 신호를 정형, 증폭, 중계하는 장치는?

① Repeater
② Router
③ Bridge
④ Gateway

상중하

95 접근 통제(Access Control)에 대한 설명으로 틀린 것은?

① 접근 통제 요소는 식별, 인증, 인가이다.
② 역할 기반 접근 통제는 직책이 아닌 사람에 대해 권한을 부여함으로써 효율적인 권한 관리가 가능하다.
③ 임의적 접근 통제는 정보의 소유자가 보안 레벨을 결정하고 이에 대한 정보의 접근 제어를 설정하는 방식이다.
④ 강제적 접근 통제는 중앙에서 정보를 수집하고 분류하여 보안 레벨을 결정하고 정책적으로 접근 제어를 수행하는 방식이다.

상 중 하

96 시스템 평가 방법 중 소프트웨어 비용 산출 방법이 아닌 것은?

① LOC 방법
② COCOMO 방법
③ CPM 방법
④ 델파이 방법

상 중 하

97 CPM 네트워크가 다음과 같을 때 임계경로의 소요 기일은?

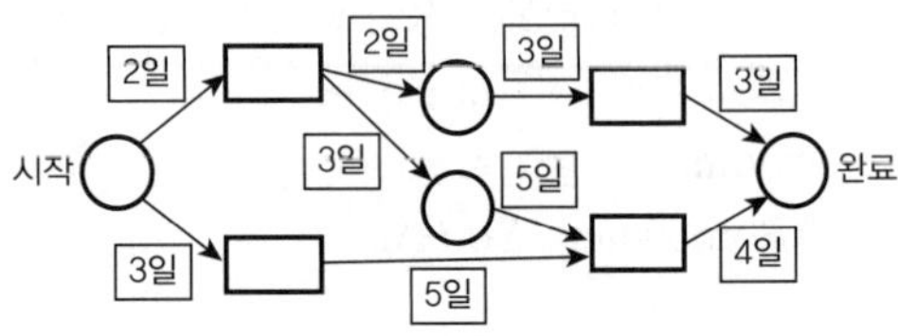

① 10일　② 12일
③ 14일　④ 16일

상 중 하

98 시스템의 사용자가 로그인하여 명령을 내리는 과정에 대한 시스템의 동작 중 다음 설명에 해당하는 것은?

- 자신의 신원을 시스템에 증명하는 과정이다.
- 아이디와 패스워드를 입력하는 과정이 가장 일반적인 예시라고 볼 수 있다.

① Aging
② Accounting
③ Authorization
④ Authentication

상 중 하

99 소프트웨어 비용 추정 모형(Estimation Models)이 아닌 것은?

① Use Case Points
② Agile Estimation Models
③ Function-Point
④ PERT

상 중 하

100 다음 설명에 해당하는 보안 시스템은?

- 사용자, 시스템 행동의 모니터링 및 분석
- 시스템 설정 및 취약점에 대한 감사 기록
- 알려진 공격에 대한 행위 패턴 인식
- 비정상적 행위 패턴에 대한 통계적 분석

① IDS　② Firewall
③ DMZ　④ IPS

해설과 따로 보는 최신 기출문제 03회

시행 일자	시험 시간	문항 수
2023년 제1회	2시간 30분	100문항

풀이 시간 : ______________ 채점 점수 : ______________

1과목 소프트웨어 설계

상 중 하

01 메시지 지향 미들웨어(Message-Oriented Middle-ware, MOM)에 대한 설명으로 틀린 것은?

① 느리고 안정적인 응답보다는 즉각적인 응답이 필요한 온라인 업무에 적합하다.
② 독립적인 애플리케이션을 하나의 통합된 시스템으로 묶기 위한 역할을 한다.
③ 송신측과 수신측의 연결 시 메시지 큐를 활용하는 방법이 있다.
④ 상이한 애플리케이션 간 통신을 비동기 방식으로 지원한다.

상 중 하

02 GoF(Gangs of Four) 디자인 패턴 중 Singleton 패턴에 대한 설명으로 옳은 것은?

① 기능 확장이 필요할 때 서브 클래싱(Sub Classing) 대신 쓸 수 있는 유연한 대안을 제공한다.
② 서브 시스템에 있는 객체들을 사용할 수 있도록 인터페이스 역할을 한다.
③ 대표적인 구조 패턴으로 인스턴스를 복제하여 사용하는 구조를 말한다.
④ 특정 클래스의 인스턴스가 오직 하나임을 보장하고, 이 인스턴스에 대한 접근 방법을 제공한다.

상 중 하

03 웹과 컴퓨터 프로그램에서 용량이 적은 데이터를 교환하기 위해 데이터 객체를 속성 · 값의 쌍 형태로 표현하는 형식으로 자바스크립트(JavaScript)를 토대로 개발된 형식은?

① Python
② XML
③ JSON
④ WEB SERVER

상 중 하

04 자료 흐름도(DFD)를 작성하는 데 지침이 될 수 없는 항목은?

① 자료 흐름은 처리(Process)를 거쳐 변환될 때마다 새로운 이름을 부여한다.
② 어떤 처리(Process)가 출력 자료를 산출하기 위해서는 반드시 입력 자료가 발생해야 한다.
③ 자료 저장소에 입력 화살표가 있으면 반드시 출력 화살표도 표시되어야 한다.
④ 상위 단계의 처리(Process)와 하위 자료 흐름도의 자료 흐름은 서로 일치되어야 한다.

상 중 하

05 HIPO에 대한 설명으로 옳지 않은 것은?

① HIPO는 일반적으로 가시적 도표(Visual Table of Contents), 총체적 다이어그램(Overview Diagram), 세부적 다이어그램(Detail Diagram) 으로 구성된다.
② 가시적 도표(Visual Table of Contents)는 시스템에 있는 어떤 특별한 기능을 담당하는 부분의 입력, 처리, 출력에 대한 전반적인 정보를 제공한다.
③ HIPO 기법은 문서화의 도구 및 설계 도구 방법을 제공하는 기법이다.
④ HIPO의 기본 시스템 모델은 입력, 처리, 출력으로 구성된다.

상 중 하

06 럼바우의 분석 기법에서 다음 설명에 해당하는 것은?

> – 자료 흐름도를 이용하여 다수의 프로세스들 간의 자료 흐름을 중심으로 처리 과정을 표현한 모델링이다.
> – 어떤 데이터를 입력하여 어떤 결과를 구할 것인지를 표현하는 것이다.

① 기능 모델링 ② 동적 모델링
③ 객체 모델링 ④ 정적 모델링

상 중 하

07 객체지향 기법에서 클래스들 사이의 '부분–전체(part–whole)' 관계 또는 '부분(is–a–part–of)'의 관계로 설명되는 연관성을 나타내는 용어는?

① 일반화 ② 추상화
③ 캡슐화 ④ 집단화

상 중 하

08 소프트웨어 개발 프레임워크의 적용 효과로 볼 수 없는 것은?

① 공통 컴포넌트 재사용으로 중복 예산 절감
② 기술 종속으로 인한 선행사업자 의존도 증대
③ 표준화된 연계 모듈 활용으로 상호 운용성 향상
④ 개발 표준에 의한 모듈화로 유지보수 용이

상 중 하

09 객체지향 기법에서 다음 설명에 해당하는 것으로 가장 옳은 것은?

> – 다른 객체에게 자신의 정보를 숨기고 자신의 연산만을 통하여 접근한다.
> – 유지보수와 소프트웨어 확장 시 오류를 최소화 할 수 있다.

① Abstraction
② Inheritance
③ Information Hiding
④ Polymorphism

상 중 하

10 색인 순차 파일에 대한 설명으로 옳지 않은 것은?

① 레코드를 참조할 때 색인을 탐색한 후 색인이 가리키는 포인터를 사용하여 직접 참조할 수 있다.
② 레코드를 추가 및 삽입하는 경우, 파일 전체를 복사할 필요가 없다.
③ 인덱스를 저장하기 위한 공간과 오버플로우 처리를 위한 별도의 공간이 필요 없다.
④ 색인 구역은 트랙 색인 구역, 실린더 색인 구역, 마스터 색인 구역으로 구성된다.

상 중 하

11 GoF(Gangs of Four) 디자인 패턴 분류에 해당하지 않는 것은?

① 생성 패턴 ② 구조 패턴
③ 행위 패턴 ④ 추상 패턴

상 중 하

12 UML의 기본 구성 요소가 아닌 것은?

① Things
② Terminal
③ Relationship
④ Diagram

상 중 하

13 대표적으로 DOS 및 Unix 등의 운영체제에서 조작을 위해 사용하던 것으로, 정해진 명령 문자열을 입력하여 시스템을 조작하는 사용자 인터페이스(User Interface)는?

① GUI(Graphical User Interface)
② CLI(Command Line Interface)
③ CUI(Cell User Interface)
④ MUI(Mobile User Interface)

상 중 하

14 **미들웨어(Middleware)에 대한 설명으로 틀린 것은?**

① 여러 운영체제에서 응용 프로그램들 사이에 위치한 소프트웨어이다.
② 미들웨어의 서비스 이용을 위해 사용자가 정보 교환 방법 등의 내부 동작을 쉽게 확인할 수 있어야 한다.
③ 소프트웨어 컴포넌트를 연결하기 위한 준비된 인프라 구조를 제공한다.
④ 여러 컴포넌트를 1대1, 1대다, 다대다 등 여러 가지 형태로 연결이 가능하다.

상 중 하

15 **GoF(Gangs of Four) 디자인 패턴에서 생성(Creational) 패턴에 해당하는 것은?**

① 컴퍼지트(Composite)
② 어댑터(Adapter)
③ 추상 팩토리(Abstract Factory)
④ 옵서버(Observer)

상 중 하

16 **데이터 사전(Data Dictionary)에 대한 설명으로 부적합한 것은?**

① 여러 가지 스키마와 이들 속에 포함된 사상들에 관한 정보도 컴파일되어 저장된다.
② 데이터베이스를 실제로 접근하는 데 필요한 정보를 유지, 관리하며 시스템만이 접근 가능하다.
③ 사전 자체도 하나의 데이터베이스로 간주되며, 시스템 카탈로그(System Catalog)라고도 한다.
④ 데이터베이스가 취급하는 모든 데이터 객체들에 대한 정의나 명세에 관한 정보를 관리 유지한다.

상 중 하

17 **다음 중 애자일(Agile) 소프트웨어 개발에 대한 설명으로 틀린 것은?**

① 공정과 도구보다 개인과의 상호 작용을 더 가치 있게 여긴다.
② 동작하는 소프트웨어보다는 포괄적인 문서를 가치 있게 여긴다.
③ 계약 협상보다는 고객과의 협력을 가치 있게 여긴다.
④ 계획을 따르기보다 변화에 대응하기를 가치 있게 여긴다.

상 중 하

18 **자료 흐름도(Data Flow Diagram)의 구성 요소로 옳은 것은?**

① Process, Data Flow, Data Store, Comment
② Process, Data Flow, Data Store, Terminator
③ Data Flow, Data Store, Terminator, Data Dictionary
④ Process, Data Store, Terminator, Mini-Spec

상 중 하

19 **CASE(Computer-Aided Software Engineering) 도구에 대한 설명으로 거리가 먼 것은?**

① 소프트웨어 개발 과정의 일부 또는 전체를 자동화하기 위한 도구이다.
② 표준화된 개발 환경 구축 및 문서 자동화 기능을 제공한다.
③ 작업 과정 및 데이터 공유를 통해 작업자 간의 커뮤니케이션을 증대한다.
④ 2000년대 이후 소개되었으며, 객체지향 시스템에 한해 효과적으로 활용된다.

상 중 하

20 **익스트림 프로그래밍에 대한 설명으로 틀린 것은?**

① 대표적인 구조적 방법론 중 하나이다.
② 소규모 개발 조직이 불확실하고 변경이 많은 요구를 접하였을 때 적절한 방법이다.
③ 익스트림 프로그래밍을 구동시키는 원리는 상식적인 원리와 경험을 최대한 끌어올리는 것이다.
④ 구체적인 실천 방법을 정의하고 있으며, 개발 문서보다는 소스 코드에 중점을 둔다.

2과목 소프트웨어 개발

상중하

21 소프트웨어공학에서 워크스루(Walkthrough)에 대한 설명으로 틀린 것은?

① 사용 사례를 확장하여 명세하거나 설계 다이어그램, 원시 코드, 테스트 케이스 등에 적용할 수 있다.
② 복잡한 알고리즘 또는 반복, 실시간 동작, 병행 처리와 같은 기능이나 동작을 이해하려고 할 때 유용하다.
③ 인스펙션(Inspection)과 동일한 의미를 가진다.
④ 단순한 테스트 케이스를 이용하여 프로덕트를 수작업으로 수행해 보는 것이다.

상중하

22 다음 중 빌드 자동화 도구가 아닌 것은?

① Ant ② Maven
③ Gradle ④ Git

상중하

23 소프트웨어 품질 관련 국제 표준인 ISO/IEC 25000에 관한 설명으로 옳지 않은 것은?

① 소프트웨어 품질 평가를 위한 소프트웨어 품질 평가 통합 모델 표준이다.
② System and Software Quality Requirements and Evaluation으로 줄여서 SQuaRE라고도 한다.
③ ISO/IEC 2501n에서는 소프트웨어의 내부 측정, 외부 측정, 사용 품질 측정, 품질 측정 요소 등을 다룬다.
④ 기존 소프트웨어 품질 평가 모델과 소프트웨어 평가 절차 모델인 ISO/IEC 9126과 ISO/IEC 14598을 통합하였다.

상중하

24 소프트웨어 패키징에 대한 설명으로 틀린 것은?

① 패키징은 개발자 중심으로 진행한다.
② 신규 및 변경 개발 소스를 식별하고, 이를 모듈화하여 상용 제품으로 패키징한다.
③ 고객의 편의성을 위해 매뉴얼 및 버전 관리를 지속적으로 한다.
④ 범용 환경에서 사용할 수 있도록 일반적인 배포 형태로 패키징이 진행된다.

상중하

25 블랙박스 테스트를 이용하여 발견할 수 있는 오류의 경우로 가장 거리가 먼 것은?

① 비정상적인 자료를 입력해도 오류 처리를 수행하지 않는 경우
② 정상적인 자료를 입력해도 요구된 기능이 제대로 수행되지 않는 경우
③ 반복 조건을 만족하는데도 루프 내의 문장이 수행되지 않는 경우
④ 경계값을 입력할 경우 요구된 출력 결과가 나오지 않는 경우

상중하

26 다음 중 릴리즈 노트 작성 항목이 아닌 것은?

① 헤더 ② 이슈 요약
③ 재현 항목 ④ 개발자 이름

상중하

27 다음 트리를 전위 순회(Preorder Traversal)한 결과는?

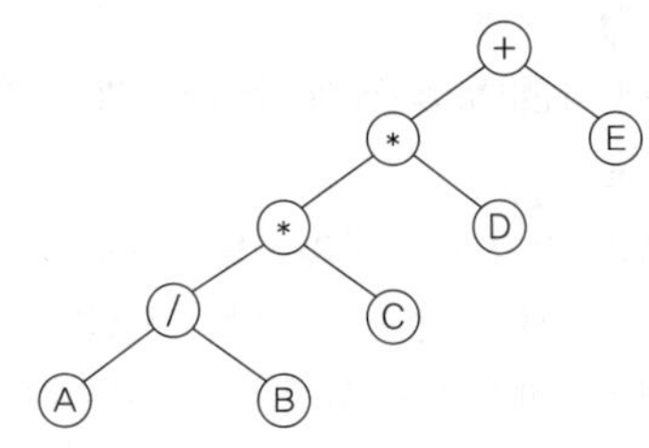

① + * A B / * C D E ② A B / C * D * E +
③ A / B * C * D + E ④ + * * / A B C D E

상중하

28 소스 코드 정적 분석(Static Analysis)에 대한 설명으로 틀린 것은?

① 소스 코드를 실행시키지 않고 분석한다.
② 코드에 있는 오류나 잠재적인 오류를 찾아내기 위한 활동이다.
③ 하드웨어적인 방법으로만 코드 분석이 가능하다.
④ 자료 흐름이나 논리 흐름을 분석하여 비정상적인 패턴을 찾을 수 있다.

상중하

29 **중위 표 기법(Infix)의 수식 (A+B)*C+(D+E)을 후위 표 기법으로(Postfix) 올바르게 표기한 것은?**

① AB+CDE*++
② AB+C*DE++
③ +AB*C+DE+
④ +*+ABC+DE

상중하

30 **소프트웨어 품질 목표 중 사용자의 요구 기능을 충족시키는 정도를 의미하는 시스템 능력은?**

① Portability ② Efficiency
③ Usability ④ Correctness

상중하

31 **회귀 테스트(Regression Test)에 대한 설명으로 옳은 것은?**

① 개발자의 통제하에 사용자가 개발 환경에서 수행하는 테스트이다.
② 시스템에 고장이 발생하더라도 시스템이 정상적으로 작동 가능한지 파악하기 위한 테스트이다.
③ 시스템의 변경된 부분이 기존 시스템에 부작용을 일으키는지를 파악하기 위한 테스트이다.
④ 개발된 소프트웨어를 사용자가 실제 운영 환경에서 수행하는 테스트이다.

상중하

32 **소프트웨어 모듈화의 장점이 아닌 것은?**

① 오류의 파급 효과를 최소화한다.
② 기능의 분리가 가능하여 인터페이스가 복잡하다.
③ 모듈의 재사용 가능으로 개발과 유지보수가 용이하다.
④ 프로그램의 효율적인 관리가 가능하다.

상중하

33 **개별 모듈을 시험하는 것으로 모듈이 정확하게 구현되었는지, 예정한 기능이 제대로 수행되는지를 점검하는 것이 주요 목적인 테스트는?**

① 통합 테스트(Integration Test)
② 단위 테스트(Unit Test)
③ 시스템 테스트(System Test)
④ 인수 테스트(Acceptance Test)

상중하

34 **디지털 저작권 관리(DRM)의 기술 요소가 아닌 것은?**

① 크랙 방지 기술
② 정책 관리 기술
③ 암호화 기술
④ 방화벽 기술

상중하

35 **여러 개의 선택 항목 중 하나의 선택만 가능한 경우 사용하는 사용자 인터페이스(UI) 요소는?**

① 토글 버튼
② 텍스트 박스
③ 라디오 버튼
④ 체크 박스

상중하

36 **하향식 통합 테스트에 대한 설명으로 틀린 것은?**

① 깊이 우선 방식 또는 너비 우선 방식이 있다.
② 상위 컴포넌트를 테스트하고 점증적으로 하위 컴포넌트를 테스트한다.
③ 하위 컴포넌트 개발이 완료되지 않은 경우 스텁(Stub)을 사용하기도 한다.
④ 테스트 케이스 입력과 출력을 조정하기 위한 드라이버(Driver)를 작성한다.

상중하

37 **아주 오래되거나 참고문서 또는 개발자가 없어 유지보수 작업이 아주 어려운 프로그램을 의미하는 것은?**

① Title Code
② Source Code
③ Object Code
④ Alien Code

상 중 하

38 프로젝트에 내재된 위험 요소를 인식하고 그 영향을 분석하여 이를 관리하는 활동으로서, 프로젝트를 성공시키기 위하여 위험 요소를 사전에 예측, 대비하는 모든 기술과 활동을 포함하는 것은?

① Critical Path Method
② Risk Analysis
③ Work Breakdown Structure
④ Waterfall Model

상 중 하

39 다음은 인스펙션(Inspection) 과정을 표현한 것이다. (가) ~ (마)에 들어갈 말을 [보기]에서 찾아 바르게 연결한 것은?

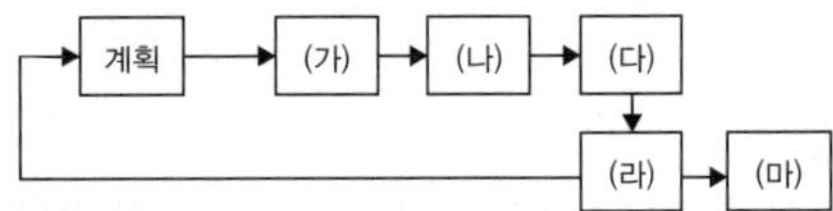

[보기]

㉠ 준비	㉡ 사전교육
㉢ 인스펙션 회의	㉣ 재작업
㉤ 추적	

① (가) – ㉡, (나) – ㉢
② (나) – ㉠, (다) – ㉢
③ (다) – ㉢, (라) – ㉤
④ (라) – ㉣, (마) – ㉢

상 중 하

40 EAI(Enterprise Application Integration) 구축 유형 중 Hybrid에 대한 설명으로 틀린 것은?

① Hub & Spoke와 Message Bus의 혼합 방식이다.
② 필요한 경우 한 가지 방식으로 EAI 구현이 가능하다.
③ 데이터 병목 현상을 최소화할 수 있다.
④ 중간에 미들웨어를 두지 않고 각 애플리케이션을 Point-to-Point로 연결한다.

3과목 데이터베이스 구축

상 중 하

41 정규화에 대한 설명으로 적절하지 않은 것은?

① 데이터베이스의 개념적 설계 단계 이전에 수행한다.
② 데이터 구조의 안정성을 최대화한다.
③ 중복을 배제하여 삽입, 삭제, 갱신 이상의 발생을 방지한다.
④ 데이터 삽입 시 릴레이션을 재구성할 필요성을 줄인다.

상 중 하

42 개체-관계 모델에 대한 설명으로 옳지 않은 것은?

① 오너-멤버(Owner-Member) 관계라고도 한다.
② 개체 타입과 이들 간의 관계 타입을 기본 요소로 이용하여 현실 세계를 개념적으로 표현한다.
③ E-R 다이어그램에서 개체 타입은 사각형으로 나타낸다.
④ E-R 다이어그램에서 속성은 타원으로 나타낸다.

상 중 하

43 관계 대수와 관계 해석에 대한 설명으로 옳지 않은 것은?

① 관계 대수는 원하는 정보가 무엇이라는 것만 정의하는 비절차적 특징을 가지고 있다.
② 기본적으로 관계 대수와 관계 해석은 관계 데이터베이스를 처리하는 기능과 능력면에서 동등하다.
③ 관계 해석에는 튜플 관계 해석과 도메인 관계 해석이 있다.
④ 관계 해석은 수학의 프레디킷 해석(Predicate Calculus)에 기반을 두고 있다.

상 중 하

44 트랜잭션의 상태 중 트랜잭션의 마지막 연산이 실행된 직후의 상태로, 모든 연산의 처리는 끝났지만 트랜잭션이 수행한 최종 결과를 데이터베이스에 반영하지 않은 상태는?

① Active
② Partially Committed
③ Committed
④ Aborted

상중하

45 SQL은 사용 용도에 따라 DDL, DML, DCL로 구분할 수 있다. 다음 중 성격이 다른 하나는?

① UPDATE ② SELECT
③ INSERT ④ CREATE

상중하

46 분산 데이터베이스 시스템(Distributed Database System)에 대한 설명으로 틀린 것은?

① 분산 데이터베이스는 논리적으로는 하나의 시스템에 속하지만 물리적으로는 여러 개의 컴퓨터 사이트에 분산되어 있다.
② 위치 투명성, 중복 투명성, 병행 투명성, 장애 투명성을 목표로 한다.
③ 데이터베이스의 설계가 비교적 어렵고, 개발 비용과 처리 비용이 증가한다는 단점이 있다.
④ 분산 데이터베이스 시스템의 주요 구성 요소는 분산 처리기, P2P 시스템, 단일 데이터베이스 등이 있다.

상중하

47 관계 데이터베이스인 테이블 R1에 대한 아래 SQL문의 실행 결과로 옳은 것은?

[R1]

학번	이름	학년	학과	주소
1000	홍길동	1	컴퓨터공학	서울
2000	김철수	1	전기공학	경기
3000	강남길	2	전기공학	경기
4000	오말자	2	컴퓨터공학	경기
5000	장미화	3	전자공학	서울

[SQL문]

```
SELECT 주소 FROM R1 GROUP BY 주소 HAVING
COUNT(*) >= 2;
```

①

주소
서울

②

주소
서울
경기

③

주소
경기

④

주소	COUNT(*)
서울	2
경기	3

상중하

48 데이터베이스 설계 시 논리적 설계 단계에 대한 설명으로 옳지 않은 것은?

① 사용자의 요구에 대한 트랜잭션을 모델링한다.
② 트랜잭션 인터페이스를 설계한다.
③ 관계형 데이터베이스에서는 테이블을 설계하는 단계이다.
④ DBMS에 맞는 논리적 스키마를 설계한다.

상중하

49 데이터베이스의 ACID에 대한 설명으로 가장 옳지 않은 것은?

① A : Atomicity(원자성)의 의미이며 트랜잭션과 관련된 작업들이 부분적으로 실행되다가 중단되지 않는 것을 보장하는 것을 말한다.
② C : Consistency(일관성)의 의미로 트랜잭션 실행을 성공적으로 완료하면 언제나 일관성 있는 DB 상태로 유지하는 것을 말한다.
③ I : Isolation(고립성)의 의미로 트랜잭션 수행 시 다른 트랜잭션 연산 작업이 중간에 개입되지 못하도록 보장하는 것을 말한다.
④ D : Dictionary(사전)의 의미로 데이터베이스가 사전의 구조를 가지는 것을 의미한다.

상중하

50 데이터베이스 시스템에서 삽입, 갱신, 삭제 등의 이벤트가 발생할 때마다 관련 작업이 자동으로 수행되는 절차형 SQL은?

① 트리거(Trigger) ② 무결성(Integrity)
③ 잠금(Lock) ④ 복귀(Rollback)

상중하

51 릴레이션의 특징으로 옳은 내용 모두를 나열한 것은?

㉠ 모든 튜플은 서로 다른 값을 갖는다.
㉡ 각 속성은 중복된 이름을 가질 수 있으며, 속성의 순서는 중요하다.
㉢ 튜플 사이에는 순서가 없다.
㉣ 모든 속성값은 원자값이다.

① ㉠, ㉡ ② ㉠, ㉡, ㉣
③ ㉠, ㉢, ㉣ ④ ㉠, ㉡, ㉢, ㉣

상 중 하

52 SQL 명령어 중 TRUNCATE와 DELETE에 대한 설명으로 옳지 않은 것은?

① TRUNCATE는 Auto Commit이 수행되어 Rollback이 가능하다.
② TRUNCATE와 DELETE는 DROP과는 다르게 테이블의 데이터만 삭제한다.
③ DELETE는 테이블의 데이터만 삭제하며 삭제된 디스크 공간의 용량은 줄어들지 않는다.
④ TRUNCATE는 테이블의 데이터 삭제 시 WHERE 조건절은 사용할 수 없지만 DELETE보다 처리 속도가 빠르다.

상 중 하

53 관계 데이터 모델, 계층 데이터 모델, 네트워크 데이터 모델의 가장 큰 차이점은 무엇인가?

① 개체의 표현 방법
② 속성의 표현 방법
③ 관계의 표현 방법
④ 데이터 저장 방법

상 중 하

54 학생 테이블에서 성명에 '정'이 포함된 튜플을 검색하는 SQL 명령문은?

① SELECT * FROM 학생 WHERE 성명 LIKE '정%';
② SELECT * FROM 학생 WHERE 성명 LIKE '%정';
③ SELECT * FROM 학생 WHERE 성명 LIKE '%정%';
④ SELECT * FROM 학생 WHERE 성명 LIKE '_정_';

상 중 하

55 다음 표와 같은 판매실적 테이블에 대하여 서울 지역에 한하여 판매액 내림차순으로 지점명과 판매액을 출력하고자 한다. 가장 알맞은 SQL 구문은?

[테이블명 : 판매실적]

도시	지점명	판매액
서울	강남지점	330
서울	강북지점	168
광주	광주지점	197
서울	강서지점	158
서울	강동지점	197
대전	대전지점	165

① SELECT 지점명, 판매액 FROM 판매실적 WHERE 도시 = "서울" ORDER BY 판매액 DESC;
② SELECT 지점명, 판매액 FROM 판매실적 ORDER BY 판매액 DESC;
③ SELECT 지점명, 판매액 FROM 판매실적 WHERE 도시 = "서울" ASC;
④ SELECT * FROM 판매실적 WHEN 도시 = "서울" ORDER BY 판매액 DESC;

상 중 하

56 물리 데이터 저장소의 파티션 설계에서 파티션 유형으로 옳지 않은 것은?

① 범위 분할(Range Partitioning)
② 해시 분할(Hash Partitioning)
③ 조합 분할(Composite Partitioning)
④ 유닛 분할(Unit Partitioning)

상 중 하

57 다음 SQL 명령문에 대한 설명으로 가장 옳지 않은 것은?

```
ALTER TABLE 학생 DROP COLUMN 지도교수 CASCADE;
```

① 학생 테이블의 지도교수 컬럼의 제약 조건을 삭제한다.
② 학생 테이블의 지도교수 컬럼을 삭제하며 참조되는 다른 테이블의 지도교수 컬럼까지 연쇄 삭제한다.
③ 학생 테이블의 지도교수 컬럼을 수정한다.
④ 학생 테이블의 지도교수 컬럼을 제한적으로 삭제한다.

상 중 하

58 SQL View(뷰)에 대한 설명으로 틀린 것은?

① 뷰(View)를 제거하고자 할 때는 DROP문을 이용한다.
② 뷰(View)의 정의를 변경하고자 할 때는 ALTER문을 이용한다.
③ 뷰(View)를 생성하고자 할 때는 CREATE문을 이용한다.
④ 뷰(View)의 내용을 검색하고자 할 때는 SELECT문을 이용한다.

상 중 하

59 병행 제어의 로킹(Locking) 단위에 대한 설명으로 옳지 않은 것은?

① 데이터베이스, 파일, 레코드 등은 로킹 단위가 될 수 있다.
② 로킹 단위가 작아지면 로킹 오버헤드가 증가한다.
③ 한꺼번에 로킹할 수 있는 단위를 로킹 단위라고 한다.
④ 로킹 단위가 작아지면 병행성 수준이 낮아진다.

상 중 하

60 다른 관계에 존재하는 튜플을 참조하기 위해 사용되는 속성의 값은 참조되는 테이블의 튜플 중에 해당 속성에 대해 같은 값을 갖는 튜플이 존재해야 한다는 제약은?

① 개체 무결성 제약
② 주소 무결성 제약
③ 참조 무결성 제약
④ 도메인 제약

4과목 프로그래밍 언어 활용

상 중 하

61 다음 보기의 내용은 어떤 장비에 대한 설명인가?

> 서버나 장비, 네트워크 부하를 분산(Load balancing)하고, 고가용성 시스템을 구축해 신뢰성과 확장성을 향상시킬 수 있으며, 장비 간 효과적인 결합을 통해 네트워크 시스템의 속도를 개선한다.

① L2 스위치 ② L3 스위치
③ L4 스위치 ④ L7 스위치

상 중 하

62 다음 C 프로그램의 결과값은?

```c
#include <stdio.h>
int main()
{
    int a = 3, b = 5, c = -1;
    int t1, t2, t3;

    t1 = a && b;
    t2 = a && b;
    t3 = !c;
    printf("%d", t1 + t2 + t3);
    return 0;
}
```

① 1 ② 2
③ 3 ④ 4

상 중 하

63 다음 C 프로그램의 결과값은?

```
#include <stdio.h>
int main()
{
    int value = 2;
    int sum = 0;
    switch (value)
    {
        case 1: sum += 4;
        case 2: sum += 2;
        case 3: sum += 1;
    }
    printf("%d", sum);
    return 0;
}
```

① 1 ② 2
③ 3 ④ 4

상 중 하

64 다음 C 프로그램의 결과값은?

```
#include <stdio.h>
int main()
{
    int i, t = 0;

    for(i = 1; i <= 10; i += 2)
    {
        t += i;
    }
    printf("%d", t);
    return 0;
}
```

① 15 ② 25
③ 35 ④ 45

상 중 하

65 다음 Java 프로그램의 결과값은?

```
class TestClass {
    void exe(int[] arr) {
        System.out.println(func(func(5, 5),
5, func(arr)));
    }
    int func(int a, int b) {
        return a + b;
    }
    int func(int a, int b, int c) {
        return a - b;
    }
    int func(int[] c) {
        int s = 0;
        for(int i = 0; i < c.length; i++) {
            s += c[i];
        }
        return s;
    }
}
public class Test {
    public static void main(String[]
args) {
        int[] a = {1, 2, 3, 4, 5};
        TestClass t = new TestClass();
        t.exe(a);
    }
}
```

① 5 ② 10
③ 15 ④ 20

상 중 하

66 IPv6에 대한 설명으로 틀린 것은?

① 멀티캐스트(Multicast) 대신 브로드캐스트(Broadcast)를 사용한다.
② 보안과 인증 확장 헤더를 사용함으로써 인터넷 계층의 보안 기능을 강화하였다.
③ 애니캐스트(Anycast)는 하나의 호스트에서 그룹 내의 가장 가까운 곳에 있는 수신자에게 전달하는 방식이다.
④ 128비트 주소 체계를 사용한다.

상 중 하

67 IP 주소 198.0.46.201/24 기본 마스크는?

① 255.0.0.0
② 255.255.0.0
③ 255.255.255.0
④ 255.255.255.255

상 중 하

68 UDP 프로토콜에 대한 설명으로 틀린 것은?

① 비연결형 전송
② 적은 오버헤드
③ 빠른 전송
④ 신뢰성 있는 데이터 전송 보장

상 중 하

69 HRN(Highest Response-ratio Next) 방식으로 스케줄링할 경우, 입력된 작업이 다음과 같을 때 가장 먼저 처리되는 작업은?

작업	대기 시간	서비스 시간
A	5	5
B	10	4
C	15	3
D	20	2

① A　② B
③ C　④ D

상 중 하

70 결합도(Coupling) 단계를 약한 순서에서 강한 순서로 가장 옳게 표시한 것은?

① Stamp → Data → Control → Common → Content
② Control → Data → Stamp → Common → Content
③ Content → Stamp → Control → Common → Data
④ Data → Stamp → Control → Common → Content

상 중 하

71 Java에서 변수 선언문으로 옳지 않은 것은?

① short abc;
② int false;
③ float _x;
④ double A123;

상 중 하

72 OSI 참조 모듈에서 전이중 방식이나 반이중 방식으로 종단 시스템의 응용 간 대화(Dialog)를 관리하는 계층은?

① Data Link Layer
② Network Layer
③ Transport Layer
④ Session Layer

상 중 하

73 3개의 페이지 프레임(Frame)을 가진 기억 장치에서 페이지 요청을 다음과 같은 페이지 번호순으로 요청했을 때 교체 알고리즘으로 FIFO 방법을 사용한다면 몇 번의 페이지 부재(Fault)가 발생하는가? (단, 현재 기억 장치는 모두 비어 있다고 가정한다.)

요청된 페이지 번호의 순서 : 2, 3, 2, 1, 5, 2, 4, 5, 3

① 5번　② 6번
③ 7번　④ 8번

상중하

74 단말 장치 사용자가 일정한 시간 간격(Time Slice) 동안 CPU를 사용함으로써 단독으로 중앙 처리 장치를 이용하는 것과 같은 효과를 가지는 시스템은?

① 시분할 시스템
② 다중 프로그래밍 시스템
③ 일괄 처리 시스템
④ 분산 처리 시스템

상중하

75 다음이 설명하고 있는 LAN의 매체 접근 제어 방식은?

- 버스 또는 트리 토폴로지에서 가장 많이 사용된다.
- 전송하는 스테이션이 전송 매체의 상태를 감지하다가 유휴(idle)상태인 경우 데이터를 전송하고, 전송이 끝난 후에도 계속 매체의 상태를 감지하여 다른 스테이션과의 충돌 발생 여부를 감시한다.

① CSMA/CD ② token bus
③ token ring ④ slotted ring

상중하

76 전송 제어 문자 중에서 수신된 내용에 아무런 에러가 없다는 의미를 가진 것은?

① ENQ ② ACK
③ NAK ④ DLE

상중하

77 다음 Java 프로그램의 결과값은?

```
public class Test
{
   static void func(int a, int b) {
       try {
           System.out.println("결과 : " + a / b);
       } catch(NumberFormatException e) {
           System.out.println("정수 변환 불가");
       } catch(ArithmeticException e) {
           System.out.println("나눗셈 불가");
       } catch(ArrayIndexOutOfBounds-Exception e) {
           System.out.println("배열 범위 초과");
       } finally {
           System.out.println("프로그램 종료");
       }
   }
     public static void main(String[] args) {
       func(30, 0);
   }
}
```

① 나눗셈 불가

② 프로그램 종료

③ 정수 변환 불가
나눗셈 불가
프로그램 종료

④ 나눗셈 불가
프로그램 종료

상 중 하

78 다음 파이썬으로 구현되는 프로그램을 실행하여 '12a34'를 입력한 경우의 실행 결과로 옳은 것은?

```
a, b = map(int, input('문자열 입력 : ').split('a'))
print(a, b)
```

① 12
34

② 12a34a

③ 1234

④ 12 34

상 중 하

79 C언어의 변수명으로 사용 불가능한 것은?

① A1
② short
③ total_12
④ Score

상 중 하

80 임계 구역(Critical Section)에 대한 설명으로 옳지 않은 것은?

① 임계 구역에서 프로세스 수행은 가능한 빨리 끝내야 한다.
② 프로세스가 일정 시간 동안 자주 참조하는 페이지의 집합을 임계 구역이라고 한다.
③ 임계 구역에서는 프로세스가 무한 루프에 빠지지 않도록 해야 한다.
④ 임계 구역에서는 프로세스들이 하나씩 순차적으로 처리되어야 한다.

5과목 정보 시스템 구축 관리

상 중 하

81 취약점 관리를 위해 일반적으로 수행하는 작업이 아닌 것은?

① 무결성 검사
② 응용 프로그램의 보안 설정 및 패치(Patch) 적용
③ 중단 프로세스 및 닫힌 포트 위주로 확인
④ 불필요한 서비스 및 악성 프로그램의 확인과 제거

상 중 하

82 OSI 7Layer 전 계층의 프로토콜과 패킷 내부의 콘텐츠를 파악하여 침입 시도, 해킹 등을 탐지하고 트래픽을 조정하기 위한 패킷 분석 기술은?

① PLCP(Packet Level Control Processor)
② Traffic Distributor
③ Packet Tree
④ DPI(Deep Packet Inspection)

상 중 하

83 검증되지 않는 외부 입력값에 의해 웹 브라우저에서 악의적인 코드가 실행되는 보안 취약점을 무엇이라 하는가?

① SQL 삽입　② XSS
③ 부적절한 인가　④ LDAP 삽입

상 중 하

84 현실을 기반으로 가상 정보를 실시간으로 결합하여 보여주는 기술은?

① 생체인식(Biometrics)
② 증강 현실(Augmented Reality)
③ 매시업(Mashup)
④ 가상 현실(Virtual Reality)

상 중 하

85 암호화 키와 복호화 키가 동일한 암호화 알고리즘은?

① RSA ② AES
③ DSA ④ ECC

상 중 하

86 SQL Injection 공격과 관련한 설명으로 틀린 것은?

① SQL Injection은 임의로 작성한 SQL 구문을 애플리케이션에 삽입하는 공격 방식이다.
② SQL Injection 취약점이 발생하는 곳은 주로 웹 애플리케이션과 데이터베이스가 연동되는 부분이다.
③ DBMS의 종류와 관계없이 SQL Injection 공격 기법은 모두 동일하다.
④ 로그인과 같이 웹에서 사용자의 입력값을 받아 데이터베이스 SQL문으로 데이터를 요청하는 경우 SQL Injection을 수행할 수 있다.

상 중 하

87 다음 암호화 기법에 대한 설명으로 틀린 것은?

① DES는 비대칭형 암호화 기법이다.
② RSA는 공개키/비밀키 암호화 기법이다.
③ 디지털 서명은 비대칭형 암호 알고리즘을 사용한다.
④ DES 알고리즘에서 키 관리가 매우 중요하다.

상 중 하

88 다음 내용에 적합한 용어는?

- 대용량 데이터를 분산 처리하기 위한 목적으로 개발된 프로그래밍 모델이다.
- Google에 의해 고안된 기술로써 대표적인 대용량 데이터 처리를 위한 병렬 처리 기법을 제공한다.
- 임의의 순서로 정렬된 데이터를 분산 처리하고 이를 다시 합치는 과정을 거친다.

① MapReduce
② SQL
③ Hijacking
④ Logs

상 중 하

89 이용자가 인터넷과 같은 공중망에 사설망을 구축하여 마치 전용망을 사용하는 효과를 가지는 보안 솔루션은?

① ZIGBEE
② KDD
③ IDS
④ VPN

상 중 하

90 해시(Hash) 기법에 대한 설명으로 틀린 것은?

① 임의 길이의 입력 데이터를 받아 고정된 길이의 해시 값으로 변환한다.
② 주로 공개키 암호화 방식에서 키 생성을 위해 사용한다.
③ 대표적인 해시 알고리즘으로 HAVAL, SHA-1 등이 있다.
④ 해시 함수는 일방향 함수(One-way Function)이다.

상 중 하

91 정보 보안을 위한 접근 통제 정책 종류에 해당하지 않는 것은?

① 임의적 접근 통제
② 데이터 전환 접근 통제
③ 강제적 접근 통제
④ 역할 기반 접근 통제

상 중 하

92 A* 알고리즘에 대한 설명으로 옳은 것은?

① 가중치 그래프에서 시작 노드에서 목표 노드까지의 최단 경로만 구하려 하는 그리드 알고리즘이다.
② 프로젝트 각 작업에 필요한 시간을 정확하게 예측할 수 있는 알고리즘이다.
③ 가중치 그래프에서 시작 노드를 기준으로 모든 노드까지의 최단 거리를 구하는 그리드 알고리즘이다.
④ 비 가중치 그래프에서 최단 경로를 찾는 완전 탐색 알고리즘이다.

상중하

93 패킷을 전송 시 출발지와 목적지 IP 주소를 공격 대상의 IP 주소로 동일하게 만들어 공격 대상에게 보내는 서비스 거부 공격 기법은?

① Smurf Attack
② Session Hijacking
③ Land Attack
④ ARP Redirect

상중하

94 네트워크상에서 전달되는 패킷을 엿보면서 사용자의 계정과 패스워드를 알아내는 해킹 형태는?

① Cracking
② Sniffing
③ Spoofing
④ Pharming

상중하

95 다음 설명에 해당하는 시스템은?

- 1990년대 David Clock이 처음 제안하였다.
- 비정상적인 접근의 탐지를 위해 의도적으로 설치해 둔 시스템이다.
- 침입자를 속여 실제 공격을 당하는 것처럼 보여줌으로써 크래커를 추적 및 공격 기법의 정보를 수집하는 역할을 한다.
- 쉽게 공격자에게 노출되어야 하며 쉽게 공격이 가능한 것처럼 취약해 보여야 한다.

① Apache
② Hadoop
③ Honeypot
④ MapReduce

상중하

96 소프트웨어 개발 방법론의 테일러링(Tailoring)과 관련한 설명으로 틀린 것은?

① 프로젝트 수행 시 예상되는 변화를 배제하고 신속히 진행하여야 한다.
② 프로젝트에 최적화된 개발 방법론을 적용하기 위해 절차, 산물출 등을 적절히 변경하는 활동이다.
③ 관리 측면에서의 목적 중 하나는 최단기간에 안정적인 프로젝트 진행을 위한 사전 위험을 식별하고 제거하는 것이다.
④ 기술적 측면에서의 목적 중 하나는 프로젝트에 최적화된 기술 요소를 도입하여 프로젝트 특성에 맞는 최적의 기법과 도구를 사용하는 것이다.

상중하

97 소프트웨어 생명주기 모델 중 나선형 모델(Spiral Model)과 관련한 설명으로 틀린 것은?

① 소프트웨어 개발 프로세스를 위험 관리(Risk Manage-ment) 측면에서 본 모델이다.
② 위험 분석(Risk Analysis)은 반복적인 개발 진행후 주기의 마지막 단계에서 최종적으로 한 번 수행해야 한다.
③ 시스템을 여러 부분으로 나누어 여러 번의 개발 주기를 거치면서 시스템이 완성된다.
④ 요구사항이나 아키텍처를 이해하기 어렵다거나 중심이 되는 기술에 문제가 있는 경우 적합한 모델이다.

상중하

98 비용 예측 방법에서 원시 프로그램의 규모에 의한 방법(COCOMO Model) 중 초대형 규모의 트랜잭션 처리 시스템이나 운영체제 등의 소프트웨어를 개발하는 유형은?

① Organic
② Semi-Detached
③ Embedded
④ Sequential

상 중 하

99 **소프트웨어 개발 프레임워크와 관련한 설명으로 가장 적절하지 않은 것은?**

① 반제품 상태의 제품을 토대로 도메인별로 필요한 서비스 컴포넌트를 사용하여 재사용성 확대와 성능을 보장받을 수 있게 하는 개발 소프트웨어이다.

② 라이브러리와는 달리 사용자 코드에서 프레임워크를 호출해서 사용하고, 그에 대한 제어도 사용자 코드가 가지는 방식이다.

③ 설계 관점에 개발 방식을 패턴화시키기 위한 노력의 결과물인 소프트웨어 상태로 집적화시킨 것으로 볼 수 있다.

④ 프레임워크의 동작 원리를 그 제어 흐름의 일반적인 프로그램 흐름과 반대로 동작한다고 해서 IoC(Inversion of Control)이라고 설명하기도 한다.

상 중 하

100 **어떤 외부 컴퓨터가 접속되면 접속 인가 여부를 점검해서 인가된 경우에는 접속이 허용되고, 그 반대의 경우에는 거부할 수 있는 접근 제어 유틸리티는?**

① tcp wrapper

② trace checker

③ token finder

④ change detector

해설과 따로 보는 최신 기출문제 04회

시행 일자	시험 시간	문항 수
2023년 제2회	2시간 30분	100문항

풀이 시간 : ______________ 채점 점수 : ______________

1과목 소프트웨어 설계

상중하

01 정형 기술 검토(FTR)의 지침사항으로 옳은 내용 모두를 나열한 것은?

> ① 의제를 제한한다.
> ② 논쟁과 반박을 제한한다.
> ③ 문제 영역을 명확히 표현한다.
> ④ 참가자의 수를 제한하지 않는다.

① ①, ④
② ①, ②, ③
③ ①, ②, ④
④ ①, ②, ③, ④

상중하

02 GoF(Gang of Four)의 디자인 패턴에서 행위 패턴에 속하는 것은?

① Builder ② Visitor
③ Prototype ④ Bridge

상중하

03 다음은 어떤 프로그램 구조를 나타낸다. 모듈 F에서의 Fan-In과 Fan-Out의 수는 얼마인가?

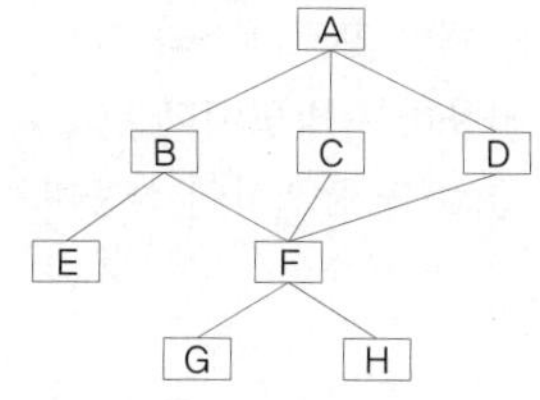

① Fan-In : 2, Fan-Out : 3
② Fan-In : 3, Fan-Out : 2
③ Fan-In : 1, Fan-Out : 2
④ Fan-In : 2, Fan-Out : 1

상중하

04 소프트웨어 아키텍처와 관련한 설명으로 틀린 것은?

① 파이프 필터 아키텍처에서 데이터는 파이프를 통해 양방향으로 흐르며, 필터 이동 시 오버헤드가 발생하지 않는다.
② 외부에서 인식할 수 있는 특성이 담긴 소프트웨어의 골격이 되는 기본 구조로 볼 수 있다.
③ 데이터 중심 아키텍처는 공유 데이터 저장소를 통해 접근자 간의 통신이 이루어지므로 각 접근자의 수정과 확장이 용이하다.
④ 이해관계자들의 품질 요구사항을 반영하여 품질 속성을 결정한다.

상중하

05 유스케이스(Usecase)에 대한 설명 중 옳은 것은?

① 유스케이스 다이어그램은 개발자의 요구를 추출하고 분석하기 위해 주로 사용한다.
② 액터는 대상 시스템과 상호 작용하는 사람이나 다른 시스템에 의한 역할이다.
③ 사용자 액터는 본 시스템과 데이터를 주고받는 연동 시스템을 의미한다.
④ 연동의 개념은 일방적으로 데이터를 파일이나 정해진 형식으로 넘겨주는 것을 의미한다.

상중하

06 소프트웨어 개발 방법 중 요구사항 분석(Requirements Annalysis)과 거리가 먼 것은?

① 비용과 일정에 대한 제약 설정
② 타당성 조사
③ 요구사항 정의 문서화
④ 설계 명세서 작성

상 중 하

07 **객체에게 어떤 행위를 하도록 지시하는 명령은?**

① Class ② Package
③ Object ④ Message

상 중 하

08 **소프트웨어 개발 단계에서 요구 분석 과정에 대한 설명으로 거리가 먼 것은?**

① 분석 결과의 문서화를 통해 향후 유지보수에 유용하게 활용할 수 있다.
② 개발 비용이 가장 많이 소요되는 단계이다.
③ 자료 흐름도, 자료 사전 등이 효과적으로 이용될 수 있다.
④ 보다 구체적인 명세를 위해 소단위 명세서(Mini-Spec)가 활용될 수 있다.

상 중 하

09 **정보 공학 방법론에서 데이터베이스 설계의 표현으로 사용하는 모델링 언어는?**

① Package Diagram
② State Transition Diagram
③ Deployment Diagram
④ Entity-Relationship Diagram

상 중 하

10 **객체지향 개념에서 다형성(Polymorphism)과 관련한 설명으로 틀린 것은?**

① 다형성은 현재 코드를 변경하지 않고 새로운 클래스를 쉽게 추가할 수 있게 한다.
② 다형성이란 여러 가지 형태를 가지고 있다는 의미로 여러 형태를 받아들일 수 있는 특징을 말한다.
③ 메소드 오버라이딩(Overriding)은 상위 클래스에서 정의한 일반 메소드의 구현을 하위 클래스에서 무시하고 재정의할 수 있다.
④ 메소드 오버로딩(Overloading)의 경우 매개 변수 타입은 동일하지만, 메소드명을 다르게 함으로써 구현, 구분할 수 있다.

상 중 하

11 **디자인 패턴을 이용한 소프트웨어 재사용으로 얻어지는 장점이 아닌 것은?**

① 소프트웨어 코드의 품질을 향상시킬 수 있다.
② 개발 프로세스를 무시할 수 있다.
③ 개발자들 사이의 의사소통을 원활하게 할 수 있다.
④ 소프트웨어의 품질과 생산성을 향상시킬 수 있다.

상 중 하

12 **CASE(Computer-Aided Software Engineering)의 원천 기술이 아닌 것은?**

① 일괄 처리 기술
② 프로토타이핑 기술
③ 정보 저장소 기술
④ 구조적 기법

상 중 하

13 **요구사항 정의 및 분석·설계의 결과물을 표현하기 위한 모델링 과정에서 사용되는 다이어그램(Diagram)이 아닌 것은?**

① Data Flow Diagram
② UML Diagram
③ E-R Diagram
④ AVL Diagram

상 중 하

14 **객체지행 분석 방법론 중 Coad-Yourdon 방법에 해당하는 것은?**

① E-R 다이어그램을 사용하여 객체의 행위를 데이터 모델링하는 데 초점을 둔 방법이다.
② 객체, 동적, 기능 모델로 나누어 수행하는 방법이다.
③ 미시적 개발 프로세스와 거시적 개발 프로세스를 모두 사용하는 방법이다.
④ Use Case를 강조하여 사용하는 방법이다.

상 중 하

15 **GoF(Gangs of Four) 디자인 패턴에 대한 설명으로 틀린 것은?**

① Factory Method Pattern은 상위 클래스에서 객체를 생성하는 인터페이스를 정의하고, 하위 클래스에서 인스턴스를 생성하도록 하는 방식이다.
② Prototype Pattern은 Prototype을 먼저 생성하고 인스턴스를 복제하여 사용하는 구조이다.
③ Bridge Pattern은 기존에 구현되어 있는 클래스에 기능 발생 시 기존 클래스를 재사용할 수 있도록 중간에서 맞춰주는 역할을 한다.
④ Mediator Pattern은 객체 간의 통제와 지시의 역할을 하는 중재자를 두어 객체지향의 목표를 달성하게 해준다.

상 중 하

16 **다음 중 사용자 인터페이스 방식인 NUI(Natural User Interface)의 예시로 옳지 않은 것은?**

① 음성 인식
② 제스처 인식
③ 터치 인터페이스
④ 마우스 및 키보드 인터페이스

상 중 하

17 **시스템에서 모듈 사이의 결합도(Coupling)에 대한 설명으로 옳은 것은?**

① 모듈 간의 결합도를 약하게 하면 모듈 독립성이 향상된다.
② 한 모듈 내에 있는 처리요소들 사이의 기능적인 연관 정도를 나타낸다.
③ 결합도가 높으면 시스템 구현 및 유지보수 작업이 쉽다.
④ 자료 결합도는 내용 결합도보다 결합도가 높다.

상 중 하

18 **설계 기법 중 하향식 설계 방법과 상향식 설계 방법에 대한 비교 설명으로 가장 옳지 않은 것은?**

① 하향식 설계에서는 통합 검사 시 인터페이스가 이미 정의되어 있어 통합이 간단하다.
② 하향식 설계에서 레벨이 낮은 데이터 구조의 세부 사항은 설계 초기 단계에서 필요하다.
③ 상향식 설계는 최하위 수준에서 각각의 모듈들을 설계하고 이러한 모듈이 완성되면 이들을 결합하여 검사한다.
④ 상향식 설계에서는 인터페이스가 이미 성립되어 있지 않더라도 기능 추가가 쉽다.

상 중 하

19 **CASE의 주요 기능으로 가장 옳지 않은 것은?**

① S/W 라이프 사이클 전 단계의 연결
② 그래픽 지원
③ 다양한 소프트웨어 개발 모형 지원
④ 언어 번역

상 중 하

20 **익스트림 프로그래밍(XP)에 대한 설명으로 틀린 것은?**

① 기존의 방법론에 비해 실용성(Pragmatism)을 강조한 것이라고 볼 수 있다.
② 사용자의 요구사항은 언제든지 변할 수 있다.
③ 고객과 직접 대면하며 요구사항을 이야기하기 위해 사용자 스토리(User Story)를 활용할 수 있다.
④ 빠른 개발을 위해 테스트를 수행하지 않는다.

2과목 소프트웨어 개발

상중하

21 저작권 관리 구성 요소 중 패키저(Packager)의 주요 역할로 옳은 것은?

① 콘텐츠를 제공하는 저작권자를 의미한다.
② 콘텐츠를 메타 데이터와 함께 배포 가능한 단위로 묶는다.
③ 라이선스를 발급하고 관리한다.
④ 배포된 콘텐츠의 이용 권한을 통제한다.

상중하

22 소프트웨어 품질 특성인 이식성(Portability)의 세부 특성이 아닌 것은?

① 적응성
② 이식 용이성
③ 호환성
④ 사용자 편의성

상중하

23 소프트웨어 재공학의 주요 활동 중 기존 소프트웨어 시스템을 새로운 기술 또는 하드웨어 환경에서 사용할 수 있도록 변환하는 작업을 의미하는 것은?

① Analysis
② Migration
③ Restructuring
④ Reverse Engineering

상중하

24 테스트와 디버깅의 목적으로 옳은 것은?

① 테스트는 오류를 찾는 작업이고 디버깅은 오류를 수정하는 작업이다.
② 테스트는 오류를 수정하는 작업이고 디버깅은 오류를 찾는 작업이다.
③ 둘 다 소프트웨어의 오류를 찾는 작업으로 오류 수정은 하지 않는다.
④ 둘 다 소프트웨어 오류의 발견, 수정과 무관하다.

상중하

25 기업 내의 컴퓨터 애플리케이션들을 현대화하고, 통합하고, 조정하는 것을 목표로 세운 계획, 방법 및 도구 등을 일컫는 것은?

① e-business　　② BPR
③ EAI　　④ ERP

상중하

26 알고리즘 설계 기법으로 거리가 먼 것은?

① Divide and Conquer
② Greedy
③ Static Block
④ Backtracking

상중하

27 다음 그래프의 인접 행렬(Adjacency Matrix) 표현 시 옳은 것은?

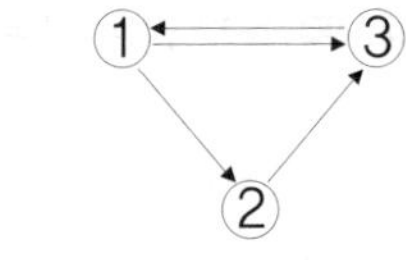

① $\begin{pmatrix} 011 \\ 001 \\ 100 \end{pmatrix}$　　② $\begin{pmatrix} 011 \\ 011 \\ 100 \end{pmatrix}$

③ $\begin{pmatrix} 001 \\ 101 \\ 001 \end{pmatrix}$　　④ $\begin{pmatrix} 101 \\ 011 \\ 101 \end{pmatrix}$

상중하

28 다음 중 테스트 드라이버에 대한 설명으로 옳지 않은 것은?

① 하향식 통합 테스트에서 사용한다.
② 필요에 따라 매개 변수를 전달하고 모듈을 수행한 후의 결과를 보여줄 수 있다.
③ 시험 대상 모듈을 호출하는 간이 소프트웨어이다.
④ 테스트 대상을 제어하고 동작시키는데 사용되는 도구를 의미한다.

상중하

29 다음과 같이 주어진 후위 표기 방식의 수식을 중위 표기 방식으로 나타낸 것은?

ABC − / DEF + ∗ +

① A / (B − C) + F ∗ E + D
② A / (B − C) + D ∗ (E + F)
③ A / (B − C) + D + E ∗ F
④ A / (B − C) ∗ D + E + F

상중하

30 순서도의 기본 구조가 아닌 것은?
① 입출력
② 연속
③ 선택
④ 반복

상중하

31 테스트를 목적에 따라 분류했을 때, 강도(Stress) 테스트에 대한 설명으로 옳은 것은?
① 시스템에 고의로 실패를 유도하고 시스템이 정상적으로 복귀하는지 테스트한다.
② 시스템에 과다 정보량을 부과하여 과부하 시에도 시스템이 정상적으로 작동되는지를 테스트한다.
③ 사용자의 이벤트에 시스템이 응답하는 시간, 특정 시간 내에 처리하는 업무량, 사용자 요구에 시스템이 반응하는 속도 등을 테스트한다.
④ 부당하고 불법적인 침입을 시도하여 보안 시스템이 불법적인 침투를 잘 막아내는지 테스트한다.

상중하

32 다음 중 단위 테스트 도구로 사용할 수 없는 것은?
① CppUnit
② JUnit
③ HttpUnit
④ IgpUnit

상중하

33 소프트웨어를 보다 쉽게 이해할 수 있고 적은 비용으로 수정할 수 있도록 겉으로 보이는 동작의 변화 없이 내부 구조를 변경하는 것은?
① Refactoring
② Architecting
③ Specification
④ Renewal

상중하

34 디지털 저작권 관리(DRM) 구성 요소가 아닌 것은?
① Data Warehouse
② DRM Controller
③ Packager
④ Contents Distributor

상중하

35 단위 테스트에서 테스트의 대상이 되는 하위 모듈을 호출하고, 파라미터를 전달하는 가상의 모듈로 상향식 테스트에 필요한 것은?
① 테스트 스텁(Test Stub)
② 테스트 드라이버(Test Driver)
③ 테스트 슈트(Test Suites)
④ 테스트 케이스(Test Case)

상중하

36 다음이 설명하는 애플리케이션 통합 테스트 유형은?

– 깊이 우선 방식 또는 너비 우선 방식이 있다. – 상위 컴포넌트를 테스트하고 점증적으로 하위 컴포넌트를 테스트한다. – 하위 컴포넌트 개발이 완료되지 않은 경우 스텁(Stub)을 사용하기도 한다.

① 하향식 통합 테스트
② 상향식 통합 테스트
③ 회귀 테스트
④ 빅뱅 테스트

상 중 하

37 다음 자료에 대하여 선택(Selection) 정렬을 이용하여 오름차순으로 정렬하고자 한다. 2회전 후의 결과로 옳은 것은?

37, 14, 17, 40, 35

① 14, 17, 35, 37, 40
② 14, 17, 37, 40, 35
③ 14, 37, 17, 40, 35
④ 14, 17, 37, 35, 40

상 중 하

38 프로그램 설계도의 하나인 NS(Nassi-Schnnei-derman) Chart에 대한 설명으로 가장 옳지 않은 것은?

① 논리의 기술에 중점을 두고 도형을 이용한 표현 방법이다.
② 박스, 다이아몬드, 화살표 등의 기호를 사용하므로 읽고 작성하기가 매우 쉽다.
③ 이해하기 쉽고 코드로 변환이 용이하다.
④ 연속, 선택, 반복 등의 제어 논리 구조를 표현한다.

상 중 하

39 코드 인스펙션과 관련한 설명으로 틀린 것은?

① 프로그램을 수행시켜보는 것 대신에 읽어보고 눈으로 확인하는 방법으로 볼 수 있다.
② 코드 품질 향상 기법 중 하나이다.
③ 동적 테스트 시에만 활용하는 기법이다.
④ 결함과 함께 코딩 표준 준수 여부, 효율성 등의 다른 품질 이슈를 검사하기도 한다.

상 중 하

40 모듈의 재사용성을 높이기 위하여 최소화해야 하는 결합도는?

① 내용 결합도(Content Coupling)
② 제어 결합도(Control Coupling)
③ 공통 결합도(Common Coupling)
④ 스탬프 결합도(Stamp Coupling)

3 과목 데이터베이스 구축

상 중 하

41 데이터베이스에서 개념적 설계 단계에 대한 설명으로 틀린 것은?

① 산출물로 ERD가 만들어진다.
② DBMS에 독립적인 개념 스키마를 설계한다.
③ 트랜잭션 인터페이스를 설계한다.
④ 논리적 설계 단계의 앞 단계에서 수행된다.

상 중 하

42 데이터베이스에서 병행 제어의 목적으로 틀린 것은?

① 시스템 활용도 최대화
② 사용자에 대한 응답 시간 최소화
③ 데이터베이스 공유 최소화
④ 데이터베이스 일관성 유지

상 중 하

43 릴레이션의 R의 차수가 3이고 카디널리티가 3이며, 릴레이션의 S의 차수가 4이고 카디널리티가 4일 때, 두 개의 릴레이션을 카티션 프로덕트한 결과의 새로운 릴레이션의 차수와 카디널리티는 얼마인가?

① 7, 7
② 12, 7
③ 7, 12
④ 12, 12

상 중 하

44 순수 관계 연산자에서 릴레이션의 일부 속성만 추출하여 중복되는 튜플은 제거한 후 새로운 릴레이션을 생성하는 연산자는?

① REMOVE
② PROJECT
③ DIVISION
④ JOIN

상중하

45 다음 두 릴레이션에서 외래키로 사용된 것은? (단, 밑줄 친 속성은 기본키)

> 제품(<u>제품코드</u>, 제품명, 단가, 구입처)
> 판매(<u>판매코드</u>, 판매처, 제품코드, 수량)

① 제품코드 ② 제품명
③ 판매코드 ④ 판매처

상중하

46 데이터베이스 분할(Partitioning)에 대한 설명으로 틀린 것은?

① 테이블 분할은 대량의 데이터를 처리하고 성능을 향상시키기 위해 테이블을 논리적 또는 물리적으로 분할하는 과정이다.
② 수평 분할, 수직 분할, 조인 분할 방식이 있다.
③ 테이블 분할은 성능 향상, 데이터 관리, 보안, 유지 보수 등의 측면에서도 이점을 제공한다.
④ 테이블의 열(Column)을 기준으로 논리적 또는 물리적으로 나누어 여러 개의 파티션으로 구성하는 방식을 수평 분할이라 한다.

상중하

47 다음에 주어진 제약 조건과 키의 빈칸을 알맞게 채운 것은?

제약 조건	개체 무결성	참조 무결성	도메인 무결성
대상	튜플	튜플, 테이블	속성
키	㉠	㉡	X

	㉠	㉡
①	기본키	기본키
②	기본키	외래키
③	외래키	기본키
④	외래키	외래키

상중하

48 데이터베이스의 3층 스키마 중 모든 응용 시스템과 사용자들이 필요로 하는 데이터를 통합한 조직 전체의 데이터베이스 구조를 논리적으로 정의하는 스키마는?

① 개념 스키마
② 외부 스키마
③ 내부 스키마
④ 응용 스키마

상중하

49 물리적 데이터베이스 설계에 대한 설명으로 거리가 먼 것은?

① 물리적 설계의 목적은 효율적인 방법으로 데이터를 저장하는 것이다.
② 트랜잭션 처리량과 응답 시간, 디스크 용량 등을 고려해야 한다.
③ 저장 레코드의 형식, 순서, 접근 경로와 같은 정보를 사용하여 설계한다.
④ 트랜잭션의 인터페이스를 설계하며, 데이터 타입 및 데이터 타입들 간의 관계로 표현한다.

상중하

50 순서가 A, B, C, D로 정해진 입력 자료를 스택에 입력하였다가 출력한 결과로 가능한 것이 아닌 것은?

① A, D, B, C ② D, C, B, A
③ B, C, D, A ④ C, B, A, D

상중하

51 트랜잭션의 특성 중 둘 이상의 트랜잭션이 동시에 병행 실행되는 경우 어느 하나의 트랜잭션 실행 중에 다른 트랜잭션의 연산이 끼어들 수 없음을 의미하는 것은?

① Atomicity
② Consistency
③ Isolation
④ Durability

상중하

52 장비 고장 또는 기타 재해 발생 시 데이터베이스를 보존하기 위한 데이터베이스 복사 활동을 의미하는 용어는?

① Concurrency Control
② Backup
③ Normalization
④ Transaction

상 중 하

53 다음과 같이 결정자이면서 후보키가 아닌 것을 제거한 정규화는?

학번 / 과목번호 → 교수번호	➡	학번	교수번호
		학번 →	과목번호

① 2NF ② 3NF
③ BCNF ④ 4NF

상 중 하

54 DDL에 해당하는 SQL 명령으로만 나열된 것은?

① DELETE, UPDATE, CREATE
② CREATE, ALTER, DROP
③ INSERT, DELETE, UPDATE
④ SELECT, INSERT, ALTER

상 중 하

55 다음 표와 같은 판매실적 테이블에 대하여 서울 지역에 한하여 판매액 내림차순으로 지점명과 판매액을 출력하고자 한다. 가장 적절한 SQL 구문은?

[테이블명 : 판매실적]

도시	지점명	판매액
서울	강남지점	330
서울	강북지점	168
광주	광주지점	197
서울	강서지점	158
서울	강동지점	197
대전	대전지점	165

① SELECT 지점명, 판매액 FROM 판매실적 WHERE 도시 = "서울" ORDER BY 판매액 DESC;
② SELECT 지점명, 판매액 FROM 판매실적 ORDER BY 판매액 DESC;
③ SELECT 지점명, 판매액 FROM 판매실적 WHERE 도시 = "서울" ASC;
④ SELECT * FROM 판매실적 WHEN 도시 = "서울" ORDER BY 판매액 DESC;

상 중 하

56 트랜잭션을 수행하는 도중 장애로 인해 손상된 데이터베이스를 손상되기 이전의 정상적인 상태로 복구시키는 작업은?

① Recovery
② Commit
③ Abort
④ Restart

상 중 하

57 다음과 같은 조건을 검색하는 SQL 명령문은?

- 부서번호가 D1, D2, D3인 사원의 사원명을 검색하시오(IN연산자를 반드시 사용하시오).
- 사원 테이블(TBL)은 사원명(ENAME) 속성과 부서번호(DNO) 속성으로 구성되어 있다.

① SELECT ENAME, DNO FROM TBL WHERE DNO IN ('D1', 'D2', 'D3');
② SELECT ENAME FROM TBL WHERE DNO IN ('D1', 'D2', 'D3');
③ SELECT ENAME WHERE DNO IN ('D1', 'D2', 'D3');
④ SELECT ENAME FROM DNO WHERE DNO IN ('D1', 'D2', 'D3');

상 중 하

58 릴레이션 조작 시 데이터들이 불필요하게 중복되어 예기치 않게 발생하는 곤란한 현상을 의미하는 것은?

① Normalization
② Rollback
③ Cardinality
④ Anomaly

상 중 하

59 집합 연산에 대한 설명으로 옳지 않은 것은?

① UNION 연산과 UNION ALL 연산은 여러 SQL 문의 결과에 대한 합집합을 수행한다.
② UNION 연산은 중복된 행을 제거한 뒤 두 테이블을 합쳐준다.
③ INTERSECT 연산은 JOIN 연산으로 동일한 수행 결과를 얻을 수 있다.
④ EXCEPT(MINUS) 연산은 여러 SQL문의 결과에 대한 교집합을 수행한다.

상 중 하

60 분산 운영체제에서 사용자가 원하는 파일이나 데이터베이스, 프린터 등의 자원들이 지역 컴퓨터 또는 네트워크 내의 다른 원격지 컴퓨터에 존재하더라도 위치에 관계없이 그 외 사용을 보장하는 개념은?

① 위치 투명성
② 접근 투명성
③ 복사 투명성
④ 접근 독립성

4과목 프로그래밍 언어 활용

상 중 하

61 다음 C 프로그램의 결과값은?

```
#include <stdio.h>
#include <string.h>
int main()
{
    printf("%d", strlen("Hello World"));
   return 0;
}
```

① 9　　② 10
③ 11　　④ 12

상 중 하

62 다음 C 프로그램의 결과값은?

```
#include <stdio.h>
int main()
{
    int a = 3, b = 5, c = -1;
    int t1, t2, t3;

    t1 = a>b && a<b;
    t2 = a>b || a<b;
    t3 = !c;
    printf("%d", t1 + t2 + t3);
    return 0;
}
```

① 1　　② 2
③ 3　　④ 4

상 중 하

63 다음 C 프로그램을 실행하여 사용자가 3을 입력했을 때의 결과값은?

```
#include <stdio.h>
int main()
{
    int value;
    scanf("%d", &value);

    switch (value)
    {
        case 1: printf("one");
        case 2: printf("two");
        case 3: printf("three"); break;
        case 4: printf("four");
        case 5: printf("five");
    }
    return 0;
}
```

① one
two

② one
two
three

③ three

④ four
five

상 중 하

64 다음 C 프로그램의 밑줄 친 부분(!x || !y)과 동일한 결과값을 출력하는 명령은?

```
#include <stdio.h>
int main()
{
    int x, y;

    for(x = 0; x < 2; x++)
    {
        for(y = 0; y < 2; y++)
        {
            printf("%d", !x || !y);
        }
    }

    return 0;
}
```

① !(x && y)
② !(x || y)
③ !x || y
④ !x && y

상 중 하

65 다음 Java 프로그램의 결과값은?

```
class TestClass {
    int t = 1;
    public void print() {
        System.out.print("AA");
    }
}
public class Test extends TestClass {
        public void print() {
            System.out.print("BB");
        }
      public static void main(String[]
args) {
        int t = 2;
        TestClass tt = new Test();
        tt.print();
        System.out.print(t);
    }
}
```

① AA1　　② AA2
③ BB1　　④ BB2

상 중 하

66 IP 주소 체계와 관련한 설명으로 틀린 것은?

① IPv6의 패킷 헤더는 32 octet의 고정된 길이를 가진다.
② IPv6는 주소 자동 설정(Auto Configuration) 기능을 통해 손쉽게 이용자의 단말을 네트워크에 접속시킬 수 있다.
③ IPv4는 호스트 주소를 자동으로 설정하며 유니캐스트(Unicast)를 지원한다.
④ IPv4는 클래스별로 네트워크와 호스트 주소의 길이가 다르다.

상 중 하

67 192.168.1.0/24 네트워크를 FLSM 방식 네트워크를 4개의 Subnet으로 나누고 IP Subnet-zero를 적용했다. 이때 Subnetting된 네트워크 중 4번째 네트워크의 4번째 사용 가능한 IP는 무엇인가?

① 192.168.1.192　　② 192.168.1.195
③ 192.168.1.196　　④ 192.168.1.198

상 중 하

68 C언어의 malloc() 함수에 대한 설명으로 틀린 것은?

① malloc() 함수는 실행 시간에 힙 메모리를 할당받는다.
② malloc() 함수를 실행하여 메모리를 할당받지 못하면 널 값이 반환된다.
③ malloc() 함수로 할당받은 메모리는 free() 함수를 통해 해제시킨다.
④ 인수로 비트 단위의 정수를 전달받아 메모리를 할당한다.

상 중 하

69 HRN 방식으로 스케줄링 할 경우, 입력된 작업이 다음 <표>와 같을 때 우선순위가 가장 높은 것은?

작업	대기시간	서비스(실행) 시간
A	5	20
B	40	20
C	15	45
D	40	10

① A　② B　③ C　④ D

상 중 하

70 백도어 탐지 방법으로 틀린 것은?

① 무결성 검사
② 닫힌 포트 확인
③ 로그 분석
④ SetUID 파일 검사

상 중 하

71 라이브러리의 개념과 구성에 대한 설명 중 틀린 것은?

① 라이브러리란 필요할 때 찾아서 쓸 수 있도록 모듈화되어 제공되는 프로그램을 말한다.
② 프로그래밍 언어에 따라 일반적으로 도움말, 설치 파일, 샘플 코드 등을 제공한다.
③ 외부 라이브러리는 프로그래밍 언어가 기본적으로 가지고 있는 라이브러리를 의미하며, 표준 라이브러리는 별도의 파일 설치를 필요로 하는 라이브러리를 의미한다.
④ 라이브러리는 모듈과 패키지를 총칭하며, 모듈이 개별 파일이라면 패키지는 파일들을 모아 놓은 폴더라고 볼 수 있다.

상 중 하

72 다음 설명은 OSI 7계층 중 어느 계층에 속하는가?

> – 응용 간의 대화 제어(Dialogue Control)를 담당한다.
> – 긴 파일 전송 중에 통신 상태가 불량하여 트랜스포트 연결이 끊어지는 경우 처음부터 다시 전송을 하지 않고 어디까지 전송이 진행되었는지를 나타내는 동기점(Synchronization Point)을 이용하여 오류를 복구한다.

① 데이터 링크 계층
② 네트워크 계층
③ 세션 계층
④ 표현 계층

상 중 하

73 3개의 페이지 프레임을 갖는 시스템에서 페이지 참조 순서가 1, 2, 1, 0, 4, 1, 3일 경우 FIFO 알고리즘에 의한 페이지 교체의 경우 프레임의 최종 상태는?

① 1, 2, 0　　② 2, 4, 3
③ 1, 4, 2　　④ 4, 1, 3

상 중 하

74 프로세스와 관련한 설명으로 틀린 것은?

① 프로세스는 스레드(Thread) 내에서 실행되는 흐름의 단위이며, 스레드와 달리 주소 공간에 실행 스택(Stack)이 없다.
② 프로세스 제어 블록(PCB : Process Control Block)은 프로세스 식별자, 프로세스 상태 등의 정보로 구성된다.
③ 이전 프로세스의 상태 레지스터 내용을 보관하고 다른 프로세스의 레지스터를 적재하는 과정을 문맥 교환(Context Switching)이라고 한다.
④ 프로세스가 준비 상태에서 프로세서가 배당되어 실행 상태로 변화하는 것을 디스패치(Dispatch)라고 한다.

상 중 하

75 OSI 7계층에서 물리적 연결을 이용해 신뢰성 있는 정보를 전송하려고 동기화, 오류 제어, 흐름 제어 등 역할을 하는 계층은?

① 데이터 링크 계층
② 물리 계층
③ 전송 계층
④ 네트워크 계층

상 중 하

76 C언어에서 산술 연산자에 해당하지 않는 것은?

① %　　② =
③ /　　④ *

상 중 하

77 다음 Java 프로그램의 결과값은?

```
public class Test
{
      static void func(int a, int b)
throws ArithmeticException
   {
      if (b == 0) {
          throw new ArithmeticExcep-
          tion("나눗셈 불가");
      }
       System.out.println("결과 : " +
a / b);
   }

     public static void main(String[]
args) {
      try {
          func(30, 0);
        } catch (ArithmeticException
e) {
           System.out.println(e.get-
Message());
      } finally {
            System.out.println("프로그
램 종료");
      }
   }
}
```

① 나눗셈 불가

② 프로그램 종료

③ 정수 변환 불가
나눗셈 불가
프로그램 종료

④ 나눗셈 불가
프로그램 종료

상 중 하

78 다음 파이썬으로 구현되는 프로그램 실행 결과로 옳은 것은?

```
text = "Hello, World!"

for i in range(0, len(text), 2):
    print(text[i])
```

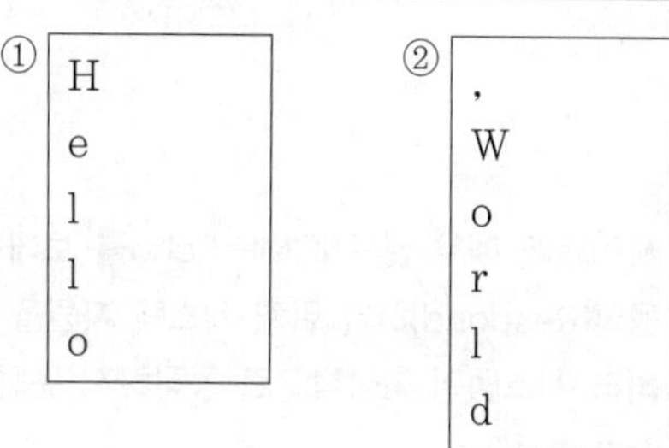

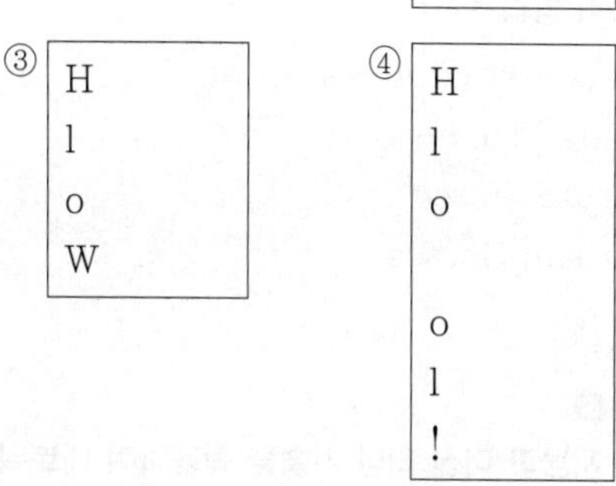

상 중 하

79 C언어의 변수명으로 사용 불가능한 것은?

① A1 ② text-size

③ _total12 ④ Score

상 중 하

80 모듈화(Modularity)와 관련한 설명으로 틀린 것은?

① 소프트웨어의 모듈은 프로그래밍 언어에서 Sub-routine, Function 등으로 표현될 수 있다.

② 모듈의 수가 증가하면 상대적으로 각 모듈의 크기가 커지며, 모듈 사이의 상호교류가 감소하여 과부하(Overload) 현상이 나타난다.

③ 모듈화는 시스템을 지능적으로 관리할 수 있도록 해주며, 복잡도 문제를 해결하는 데 도움을 준다.

④ 모듈화는 시스템의 유지보수와 수정을 용이하게 한다.

5과목 정보 시스템 구축 관리

상중하

81 TCP/IP 기반 네트워크에서 동작하는 발행-구독 기반의 메시징 프로토콜로 최근 IoT 환경에서 자주 사용되고 있는 프로토콜은?

① MLFQ ② MQTT
③ Zigbee ④ MTSP

상중하

82 특정 사이트에 매우 많은 ICMP Echo를 보내면, 이에 대해 응답(Respond)하기 위해 시스템 자원을 모두 사용해 버려 시스템이 정상적으로 동작하지 못하도록 하는 공격 방법은?

① Role-Based Access Control
② Ping Flood
③ Brute-Force
④ Trojan Horses

상중하

83 인공 지능과 머신 러닝 기술을 활용하여 네트워크 동작을 모니터링하고, 문제를 예측하고, 최적의 구성을 제안하여 네트워크 관리와 운영을 간소화하고 자동화하기 위한 접근 방식을 무엇이라 하는가?

① DPI ② IBN
③ MapReduce ④ Docker

상중하

84 다음이 설명하는 용어로 옳은 것은?

- 오픈 소스를 기반으로 한 분산 컴퓨팅 플랫폼이다.
- 일반 PC급 컴퓨터들로 가상화된 대형 스토리지를 형성한다.
- 다양한 소스를 통해 생성된 빅데이터를 효율적으로 저장하고 처리한다.

① 하둡(Hadoop)
② 비컨(Beacon)
③ 포스퀘어(Foursquare)
④ 맴리스터(Memristor)

상중하

85 다음 보기의 빈 칸에 알맞은 암호화 알고리즘은?

- ( ) : 비대칭 암호화 방식으로 이산대수를 활용한 암호화 알고리즘
- ( ) : 비대칭 암호화 방식으로 소인수분해를 활용한 암호화 알고리즘

① DSA, RSA ② AES, RSA
③ DEA, AES ④ RSA, DES

상중하

86 서버에 열린 포트 정보를 스캐닝해서 보안 취약점을 찾는 데 사용하는 도구는?

① type ② mkdir
③ ftp ④ nmap

상중하

87 현대 대칭키 암호를 이용한 블록 암호의 주요 모드가 아닌 것은?

① ECB ② CBC
③ CFB ④ ECC

상중하

88 다음 내용이 설명하는 스토리지 시스템은?

- 하드 디스크와 같은 데이터 저장 장치를 호스트 버스 어댑터에 직접 연결하는 방식
- 저장 장치와 호스트 기기 사이에 네트워크 디바이스 없이 직접 연결하는 방식으로 구성

① DAS ② NAS
③ BSA ④ NFC

상 중 하

89 **COCOMO Model 중 기관 내부에서 개발된 중소 규모의 소프트웨어로 일괄 자료 처리나 과학 기술 계산용, 비즈니스 자료 처리용으로 5만 라인 이하의 소프트웨어를 개발하는 유형은?**

① Embeded
② Organic
③ Semi-Detached
④ Semi-Embeded

상 중 하

90 **시스템 내의 정보는 오직 인가된 사용자만 접근할 수 있는 보안 요소는?**

① 기밀성 ② 부인 방지
③ 가용성 ④ 무결성

상 중 하

91 **빅데이터 분석 기술 중 대량의 데이터를 분석하여 데이터 속에 내재되어 있는 변수 사이의 상호관계를 규명하여 일정한 패턴을 찾아내는 기법은?**

① Data Mining ② Wm-Bus
③ Digital Twin ④ Zigbee

상 중 하

92 **간트 차트(Gantt Chart)에 대한 설명으로 틀린 것은?**

① 프로젝트를 이루는 소작업별로 언제 시작되고 언제 끝나야 하는지를 한눈에 볼 수 있도록 도와준다.
② 자원 배치 계획에 유용하게 사용된다.
③ CPM 네트워크로부터 만드는 것이 가능하다.
④ 수평 막대의 길이는 각 작업(Task)에 필요한 인원수를 나타낸다.

상 중 하

93 **소프트웨어 개발 방법론 중 CBD(Componet Based Development)에 대한 설명으로 틀린 것은?**

① 생산성과 품질을 높이고, 유지보수 비용을 최소화할 수 있다.
② 컴포넌트 제작 기법을 통해 재사용성을 향상시킨다.
③ 모듈의 분할과 정복에 의한 하향식 설계 방식이다.
④ 독립적인 컴포넌트 단위의 관리로 복잡성을 최소화할 수 있다.

상 중 하

94 **소프트웨어 생명주기 모델 중 V 모델과 관련한 설명으로 틀린 것은?**

① 요구 분석 및 설계 단계를 거치지 않으며 항상 통합 테스트를 중심으로 V 형태를 이룬다.
② Perry에 의해 제안되었으며 세부적인 테스트 과정으로 구성되어 신뢰도 높은 시스템을 개발하는데 효과적이다.
③ 개발 작업과 검증 작업 사이의 관계를 명확히 들어내 놓은 폭포수 모델의 변형이라고 볼 수 있다.
④ 폭포수 모델이 산출물 중심이라면 V 모델은 작업과 결과의 검증에 초점을 둔다.

상 중 하

95 **정보 시스템과 관련한 다음 설명에 해당하는 것은?**

- 각 시스템 간에 공유 디스크를 중심으로 클러스터링으로 엮어 다수의 시스템을 동시에 연결할 수 있다.
- 조직, 기업의 기간 업무 서버 등의 안정성을 높이기 위해 사용될 수 있다.
- 여러 가지 방식으로 구현되며 2개의 서버를 연결하는 것으로 2개의 시스템이 각각 업무를 수행하도록 구현하는 방식이 널리 상용된다.

① 고가용성 솔루션(HACMP)
② 점대점 연결 방식(Point-to-Point Mode)
③ 스턱스넷(Stuxnet)
④ 루팅(Rooting)

상 중 하

96 소프트웨어 공학에 대한 설명으로 거리가 먼 것은?

① 소프트웨어 공학이랑 소프트웨어의 개발, 운용, 유지보수 및 파기에 대한 체계적인 접근 방법이다.
② 소프트웨어 공학은 소프트웨어 제품의 품질을 향상시키고 소프트웨어 생산성과 작업 만족도를 증대시키는 것이 목적이다.
③ 소프트웨어 공학의 궁극적 목표는 최대의 비용으로 계획된 일정보다 이른 시일 내에 소프트웨어를 개발하는 것이다.
④ 소프트웨어 공학은 신뢰성 있는 소프트웨어를 경제적인 비용으로 획득하기 위해 공학적 원리를 정립하고 이를 이용하는 것이다.

상 중 하

97 CMM(Capability Maturity Model) 모델의 레벨로 옳지 않은 것은?

① 최적 단계
② 관리 단계
③ 정의 단계
④ 캐치 단계

상 중 하

98 COCOMO 모델의 프로젝트 유형으로 거리가 먼 것은?

① Organic
② Semi-Detached
③ Embedded
④ Sequential

상 중 하

99 다음 내용이 설명하는 접근 제어 모델은?

- 군대의 보안 레벨처럼 정보의 기밀성에 따라 상하 관계가 구분된 정보를 보호하기 위해 사용한다.
- 자신의 권한보다 낮은 보안 레벨 권한을 가진 경우에는 높은 보안 레벨의 문서를 읽을 수 없고 자신의 권한보다 낮은 수준의 문서만을 읽을 수 있다.
- 자신의 권한보다 높은 보안 레벨의 문서에는 쓰기가 가능하지만 보안 레벨이 낮은 문서의 쓰기 권한은 제한한다.

① Clark-Wilson Integrity Model
② PDCA Model
③ Bell-Lapadula Model
④ Chinese Wall Model

상 중 하

100 해싱 함수(Hashing Function)의 종류가 아닌 것은?

① 제곱법(Mid-Square)
② 숫자 분석법(Digit Analysis)
③ 개방 조소법(Open Addressing)
④ 제산법(Division)

해설과 따로 보는 최신 기출문제 05회

시행 일자	시험 시간	문항 수
2023년 제3회	2시간 30분	100문항

풀이 시간 : ______________ 채점 점수 : ______________

1 과목 소프트웨어 설계

상 중 하

01 정형 기술 검토(FTR)의 지침 사항으로 가장 옳지 않은 것은?

① 제품의 검토에만 집중한다.
② 문제 영역을 명확히 표현한다.
③ 참가자의 수를 제한한다.
④ 논쟁이나 반박을 허용한다.

상 중 하

02 UML의 기본 구성요소 중에서 사물(Things)과 가장 관련성이 높은 것은?

① 클래스 ② 객체
③ 패키지 ④ 다이어그램

상 중 하

03 간트 차트(Gantt Chart) 작성 시 고려 사항이 아닌 것은?

① 작업의 순서 ② 작업의 기간
③ 작업의 종속성 ④ 작업에 필요한 자원

상 중 하

04 다음 내용이 설명하는 객체지향 설계 원칙은?

> - 클래스를 여러 개로 분리한다. 클래스의 책임이 너무 많다면 해당 클래스를 여러 개로 분리하여 각 클래스에 하나의 책임만을 부여한다.
> - 클래스에서 수행하는 기능을 분리하고, 클래스가 하나의 책임을 수행하기 위해 여러 개의 기능을 수행한다면 해당 기능을 다른 클래스로 분리한다.

① 인터페이스 분리 원칙
② 단일 책임 원칙
③ 개방 폐쇄의 원칙
④ 리스코프 교체의 원칙

상 중 하

05 UI의 설계 지침으로 틀린 것은?

① 이해하기 편하고 쉽게 사용할 수 있는 환경을 제공해야 한다.
② 주요 기능을 메인 화면에 노출하여 조작이 쉽도록 해야 한다.
③ 치명적인 오류에 대한 부정적인 사항은 사용자가 인지할 수 없도록 한다.
④ 사용자의 직무, 연령, 성별 등 다양한 계층을 수용하여야 한다.

상 중 하

06 EAI(Enterprise Application Integration)의 구성 요소가 아닌 것은?

① Application Adapter
② Message Hub
③ Workflow
④ SOA

상 중 하

07 객체지향 개념 중 데이터와 데이터를 처리하는 함수를 캡슐화한 하나의 모듈을 의미하는 것은?

① Class ② Package
③ Object ④ Message

상 중 하

08 DFD(Data Flow Diagram)에 대한 설명으로 거리가 먼 것은?

① 자료 흐름 그래프 또는 버블(Bubble) 차트라고도 한다.
② 구조적 분석 기법에 이용된다.
③ 시간 흐름을 명확하게 표현할 수 있다.
④ DFD의 요소는 화살표, 원, 사각형, 직선(단선/이중선)으로 표시한다.

상 중 하

09 다음 중 추상화(Abstraction) 방법이 아닌 것은?

① 제어 추상화
② 기능 추상화
③ 데이터 추상화
④ 구조 추상화

상 중 하

10 요구사항 분석에서 비기능적(Nonfunctional) 요구에 대한 설명으로 옳은 것은?

① 시스템의 처리량(Throughput), 반응 시간 등의 성능 요구나 품질 요구는 비기능적 요구에 해당하지 않는다.
② '차량 대여 시스템이 제공하는 모든 화면이 3초 이내에 사용자에게 보여야 한다'는 비기능적 요구이다.
③ 시스템 구축과 관련된 안전, 보안에 대한 요구사항들은 비기능적 요구에 해당하지 않는다.
④ '금융 시스템은 조회, 인출, 입금, 송금의 기능이 있어야 한다'는 비기능적 요구이다.

상 중 하

11 UML 다이어그램 중 시스템 내 업무 처리 과정이나 연산이 수행되는 과정을 나타내는 것은?

① Activity Diagram
② Model Diagram
③ State Diagram
④ Class Diagram

상 중 하

12 소프트웨어 아키텍처 모델 중 MVC(Model-View-Controller)와 관련한 설명으로 틀린 것은?

① MVC 모델은 사용자 인터페이스를 담당하는 계층의 응집도를 높일 수 있고, 여러 개의 다른 UI를 만들어 그 사이의 결합도를 낮출 수 있다.
② 모델(Model)은 애플리케이션이 "무엇"을 할 것인지를 정의하는 부분으로, 내부 비즈니스 로직을 처리하기 위한 역할을 할 것이다.
③ 뷰(View)는 모델(Model)과 제어(Controller)가 각각 무엇을 해야 할지를 알고 있어야 한다.
④ 제어(Controller)는 모델(Model)에 명령을 보냄으로써 모델의 상태를 변경할 수 있다.

상 중 하

13 개발 환경 구성을 위한 빌드(Build) 도구에 해당하지 않는 것은?

① Ant
② Selenium
③ Maven
④ Gradle

상 중 하

14 나선형(Spiral) 모형에 대한 설명으로 옳지 않은 것은?

① 대규모 시스템의 소프트웨어 개발에 적합하다.
② 실제 개발될 소프트웨어에 대한 시제품을 만들어 최종 결과물을 예측한다.
③ 위험성 평가에 크게 의존하기 때문에 이를 발견하지 않으면 문제가 발생할 수 있다.
④ 여러 번의 개발 과정을 거쳐 점진적으로 완벽한 소프트웨어를 개발한다.

상 중 하

15 GoF(Gang of Four) 디자인 패턴과 관련한 설명으로 틀린 것은?

① 디자인 패턴을 목적(Purpose)으로 분류할 때 생성, 구조, 행위로 분류할 수 있다.
② Bridge Pattern은 기존에 구현되어 있는 클래스에 기능 발생 시 기존 클래스를 재사용할 수 있도록 중간에서 맞춰주는 역할을 한다.
③ Behavioral Pattern은 클래스나 객체들이 상호 작용하는 방법과 책임을 분산하는 방법을 정의한다.
④ Factory Method Pattern은 상위 클래스에서 객체를 생성하는 인터페이스를 정의하고, 하위 클래스에서 인스턴스를 생성하도록 하는 방식이다.

상 중 하

16 럼바우의 객체지향 분석 기법에서 자료 흐름도를 이용하여 여러 프로세스 간의 자료 흐름을 기술하는 모델링은?

① Dynamic Modeling
② Object Modeling
③ Functional Modeling
④ Static Modeling

상 중 하

17 **애자일(Agile) 프로세스 모델에 대한 설명으로 틀린 것은?**

① 변화에 대한 대응보다는 자세한 계획을 중심으로 소프트웨어를 개발한다.
② 날렵한, 재빠른 이란 사전적 의미와 같이 소프트웨어 개발 중 설계 변경에 신속히 대응하여 요구사항을 수용할 수 있다.
③ 협상과 계약보다는 고객과의 협력을 중시한다.
④ 종류에는 익스트림 프로그래밍(eXtreme Programming), 스크럼(SCRUM), 린(Lean), DSDM, FDD, Crystal 등이 있다.

상 중 하

18 **COCOMO(Constructive Cost Model) 모형에 대한 설명으로 옳지 않은 것은?**

① 산정 결과는 프로젝트를 완성하는데 필요한 man-month로 나타난다.
② 보헴(Boehm)이 제안한 것으로 원시 코드 라인 수에 의한 비용 산정 기법이다.
③ 비용견적의 유연성이 높아 소프트웨어 개발비 견적에 널리 통용되고 있다.
④ 프로젝트 개발 유형에 따라 Object, Dynamic, Function의 3가지 모드로 구분한다.

상 중 하

19 **객체지향 기법에서 데이터와 데이터를 조작하는 연산을 하나로 묶어 하나의 모듈 내에서 결합 되도록 하는 것은?**

① 객체 ② 캡슐화
③ 다형성 ④ 추상화

상 중 하

20 **서로 다른 모듈들이 연결되거나 인터페이스를 통해 통신하는 경우, 이러한 상호 작용이 예상대로 이루어지는지 확인하며 모듈 간의 호환성과 통합 과정에서 발생할 수 있는 문제를 찾는 것이 목적인 테스트는?**

① 통합 테스트(Integration Test)
② 단위 테스트(Unit Test)
③ 시스템 테스트(System Test)
④ 인수 테스트(Acceptance Test)

2과목 소프트웨어 개발

상 중 하

21 **다음 설명의 소프트웨어 테스트의 기본원칙은?**

> – 테스트를 통해 결함이 발견되지 않았다고 해서 소프트웨어에 결함이 없다고 확신할 수 없다.
> – 테스트는 결함을 발견하는 활동일 뿐, 결함이 없음을 보장하는 활동은 아니다.

① 살충제 패러독스
② 결함 집중
③ 오류 부재의 궤변
④ 완벽한 테스팅은 불가능

상 중 하

22 **ISO/IEC 9126의 소프트웨어 품질 특성 중 기능성(Functionlity)의 하위 특성으로 옳지 않은 것은?**

① 적응성 ② 적합성
③ 정확성 ④ 보안

상 중 하

23 **알고리즘 시간 복잡도 O(n)이 의미하는 것은?**

① 컴퓨터 처리가 불가능하다.
② 알고리즘 입력 데이터 수가 한 개다.
③ 선형으로, 문제를 해결하기 위한 단계의 수와 입력값 n이 1:1 관계를 갖는다.
④ 알고리즘 길이가 입력 데이터보다 작다.

상 중 하

24 **인터페이스 간의 통신을 위해 이용되는 데이터 포맷이 아닌 것은?**

① ZHTML ② CSV
③ XML ④ REST

상 중 하

25 프로그램 설계도의 하나인 NS Chart에 대한 설명으로 가장 거리가 먼 것은?

① 논리의 기술에 중점을 두고 도형을 이용한 표현 방법이다.
② 조건이 복합되어있는 곳의 처리를 시각적으로 명확히 식별하는 데 적합하다.
③ 블록 다이어그램이라고도 한다.
④ 연속, 선택, 반복 등의 제어 논리 구조를 표현한다.

상 중 하

26 1964년 J. W. J. 윌리엄스에 의해 발명되었으며, n개의 노드에 대한 완전 이진 트리를 루트 노드부터 부모 노드, 왼쪽 자식 노드, 오른쪽 자식 노드 순으로 구성하는 정렬은?

① 삽입 정렬　② 병합 정렬
③ 버블 정렬　④ 힙 정렬

상 중 하

27 제어 흐름 그래프가 다음과 같을 때 McCabe의 Cyclomatic 수는 얼마인가?

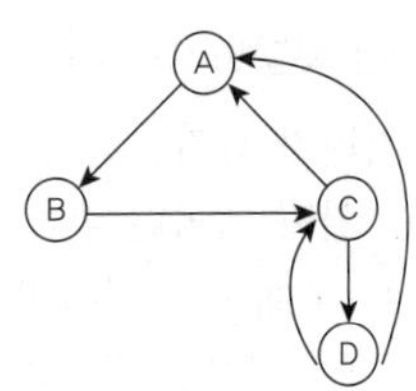

① 3　② 4
③ 5　④ 6

상 중 하

28 소프트웨어 품질 관련 국제 표준인 ISO/IEC 25000에 관한 설명으로 옳지 않은 것은?

① 소프트웨어 품질 평가를 위한 소프트웨어 품질 평가 통합모델 표준이다.
② System and Software Quality Requirements and Evaluation으로 줄여서 SQuaRE라고도 한다.
③ 기존 소프트웨어 품질 평가 모델과 소프트웨어 평가 절차 모델인 ISO/IEC 9126과 ISO/IEC 14598을 통합하였다.
④ 2501n(9126-2, 품질 모형)은 매트릭을 통한 측정 방법을 제시한다.

상 중 하

29 다음 트리의 전위 순회 결과는?

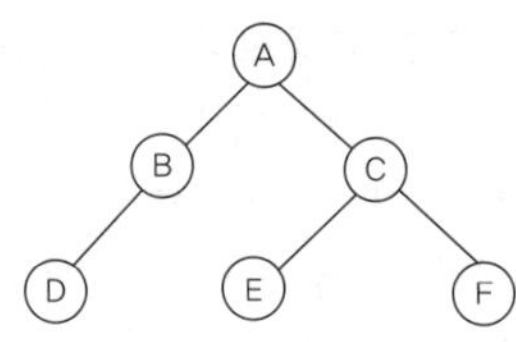

① A B D C E F　② D B A E C F
③ A B C D E F　④ D B E F C A

상 중 하

30 정렬된 n개의 데이터를 처리하는 데 평균 $O(n^2)$의 시간이 소요되는 정렬 알고리즘은?

① 힙 정렬
② 버블 정렬
③ 병합 정렬
④ 퀵 정렬

상 중 하

31 프로젝트의 작업을 계층적으로 분해하고 구조화한 것으로 프로젝트 관리자는 작업의 세부 항목을 파악하고, 프로젝트 일정과 예산을 관리할 수 있는 도구는?

① Critical Path Method
② Risk Analysis
③ Work Breakdown Structure
④ Waterfall Model

상 중 하

32 IDE(Integrated Development Environment) 도구의 각 기능에 대한 설명으로 틀린 것은?

① Coding : 프로그래밍 언어를 가지고 컴퓨터 프로그램을 작성할 수 있는 환경을 제공
② Compile : 문법에 어긋나는지 확인하고 기계어로 변환하는 기능 제공
③ Debugging : 프로그램에서 발견되는 버그를 찾아 수정할 수 있는 기능 제공
④ Deployment : 저급 언어의 프로그램을 고급 언어 프로그램으로 변환하는 기능 제공

상중하

33 소프트웨어 형상 관리(Configuration Management)에 대한 설명으로 가장 타당한 것은?

① 개발 인력을 관리하는 것
② 개발 과정의 변경 사항을 관리하는 것
③ 개발 일정을 관리하는 것
④ 테스트 과정에서 소프트웨어를 통합하는 것

상중하

34 선형 자료 구조에 해당하지 않는 것은?

① 해시　② 스택
③ 큐　④ 데크

상중하

35 테스트 드라이버(Test Driver)에 대한 설명으로 틀린 것은?

① 시험대상 모듈을 호출하는 간이 소프트웨어이다.
② 필요에 따라 매개 변수를 전달하고 모듈을 수행한 후의 결과를 보여줄 수 있다.
③ 하향식 통합 테스트에서 사용된다.
④ 테스트 대상 모듈이 호출하는 상위 모듈의 역할을 한다.

상중하

36 다음이 설명하는 테스트 관련 용어는?

- 주어진 테스트 케이스에 의해 수행되는 소프트웨어의 테스트 범위를 측정하는 테스트 품질 측정 기준이다.
- 테스트의 정확성과 신뢰성을 향상시키는 역할을 수행한다.

① 테스트 커버리지　② 테스트 시나리오
③ 테스트 드라이버　④ 테스트 스텁

상중하

37 다음 자료에 대하여 삽입(Insertion) 정렬 기법을 사용하여 오름차순으로 정렬하고자 한다. 1회전 후의 결과는?

5, 4, 3, 2, 1

① 4, 3, 2, 1, 5
② 3, 4, 5, 2, 1
③ 4, 5, 3, 2, 1
④ 1, 2, 3, 4, 5

상중하

38 파일 편성 방법 중 순차 파일 편성 방법의 특징이 아닌 것은?

① 집계용 파일이나 단순한 마스터 파일 등이 대표적인 응용 파일이다.
② 기본키 값에 따라 순차적으로 배열되어 있다.
③ 파일 내 레코드 추가, 삭제 시 파일 전체를 복사할 필요가 없다.
④ 기억 공간의 활용률이 높다.

상중하

39 다음 중 확인 시험(Validation Test)과 거리가 먼 것은?

① 알파(Alpha) 테스트
② 베타(Beta) 테스트
③ 블랙박스(Black-Box) 테스트
④ 화이트박스(White-Box) 테스트

상중하

40 응집력이 강한 것부터 약한 순서로 옳게 나열된 것은?

① Sequential → Functional → Procedural → Coincidental → Logical
② Procedural → Coincidental → Functional → Sequential → Logical
③ Functional → Sequential → Procedural → Logical → Coincidental
④ Logical → Coincidental → Functional → Sequential → Procedural

3과목 **데이터베이스 구축**

상중하

41 관계 해석에서 'There Exists : 존재 정량자'의 의미를 나타내는 논리 기호는?

① ∃　② ∈
③ ∀　④ U

상중하

42 다음은 관계형 데이터베이스의 키(Key)를 설명하고 있다. 해당되는 키는?

> – 모든 튜플을 유일하게 식별할 수 있는 하나 또는 몇 개의 속성 집합을 의미한다.
> – 유일성과 최소성 모두 만족한다.

① 후보키　② 대체키
③ 슈퍼키　④ 외래키

상중하

43 SQL에서 각 기능에 대한 내장 집계 함수(Aggregate Function)의 연결이 옳지 않은 것은?

① 열에 있는 값들의 개수 – COUNT
② 열에 있는 값들의 평균 – AVG
③ 열에 있는 값들의 합 – TOT
④ 열에서 가장 큰 값 – MAX

상중하

44 관계 해석에 대한 설명으로 옳지 않은 것은?

① 수학의 프레디킷 해석에 기반을 두고 있다.
② 관계 데이터 모델의 제안자인 코드(Code)가 관계 데이터베이스에 적용할 수 있도록 설계하여 제안하였다.
③ 튜플 관계 해석과 도메인 관계 해석이 있다.
④ 원하는 정보와 그 정보를 어떻게 유도하는가를 기술하는 절차적 특성을 가진다.

상중하

45 SELECT문에 대한 설명으로 틀린 것은?

① DML에 해당하는 SQL 명령문이다.
② SELECT 절에 * 기호를 사용하면, 해당 테이블의 모든 열을 선택한다.
③ WHERE 절은 필수 구문이다.
④ 열의 값을 한 번만 선택할 때는 DISTINCT를 사용한다.

상중하

46 데이터베이스 분할(Partitioning)의 종류가 아닌 것은?

① Range Partition
② List Partition
③ Hash Partition
④ Relation Partition

상중하

47 다음과 같은 일련의 권한 부여 SQL 명령에 대한 설명 중 부적합한 것은?

```
DBA) GRANT SELECT ON STUDENT TO U1 WITH
GRANT OPTION;
U1) GRANT SELECT ON STUDENT TO U2;
DBA) REVOKE SELECT ON STUDENT FROM U1
CASCADE;
```

① U1은 STUDENT에 대한 검색 권한이 없다.
② DBA는 STUDENT에 대한 검색 권한이 있다.
③ U2는 STUDENT에 대한 검색 권한이 있다.
④ U2는 STUDENT에 대한 검색 권한을 다른 사용자에게 부여할 수 없다.

상중하

48 시스템 자신이 필요로 하는 여러 가지 객체에 관한 정보를 포함하고 있는 시스템 데이터베이스로서, 포함하고 있는 객체로는 테이블, 데이터베이스, 뷰, 접근 권한 등이 있는 것은?

① 스키마(Schema)
② 시스템 카탈로그(System Catalog)
③ 관계(Relation)
④ 도메인(Domain)

상 중 하

49 3단계 데이터베이스 구조(3-Level Database Architecture)에서 공용의 의미보다는 어느 개인이나 특정 응용에 한정된 논리적 데이터 구조이며 데이터베이스의 개별 사용자나 응용 프로그래머가 접근하는 데이터베이스를 정의한 것은?

① 관계 스키마　　② 개념 스키마
③ 외부 스키마　　④ 내부 스키마

상 중 하

50 데이터베이스에서 하나의 논리적 기능을 수행하기 위한 작업의 단위 또는 한꺼번에 모두 수행되어야 할 일련의 연산을 의미하는 것은?

① COLLISION
② BUCKET
③ SYNONYM
④ TRANSACTION

상 중 하

51 릴레이션의 특징으로 옳지 않은 것은?

① 한 릴레이션에 포함된 튜플 사이에는 순서가 없다.
② 속성의 값은 물리적으로 더 이상 쪼갤 수 없는 원자값이다.
③ 한 릴레이션에 포함된 튜플들은 모두 상이하다.
④ 한 릴레이션을 구성하는 속성들 사이의 순서는 큰 의미가 없다.

상 중 하

52 여러 사용자 또는 프로세스가 동시에 데이터베이스에 접근할 때 일관성을 유지하고 충돌을 방지하기 위한 제어 메커니즘을 의미하는 용어는?

① Concurrency Control
② Backup
③ Normalization
④ Transaction

상 중 하

53 외래키에 대한 설명으로 옳지 않은 것은?

① 외래키는 현실 세계에 존재하는 개체 타입 간의 관계를 표현하는데 중요한 역할을 수행한다.
② 외래키로 지정되면 참조 릴레이션의 기본키에 없는 값은 입력할 수 없다.
③ 외래키를 포함하는 릴레이션이 참조 릴레이션이 되고, 대응되는 기본키를 포함하는 릴레이션이 참조하는 릴레이션이 된다.
④ 참조 무결성 제약조건과 밀접한 관계를 가진다.

상 중 하

54 SQL의 명령은 사용 용도에 따라 DDL, DML, DCL로 구분할 수 있다. DML에 해당하는 것으로만 나열된 것은?

㉠ UPDATE	㉡ SELECT
㉢ INSERT	㉣ GRANT
㉤ ALTER	㉥ DROP

① ㉠, ㉡, ㉢
② ㉠, ㉣, ㉥
③ ㉢, ㉣, ㉤
④ ㉠, ㉡, ㉢, ㉥

상 중 하

55 다음 질의에 대한 SQL문은?

「프로젝트 번호(PNO)가 1, 2, 3에서 일하는 사원의 주민등록번호(JUNO)를 검색하라.」
(단, 사원 테이블(WORKS)은 프로젝트 번호(PNO), 주민등록번호(JUNO) 필드로 구성된다.)

① SELECT WORKS FROM JUNO WHERE PNO IN 1, 2, 3;
② SELECT WORKS FROM JUNO WHERE PNO ON 1, 2, 3;
③ SELECT JUNO FROM WORKS WHERE PNO IN (1, 2, 3);
④ SELECT JUNO FROM WORKS WHERE PNO ON (1, 2, 3);

56 트랜잭션이 부분 완료(Partial Commit) 상태에 도달하였다가 실패(Fail) 상태로 가는 경우에 해당하는 것은?

① 사용자의 인터럽트
② 교착상태(Deadlock) 발생
③ 트랜잭션 프로그램의 논리 오류
④ 디스크 출력 도중의 하드웨어 장애

57 다음 SQL문의 빈칸에 들어갈 내용은?

```
update 직원 (      ) 급여 = 급여 * 1.1
(      ) 급여 <= 100000 or 입사일 < 20230101;
```

① into, where
② set, where
③ set, having
④ set, order by

58 뷰에 대한 설명으로 옳지 않은 것은?

① 뷰는 삽입, 삭제, 갱신 연산에 제약사항이 따른다.
② 뷰는 데이터 접근 제어로 보안을 제공한다.
③ 뷰는 일반 사용자가 수정할 수 있다.
④ 뷰는 데이터의 논리적 독립성을 제공한다.

59 제2정규형(2NF)에서 제3정규형(3NF)이 되기 위한 조건은?

① 이행적 함수 종속 제거
② 부분적 함수 종속 제거
③ 다치 종속 제거
④ 조인 종속 제거

60 분산 시스템에 대한 설명으로 거리가 먼 것은?

① 다수의 사용자들이 데이터를 공유할 수 있다.
② 다수의 사용자들 간에 통신이 용이하다.
③ 귀중한 장치들이 다수의 사용자들에 의해 공유될 수 있다.
④ 집중형(Centralized) 시스템에 비해 소프트웨어의 개발이 용이하다.

4과목 프로그래밍 언어 활용

61 다음과 같이 C언어의 외부 헤더 파일을 현재 파일에 포함시킬 때 사용하는 선행 처리 지시자는?

```
____________ <stdio.h>
```

① #define
② #import
③ #include
④ #error

62 다음 C 프로그램의 결과값은?

```c
#include <stdio.h>
int main()
{
    int d = 55;
    int r = 0, q = 0;
    r = d;
    while(r >= 4) {
        r = r - 4;
        q++;
    }
    printf("%d 그리고 ", q);
    printf("%d", r);

    return 0;
}
```

① 13 그리고 0
② 13 그리고 3
③ 0 그리고 13
④ 3 그리고 13

상 중 하

63 다음 C 프로그램의 결과값은?

```
#include <stdio.h>
struct data
{
    int a;
    int c[10];
};
int main()
{
    struct data d;
    int i;
    for(i = 0; i < 10; i++)
    {
        d.c[i] = i * 2;
    }
    for(i = 0; i < 10; i += 2)
    {
        d.a += d.c[i];
    }
    printf("%d", d.a);
    return 0;
}
```

① 20 ② 30
③ 40 ④ 60

상 중 하

64 다음 C 프로그램의 밑줄 친 부분(!x || !y)과 동일한 결과값을 출력하는 명령은?

```
#include <stdio.h>
int main()
{
    int x, y;
    for(x = 0; x < 2; x++)
    {
        for(y = 0; y < 2; y++)
        {
            printf("%d", !x || !y);
        }
    }
    return 0;
}
```

① !(x && y)
② !(x || y)
③ !x || y
④ !x && y

상 중 하

65 다음 Java 연산의 결과로 옳은 것은?

```
a << n
```

① a × n이다.
② a ÷ n이다.
③ a × 2^n이다.
④ a ÷ 2^n이다.

상 중 하

66 TCP 프로토콜에 대한 설명으로 틀린 것은?

① 전송 계층 서비스를 제공한다.
② 전이중 서비스를 제공한다.
③ 비연결형 프로토콜이다.
④ 에러 제어 프로토콜이다.

상 중 하

67 192.168.1.0/24 네트워크를 FLSM 방식을 이용하여 3개의 Subnet으로 나누고 IP Subnet-Zero를 적용했다. 이때 서브네팅 된 네트워크 중 2번째 네트워크의 Broadcast IP 주소는?

① 192.168.1.127
② 192.168.245.128
③ 192.168.1.191
④ 192.168.1.192

상 중 하

68 C언어의 Break 명령문에 대한 설명으로 옳은 것은?

① C언어에서 반복처리를 위한 명령문이다.
② switch ~ case 구문에서는 break 명령문을 생략하여도 동일한 결과를 얻을 수 있다.
③ continue 명령문과 함께 조건 분기 명령문에 해당한다.
④ 가장 가까운 블록을 탈출한다.

상 중 하

69 HRN 방식으로 스케줄링할 경우, 입력된 작업이 다음과 같을 때 처리되는 작업 순서로 옳은 것은?

작업	대기 시간	실행 시간
A	5	10
B	10	15
C	10	30
D	20	5

① A → B → C → D
② A → C → B → D
③ D → B → A → C
④ D → A → B → C

상 중 하

70 ICMP(Internet Control Message Protocol)에 관한 설명으로 틀린 것은?

① IP 프로토콜에서는 오류 보고와 수정을 위한 메커니즘이 없기 때문에 이를 보완하기 위해 설계되었다.
② ICMP는 네트워크 계층 프로토콜이다.
③ ICMP 메시지는 하위 계층으로 가기 전에 IP 프로토콜의 데이터그램으로 캡슐화된다.
④ ICMP 메시지는 4바이트의 헤더와 고정 길이의 데이터 영역으로 나뉜다.

상 중 하

71 다음 중 A클래스의 IP 주소는?

① 229.6.8.4
② 120.80.158.57
③ 210.150.165.140
④ 192.132.124.65

상 중 하

72 주어진 명령어를 실행하는데 새로운 프로세스를 생성하지 않고, 쉘 프로세스를 대체하는 유닉스 명령어는?

① exit()
② fork()
③ exec()
④ wait()

상 중 하

73 다음 중 페이지 교체(Page Replacement) 알고리즘이 아닌 것은?

① LFU(Least Frequently Used)
② SSTF(Shortest Seek Time First)
③ Optimal
④ LRU(Least Recently Used)

상 중 하

74 병행 제어에 영향을 주는 요소로 한 번에 로크(Lock) 되어야 할 데이터의 크기를 로킹 단위(Locking Granularity)라고 한다. 이 단위가 클 경우에 대한 설명으로 옳지 않은 것은?

① 병행성 수준이 높아진다.
② 병행제어 기법이 간단하다.
③ 로크의 수가 적어진다.
④ 극단적인 경우 순차 처리하는 것과 같다.

상 중 하

75 다음 중 한 네트워크에서 다른 네트워크로 들어가는 입구 역할을 하는 장치로, 근거리 통신망(LAN)과 같은 하나의 네트워크를 다른 네트워크와 연결할 때 사용되는 장치는?

① 게이트웨이 ② 라우터
③ 리피터 ④ 브리지

상 중 하

76 파이썬의 변수명으로 사용 불가능한 것은?

① student ② kor total
③ int_var ④ Name

상 중 하

77 다음 Java 프로그램의 결과값은?

```
class TestClass {
    void exe(int[] arr) {
        System.out.println(func(func(5,
5), 5, func(arr)));
    }
    int func(int a, int b) {
        return a + b;
    }
    int func(int a, int b, int c) {
        return a - b;
    }
    int func(int[] c) {
        int s = 0;
         for(int i = 0; i < c.length;
i++) {
            s += c[i];
        }
        return s;
    }
}
public class Test {
      public static void main(String[]
args) {
        int[] a = {1, 2, 3, 4, 5};
        TestClass t = new TestClass();
        t.exe(a);
    }
}
```

① 5 ② 10
③ 15 ④ 20

상 중 하

78 다음은 n각형을 그리는 파이썬 함수이다. 빈칸 (ㄱ)에 가장 적절한 명령은?

```
import turtle
n = int(input("몇 각형을 그리시겠습니까?"))

if n < 3:
    print("3 이상의 n 값 입력")
else:
    t = turtle.Turtle()

    def ngak(distance, n):
        angle = ( ㄱ )

        for i in range(n):
            t.forward(distance)
            t.left(angle)

    ngak(100, n)
    turtle.done()
```

① 180 % n ② 180 // n
③ 360 % n ④ 360 // n

상 중 하

79 C언어의 지역 변수(Local Variable)에 관한 설명으로 틀린 것은?

① 지역 변수는 블록 내부에 선언된 변수이다.
② 지역 변수는 블록 안팎에서 유효하다.
③ 지역 변수는 스택(Stack) 영역에 저장된다.
④ 지역 변수는 초기화하지 않으면 쓰레기 값으로 대입된다.

상 중 하

80 다음은 교착상태 발생 조건 중 어떤 조건을 제거하기 위한 것인가?

- 프로세스가 수행되기 전에 필요한 모든 자원을 할당 시켜준다.
- 자원이 점유되지 않은 상태에서만 자원을 요구하도록 한다.

① Multi-Exclusion
② Hold and Wait
③ Non-preemption
④ Circular Wait

5 과목 정보 시스템 구축 관리

상 중 하

81 DDoS 공격과 연관이 있는 공격 방법은?

① Secure Shell
② TCP SYN Flooding
③ Nimda
④ Deadlock

상 중 하

82 송신자가 생성한 메시지를 가로챈 공격자가 그 메시지를 다시 송신자에게 재전송하여 접근 권한을 얻는 형태의 공격 방법은?

① Worm
② Rogue Ware
③ Adware
④ Reflection Attack

상 중 하

83 **Secure 코딩에서 입력 데이터의 보안 약점과 관련한 설명으로 틀린 것은?**

① SQL 삽입 : 사용자의 입력값 등 외부 입력값이 SQL 쿼리에 삽입되어 공격
② 크로스사이트 스크립트 : 검증되지 않은 외부 입력값에 의해 브라우저에서 악의적인 코드가 실행
③ 운영체제 명령어 삽입 : 운영체제 명령어 파라미터 입력값이 적절한 사전 검증을 거치지 않고 사용되어 공격자가 운영체제 명령어를 조작
④ 자원 삽입 : 사용자가 내부 입력값을 통해 시스템 내에 사용이 불가능한 자원을 지속적으로 입력함으로써 시스템에 과부하 발생

상 중 하

84 **시스템의 사용자가 로그인하여 명령을 내리는 과정에 대한 시스템의 동작 중 다음 설명에 해당하는 것은?**

- 인증된 사용자에게 어떤 권한을 부여할 것인지 결정하는 과정이다.
- 일반적으로 역할이나 그룹에 기반하여 부여된다.

① Aging ② Accounting
③ Authorization ④ Authentication

상 중 하

85 **대칭 암호 알고리즘과 비대칭 암호 알고리즘에 대한 설명으로 틀린 것은?**

① 대칭 암호 알고리즘은 비교적 실행 속도가 빠르기 때문에 다양한 암호의 핵심 함수로 사용될 수 있다.
② 대칭 암호 알고리즘은 처음 통신 시에 비밀키를 전달해야 하므로, 키 교환 중 키가 노출될 수 있다.
③ 비대칭 암호 알고리즘은 자신만이 보관하는 비밀키를 이용하여 인증, 전자서명 등에 적용이 가능하다.
④ 대표적인 대칭키 암호 알고리즘으로는 RSA, Diffie-Hellman 등이 있다.

상 중 하

86 **IEEE 802.15 규격의 범주에 속하며 비교적 짧은 거리(약 10m 내)인 개인 활동 공간 내의 저전력 휴대기기 간의 무선 네트워크의 구성 무선통신 규격은?**

① WPAN ② VPN
③ WAN ④ WLAN

상 중 하

87 **TELNET 프로토콜의 Well Known Port 번호는?**

① 23번 포트 ② 53번 포트
③ 80번 포트 ④ 161번 포트

상 중 하

88 **다음 내용이 설명하는 보안 공격 유형은?**

- 사회 공학적 방법을 사용한다.
- 특정 기업이나 조직을 표적으로 하여 공격자가 다양한 공격을 수행한다.
- 공격 대상을 명확히 지정하여 시스템의 특성을 파악한 후 지속적으로 공격한다.

① 루트킷(Rootkit) 공격
② 랜섬웨어(Ransomware) 공격
③ 지능적 지속 위협(APT) 공격
④ 블루 스나프(Blue Snarf) 공격

상 중 하

89 **무선 LAN 환경에서는 충돌 감지가 어려우므로 전송을 하기 전 캐리어를 감지하여 회선이 사용 중인지, 충돌 가능성이 있는지를 확인하는 절차를 거친다. 이러한 절차를 통해 충돌 가능성을 회피하는 무선 전송 다원 접속 방식을 뜻하는 단어는?**

① Token Bus
② Token Ring
③ CSMA/CA
④ CDMA

상 중 하

90 **다음 중에서 SQL 인젝션 공격에 대한 보호 대책으로 거리가 먼 것은?**

① 사용자 입력이 SQL 문장으로 사용되지 않도록 한다.
② 사용자 입력으로 특수문자의 사용은 제한하도록 한다.
③ 원시 ODBC 오류를 사용자가 볼 수 없도록 코딩해야 한다.
④ 테이블 이름, SQL 구조 등이 외부 HTML에 포함되어 나타나도록 한다.

상 중 하

91 **클라우드 기반 HSM(Cloud-based Hardware Security Module)에 대한 설명으로 틀린 것은?**

① 클라우드(데이터센터) 기반 암호화 키 생성, 처리, 저장 등을 하는 보안 기기이다.
② 국내에서는 공인인증 제의 폐지와 전자서명법 개정을 추진하면서 클라우드 HSM 용어가 자주 등장하였다.
③ 클라우드에 인증서를 저장하므로 기존 HSM 기기나 휴대폰에 인증서를 저장해 다닐 필요가 없다.
④ 하드웨어가 아닌 소프트웨어적으로만 구현되기 때문에 소프트웨어식 암호 기술에 내재된 보안 취약점을 해결할 수 없다는 것이 주요 단점이다.

상 중 하

92 **다음 중 소프트웨어 개발에서 정보 보안 3요소 중 하나에 해당하지 않는 것은?**

① 비밀번호 정책 : 비밀번호는 최소 8자리 이상이어야 하며, 대소문자, 숫자, 특수문자를 포함해야 한다.
② 접근 제어 : 사용자는 자신의 권한에 따라 시스템 자원에 대한 접근 권한을 부여받는다.
③ 암호화 : 중요한 데이터는 암호화하여 저장 및 전송한다.
④ 백업 : 중요한 데이터는 정기적으로 백업하여 복구가 가능하도록 한다.

상 중 하

93 **침입 탐지 시스템(IDS : Intrusion Detection System)과 관련한 설명으로 틀린 것은?**

① 오용탐지(Misuse Detection)는 Signature Base나 Knowledge Base라고도 불리며 이미 발견되고 정립된 공격 패턴을 입력해두었다가 탐지 및 차단한다.
② HIDS(Host-Based Intrusion Detection System)는 운영체제에 설정된 사용자 계정에 따라 어떤 사용자가 어떤 접근을 시도하고 어떤 작업을 했는지에 대한 기록을 남기고 추적한다.
③ NIDS(Network-Based Intrusion Detection System)로는 대표적으로 Snort가 있다.
④ 외부 인터넷에 서비스를 제공하는 서버가 위치하는 네트워크인 DMZ(Demilitarized Zone)에는 IDS를 설치할 수 없다.

상 중 하

94 **패킷이 네트워크를 따라 계속 전송되는 네트워크 루프 현상을 확인하고 적절히 포트를 사용하지 못하게 하여 루프를 예방하는 프로토콜은?**

① VLAN
② STP
③ L2AN
④ ARP

상 중 하

95 **다음 내용이 설명하는 것은?**

> - 스마트그리드 등 HAN/NAN 활용을 위한 IEEE802.15.4g 표준 기반 900MHz 대역 근거리 무선 통신 기술이다.
> - 넓은 커버리지와 더불어 빠른 속도를 지원해 원격 검침 등 스마트시티 핵심 서비스를 실현할 최적의 기술이다.

① OTT
② BaaS
③ SDDC
④ Wi-SUN

상 중 하

96 **인터넷상에서 통신하고자 하는 지능형 단말들이 서로를 식별하여 그 위치를 찾고, 그들 상호 간에 멀티미디어 통신 세션을 생성하거나 삭제 또는 변경하기 위한 절차를 명시한 시그널링 프로토콜은?**

① PLCP(Packet Level Control Processor)
② Traffic Distributor
③ SIP(Session Initiation Protocol)
④ DPI(Deep Packet Inspection)

상 중 하

97 **IPSec(IP Security)에 대한 설명으로 틀린 것은?**

① 암호화 수행 시 일방향 암호화만 지원한다.
② ESP는 발신지 인증, 데이터 무결성, 기밀성 모두를 보장한다.
③ 운영 모드는 Tunnel 모드와 Transport 모드로 분류된다.
④ AH는 발신지 호스트를 인증하고, IP 패킷의 무결성을 보장한다.

상 중 하

98 **COCOMO 모델의 프로젝트 유형으로 거리가 먼 것은?**

① Organic
② Semi-Detached
③ Embedded
④ Sequential

상 중 하

99 **프로토타이핑 모형(Prototyping Model)에 대한 설명으로 옳지 않은 것은?**

① 개발 단계에서 오류 수정이 불가하므로 유지보수 비용이 많이 발생한다.
② 최종 결과물이 만들어지기 전에 의뢰자가 최종 결과물의 일부 또는 모형을 볼 수 있다.
③ 프로토타입은 발주자나 개발자 모두에게 공동의 참조 모델을 제공한다.
④ 프로토타입은 구현 단계의 구현 골격이 될 수 있다.

상 중 하

100 **해시(Hash) 기법에 대한 설명으로 틀린 것은?**

① 임의의 길이의 입력 데이터를 받아 고정된 길이의 해시값으로 변환한다.
② 해시 함수는 주로 검색, 데이터 무결성, 인증, 암호화 등 다양한 용도로 사용된다.
③ 대표적인 해시 알고리즘으로 HAVAL, SHA-1 등이 있다.
④ 해시 함수는 다차원 함수(Multidimensional Function)이다.

해설과 따로 보는 최신 기출문제 06회

시행 일자	시험 시간	문항 수
2024년 제1회	2시간 30분	100문항

풀이 시간 : ____________ 채점 점수 : ____________

1과목 소프트웨어 설계

상 중 하

01 정형 기술 검토(FTR)의 지침으로 틀린 것은?

① 의제를 제한한다.
② 논쟁과 반박을 제한한다.
③ 문제 영역을 명확히 표현한다.
④ 참가자의 수를 제한하지 않는다.

상 중 하

02 GoF(Gang of Four) 디자인 패턴을 생성, 구조, 행동 패턴의 세 그룹으로 분류할 때, 구조 패턴이 아닌 것은?

① Adapter 패턴
② Bridge 패턴
③ Builder 패턴
④ Proxy 패턴

상 중 하

03 유스케이스(Usecase)에 대한 설명 중 옳은 것은?

① 유스케이스 다이어그램은 개발자의 요구를 추출하고 분석하기 위해 주로 사용한다.
② 액터는 대상 시스템과 상호 작용하는 사람이나 다른 시스템에 의한 역할이다.
③ 사용자 액터는 본 시스템과 데이터를 주고받는 연동 시스템을 의미한다.
④ 연동의 개념은 일방적으로 데이터를 파일이나 정해진 형식으로 넘겨주는 것을 의미한다.

상 중 하

04 서브 시스템이 입력 데이터를 받아 처리하고 결과를 다른 시스템에 보내는 작업이 반복되는 아키텍처 스타일은?

① 클라이언트 서버 구조
② 계층 구조
③ MVC 구조
④ 파이프 필터 구조

상 중 하

05 HIPO(Hierarchy Input Process Output)에 대한 설명으로 거리가 먼 것은?

① 상향식 소프트웨어 개발을 위한 문서화 도구이다.
② HIPO 차트 종류에는 가시적 도표, 총체적 도표, 세부적 도표가 있다.
③ 기능과 자료의 의존 관계를 동시에 표현할 수 있다.
④ 보기 쉽고 이해하기 쉽다.

상 중 하

06 럼바우(Rumbaugh)의 객체지향 분석 기법 중 자료 흐름도(DFD)를 주로 이용하는 것은?

① 기능 모델링
② 동적 모델링
③ 객체 모델링
④ 정적 모델링

상중하

07 객체지향 개념을 활용한 소프트웨어 구현과 관련한 설명 중 틀린 것은?

① 객체(Object)란 필요한 자료 구조와 수행되는 함수들을 가진 하나의 독립된 존재이다.
② JAVA에서 정보은닉(Information Hiding)을 표기할 때 private의 의미는 '공개'이다.
③ 상속(Inheritance)은 개별 클래스를 상속 관계로 묶음으로써 클래스 간의 체계화된 전체 구조를 파악하기 쉽다는 장점이 있다.
④ 같은 클래스에 속하는 개개의 객체이자 하나의 클래스에서 생성된 객체를 인스턴스(Instance)라고 한다.

상중하

08 요구사항 개발 프로세스가 아닌 것은?

① 도출(Elicitation)
② 분석(Analysis)
③ 명세(Specification)
④ 검증(Verification)

상중하

09 소프트웨어 패키징에 대한 설명으로 틀린 것은?

① 패키징은 개발자 중심으로 진행한다.
② 신규 및 변경 개발소스를 식별하고, 이를 모듈화하여 상용제품으로 패키징한다.
③ 고객의 편의성을 위해 매뉴얼 및 버전 관리를 지속적으로 한다.
④ 범용 환경에서 사용이 가능하도록 일반적인 배포 형태로 패키징이 진행된다.

상중하

10 다음 내용이 설명하는 UI 설계 도구는?

- 디자인, 사용 방법 설명, 평가 등을 위해 실제 화면과 유사하게 만든 정적인 형태의 모형
- 시각적으로만 구성 요소를 배치하는 것으로 일반적으로 실제로 구현되지는 않음

① 스토리보드(Storyboard)
② 목업(Mockup)
③ 프로토타입(Prototype)
④ 유스케이스(Usecase)

상중하

11 인터페이스 구현 시 사용하는 기술로 속성-값 쌍(Attribute-Value Pairs)으로 이루어진 데이터 오브젝트를 전달하기 위해 사용하는 개방형 표준 포맷은?

① JSON
② HTML
③ AVPN
④ DOF

상중하

12 CASE에 대한 설명으로 옳지 않은 것은?

① 소프트웨어 모듈의 재사용성이 향상된다.
② 자동화된 기법을 통해 소프트웨어 품질이 향상된다.
③ 소프트웨어 사용자들이 소프트웨어 사용 방법을 신속히 숙지할 수 있도록 개발된 자동화 패키지이다.
④ 소프트웨어 유지보수를 간편하게 수행할 수 있다.

상중하

13 소프트웨어 설계에서 사용되는 대표적인 추상화(Abstraction) 기법이 아닌 것은?

① 자료 추상화
② 제어 추상화
③ 기능 추상화
④ 강도 추상화

상중하

14 소프트웨어 공학에서 모델링(Modeling)과 관련한 설명으로 틀린 것은?

① 개발팀이 응용문제를 이해하는 데 도움을 줄 수 있다.
② 유지보수 단계에서만 모델링 기법을 활용한다.
③ 개발될 시스템에 대하여 여러 분야의 엔지니어들이 공통된 개념을 공유하는 데 도움을 준다.
④ 절차적인 프로그램을 위한 자료 흐름도는 프로세스 위주의 모델링 방법이다.

상 중 하

15 **다음은 어떤 프로그램 구조를 나타낸다. 모듈 F에서의 fan-in과 fan-out의 수는 얼마인가?**

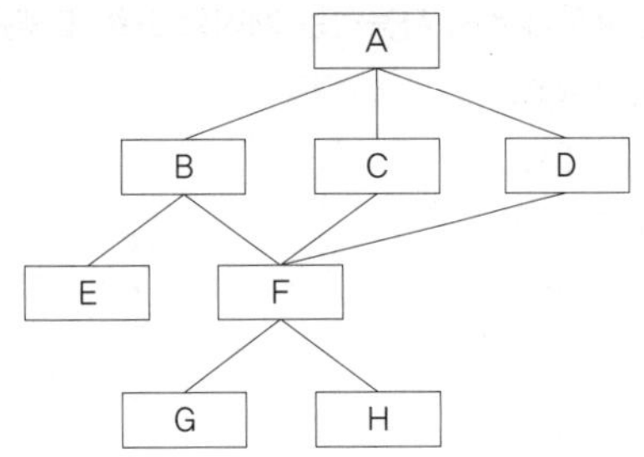

	fan-in	fan-out
①	2	3
②	3	2
③	1	2
④	2	1

상 중 하

16 **프로그램 설계도의 하나인 NS Chart에 대한 설명으로 가장 거리가 먼 것은?**

① 논리의 기술에 중점을 두고 도형을 이용한 표현 방법이다.
② 이해하기 쉽고 코드 변환이 용이하다.
③ 화살표나 GOTO를 사용하여 이해하기 쉽다.
④ 연속, 선택, 반복 등의 제어 논리 구조를 표현한다.

상 중 하

17 **애자일(Agile) 기법 중 스크럼(Scrum)과 관련한 설명으로 틀린 것은?**

① 스크럼 마스터(Scrum Master)는 스크럼 프로세스를 따르고, 팀이 스크럼을 효과적으로 활용할 수 있도록 보장하는 역할 등을 맡는다.
② 제품 백로그(Product Backlog)는 스크럼 팀이 해결해야 하는 목록으로 소프트웨어 요구사항, 아키텍처 정의 등이 포함될 수 있다.
③ 스프린트(Sprint)는 소단위 개발 업무를 위한 주기로 2~4주의 단기간으로 결정된다.
④ 스크럼 마스터는 방해 요소를 찾아 해결하고 완료 작업시간을 소멸 차트(Burndown Chart)에 기록한다.

상 중 하

18 **요구사항 명세 기법에 대한 설명으로 틀린 것은?**

① 비정형 명세 기법은 사용자의 요구를 표현할 때 자연어를 기반으로 서술한다.
② 비정형 명세 기법은 사용자의 요구를 표현할 때 Z 비정형 명세 기법을 사용한다.
③ 정형 명세 기법은 사용자의 요구를 표현할 때 수학적인 원리와 표기법을 이용한다.
④ 정형 명세 기법은 비정형 명세 기법에 비해 표현이 간결하다.

상 중 하

19 **UML 모델에서 한 사물의 명세가 바뀌면 다른 사물에 영향을 주며, 일반적으로 한 클래스가 다른 클래스를 오퍼레이션의 매개변수로 사용하는 경우에 나타나는 관계는?**

① Association
② Dependency
③ Realization
④ Generalization

상 중 하

20 **익스트림 프로그래밍(XP)에 대한 설명으로 틀린 것은?**

① 기존의 방법론에 비해 실용성(Pragmatism)을 강조한 것이라고 볼 수 있다.
② 사용자의 요구사항은 언제든지 변할 수 있다.
③ 고객과 직접 대면하며 요구사항을 이야기하기 위해 사용자 스토리(User Story)를 활용할 수 있다.
④ 빠른 개발을 위해 테스트를 수행하지 않는다.

2과목 소프트웨어 개발

상중하

21 인터페이스 구현 검증 도구가 아닌 것은?

① Foxbase
② STAF
③ watir
④ xUnit

상중하

22 다음의 항을 이용하여 트리의 전체 노드 수를 구하는 공식은?

> a : 루트 노드의 수
> b : 간 노드의 수
> c : 단말 노드의 수
> d : 전체 노드 수
> e : 트리의 차수

① d = a + b + e
② d = e - a - b
③ d = a + c + e
④ d = a + b + c

상중하

23 색인 순차 파일에 대한 설명으로 옳지 않은 것은?

① 레코드를 참조할 때 색인을 탐색한 후 색인이 가리키는 포인터를 사용하여 직접 참조할 수 있다.
② 레코드를 추가 및 삽입하는 경우, 파일 전체를 복사할 필요가 없다.
③ 인덱스를 저장하기 위한 공간과 오버플로우 처리를 위한 별도의 공간이 필요 없다.
④ 색인 구역은 트랙 색인 구역, 실린더 색인 구역, 마스터 색인 구역으로 구성된다.

상중하

24 소프트웨어 테스트에서 검증(Verification)과 확인(Validation)에 대한 설명으로 틀린 것은?

① 소프트웨어 테스트에서 검증과 확인을 구별하면 찾고자 하는 결함 유형을 명확하게 하는 데 도움이 된다.
② 검증은 소프트웨어 개발 과정을 테스트하는 것이고, 확인은 소프트웨어 결과를 테스트하는 것이다.
③ 검증은 작업 제품이 요구 명세의 기능, 비기능 요구사항을 얼마나 잘 준수하는지 측정하는 작업이다.
④ 검증은 작업 제품이 사용자의 요구에 적합한지 측정하며, 확인은 작업 제품이 개발자의 기대를 충족시키는지를 측정한다.

상중하

25 소프트웨어 품질 측정을 위해 개발자 관점에서 고려해야 할 항목으로 거리가 먼 것은?

① 정확성
② 무결성
③ 사용성
④ 간결성

상중하

26 필드 테스팅(field testing)이라고도 불리며 개발자 없이 고객의 사용 환경에 소프트웨어를 설치하여 검사를 수행하는 인수 검사 기법은?

① 베타 검사
② 알파 검사
③ 형상 검사
④ 복구 검사

상 중 하

27 해싱 함수(Hashing Function)의 종류가 아닌 것은?

① 제곱법(mid-square)
② 숫자분석법(digit analysis)
③ 개방주소법(open addressing)
④ 제산법(division)

상 중 하

28 클라이언트/서버 방식의 소프트웨어 버전 관리 도구가 아닌 것은?

① CVS
② SVN
③ RCS
④ Clear Case

상 중 하

29 다음 트리에 대한 중위 순회 운행 결과는?

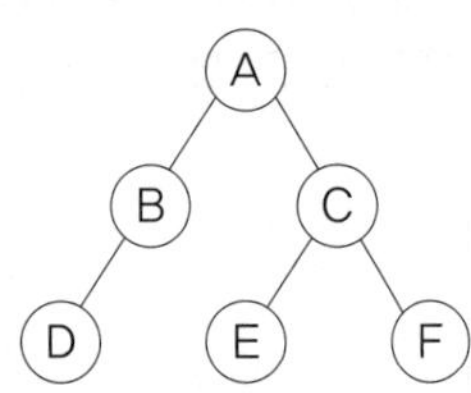

① ABDCEF
② ABCDEF
③ DBECFA
④ DBAECF

상 중 하

30 소프트웨어 테스트에서 오류의 80%는 전체 모듈의 20% 내에서 발견된다는 법칙은?

① Brooks의 법칙
② Boehm의 법칙
③ Pareto의 법칙
④ Jackson의 법칙

상 중 하

31 형상 관리의 개념과 절차에 대한 설명으로 틀린 것은?

① 형상 식별은 형상 관리 계획을 근거로 형상 관리의 대상이 무엇인지 식별하는 과정이다.
② 형상 관리를 통해 가시성과 추적성을 보장함으로써 소프트웨어의 생산성과 품질을 높일 수 있다.
③ 형상 통제 과정에서는 형상 목록의 변경 요구를 즉시 수용 및 반영해야 한다.
④ 형상 감사는 형상 관리 계획대로 형상 관리가 진행되고 있는지, 형상 항목의 변경이 요구사항에 맞도록 제대로 이뤄졌는지 등을 살펴보는 활동이다.

상 중 하

32 소프트웨어 품질 관련 국제 표준인 ISO/IEC 25000에 관한 설명으로 옳지 않은 것은?

① 소프트웨어 품질 평가를 위한 소프트웨어 품질 평가 통합 모델 표준이다.
② System and Software Quality Requirements and Evaluation으로 줄여서 SQuaRE라고도 한다.
③ ISO/IEC 2501n에서는 소프트웨어의 내부 측정, 외부 측정, 사용 품질 측정, 품질 측정 요소 등을 다룬다.
④ 기존 소프트웨어 품질 평가 모델과 소프트웨어 평가 절차 모델인 ISO/IEC 9126과 ISO/IEC 14598을 통합하였다.

상 중 하

33 소스 코드 품질 분석 도구 중 정적 분석 도구가 아닌 것은?

① pmd
② cppcheck
③ valMeter
④ checkstyle

상중하

34 디지털 저작권 관리(DRM) 기술과 거리가 먼 것은?

① 콘텐츠 암호화 및 키 관리
② 콘텐츠 식별체계 표현
③ 콘텐츠 오류 감지 및 복구
④ 라이선스 발급 및 관리

상중하

35 상향식 통합 테스트 절차가 올바른 순서로 나열된 것은?

> ㉮ 하위 모듈을 클러스터로 결합
> ㉯ 상위 모듈에서 데이터 입출력을 확인하기 위해 더미 모듈인 드라이버를 작성
> ㉰ 통합된 클러스터 단위로 테스트를 수행
> ㉱ 테스트가 완료되면 클러스터는 프로그램 구조의 상위로 이동하여 결합하고 드라이버는 실제 모듈로 대체

① ㉮ → ㉯ → ㉰ → ㉱
② ㉯ → ㉮ → ㉱ → ㉰
③ ㉮ → ㉰ → ㉯ → ㉱
④ ㉱ → ㉯ → ㉰ → ㉮

상중하

36 다음이 설명하는 애플리케이션 통합 테스트 유형은?

> – 깊이 우선 방식 또는 너비 우선 방식이 있다.
> – 상위 컴포넌트를 테스트하고 점증적으로 하위 컴포넌트를 테스트한다.
> – 하위 컴포넌트 개발이 완료되지 않은 경우 스텁(Stub)을 사용하기도 한다.

① 하향식 통합 테스트
② 상향식 통합 테스트
③ 회귀 테스트
④ 빅뱅 테스트

상중하

37 다음 초기 자료에 대하여 삽입 정렬(Insertion Sort)을 이용하여 오름차순 정렬할 경우 1회전 후의 결과는?

> 초기 자료 : 8, 3, 4, 9, 7

① 3, 4, 8, 7, 9
② 3, 4, 9, 7, 8
③ 7, 8, 3, 4, 9
④ 3, 8, 4, 9, 7

상중하

38 n개의 노드로 구성된 무방향 그래프의 최대 간선수는?

① $n-1$
② $n/2$
③ $n(n-1)/2$
④ $n(n+1)$

상중하

39 IDE(Integrated Development Environment) 도구의 각 기능에 대한 설명으로 틀린 것은?

① Coding – 프로그래밍 언어를 가지고 컴퓨터 프로그램을 작성할 수 있는 환경을 제공
② Compile – 저급언어의 프로그램을 고급언어 프로그램으로 변환하는 기능
③ Debugging – 프로그램에서 발견되는 버그를 찾아 수정할 수 있는 기능
④ Deployment – 소프트웨어를 최종 사용자에게 전달하기 위한 기능

상중하

40 블랙박스 테스트를 이용하여 발견할 수 있는 오류가 아닌 것은?

① 비정상적인 자료를 입력해도 오류 처리를 수행하지 않는 경우
② 정상적인 자료를 입력해도 요구된 기능이 제대로 수행되지 않는 경우
③ 반복 조건을 만족하는데도 루프 내의 문장이 수행되지 않는 경우
④ 경계값을 입력할 경우 요구된 출력 결과가 나오지 않는 경우

3과목 데이터베이스 구축

상중하

41 정규화 과정에서 A→B이고, B→C일 때 A→C인 관계를 제거하는 관계는?

① 1NF → 2NF
② 2NF → 3NF
③ 3NF → BCNF
④ BCNF → 4NF

상중하

42 다음 중 기본키는 NULL 값을 가져서는 안 되며, 릴레이션 내에 오직 하나의 값만 존재해야 한다는 조건을 무엇이라 하는가?

① 개체 무결성 제약조건
② 참조 무결성 제약조건
③ 도메인 무결성 제약조건
④ 속성 무결성 제약조건

상중하

43 A1, A2, A3의 3개 속성을 갖는 한 릴레이션에서 A1의 도메인은 3개 값, A2의 도메인은 2개 값, A3의 도메인은 4개 값을 갖는다. 이 릴레이션에 존재할 수 있는 가능한 튜플(Tuple)의 최대 수는?

① 24
② 12
③ 8
④ 9

상중하

44 CREATE TABLE문에 포함되지 않는 기능은?

① 속성 타입 변경
② 속성의 NOT NULL 여부 지정
③ 기본키를 구성하는 속성 지정
④ CHECK 제약조건의 정의

상중하

45 관계형 데이터베이스에서 다음 설명에 해당하는 키(Key)는?

> 한 릴레이션 내의 속성들의 집합으로 구성된 키로서, 릴레이션을 구성하는 모든 튜플에 대한 유일성은 만족시키지만 최소성은 만족시키지 못한다.

① 후보키
② 대체키
③ 슈퍼키
④ 외래키

상중하

46 데이터베이스 설계 단계 중 물리적 설계 시 고려 사항으로 적절하지 않은 것은?

① 스키마의 평가 및 정제
② 응답 시간
③ 저장 공간의 효율화
④ 트랜잭션 처리량

상중하

47 정규화를 거치지 않아 발생하게 되는 이상(anomaly) 현상의 종류에 대한 설명으로 옳지 않은 것은?

① 삭제 이상이란 릴레이션에서 한 튜플을 삭제할 때 의도와는 상관없는 값들도 함께 삭제되는 연쇄 삭제 현상이다.
② 삽입 이상이란 릴레이션에서 데이터를 삽입할 때 의도와는 상관없이 원하지 않는 값들도 함께 삽입되는 현상이다.
③ 갱신 이상이란 릴레이션에서 튜플에 있는 속성값을 갱신할 때 일부 튜플의 정보만 갱신되어 정보에 모순이 생기는 현상이다.
④ 종속 이상이란 하나의 릴레이션에 하나 이상의 함수적 종속성이 존재하는 현상이다.

상중하

48 정규화된 엔티티, 속성, 관계를 시스템의 성능 향상과 개발 운영의 단순화를 위해 중복, 통합, 분리 등을 수행하는 데이터 모델링 기법은?

① 정규화
② 반정규화
③ 집단화
④ 머징

상 중 하

49 로킹 단위(Locking Granularity)에 대한 설명으로 옳은 것은?

① 로킹 단위가 크면 병행성 수준이 낮아진다.
② 로킹 단위가 크면 병행 제어 기법이 복잡해진다.
③ 로킹 단위가 작으면 로크(lock)의 수가 적어진다.
④ 로킹은 파일 단위로 이루어지며, 레코드와 필드는 로킹 단위가 될 수 없다.

상 중 하

50 어떤 릴레이션 R에서 X와 Y를 각각 R의 애트리뷰트 집합의 부분 집합이라고 할 경우 애트리뷰트 X의 값 각각에 대해 시간에 관계없이 항상 애트리뷰트 Y의 값이 오직 하나만 연관되어 있을 때 Y는 X에 함수 종속이라고 한다. 이 함수 종속의 표기로 옳은 것은?

① $Y \rightarrow X$
② $Y \subset X$
③ $X \rightarrow Y$
④ $X \subset Y$

상 중 하

51 해싱 등의 사상 함수를 사용하여 레코드 키(Record Key)에 의한 주소 계산을 통해 레코드를 접근할 수 있도록 구성한 파일은?

① 순차 파일
② 인덱스 파일
③ 직접 파일
④ 다중 링 파일

상 중 하

52 동시성 제어를 위한 직렬화 기법으로 트랜잭션 간의 처리 순서를 미리 정하는 방법은?

① 로킹 기법
② 타임 스탬프 기법
③ 검증 기법
④ 베타 로크 기법

상 중 하

53 물리 데이터 저장소의 파티션 설계에서 파티션 유형으로 옳지 않은 것은?

① 범위 분할(Range Partitioning)
② 해시 분할(Hash Partitioning)
③ 조합 분할(Composite Partitioning)
④ 유닛 분할(Unit Processing)

상 중 하

54 테이블 두 개를 조인하여 뷰 V_1을 정의하고, V_1을 이용하여 뷰 V_2를 정의하였다. 다음 명령 수행 후 결과로 옳은 것은?

```
DROP VIEW V_1 CASCADE;
```

① V_1만 삭제된다.
② V_2만 삭제된다.
③ V_1과 V_2 모두 삭제된다.
④ V_1과 V_2 모두 삭제되지 않는다.

상 중 하

55 다음 SQL문에서 (　　) 안에 들어갈 내용으로 옳은 것은?

```
UPDATE 인사급여 (    ) 호봉 = 15
  WHERE 성명 = '홍길동';
```

① SET
② FROM
③ INTO
④ IN

상 중 하

56 「회원」 테이블 생성 후 「주소」 필드(컬럼)가 누락되어 이를 추가하려고 한다. 이에 적합한 SQL 명령어는?

① DELETE
② RESTORE
③ ALTER
④ ACCESS

상 중 하

57 다음 R1과 R2의 테이블에서 아래의 실행결과를 얻기 위한 SQL문은?

[R1] 테이블

학번	이름	학년	학과	주소
1000	홍길동	1	컴퓨터공학	서울
2000	김철수	1	전기공학	경기
3000	강남길	2	전자공학	경기
4000	오말자	2	컴퓨터공학	경기
5000	장미화	3	전자공학	서울

[R2] 테이블

학번	과목번호	과목이름	학점	점수
1000	C100	컴퓨터구조	A	91
2000	C200	데이터베이스	A+	99
3000	C100	컴퓨터구조	B+	89
3000	C200	데이터베이스	B	85
4000	C200	데이터베이스	A	93
4000	C300	운영체제	B+	88
5000	C300	운영체제	B	82

[실행결과]

과목번호	과목이름
C100	컴퓨터구조
C200	데이터베이스

① SELECT 과목번호, 과목이름
FROM R1, R2
WHERE R1.학번 = R2.학번 AND R1.학과 = '전자공학' AND R1.이름 = '강남길';

② SELECT 과목번호, 과목이름
FROM R1, R2
WHERE R1.학번 = R2.학번 OR R1.학과 = '전자공학' OR R1.이름 = '홍길동';

③ SELECT 과목번호, 과목이름
FROM R1, R2
WHERE R1.학번 = R2.학번 AND R1.학과 = '컴퓨터공학' AND R1.이름 = '강남길';

④ SELECT 과목번호, 과목이름
FROM R1, R2
WHERE R1.학번 = R2.학번 OR R1.학과 = '컴퓨터공학' OR R1.이름 = '홍길동';

상 중 하

58 뷰(VIEW)에 대한 설명으로 틀린 것은?

① 뷰 위에 또 다른 뷰를 정의할 수 있다.
② 뷰에 대한 조작에서 삽입, 갱신, 삭제 연산은 제약이 따른다.
③ 뷰의 정의는 기본 테이블과 같이 ALTER문을 이용하여 변경한다.
④ 뷰가 정의된 기본 테이블이 제거되면 뷰도 자동적으로 제거된다.

상 중 하

59 데이터 사전에 대한 설명으로 틀린 것은?

① 시스템 카탈로그 또는 시스템 데이터베이스라고도 한다.
② 시스템 카탈로그는 DBMS가 스스로 생성하고 유지한다.
③ 데이터베이스에 대한 데이터인 슈퍼데이터(Superdata)를 저장하고 있다.
④ 데이터 사전에 있는 데이터에 실제로 접근하는 데 필요한 위치 정보는 데이터 디렉터리(Data Directory)라는 곳에서 관리한다.

상 중 하

60 데이터베이스의 인덱스와 관련한 설명으로 틀린 것은?

① 문헌의 색인, 사전과 같이 데이터를 쉽고 빠르게 찾을 수 있도록 만든 데이터 구조이다.
② 테이블에 붙여진 색인으로 데이터 검색 시 처리 속도 향상에 도움이 된다.
③ 인덱스의 추가, 삭제 명령어는 각각 ADD, DELETE이다.
④ 대부분의 데이터베이스에서 테이블을 삭제하면 인덱스도 같이 삭제된다.

4과목 프로그래밍 언어 활용

상 중 하

61 다음 파이썬으로 구현되는 프로그램 실행 결과로 옳은 것은?

```
a = [1, 2, 3, 4, 5, 6, 7, 8, 9, 10, 11,
12, 13, 14, 15]
a[3:7:2] = 'd', 'f'
print(a[:8])
```

① [3, 'd', 4, 'f', 5, 6, 7]
② [3, 'd', 'f', 6, 7, 8]
③ [1, 2, 3, 'd', 5, 'f', 7, 8]
④ [1, 2, 3, 'd', 'f', 7, 8, 9]

상 중 하

62 다음 C 프로그램의 결과값은?

```
#include <stdio.h>
int main()
{
    int n = 3;
    int r = 1;
    int i = 1;
    while(i <= n)
    {
        r *= i;
        i++;
    }
    printf("%d", r);
    return 0;
}
```

① 3
② 6
③ 9
④ 12

상 중 하

63 다음 C 프로그램의 결과값은?

```
#include <stdio.h>
int main()
{
    int a = 97;
    int b = 'a';
    int c = 3.14;
    printf("%c, %d, %d", a, b, c);
    return 0;
}
```

① 97, a, 3.14
② A, 97, 3
③ a, 97, 3
④ a, 97, 3.14

상 중 하

64 다음 C 프로그램의 결과값은?

```
#include <stdio.h>
int function(int x, int y)
{
    return x > y ? 10*x*y : 10*x+y;
}
int main()
{
    printf("%d", function(3, 7));
    return 0;
}
```

① 20
② 37
③ 73
④ 210

상 중 하

65 객체지향 개념에서 다형성(Polymorphism)과 관련한 설명으로 틀린 것은?

① 다형성은 현재 코드를 변경하지 않고 새로운 클래스를 쉽게 추가할 수 있게 한다.
② 다형성이란 여러 가지 형태를 가지고 있다는 의미로, 여러 형태를 받아들일 수 있는 특징을 말한다.
③ 메소드 오버라이딩(Overriding)은 상위 클래스에서 정의한 일반 메소드의 구현을 하위 클래스에서 무시하고 재정의할 수 있다.
④ 메소드 오버로딩(Overloading)의 경우 매개 변수 타입은 동일하지만 메소드명을 다르게 함으로써 구현, 구분할 수 있다.

상 중 하

66 메모리 관리 기법 중 Worst fit 방법을 사용할 경우 10K 크기의 프로그램 실행을 위해서는 어느 부분에 할당되는가?

영역 번호	메모리 크기	사용 여부
NO.1	8K	FREE
NO.2	12K	FREE
NO.3	10K	IN USE
NO.4	20K	IN USE
NO.5	16K	FREE

① NO.2
② NO.3
③ NO.4
④ NO.5

상 중 하

67 10.0.0.0 네트워크 전체에서 마스크 255.240.0.0을 사용할 경우 유효한 서브넷 ID는?

① 10.1.16.9
② 10.16.0.0
③ 10.27.32.0
④ 10.0.1.32

상 중 하

68 다음 중 가장 약한 결합도(Coupling)는?

① Common Coupling
② Content Coupling
③ External Coupling
④ Stamp Coupling

상 중 하

69 트랜잭션의 상태 중 트랜잭션의 마지막 연산이 실행된 직후의 상태로, 모든 연산의 처리는 끝났지만 트랜잭션이 수행한 최종 결과를 데이터베이스에 반영하지 않은 상태는?

① Active
② Partially Committed
③ Committed
④ Aborted

상 중 하

70 OSI 7계층에서 단말기 사이에 오류 수정과 흐름 제어를 수행하여 신뢰성 있고 명확한 데이터 전송을 하는 계층은?

① 네트워크 계층
② 전송 계층
③ 데이터 링크 계층
④ 표현 계층

상 중 하

71 Java에서 사용되는 출력 함수가 아닌 것은?

① System.out.print()
② System.out.println()
③ System.out.printing()
④ System.out.printf()

상 중 하

72 다음 설명에 해당하는 OSI 7계층을 옳게 나열한 것은?

ㄱ. 네트워크 환경에서 사용자에게 서비스를 제공하는 계층
ㄴ. 링크의 설정과 유지 및 종료를 담당하며, 노드 간의 오류 제어와 흐름 제어 기능을 수행하는 계층
ㄷ. 통신망을 통하여 패킷을 목적지까지 전달하는 계층
ㄹ. 종단 간 신뢰성 있고 효율적인 데이터를 전송하기 위해 오류 검출과 복구, 흐름 제어를 수행하는 계층

① 응용 계층 – 데이터 링크 계층 – 네트워크 계층 – 전송 계층
② 네트워크 계층 – 세션 계층 – 전송 계층 – 응용 계층
③ 응용 계층 – 데이터 링크 계층 – 네트워크 계층 – 전송 계층
④ 물리 계층 – 데이터 링크 계층 – 네트워크 계층 – 표현 계층

상 중 하

73 페이지 교체 기법 중 시간 오버헤드를 줄이기 위해 각 페이지마다 참조 비트와 변형 비트를 두는 교체 기법은?

① LRU
② FIFO
③ LFU
④ NUR

상 중 하

74 IPv6에 대한 설명으로 틀린 것은?

① 더 많은 IP 주소를 지원할 수 있도록 주소의 크기는 64비트이다.
② 프로토콜의 확장을 허용하도록 설계되었다.
③ 확장 헤더로 이동성을 지원하고, 보안 및 서비스 품질 기능 등이 개선되었다.
④ 유니캐스트, 멀티캐스트, 애니캐스트를 지원한다.

상 중 하

75 운영체제 분석을 위해 리눅스에서 버전을 확인하고자 할 때 사용되는 명령어는?

① ls
② cat
③ pwd
④ uname

상 중 하

76 C언어의 malloc( ) 함수와 free( ) 함수를 통하여 해제하는 메모리 영역은?

① 스택(Stack)
② 힙(Heap)
③ 버퍼(Buffer)
④ 스풀(Spool)

상 중 하

77 다음 JAVA 프로그램의 결과값은?

```
public class Test
{
    public static void main(String[]
    args) {
        for(int i = 0; i <10; i++) {
            if(i % 5 == 0)
                System.out.print("O");
            else
                System.out.print("X");
            }
        }
}
```

① XXXXOXXXXO
② OXXXXOXXXX
③ XXOXXOXXOX
④ OOOOXOOOOX

상 중 하

78 다음 파이썬으로 구현되는 프로그램 실행 결과로 옳은 것은?

```
a = [[[0]*2 for y in range(2)] for x in range(2)]
print(a)
```

① [0, 0], [0, 0], [0, 0], [0, 0]
② [[0, 0], [0, 0]], [[0, 0], [0, 0]]
③ [[[0, 0], [0, 0]], [[0, 0], [0, 0]]]
④ [[[0, 0], [0, 0]]], [[[0, 0], [0, 0]]]

상 중 하

79 C언어에서 자료형의 크기를 구하는 연산자는?

① strlen
② length
③ sizeof
④ type

상 중 하

80 페이징 기법과 세그먼테이션 기법에 대한 설명으로 가장 옳지 않은 것은?

① 페이징 기법에서는 주소 변환을 위한 페이지 맵 테이블이 필요하다.
② 프로그램을 일정한 크기로 나눈 단위를 페이지라고 한다.
③ 세그먼테이션 기법에서는 하나의 작업을 크기가 각각 다른 여러 논리적인 단위로 나누어 사용한다.
④ 세그먼테이션 기법에서는 내부 단편화가, 페이징 기법에서는 외부 단편화가 발생할 수 있다.

5 과목 정보 시스템 구축 관리

상 중 하

81 소프트웨어 비용 추정 모형(estimation models)이 아닌 것은?

① COCOMO
② Putnam
③ Function-Point
④ PERT

상 중 하

82 RSA 암호 시스템의 변형으로 소인수분해를 기반으로 하는 간단하고 빠른 연산속도의 공개키 암호 방식은?

① 엘가말(El Gamal) 암호
② 타원곡선 암호
③ ECC 암호
④ 라빈(Rabin) 암호

상 중 하

83 사용자가 컴퓨터나 네트워크를 의식하지 않고 장소에 상관없이 언제, 어디서나 네트워크에 접속할 수 있는 환경을 무엇이라 하는가?

① 사물인터넷(IoT)
② 디지털 컨버전스(Digital Convergence)
③ 블루투스(Bluetooth)
④ 유비쿼터스(Ubiquitous)

상 중 하

84 하둡(Hadoop)과 관계형 데이터베이스 간에 데이터를 전송할 수 있도록 설계된 도구는?

① Apnic
② Topology
③ Sqoop
④ SDB

상 중 하

85 다음 빈칸 ①~②에 들어갈 말로 올바르게 짝지어진 것은?

> -(①) : 비대칭 암호화 방식으로 이산대수를 활용한 암호화 알고리즘
> -(②) : 비대칭 암호화 방식으로 소인수분해를 활용한 암호화 알고리즘

① DSA, RSA
② AES, RSA
③ DEA, AES
④ RSA, DES

상 중 하

86 기기를 키오스크에 갖다 대면 원하는 데이터를 바로 가져올 수 있는 기술로 10cm 이내 근접 거리에서 기가급 속도로 데이터 전송이 가능한 초고속 근접무선통신(NFC, Near Field Communication) 기술은?

① BcN(Broadband Convergence Network)
② Zing
③ Marine Navi
④ C-V2X(Cellular Vehicle To Everything)

상 중 하

87 클라우드 컴퓨팅 유형이 아닌 것은?

① IaaS ② LaaS
③ PaaS ④ SaaS

상 중 하

88 다음에서 설명하는 IT 기술은?

> - 네트워크를 제어부, 데이터 전달부로 분리하여 네트워크 관리자가 보다 효율적으로 네트워크를 제어, 관리할 수 있는 기술
> - 기존의 라우터, 스위치 등과 같이 하드웨어에 의존하는 네트워크 체계에서 안정성, 속도, 보안 등을 소프트웨어로 제어, 관리하기 위해 개발됨
> - 네트워크 장비의 펌웨어 업그레이드를 통해 사용자의 직접적인 데이터 전송 경로 관리가 가능하고, 기존 네트워크에는 영향을 주지 않으면서 특정 서비스의 전송 경로 수정을 통하여 인터넷상에서 발생하는 문제를 처리할 수 있음

① SDN(Software Defined Networking)
② NFS(Network File System)
③ Network Mapper
④ AOE Network

상 중 하

89 사전 등록된 모바일 장비를 통해 원격으로 개인 사용자 기기를 등록, 관리, 추적 등을 지원하는 단말기기 관리 업무를 처리하는 BYOD(Bring Your Own Device) 환경에서의 주요 보안 강화 기술은?

① NAC
② MDM
③ MAM
④ ESM

상 중 하

90 IP 또는 ICMP의 특성을 악용하여 특정 사이트에 집중적으로 데이터를 보내 네트워크 또는 시스템의 상태를 불능으로 만드는 공격 방법은?

① TearDrop
② Smishing
③ Qshing
④ Smurfing

상 중 하

91 SSL을 기반으로 만들어진 네트워크를 통해 보안 서비스를 제공하는 기술의 전송 계층 보안 프로토콜은?

① TLS
② IPSec
③ SET
④ Kerberos

상 중 하

92 기존 무선 랜의 한계 극복을 위해 등장하였으며, 대규모 디바이스의 네트워크 생성에 최적화되어 차세대 이동통신, 홈네트워킹, 공공 안전 등의 특수목적을 위한 새로운 방식의 네트워크 기술을 의미하는 것은?

① Software Defined Perimeter
② Virtual Private Network
③ Local Area Network
④ Mesh Network

상 중 하

93 나선형(Spiral) 모형의 주요 태스크에 해당하지 않는 것은?

① 버전 관리 ② 위험 분석
③ 개발 ④ 평가

상 중 하

94 CMMI의 성숙도 레벨이 아닌 것은?

① 관리(Managed) 단계
② 정의(Defined) 단계
③ 최적화(Optimizing) 단계
④ 시작(Start) 단계

상 중 하

95 다음이 설명하는 IT 기술은?

- 컨테이너 응용 프로그램의 배포를 자동화하는 오픈소스 엔진이다.
- 소프트웨어 컨테이너 안에 응용 프로그램들을 배치시키는 일을 자동화해 주는 오픈소스 프로젝트이자 소프트웨어로 볼 수 있다.

① StackGuard
② Docker
③ Cipher Container
④ Scytale

상 중 하

96 Something You Have가 아닌 것은?

① IC 카드
② 마그네틱 카드
③ 지문
④ OTP

상 중 하

97 시스템이 몇 대가 되어도 하나의 시스템에서 인증에 성공하면 다른 시스템에 대한 접근권한도 얻는 시스템을 의미하는 것은?

① SOS ② SBO
③ SSO ④ SOA

상 중 하

98 Cocomo model 중 기관 내부에서 개발된 중소규모의 소프트웨어로 일괄 자료 처리나 과학기술 계산용, 비즈니스 자료 처리용으로 5만 라인 이하의 소프트웨어를 개발하는 유형은?

① Embeded
② Organic
③ Semi-detached
④ Semi-embeded

상 중 하

99 다음 내용이 설명하는 사용자 요구사항 분석과 관련된 용어는?

- 어떤 제품 혹은 서비스를 사용할 만한 목표 집단 내의 다양한 사용자의 유형을 대표하는 가상의 인물이다.
- 마케팅, 디자인, 판매 등 다양한 개발 조건 간의 사용자를 위한 상호 소통의 도구로 이용되며, 사용자 중심의 UI를 만들기 위해서 사용자를 분류하고 정의해야 한다.

① 유즈케이스(Usecase)
② 페이퍼 프로토타입(Paper Prototype)
③ 페르소나(Persona)
④ 감성 공학(Sensibility Engineering)

상 중 하

100 어떤 외부 컴퓨터가 접속되면 접속 인가 여부를 점검해서 인가된 경우에는 접속이 허용되고, 그 반대의 경우에는 거부할 수 있는 접근 제어 유틸리티는?

① tcp wrapper
② trace checker
③ token finder
④ change detector

해설과 따로 보는 최신 기출문제 07회

시행 일자	시험 시간	문항 수
2024년 제2회	2시간 30분	100문항

풀이 시간 : ______________ 채점 점수 : ______________

1 과목 소프트웨어 설계

상 중 하

01 시스템의 기능을 여러 개의 고유 모듈들로 분할하여 이들 간의 인터페이스를 계층 구조로 표현한 도형 또는 도면을 무엇이라 하는가?

① Flow Chart
② HIPO Chart
③ Control Specification
④ Box Diagram

상 중 하

02 GoF(Gangs of Four) 디자인 패턴에서 생성(Creational) 패턴에 해당하는 것은?

① 컴퍼지트(Composite)
② 어댑터(Adapter)
③ 추상 팩토리(Abstract Factory)
④ 옵서버(Observer)

상 중 하

03 소프트웨어 설계에서 사용되는 대표적인 추상화 메커니즘이 아닌 것은?

① 프로토콜 추상화
② 자료 추상화
③ 제어 추상화
④ 기능 추상화

상 중 하

04 개체-관계 모델에 대한 설명으로 옳지 않은 것은?

① 오너-멤버(Owner-Member) 관계라고도 한다.
② 개체 타입과 이들 간의 관계 타입을 기본 요소로 이용하여 현실 세계를 개념적으로 표현한다.
③ E-R 다이어그램에서 개체 타입은 사각형으로 나타낸다.
④ E-R 다이어그램에서 속성은 타원으로 나타낸다.

상 중 하

05 CASE(Computer Aided Software Engineering)의 주요 기능으로 옳지 않은 것은?

① S/W 라이프 사이클 전 단계의 연결
② 그래픽 지원
③ 다양한 소프트웨어 개발 모형 지원
④ 언어 번역

상 중 하

06 소프트웨어 아키텍처 모델 중 MVC(Model-View-Controller)와 관련한 설명으로 틀린 것은?

① MVC 모델은 사용자 인터페이스를 담당하는 계층의 응집도를 높일 수 있고 여러 개의 다른 UI를 만들어 그 사이에 결합도를 낮출 수 있다.
② 모델(Model)은 뷰(View)와 제어(Controller) 사이에서 전달자 역할을 하며, 뷰마다 모델 서브시스템이 각각 하나씩 연결된다.
③ 뷰(View)는 모델(Model)에 있는 데이터를 사용자 인터페이스에 보이는 역할을 담당한다.
④ 제어(Controller)는 모델(Model)에 명령을 보냄으로써 모델의 상태를 변경할 수 있다.

상 중 하

07 UML 모델에서 한 객체가 다른 객체에게 오퍼레이션을 수행하도록 지정하는 의미적 관계로 옳은 것은?

① Dependency
② Realization
③ Generalization
④ Association

상 중 하

08 통신을 위한 프로그램을 생성하여 포트를 할당하고, 클라이언트의 통신 요청 시 클라이언트와 연결하는 내·외부 송·수신 연계 기술은?

① DB 링크 기술
② 소켓 기술
③ 스크럽 기술
④ 프로토타입 기술

상 중 하

09 UI의 종류로 멀티 터치, 동작 인식 등 사용자의 자연스러운 움직임을 인식하여 서로 주고받는 정보를 제공하는 사용자 인터페이스는?

① GUI(Graphical User Interface)
② OUI(Organic User Interface)
③ NUI(Natural User Interface)
④ CLI(Command Line Interface)

상 중 하

10 분산 시스템을 위한 마스터-슬레이브(Master-Slave) 아키텍처에 대한 설명으로 틀린 것은?

① 일반적으로 실시간 시스템에서 사용된다.
② 마스터 프로세스는 일반적으로 연산, 통신, 조정을 책임진다.
③ 슬레이브 프로세스는 데이터 수집 기능을 수행할 수 없다.
④ 마스터 프로세스는 슬레이브 프로세스들을 제어할 수 있다.

상 중 하

11 다음 중 시스템의 구조와 관계를 보여주는 UML 다이어그램은?

① 유스케이스 다이어그램
② 액티비티 다이어그램
③ 컴포넌트 다이어그램
④ 시퀀스 다이어그램

상 중 하

12 시스템의 5가지 기본 요소 중 다음과 같은 특징을 갖는 것은?

> "처리된 결과의 측정, 분석 후 목표치 도달 여부 확인과 만족스럽지 못한 결과는 다시 조정하는 반복 행위"

① 입력(input)
② 제어(control)
③ 피드백(feedback)
④ 처리(process)

상 중 하

13 입력되는 데이터를 컴퓨터의 프로세서가 처리하기 전에 미리 처리하여 프로세서가 처리하는 시간을 줄여주는 프로그램이나 하드웨어를 말하는 것은?

① EAI
② FEP
③ GPL
④ Duplexing

상 중 하

14 객체지향 언어(Object-Oriented Programming Language)에서 하나 이상의 유사한 객체(object)들을 묶어서 하나의 공통된 특성으로 표현한 것을 무엇이라 하는가?

① 클래스(class)
② 행위(behavior)
③ 사건(event)
④ 메시지(message)

상 중 하

15 코드화 대상 항목의 중량, 면적, 용량 등의 물리적 수치를 이용하여 만든 코드는?

① 순차 코드
② 10진 코드
③ 표의 숫자 코드
④ 블록 코드

상 중 하

16 다음 (   ) 안에 들어갈 내용으로 옳은 것은?

> 컴포넌트 설계 시 "(   )에 의한 설계"를 따를 경우, 해당 명세에서는
> (1) 컴포넌트의 오퍼레이션 사용 전에 참이 되어야 할 선행조건
> (2) 사용 후 만족되어야 할 결과조건
> (3) 오퍼레이션이 실행되는 동안 항상 만족되어야 할 불변조건 등이 포함되어야 한다.

① 협약(Contract)
② 프로토콜(Protocol)
③ 패턴(Pattern)
④ 관계(Relation)

상 중 하

17 기본 유스케이스 수행 시 특별한 조건을 만족할 때 수행하는 유스케이스는?

① 연관
② 확장
③ 선택
④ 특화

상 중 하

18 UML 다이어그램 중 정적 다이어그램이 아닌 것은?

① 컴포넌트 다이어그램
② 배치 다이어그램
③ 순차 다이어그램
④ 패키지 다이어그램

상 중 하

19 프로그램 품질관리의 한 방법으로써 워크스루(Walk-through)와 인스펙션(Inspection)이 있다. 워크스루에 대한 설명으로 옳지 않은 것은?

① 소프트웨어 품질을 검토하기 위한 기술적 검토 회의이다.
② 제품 개발자가 주최가 된다.
③ 오류 발견과 발견된 오류의 문제 해결에 중점을 둔다.
④ 검토 자료는 사전에 미리 배포한다.

상 중 하

20 캡슐화(Encapsulation)에 관한 설명 중 옳지 않은 것은?

① 데이터와 데이터를 처리하는 함수를 하나로 묶는 것이다.
② 캡슐화된 객체의 세부 내용이 외부에 은폐되어 변경이 발생해도 오류의 파급효과가 적다.
③ 인터페이스가 단순해지고 객체 간의 결합도가 낮아진다.
④ 캡슐화된 객체들은 재사용이 불가능하다.

2 과목 소프트웨어 개발

상 중 하

21 소프트웨어의 일부분을 다른 시스템에서 사용할 수 있는 정도를 의미하는 것은?

① 신뢰성(Reliability)
② 유지보수성(Maintainability)
③ 가시성(Visibility)
④ 재사용성(Reusability)

상 중 하

22 소프트웨어 형상 관리에 대한 설명으로 거리가 먼 것은?

① 소프트웨어에 가해지는 변경을 제어하고 관리한다.
② 프로젝트 계획, 분석서, 설계서, 프로그램, 테스트 케이스 모두 관리 대상이다.
③ 대표적인 형상 관리 도구로 Ant, Maven, Gradle 등이 있다.
④ 유지보수 단계뿐만 아니라 개발 단계에도 적용할 수 있다.

상 중 하

23 웹과 컴퓨터 프로그램에서 용량이 적은 데이터를 교환하기 위해 데이터 객체를 속성 · 값의 쌍 형태로 표현하는 형식으로 자바스크립트(JavaScript)를 토대로 개발되어진 형식은?

① Python
② XML
③ JSON
④ WEB SERVER

상 중 하

24 소프트웨어 패키징에 대한 설명으로 틀린 것은?

① 패키징은 개발자 중심으로 진행한다.
② 신규 및 변경 개발소스를 식별하고, 이를 모듈화하여 상용제품으로 패키징한다.
③ 고객의 편의성을 위해 매뉴얼 및 버전관리를 지속적으로 한다.
④ 범용 환경에서 사용이 가능하도록 일반적인 배포 형태로 패키징이 진행된다.

상 중 하

25 다음 결함 관리 프로세스의 빈칸에 알맞은 것은?

결함 관리 계획 → 결함 기록 → (　　) → (　　) → (　　) → 최종 분석 및 보고서 작성

① 결함 검토, 결함 재확인, 결함 수정
② 결함 검토, 결함 수정, 결함 재확인
③ 결함 수정, 결함 재확인, 결함 검토
④ 결함 검토, 결함 확인, 결함 수정

상 중 하

26 테스트 드라이버(Test Driver)에 대한 설명으로 틀린 것은?

① 시험대상 모듈을 호출하는 간이 소프트웨어이다.
② 필요에 따라 매개 변수를 전달하고 모듈을 수행한 후의 결과를 보여줄 수 있다.
③ 상향식 통합 테스트에서 사용된다.
④ 테스트 대상 모듈이 호출하는 하위 모듈의 역할을 한다.

상 중 하

27 테스트 단계 중 SW 제품에 대한 요구사항이 제대로 이행되었는지 점검하는 것이 주요 목적인 테스트는?

① 통합 테스트(Integration Test)
② 단위 테스트(Unit Test)
③ 시스템 테스트(System Test)
④ 인수 테스트(Acceptance Test)

상 중 하

28 다음 초기 자료에 대하여 selection sort를 이용하여 오름차순 정렬할 경우 2회전 후의 결과는?

초기 자료 : 8, 3, 4, 9, 7

① 3, 8, 4, 9, 7
② 3, 4, 8, 9, 7
③ 3, 4, 7, 9, 8
④ 3, 4, 7, 8, 9

상 중 하

29 다음 설명의 소프트웨어 버전 관리 도구 방식은?

- 버전 관리 자료가 원격 저장소와 로컬 저장소에 함께 저장되어 관리된다.
- 로컬 저장소에서 버전 관리가 가능하므로 원격 저장소에 문제가 생겨도 로컬 저장소의 자료를 이용하여 작업할 수 있다.
- 대표적인 버전 관리 도구로 Git이 있다.

① 단일 저장소 방식
② 분산 저장소 방식
③ 공유 폴더 방식
④ 클라이언트 · 서버 방식

상 중 하

30 인터페이스 구현 검증 도구 중 아래에서 설명하는 것은?

- 서비스 호출, 컴포넌트 재사용 등 다양한 환경을 지원하는 테스트 프레임워크
- 각 테스트 대상 분산 환경에 데몬을 사용하여 테스트 대상 프로그램을 통해 테스트를 수행하고, 통합하여 자동화하는 검증 도구

① xUnit
② STAF
③ FitNesse
④ RubyNode

상 중 하

31 **소프트웨어 품질 관련 국제 표준인 ISO/IEC 25000에 관한 설명으로 옳지 않은 것은?**

① 소프트웨어 품질 평가를 위한 소프트웨어 품질 평가 통합 모델 표준이다.
② System and Software Quality Requirements and Evaluation으로 줄여서 SQuaRE라고도 한다.
③ ISO/IEC 2501n에서는 소프트웨어의 내부 측정, 외부 측정, 사용 품질 측정, 품질 측정 요소 등을 다룬다.
④ 기존 소프트웨어 품질 평가 모델과 소프트웨어 평가 절차 모델인 ISO/IEC 9126과 ISO/IEC 14598을 통합하였다.

상 중 하

32 **소프트웨어 생명주기 모델 중 V 모델과 관련한 설명으로 틀린 것은?**

① 요구 분석 및 설계 단계를 거치지 않으며 항상 통합 테스트를 중심으로 V 형태를 이룬다.
② Perry에 의해 제안되었으며 세부적인 테스트 과정으로 구성되어 신뢰도 높은 시스템을 개발하는데 효과적이다.
③ 개발 작업과 검증 작업 사이의 관계를 명확히 들어내 놓은 폭포수 모델의 변형이라고 볼 수 있다.
④ 폭포수 모델이 산출물 중심이라면 V 모델은 작업과 결과의 검증에 초점을 둔다.

상 중 하

33 **소프트웨어 테스트와 관련한 설명으로 틀린 것은?**

① 화이트박스 테스트는 모듈의 논리적인 구조를 체계적으로 점검할 수 있다.
② 블랙박스 테스트는 프로그램의 구조를 고려하지 않는다.
③ 테스트 케이스에는 일반적으로 시험 조건, 테스트 데이터, 예상 결과가 포함되어야 한다.
④ 화이트박스 테스트에서 기본 경로(Basis Path)란 흐름 그래프의 시작 노드에서 종료 노드까지의 서로 독립된 경로로 싸이클을 허용하지 않는 경로를 말한다.

상 중 하

34 **제어 흐름 그래프가 다음과 같을 때 McCabe의 cyclomatic 수는 얼마인가?**

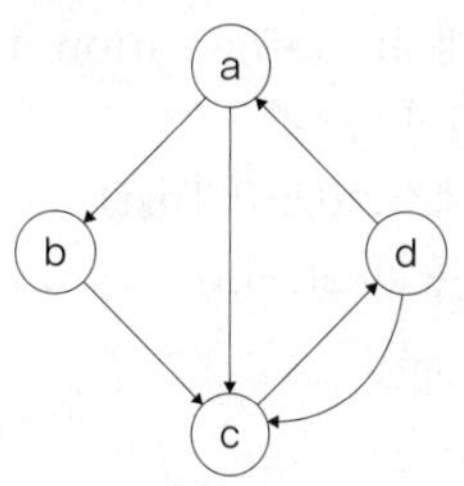

① 3
② 4
③ 5
④ 6

상 중 하

35 **블랙박스 테스트의 종류 중 프로그램의 입력 조건에 중점을 두고, 어느 하나의 입력 조건에 대하여 타당한 값과 그렇지 못한 값을 설정하여 해당 입력 자료에 맞는 결과가 출력되는지 확인하는 테스트 기법은?**

① Equivalence Partitioning Testing
② Boundary Value Analysis
③ Comparison Testing
④ Cause-Effect Graphic Testing

상 중 하

36 **외계인 코드(Alien Code)에 대한 설명으로 옳은 것은?**

① 프로그램의 로직이 복잡하여 이해하기 어려운 프로그램을 의미한다.
② 아주 오래되거나 참고문서 또는 개발자가 없어 유지보수 작업이 어려운 프로그램을 의미한다.
③ 오류가 없어 디버깅 과정이 필요 없는 프로그램을 의미한다.
④ 사용자가 직접 작성한 프로그램을 의미한다.

상 중 하

37 버전 관리 항목 중 저장소에 새로운 버전의 파일로 갱신하는 것을 의미하는 용어는?

① 형상 검사(Configuration Audit)
② 롤백(Rollback)
③ 단위 테스트(Unit Test)
④ 체크인(Check-In)

상 중 하

38 폭포수 모델(Waterfall Model)에 대한 설명으로 옳지 않은 것은?

① 앞 단계가 끝나야만 다음 단계로 넘어갈 수 있다.
② 요구분석 단계에서 프로토타입을 사용하는 것이 특징이다.
③ 제품의 일부가 될 매뉴얼을 작성해야 한다.
④ 각 단계가 끝난 후 결과물이 명확히 나와야 한다.

상 중 하

39 다음 postfix로 표현된 연산식의 연산 결과로 옳은 것은?

```
3 4 * 5 6 * +
```

① 35
② 42
③ 81
④ 360

상 중 하

40 이진트리의 레코드 R = (88, 74, 63, 55, 37, 25, 33, 19, 26, 14, 9)에 대하여 힙(heap) 정렬을 만들 때 37의 왼쪽과 오른쪽의 자노드(child node)의 값은?

① 55, 25
② 63, 33
③ 33, 19
④ 14, 9

3과목 데이터베이스 구축

상 중 하

41 릴레이션 R의 차수가 4이고 카디널리티가 5이며, 릴레이션 S의 차수가 6이고 카디널리티가 7일 때, 두 개의 릴레이션을 카티션 프로덕트한 결과의 새로운 릴레이션의 차수와 카디널리티는 얼마인가?

① 24, 35
② 24, 12
③ 10, 35
④ 10, 12

상 중 하

42 시스템 카탈로그에 대한 설명으로 옳지 않은 것은?

① 사용자가 직접 시스템 카탈로그의 내용을 갱신하여 데이터베이스 무결성을 유지한다.
② 시스템 자신이 필요로 하는 스키마 및 여러 가지 객체에 관한 정보를 포함하고 있는 시스템 데이터베이스이다.
③ 시스템 카탈로그에 저장되는 내용을 메타 데이터라고도 한다.
④ 시스템 카탈로그는 DBMS가 스스로 생성하고 유지한다.

상 중 하

43 다음 관계대수 중 순수 관계 연산자가 아닌 것은?

① 차집합(difference)
② 프로젝트(project)
③ 조인(join)
④ 디비전(division)

상 중 하

44 다음 기법과 가장 관계되는 것은?

- deferred modification
- immediate update
- shadow paging
- check point

① Locking
② Integrity
③ Recovery
④ Security

상 중 하

45 다음 R1과 R2의 테이블에서 아래의 실행결과를 얻기 위한 SQL문은?

[R1] 테이블

학번	이름	학년	학과	주소
1000	홍길동	1	컴퓨터공학	서울
2000	김철수	1	전기공학	경기
3000	강남길	2	전자공학	경기
4000	오말자	2	컴퓨터공학	경기
5000	장미화	3	전자공학	서울

[R2] 테이블

학번	과목번호	과목이름	학점	점수
1000	C100	컴퓨터구조	A	91
2000	C200	데이터베이스	A+	99
3000	C100	컴퓨터구조	B+	89
3000	C200	데이터베이스	B	85
4000	C200	데이터베이스	A	93
4000	C300	운영체제	B+	88
5000	C300	운영체제	B	82

[실행결과]

과목번호	과목이름
C100	컴퓨터구조
C200	데이터베이스

① SELECT 과목번호, 과목이름
FROM R1, R2
WHERE R1.학번 = R2.학번 AND R1.학과 = '전자공학' AND R1.이름 = '강남길';

② SELECT 과목번호, 과목이름
FROM R1, R2
WHERE R1.학번 = R2.학번 OR R1.학과 = '전자공학' OR R1.이름 = '홍길동';

③ SELECT 과목번호, 과목이름
FROM R1, R2
WHERE R1.학번 = R2.학번 AND R1.학과 = '컴퓨터공학' AND R1.이름 = '강남길';

④ SELECT 과목번호, 과목이름
FROM R1, R2
WHERE R1.학번 = R2.학번 OR R1.학과 = '컴퓨터공학' OR R1.이름 = '홍길동';

상 중 하

46 다음 설명의 ( ) 안에 들어갈 내용으로 적합한 것은?

> "후보키는 릴레이션에 있는 모든 튜플에 대해 유일성과 ( )을 모두 만족시켜야 한다."

① 중복성
② 최소성
③ 참조성
④ 동일성

상 중 하

47 SQL문에서 SELECT에 대한 설명으로 옳지 않은 것은?

① FROM 절에는 질의에 의해 검색될 데이터들을 포함하는 테이블명을 기술한다.
② 검색 결과에 중복되는 레코드를 없애기 위해서는 WHERE 절에 'DISTINCT' 키워드를 사용한다.
③ HAVING 절은 GROUP BY 절과 함께 사용되며, 그룹에 대한 조건을 지정한다.
④ ORDER BY 절은 특정 속성을 기준으로 정렬하여 검색할 때 사용한다.

상 중 하

48 제3정규형(3NF)에서 BCNF(Boyce-Codd Normal Form)가 되기 위한 조건은?

① 결정자가 후보키가 아닌 함수 종속 제거
② 이행적 함수 종속 제거
③ 부분적 함수 종속 제거
④ 원자값이 아닌 도메인 분해

상 중 하

49 다음 중 SQL의 집계 함수(aggregation function)가 아닌 것은?

① AVG
② COUNT
③ SUM
④ CREATE

상 중 하

50 다음 두 릴레이션 R1과 R2의 카티션 프로덕트(carte-sian product) 수행 결과는?

R1

학년
1
2
3

R2

학과
컴퓨터
국문
수학

①

학년	학과
1	컴퓨터
2	국문
3	수학

②

학년	학과
2	컴퓨터
2	국문
2	수학

③

학년	학과
3	컴퓨터
3	국문
3	수학

④

학년	학과
1	컴퓨터
1	국문
1	수학
2	컴퓨터
2	국문
2	수학
3	컴퓨터
3	국문
3	수학

상 중 하

51 테이블 R과 S에 대한 SQL문이 실행되었을 때, 실행결과로 옳은 것은?

```
SELECT A FROM R UNION ALL SELECT A FROM S ;
```

R	
A	B
1	A
3	B

S	
A	B
1	A
2	B

① 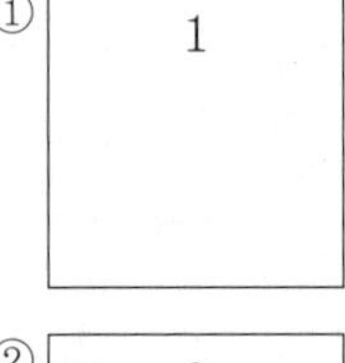

② 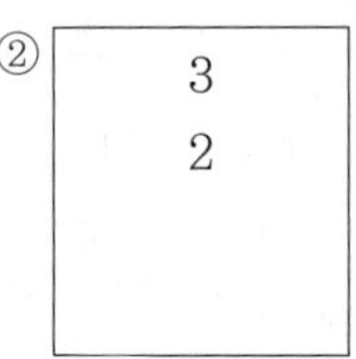

③ 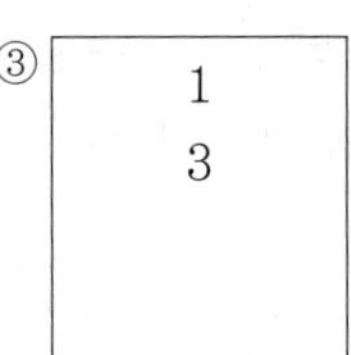

④

1 3 1 2

상 중 하

52 다음 그림에서 트리의 차수는?

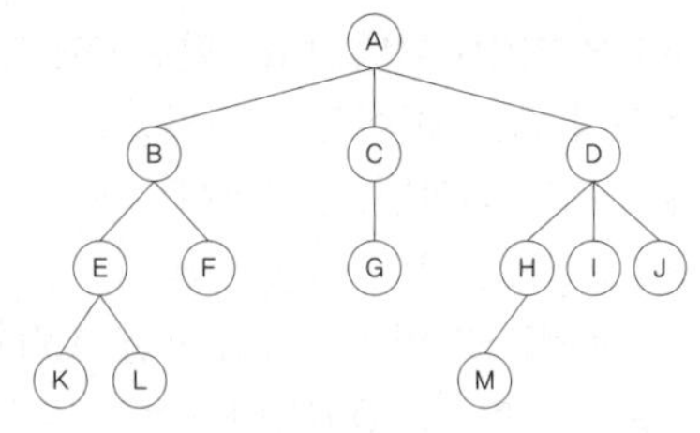

① 1
② 2
③ 3
④ 4

상중하

53 테이블 R1, R2에 대하여 다음 SQL문의 결과는?

```
(SELECT 학번 FROM R1)
INTERSECT
(SELECT 학번 FROM R2)
```

[R1] 테이블

학번	학점 수
20201111	15
20202222	20

[R2] 테이블

학번	학점 수
20202222	CS200
20203333	CS300

①

학번	학점 수	과목번호
20202222	20	CS200

②

학번
20202222

③

학번
20201111
20202222
20203333

④

학번	학점 수	과목번호
20201111	15	NULL
20202222	20	CS200
20203333	NULL	CS300

상중하

54 관계 데이터베이스 모델에서 차수(Degree)의 의미는?

① 튜플의 수
② 테이블의 수
③ 데이터베이스의 수
④ 애트리뷰트의 수

상중하

55 DELETE 명령에 대한 설명으로 틀린 것은?

① 테이블의 행을 삭제할 때 사용한다.
② WHERE 조건절이 없는 DELETE 명령을 수행하면 DROP TABLE 명령을 수행했을 때와 동일한 효과를 얻을 수 있다.
③ SQL을 사용 용도에 따라 분류할 경우 DML에 해당한다.
④ 기본 사용 형식은 "DELETE FROM 테이블 [WHERE 조건];"이다.

상중하

56 정보 시스템과 관련한 다음 설명에 해당하는 것은?

- IBM AIX 시스템에서 장애 발생 시 서비스 중단 없이 시스템을 계속 운영하기 위한 클러스터링 솔루션이다.
- 각 시스템 간에 공유 디스크를 중심으로 클러스터링으로 엮여 다수의 시스템을 동시에 연결할 수 있다.
- 서버 장애 시 다른 노드로 자동으로 애플리케이션을 전환하여 가동 중단 시간을 최소화한다.

① 고가용성 솔루션(HACMP)
② 점대점 연결 방식(Point-to-Point Mode)
③ 스턱스넷(Stuxnet)
④ 루팅(Rooting)

상중하

57 참조 무결성을 유지하기 위하여 DROP문에서 부모 테이블의 항목 값을 삭제할 경우 자동적으로 자식 테이블의 해당 레코드를 삭제하기 위한 옵션은?

① CLUSTER
② CASCADE
③ SET-NULL
④ RESTRICTED

상중하

58 Commit과 Rollback 명령어에 의해 보장받는 트랜잭션 특성은?

① 병행성
② 보안성
③ 원자성
④ 로그

상중하

59 릴레이션에서 기본키를 구성하는 속성은 널(Null)값이나 중복 값을 가질 수 없다는 것을 의미하는 제약조건은?

① 참조 무결성
② 보안 무결성
③ 개체 무결성
④ 정보 무결성

상중하

60 개체-관계 모델(E-R)의 그래픽 표현으로 옳지 않은 것은?

① 개체 타입 – 사각형
② 속성 – 원형
③ 관계 타입 – 마름모
④ 연결 – 삼각형

4과목 프로그래밍 언어 활용

상중하

61 페이징 기법에서 페이지 크기가 작아질수록 발생하는 현상이 아닌 것은?

① 기억장소 이용 효율이 증가한다.
② 입 · 출력 시간이 늘어난다.
③ 내부 단편화가 감소한다.
④ 페이지 맵 테이블의 크기가 감소한다.

상중하

62 C언어에서 구조체를 사용하여 데이터를 처리할 때 사용하는 것은?

① for
② scanf
③ struct
④ abstract

상중하

63 다음 파이썬(Python) 프로그램이 실행되었을 때의 결과는?

```
l = [10*i for i in range(10) if i%2==0]
print(l)
```

① [0, 2, 4, 6, 8]
② [0, 1, 2, 3, 4, 5, 6, 7, 8, 9]
③ [0, 20, 40, 60, 80]
④ [0, 20, 40, 60, 80, 90]

상중하

64 CIDR(Classless Inter-Domain Routing) 표기로 203.241.132.82/27과 같이 사용되었다면, 해당 주소의 서브넷 마스크(subnet mask)는?

① 255.255.255.0
② 255.255.255.224
③ 255.255.255.240
④ 255.255.255.248

상중하

65 OSI 7계층 중 네트워크 계층에 대한 설명으로 틀린 것은?

① 패킷을 발신지로부터 최종 목적지까지 전달하는 책임을 진다.
② 한 노드로부터 다른 노드로 프레임을 전송하는 책임을 진다.
③ 패킷에 발신지와 목적지의 논리 주소를 추가한다.
④ 라우터 또는 교환기는 패킷 전달을 위해 경로를 지정하거나 교환 기능을 제공한다.

상 중 하

66 다음 C언어 프로그램이 실행되었을 때의 결과는?

```
#include <stdio.h>
int main(int argc, char *argv[]) {
    char a;
    a = 'A' + 1;
    printf("%d", a);
    return 0;
}
```

① 1
② 11
③ 66
④ 98

상 중 하

67 3개의 페이지 프레임을 갖는 시스템에서 페이지 참조 순서가 1, 2, 1, 0, 4, 1, 3일 경우 FIFO 알고리즘에 의한 페이지 교체의 경우 프레임의 최종 상태는?

① 1, 2, 0
② 2, 4, 3
③ 1, 4, 2
④ 4, 1, 3

상 중 하

68 프레임워크(Framework)에 대한 설명으로 옳은 것은?

① 소프트웨어 구성에 필요한 기본 구조를 제공함으로써 재사용이 가능하게 해준다.
② 소프트웨어 개발 시 구조가 잡혀있기 때문에 확장이 불가능하다.
③ 소프트웨어 아키텍처(Architecture)와 동일한 개념이다.
④ 모듈화(Modularity)가 불가능하다.

상 중 하

69 C언어의 malloc( ) 함수에 대한 설명으로 틀린 것은?

① malloc( ) 함수는 실행 시간에 힙 메모리를 할당받는다.
② malloc( ) 함수를 실행하여 메모리를 할당받지 못하면 널 값이 반환된다.
③ malloc( ) 함수로 할당받은 메모리는 free( ) 함수를 통해 해제시킨다.
④ 인수로 비트 단위의 정수를 전달받아 메모리를 할당한다.

상 중 하

70 다음 1~20까지의 수열 중 짝수, 홀수를 구분하는 C언어 프로그램에서 빈칸에 알맞은 것은?

```
#include <stdio.h>
int main() {
    int i;
    for (i = 1; i <= 20; i++) {
        if (i ( 1 ) 2 == 0) {
            printf("%d (짝수)\n", i);
        } ( 2 ) {
            printf("%d (홀수)\n", i);
        }
    }
    return 0;
}
```

① /, if else
② %, if else
③ %, else
④ /, else

상 중 하

71 다음 중 가장 강한 응집도(Cohesion)는?

① Sequential Cohesion
② Procedural Cohesion
③ Logical Cohesion
④ Coincidental Cohesion

상 중 하

72 HRN 방식으로 스케줄링할 경우, 입력된 작업이 다음 〈표〉와 같을 때 우선순위가 가장 높은 것은?

작업	대기시간	서비스(실행)시간
A	5	20
B	40	20
C	15	45
D	40	10

① A
② B
③ C
④ D

상 중 하

73 교착상태의 해결 방법 중 은행원 알고리즘(Banker's Algorithm)이 해당되는 기법은?

① Detection
② Avoidance
③ Recovery
④ Prevention

상 중 하

74 다음 C언어 프로그램이 실행되었을 때의 결과는?

```
#include <stdio.h>
int main(int argc, char *argv[]) {
    int a = 4;
    int b = 7;
    int c = a | b;
    printf("%d", c);
    return 0;
}
```

① 3 ② 4
③ 7 ④ 10

상 중 하

75 자바에서 사용하는 접근 제어자의 종류가 아닌 것은?

① internal
② private
③ default
④ public

상 중 하

76 다음은 Python에서 두 수를 입력받아 예외를 처리하는 코드이다. 다음 빈칸에 알맞은 것은?

```
(  1  ):
    num1 = int(input("첫 번째 숫자 입력: "))
    num2 = int(input("두 번째 숫자 입력: "))
    result = num1 / num2
except ValueError:
    print("숫자만 입력하시오.")
except ZeroDivisionError:
    print("0으로 나눌 수 없음.")
else:
    print("계산 결과: ", result)
(  2  ):
    print("계산 완료")
```

① try, finally
② try, except
③ finally, try
④ try, else

상 중 하

77 다음 JAVA 프로그램의 결과값은?

```
class TestClass {
    int t = 1;
    public void print() {
        System.out.print("AA");
    }
}
public class Test extends TestClass {
    public void print() {
        System.out.print("BB");
    }
    public static void main(String[]
    args) {
        int t = 2;
        TestClass tt = new Test();
        tt.print();
        System.out.print(t);
    }
}
```

① AA1 ② AA2
③ BB1 ④ BB2

상 중 하

78 다중 프로그래밍 시스템에서 OS에 의해 CPU가 할당되는 프로세스를 변경하기 위한 목적으로 현재 CPU를 사용하여 실행되고 있는 프로세스의 상태 정보를 저장하고 제어 권한을 ISR에게 넘기는 작업을 무엇이라 하는가?

① Context Switching
② Monitor
③ Mutual Exclusion
④ Semaphore

상 중 하

79 TCP 프로토콜과 관련한 설명으로 틀린 것은?

① 인접한 노드 사이의 프레임 전송 및 오류를 제어한다.
② 흐름 제어(Flow control)의 기능을 수행한다.
③ 전이중(Full Duplex) 방식의 양방향 가상회선을 제공한다.
④ 전송 데이터와 응답 데이터를 함께 전송할 수 있다.

상 중 하

80 오류 제어에 사용되는 자동 반복 요청 방식(ARQ)이 아닌 것은?

① Stop-and-wait ARQ
② Go-back-N ARO
③ Selective-Repeat ARQ
④ Non-Acknowledge ARQ

5 과목 정보 시스템 구축 관리

상 중 하

81 다음이 설명하는 용어로 옳은 것은?

- 블루투스4.0(BLE) 프로토콜 기반의 근거리 무선통신 장치로, 최대 70m 이내의 장치들과 교신할 수 있는 차세대 스마트폰 근거리 통신 기술이다.
- 저전력으로 모바일 결제 등을 가능하게 해주는 스마트폰 근거리 통신 기술이다.
- NFC보다 가용거리가 길고 5~10cm 단위 구별이 가능해 정확성이 높다.

① 하둡(Hadoop)
② 비컨(Beacon)
③ 포스퀘어(Foursquare)
④ 맴리스터(Memristor)

상 중 하

82 시스템 내의 정보는 오직 인가된 사용자만 수정할 수 있는 보안 요소는?

① 기밀성
② 부인방지
③ 가용성
④ 무결성

상 중 하

83 코드의 기입 과정에서 원래 '12536'으로 기입되어야 하는데 '12936'으로 표기되었을 경우, 어떤 코드 오류에 해당하는가?

① Addition Error
② Omission Error
③ Sequence Error
④ Transcription Error

상 중 하

84 시스템에 저장되는 패스워드들은 Hash 또는 암호화 알고리즘의 결과값으로 저장된다. 이때 암호공격을 막기 위해 똑같은 패스워드들이 다른 암호값으로 저장되도록 추가되는 값을 의미하는 것은?

① Pass flag
② Bucket
③ Opcode
④ Salt

상중하

85 오픈소스 웹 애플리케이션 보안 프로젝트로서 주로 웹을 통한 정보 유출, 악성 파일 및 스크립트, 보안 취약점 등을 연구하는 곳은?

① WWW ② OWASP
③ WBSEC ④ ITU

상중하

86 메모리상에서 프로그램의 복귀 주소와 변수 사이에 특정 값을 저장해 두었다가 그 값이 변경되었을 경우 오버플로우 상태로 가정하여 프로그램 실행을 중단하는 기술은?

① Stack Guard ② Bridge
③ ASLR ④ FIN

상중하

87 다음 보안 인증 방법 중 스마트 카드, USB 토큰에 해당하는 것은?

① Something You Know
② Something You Have
③ Something You Are
④ Somewhere You Are

상중하

88 세션 하이재킹을 탐지하는 방법으로 거리가 먼 것은?

① FTP SYN SEGMENT 탐지
② 비동기화 상태 탐지
③ ACK STORM 탐지
④ 패킷의 유실 및 재전송 증가 탐지

상중하

89 라우팅 프로토콜인 OSPF(Open Shortest Path First)에 대한 설명으로 옳지 않은 것은?

① 네트워크 변화에 신속하게 대처할 수 있다.
② 거리 벡터 라우팅 프로토콜이라고 한다.
③ 멀티캐스팅을 지원한다.
④ 최단 경로 탐색에 Dijkstra 알고리즘을 사용한다.

상중하

90 소프트웨어 프로젝트 관리를 효율적으로 수행하기 위한 3P 중 소프트웨어 프로젝트를 수행하기 위한 Framework의 고려와 가장 연관되는 것은?

① People
② Problem
③ Product
④ Process

상중하

91 TELNET 프로토콜의 Well Known Port 번호는?

① 23번 포트
② 53번 포트
③ 80번 포트
④ 161번 포트

상중하

92 LOC 기법에 의하여 예측된 총 라인 수가 50,000라인, 프로그래머의 월 평균 생산성이 200라인, 개발에 참여할 프로그래머가 10인일 때, 개발 소요 기간은?

① 25개월
② 50개월
③ 200개월
④ 2000개월

상중하

93 다음이 설명하는 IT 기술은?

- 사물인터넷(IoT) 디바이스 간의 상호작용을 위한 퀄컴이 개발한 오픈소스 소프트웨어 프레임워크이다.
- 디바이스들이 서로 통신하고 협업할 수 있도록 하며, 이를 통해 서로 다른 제조업체의 기기들이 함께 작동할 수 있게 연결한다.

① Zigbee
② AllJoyn
③ MQTT
④ BLE

상 중 하

94 다음 내용이 설명하는 것은?

> 개인과 기업, 국가적으로 큰 위협이 되고 있는 주요 사이버 범죄 중 하나로 Snake, Darkside 등 시스템을 잠그거나 데이터를 암호화해 사용할 수 없도록 하고 이를 인질로 금전을 요구하는 데 사용되는 악성 프로그램

① Format String
② Ransomware
③ Buffer overflow
④ Adware

상 중 하

95 공개키 암호에 대한 설명으로 틀린 것은?

① 10명이 공개키 암호를 사용할 경우 5개의 키가 필요하다.
② 복호화키는 비공개되어 있다.
③ 송신자는 수신자의 공개키로 문서를 암호화한다.
④ 공개키 암호로 널리 알려진 알고리즘은 RSA가 있다.

상 중 하

96 IPSec(IP security)에 대한 설명으로 틀린 것은?

① 암호화 수행 시 일방향 암호화만 지원한다.
② ESP는 발신지 인증, 데이터 무결성, 기밀성 모두를 보장한다.
③ 운영 모드는 Tunnel 모드와 Transport 모드로 분류된다.
④ AH는 발신지 호스트를 인증하고, IP 패킷의 무결성을 보장한다.

상 중 하

97 서버에 열린 포트 정보를 스캐닝해서 보안 취약점을 찾는 데 사용하는 도구는?

① type
② mkdir
③ ftp
④ nmap

상 중 하

98 제조사가 시장에 내놓겠다고 공표하였으나 개발과 출시 일정이 계속 연기되면서, 향후에 출시되지 않을 가능성이 있는 제품을 의미하는 것은?

① Hypeware
② Vaporware
③ Wishware
④ Blue Sky

상 중 하

99 해시(Hash) 기법에 대한 설명으로 틀린 것은?

① 임의의 길이의 입력 데이터를 받아 고정된 길이의 해시값으로 변환한다.
② 주로 공개키 암호화 방식에서 키 생성을 위해 사용한다.
③ 대표적인 해시 알고리즘으로 HAVAL, SHA-1 등이 있다.
④ 해시 함수는 일방향 함수(One-way function)이다.

상 중 하

100 접근 통제 방법 중 조직 내에서 직무, 직책 등 개인의 역할에 따라 결정하여 부여하는 접근 정책은?

① RBAC
② DAC
③ MAC
④ QAC

해설과 따로 보는 최신 기출문제 08회

시행 일자	시험 시간	문항 수
2024년 제3회	2시간 30분	100문항

풀이 시간 : ____________ 채점 점수 : ____________

1과목 소프트웨어 설계

상 중 하

01 XP(eXtreme Programming)의 기본원리로 볼 수 없는 것은?

① Linear Sequential Method
② Pair Programming
③ Collective Ownership
④ Continuous Integration

상 중 하

02 럼바우(Rumbaugh) 객체지향 분석 기법에서 동적 모델링에 활용되는 다이어그램은?

① 객체 다이어그램(Object Diagram)
② 패키지 다이어그램(Package Diagram)
③ 상태 다이어그램(State Diagram)
④ 자료 흐름도(Data Flow Diagram)

상 중 하

03 좋은 소프트웨어 설계를 위한 소프트웨어의 모듈 간의 결합도(Coupling)와 모듈 내 요소 간 응집도(Cohesion)에 대한 설명으로 옳은 것은?

① 응집도는 낮게 결합도는 높게 설계한다.
② 응집도는 높게 결합도는 낮게 설계한다.
③ 양쪽 모두 낮게 설계한다.
④ 양쪽 모두 높게 설계한다.

상 중 하

04 객체지향 기법의 캡슐화(Encapsulation)에 대한 설명으로 틀린 것은?

① 인터페이스가 단순화된다.
② 소프트웨어 재사용성이 높아진다.
③ 변경 발생 시 오류의 파급효과가 적다.
④ 상위 클래스의 모든 속성과 연산을 하위 클래스가 물려받는 것을 의미한다.

상 중 하

05 다음 내용이 설명하는 객체지향 설계 원칙은?

> – 클라이언트는 자신이 사용하지 않는 메서드와 의존관계를 맺으면 안 된다.
> – 클라이언트가 사용하지 않는 인터페이스 때문에 영향을 받아서는 안 된다.

① 인터페이스 분리 원칙
② 단일 책임 원칙
③ 개방 폐쇄의 원칙
④ 리스코프 교체의 원칙

상 중 하

06 파이프 필터 형태의 소프트웨어 아키텍처에 대한 설명으로 옳은 것은?

① 노드와 간선으로 구성된다.
② 서브 시스템이 입력 데이터를 받아 처리하고 결과를 다음 서브 시스템으로 넘겨주는 과정을 반복한다.
③ 계층 모델이라고도 한다.
④ 3개의 서브 시스템(모델, 뷰, 제어)으로 구성되어 있다.

상 중 하

07 인터페이스 구현 시 사용하는 기술 중 다음 내용이 설명하는 것은?

> JavaScript를 사용한 비동기 통신 기술로, 클라이언트와 서버 간에 XML 데이터를 주고받는 기술

① Procedure
② Trigger
③ Greedy
④ AJAX

상중하

08 디자인 패턴 사용의 장 · 단점에 대한 설명으로 거리가 먼 것은?

① 소프트웨어 구조 파악이 용이하다.
② 객체지향 설계 및 구현의 생산성을 높이는 데 적합하다.
③ 재사용을 위한 개발 시간이 단축된다.
④ 절차형 언어와 함께 이용될 때 효율이 극대화된다.

상중하

09 DFD(data flow diagram)에 대한 설명으로 틀린 것은?

① 자료 흐름 그래프 또는 버블(bubble)차트라고도 한다.
② 구조적 분석 기법에 이용된다.
③ 시간 흐름을 명확하게 표현할 수 있다.
④ DFD의 요소는 화살표, 원, 사각형, 직선(단선/이중선)으로 표시한다.

상중하

10 소프트웨어 공학의 기본 원칙이라고 볼 수 없는 것은?

① 품질 높은 소프트웨어 상품 개발
② 지속적인 검증 시행
③ 결과에 대한 명확한 기록 유지
④ 최대한 많은 인력 투입

상중하

11 UML에서 활용되는 다이어그램 중, 시스템의 동작을 표현하는 행위(Behavioral) 다이어그램에 해당하지 않는 것은?

① 유스케이스 다이어그램(Use Case Diagram)
② 시퀀스 다이어그램(Sequence Diagram)
③ 활동 다이어그램(Activity Diagram)
④ 배치 다이어그램(Deployment Diagram)

상중하

12 소프트웨어의 상위 설계에 속하지 않는 것은?

① 아키텍처 설계
② 모듈 설계
③ 인터페이스 정의
④ 사용자 인터페이스 설계

상중하

13 다음 중 UI(User Interface)에서 사용자 동작에 해당하지 않는 것은?

① Swipe
② Tap
③ Drag
④ Flux

상중하

14 시스템의 기능을 여러 개의 고유 모듈들로 분할하여 이들 간의 인터페이스를 계층 구조로 표현한 도형 또는 도면을 무엇이라 하는가?

① Flow Chart
② HIPO Chart
③ Control Specification
④ Box Diagram

상중하

15 다음 중 요구사항 모델링에 활용되지 않는 것은?

① 에자일(Agile) 방법
② 유스케이스 다이어그램(Use Case Diagram)
③ 시퀀스 다이어그램(Sequence Diagram)
④ 단계 다이어그램(Phase Diagram)

상중하

16 현행 시스템 분석에서 고려하지 않아도 되는 항목은?

① DBMS 분석
② 네트워크 분석
③ 운영체제 분석
④ 인적 자원 분석

상중하

17 IPSec(IP Security)에 대한 설명으로 틀린 것은?

① 암호화 수행 시 양방향 암호화를 지원한다.
② ESP는 발신지 인증, 데이터 무결성, 기밀성 모두를 보장한다.
③ 운영 모드는 Tunnel 모드와 Transport 모드로 분류된다.
④ Tunnel 모드는 전송 계층과 네트워크 계층 사이에 전달되는 payload를 보호한다.

상중하

18 여러 개의 선택 항목 중 하나의 선택만 가능한 경우 사용하는 사용자 인터페이스(UI) 요소는?

① 토글 버튼
② 텍스트 박스
③ 라디오 버튼
④ 체크 박스

상중하

19 GoF(Gangs of Four) 디자인 패턴 분류에 해당하지 않는 것은?

① 생성 패턴
② 구조 패턴
③ 행위 패턴
④ 추상 패턴

상중하

20 코드의 기입 과정에서 원래 '12639'으로 기입되어야 하는데 '12936'으로 표기되었을 경우, 어떤 코드 오류에 해당하는가?

① Addition Error
② Omission Error
③ Sequence Error
④ Transcription Error

2 과목 소프트웨어 개발

상중하

21 연결 리스트(Linked List)에 대한 설명으로 거리가 먼 것은?

① 노드의 삽입이나 삭제가 쉽다.
② 노드들이 포인터로 연결되어 검색이 빠르다.
③ 연결을 해주는 포인터(Pointer)를 위한 추가 공간이 필요하다.
④ 연결 리스트 중에서 중간 노드 연결이 끊어지면 그 다음 노드를 찾기 힘들다.

상중하

22 정보 시스템 개발 단계에서 프로그래밍 언어 선택 시 고려할 사항으로 가장 거리가 먼 것은?

① 개발 정보 시스템의 특성
② 사용자의 요구사항
③ 컴파일러의 가용성
④ 컴파일러의 독창성

상중하

23 소스 코드 품질 분석 도구 중 정적 분석 도구가 아닌 것은?

① pmd
② checkstyle
③ valance
④ cppcheck

상중하

24 중위 표기법으로 표현된 다음 수식을 후위 표기법으로 옳게 표현한 것은?

a/b+c−d*e

① a/b+c−d*e
② ab/c+de*−
③ −+/abc*de
④ a/b+−de*c

상 중 하

25 SPICE 모델의 프로세스 수행 능력 수준의 단계별 설명이 틀린 것은?

① 수준 7 – 미완성 단계
② 수준 5 – 최적화 단계
③ 수준 4 – 예측 단계
④ 수준 3 – 확립 단계

상 중 하

26 S/W Project 일정이 지연된다고 해서 Project 말기에 새로운 인원을 추가 투입하면 Project는 더욱 지연되게 된다는 내용과 관련되는 법칙은?

① Putnam의 법칙
② Mayer의 법칙
③ Brooks의 법칙
④ Boehm의 법칙

상 중 하

27 다음 초기 자료에 대하여 삽입 정렬(Insertion Sort)을 이용하여 오름차순 정렬한 경우 1회전 후의 결과는?

초기 자료 : 8, 3, 4, 9, 7

① 3, 4, 8, 7, 9
② 3, 4, 9, 7, 8
③ 7, 8, 3, 4, 9
④ 3, 8, 4, 9, 7

상 중 하

28 소프트웨어 품질 목표 중 요구되는 기능을 수행하기 위해 필요한 자원의 소요 정도를 의미하는 것은?

① Usability
② Reliability
③ Efficiency
④ Functionality

상 중 하

29 정렬된 N개의 데이터를 처리하는데 $O(N\log_2 N)$의 시간이 소요되는 정렬 알고리즘은?

① 합병 정렬
② 버블 정렬
③ 선택 정렬
④ 삽입 정렬

상 중 하

30 알고리즘 설계 기법으로 거리가 먼 것은?

① Divide and Conquer
② Greedy
③ Static Block
④ Backtracking

상 중 하

31 외계인 코드(Alien Code)에 대한 설명으로 옳은 것은?

① 프로그램의 로직이 복잡하여 이해하기 어려운 프로그램을 의미한다.
② 아주 오래되거나 참고문서 또는 개발자가 없어 유지보수 작업이 어려운 프로그램을 의미한다.
③ 오류가 없어 디버깅 과정이 필요 없는 프로그램을 의미한다.
④ 사용자가 직접 작성한 프로그램을 의미한다.

상 중 하

32 다음 트리에 대한 INORDER 운행 결과는?

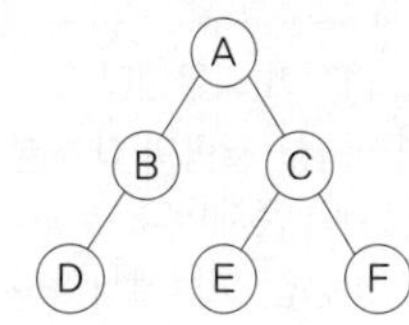

① D B A E C F
② A B D C E F
③ D B E C F A
④ A B C D E F

상 중 하

33 다음 중 단위 테스트 도구로 사용할 수 없는 것은?

① CppUnit
② JUnit
③ HttpUnit
④ IgpUnit

34 **다음은 인스펙션 과정을 표현한 것이다. (가)~(마)에 들어갈 말을 [보기]에서 찾아 바르게 연결한 것은?**

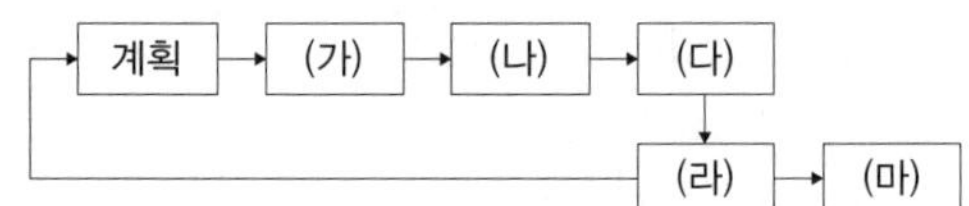

[보기]

㉠ 준비 ㉡ 사전교육 ㉢ 인스펙션 회의 ㉣ 수정 ㉤ 후속조치

① (가) – ㉡, (나) – ㉢
② (가) – ㉠, (나) – ㉢
③ (가) – ㉢, (나) – ㉤
④ (가) – ㉣, (나) – ㉢

35 **다음 설명의 소프트웨어 테스트의 기본 원칙은?**

– 파레토 법칙이 좌우한다. – 애플리케이션 결함의 대부분은 소수의 특정한 모듈에 집중되어 존재한다. – 결함은 발생한 모듈에서 계속 추가로 발생할 가능성이 높다.

① 살충제 패러독스
② 결함 집중
③ 오류 부재의 궤변
④ 완벽한 테스팅은 불가능

36 **저작권 관리 구성 요소에 대한 설명이 틀린 것은?**

① 콘텐츠 제공자(Contents Provider) : 콘텐츠를 제공하는 저작권자
② 콘텐츠 분배자(Contents Distributor) : 콘텐츠를 메타 데이터와 함께 배포 가능한 단위로 묶는 기능
③ 클리어링 하우스(Clearing House) : 키 관리 및 라이선스 발급 관리
④ DRM 컨트롤러 : 배포된 콘텐츠의 이용 권한을 통제

37 **블랙박스 테스트 기법으로 거리가 먼 것은?**

① 기초 경로 검사
② 동치 클래스 분해
③ 경계값 분석
④ 원인 결과 그래프

38 **해싱 함수 중 레코드 키를 여러 부분으로 나누고, 나눈 부분의 각 숫자를 더하거나 XOR한 값을 홈 주소로 사용하는 방식은?**

① 제산법
② 폴딩법
③ 기수 변환법
④ 숫자 분석법

39 **다음에서 설명하는 클린 코드 작성 원칙은?**

– 한 번에 한 가지 처리만 수행한다. – 클래스/메소드/함수를 최소 단위로 분리한다.

① 다형성
② 단순성
③ 추상화
④ 의존성

40 **디지털 저작권 관리(DRM)에 사용되는 기술 요소가 아닌 것은?**

① 키 관리
② 방화벽
③ 암호화
④ 크랙 방지

3과목 데이터베이스 구축

상중하

41 다음 설명과 관련 있는 트랜잭션의 특징은?

"트랜잭션의 연산은 모두 실행되거나, 모두 실행되지 않아야 한다."

① Durability
② Isolation
③ Consistency
④ Atomicity

상중하

42 데이터베이스에 영향을 주는 생성, 읽기, 갱신, 삭제 연산으로 프로세스와 테이블 간에 매트릭스를 만들어서 트랜잭션을 분석하는 것은?

① CASE 분석
② 일치 분석
③ CRUD 분석
④ 연관성 분석

상중하

43 데이터베이스 로그(log)를 필요로 하는 회복 기법은?

① 즉각 갱신 기법
② 대수적 코딩 방법
③ 타임 스탬프 기법
④ 폴딩 기법

상중하

44 테이블 R1, R2에 대하여 다음 SQL문의 결과는?

```
(SELECT 학번 FROM R1)
INTERSECT
(SELECT 학번 FROM R2);
```

[R1] 테이블

학번	학점 수
20201111	15
20202222	20

[R2] 테이블

학번	과목번호
20202222	CS200
20203333	CS300

①

학번	학점 수	과목번호
20202222	20	CS200

②

학번
20202222

③

학번
20201111
20202222
20203333

④

학번	학점 수	과목번호
20201111	15	NULL
20202222	20	CS200
20203333	NULL	CS300

상중하

45 정규화의 필요성으로 거리가 먼 것은?

① 데이터 구조의 안정성 최대화
② 중복 데이터의 활성화
③ 수정, 삭제 시 이상 현상의 최소화
④ 테이블 불일치 위험의 최소화

46 개체-관계 모델의 E-R 다이어그램에서 사용되는 기호와 그 의미의 연결이 틀린 것은?

① 사각형 – 개체 타입
② 삼각형 – 속성
③ 선 – 개체 타입과 속성 연결
④ 마름모 – 관계 타입

47 분산 데이터베이스의 투명성(Transparency)에 해당하지 않는 것은?

① Location Transparency
② Replication Transparency
③ Failure Transparency
④ Media Access Transparency

48 릴레이션에 대한 설명으로 거리가 먼 것은?

① 튜플들의 삽입, 삭제 등의 작업으로 인해 릴레이션은 시간에 따라 변한다.
② 한 릴레이션에 포함된 튜플들은 모두 상이하다.
③ 애트리뷰트는 논리적으로 쪼갤 수 없는 원자값으로 저장한다.
④ 한 릴레이션에 포함된 튜플 사이에는 순서가 있다.

49 SQL문에서 HAVING을 사용할 수 있는 절은?

① LIKE절
② WHERE절
③ GROUP BY절
④ ORDER BY절

50 관계대수에 대한 설명으로 틀린 것은?

① 주어진 릴레이션 조작을 위한 연산의 집합이다.
② 일반 집합 연산과 순수 관계 연산으로 구분된다.
③ 질의에 대한 해를 구하기 위해 수행해야 할 연산의 순서를 명시한다.
④ 원하는 정보와 그 정보를 어떻게 유도하는가를 기술하는 비절차적 방법이다.

51 다음 SQL문의 실행 결과는?

```
SELECT 과목이름
FROM 성적
WHERE EXISTS
(SELECT 학번 FROM 학생 WHERE 학생.학번 =
성적.학번 AND 학생.학과 IN ('전산', '전기')
AND 학생.주소 = '경기');
```

[학생] 테이블

학번	이름	학년	학과	주소
1000	김철수	1	전산	서울
2000	고영준	1	전기	경기
3000	유진호	2	전자	경기
4000	김영진	2	전산	경기
5000	정현영	3	전자	서울

[성적] 테이블

학번	과목번호	과목이름	학점	점수
1000	A100	자료구조	A	91
2000	A200	DB	A+	99
3000	A100	자료구조	B+	88
3000	A200	DB	B	85
4000	A200	DB	A	94
4000	A300	운영체제	B+	89
5000	A300	운영체제	B	88

①

과목이름
DB

②

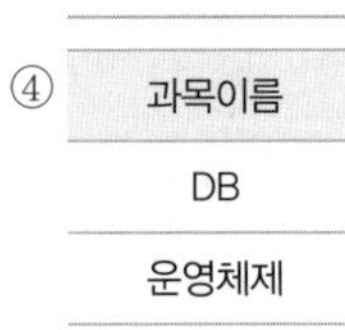

과목이름
DB
DB

③

과목이름
DB
DB
운영체제

④

과목이름
DB
운영체제

상 중 하

52 로킹(Locking) 기법에 대한 설명으로 틀린 것은?

① 로킹의 대상이 되는 객체의 크기를 로킹 단위라고 한다.
② 로킹 단위가 작아지면 병행성 수준이 낮아진다.
③ 데이터베이스도 로킹 단위가 될 수 있다.
④ 로킹 단위가 커지면 로크 수가 작아 로킹 오버헤드가 감소한다.

상 중 하

53 사용자 X1에게 department 테이블에 대한 검색 연산을 회수하는 명령은?

① delete select on department to X1;
② remove select on department from X1;
③ revoke select on department from X1;
④ grant select on department from X1;

상 중 하

54 player 테이블에는 player_name, team_id, height 컬럼이 존재한다. 아래 SQL문에서 문법적 오류가 있는 부분은?

```
(1) SELECT player_name, height
(2) FROM player
(3) WHERE team_id = 'Korea'
(4) AND height BETWEEN 170 OR 180;
```

① (1)
② (2)
③ (3)
④ (4)

상 중 하

55 다음 내용이 설명하는 것은?

- 네트워크상에 광채널 스위치의 이점인 고속 전송과 장거리 연결 및 멀티 프로토콜 기능을 활용
- 각기 다른 운영체제를 가진 여러 기종들이 네트워크 상에서 동일 저장장치의 데이터를 공유하게 함으로써, 여러 개의 저장 장치나 백업 장비를 단일화시킨 시스템

① SAN
② MBR
③ NAC
④ NIC

상 중 하

56 제3정규형에서 보이스코드 정규형(BCNF)으로 정규화하기 위한 작업은?

① 원자값이 아닌 도메인을 분해
② 부분 함수 종속 제거
③ 이행 함수 종속 제거
④ 결정자가 후보키가 아닌 함수 종속 제거

상 중 하

57 A1, A2, A3 3개 속성을 갖는 한 릴레이션에서 A1의 도메인은 3개 값, A2의 도메인은 2개 값, A3의 도메인은 4개 값을 갖는다. 이 릴레이션에 존재할 수 있는 가능한 튜플(Tuple)의 최대 수는?

① 24
② 12
③ 8
④ 9

상 중 하

58 데이터베이스 설계 시 물리적 설계 단계에서 수행하는 사항이 아닌 것은?

① 저장 레코드 양식 설계
② 레코드 집중의 분석 및 설계
③ 접근 경로 설계
④ 목표 DBMS에 맞는 스키마 설계

상 중 하

59 한 릴레이션 스키마가 4개 속성, 2개 후보키 그리고 그 스키마의 대응 릴레이션 인스턴스가 7개 튜플을 갖는다면 그 릴레이션의 차수(degree)는?

① 1
② 2
③ 4
④ 7

상 중 하

60 데이터웨어하우스의 기본적인 OLAP(on-line analytical processing) 연산이 아닌 것은?

① translate
② roll-up
③ dicing
④ drill-down

4과목 **프로그래밍 언어 활용**

상 중 하

61 UNIX에서 새로운 프로세스를 생성하는 명령어는?

① ls
② cat
③ fork
④ chmod

상 중 하

62 Java 프로그래밍 언어의 정수 데이터 타입 중 'long'의 크기는?

① 1byte
② 2byte
③ 4byte
④ 8byte

상 중 하

63 다음 JAVA 프로그램이 실행되었을 때의 결과는?

```
public class ovr {
    public static void main(String[] args) {
        int a = 1, b = 2, c = 3, d = 4;
        int mx, mn;
        mx = a < b ? b : a;
        if(mx == 1) {
            mn = a > mx ? b : a;
        }
        else {
            mn = b < mx ? d : c;
        }
        System.out.println(mn);
    }
}
```

① 1
② 2
③ 3
④ 4

상 중 하

64 소규모 네트워트인 LAN과 LAN 간의 인터네트워킹 연결 장치로 제2계층에서 동작하는 장비는?

① 리피터
② 브리지
③ L4 스위치
④ 허브

상 중 하

65 파일 디스크립터(File Descriptor)에 대한 설명으로 틀린 것은?

① 파일 관리를 위해 시스템이 필요로 하는 정보를 가지고 있다.
② 보조기억장치에 저장되어 있다가 파일이 개방(open)되면 주기억장치로 이동된다.
③ 사용자가 파일 디스크립터를 직접 참조할 수 있다.
④ 파일 제어 블록(File Control Block)이라고도 한다.

상 중 하

66 다음 파이썬으로 구현되는 프로그램을 실행하여 '12a34'를 입력한 경우의 실행 결과로 옳은 것은?

```
a, b = map(int, input('문자열 입력 : ').split('a'))
print(a, b)
```

①
```
12
34
```

②
```
12a34a
```

③
```
1234
```

④
```
12 34
```

상 중 하

67 다음 Java 코드를 실행한 결과는?

```
int x=1, y=6;
while (y--) {
    x++;
}
System.out.println("x=" +x+"y=" +y);
```

① x=7 y=0
② x=6 y=−1
③ x=7 y=−1
④ Unresolved compilation problem 오류 발생

상 중 하

68 다음 Python 프로그램이 실행되었을 때, 실행 결과는?

```
a = 0
b = 0

def func1():
    a = 10
    b = a
    return b
def func2():
    global a
    b = a
    return b

a = 20
b = 20
print(func1())
print(func2())
a = a + 20
b = b + 20
print(func1())
print(func2())
```

① 10 20 10 40

② 10 20 10 20

③ 20 20 10 40

④ 20 20 40 40

상 중 하

69 10.0.0.0 네트워크 전체에서 마스크값으로 255.240.0.0을 사용할 경우 유효한 서브넷 ID는?

① 10.240.0.0
② 10.0.0.32
③ 10.1.16.3
④ 10.29.240.0

상 중 하

70 다음과 같은 프로세스가 차례로 큐에 도착하였을 때, SJF(Shortest Job First) 정책을 사용할 경우 가장 먼저 처리되는 작업은?

프로세스 번호	실행시간
P1	6
P2	8
P3	4
P4	3

① P1
② P2
③ P3
④ P4

상 중 하

71

4개의 페이지를 수용할 수 있는 주기억장치가 있으며, 초기에는 모두 비어 있다고 가정한다. 다음의 순서로 페이지 참조가 발생할 때, FIFO 페이지 교체 알고리즘을 사용할 경우 페이지 결함의 발생 횟수는?

페이지 참조 순서 : 1, 2, 3, 1, 2, 4, 5, 1

① 6회 ② 7회
③ 8회 ④ 9회

상 중 하

72

다음 JAVA 프로그램의 결과값은?

```
class TestClass {
  void exe(int[] arr) {
    System.out.println(func(func(5, 5),
5, func(arr)));
  }
  int func(int a, int b) {
    return a + b;
  }
  int func(int a, int b, int c) {
    return a - b;
  }
  int func(int[] c) {
    int s = 0;
    for(int i = 0; i < c.length; i++) {
      s += c[i];
    }
    return s;
  }
}
public class Test {
    public static void main(String[]
args) {
    int[] a = {1, 2, 3, 4, 5};
    TestClass t = new TestClass();
    t.exe(a);
  }
}
```

① 5
② 10
③ 15
④ 20

상 중 하

73

리눅스에서 생성된 파일 권한이 644일 경우 umask 값은?

① 022
② 666
③ 777
④ 755

상 중 하

74

SSH(Secure Shell)에 대한 설명으로 틀린 것은?

① SSH의 기본 네트워크 포트는 220번을 사용한다.
② 전송되는 데이터는 암호화된다.
③ 키를 통한 인증은 클라이언트의 공개키를 서버에 등록해야 한다.
④ 서로 연결되어 있는 컴퓨터 간 원격 명령 실행이나 셸 서비스 등을 수행한다.

상 중 하

75

교착상태의 해결 방법 중 은행원 알고리즘(Banker's Algorithm)이 해당되는 기법은?

① Detection
② Avoidance
③ Recovery
④ Prevention

상 중 하

76

UDP 특성에 해당되는 것은?

① 데이터 전송 후, ACK를 받는다.
② 송신 중에 링크를 유지 관리하므로 신뢰성이 높다.
③ 흐름 제어나 순서 제어가 없어 전송 속도가 빠르다.
④ 제어를 위한 오버헤드가 크다.

상 중 하

77 다음 C코드의 반복문을 while문으로 변환한 것으로 옳은 것은?

```
#include <stdio.h>
int main() {
  int i = 0;
  for(int i = 0; i < 10; i++) {
    sum += i;
  }
  printf("Sum = %d\n", sum);
  return 0;
}
```

①
```
#include <stdio.h>
int main() {
    int i = 0;
    int sum = 0;

    while(i > 10) {
        sum += i;
        i++;
    }
    printf("Sum = %d\n", sum);
    return 0;
}
```

②
```
#include <stdio.h>
int main() {

    while(i < 10) {
    int i = 0;
    int sum = 0;

        sum += i;
        i++;
    }
    printf("Sum = %d\n", sum);
    return 0;
}
```

③
```
#include <stdio.h>
int main() {
    int i = 0;

    while(i < 10) {
    int sum = 0;
        sum += i;
        i++;
    }
    printf("Sum = %d\n", sum);
    return 0;
}
```

④
```
#include <stdio.h>
int main() {
    int i = 0;
    int sum = 0;

    while(i < 10) {
        sum += i;
        i++;
    }
    printf("Sum = %d\n", sum);
    return 0;
}
```

상 중 하

78 TCP/IP에서 사용되는 논리 주소를 물리 주소로 변환시켜 주는 프로토콜은?

① TCP
② ARP
③ FTP
④ IP

상 중 하

79 C언어의 break 명령문에 대한 설명으로 옳은 것은?

① C언어에서 반복 처리를 위한 명령문이다.
② switch~case 구문에서는 break 명령문을 생략하여도 동일한 결과를 얻을 수 있다.
③ continue 명령문과 함께 조건 분기 명령문에 해당한다.
④ 가장 가까운 블록을 탈출한다.

상 중 하

80 OSI-7 layer의 데이터링크 계층에서 사용하는 데이터 전송 단위는?

① 바이트
② 프레임
③ 레코드
④ 워드

5 과목 **정보 시스템 구축 관리**

상 중 하

81 다음 중 휴리스틱 탐색 방법이 아닌 것은?

① A Algorithm
② Greedy Search
③ Hill Climbing
④ Bell-Lapadula

상 중 하

82 CMM(Capability Maturity Model) 모델의 레벨로 옳지 않은 것은?

① 최적 단계
② 관리 단계
③ 계획 단계
④ 정의 단계

상 중 하

83 다음 설명에 해당하는 생명주기 모형으로 가장 옳은 것은?

> 가장 오래된 모형으로 많은 적용 사례가 있지만 요구사항의 변경이 어려우며, 각 단계의 결과가 확인되어야지만 다음 단계로 넘어간다. 선형 순차적 모형으로 고전적 생명주기 모형이라고도 한다.

① 패키지 모형
② 코코모 모형
③ 폭포수 모형
④ 관계형 모델

상 중 하

84 서비스 지향 아키텍처 기반 애플리케이션을 구성하는 층이 아닌 것은?

① 표현 층
② 프로세스 층
③ 제어 클래스 층
④ 비지니스 층

상 중 하

85 다음 내용이 설명하는 것은?

> – 미국의 작가 닐 스티븐슨(Neal Stephenson)이 1992년에 발표한 사이버펑크 소설 스노우 크래쉬에 처음 소개된 개념이다.
> – 가상현실을 넘어선 개념으로 3차원 가상 세계에서 사람들이 현실 세계처럼 상호작용하고 생활할 수 있는 디지털 공간을 의미한다.

① 메타버스
② 증강현실
③ 혼합현실
④ 디지털 트윈

상 중 하

86 소프트웨어 개발 프레임워크의 적용 효과로 볼 수 없는 것은?

① 공통 컴포넌트 재사용으로 중복 예산 절감
② 기술 종속으로 인한 선행사업자 의존도 증대
③ 표준화된 연계모듈 활용으로 상호 운용성 향상
④ 개발표준에 의한 모듈화로 유지보수 용이

상 중 하

87 CPM 네트워크가 다음과 같을 때 임계경로의 소요기일은?

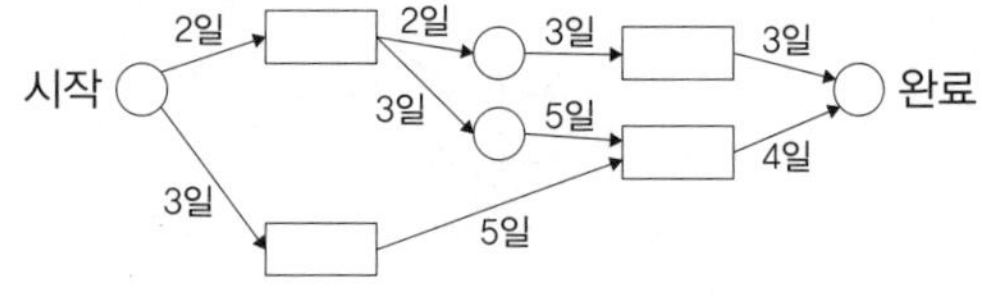

① 10일
② 12일
③ 14일
④ 16일

상 중 하

88 익스트림 프로그래밍(eXtreme Programming)의 5가지 가치에 속하지 않는 것은?

① 의사소통
② 단순성
③ 피드백
④ 고객 배제

상 중 하

89 다음은 정보의 접근통제 정책에 대한 설명이다. (ㄱ)에 들어갈 내용으로 옳은 것은?

정책	(ㄱ)	DAC	RBAC
권한 부여	시스템	데이터 소유자	중앙 관리자
접근 결정	보안등급 (Label)	신분(Identity)	역할(Role)
정책 변경	고정적 (변경 어려움)	변경 용이	변경 용이
장점	안정적, 중앙 집중적	구현 용이, 유연함	관리 용이

① NAC
② MAC
③ SDAC
④ AAC

상 중 하

90 소프트웨어 개발 모델 중 나선형 모델의 4가지 주요 활동이 순서대로 나열된 것은?

ⓐ 계획 수립
ⓒ 개발 및 검증
ⓑ 고객 평가
ⓓ 위험 분석

① ⓐ-ⓑ-ⓓ-ⓒ 순으로 반복
② ⓐ-ⓓ-ⓒ-ⓑ 순으로 반복
③ ⓐ-ⓑ-ⓒ-ⓓ 순으로 반복
④ ⓐ-ⓒ-ⓑ-ⓓ 순으로 반복

상 중 하

91 타원 곡선 위에서의 이산대수 문제의 난해성에 기반한 암호화 알고리즘으로 비트코인과 같은 블록체인 시스템 등에 활용되는 방식은 무엇인가?

① RSA
② ECC
③ DSA
④ MD5

상 중 하

92 CSMA/CA 방식에 대한 설명과 가장 거리가 먼 것은?

① 무선 환경에서 효율적인 통신을 위해 채널 상태를 감지하고 충돌을 회피하는 방식이다.
② 유선 네트워크에서 주로 사용되며, 충돌을 감지하고, 전송을 중단하고 랜덤한 시간 후 재전송을 시도한다.
③ IEEE 802.11 프로토콜을 사용한다.
④ 랜덤 백오프, RTS/CTS 등 다양한 메커니즘을 사용하여 충돌을 줄이고 효율적인 통신을 지원한다.

상 중 하

93 다음이 설명하는 다중화 기술은?

- 광섬유를 이용한 통신 기술의 하나를 의미함
- 파장이 서로 다른 복수의 광신호를 동시에 이용하는 것으로 광섬유를 다중화하는 방식임
- 빛의 파장 축과 파장이 다른 광선은 서로 간섭을 일으키지 않는 성질을 이용함

① Wavelength Division Multiplexing
② Frequency Division Multiplexing
③ Code Division Multiplexing
④ Time Division Multiplexing

상 중 하

94 웹페이지에 악의적인 스크립트를 포함시켜 사용자 측에서 실행되게 유도함으로써, 정보 유출 등의 공격을 유발할 수 있는 취약점은?

① Ransomware
② Pharming
③ Phishing
④ XSS

상 중 하

95 TCP 헤더와 관련한 설명으로 틀린 것은?

① 순서번호(Sequence Number)는 전달하는 바이트마다 번호가 부여된다.
② 수신번호확인(Acknowledgement Number)은 상대편 호스트에서 받으려는 바이트의 번호를 정의한다.
③ Urgent Pointer는 IPv4의 헤더 구조 중, 도착한 패킷에 대한 오류 여부를 체크하기 위해 존재하는 요소이다.
④ 윈도우 크기는 송수신 측의 버퍼 크기로 최대 크기는 64bit이다.

상 중 하

96 소프트웨어 정의 데이터 센터(SDDC, Software Defined Data Center)에 대한 설명으로 틀린 것은?

① 컴퓨팅, 네트워킹, 스토리지, 관리 등을 모두 소프트웨어로 정의한다.
② 인력 개입 없이 소프트웨어 조작만으로 자동 제어 관리한다.
③ 데이터센터 내 모든 자원을 가상화하여 서비스한다.
④ 특정 하드웨어에 종속되어 특화된 업무를 서비스하기에 적합하다.

상 중 하

97 아래 이미지와 같은 동작 방식을 가지는 블록 암호화 방식은 무엇인가?

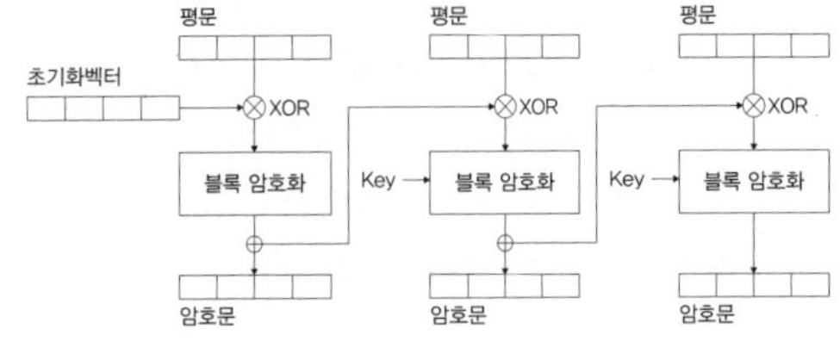

① CBC
② ECB
③ CFB
④ OFB

상 중 하

98 NS(Nassi–Schneiderman) chart에 대한 설명으로 거리가 먼 것은?

① 논리의 기술에 중점을 둔 도형식 표현 방법이다.
② 연속, 선택 및 다중 선택, 반복 등의 제어 논리구조로 표현한다.
③ 주로 화살표를 사용하여 논리적인 제어 구조로 흐름을 표현한다.
④ 조건이 복합되어 있는 곳의 처리를 시각적으로 명확히 식별하는 데 적합하다.

상 중 하

99 아래 설명에 해당하는 도구는 무엇인가?

> – 호스트 기반으로 크래커가 침입하여 백도어를 만들어 놓거나, 실징 파일을 변경했을 때 분석하는 도구이다.
> – 침입 이후 탐지에 매우 유용할 뿐만 아니라 무결성 입증과 변화 관리 그리고 정책 준수 같은 다른 여러 목적으로도 사용될 수 있다.

① SATAN
② Klaxon
③ Watcher
④ Tripwire

상 중 하

100 IPv6의 주소 표기법으로 올바른 것은 무엇인가?

① 255.236.212.1
② 2001:0db8:85a3:0000:0000:8a2e:0370:7334
③ 20:A0:C3:4B:21:33
④ 0c00:002A:0080:c703:3c75

정답 & 해설

최신 기출문제 **01회**(2022년 제2회) 240
최신 기출문제 **02회**(2022년 제3회) 252
최신 기출문제 **03회**(2023년 제1회) 263
최신 기출문제 **04회**(2023년 제2회) 276
최신 기출문제 **05회**(2023년 제3회) 288
최신 기출문제 **06회**(2024년 제1회) 298
최신 기출문제 **07회**(2024년 제2회) 312
최신 기출문제 **08회**(2024년 제3회) 324

최신 기출문제 01회 116p

01 ②	02 ①	03 ①	04 ③	05 ②
06 ④	07 ②	08 ③	09 ④	10 ④
11 ②	12 ③	13 ①	14 ③	15 ③
16 ①	17 ③	18 ①	19 ①	20 ②
21 ③	22 ②	23 ③	24 ②	25 ①
26 ②	27 ④	28 ④	29 ①	30 ③
31 ④	32 ④	33 ②	34 ①	35 ③
36 ②	37 ②	38 ①	39 ③	40 ④
41 ①	42 ①	43 ④	44 ④	45 ③
46 ③	47 ③	48 ②	49 ②	50 ④
51 ②	52 ④	53 ③	54 ③	55 ④
56 ④	57 ④	58 ②	59 ②	60 ①
61 ③	62 ②	63 ②	64 ②	65 ②
66 ②	67 ③	68 ②	69 ③	70 ④
71 ②	72 ③	73 ④	74 ②	75 ①
76 ①	77 ④	78 ①	79 ③	80 ②
81 ④	82 ①	83 ②	84 ①	85 ②
86 ④	87 ③	88 ④	89 ①	90 ①
91 ②	92 ①	93 ②	94 ②	95 ①
96 ④	97 ③	98 ④	99 ①	100 ④

1 과목 소프트웨어 설계

01 ②

순차 다이어그램은 행위 다이어그램이므로 동적이고, 순차적인 표현을 위한 다이어그램이다.

02 ①

MOM(Message-Oriented Middleware)

- 메시지 기반의 비동기형 메시지를 전달하는 방식의 미들웨어이다.
- 온라인 업무보다는 이기종 분산 데이터 시스템의 데이터 동기를 위해 많이 사용한다.

03 ①

XP(eXtreme Programming)

- 1999년 Kent Beck이 제안하였으며, 개발 단계 중 요구사항이 시시각각 변동이 심한 경우 적합한 방법론이다.
- 요구에 맞는 양질의 소프트웨어를 신속하게 제공하는 것을 목표로 한다.
- 요구사항을 모두 정의해 놓고 작업을 진행하는 것이 아니라 요구사항이 변경되는 것을 적용하는 방식으로 예측성보다는 적응성에 더 높은 가치를 부여한 방법이다.
- 고객의 참여와 개발 과정의 반복을 극대화하여 생산성을 향상시키는 방법이다.

오답 피하기

대표적인 Agile 개발 방법론이다.

04 ③

유스케이스(Use Case)의 구성 요소 간의 관계

- 연관 관계(Association) : 유스케이스와 액터 간의 상호 작용이 있음을 표현한다.
- 포함 관계(Include) : 하나의 유스케이스가 다른 유스케이스의 실행을 전제로 할 때 형성되는 관계이다.
- 확장 관계(Extend) : 확장 기능 유스케이스와 확장 대상 유스케이스 사이에 형성되는 관계이다.
- 일반화 관계(Generalization) : 유사한 유스케이스 또는 액터를 모아 추상화한 유스케이스 또는 액터와 연결시켜 그룹을 만들어 이해도를 높이기 위한 관계이다.

05 ②

기능적 요구사항 vs 비기능적 요구사항

- 기능적 요구사항 : 시스템이 실제로 어떻게 동작하는지에 관점을 둔 요구사항
- 비기능적 요구사항 : 시스템 구축에 대한 성능, 보안, 품질, 안정 등에 대한 성능, 보안, 품질, 안정성 등으로 실제 수행에 보조적인 요구사항

오답 피하기

차량 대여 시스템이 제공하는 모든 화면이 3초 이내에 사용자에게 보여야 한다'는 성능에 해당하므로 비기능적 요구사항에 해당한다.

06 ④

개체 관계도(ERD : Entity-Relationship Diagram)

- 데이터베이스 설계 단계에서 데이터 구조들과 그들 간의 관계를 표현하는 방법이다.
- 구성 : 개체(Entity), 속성(Attribute), 관계(Relationship)

07 ②

미들웨어 솔루션의 정의

- 클라이언트와 서버 간의 통신을 담당하는 시스템 소프트웨어이다.
- 이기종 하드웨어, 소프트웨어, 네트워크, 프로토콜, PC 환경, 운영체제 환경 등에서 시스템 간의 표준화된 연결을 도와주는 소프트웨어이다.
- 표준화된 인터페이스를 통하여 시스템 간의 데이터 교환에 있어 일관성을 제공한다.
- 운영체제와 애플리케이션 사이에서 중간 매개 역할을 하는 다목적 소프트웨어이다.

오답 피하기

미들웨어 솔루션은 미들웨어의 서비스 이용을 위해 사용자가 정보 교환 방법 등의 내부 동작을 확인할 필요가 없다.

08 ③

UI 설계 지침

- 사용자 중심 : 실사용자의 이해를 바탕으로 쉽게 이해하고, 쉽게 사용할 수 있는 환경을 제공한다.
- 일관성 : 사용자가 기억하기 쉽고 빠른 습득이 가능하도록 버튼이나 조작법을 제공한다.
- 단순성 : 인지적 부담을 줄이도록 조작 방법을 가장 간단히 작동하도록 한다.

오답 피하기

치명적인 오류에 대한 부정적인 사항도 사용자에게 정확한 정보를 제공해야 한다.

09 ④

다형성(Polymorphism)

- 많은 상이한 클래스들이 동일한 메소드명을 이용하는 능력을 의미한다.
- 한 메시지가 객체에 따라 다른 방법으로 응답할 수 있는 것이다.
- 메시지에 의해 객체가 연산을 수행하게 될 때 하나의 메시지에 대해 각 객체가 가지고 있는 고유한 방법으로 응답할 수 있는 능력이다.

10 ④

인터페이스 설계의 정의

- 시스템의 구조와 서브 시스템들 사이의 관계를 표현한다.
- 소프트웨어에 의해 간접적으로 제어되는 장치와 소프트웨어를 실행하는 하드웨어이다.
- 기존의 소프트웨어와 새로운 소프트웨어를 연결하는 소프트웨어이다.
- 순서적 연산에 의해 소프트웨어를 실행하는 절차이다.

11 ②

클래스(Class)

- 유사한 객체를 정의한 집합으로 속성+행위를 정의한 것으로 일반적인 Type을 의미한다.
- 기본적인 사용자 정의 데이터형이며, 데이터를 추상화하는 단위이다.
- 구조적 기법에서의 단위 테스트(Unit Test)와 같은 개념이다.

12 ③

캡슐화(Encapsulation)

- 서로 관련성이 높은 데이터(속성)와 그와 관련된 기능(메소드, 함수)을 묶는 기법이다.
- 결합도가 낮아져 소프트웨어 개발에 있어 재사용성이 높아진다.
- 정보은닉을 통하여 타 객체와 메시지 교환 시 인터페이스가 단순해진다.
- 변경 발생 시 오류의 파급 효과가 적다.

13 ①

애자일(Agile) 방법론

- 날렵한, 재빠른 이란 사전적 의미가 있다.
- 특정 방법론이 아닌 소프트웨어가 빠르고 낭비 없이 제작하기 위해 고객과의 협업에 초점을 두고 소프트웨어 개발 중 설계 변경에 신속히 대응하여 요구사항을 수용할 수 있다.
- 절차와 도구보다 개인과 소통을 중요시하고 고객과의 피드백을 중요하게 생각한다.
- 소프트웨어가 잘 실행되는데 가치를 두며, 소프트웨어 배포 시차를 최소화할 수 있다.

14 ③

컴포넌트(Component)

- SW 시스템에서 독립적인 업무 또는 기능을 수행하는 모듈로 교체가 가능한 부품이다.
- 모듈화로 생산성을 향상했으나 모듈의 소스 코드 레벨의 재활용으로 인한 한계성을 극복하기 위하여 등장하였다.
- 인터페이스를 통해서 연결된다.

15 ③

- 구조(Structure) 디자인 패턴 : Adapter, Bridge, Composite, Decorator, Facade, Flyweight, Proxy
- 행위(Behavioral) 디자인 패턴 : Chain of responsibility, Command, Interpreter, Iterator, Mediator, Memento, Observer, State, Strategy, Template Method, Visitor

오답 피하기

Builder 패턴은 복잡한 인스턴스를 조립하여 만드는 구조의 생성 디자인 패턴이다.

16 ①

사용자 인터페이스 기본 원칙

직관성(Intuitiveness)

- Findability/Ease of use/consistency
- 앱의 구조를 큰 노력 없이도 쉽게 이해하고, 쉽게 사용하게 해주는가에 관한 척도이다.

유효성(Efficiency)

- Feedback/Effectiveness
- 얼마나 정확하고 완벽하게 사용자의 목표가 달성될 수 있는지에 관한 척도이다.
- 시스템의 상태와 사용자의 지시에 대한 효과를 보여주어 사용자가 명령에 대한 진행 상황과 표시된 내용을 해석할 수 있도록 도와준다.

학습성(Learnability)

- Easy of learning/Accessibility/Memorability
- 초보와 숙련자 모두가 쉽게 배우고 사용할 수 있게 해주는지에 관한 척도이다.

유연성(Flexibility)

- Forgiveness/Error Prevention/Error Detectability/Error-averse
- 사용자의 인터랙션을 얼마나 포용하고, 실수로부터 방지해주는지에 관한 척도이다.

17 ③

NUI(Natural User Interface) : NUI는 인간의 신체를 통합 입력과 출력 제어로서 자연스러운 신체 움직임으로 직접적으로 시스템과 소통하는 방식이다.

18 ①

모델링

- 현실 세계에 존재하는 데이터를 추상화하여 컴퓨터 세계로 옮기는 변환 과정이다.
- 모델링 작업의 결과물은 다른 모델링에 영향을 준다.
- 개념적 모델링과 논리적 모델링으로 구분된다.
- 데이터 모델링의 결과물을 데이터 모델이라고 한다.

19 ①

액터(Actor) : 서비스를 이용하는 외부 객체이다. 시스템이 특정한 사례(Use Case)를 실행하도록 요구할 수 있는 존재이다.

20 ②

MVC 모델

- Model : 데이터와 비즈니스 로직을 관리한다(사용자가 편집하길 원하는 모든 데이터를 가지고 있어야 한다).
- View : 레이아웃과 화면을 처리한다(모델이 가지고 있는 정보를 따로 저장해서는 안 된다).
- Controller : 명령을 모델과 뷰 부분으로 라우팅한다(모델이나 뷰에 대해서 알고 있어야 한다).

2과목 소프트웨어 개발

21 ③

하향식 설계

- 소프트웨어설계 시 제일 상위에 있는 Main User Function에서 시작하여 기능을 하위 기능들로 분할해 가면서 설계하는 방식이다.
- 너비 우선(Breadth First) 방식으로 테스트를 할 모듈을 선택할 수 있다.
- 모듈 간의 인터페이스와 시스템의 동작이 정상적으로 잘되고 있는지를 빨리 파악하고자 할 때 상향식보다는 하향식 통합 테스트를 사용하는 것이 좋다.

상향식 설계

가장 기본적인 컴포넌트를 먼저 설계한 다음 이것을 사용하는 상위 수준의 컴포넌트를 설계하는 방식이다.

22 ②

이분 검색 방법

① 대상 범위의 첫 번째 원소의 위치를 Low로, 마지막 원소의 위치를 High로 두고서 그 중간 원소의 위치인 Mid를 (Low+High)/2로 구한다.
② 찾고자 하는 Key와 중간값을 비교한다.
③ Key 〉 중간값 : Low를 (Mid+1)로 두고서 계속 수행
Key 〈 중간값 : High를 (Mid-1)로 두고서 계속 수행
Key = 중간값 : 검색 완료

문제 풀이

- 14와 중간값 비교 : 14가 8보다 크므로 Low를 9로 설정
- 14와 중간값 비교 : 14가 12보다 크므로 Low를 13으로 설정
- 14와 중간값 비교 : 14와 14가 같으므로 검색 완료

23 ③

워크스루(Walkthrough)

- 사용사례를 확장하여 명세하거나 설계 다이어그램, 원시 코드, 테스트 케이스 등에 적용할 수 있다.
- 복잡한 알고리즘 또는 반복, 실시간 동작, 병행 처리와 같은 기능이나 동작을 이해하려고 할 때 유용하다.
- 단순한 테스트 케이스를 이용하여 프로덕트를 수작업으로 수행해 보는 것이다.

오답 피하기

인스펙션(Inspection) : 소프트웨어 요구, 설계, 원시 코드 등의 작성자 외의 다른 전문가 또는 팀이 검사하여 오류를 찾아내는 공식적 검토 방법이다.

24 ②

형상 관리(Version Control Revision Control)

- 구성 관리(Software Configuration Management)라고도 한다.
- 소프트웨어의 변경사항을 체계적으로 관리하기 위하여 추적하고 통제하는 것이다.
- 단순 버전 관리 기반의 소프트웨어 운용을 좀 더 포괄적인 학술 분야의 형태로 넓히는 근간을 의미한다.
- 작업 산출물을 형상 항목(Configuration Item)이라는 형태로 선정하고, 형상 항목 간의 변경사항 추적과 통제 정책을 수립하고 관리한다.

25 ①

테스트케이스(Test Case)

- 구현된 소프트웨어가 사용자의 요구사항을 정확하게 준수했는지를 확인하기 위해 설계된 입력값, 실행 조건, 기대 결과 등으로 구성된 테스트 항목에 대한 명세서를 의미한다.
- 테스트의 목표 및 테스트 방법을 결정하고 테스트 케이스를 작성해야 한다.

26 ②

Java에서 정보은닉(InformationHiding)을 표기할 때 private의 의미는 외부에서 클래스 내부 정보에 접근하지 못하도록 하는 '접근 금지'이다.

27 ④

DRM(Digital Rights Management)

- 디지털 콘텐츠의 지적재산권보호, 관리 기능 및 안전한 유통과 배포를 보장하는 솔루션이다.
- 디지털 콘텐츠의 지적재산권을 보호하는 권한 통제 기술, 사용 권한 제어 기술, 패키징 기술, 라이선스 관리를 포함한 유통 체계이다.
- 디지털 콘텐츠와 디바이스의 사용을 제한하기 위해 하드웨어 제조업자, 저작권자, 출판업자 등이 사용할 수 있는 접근 제어 기술을 의미한다.

28 ④

위험 감시(Risk Monitoring) : 위험 요소 징후들에 대하여 계속적으로 인지하는 것이다.

29 ①

RCS(Revision Control System)

- CVS와의 차이점은 소스 파일의 수정을 한 사람만으로 제한한다.
- 다수의 사용자가 동시에 파일 수정을 할 수 없도록 파일 잠금 방식으로 버전을 관리하는 도구이다.
- 다른 방향으로 진행된 개발 결과를 합치거나 변경 내용을 추적할 수 있다.

30 ③

화이트박스 테스트(White Box Test)

- 모듈의 원시 코드를 오픈시킨 상태에서 코드의 논리적 모든 경로를 테스트하는 방법이다.
- Source Code의 모든 문장을 한 번 이상 수행함으로써 진행된다.
- 종류 : 기초 경로 검사, 제어 구조 검사
- 화이트박스 테스트의 이해를 위해 논리 흐름도(Logic-Flow Diagram)를 이용할 수 있다.
- 테스트 데이터를 이용해 실제 프로그램을 실행함으로써 오류를 찾는 동적 테스트(Dynamic Test)에 해당한다.

오답 피하기

프로그램의 구조를 고려한다.

31 ④

선형 검색(Linear Scanning)

- 원하는 레코드를 찾을 때까지 처음부터 끝까지 차례로 하나씩 비교하면서 검색한다.
- 단점 : 단순한 방식으로 정렬되지 않는 검색에 가장 유용하며 평균 검색 시간이 많이 걸린다.
- 평균 검색 횟수 : (n+1)/2
- 데이터가 모인 집합(배열, 링크드 리스트 등)의 처음부터 끝까지 하나씩 순서대로 비교하며 원하는 값을 찾아내는 알고리즘이다.
- 순차 검색이라고도 한다.

오답 피하기

데이터 집합이 정렬되어 있을 필요는 없다. 정렬이 선행되어야 하는 검색 기법은 이진 검색 기법이다.

32 ④

- 버블 정렬의 오름차순 수행 시 매 회전(Pass)마다 마지막 값이 가장 큰 값이 된다.
- 초　기 : 9, 6, 7, 3, 5
- 1Pass : 6, 7, 3, 5, 9
- 2Pass : 6, 3, 5, 7, 9
- 3Pass : 3, 5, 6, 7, 9
- 4Pass : 3, 5, 6, 7, 9

33 ②

코드 인스펙션 과정 : 계획 → 사전교육 → 준비 → 인스펙션 회의 → 재작업 → 추적

34 ①

리팩토링(Refactoring) : 소프트웨어를 보다 쉽게 이해할 수 있고, 적은 비용으로 수정할 수 있도록 겉으로 보이는 동작의 변화 없이 내부 구조를 변경하는 것을 의미한다.

35 ③

단위 테스트(Unit Test)

- 하나의 모듈을 기준으로 독립적으로 진행되는 가장 작은 단위의 테스트이다.
- 애플리케이션을 구성하는 하나의 기능이 올바르게 동작하는지를 독립적으로 테스트하는 것이다.
- 구현 단계에서 각 모듈의 개발을 완료한 후 개발자가 명세서의 내용대로 정확히 구현되었는지 테스트한다.
- 모듈 내부의 구조를 구체적으로 볼 수 있는 구조적 테스트를 주로 시행한다.

Test Stub

상위 모듈에서 하위 모듈로의 테스트를 진행하는 과정 중 하위 시스템 컴포넌트의 개발이 완료되지 않은 상황에서 시스템 테스트를 진행하기 위하여 임시로 생성된 가상의 더미 컴포넌트(Dummy Componet)를 일컫는다.

36 ②

IDE 도구의 기능

기능	설명
개발 환경 지원	프로그래밍 언어를 가지고 컴퓨터 프로그램을 작성할 수 있는 환경을 제공
컴파일	문법에 어긋나는지 확인하고 기계어로 변환하는 기능 제공
디버깅	프로그래밍 과정에 발생하는 오류 및 비정상적인 연산 제거
외부 연계	외부 형상, 배포 관리 기능과 연계되어 자동 배포 등이 가능
DB 연동	JDBC, ODBC 등을 통한 데이터베이스 연동
Deployment	소프트웨어를 최종 사용자에게 전달하기 위한 기능

37 ②

- 후위 순회는 Left – Right – Root 순으로 순회한다.
- **L** – **R** – A
- **L**(D – B) – **R**(**T** – F – C) – A
- **L**(D – B) – **R**(**T**(G – H – E) – F – C) – A
- D – B – G – H – E – F – C – A

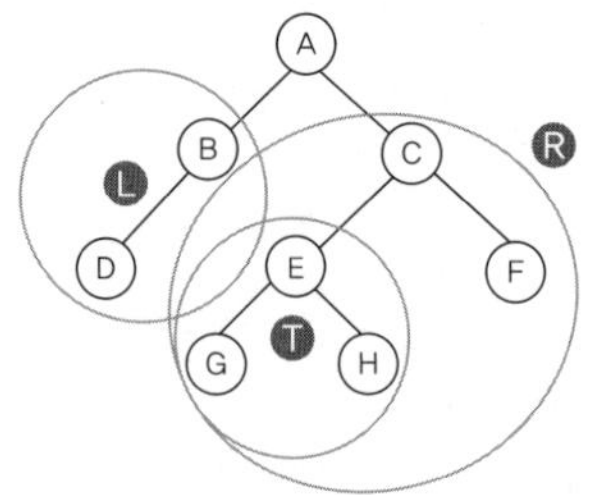

38 ①

JSON(JavaScript Object Notation)

- 속성–값 쌍(Attribute–Value Pairs)으로 이루어진 데이터 오브젝트를 전달하기 위해 사용하는 개방형 표준 포맷이다.
- AJAX(Asynchronous Javascript and XML)에서 많이 사용되고 XML을 대체하는 주요 데이터 포맷이다.
- 언어 독립형 데이터 포맷으로 다양한 프로그래밍 언어에서 사용되고 있다.

39 ③

스택(Stack)

- 포인터를 TOP 한 개 두고 운용하는 방식이다.
- 삽입 → PUSH, 삭제 → POP
- LIFO(Last In First Out) 구조이다.
- 한쪽 방향에서만 입출력이 이루어진다.
- 인터럽트 분기 시 복귀 주소 저장하는 데 사용한다.

40 ④

단위 테스트 지원 도구(xUnit)

- JUnit : Java 프로그래밍 언어에 사용되는 테스트 도구로서 데이터를 테스트한 다음 코드에 삽입한다.
- NUnit : 모든 .net 언어에 널리 사용되는 단위 테스트 프레임워크이다. 병렬로 실행할 수 있는 데이터 중심 테스트를 지원한다.
- JMockit : 오픈소스 단위 테스트 도구로서, 기록 및 검증 구문으로 API를 Mocking할 수 있다.
- EMMA : 코드 분석 오픈소스 툴 킷으로서 Java 기반이므로 외부 라이브러리 종속성이 없으며 소스 코드에 액세스할 수 있다.
- PHPUnit : PHP 프로그래머를 위한 단위 테스트 도구이다.
- HttpUnit : HtmlUnit은 Java 프로그램용 GUI가 없는 브라우저를 포함하는 오픈소스 Java 라이브러리이다.
- DBUnit : 데이터베이스 단위 테스트를 지원하는 프레임워크이다.

3과목 데이터베이스 구축

41 ①

정규화 과정

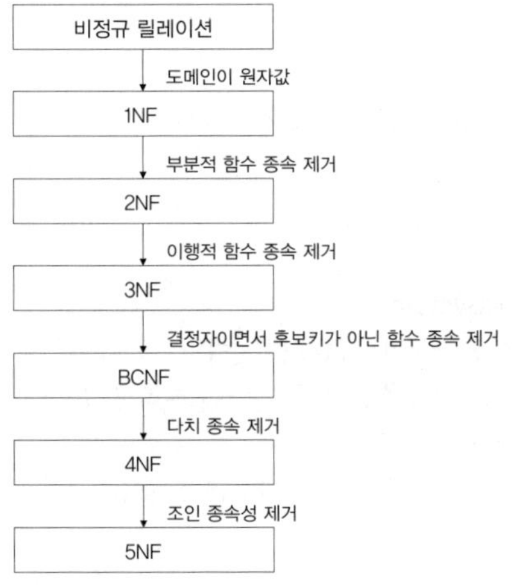

42 ①

트랜잭션의 특성

- 원자성(Atomicity) : 완전하게 수행 완료되지 않으면 전혀 수행되지 않아야 한다.
- 일관성(Consistency) : 시스템의 고정 요소는 트랜잭션 수행 전후에 같아야 한다.
- 격리성(Isolation, 고립성) : 트랜잭션 실행 시 다른 트랜잭션의 간섭을 받지 않아야 한다.
- 영속성(Durability, 지속성) : 트랜잭션의 완료 결과가 데이터베이스에 영구히 기억되어야 한다.

43 ④

분산 데이터베이스의 투명성

- 위치 투명성(Location Transparency) : 하드웨어와 소프트웨어의 물리적 위치를 사용자가 알 필요가 없다.
- 중복(복제) 투명성(Replication Transparency) : 사용자에게 통지할 필요없이 시스템 안에 파일들과 자원들의 부가적인 복사를 자유롭게 할 수 있다.
- 병행 투명성(Concurrency Transparency) : 다중 사용자들이 자원들을 자동으로 공유할 수 있다.

- 장애 투명성(Failure Transparency) : 사용자들은 어느 위치의 시스템에 장애가 발생했는지 알 필요가 없다.

44 ④

판매량이 많은 제품부터 출력되도록 하려면 내림차순 정렬을 적용해야 한다. SQL에서 정렬은 ORDER BY를 사용하며 내림차순은 DESC를 사용한다. 오름차순의 경우 생략하거나 ASC를 사용한다.

45 ③

인덱스(Index)

- 데이터베이스 성능에 많은 영향을 주는 DBMS의 구성 요소로 테이블과 클러스터에 연관되어 독립적인 저장 공간을 보유하며, 데이터베이스에 저장된 자료를 더욱 빠르게 조회하기 위하여 별도로 구성한 순서 데이터를 말한다.
- 대부분의 데이터베이스에서 테이블을 삭제하면 인덱스도 같이 삭제된다.

오답 피하기

- 인덱스는 수정이 불가능하다.
- 인덱스 생성 : CREATE
- 인덱스 삭제 : DROP

46 ③

저장 레코드 양실 설계 시 고려 사항 : 데이터 타입, 데이터값의 분포, 접근 빈도

오답 피하기

트랜잭션 모델링

- 트랜잭션을 개념적 시스템 독립적으로 정의한다.
- 트랜잭션의 입출력 기능, 형태만 정의한다.
- 검색, 갱신, 혼합(검색, 갱신)

47 ③

DCL 종류

- COMMIT : 명령어로 수행된 결과를 실제 물리적 디스크로 저장하고, 명령어로 수행을 성공적으로 완료하였음을 선언한다.
- ROLLBACK : 명령어로 수행이 실패하였음을 알리고, 수행된 결과를 원상 복귀시킨다.
- GRANT : 데이터베이스 사용자에게 사용 권한을 부여한다.
- REVOKE : 데이터베이스 사용자로부터 사용 권한을 취소한다.

48 ②

데이터 사전(Data Dictionary)

- 시스템 자신이 필요로 하는 여러 가지 객체(기본 테이블, 뷰, 인덱스, 데이터베이스, 패키지, 접근 권한 등)에 관한 정보를 포함하고 있는 시스템 데이터베이스이다.
- 시스템 카탈로그(System Catalog), 메타 데이터(Meta Data)라고도 한다.
- 시스템 카탈로그 자체도 시스템 테이블로 구성되어 있어 SQL문을 이용하여 내용 검색이 가능하다.
- 사용자가 시스템 카탈로그를 직접 갱신할 수 없다.
- SQL문으로 여러 가지 객체에 변화를 주면 시스템이 자동으로 갱신한다.

49 ②

릴레이션의 특징

- 튜플의 유일성 : 모든 튜플은 서로 다른 값을 갖는다.
- 튜플의 무순서성 : 하나의 릴레이션에서 튜플의 순서는 없다.
- 속성의 원자성 : 속성값은 원자값을 갖는다.
- 속성의 무순서성 : 각 속성은 릴레이션 내에서 유일한 이름을 가지며, 속성의 순서는 큰 의미가 없다.

50 ④

뷰(View) 특징

- 저장 장치 내에 물리적으로 존재하지 않고 테이블에서 유도되는 가상의 테이블이며 기본 테이블에 의해 유도되므로 기본 테이블을 삭제하면 뷰도 삭제된다.
- 뷰의 생성 시 CREATE문, 검색 시 SELECT문을 사용한다.
- 뷰의 정의 변경 시 ALTER문을 사용할 수 없고 뷰의 제거 시 DROP문을 이용한다.
- 뷰를 이용한 또 다른 뷰의 생성이 가능하다.

51 ②

트랜잭션 상태

- 활동(Active) : 초기 상태로 트랜잭션이 Begin_Trans에서부터 실행을 시작하였거나 실행 중인 상태이다.
- 부분 완료(Partially Committed) : 트랜잭션의 마지막 연산이 실행된 직후의 상태로, 모든 연산의 처리는 끝났지만, 트랜잭션이 수행한 최종 결과를 데이터베이스에 반영하지 않은 상태이다.
- 철회(Aborted) : 트랜잭션이 실행에 실패하여 Rollback 연산을 수행한 상태이다.
- 완료(Committed) : 트랜잭션이 실행을 성공적으로 완료 연산을 수행한 상태이다.

52 ④

DCL 종류

- COMMIT : 명령어로 수행된 결과를 실제 물리적 디스크로 저장하고, 명령어로 수행을 성공적으로 완료하였음을 선언한다.
- ROLLBACK : 명령어로 수행이 실패하였음을 알리고, 수행된 결과를 원상 복귀시킨다.
- GRANT : 데이터베이스 사용자에게 사용 권한을 부여한다.
- REVOKE : 데이터베이스 사용자로부터 사용 권한을 취소한다.

53 ③

슈퍼키(Super Key)

- 두 개 이상의 속성으로 구성된 키 또는 혼합키(복합키)이다.
- 유일성은 만족하지만, 최소성은 만족하지 않는다.

후보키(Candidate Key)

- 모든 튜플들을 유일하게 식별할 수 있는 하나 또는 몇 개의 속성 집합이다.
- 유일성과 최소성을 모두 만족한다.

54 ③

데이터베이스 설계 단계에서의 트랜잭션 설계

- 개념 설계 : 트랜잭션 모델링
- 논리 설계 : 트랜잭션 인터페이스 설계
- 물리 설계 : 트랜잭션 세부설계

55 ④

기본키(Primary Key)

- 테이블의 각 레코드를 고유하게 식별하는 필드나 필드의 집합이다.
- 테이블에 기본키 설정은 필수가 아니다.
- 기본키를 설정하지 않고도 다른 테이블과의 관계를 설정할 수 있다.
- 관계가 설정되어있는 테이블에서 기본키 설정을 해제하더라도 설정된 관계는 유지된다.
- 데이터가 이미 입력된 필드도 기본키로 지정할 수 있으며 기본키 값은 변경될 수 있다.
- 기본키와 검색은 관계가 없다.

오답 피하기

검색할 때 필요한 필드는 Index이다.

56 ④

데이터 모델의 구성 요소

- 데이터 구조(Structure) : 데이터 구조 및 정적 성질을 표현한다.
- 연산(Operation) : 데이터의 인스턴스에 적용 가능한 연산 명세와 조작 기법이 표현된 값들을 처리하는 작업이다.
- 제약 조건(Constraint) : 데이터의 논리적 제한 명시 및 조작의 규칙을 의미한다.

57 ④

- 하위 질의문은 하위 질의를 먼저 처리하고 검색된 결과는 상위 질의에 적용되어 검색된다.
- 직원 테이블에서 "정도일" 팀원의 팀 코드를 검색하여 상위 질의에 반환한다.

58 ②

- 개체 무결성 : 기본키의 값은 널(Null)값이나 중복 값을 가질 수 없다는 제약 조건이다.
- 참조 무결성 : 참조할 수 없는 외래키 값을 가질 수 없다는 제약 조건이다.
- 도메인 무결성 : 각 속성값은 해당 속성 도메인에 지정된 값이어야 한다는 제약 조건이다.

59 ②

- 디그리(Degree) : 속성의 수(차수)
- 카디널리티(Cardinality) : 튜플의 수(기수)

60 ①

GRANT 권한 ON 데이터 객체 TO 사용자 [WITH GRANT OPTION];

사용자 시스템 권한

CREATE SESSION, CREATE TABLE, CREATE SEQUENCE, CREATE VIEW, CREATE PROCEDURE

4과목 프로그래밍 언어 활용

61 ③

문자열 처리 함수

- strlen() : 인수로 전달되는 문자열 길이 반환
- strcat() : 하나의 문자열에 다른 문자열을 연결
- strcpy() : 문자열을 복사
- strcmp() : 문자열 내용을 비교

62 ②

C언어의 논리 연산자

- 논리부정(!) 연산자 : '참'을 '거짓'으로 '거짓'을 '참'으로 부정
- 논리곱(&&) 연산자 : 좌측과 우측 피연산자가 모두 '참'이어야 '참'의 결과
- 논리합(||) 연산자 : 좌측과 우측 피연산자 중 좌측 연산자가 '참'이면 '참'의 결과

int a = 5, b = 3, c = 12;

t1	a && b
	5 && 3
	참 && 참
	결과 : 참(1)
t2	a || b
	5 || 3
	참 || 3
	결과 : 참(1)
t3	!c
	!12
	!참
	결과 : 거짓(0)

63 ②

C언어의 구조체

- 구조체 사용 순서 : ① 구조체 선언 ② 구조체 변수 선언 ③ 구조체 멤버 사용

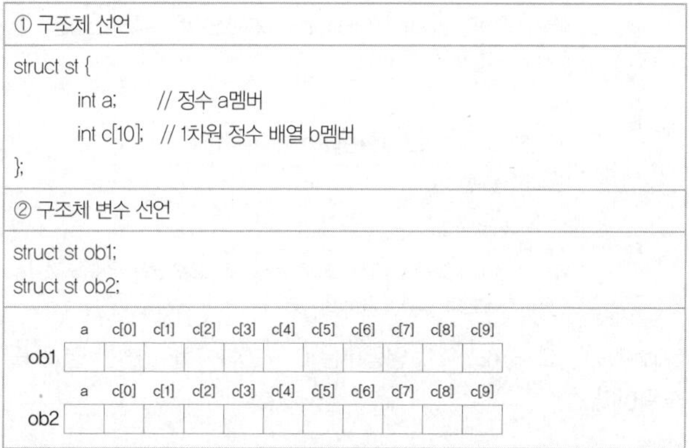

① 구조체 선언

```
struct st {
        int a;      // 정수 a멤버
        int c[10];  // 1차원 정수 배열 b멤버
};
```

② 구조체 변수 선언

```
struct st ob1;
struct st ob2;
```


- 첫 번째 for문에서는 ob1.c[i]와 ob2.c[i]의 전체 요소 값이 대입된다.

	a	c[0]	c[1]	c[2]	c[3]	c[4]	c[5]	c[6]	c[7]	c[8]	c[9]
ob1	0	0	1	2	3	4	5	6	7	8	9
ob2	0	0	2	4	6	8	10	12	14	16	18

- 두 번째 for문에서는 짝수 번째 배열 c의 요소값이 멤버 a에 누적된다.

	a	c[0]	c[1]	c[2]	c[3]	c[4]	c[5]	c[6]	c[7]	c[8]	c[9]
ob1	20	0	1	2	3	4	5	6	7	8	9
ob2	40	0	2	4	6	8	10	12	14	16	18

printf("%d", ob1.a + ob2.a); 명령문에서 20 + 40은 60이 출력된다.

64 ②

- Header Length(4bit) : IP 헤더 뒷부분에 옵션 필드가 여럿 붙을 수 있어 길이는 가변적이다.
- Total Packet Length(16bit) : 전체 패킷의 길이를 바이트 단위로 표시한다. 길이는 헤더와 데이터(페이로드)를 더한 것이다. IP 헤더 및 데이터를 포함한 IP 패킷 전체의 길이를 바이트 단위로 길이를 표시한다. 최댓값은 65535 (2^{16}−1)이다.
- Time To Live(8bit) : 패킷을 전달할 수 있는 횟수 제한을 나타낸다.

65 ②

파이썬의 if~elif~else 조건문

```
if 조건1:
        조건1이 True일 경우 실행문
elif 조건2:
        조건1이 False이고 조건2가 True일 경우 실행문
else
        조건1과 조건2가 모두 False일 경우 실행문
```

x는 20이므로 x == 20의 조건 판별 결과 True이므로 20이 출력된다.

66 ②

RIP(Routing Information Protocol)

- 최단 경로 탐색에는 Bellman-Ford 알고리즘을 사용하는 거리 벡터 라우팅 프로토콜이다.
- 라우팅 프로토콜을 IGP와 EGP로 분류했을 때 IGP에 해당한다.
- 최단 경로 탐색에는 Bellman-Ford 알고리즘을 사용한다.
- 최적의 경로를 산출하기 위한 정보로서 홉(거리 값)만을 고려하므로, RIP을 선택한 경로가 최적의 경로가 아닌 경우가 많이 발생할 수 있다.
- 소규모 네트워크 환경에 적합하다.
- 최대 홉 카운트를 15홉 이하로 한정하고 있다.

구분	프로토콜	설명
IGP	RIP	• Routing Information Protocol • 최저 홉 수의 경로로 패킷 전달 • 30초마다 전체 라우팅 정보를 Broadcasting
	IGRP	• Interior Gateway Routing Protocol • Cisco에서 개발한 라우팅 프로토콜 • 대역폭, 지연율 등 여러 Metric 지원
	EIGRP	• Enhanced Interior Gateway Routing Protocol • Cisco에서 IGRP를 개량한 프로토콜 • 토폴로지 변경 후 불안정 라우팅 최소화
	OSPF	• Open Shortest Path First • 링크 상태(대역폭, 지연율 등)를 OSPF Area 내에 전달하여 최단 경로 계산
	IS-IS	• Intermediate System-Intermediate System • 링크 품질 평가 Metric 등을 이용하여 최단 경로를 계산하여 패킷 전달
EGP	BGP	• Border Gateway Protocol • AS 간 라우팅 경로 설정(eBGP, iBGP) • AS 내부 IP 주소 정보를 인접 AS에 광고 • 인접 AS로부터 IP 주소 정보 수신/저장

67 ③

HRN(Highest Response-ratio Next) : 우선순위 계산식 = (대기 시간 + 서비스를 받을 시간) / 서비스를 받을 시간

68 ②

UNIX의 특징

- Multi-User 및 Multi-Tasking을 지원한다.
- 네트워킹 시스템이며 대화식 운영체제이다.
- 높은 이식성과 확장성, 프로세스 간 호환성이 높다.
- 트리 구조의 계층적 파일 시스템을 갖는다.

69 ③

UDP(User Datagram Protocol)

- 비연결형 및 비신뢰성 전송 서비스를 제공한다.
- 흐름 제어나 순서 제어가 없어 전송 속도가 빠르다.
- 수신된 데이터의 순서 재조정 기능을 지원하지 않는다.
- 복구 기능을 제공하지 않는다.

오답 피하기

③번은 IP Protocol에 관한 설명이다.

70 ④

- 리스트(List) : [ ] 대괄호로 표현한다. 다양한 데이터 타입을 요소로 가질 수 있고 순서가 중요하다. 중복을 허용한다.
- 튜플(Tuple) : ( ) 소괄호로 표현한다. 리스트와 유사하지만 수정, 삭제, 추가를 할 수 없다.
- 딕셔너리(Dictionary) : { } 중괄호로 표현한다. key, value 값으로 이루어진 요소를 가지는 자료형이다.
- 세트(Set) : { } 중괄호로 표현한다(딕셔너리와 혼동을 주의). 집합 자료형으로 리스트와 비슷하다. 인덱스 순서가 없다. 중복을 허용하지 않는다.

복소수형(Complex)

- complex64 : 두 개의 32비트 부동 소수점으로 표시되는 복소수
- complex128 : 두 개의 64비트 부동 소수점으로 표시되는 복소수

오답 피하기

- 수치 데이터 타입 : int, float, complex
- 불 데이터 타입 : bool(True or False)
- 시퀀스 데이터 타입 : str, list, tuple, set, dict

71 ②

Java의 배열 객체.length

- 배열 객체.length : 배열 객체의 크기(요소의 개수)
- 실행의 순서 : main() → marr()
- temp.length : 1차원 문자 배열 객체의 크기(4)
- marr() 메소드에서 배열 객체 temp의 0번째 요소에서 3번째 요소까지의 값을 0에서 3으로 초기화를 하고 배열 객체 temp를 반환하여 참조 변수 iarr에 전달한 후 배열 요소를 차례대로 출력하는 프로그램이다.

72 ③

Java의 if~else와 삼항 연산자(조건 연산자)

- 삼항 연산자의 문법 → 조건식 ? 참값 : 거짓값
- 변수 mx의 값을 구한 후 if~else문을 실행하여 변수 mm의 값을 구하여 출력하는 프로그램이다.

<table>
<tr><td>mx = a 〈 b ? b : a;</td><td>조건식 1 〈 2의 결과는 '참'이므로 변수 mx에는 변수 b 값인 3이 대입된다.</td></tr>
<tr><td>if(mx == 1) {</td><td>3 == 1의 결과는 '거짓'이므로</td></tr>
<tr><td>mn = a 〉 mx ? b : a;</td><td></td></tr>
<tr><td>}</td><td></td></tr>
<tr><td>else {</td><td rowspan="3">'거짓'인 경우 else 블록을 실행한다.
조건식 2 〉 3의 결과는 '거짓이므로
변수 mn에는 변수 c 값인 3이 대입된다.</td></tr>
<tr><td>mn = b 〉 mx ? d : c;</td></tr>
<tr><td>}</td></tr>
</table>

73 ④

응집도 : (강함) 기능적 응집도 〉 순차적 응집도 〉 교환적 응집도 〉 절차적 응집도 〉 시간적 응집도 〉 논리적 응집도 〉 우연적 응집도 (약함)

74 ②

C언어의 관계 연산자와 논리 연산자

<table>
<tr><td rowspan="3">r1</td><td>(n2 〈= 2) || (n3 〉 3);</td></tr>
<tr><td>(2 〈= 2) || (n3 〉 3);</td></tr>
<tr><td>좌측 조건식의 결과가 '참'이므로 논리 OR(||) 연산은 우측 조건식을 수행하지 않는다. 결과 : '참'(1)</td></tr>
<tr><td rowspan="2">r2</td><td>!n3;</td></tr>
<tr><td>!3은 !참이고 논리 NOT(!) 연산의 결과 : '거짓'(0)</td></tr>
<tr><td rowspan="3">r3</td><td>(n1 〉 1) && (n2 〈 3);</td></tr>
<tr><td>(1 〉 1) && (n2 〈 3);</td></tr>
<tr><td>좌측 조건식의 결과가 '거짓'이므로 논리AND(&&)연산은 우측 조건식을 수행하지 않는다. 결과 : '거짓'(0)</td></tr>
</table>

printf("%d", r3 − r2 + r1); 명령문은 0 − 0 + 1을 수행한 결과 1을 출력한다.

75 ①

IP 프로토콜

- 비연결형 서비스를 제공한다.
- 패킷을 분할/병합하는 기능을 수행하기도 한다.
- 데이터 체크섬은 제공하지 않고, 헤더 체크섬만 제공한다.
- Best Effort 원칙에 따른 전송 기능을 제공한다.

체크섬

- 네트워크를 통해서 전송된 데이터의 값이 변경되었는지(무결성)를 검사하는 값이다.
- 무결성을 통해서 네트워크를 통해서 수신된 데이터에 오류가 없는지 여부를 확인한다.

IP 헤더 체크섬

IP 헤더 체크섬은 일반적으로 IP 헤더를 따르는 데이터는 자체 체크섬을 가지고 있기 때문에 IP 헤더를 통해서만 계산된다.

76 ①

LRU(Least Recently Used)

가장 오랫동안 사용되지 않았던 페이지를 먼저 교체하는 기법이다.

요청 페이지	1	2	3	1	2	4	1	2	5
페이지 프레임	1	1	1	1	1	1	1	1	1
		2	2	2	2	2	2	2	2
			3	3	3	3	3	3	5
						4	4	4	4
페이지 부재	●	●	●			●			●

77 ④

스레드(Thread)

프로세스 내에서의 작업 단위로서 시스템의 여러 자원을 할당받아 실행하는 프로그램의 단위를 의미한다.

사용자 스레드(User Thread)

- 라이브러리에 의해 구현된 일반적인 스레드이다.
- 커널 지원 없이 생성 및 스케줄링을 관리한다.
- 커널 입장에서는 사용자 스레드를 인식하지 못한다.

- 사용자 스레드가 커널 스레드를 이용하려면 시스템 호출로 커널 기능을 이용해야 한다.

커널 스레드(Kernel Thread)
- 커널 수준 스레드는 커널 레벨에서 생성되는 스레드이다.
- 운영체제 시스템 내에서 생성되어 동작하는 스레드로, 커널이 직접 관리한다.

오답 피하기

사용자 수준 스레드의 장점
- 높은 이식성 : 기본 커널을 변경할 필요가 없으므로 모든 운영체제에 적용할 수 있어 이식성이 높다.
- 오버헤드 감소 : 스레드 관리를 위한 모든 데이터 구조가 프로세스의 사용자 주소 공간에 있어 커널의 도움 없이 스레드 교환이 가능하다. 따라서 사용자와 커널 전환에 따른 오버헤드가 줄어든다.
- 스케줄링의 유연성 : 스레드 라이브러리에서 스레드 스케줄링을 제어하기 때문에 스케줄링이 응용 프로그램에 맞게 적절하게 구성된다. 예를 들어, 라운드 로빈(Round Robin)이나 우선순위 기법을 이용할 수 있다.

사용자 수준 스레드의 단점
- 시스템의 동시성 지원 불가 : 한 번에 하나의 스레드만 커널에 접근할 수 있기 때문에 여러 스레드가 시스템 호출을 동시에 사용할 수 없다.
- 시스템 규모 확장 제약 : 커널이 프로세스 내부의 다중 스레드를 프로세스로 하나로 관리한다. 따라서 다중 처리 환경이라도 여러 프로세서에서 분산 처리할 수 없으므로 시스템 규모를 확장하기 어렵다.
- 스레드 간 보호가 어려움 : 스레드 간의 보호에 커널의 보호 기법을 사용할 수 없다. 스레드 라이브러리에서 스레드 간 보호를 제공해야 프로세스 수준에서 보호된다.

78 ①

결합도 종류
- 데이터 결합도(Data Coupling) : 한 모듈이 파라미터나 인수로 다른 모듈에게 데이터를 넘겨주고 호출받은 모듈은 받은 데이터에 대한 처리 결과를 다시 돌려주는 경우의 결합도
- 스탬프 결합도(Stamp Coupling) : 두 모듈이 동일한 자료 구조를 조회하는 경우의 결합도
- 제어 결합도(Control Coupling) : 한 모듈이 다른 모듈의 내부 논리 조직을 제어하기 위한 목적으로 제어신호를 이용하여 통신하는 경우의 결합도
- 외부 결합도(External Coupling) : 한 모듈에서 외부로 선언한 변수를 다른 모듈에서 참조할 경우의 결합도
- 공통 결합도(Common Coupling) : 한 모듈이 다른 모듈에게 제어 요소를 전달하고 여러 모듈이 공통 자료 영역을 사용하는 경우의 결합도
- 내용 결합도(Content Coupling) : 한 모듈이 다른 모듈의 내부 기능 및 그 내부 자료를 참조하는 경우의 결합도

79 ③

C언어의 주소 연산자(&)와 1차원 배열
- 주소 연산자(&)는 단항 연산자로 메모리 영역의 시작 주소를 반환한다.
- 문제에서 배열 a의 시작 주소를 10으로 int형 각 요소는 4byte로 가정하였다.
- int a[] = {14, 22, 30, 38};

	10번지 &a[0]	14번지 &a[1]	18번지 &a[2]	22번지 &a[3]
a	14	22	30	38
	a[0]	a[1]	a[2]	a[3]

- printf("%u, ", &a[2]); 명령문은 배열 a의 3번째 요소의 주소 18를 출력한다.
- printf("%u", a); 명령문은 배열명의 주소 10을 출력한다. 배열의 이름은 배열의 첫 요소의 주소를 의미한다.

80 ②

모듈화(Modularity)
- 모듈화는 거대한 문제를 작은 조각의 문제로 나누어 다루기 쉽도록 하는 과정으로, 작게 나누어진 각 부분을 모듈이라고 한다
- 소프트웨어의 모듈은 프로그래밍 언어에서 Subroutine, Function 등으로 표현될 수 있다.
- 모듈화는 시스템을 지능적으로 관리할 수 있도록 해주며, 복잡도 문제를 해결하는 데 도움을 준다.
- 모듈화는 시스템의 유지보수와 수정을 용이하게 한다.

오답 피하기

응집도(Cohesion) : 한 모듈 내에 있는 처리 요소들 사이의 기능적인 연관 정도를 나타낸다.

5과목 정보 시스템 구축 관리

81 ④

정보보안의 3요소
- 무결성(Integrity) : 시스템 내의 정보는 오직 인가된 사용자만 수정할 수 있는 보안 요소
- 기밀성(Confidentiality) : 인가되지 않는 사용자가 객체 정보의 내용을 알 수 없도록 하는 보안 요소
- 가용성(Availability) : 정보 시스템 또는 정보에 대한 접근과 사용이 요구 시점에 완전하게 제공될 수 있는 상태를 의미하는 보안 요소

82 ①

- tcp wrapper : 어떤 외부 컴퓨터가 접속되면 접속 인가 여부를 점검해서 인가된 경우에는 접속이 허용되고, 그 반대의 경우에는 거부할 수 있는 접근 제어 유틸리티
- trace checker : 측정 데이터를 자동으로 면밀히 분석하는 도구

83 ②

- Zing : 기기를 키오스크에 갖다 대면 원하는 데이터를 바로 가져올 수 있는 기술로 10cm 이내 근접 거리에서 기가급 속도로 데이터 전송이 가능한 초고속 근접 무선 통신(NFC : Near Field Communication) 기술
- Marine Navi : TV 영상 중 다양한 선박의 모양을 수집하고 학습하는 '딥러닝(Deep Learning)' 기능을 제공
- C-V2X(Cellular Vehicle To Everything) : 이동통신망을 통해 차량과 차량, 차량과 보행자, 차량과 인프라 간 정보를 공유하는 기술
- BcN(Broadband Convergence Network) : 음성 · 데이터, 유 · 무선 등 통신 · 방송 · 인터넷이 융합된 품질 보장형 광대역 멀티미디어 서비스를 언제 어디서나 끊김없이 안전하게 이용할 수 있는 차세대 통합 네트워크

84 ①

서버 관리실 출입 통제는 취약점 관리를 위한 응용 프로그램 보안 설정과는 관련이 없다.

85 ②

프레임워크(Framework)

- 프레임워크는 뼈대나 기반 구조를 뜻하고, 제어의 역전 개념이 적용된 대표적인 기술이다.
- 프로그래밍을 진행할 때 필수적인 코드, 알고리즘 등과 같이 어느 정도의 구조를 제공해주기 때문에 프레임워크를 사용하는 프로그래머는 이 프레임워크의 뼈대 위에서 코드를 작성하여 프로그램을 개발하면 된다.

라이브러리(Library)

- 단순 활용 가능한 도구들의 집합을 말한다.
- 프로그래머가 어떠한 기능을 수행하기 위해서 도움을 주는 또는 필요한 것을 제공해 주는 역할을 한다.

프레임워크와 라이브러리의 차이점

- 흐름에 대한 제어 권한을 누가 지니고 있냐의 차이이다.
- 프레임워크는 전체적인 흐름을 자체적으로 가지고 있어 프로그래머는 그 안에서 필요한 코드를 작성하는 반면에 라이브러리는 프로그래머가 전체적인 흐름을 가지고 있어 라이브러리를 자신이 원하는 기능을 구현하고 싶을 때 가져다 사용할 수 있다.

오답 피하기

라이브러리와는 달리 사용자 코드에서 프레임워크를 호출해서 사용하고, 그에 대한 제어도 프레임워크가 가지는 방식이다.

86 ④

HSM(Hardware Security Module)

- 암호화 키를 생성하고 저장하는 역할을 하는 전용 하드웨어 장치이다.
- 암호키(Master Key)를 안전하게 저장하는 역할과 Server CA의 Private Key를 저장하는 역할을 제공한다.

87 ③

Mesh Network

- 기존 무선 랜의 한계 극복을 위해 등장하였으며, 대규모 디바이스의 네트워크 생성에 최적화되어 차세대 이동통신, 홈네트워킹, 공공 안전 등의 특수목적을 위한 새로운 방식의 네트워크 기술이다.
- 통신량이 많은 비교적 소수의 국 사이에 구성될 경우 경제적이며 간편하지만, 다수의 국 사이에는 회선이 세분화되어 비경제적일 수도 있다.
- 해당 형태의 무선 네트워크의 경우 대용량을 빠르고 안전하게 전달할 수 있어 행사장이나 군 등에서 많이 활용된다.

88 ④

방화벽은 소프트웨어적인 방식으로 물리적 위협을 막을 수 있다.

89 ①

- 웜(Worm) : 네트워크를 통해 연속적으로 자신을 복제하여 시스템의 부하를 높여 결국 시스템을 다운시키는 바이러스의 일종이다.
- Rogue Ware : 가짜 백신 프로그램은 백신 소프트웨어를 사칭해서 이득을 얻는 악성 소프트웨어이다.
- 반사공격(Reflection attack) : 공격자들은 전 세계 어느 곳으로도 통상적인 UDP 서비스를 이용하여 대규모 트래픽을 보낼 수 있게 된다.

90 ①

- Session Hijacking(TCP 세션 하이재킹) : 케빈 미트닉이 사용했던 공격 방법 중 하나로, TCP의 세션 관리 취약점을 이용한 공격 기법이다.
- Piggyback Attack : 사회공학적 방법으로 몰래 따라 들어가는 방법이다. 대체로(중요한 정보를 취급하는 곳 또는 회사 입구 등) 물리적인 보안 장치들이 많이 존재하는 장치들을 우회하는 방법이다.
- XSS(=CSS : Cross Site Scripting) : 공격자가 게시판에 악성 스크립트를 작성, 삽입하여 사용자가 그것을 보았을 때 이벤트 발생을 통해 사용자의 쿠키 정보, 개인 정보 등을 특정 사이트로 전송하는 공격 기법이다.
- CSRF(Cross Site Request Forgery) : 사용자가 자신의 의지와는 무관하게 공격자가 의도한 행위(수정, 삭제, 등록 등)를 특정 웹 사이트에 요청하게 하는 공격 기법이다.

91 ②

- 소프트웨어 개발 프레임워크(Framework) : 소프트웨어 개발에 공통적으로 사용되는 구성 요소와 아키텍처를 일반화하여 손쉽게 구현할 수 있도록 여러 가지 기능들을 제공해 주는 반제품 형태의 소프트웨어 시스템이다.
- 소프트웨어 개발 프레임워크의 주요 기능 : 예외 처리, 트랜잭션 처리, 메모리 공유, 데이터 소스 관리, 서비스 관리, 쿼리 서비스, 로깅 서비스, 사용자 인증 서비스

92 ①

애자일(Agile) 방법론

- 날렵한, 재빠른 이란 사전적 의미가 있다.
- 특정 방법론이 아닌 소프트웨어가 빠르고 낭비 없이 제작하기 위해 고객과의 협업에 초점을 두고 소프트웨어 개발 중 설계 변경에 신속히 대응하여 요구사항을 수용할 수 있다.
- 절차와 도구보다 개인과 소통을 중요시하고 고객과의 피드백을 중요하게 생각한다.

93 ②

대칭키(비밀키 암호화 기법)

- 동일한 키로 암호화하고 복호화하는 기법으로 키 개수는 N(N-1)/2개 필요하다.
- 대칭 암호 알고리즘은 처음 통신 시에 비밀키를 전달해야 하므로, 키 교환 중 키가 노출될 수 있다.
- 암호화/복호화 속도가 빠르고 알고리즘이 단순하다.
- 종류 : DES, AES, ARIA, SEED, IDEA, RC4

비대칭키(공개키 암호화 기법)

- 메시지를 암호화할 때와 복호화할 때 사용되는 키가 서로 다르다.
- 대표적으로 RSA(Rivest Shamir Adleman)가 있으며 비대칭키 또는 이중키 암호 기법이라고도 한다.
- 데이터를 암호화할 때 사용되는 키(공개키)는 공개하고, 복호화할 때의 키(비밀키)는 비밀로 한다.
- 키 분배가 비밀키 암호화 기법보다 쉽고, 암호화/복호화 속도가 느리며 알고리즘이 복잡하다.

94 ②

- 개발 기간 = 예측된 LOC / (개발자 수 × 1인당 월평균 생산 LOC)
- 1인당 월평균 생산 LOC = 10000 / (2 x 5)

95 ①

- 역할 기반 접근 통제(RBAC : Role Based Access Control) : 사람이 아닌 직책에 대해 권한을 부여함으로써 효율적인 권한 관리가 가능하다.
- 임의적 접근 통제(DAC : Discretionary Access Control) : 정보의 소유자가 보안 레벨을 결정하고 이에 대한 정보의 접근 제어를 설정하는 방식이다.
- 강제적 접근 통제(MAC : Mandatory Access Control) : 중앙에서 정보를 수집하고 분류하여 보안 레벨을 결정하고 정책적으로 접근제어를 수행하는 방식으로 다단계 보안 모델이라고도 한다.

96 ④

COCOMO(COnstructive COst MOdel) 모델

- 보헴(Boehm)이 제안한 소스 코드(Source Code)의 규모에 의한 비용 예측 모델이다.
- 같은 규모의 소프트웨어라도 그 유형에 따라 비용이 다르게 산정된다.

COCOMO 개발 유형

프로젝트 개발 유형에 따라 Organic, Semi-Detach, Embedded 3가지 모드로 구분된다.

97 ③

사용자 인증

- '접속한 사용자의 신원 및 자격을 증명하는 것'으로 서명자만 서명문을 생성할 수 있으며 위조가 불가능하다.
- 공개키를 통하여 상대방이 서명문의 서명자를 확인 가능하다.
- 사용자 인증을 하면 일정 세션 동안 인증이 유지된다.
- 보통 인증(Authentication)은 사용자 인증을 의미한다.

사용자 인증 유형

- Type 1(지식) : 주체는 '그가 알고 있는 것'을 보여주며 예시로는 패스워드, PIN 등이 있다.
- Type 2(소유) : 주체는 '그가 가지고 있는 것'을 보여주며 예시로는 토큰, 스마트카드 등이 있다.
- Type 3(존재) : 주체를 나타내는 것을 보여준다. 예 생체인증
- Type 4(행위) : 주체는 '그가 하는 것'을 보여준다. 예 서명, 움직임, 음성 등
- Two Factor : 위 타입 중 두 가지 인증 매커니즘을 결합하여 구현한다. 예 토큰+PIN-6
- Multi Factor : 가장 강한 인증, 3가지 이상의 매커니즘 결합이다.
- Type 3과 Type 4를 합쳐 생체 인증이라고도 한다.

98 ④

AAA(Authentication Authorization Accounting)

- 시스템의 사용자가 로그인하여 명령을 내리는 과정에 대한 시스템의 동작을 Authentication(인증), Authorization(권한 부여), Accounting(계정 관리)으로 구분한다.
- 인증 : 망, 시스템 접근을 허용하기 전에 사용자의 신원을 검증한다.
- 권한 부여 : 검증된 사용자에게 어떤 수준의 권한과 서비스를 허용한다.
- 계정 관리 : 사용자의 자원에 대한 사용 정보를 모아서 과금, 감사, 용량 증설, 리포팅 등의 관리를 한다.

99 ①

- AOE Activity On Edge : 네트워크의 목표는 작업들을 수행하는데 걸리는 최단 시간을 구하는 것이다.
- Nmap(Network mapper) : 고든 라이온(Gordon Lyon)이 작성한 보안 스캐너이다. 이것은 컴퓨터와 서비스를 찾을 때 쓰이며, 네트워크 "지도"를 함께 만든다.

100 ④

PERT(Program Evaluation and Review Technique)

- 소요 시간 예측이 어려운 경우 최단 시간 내에 완성할 수 있게 하는 프로젝트 일정 방법이다.
- 계획 공정(Network)을 작성하여 분석하므로 간트 도표에 비해 작업계획을 수립하기 쉽다.
- 계획 공정의 문제점을 명확히 종합적으로 파악할 수 있다.
- 관계자 전원이 참가하게 되므로 의사소통이나 정보 교환이 용이하다.

최신 기출문제 02회 132p

01 ②	02 ②	03 ③	04 ④	05 ③
06 ①	07 ②	08 ④	09 ②	10 ①
11 ②	12 ③	13 ③	14 ④	15 ①
16 ④	17 ①	18 ②	19 ①	20 ②
21 ④	22 ③	23 ②	24 ②	25 ③
26 ③	27 ③	28 ①	29 ①	30 ③
31 ①	32 ④	33 ③	34 ③	35 ②
36 ①	37 ②	38 ②	39 ④	40 ④
41 ③	42 ①	43 ④	44 ③	45 ①
46 ②	47 ②	48 ③	49 ④	50 ①
51 ④	52 ①	53 ③	54 ③	55 ④
56 ①	57 ③	58 ②	59 ②	60 ②
61 ③	62 ③	63 ③	64 ①	65 ①
66 ④	67 ④	68 ④	69 ②	70 ④
71 ①	72 ③	73 ④	74 ②	75 ②
76 ①	77 ①	78 ④	79 ③	80 ②
81 ③	82 ②	83 ①	84 ①	85 ②
86 ④	87 ②	88 ③	89 ①	90 ②
91 ①	92 ④	93 ①	94 ①	95 ②
96 ③	97 ③	98 ④	99 ④	100 ①

1과목 소프트웨어 설계

01 ②

순차 다이어그램은 행위 다이어그램이므로 동적이고, 순차적인 표현을 위한 다이어그램이다.

02 ②

UI 설계에 도움을 주는 도구

- 와이어 프레임(Wire Frame) : UI 중심의 화면 레이아웃을 선을 이용하여 개략적으로 작성한다.
- 목업(Mockup) : 실물과 흡사한 정적인 모형을 의미한다. 시각적으로 구성 요소를 배치하는 것으로 일반적으로 실제로 구현되지는 않는다.
- 프로토타입(Prototype) : Interaction이 결합하여 실제 작동하는 모형이다.
- 스토리보드(Storyboard) : 정책, 프로세스, 와이어 프레임, 설명이 모두 포함된 설계 문서이다.

03 ③

UI 설계 원칙

- 직관성 : 누구나 쉽게 이해하고 사용할 수 있도록 한다.
- 유효성 : 사용자의 목적을 정확히 달성할 수 있도록 유용하고 효과적이어야 한다.
- 학습성 : 사용자가 쉽게 배우고 익힐 수 있어야 한다.
- 유연성 : 사용자의 요구를 최대한 수용하면서 오류를 최소화해야 한다.

04 ④

개체 관계도(ERD : Entity-Relationship Diagram)

- 데이터 베이스 설계 단계에서 데이터 구조들과 그들 간의 관계를 표현하는 방법이다.
- 현실 세계의 자료가 데이터베이스로 표현될 수 있는 개념적 구조를 기술하는 것이다.

05 ③

데이터(자료) 흐름도(DFD : Data Flow Diagram)

- 시스템 내의 모든 자료 흐름을 4가지의 기본 기호(처리, 자료 흐름, 자료 저장소, 단말)로 기술하고 이런 자료 흐름에 중심한 분석용 도구이다.
- DFD의 요소는 화살표, 원, 사각형, 직선(단선/이중선)으로 표시한다.
- 시스템이나 프로그램 간의 총체적인 데이터 흐름을 표시할 수 있으며, 기본적인 데이터 요소와 그들 사이의 데이터 흐름 형태로 기술된다.
- 다차원적이며 자료 흐름 그래프 또는 버블(Bubble) 차트라고도 한다.
- 구조적 분석 기법에 이용된다.
- 그림 중심의 표현이고 하향식 분할 원리를 적용한다.

오답 피하기

시간 흐름을 명확하게 표현할 수 있는 것은 시퀀스 다이어그램이다.

06 ①

오답 피하기

컴포넌트 다이어그램(Component Diagram) : 컴포넌트(시스템) 구조 사이의 관계를 표현한다.

07 ②

부모 클래스와 완전히 동일한 메소드를 가져야 한다.

08 ④

인터페이스 명세서 작성 항목 : 인터페이스명, 설명, 메소드, 파라미터, 반환값, 예외 처리, 상태 정보, 예시 코드

09 ②

Software Architecture 시스템 품질 속성 7 : 성능, 사용 운용성, 보안성, 시험 용이성, 가용성, 변경 용이성, 사용성

10 ①

아키텍처 설계 과정 : 설계 목표 설정 → 시스템 타입 결정 → 스타일 적용 및 커스터마이즈 → 서브 시스템의 기능, 인터페이스 동작 작성 → 아키텍처 설계 검토

11 ②

역공학(Reverse Engineering) : 현재 프로그램으로부터 데이터, 아키텍쳐, 그리고 절차에 관한 분석 및 설계 정보를 추출하는 작업이다.

12 ③

캡슐화(Encapsulation)

- 서로 관련성이 높은 데이터(속성)와 그와 관련된 기능(메소드, 함수)을 묶는 기법이다.
- 결합도가 낮아져 소프트웨어 개발에 있어 재사용성이 높아진다.
- 정보은닉을 통하여 타 객체와 메시지 교환 시 인터페이스가 단순해 진다.
- 변경 발생 시 오류의 파급 효과가 적다.

13 ③

Sprint : 사전적으로 "전력 질주", 작은 단위의 개발 업무를 단기간에 전력 질주하여 개발한다는 의미로 반복 주기(2~4주)마다 이해관계자에게 일의 진척도를 보고한다.

14 ④

효과적인 프로젝트 관리를 위한 3대 요소

- 사람(People) : 인적 자원
- 문제(Problem) : 문제 인식
- 프로세스(Process) : 작업 계획

15 ①

- 생성 패턴 : Abstract Factory, Builder, Factory Method, Prototype, Singleton
- 구조 패턴 : Adapter, Bridge, Composite, Decorator, Facade, Flyweight, Proxy
- 행위 패턴 : Chain of responsibility, Command, Interpreter, Iterator, Mediator, Memento, Observer, State, Strategy, Template Method, Visitor

16 ④

소프트웨어 품질 목표(Software Quality And Goals)

- 정확성(Correctness) : 사용자의 요구 기능을 충족시키는 정도를 의미한다.
- 신뢰성(Reliability) : 정확하고 일관된 결과를 얻기 위해 요구된 기능을 오류 없이 수행하는 정도를 의미한다.
- 효율성(Efficiency) : 요구되는 기능을 수행하는 데 필요한 자원의 소요 정도나 자원의 낭비 정도를 의미한다.
- 무결성(Integrity) : 허용되지 않는 사용이나 자료의 변경을 제어하는 정도를 의미한다.
- 이식성(Portability) : 다양한 하드웨어 환경에서도 운용 가능하도록 쉽게 수정될 수 있는 정도를 의미한다.

17 ①

소프트웨어 위기의 현상

- 하드웨어 비용을 초과하는 개발 비용의 증가
- 개발 기간의 지연
- 개발 인력 부족과 인건비 상승
- 성능 및 신뢰성 부족
- 유지보수의 어려움에 따른 엄청난 비용

18 ②

②번은 절차 지향형 분석 기법에 관한 설명이다.

19 ①

액터(Actor) : 서비스를 이용하는 외부 객체이다. 시스템이 특정한 사례(Use Case)를 실행하도록 요구할 수 있는 존재이다.

20 ②

Waterfall Model

- 보헴(Boehm)이 제안한 고전적 생명주기 모형으로, 선형 순차적 모형이라도 한다.
- 타당성 검토, 계획, 요구사항 분석, 구현, 테스트, 유지보수의 단계를 통해 소프트웨어를 개발하는 모형이다.
- 순차적인 접근 방법을 이용하여 단계적 정의와 산출물이 명확하다.
- 각 단계의 결과가 확인되어야지만 다음 단계로 넘어간다.
- 각 단계가 끝나는 시점에서 확인, 검증, 검사를 거쳐 다음 단계로 넘어가거나 이전 단계로 환원하면서 구현 및 운영 단계에 이르는 하향식 생명주기 모형이다.
- 제품 일부가 될 매뉴얼을 작성해야 한다.
- 폭포수 모델의 순서 : 계획 → 요구사항 정의 → 개략 설계 → 상세 설계 → 구현 → 통합 시험 → 시스템 실행 → 유지보수

2과목 소프트웨어 개발

21 ④

Abstraction Factory

- 구체적인 클래스에 의존하지 않고 서로 연관되거나 의존적인 객체들의 조합을 만드는 인터페이스를 제공하는 생성 패턴이다.
- 관련된 서브 클래스를 그룹 지어 한 번에 교체할 수 있다.

22 ③

Pareto의 법칙 : 상위 20%가 전체 생산의 80%를 해낸다는 법칙으로 소프트웨어 테스트에 적용 가능하다.

23 ②

인터페이스 구현 검증 도구

- xUnit : java(Junit), C++(Cppunit), .Net(Nunit) 등 다양한 언어를 지원하는 단위 테스트 프레임워크이다.
- STAF : 서비스 호출, 컴포넌트 재사용 등 다양한 환경을 지원하는 테스트 프레임워크이며 각 테스트 대상 분산 환경에 데몬을 사용하여 테스트 대상 프로그램을 통해 테스트를 수행하고, 통합하여 자동화하는 검증 도구이다.
- FitNesse : 웹 기반 테스트 케이스 설계/실행/결과 확인 등을 지원하는 테스트 프레임워크이다.
- NTAF Naver : TAF와 FitNesse를 통합한 형태의 테스트 자동화 프레임워크이다.
- Selenium : 다양한 브라우저 지원 및 개발 언어를 지원하는 웹 애플리케이션 테스트 프레임워크이다.
- Watir : Ruby 기반 웹 애플리케이션 테스트 프레임워크이다.

24 ②

형상 관리(Version Control Revision Control)

- 구성 관리(Software Configuration Management)라고도 한다.
- 소프트웨어의 변경 사항을 체계적으로 관리하기 위하여 추적하고 통제하는 것이다.
- 단순 버전 관리 기반의 소프트웨어 운용을 좀 더 포괄적인 학술 분야의 형태로 넓히는 근간을 의미한다.
- 작업 산출물을 형상 항목(Configuration Item)이라는 형태로 선정하고, 형상 항목 간의 변경 사항 추적과 통제 정책을 수립하고 관리한다.

25 ③

단위 테스트(Unit Test)

- 하나의 모듈을 기준으로 독립적으로 진행되는 가장 작은 단위의 테스트이다.
- 애플리케이션을 구성하는 하나의 기능이 올바르게 동작하는지를 독립적으로 테스트하는 것이다.
- 구현 단계에서 각 모듈의 개발을 완료한 후 개발자가 명세서의 내용대로 정확히 구현되었는지 테스트한다.
- 모듈 내부의 구조를 구체적으로 볼 수 있는 구조적 테스트를 주로 시행한다.

Test Stub

상위 모듈에서 하위 모듈로의 테스트를 진행하는 과정 중 하위 시스템 컴포턴트의 개발이 완료되지 않은 상황에서 시스템 테스트를 진행하기 위하여 임시로 생성된 가상의 더미 컴포넌트(Dummy Componet)를 일컫는다.

26 ③

UML(Unified Modeling Language)

- 실시간 시스템 및 분산 시스템을 포함한 다양한 종류의 시스템의 분석과 설계에 사용될 수 있다.
- 객체지향적 분석과 설계 방법론의 표준화를 목표로 OMG(Open Management Group)에서 개발하고 있는 통합 모델링 언어이다.
- 실시간 시스템 및 분산 시스템에도 UML을 적용할 수 있다.

27 ③

프로토타이핑 모형

- 최종 결과물이 만들어지기 전에 의뢰자가 최종 결과물의 일부 또는 모형을 볼 수 있으므로 개발 초기에 오류 발견이 가능하다.
- 프로토타이핑 모형은 발주자나 개발자 모두에게 공동의 참조 모델을 제공한다.
- 사용자의 요구사항을 충실히 반영할 수 있다.
- 프로토타입은 구현 단계의 구현 골격이 될 수 있다.

28 ①

테스트 케이스(Test Case)

- 구현된 소프트웨어가 사용자의 요구사항을 정확하게 준수했는지를 확인하기 위해 설계된 입력값, 실행 조건, 기대 결과 등으로 구성된 테스트 항목에 대한 명세서를 의미한다.
- 테스트의 목표 및 테스트 방법을 결정하고 테스트 케이스를 작성해야 한다.

29 ①

사물 인터넷(Internet of Things) : 생활 속 사물들을 유무선 네트워크로 연결해 정보를 공유하는 환경으로 가전제품, 전자기기뿐만 아니라 헬스케어, 원격 검침, 스마트홈, 스마트카 등 다양한 분야에서 사물을 네트워크로 연결하는 것을 의미한다.

30 ③

동치 분할 검사(Equivalence Partitioning Testing) : 검사 사례 설계를 프로그램의 입력 명세 조건에 따라 설정한다. 즉, 검사 사례는 일반적으로 입력 데이터에 해당하므로 프로그램의 입력 조건에 중점을 두고, 어느 하나의 입력 조건에 대하여 타당한 값과 그렇지 못한 값을 설정한다.

31 ①

럼바우의 분석 기법(객체 모델링 기법)의 세 가지 모델링

- 객체 모델링(Object Modeling)
- 동적 모델링(Dynamic Modeling)
- 기능 모델링(Functional Modeling)

32 ④

(88, 74, 63, 55, 37, 25, 33, 19, 26, 14, 9)를 이진 트리에 입력하면 다음 그림과 같다.

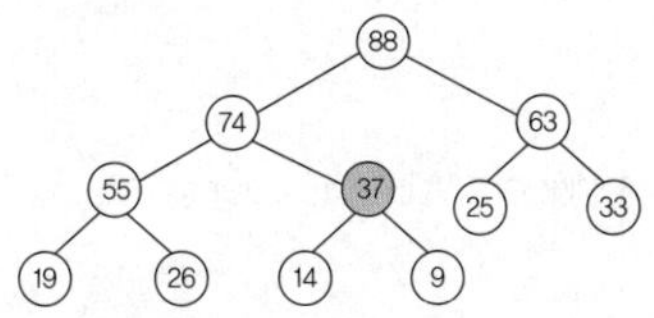

33 ③

직접 파일(Direct File)

- 직접 접근 기억 장치의 물리적 주소를 통해 직접 레코드에 접근하는 파일 구조이다.
- 해싱 등의 사상 함수를 사용하여 레코드 키에 의한 주소 계산을 통해 레코드에 접근할 수 있도록 구성한다.
- 키에 일정한 함수를 적용하여 상대 레코드 주소를 얻고, 그 주소를 레코드에 저장하는 파일 구조이다.

34 ③

이분 검색 방법

① 대상 범위의 첫 번째 원소의 위치를 Low로, 마지막 원소의 위치를 High로 두고서 그 중간 원소의 위치인 Mid를 (Low+High)/2로 구한다.
② 찾고자 하는 Key와 중간값을 비교한다.
③ Key 〉 중간값 : Low를 (Mid+1)로 두고서 계속 수행
Key 〈 중간값 : High를 (Mid–1)로 두고서
Key = 중간값 : 검색 완료

문제 풀이

1	2	3	4	5	6	7	8	9	10	11	12	13	14	15
A	B	C	D	E	F	G	H	I	J	K	L	M	N	O

- 중간값 : (1+15)/2 = 8(H) ≠ 'E' 찾는 값이 아니므로 다음 단계 진행
- 중간값 : (1+7)/2 = 4(D) ≠ 'E' 찾는 값이 아니므로 다음 단계 진행
- 중간값 : (5+7)/2 = 6(F) ≠ 'E' 찾는 값이 아니므로 다음 단계 진행
- 중간값 : (5+5)/2 = 5(E) = 'E' 찾는 값 발견

35 ②

정형 기술 검토 지침사항

- 의제와 그 범위를 유지하라.
- 참가자의 수를 제한하라.
- 각 체크 리스트를 작성하고, 자원과 시간 일정을 할당하라.
- 개발자가 아닌 제품의 검토에 집중하라.
- 논쟁과 반박을 제한하라.
- 검토 과정과 결과를 재검토하라.

36 ①

스테레오 타입

- UML에서 제공하는 기본 요소 외에 추가적인 확장 요소를 표현할 때 사용한다.
- UML 확장 모델에서 스테레오 타입 객체를 표현할 때 사용하는 기호는 쌍 꺾쇠와 비슷하게 생긴 길러멧(guillemet) 《 》이며, 길러멧안에 확장 요소를 적는다.

37 ②

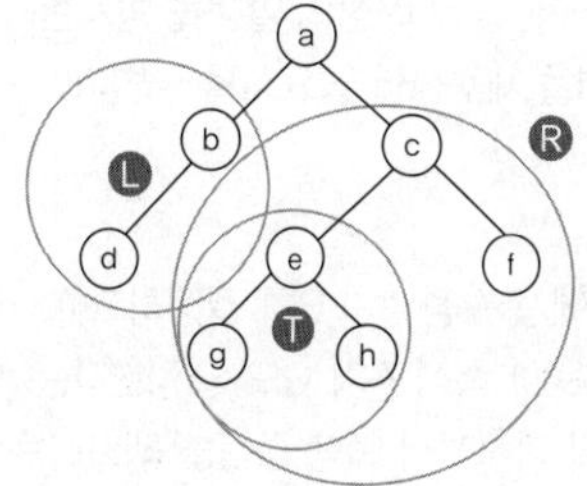

- 후위 순회는 Left – Right – Root 순으로 순회한다.
- L – R – a
- L(d – b) – R(T – f – c) – a
- L(d – b) – R(T(g – h – e) – f – c) – a
- d – b – g – h – e – f – c – a

38 ②

델파이 방법

- 소프트웨어 개발에 필요한 작업의 양과 소요 시간을 추정하기 위해 전문가의 의견을 수렴하는 방식을 사용한다.
- 소프트웨어 비용 산정 방법 중 전문가가 독자적으로 감정할 때 발생할 수 있는 편차를 줄이기 위해 단계별로 전문가들의 견해를 조정자가 조정하여 최종 견적을 결정하는 방식이다.

39 ④

중위 표기법의 수식을 표현하기 적합한 자료 구조는 Tree이다.

40 ④

인수 테스트

- 일반적인 테스트 레벨의 가장 마지막 상위 레벨로, SW 제품에 대한 요구사항이 제대로 이행되었는지 확인하는 단계이다.
- 테스팅 환경을 실 사용자 환경에서 진행하며 수행하는 주체가 사용자이다.
- 알파, 베타 테스트와 가장 밀접한 연관이 있다.

3과목 데이터베이스 구축

41 ③

정규화(Normalization)의 개념

- 함수적 종속성 등의 잘못 설계된 관계형 스키마를 더 작은 속성의 세트로 쪼개어 바람직한 스키마로 만들어 가는 과정이다.
- 데이터베이스의 논리적 설계 단계에서 수행한다.
- 데이터 구조의 안정성을 최대화한다.
- 중복을 배제하여 삽입, 삭제, 갱신 이상의 발생을 방지한다.
- 데이터 삽입 시 릴레이션을 재구성할 필요성을 줄인다.

42 ①

이행 종속 규칙 : 릴레이션에서 속성 A가 B를 결정하고(A → B), 속성 B가 C를 결정하면(B → C) 속성 A가 C도 결정한다는(A → C) 종속 규칙이다. 또한 정규화 과정에서 이행 종속을 해소하는 단계를 3차 정규형이라 한다.

43 ④

분산 처리 시스템의 특징

- 다수의 사용자 간 데이터 공유가 가능하다.
- 다수의 사용자 간 통신 용이하다.
- 점진적인 확장 가능하다.
- 보안 문제 발생할 수 있다.
- 개발 난도가 높아 개발 비용이 많이 소요된다.
- 시스템 전체의 정책을 결정하는 통합적인 제어 기능이 필요하다.
- 종류 : 클라이언트/서버 모델, 프로세서 풀 모델, 혼합 모델

44 ③

SELECT문 기본 구조

```
SELECT 속성명 [ALL | DISTINCT]
FROM 릴레이션명
WHERE 조건
[GROUP BY 속성명1, 속성명2,…] – 그룹화
[HAVING 조건]
[ORDER BY 속성명 [ASC | DESC]]; – 정렬
• ALL : 모든 튜플을 검색(생략 가능)
• DISTINCT : 중복된 튜플 생략
```

- IS NULL : Where 절에 사용하며 빈 레코드를 검색한다.
- SELECT 사원번호, 이름 FROM 직원 WHERE 부서번호 IS NULL;

45 ①

2PL(2 Phase Locking, 2단계 로킹 기법)

- 확장 단계와 축소 단계 2단계로 구성된다.
- 트랜잭션은 Lock만 수행할 수 있고, Unlock은 수행할 수 없는 확장 단계가 있다.

46 ②

정규화의 목적 : 데이터 구조의 안정성 최대화와 중복 데이터의 최소화, 수정, 삭제 시 이상 현상 최소화를 위해 릴레이션의 종속성을 분석해 릴레이션을 분해하는 것이다.

오답 피하기

정규화를 통해 릴레이션이 분해되면 연산 시간이 증가할 수 있다. 이를 해결하기 위해 역정규화를 하기도 한다.

47 ②

- π : 조회할 필드명
- σ : Select문
- SELECT name, dept FROM student WHERE year = 3;

48 ③

Recovery(복구)

- Deferred Modification : 변경된 데이터를 실제로 디스크에 반영하는 것을 지연시키는 방식이다. 이는 데이터의 논리적인 수정 작업을 기록하고, 나중에 특정 시점에 변경 사항을 일괄적으로 디스크에 반영하는 복구 기법과 관련이 있다.
- Immediate Update : 데이터의 변경 사항을 즉시 디스크에 반영하는 방식이다.
- Shadow Paging : 복구를 위해 일부 페이지를 원래의 페이지와 별도의 그림자 페이지로 유지하는 방식이다.
- Checkpoint : 특정 시점에서의 상태를 기록하는 것이다.

49 ④

릴레이션의 특징

- 튜플의 유일성 : 모든 튜플은 서로 다른 값을 갖는다.
- 튜플의 무순서성 : 하나의 릴레이션에서 튜플의 순서는 없다.
- 속성의 원자성 : 속성값은 원자값을 갖는다.
- 속성의 무순서성 : 각 속성은 릴레이션 내에서 유일한 이름을 가지며, 속성의 순서는 큰 의미가 없다.

50 ①

뷰(View) 특징

- 저장 장치 내에 물리적으로 존재하지 않고 테이블에서 유도되는 가상의 테이블이며 기본 테이블에 의해 유도되므로 기본 테이블을 삭제하면 뷰도 삭제된다.
- 뷰의 생성 시 CREATE문, 검색 시 SELECT문을 사용한다.
- 뷰의 정의 변경 시 ALTER문을 사용할 수 없고 DROP문을 이용한다.
- 뷰를 이용한 또 다른 뷰의 생성이 가능하다.
- 하나의 뷰 제거 시 그 뷰를 기초로 정의된 다른 뷰도 함께 삭제된다.
- 뷰 위에 또 다른 뷰를 정의할 수 있다.
- DBA는 보안 측면에서 뷰를 활용할 수 있다.
- 뷰는 물리적으로 존재하지 않는 가상화된 테이블이다.

51 ④

트랜잭션의 정의

- SQL에서 데이터베이스에 대한 일련의 처리를 하나로 모은 작업 단위로 관리할 수 있는데, 이 작업 단위를 의미한다.
- 사용자의 시스템에 대한 서비스 요구 시 시스템의 상태 변환 과정의 작업 단위이다.
- 병행 제어 및 회복 작업의 논리적 작업 단위이다.

트랜잭션의 특성

- 원자성(Atomicity) : 완전하게 수행 완료되지 않으면 전혀 수행되지 않아야 한다.
- 일관성(Consistency) : 시스템의 고정 요소는 트랜잭션 수행 전후에 같아야 한다.
- 격리성(Isolation, 고립성) : 트랜잭션 실행 시 다른 트랜잭션의 간섭을 받지 않아야 한다.
- 영속성(Durability, 지속성) : 트랜잭션의 완료 결과가 데이터베이스에 영구히 기억된다.

52 ①

DDL(Data Definition Language, 데이터 정의어)의 종류

- CREATE : 스키마, 도메인, 테이블, 뷰 정의
- ALTER : 테이블 정의 변경
- DROP : 스키마, 도메인, 테이블, 뷰 삭제

53 ③

슈퍼키(Super Key)

- 두 개 이상의 속성으로 구성된 기본키이다.
- 유일성은 만족시키지만, 최소성은 만족시키지 못한다.

54 ③

암호화 알고리즘이 공개되어 있으면 보안 전문가들이 해당 알고리즘을 분석하여 취약점을 찾고 보완할 수 있고 알고리즘의 신뢰성과 안정성을 높일 수 있다. 따라서 암호화 알고리즘은 공개적으로 함께 공유되어야 한다.

55 ④

- 일반적인 파일 구조 : 순차 파일, 인덱스 순차 파일, 직접 파일
- 재귀 파일 : 자신을 참조하는 파일로, 파일 시스템에서 허용되지 않으므로 파일 구조로 사용할 수 없다.

56 ①

데이터 모델의 구성 요소

- 데이터 구조(Structure) : 데이터 구조 및 정적 성질을 표현한다.
- 연산(Operations) : 데이터의 인스턴스에 적용할 수 있는 연산 명세와 조작 기법이 표현된 값들을 처리하는 작업이다.
- 제약 조건(Constraints) : 데이터의 논리적 제한 명시 및 조작의 규칙을 의미한다.

57 ③

INSERT문 기본 구조

```
INSERT into 테이블 이름 (필드명1, 필드명2,...)
    VALUES(필드값1, 필드값2,...);
```

58 ②

CASCADE vs RESTRICT

- DROP TABLE 테이블_이름 [CASCADE | RESTRICT];
- CASCADE : 삭제할 요소가 다른 개체에서 참조 중이라도 삭제가 수행된다.

오답 피하기

RESTRICT : 삭제할 요소가 다른 개체에서 참조 중이면 삭제가 취소된다.

59 ②

선형 검색(Linear Scanning)

- 원하는 레코드를 찾을 때까지 처음부터 끝까지 차례로 하나씩 비교하면서 검색한다.
- 단점 : 단순한 방식으로 정렬되지 않는 검색에 가장 유용하며 평균 검색 시간이 오래 걸린다.
- 평균 검색 횟수 : (n+1)/2

60 ②

UPDATE

- 튜플의 내용 변경(갱신)하는 명령어이다.
- 기본 구조

```
UPDATE 테이블명
SET 속성명=값
WHERE 조건;
```

4과목 프로그래밍 언어 활용

61 ③

C언어 변수명 작성 규칙

- 영문 대소문자(A~Z, a~z), 숫자(0~9), '_'를 혼용하여 사용할 수 있다.
- 첫 글자는 영문자나 '_'로 시작해야 한다.
- 영문자는 대소문자를 구분한다.
- 공백을 포함할 수 없다.
- 예약어(Reserved Word)를 사용할 수 없다.
- 예약어 : auto, beak, case, char, const, continue, default, do, double, else, enum, extern, float, for, goto, if, int, long, register, return, short, signed, sizeof, static, struct, switch, typedef, union, unsigend, void, volatile, while

62 ③

C언어 포인터 변수의 덧셈 연산

- 포인터 변수는 정수와 덧셈과 뺄셈 연산이 가능하다.
- 포인터 변수의 덧셈 연산을 통해 포인터 변수가 가리키는 연속된 메모리 주소 간의 거리를 계산할 수 있다.
- 포인터 변수의 덧셈 시 주소의 변량 = 자료형의 크기 * 정수

p = a[0];

- int형 2차원 배열 a의 0행의 시작 주소를 포인터 변수에 저장한다. (예를 들어 int형 2차원 배열 a의 시작 주소를 1000번지라고 가정한다.)
- int형 변수는 4byte 크기이므로 2차원 배열 a에 16(4byte*2*2) byte 크기의 연속된 메모리 공간이 할당된다.

p+0 →	1000번지	a[0][0]	33	← *(p+0)
p+1 →	1004번지	a[0][1]	44	← *(p+1)
p+2 →	1008번지	a[1][0]	55	← *(p+2)
p+3 →	1012번지	a[1][1]	66	← *(p+3)

- for 반복 명령을 통해 포인터 변수 p로 2차원 배열 a의 요소의 값에 접근하여 변수 sum에 누적 합계를 구한다.

i	p + i	*(p + i)	sum
1	1000 + (4byte*1) = 1004번지	44	44
2	1000 + (4byte*2) = 1008번지	55	99
3	1000 + (4byte*3) = 1012번지	66	165

- 포인터 연산자 *는 주소(번지)의 내용을 참조하는 연산자이다.

63 ③

C언어의 2차원 배열과 배열 포인터

- C언어의 배열 포인터는 2차원 배열을 참조하기 위해 사용된다.
- int (*p)[3] = NULL; 명령문은 3개의 열 단위로 2차원 배열을 참조할 수 있는 배열 포인터 변수 p를 선언하였다.
- p = arr; 명령문으로 2차원 배열 arr는 p를 통해 참조한다.

	0	1	2
0	1	2	3
1	4	5	6
2	7	8	9

- p[0]과 *(p+0) : 2차원 배열 arr의 0행을 의미
- p[1]과 *(p+1) : 2차원 배열 arr의 1행을 의미

	표현	의미	요소값
①	*(p[0]+1)	arr[0][1]을 의미	2
②	*(p[1]+2)	arr[1][2]을 의미	6
③	*(*(p+1)+0)	arr[1][0]을 의미	4
④	*(*(p+1)+1)	arr[1][1]을 의미	5

①+②는 8이고 ③+④는 9이므로 출력 8, 9가 출력된다.

64 ①

IPv6(Internet Protocol version 6)

- 16비트씩 8부분으로 총 128비트로 구성된다.
- 주소의 한 부분이 0으로만 연속되는 경우 연속된 0은 '::'으로 생략하여 표시할 수 있다.
- 주소 체계는 유니캐스트(Unicast), 애니캐스트(Anycast), 멀티캐스트(Multicast) 등 세 가지로 나뉜다.

오답 피하기

더 많은 IP 주소를 지원할 수 있도록 주소의 크기는 128비트이다.

65 ①

코드	설명
a = 0 b = 0	전역 변수 a와 b를 선언하고 0으로 초기화

def func1():
    a = 10
    b = a
    return b
	• func1 함수 선언
	• 함수 내에 지역 변수 a를 10으로 초기화
	• 함수 내에 지역 변수 b에 a의 값 할당
	• 함수의 반환값으로 b 값을 반환

def func2():
    global a
    b = a
    return b
	• func2 함수 정의
	• a 변수를 전역 변수로 사용하기 위해 선언
	• 지역 변수 b에 전역 변수 a의 값을 할당
	• 함수의 반환 값으로 b 값을 반환

a = 20 b = 20 print(func1()) print(func2())	• 전역 변수 a에 20할당 • 전역 변수 b에 20할당 • func1 함수를 호출하고 반환된 값 10을 출력 • func2 함수를 호출하고 반환된 값 20을 출력
a = a + 20 b = b + 20 print(func1()) print(func2())	• 전역 변수 a(20)에 20을 더한 값을 할당 • 전역 변수 b(20)에 20을 더한 값을 할당 • func1 함수를 호출하고 반환된 값을 출력 • func2 함수를 호출하고 반환된 값을 출력

66 ④

- 거리벡터 라우팅 : 패킷들이 전송되어야 하는 방향이나 인터페이스를 정의하며 목적지 네트워크까지의 거리로 경로를 판단한다.
- 종류 : RIP, IGP, EGP
- HDLC(High-level Data Link Control) : 플래그 → 주소부 → 제어부 → 정보부 → FCS → 플래그
- 비트(Bit) 위주의 프로토콜이며 점-대-점 링크뿐만 아니라 멀티포인트 링크를 위하여 ISO에서 개발한 국제 표준이다.
- 프레임의 시작과 끝부분에 플래그 신호를 삽입하여 동기식 전송 방식을 사용한다.

67 ④

HRN 계산

$$\text{우선순위 계산식} = \frac{\text{대기 시간} + \text{서비스를 받을 시간}}{\text{서비스를 받을 시간}}$$

A 작업 : (5 + 20) / 20 = 1.25

B 작업 : (40 + 20) / 20 = 3

C 작업 : (15 + 45) / 45 = 1.3

D 작업 : (40 + 10) / 10 = 5

작업 순서 : D → B → C → A

68 ④

- 10K 크기의 프로그램이 할당되려면 사용하지 않는 메모리인 NO.1, NO.2, NO.5 중에서 메모리 크기가 10K 이상인 NO.2, NO.5에 할당될 수 있다.
- NO.2에 할당되면 내부 단편화가 2K 발생하고, NO.5에 할당되면 내부 단편화가 6K 발생한다.
- 최악 적합(Worst-Fit)은 적재 가능한 공간 중에서 가장 큰 공백이 남는 부분에 배치하는 기법으로 NO.5에 할당된다.

69 ②

교착상태의 발생 조건

- 상호배제(Mutual Exclusion) : 한 번에 한 개의 프로세스만이 공유 자원을 사용할 수 있어야 한다.
- 점유와 대기(Hold and Wait) : 이미 자원을 가진 프로세스가 다른 자원의 할당을 요구하는 경우
- 비선점(Non-Preemption) : 프로세스에 할당된 자원은 사용이 끝날 때까지 강제로 빼앗을 수 없다.
- 환형 대기(Circular Wait) : 이미 자원을 가진 프로세스가 앞이나 뒤의 프로세스의 자원을 요구한다.

70 ④

extends : Java에서 클래스 간의 상속 관계를 정의하는 데 사용된다.

오답 피하기

Java 예외 처리 예약어

- try : 예외가 발생할 수 있는 코드 블록을 정의한다.
- catch : 예외가 발생했을 때 해당 예외를 처리하는 코드 블록을 정의한다.
- finally : 예외 발생 여부에 상관없이 항상 실행되는 코드 블록을 정의한다.
- throw : 예외를 강제로 발생시키는 역할을 한다.
- throws : 메소드나 생성자에서 해당 메소드를 호출한 곳으로 예외를 던질 수 있음을 선언한다.
- try-with-resources : 자원을 자동으로 해제하기 위해 사용되는 구문으로, 자원을 try 블록 내에서 선언하고 사용한 후 자동으로 해제된다.
- catch multiple exceptions : 하나의 catch 블록에서 여러 예외를 처리하는 것을 가능하게 한다.
- try-catch-finally 중첩 : 예외 처리를 중첩하여 여러 예외 상황에 대응할 수 있도록 한다.
- custom exception : 사용자가 직접 정의한 예외 클래스를 사용하여 예외를 발생시킬 수 있다.

71 ①

후위 증가 연산자(++)와 전위 감소 연산자(--)

- y = x++ : 후위 증가 연산자인 ++를 사용하며, x 값을 y에 할당한 후 x 값을 1 증가시킨다. 따라서 x는 8이 되고, y는 7이 된다.
- z = --x; : 전위 감소 연산자인 --를 사용하며, x 값을 1 감소시킨 후 z에 할당한다. 따라서 x는 7이 되고, z는 7이 된다.
- 최종 결과 변수 x, 변수 y, 변수 z를 출력하면 7, 7, 7이 출력된다.

72 ③

```
public class BBB extends
AAA
{
      int a = 20;
      void d() {
            System.out.print
("Hello");
      }
```

- BBB 클래스가 AAA 클래스를 상속
- BBB 클래스에 속한 int형 변수 a를 정의하고 20으로 초기화
- void형 메소드 d()를 정의
- "Hello" 출력

```
public static void
main(String[] args) {
          AAA obj = new BBB();
          obj.d();
          System.out.print
(obj.a);
      }
}
```

- main() 메소드 정의
- AAA 클래스의 객체를 BBB 클래스의 객체로 초기화
- System.out.print(obj.a) 호출하여 obj가 참조하는 객체의 변수 a를 출력
- obj는 AAA 클래스를 참조하고 있으므로 변수 a는 AAA 클래스의 변수를 참조. 따라서 10이 출력

```
class AAA
{
      int a = 10;
      void d() {
          System.out.print
("Hi");
      }
}
```

- AAA 클래스 선언
- AAA 클래스에 속한 int형 변수 a를 정의하고 10으로 초기화
- void형 메소드 d()를 정의. 이 메소드는 "Hi"를 출력

73 ④

Python

- 1991년 귀도 반 로섬(Guido van Rossum)이 개발한 고급 프로그래밍 언어이다.
- 플랫폼에 독립적이고 인터프리터식, 객체지향적, 동적 타이핑(Dynamically Typed) 대화형 언어이다. 매우 쉬운 문법 구조로 초보자들도 쉽게 배울 수 있다.

74 ②

연산자의 종류 및 우선순위

<table>
<tr><th>연산자</th><th>해설</th><th>결합</th><th>순위</th></tr>
<tr><td>단항</td><td>+, -!, ~, ++, --</td><td>←</td><td rowspan="13">높음
↑
↓
낮음</td></tr>
<tr><td rowspan="3">산술</td><td>*, /, %</td><td rowspan="10">→</td></tr>
<tr><td>+, -</td></tr>
<tr><td>〈〈, 〉〉, 〉〉〉</td></tr>
<tr><td rowspan="2">관계</td><td>〈, 〈=, 〉, 〉=, instanceof</td></tr>
<tr><td>==, !=</td></tr>
<tr><td rowspan="5">논리</td><td>&</td></tr>
<tr><td>^</td></tr>
<tr><td>|</td></tr>
<tr><td>&&</td></tr>
<tr><td>|</td></tr>
<tr><td>조건</td><td>? :</td><td>→</td></tr>
<tr><td>할당</td><td>=, +=, -=, *=, /=, %=, 〈〈=, 〉〉=</td><td>←</td></tr>
</table>

75 ②

오답 피하기

②번은 데이터 링크 계층에 대한 설명이다.

76 ①

서브넷 마스크

- 현재 사용중인 네트워크의 범위를 설정하는 것이다.
- 서브넷 ID는 설정된 범위의 첫 번째 IP로 서브넷을 식별하는 역할을 한다.
- 10.0.0.0 네트워크는 A클래스에 해당한다.
- 서브넷은 255.240.0.0/12

유효한 서브넷 ID

10.0.0.0
10.16.0.0
10.32.0.0
10.48.0.0
10.64.0.0
10.80.0.0
10.96.0.0
10.112.0.0
10.128.0.0
10.144.0.0
10.160.0.0
10.176.0.0
10.192.0.0
10.208.0.0
10.224.0.0
10.240.0.0

77 ①

스래싱(Thrashing) : 너무 잦은 페이지 교체 현상으로 어떤 프로세스가 계속적으로 페이지 부재가 발생하면 프로세스의 처리 시간보다 페이지 교체 시간이 더 많아지는 현상을 말한다. 따라서 시스템은 심각한 성능 저하를 초래한다. 이 경우 다중 프로그래밍의 정도를 낮춰야 한다.

78 ④

결합도 종류(약 → 강 순)

- 데이터 결합도(Data Coupling) : 한 모듈이 파라미터나 인수로 다른 모듈에게 데이터를 넘겨주고 호출받은 모듈은 받은 데이터에 대한 처리 결과를 다시 돌려주는 경우의 결합도
- 스탬프 결합도(Stamp Coupling) : 두 모듈이 동일한 자료 구조를 조회하는 경우의 결합도
- 제어 결합도(Control Coupling) : 한 모듈이 다른 모듈의 내부 논리 조직을 제어하기 위한 목적으로 제어 신호를 이용하여 통신하는 경우의 결합도
- 외부 결합도(External Coupling) : 한 모듈에서 외부로 선언한 변수를 다른 모듈에서 참조할 경우의 결합도
- 공통 결합도(Common Coupling) : 한 모듈이 다른 모듈에게 제어 요소를 전달하고 여러 모듈이 공통 자료 영역을 사용하는 경우의 결합도
- 내용 결합도(Content Coupling) : 한 모듈이 다른 모듈의 내부 기능 및 그 내부 자료를 참조하는 경우의 결합도

79 ③

C언어의 문자열 포인터와 strcat() 함수

- strcat(st1, str2); : str1의 '\0'문자의 위치부터 str2를 이어 붙이는 함수이다.
- p1 = str1; 명령문에 의해 포인터 변수 p1가 변수 str1을 참조하게 된다.
- p2 = str2; 명령문에 의해 포인터 변수 p2가 변수 str2를 참조하게 된다.

– strcat(str1, str2); 후행 후 str1 배열은 다음과 같다.

- printf("%c", *(p1+2)); : 포인터 변수 p1에서 문자 주소 간격 2 위치의 내용은 str1[2]을 의미하므로 R이 출력된다.

80 ②

Java 연산자의 종류 및 우선순위

연산자	종류	결합 방향	우선순위
단항 연산자	+, – !, ~, ++, ––	←	높음
산술 연산자	*, /, %	→	
	+, –		
시프트 연산자	<<, >>, >>>		
관계 연산자	<, <=, >, >=, instanceof		
	==, !=		
비트 연산자	&, |, ^		
논리 연산자	&&, ||		
조건 연산자	? :	←	
할당 연산자	=, +=, –=, *=, /=, %=, <<=, >>=	←	
콤마 연산자	,	→	낮음

5 과목 **정보 시스템 구축 관리**

81 ③

암호 알고리즘(Cryptographic Algorithm)의 개념

- 평문(Plaintext)을 암호문(Ciphertext)으로 바꾸고, 암호문을 다시 평문으로 바꿀 때 사용되는 알고리즘을 의미한다.
- 평문을 암호문으로 바꾸는 과정을 암호화(Encryption)라고 하고, 암호문을 다시 평문으로 바꾸는 과정을 복호화(Decryption)라고 한다.
- 암호화 및 복호화 과정에 암호키(Cryptographic Key)가 필요하다.

82 ②

- 순환 복잡도 : V(G) = E − N + 2 = 6 − 4 + 2 = 4
- E은 화살표 수, N은 노드 수(점)

83 ①

익스플로잇(Exploit) : 컴퓨터 소프트웨어나 하드웨어나 컴퓨터 관련 전자 제품의 버그, 보안 취약점 등 설계상 결함을 이용하여 공격자의 의도된 동작을 수행하도록 만들어진 절차나 일련의 명령, 스크립트, 프로그램 또는 특정한 데이터 조각을 말한다.

84 ①

서버 관리실 출입 통제는 취약점 관리를 위한 응용 프로그램 보안 설정과는 관련이 없다.

85 ②

XP 12 실천 사항 중 Pair Programming(짝 프로그래밍)

- 두 사람이 짝이 되어 한 사람은 코딩을 다른 사람은 검사를 수행하는 방식이다.
- 코드에 대한 책임을 공유하고, 비형식적인 검토를 수행할 수 있다.
- 코드 개선을 위한 리팩토링을 장려하며, 생산성이 떨어지지 않는다.

오답 피하기

②는 Planning Game에 대한 설명이다.

86 ④

VPN(Virtual Private Network, 가상 사설망)

- 이용자가 인터넷과 같은 공중망에 사설망을 구축하여 마치 전용망을 사용하는 효과를 가지는 보안 솔루션이다.
- 안전하지 않은 공용 네트워크를 이용하여 사설 네트워크를 구성하는 기술이다.

IDS(Intrusion Detection System, 침입 탐지 시스템)

- 침입 공격에 대하여 탐지하는 것을 목표로 하는 보안 솔루션이다.
- 외부 침입에 대한 정보를 수집하고 분석하여 침입 활동을 탐지해 이에 대응하도록 보안 담당자에게 통보하는 기능을 수행하는 네트워크 보안 시스템이다.

87 ②

나선형 모형(Spiral Model)

- Boehm이 제시하였으며, 반복적인 작업을 수행하는 점증적 생명 주기 모형이다.
- 점증적 모형, 집중적 모형이라고도 한다.
- 개발 단계 : 계획 수립(Planning) → 위험 분석(Risk Analysis) → 공학적 개발(Engineering) → 고객 평가(Customer Evaluation)
- 계획(Planning) 단계 : 위험 요소와 타당성을 분석하여 프로젝트의 추진 여부를 결정한다.
- 개발 및 검증(Development) 단계 : 선택된 기능을 수행하는 프로토타입을 개발한다.
- 위험 분석(Risk Analysis) 단계 : 개발 목적과 기능 선택, 제약 조건 등을 결정하고 분석한다.
- 평가(Evaluation) 단계 : 개발된 프로토타입을 사용자가 확인하고 추가 및 수정될 요구사항이 있으면 이를 반영한 개선 프로토타입을 만든다.

88 ③

Honeypot : 비정상적인 접근을 탐지하기 위해 의도적으로 설치해 둔 시스템을 의미한다.

오답 피하기

- 하둡(Hadoop) : 빅데이터를 분석 처리할 수 있는 큰 컴퓨터 클러스터에서 동작하는 분산 응용 프로그램을 지원하는 프리웨어 자바 소프트웨어 프레임워크이다.
- MapReduce : HADOOP의 핵심 구성 요소로서 대용량 데이터를 분산 처리하기 위한 목적으로 개발된 프로그래밍 모델이다.

89 ①

VLAN(Virtual Local Area Network) : 물리적 배치와 상관없이 논리적으로 LAN을 구성하여 Broadcast Domain을 구분할 수 있게 해주는 기술로 접속된 장비들의 성능 향상 및 보안성 증대 효과를 목표로 한다.

90 ②

대칭키(비밀키 암호화 기법)

- 동일한 키로 암호화하고 복호화하는 기법으로 키 개수는 N(N−1)/2개 필요하다.
- 대칭 암호 알고리즘은 처음 통신 시에 비밀키를 전달해야 하므로, 키 교환 중 키가 노출될 수 있다.
- 암호화/복호화 속도가 빠르고 알고리즘이 단순하다.
- 종류 : DES, AES, ARIA, SEED, IDEA, RC4

비대칭키(공개키 암호화 기법)

- 메시지를 암호화할 때와 복호화할 때 사용되는 키가 서로 다르다.
- 대표적으로 RSA(Rivest Shamir Adleman)가 있으며 비대칭키 또는 이중키 암호 기법이라고도 한다.
- 데이터를 암호화할 때 사용되는 키(공개키)는 공개하고, 복호화할 때의 키(비밀키)는 비밀로 한다.
- 키 분배가 비밀키 암호화 기법보다 쉽고, 암호화/복호화 속도가 느리며 알고리즘이 복잡하다.

91 ①

고가용성 솔루션(HACMP : High Availability Cluster Multi Processing)

- AIX(AIXadvanced interactive executive, IBM 운영체제)를 기반으로 Solution, Resource의 중복 또는 공유를 통해 Application의 보호를 가능하게 해준다.
- 두 대 이상의 시스템을 하나의 Cluster로 묶어 Cluster 내의 한 시스템에서 장애가 발생할 경우 다른 시스템이 장애가 발생한 시스템의 자원을 인수할 수 있도록 하여 서비스의 중단을 최소화하도록 도와주는 솔루션이다.
- 각 시스템 간에 공유 디스크를 중심으로 클러스터링으로 엮어 다수의 시스템을 동시에 연결할 수 있다.
- 조직, 기업의 기간 업무 서버 등의 안정성을 높이기 위해 사용된다.

오답 피하기

스턱스넷(Stuxnet)은 2010년 6월에 발견된 웜 바이러스이다.

92 ④

- Smurfing : IP 또는 ICMP의 특성을 악용하여 특정 사이트에 집중적으로 데이터를 보내 네트워크 또는 시스템의 상태를 불능으로 만드는 공격 방법이다.
- Smishing : IP와 인터넷 제어 메시지 프로토콜(ICMP)의 특성을 이용하여 고성능 컴퓨터를 통하여 대량의 접속 신호를 집중적으로 보냄으로써 상대 컴퓨터의 서버를 접속 불능 상태로 만들어 버리는 해킹 수법이다.
- Qshing : 'QR 코드(Quick Response Code)'를 통해 악성 앱을 내려받도록 유도하거나 악성 프로그램을 설치하게 하는 금융사기 기법 중 하나이다.

93 ①

Something You Know(알고 있는 것)

- 사용자가 알고 있는 정보를 사용하여 인증하는 방법
- 패스워드나 PIN(개인식별번호)과 같은 비밀 정보를 사용하는 것

Something You Have(가지고 있는 것)

- 사용자가 소유하고 있는 물리적인 장치나 객체를 사용하여 인증하는 방법
- 스마트카드, USB 토큰, 휴대폰 앱 등

Something You Are(자신의 특징)

- 사용자의 생체적인 특징이나 생체 인식 기술을 사용하여 인증하는 방법
- 지문, 홍채, 음성, 얼굴 등 개인의 생체 특징을 사용하여 인증하는 바이오메트릭 인증

Somewhere You Are(있는 곳)

- 사용자가 특정한 위치에 있는지를 확인하여 인증하는 방법
- IP 주소나 지리적 위치를 이용하여 인증

94 ①

리피터(Repeater)

- 디지털 방식의 통신 선로에서 전송 신호를 증폭하거나 재생하고 전달하는 중계 장치이다.
- OSI 7계층 중 물리 계층에서만 사용하는 장비로써 근거리 무선 통신망의 전송 매체상에 흐르는 신호를 정형, 증폭, 중계하는 장치이다.

95 ②

- 역할 기반 접근 통제(RBAC : Role Based Access Control) : 사람이 아닌 직책에 대해 권한을 부여함으로써 효율적인 권한 관리가 가능하다.
- 임의적 접근 통제(DAC : Discretionary Access Control) : 정보의 소유자가 보안 레벨을 결정하고 이에 대한 정보의 접근 제어를 설정하는 방식이다.
- 강제적 접근 통제(MAC : Mandatory Access Control) : 중앙에서 정보를 수집하고 분류하여 보안 레벨을 결정하고 정책적으로 접근 제어를 수행하는 방식으로 다단계 보안 모델이라고도 한다.

96 ③

소프트웨어 비용 산출 도구 : LOC(Lines of Code, 코드 라인 수), COCOMO(COnstructive COst MOdel, 구축적 비용 모델), 델파이(Delphi, Delphi Technique), Putnam 모형, 기능 점수(FP : Function Point) 모형

97 ③

- 모든 작업을 거치려면 2일 + 3일 + 5일 + 4일 = 14일
- 짧은 작업보다 긴 작업을 선택해서 계산해야 그 시간 안에 모든 일을 처리할 수 있게 된다.

오답 피하기

CPM(Critical Path Method)

- 프로젝트 완성에 필요한 작업을 나열하고 작업에 필요한 소요 기간을 예측하는 기법이다.
- 노드와 간선으로 구성되며, 노드는 작업을 표시하고 간선은 작업 사이의 전후 의존 관계를 나타낸다.
- 박스 노드는 프로젝트의 중간 점검을 뜻하는 이정표로, 이 노드 위에 예상 완료 시간을 표시한다.
- 한 이정표에서 다른 이정표에 도달하기 전의 작업이 모두 완료되어야만 다음 작업 진행이 가능하다.

98 ④

AAA(Authentication Authorization Accounting)

- 시스템의 사용자가 로그인하여 명령을 내리는 과정에 대한 시스템의 동작을 Authentication(인증), Authorization(권한 부여), Accounting(계정 관리)으로 구분한다.
- 인증 : 망, 시스템 접근을 허용하기 전에 사용자의 신원을 검증한다.
- 권한 부여 : 검증된 사용자에게 어떤 수준의 권한과 서비스를 허용한다.
- 계정 관리 : 사용자의 자원에 대한 사용 정보를 모아서 과금, 감사, 용량 증설, 리포팅 등의 관리를 한다.

99 ④

PERT(Program Evaluation and Review Technique)

- 최단 시간 내에 완성할 방법을 찾는 기법으로 프로그램 진행 상황을 추적하는 매우 유용한 관리 도구이다.
- 하나의 시간 계획은 계획 공정(Network)을 작성하여 분석하므로 간트 도표보다 작업 계획을 수립하기 쉽다.
- 계획 공정의 문제점을 명확히 종합적으로 파악할 수 있다.
- 관계자 전원이 참가하게 되므로 의사소통이나 정보 교환이 쉽다.

100 ①

IDS(Intrusion Detection System, 침입 탐지 시스템)

- 네트워크에서 악의적인 활동을 지속적으로 모니터링하고 이러한 활동이 발생하면 보고, 차단, 제거 등의 예방 조치를 취하는 네트워크 보안 도구
- 사용자, 시스템 행동의 모니터링 및 분석
- 시스템 설정 및 취약점에 대한 감사 기록
- 알려진 공격에 대한 행위 패턴 인식
- 비정상적 행위 패턴에 대한 통계적 분석

최신 기출문제 03회 147p

01 ①	02 ④	03 ③	04 ③	05 ②
06 ①	07 ④	08 ②	09 ③	10 ③
11 ④	12 ②	13 ②	14 ②	15 ③
16 ②	17 ②	18 ②	19 ④	20 ①
21 ③	22 ④	23 ③	24 ①	25 ③
26 ④	27 ④	28 ③	29 ②	30 ④
31 ③	32 ②	33 ②	34 ④	35 ③
36 ④	37 ④	38 ②	39 ②	40 ④
41 ①	42 ①	43 ①	44 ②	45 ④
46 ④	47 ②	48 ①	49 ④	50 ①
51 ③	52 ①	53 ③	54 ③	55 ①
56 ④	57 ③	58 ②	59 ④	60 ③
61 ③	62 ②	63 ③	64 ②	65 ①
66 ①	67 ③	68 ④	69 ④	70 ④
71 ②	72 ④	73 ③	74 ①	75 ①
76 ②	77 ④	78 ④	79 ②	80 ②
81 ③	82 ④	83 ②	84 ②	85 ②
86 ③	87 ①	88 ①	89 ④	90 ②
91 ②	92 ①	93 ③	94 ②	95 ③
96 ①	97 ②	98 ③	99 ②	100 ①

1과목 소프트웨어 설계

01 ①

MOM(Message-Oriented Middleware)

- 메시지 기반의 비동기형 메시지를 전달하는 방식의 미들웨어이다.
- 온라인 업무보다는 이기종 분산 데이터 시스템의 데이터 동기를 위해 많이 사용한다.

02 ④

Singleton Pattern

- 특정 클래스의 인스턴스가 오직 하나임을 보장하고, 이 인스턴스에 대한 접근 방법을 제공한다.
- 생성된 객체를 어디에서든지 참조할 수 있도록 하는 패턴이다.
- 여러 개의 객체 인스턴스를 생성하는 대신 하나의 공유된 인스턴스를 사용해야 할 때 유용하다.
- 객체 생성의 비용이 많이 들고, 여러 곳에서 동시에 접근해야 하는 상황에서 유용하다. 하지만 오용될 경우 전역 상태로 인해 코드의 복잡성이 증가할 수 있으므로 사용 시 신중하게 고려해야 한다.

03 ③

JSON(JavaScript Object Notation)

- 속성-값 쌍(Attribute-Value Pairs)으로 이루어진 데이터 오브젝트를 전달하기 위해 사용하는 개방형 표준 포맷이다.
- AJAX(Asynchronous Javascript and XML)에서 많이 사용되고 XML을 대체하는 주요 데이터 포맷이다.
- 언어 독립형 데이터 포맷으로 다양한 프로그래밍 언어에서 사용되고 있다.

04 ③

자료 저장소에 입력 화살표가 있다고 해서 반드시 출력 화살표가 표시될 필요는 없다.

05 ②

가시적 도표(Visual Table of Contents)

- 시스템의 전체 기능과 흐름을 가시적으로 보여주는 도표이다.
- 목차와 비슷한 역할을 하며, 문서의 구조를 시각적으로 정리하여 내용을 빠르게 찾거나 이해할 수 있도록 도와준다.

06 ①

- 기능 모델링(Function Modeling) : 자료 흐름도를 이용하여 여러 프로세스 간의 자료 흐름을 표시한다. 어떤 데이터를 입력하여 어떤 결과를 가져올 수 있을지를 표현한다.
- 동적 모델링(Dynamic Modeling) : 제어 흐름, 상호 작용, 동작 순서 등의 상태를 시간 흐름에 따라 상태 다이어그램으로 표시한다.

07 ④

객체지향 기법에서의 관계성

- is member of : 연관성(Association), 참조 및 이용 관계
- is part of : 집단화(Aggregation), 객체 간의 구조적인 집약 관계
- is a : 일반화(Generalization), 특수화(Specialization), 클래스 간 개념적인 포함 관계

08 ②

소프트웨어 개발 프레임워크 적용 시 장점

- 소프트웨어 프레임워크를 활용하면 개발 및 운영 용이성을 제공하고, 시스템 복잡도 감소, 재사용성 확대 등의 장점이 있다.
- 개발 용이성 : 패턴 기반 개발과 비즈니스 로직에만 집중한 개발이 가능하며, 공통 기능은 프레임워크가 제공한다.
- 운영 용이성 : 변경이 용이하며, 비즈니스 로직/아키텍처 파악이 용이하다.
- 시스템 복잡도의 감소 : 복잡한 기술은 프레임워크에 의해 숨겨진다. 미리 잘 정의된 기술 Set을 적용할 수 있다.
- 개발 코드의 최소화 : 반복 개발을 제거하며, 공통 컴포넌트와 서비스 활용이 가능하다.
- 이식성 : 플랫폼에 비의존적인 개발이 가능하며, 플랫폼과의 연동은 프레임워크가 제공한다.
- 변경 용이성 : 잘 구조화된 아키텍처를 적용하며, 플랫폼에 비의존적이다.
- 품질 보증 : 검증된 개발 기술과 패턴에 따른 개발이 가능하며, 고급 개발자와 초급 개발자의 차이를 줄여준다.
- 설계와 코드의 재사용성 : 프레임워크의 서비스 및 패턴의 재사용, 사전에 개발된 컴포넌트의 재사용이 가능하다.

09 ③

정보은닉(Information Hiding)

- 객체가 다른 객체로부터 자신의 자료를 숨기고 자신의 연산만을 통하여 접근을 허용하는 것을 의미한다.
- 캡슐화와 밀접한 관계가 있다.
- 정보은닉의 근본적인 목적은 인터페이스와 Side Effect를 최소화하기 위한 것이다.

10 ③

색인 순차 파일(Indexed Sequential Access File)

- 기본 영역, 색인 영역, 오버플로우 영역으로 구성된다.
- 레코드를 참조할 때 색인을 탐색한 후 색인이 가리키는 포인터를 사용하여 직접 참조할 수 있다.
- 레코드를 추가 및 삽입하는 경우, 파일 전체를 복사할 필요가 없다.
- 인덱스를 저장하기 위한 공간과 오버플로우 처리를 위한 별도의 공간이 필요하다.
- 색인 구역은 트랙 색인 구역, 실린더 색인 구역, 마스터 색인 구역으로 구성된다.

오답 피하기

색인 영역(Index Area)의 구성 : 트랙(Track) 색인 영역, 실린더(Cylinder) 색인 영역, 마스터(Master) 색인 영역

11 ④

GoF(Gang of Four) 디자인 패턴

- 에릭 감마(Eric Gamma), 리처드 헬름(Richard Helm), 랄프존슨(Ralph Johnson), 존 브리시데스(John Vlissides)가 제안하였다.
- 객체지향 설계 단계 중 재사용에 관한 유용한 설계를 디자인 패턴화하였다.
- 생성 패턴, 구조 패턴, 행위 패턴으로 분류한다.

12 ②

UML의 기본 구성 : 사물(Things), 관계(Relationship), 다이어그램(Diagram)

13 ②

사용자 인터페이스(User Interface)의 종류

- CUI(Character User Interface) : 문자 방식의 명령어 입력 사용자 인터페이스
- GUI(Graphic User Interface) : 그래픽 환경 기반의 마우스 입력 사용자 인터페이스
- WUI(Web User Interface) : 인터넷과 웹 브라우저를 통해 웹 페이지를 열람하고 조작하는 인터페이스
- CLI(Command Line Interface) : 사용자가 컴퓨터 자판 등을 이용해 명령 문자열을 입력하여 체계를 조작하는 인터페이스

14 ②

미들웨어 솔루션의 정의

- 클라이언트와 서버 간의 통신을 담당하는 시스템 소프트웨어이다.
- 이기종 하드웨어, 소프트웨어, 네트워크, 프로토콜, PC 환경, 운영체제 환경 등에서 시스템 간의 표준화된 연결을 도와주는 소프트웨어이다.
- 표준화된 인터페이스를 통하여 시스템 간의 데이터 교환에 있어 일관성을 제공한다.
- 운영체제와 애플리케이션 사이에서 중간 매개 역할을 하는 다목적 소프트웨어이다.

오답 피하기

미들웨어 솔루션은 미들웨어의 서비스 이용을 위해 사용자가 정보 교환 방법 등의 내부 동작을 확인할 필요가 없다.

15 ③

GoF 디자인 패턴

- 구조 : Adapter, Bridge, Composite, Decorator, Facade, Flyweight, Proxy
- 행위 : Chain of Responsibility, Iterator, Command, Interpreter, Memento, Observer, State, Strategy, Visitor, Template Method, Mediator
- 생성 : Factory Method, Singleton, Prototype, Builder, Abstraction Factory

16 ②

데이터 사전에 저장되는 정보는 시스템뿐만 아니라 데이터베이스 관리자 및 사용자들도 접근할 수 있다.

17 ②

포괄적 문서보다는 실제 동작하는 소프트웨어에 중심을 둔다.

18 ②

자료 흐름도(DFD : Data Flow Diagram)

구성 요소	의미	표 기법
프로세스 (Process)	자료를 변환시키는 시스템의 한 부분을 나타냄	프로세스 이름
자료 흐름 (Data Flow)	자료의 이동(흐름)을 나타냄	자료 이름 →
자료 저장소 (Data Store)	시스템에서의 자료 저장소(파일, 데이터베이스)를 나타냄	자료 저장소 이름
단말 (Terminator)	• 자료의 발생지와 종착지를 나타냄 • 시스템의 외부에 존재하는 사람이나 조직체	단말 이름

19 ④

CASE

- 소프트웨어 개발 과정에서 사용되는 요구분석, 설계, 구현, 검사 및 디버깅 과정을 컴퓨터와 전용의 소프트웨어 도구를 사용하여 자동화하는 작업이다.
- 소프트웨어 생명주기의 전체 단계를 연결시켜 주고 자동화시켜 주는 통합된 도구를 제공해 주는 기술이다.
- 소프트웨어 시스템의 문서화 및 명세화를 위한 그래픽 기능을 제공한다.
- 자료 흐름도 등의 다이어그램을 쉽게 작성하게 해주는 소프트웨어도 CASE 도구이다.
- 표준화된 개발 환경 구축 및 문서 자동화 기능을 제공한다.
- 작업 과정 및 데이터 공유를 통해 작업자 간의 커뮤니케이션을 증대한다.

오답 피하기

1990년대 이후 소개되었으며, 다양한 개발 환경에 효과적으로 활용된다.

20 ①

XP(eXtreme Programming)

- 1999년 Kent Beck이 제안하였으며, 개발 단계 중 요구사항이 시시각각 변동이 심한 경우 적합한 방법론이다.
- 요구에 맞는 양질의 소프트웨어를 신속하게 제공하는 것을 목표로 한다.
- 요구사항을 모두 정의해 놓고 작업을 진행하는 것이 아니라 요구사항이 변경되는 것을 적용하는 방식으로 예측성보다는 적응성에 더 높은 가치를 부여한 방법이다.
- 고객의 참여와 개발 과정의 반복을 극대화하여 생산성을 향상시키는 방법이다.

오답 피하기

대표적인 Agile 개발 방법론이다.

2과목 소프트웨어 개발

21 ③

워크스루(Walkthrough)

- 사용사례를 확장하여 명세하거나 설계 다이어그램, 원시 코드, 테스트 케이스 등에 적용할 수 있다.
- 복잡한 알고리즘 또는 반복, 실시간 동작, 병행 처리와 같은 기능이나 동작을 이해하려고 할 때 유용하다.
- 단순한 테스트 케이스를 이용하여 프로덕트를 수작업으로 수행해 보는 것이다.

오답 피하기

인스펙션(Inspection) : 소프트웨어 요구, 설계, 원시 코드 등의 작성자 외의 다른 전문가 또는 팀이 검사하여 오류를 찾아내는 공식적 검토 방법이다.

22 ④

빌드 자동화 도구

- 소스 코드를 컴파일, 테스트, 정적 분석 등을 실시하여 실행 가능한 애플리케이션으로 자동 생성하는 프로그램이며, 지속해서 증가하는 라이브러리의 자동 추가 및 관리(전처리, Preprocessing)를 지원한다.
- 라이브러리의 버전을 자동으로 동기화하도록 지원한다.
- 종류 : Ant, Maven, Gradle

23 ③

ISO/IEC 25000

- 기존 소프트웨어 품질 평가 모델과 소프트웨어 평가 절차 모델인 ISO/IEC 9126과 ISO/IEC 14598을 통합하였다.
- 2500n, 2501n, 2502n, 2503n, 2504n의 다섯 가지 분야로 나눌 수 있고, 확장 분야인 2505n이 있다.
- 2501n(9126-2, 품질 모형) : 품질 모델 및 품실 사용
- 2503n(9126-3, 품질 측정) : 매트릭을 통한 측정 방법 제시

24 ①

패키징 도구 활용 시 고려 사항

- 사용자에게 배포되는 소프트웨어임을 고려하여 반드시 내부 콘텐츠에 대한 암호화 및 보안을 고려한다.
- 다양한 이기종 콘텐츠 및 단말기 간 DRM 연동을 고려한다.
- 사용자 편의성을 위한 복잡성 및 비효율성 문제를 고려한다.
- 반드시 내부 콘텐츠에 대한 암호화 및 보안을 고려한다.
- 제품 소프트웨어에 적합한 암호화 알고리즘을 적용하여 범용성에 지장이 없도록 고려한다.

25 ③

화이트박스 테스트(White Box Test)

- 모듈의 원시 코드를 오픈시킨 상태에서 코드의 논리적 모든 경로를 테스트하는 방법이다.
- Source Code의 모든 문장을 한 번 이상 수행함으로써 진행된다.
- 종류 : 기초 경로 검사, 제어 구조 검사

블랙박스 테스트(Black Box Test)

- 블랙박스 테스트는 소프트웨어가 수행할 특정 기능을 알기 위해 각 기능이 완전히 작동되는 것을 입증하는 테스트로 기능 테스트라고도 한다.
- 종류 : 동치 분할 검사, 원인 효과 그래프, 오류 예측 검사, 비교 검사, 경계값 분석

오답 피하기

블랙박스 테스트는 입력값에 대한 출력값이 맞는 지를 테스트하는 기법이므로 반복 조건 등의 중간 과정의 테스트는 이루어지지 않는다.

26 ④

릴리즈 노트 작성 항목 : 헤더(Header), 개요, 목적, 이슈 요약, 재현 항목, 수정 및 개선 내용, 최종 사용자 영향도, 노트, 면책 조항, 연락 정보

27 ④

전위(Preorder) 운행 : Root → Left → Right

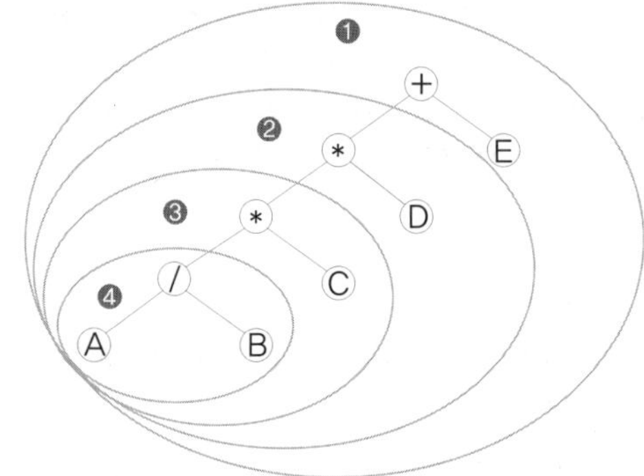

각 서브트리로 그룹 묶은 뒤 그 결과를 합쳐 본다.

❶ : + ❷ E

❷ : + * ❸ D E

❸ : + * * ❹ C D E

❹ : + * * / A B C D E

28 ③

정적 분석 도구는 소프트웨어를 이용한 코드 분석 기법이다.

29 ②

(A+B)*C+(D+E)	← 중위
((A+B)*C)+(D+E)	← 괄호 1
(((A+B)*C)+(D+E))	← 괄호 2
(((AB)+C)*(DE)+)+	← 연산자 이동
AB+C*DE++	← 괄호 삭제

30 ④

소프트웨어 품질 목표(Software Quality And Goals)

- 정확성(Correctness) : 사용자의 요구 기능을 충족시키는 정도를 의미한다.
- 신뢰성(Reliability) : 정확하고 일관된 결과를 얻기 위해 요구된 기능을 오류 없이 수행하는 정도를 의미한다.
- 효율성(Efficiency) : 요구되는 기능을 수행하는 데 필요한 자원의 소요 정도나 자원의 낭비 정도를 의미한다.
- 무결성(Integrity) : 허용되지 않는 사용이나 자료의 변경을 제어하는 정도를 의미한다.
- 이식성(Portability) : 다양한 하드웨어 환경에서도 운용 가능하도록 쉽게 수정될 수 있는 정도를 의미한다.

31 ③

회귀 테스트(Regression Test)

- 소프트웨어 시스템에 변경 상황이 발생한 후, 해당 변경이 기존 시스템의 다른 부분에 부작용을 일으키는지를 확인하기 위한 테스트이다.
- 주요 목적은 기존의 기능이나 동작에 영향을 주지 않는지, 오류나 결함이 발생하지 않는지를 검증하는 것이다.
- 소프트웨어의 버그 수정, 기능 추가, 코드 리팩토링 등의 변경 작업 이후에 수행된다.

32 ②

모듈화(Modularity)

- 모듈화는, 거대한 문제를 작은 조각의 문제로 나누어 다루기 쉽도록 하는 과정으로, 작게 나누어진 각 부분을 모듈이라고 한다.
- 소프트웨어의 모듈은 프로그래밍 언어에서 Subroutine, Function 등으로 표현될 수 있다.
- 모듈화는 시스템을 지능적으로 관리할 수 있도록 해주며, 복잡도 문제를 해결하는 데 도움을 준다.
- 모듈화는 시스템의 유지보수와 수정을 용이하게 한다.

33 ②

단위(Unit) 테스트

- 개발자가 원시 코드를 대상으로 각각의 단위를 다른 부분과 연계되는 부분은 고려하지 않고 단위 자체에만 집중하여 테스트한다.
- 객체지향에서 클래스 테스팅에 해당한다.

34 ④

DRM(Digital Rights Management)

- 디지털 콘텐츠의 지적재산권보호, 관리 기능 및 안전한 유통과 배포를 보장하는 솔루션이다.
- 디지털 콘텐츠의 지적재산권을 보호하는 권한 통제 기술, 사용 권한 제어 기술, 패키징 기술, 라이선스 관리를 포함한 유통 체계이다.

DRM(Digital Rights Management) 기술 요소

- 사용 규칙 제어 기술 : 콘텐츠 식별 체계, 메타 데이터, 권리 표현 기술
- 저작권 보호 기술 : 암호화, 키 관리, 식별 기술, 정책 관리, 위변조 방지, 워터마킹, 크랙 방지 기술, 인터페이스, 인증, 이벤트 보고, 사용 권한(정책 관리)

35 ③

- 라디오 버튼 : 선택 영역에서 어느 하나를 선택할 때 사용하는 버튼이다. 항목 중 1개만 선택할 수 있다.

○ Radio1
○ Radio2
● Radio3

- 체크박스 : 라디오 버튼과 달리 동시에 여러 항목을 선택할 수 있다.

☐ Basketball
☑ Cats
☑ Dogs
☑ Mobile & Wireless

- 토글 버튼 : 항목을 on/off 할 때 사용된다.

- 드롭다운 리스트(목록상자) : 기본값이 보이는 디폴트 값을 가지고 있다가 드롭다운 버튼을 누르면 선택 항목이 표시된다.

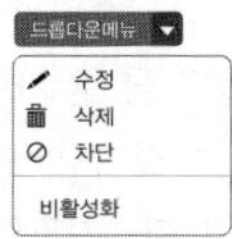

36 ④

하향식 통합 검사(Top Down Integration Test)

- 상위 컴포넌트를 테스트하고 점증적으로 하위 컴포넌트를 테스트한다.
- 주요 제어 모듈 기준으로 아래로 통합하며 진행한다.
- 하위 컴포넌트 개발이 완료되지 않은 경우 스텁(Stub)을 사용하기도 한다.
- 우선 통합법, 깊이 우선 통합법, 너비 우선 통합법 등이 있다.

37 ④

외계인 코드(Alien Code) : 아주 오래되거나 참고문서 또는 개발자가 없어 유지보수 작업이 어려운 프로그램을 의미한다.

38 ②

Risk Analysis(위험 분석)

- 프로젝트에 내재된 위험 요소를 인식하고 그 영향을 분석하여 이를 관리하는 활동으로서, 프로젝트를 성공시키기 위하여 위험 요소를 사전에 예측하여 대비하는 모든 기술과 활동을 포함한다.
- 해당 위험의 가능성과 영향을 평가하여 관리하는 과정이다.
- 프로젝트를 진행하면서 예상되는 위험을 사전에 파악하고, 적절한 대응 전략을 수립하여 위험을 최소화하고 성공적으로 프로젝트를 완료하는 것이다.
- 대표적인 기법으로는 위험 등급 평가, 위험 행렬, 위험 시나리오 작성 등이 있다.

39 ②

코드 인스펙션 과정 : 계획 → 사전교육 → 준비 → 인스펙션 회의 → 재작업 → 추적

40 ④

EAI – Hybrid 방식

- Hub & Spoke와 Message Bus의 혼합 방식이다.
- 그룹 내 : Hub & Spoke, 그룹 간 : Message Bus 데이터 병목 현상을 최소화할 수 있다.
- 필요한 경우 한 가지 방식으로 EAI 구현이 가능하다.

오답 피하기

④번은 Poin–to–Point 방식에 관한 설명이다.

3과목 데이터베이스 구축

41 ①

정규화(Normalization)의 개념

- 데이터베이스 설계에서 중요한 사항은 현실 세계를 가장 정확하게 표현할 수 있는 데이터의 논리적 구조를 결정하는 것이다. 관계 데이터베이스의 관점으로 '어떤 속성을 결정해야 하는가?'를 결정하는 문제가 중요하다.
- 함수적 종속성 등의 종속성 이론을 이용하여 잘못 설계된 관계형 스키마를 더 작은 속성의 세트로 쪼개어 바람직한 스키마로 만들어 가는 과정이다.
- 좋은 데이터베이스 스키마를 생성하고 불필요한 데이터의 중복을 방지하여 정보 검색을 용이하게 할 수 있도록 허용한다.

오답 피하기

정규화는 데이터베이스의 개념 설계 단계 이후인 논리적 설계 단계에 수행한다.

42 ①

개체 관계도(ERD : Entity–Relationship Diagram)

- 1976년 Peter Chen이 제안하였고 특정 DBMS를 고려하지 않는다.
- 개념적 설계에 가장 많이 사용되는 모델로 개체 관계도(ERD)가 가장 대표적이다.
- 데이터를 개체(entity), 관계(relationship), 속성(attribute)과 같은 개념으로 표시한다.
- 개체 타입은 사각형, 관계 타입은 다이아몬드, 속성은 타원, 그리고 이들을 연결하는 링크로 구성된다.

43 ①

관계 대수(Relational Algebra)

- 원하는 정보와 그 정보를 어떻게 유도하는가를 기술하는 절차적인 방법이다.
- 주어진 릴레이션 조작을 위한 연산의 집합이다.
- 질의에 대한 해를 구하기 위해 수행해야 할 연산의 순서를 명시한다.
- 릴레이션 조작을 위한 연산의 집합으로 피연산자와 결과가 모두 릴레이션이다.
- 일반 집합 연산과 순수 관계 연산으로 구분된다.
- 셀렉션 : σ, 프로젝션 : π, 개명 : ρ, 조인 : $\bowtie$

44 ②

트랜잭션 상태

- 활동(Active) : 초기 상태로 트랜잭션이 Begin_Trans에서부터 실행을 시작하였거나 실행 중인 상태이다.
- 부분 완료(Partially Committed) : 트랜잭션의 마지막 연산이 실행된 직후의 상태로, 모든 연산의 처리는 끝났지만, 트랜잭션이 수행한 최종 결과를 데이터베이스에 반영하지 않은 상태이다.
- 철회(Aborted) : 트랜잭션이 실행에 실패하여 Rollback 연산을 수행한 상태이다.
- 완료(Committed) : 트랜잭션이 실행을 성공적으로 완료 연산을 수행한 상태이다.

45 ④

SQL 명령어

- DDL(데이터 정의어) : CREATE, DROP, ALTER
- DML(데이터 조작어) : SELECT, INSERT, DELETE, UPDATE
- DCL(데이터 제어어) : GRANT, REVOKE, COMMIT, ROLLBACK

46 ④

- 분산 데이터베이스의 구성 요소 : 분산 처리기, 분산 데이터베이스, 통신 네트워크, 분산 트랜잭션
- 분산 데이터베이스의 구조 : 전역, 분할(단편화), 할당, 지역 스키마

47 ②

HAVING 절을 사용한 조회 검색

GROUP BY 절에 의해 선택된 그룹의 탐색 조건을 지정할 수 있으며 SUM, AVG, COUNT, MAN, MIN 등의 그룹 함수와 함께 사용할 수 있다.

SELECT 속성명1, 속성명2 FROM 테이블명

GROUP BY 그룹 기준 속성명 HAVING 그룹별 적용 조건식;

위 문제는 'R1 테이블을 동일한 주소끼리 그룹을 지었을 때 해당 주소에 2개 이상의 튜플이 존재하는 주소를 출력해라'라는 질의문이다.

48 ①

논리적 설계 단계

- 개념 스키마를 평가 및 정제하고 DBMS에 따라 서로 다른 논리적 스키마를 설계한다.
- 논리적 데이터 모델로 변환한다.
- 트랜잭션 인터페이스 설계를 수행한다.
- 개념 스키마의 평가 및 정제를 수행한다.

49 ④

트랜잭션의 특성

- 원자성(Atomicity) : 완전하게 수행 완료되지 않으면 전혀 수행되지 않아야 한다.
- 일관성(Consistency) : 시스템의 고정 요소는 트랜잭션 수행 전후에 같아야 한다.
- 격리성(Isolation, 고립성) : 트랜잭션 실행 시 다른 트랜잭션의 간섭을 받지 않아야 한다.
- 영속성(Durability, 지속성) : 트랜잭션의 완료 결과가 데이터베이스에 영구히 기억된다.

50 ①

트리거(Trigger) : 연쇄 반응을 의미한다. 즉, 일정 작업을 수행할 때 이에 부수적으로 자동 처리되도록 하는 것을 말한다.

51 ③

릴레이션의 특징

- 한 릴레이션의 속성은 원자값이며, 속성 간 순서가 없다.
- 모든 튜플은 서로 다른 값을 가지며 튜플 사이에는 순서가 없다.

52 ①

TRUNCATE와 DELETE

- TRUNCATE와 DELETE는 DROP과는 다르게 테이블의 데이터만 삭제한다.
- DELETE는 테이블의 데이터만 삭제하며 삭제된 디스크 공간의 용량은 줄어들지 않는다.
- TRUNCATE는 테이블의 데이터 삭제 시 WHERE 조건절은 사용할 수 없지만 DELETE보다 처리 속도가 빠르다.
- TRUNCATE는 Auto Commit을 수행하여 Rollback이 불가능하다.
- TRUNCATE 작업을 실행하면 데이터는 완전히 삭제되며, Rollback하여 삭제된 데이터를 복구할 수 없다.

53 ③

관계 데이터 모델, 계층 데이터 모델, 네트워크 데이터 모델의 가장 큰 차이점은 관계의 표현 방법이 다르다는 것이다.

오답 피하기

- 계층형 데이터베이스를 트리(Tree) 구조로 표현하며 두 레코드 타입을 부모·자식 관계로 표현한다.
- 네트워크형 모델은 그래프 표현을 이용하여 레코드 간의 관계를 다대다 관계(N:M)로 표현할 수 있다.
- 관계형 모델은 행과 열로 구성되는 테이블로 표시되고, 각 테이블 간에는 공통 속성을 통해 관계가 성립된다.

54 ③

- SQL에서 만능문자는 '%'를 사용한다.
- '정'으로 시작하거나 종료하는 것이 아니므로 만능문자를 앞뒤에 붙인다.

55 ①

SELECT 명령문의 정렬

- SELECT 명령문에서는 튜플 간 정렬을 위해 ORDER BY 절을 추가하여 사용한다. 정렬의 기준 속성명의 값들을 오름차순 또는 내림차순으로 튜플 단위로 정렬하여 결과 테이블을 생성한다.
- ASC는 오름차순, DESC는 내림차순을 지정하는 옵션이다.
- SELECT 속성명1, 속성명2 FROM 테이블명 WHERE 조건식 ORDER BY 정렬 기준 속성명 [ASC|DESC];

판매실적 테이블을 읽어 서울지역에 한하여 판매액 내림차순으로 지점명과 판매액을 출력

SELECT 지점명, 판매액 FROM 판매실적 WHERE 도시='서울'
ORDER BY 판매액 DESC;

오답 피하기

- ② 조건절이 누락되었다.
- ③ 내림차순은 DESC이다.
- ④ 지점명, 판매액 필드만 제한되어야 하나 *를 사용하였다.

56 ④

Partitioning 유형 : Range Partitioning, List Partitioning, Composite Partitioning, Hash Partitioning

57 ③

① 학생 테이블의 지도교수 컬럼의 제약 조건을 삭제한다.
→ ALTER TABLE문에서 "DROP COLUMN"은 테이블의 컬럼을 삭제하는 명령이며, 해당 컬럼과 관련된 제약 조건도 함께 삭제된다.

② 학생 테이블의 지도교수 컬럼을 삭제하며 참조되는 다른 테이블의 지도교수 컬럼까지 연쇄 삭제한다.
→ "CASCADE" 키워드는 참조되는 다른 테이블의 지도교수 컬럼까지 연쇄적으로 삭제하는 옵션이다. 따라서 학생 테이블의 지도교수 컬럼과 이를 참조하는 다른 테이블의 컬럼도 함께 삭제된다.

58 ②

뷰(View) 특징

- 저장 장치 내에 물리적으로 존재하지 않고 테이블에서 유도되는 가상의 테이블이며 기본 테이블에 의해 유도되므로 기본 테이블을 삭제하면 뷰도 삭제된다.
- 뷰의 생성 시 CREATE문, 검색 시 SELECT문을 사용한다.
- 뷰의 정의 변경 시 ALTER문을 사용할 수 없고 DROP문을 이용한다.
- 뷰를 이용한 또 다른 뷰의 생성이 가능하다.
- 하나의 뷰 제거 시 그 뷰를 기초로 정의된 다른 뷰도 함께 삭제된다.
- 뷰 위에 또 다른 뷰를 정의할 수 있다.
- DBA는 보안 측면에서 뷰를 활용할 수 있다.
- 뷰는 물리적으로 존재하지 않는 가상화된 테이블이다.

59 ④

로킹(Locking) 특징

- 로킹 단위가 커지면 로크의 수가 적어 관리가 쉬워지지만, 병행성 수준은 낮아진다.
- 로킹 단위가 작으면 로크의 수가 많아 관리가 어려워지지만, 병행성 수준은 높아진다.

60 ③

참조 무결성(Reference Integrity)

- 다른 관계에 존재하는 튜플을 참조하기 위해 사용되는 속성의 값은 참조되는 테이블의 튜플 중에 해당 속성에 대해 같은 값을 갖는 튜플이 존재해야 한다.
- 외래키 값은 참조 테이블의 기본키 값과 동일해야 한다.
- 조인된 두 테이블 중 메인 테이블에 존재하지 않는 레코드는 서브 테이블에 입력될 수 없다.
- 다른 테이블을 참조하는 테이블의 레코드 추가 시 외래키 값이 널(Null)이면 참조 무결성은 유지된다.
- 다른 테이블에 의해 참조되는 테이블에서 레코드를 추가할 때는 참조 무결성이 유지된다.

4과목 프로그래밍 언어 활용

61 ③

스위치의 종류

유형	기능	OSI 7계층
L1	전기 신호 변환 및 중계	물리 계층
L2	스위칭, 맥 주소 필터링	데이터 링크 계층
L3	패킷 라우팅, IP 주소 할당	네트워크 계층
L4	• 전송 제어, 포트 매핑 • 로드밸런싱	전송 계층
L5	세션 관리, 동기화	세션 계층

62 ②

C언어의 논리 연산자

- 논리부정(!) 연산자 : '참'을 '거짓'으로 '거짓'을 '참'으로 부정
- 논리곱(&&) 연산자 : 좌측과 우측 피연산자가 모두 '참'이어야 '참'의 결과
- 논리합(||) 연산자 : 좌측과 우측 피연산자 중 좌측 연산자가 '참'이면 '참'의 결과

int a = 3, b = 5, c = −1;	
t1	a && b
	3 && 5
	참 && 참
	결과 : 참(1)
t2	a && b
	3 && 5
	참 && 참
	결과 : 참(1)
t3	!c
	!−1
	!참
	결과 : 거짓(0)

printf("%d", t1 + t2 + t3); 명령문은 1 + 1 + 0을 수행한 결과 2를 출력한다.

63 ③

코드	설명

`#include <stdio.h>`
`int main()`
`{`
	표준 입출력 헤더 가져오기
	main() 함수 시작

`int value = 2;` `int sum = 0;`	변수 초기화

`switch (value)`
`{`
`case 1: sum += 4;`
`case 2: sum += 2;`
`case 3: sum += 1;`
`}`
	switch문을 사용하여 value의 값에 따라 다른 동작을 수행
	• case 2의 코드부터 아래로 순차적으로 실행되므로, sum에 2가 추가되고,
	• 다음에 sum에 1이 더해진다.
	• 결과는 3

`printf("%d", sum);`
`return 0;`
`}`
	• sum 변수 출력
	• 프로그램 종료

64 ②

코드	설명

`#include <stdio.h>`
`int main()`
`{`
	• 표준 입출력 헤더 가져오기
	• main() 함수 시작

`int i, t = 0;`	정수형 변수 i와 t를 선언하고 t에 초깃값 0을 할당

`for(i = 1; i <= 10; i += 2)`
`{`
`t += i;`
`}`
	• for 반복문을 사용하여 변수 i를 1부터 10까지 2씩 증가시키며 반복
	• 반복할 때마다 i 값을 t에 더한다.
	• i 값은 1, 3, 5, 7, 9로 변경되고, t에는 이들 값을 차례로 누적합한다.
	• (1+ 3+ 5+ 7+ 9) = 25

`printf("%d", t);`
`return 0;`
`}`
	• t 변수 출력(25)
	• 프로그램 종료

65 ①

코드	설명
`class TestClass {`	TestClass 클래스 선언

`void exe(int[] arr) {`
`System.out.println(func(func(5, 5), 5, func(arr)));`
`}`
	• exe() 메소드를 정의(int 배열 arr을 매개변수로 받음)
	• func() 메소드를 호출하여 계산한 결과를 출력

`int func(int a, int b) {`
`return a + b;`
`}`
	• func() 메소드를 정의
	• int형 매개 변수 a와 b를 받아서 두 값을 더한 결과를 반환

`int func(int a, int b, int c) {`
`return a - b;`
`}`
	• func() 메소드를 정의
	• int형 매개 변수 a, b, c를 받아서 a−b한 결과를 반환
	• a−b func 메소드 오버로딩

`int func(int[] c) {`
`int s = 0;`
`for(int i = 0; i < c.length; i++) {`
`s += c[i];`
`}`
`return s;`
`}`
	• func() 메소드를 정의
	• int 배열 c를 받아서 배열 요소들의 합을 계산하여 반환
	• 배열 합 func 메소드 오버로딩

`}`	TestClass 클래스의 정의를 마침

코드	설명

public class Test {
    public static void main(String[] args) {
        int[] a = {1, 2, 3, 4, 5};
        TestClass t = new TestClass();
        t.exe(a);
    }
}
	• Test 클래스 선언
	• main() 메소드에서는 int 배열 a를 초기화하고, TestClass의 인스턴스를 생성하여 exe 메소드를 호출
	• a를 exe() 메소드의 매개 변수로 전달

- exe 메소드 내부에서는 func(func(5, 5), 5, func(arr))를 계산하고 결과를 출력
- func(5, 5)를 호출하여 10을 반환
- func(arr)를 호출하여 a 배열의 합인 15를 반환
- func(func(5, 5), 5, func(arr))는 func(10, 5, 15)로 계산
- func(10, 5, 15)는 10 – 5를 계산한 5를 반환

66 ①

IPv6

- 16비트씩 8부분으로 총 128비트로 구성된다.
- 2^128개의 주소를 표현할 수 있다.
- 등급별, 서비스별로 패킷을 구분할 수 있어 품질 보장이 용이하다.
- IPv6의 패킷 헤더는 40바이트의 고정된 길이를 가지므로 IPv4처럼 Header Length Field가 필요 없다.
- 주소 체계는 유니캐스트(Unicast), 애니캐스트(Anycast), 멀티캐스트(Multicast) 방식이 있다.
- IPv4의 주소 부족 문제를 해결해 줄 수 있다.
- IPv6는 주소 자동 설정(Auto Configuration) 기능을 통해 손쉽게 이용자의 단말을 네트워크에 접속시킬 수 있다.
- IPv4는 호스트 주소를 자동으로 설정한다.
- IPv4는 클래스별로 네트워크와 호스트 주소의 길이가 다르다.
- 인증 및 보안 기능을 포함하고 있어 IPv4보다 보안성이 강화되었다.
- IPv6 확장 헤더를 통해 네트워크 기능 확장이 용이하다.
- 임의 크기의 패킷을 주고받을 수 있도록 패킷 크기 제한이 없다.
- 멀티미디어의 실시간 처리가 가능하다.
- 자동으로 네트워크 환경 구성이 가능하다.

67 ③

서브넷마스크(Subnet Mask)

- 컴퓨터가 속한 네트워크를 나타내는 네트워크 식별자를 추출하는 것으로, IP 주소를 네트워크 주소 부분과 호스트 주소 부분으로 구분하기 위해서 쓰인다.
- A 클래스 서브넷 마스크 : 255.0.0.0
- B 클래스 서브넷 마스크 : 255.255.0.0
- C 클래스 서브넷 마스크 : 255.255.255.0

오답 피하기

198.0.46.201/24에서 /24는 마스킹되는 IPv4의 32비트 중 2진수 1의 개수를 의미한다.

256(2^8)	256(2^8)	256(2^8)	0(Mask)
11111111	11111111	11111111	00000000

68 ④

UDP(User Datagram Protocol)

- 비연결형 및 비신뢰성 전송 서비스를 제공한다.
- 흐름 제어나 순서 제어가 없어 전송 속도가 빠르다.
- 수신된 데이터의 순서 재조정 기능을 지원하지 않는다.
- 복구 기능을 제공하지 않는다.
- 적은 오버헤드와 빠른 전송을 지원한다.

69 ④

HRN 계산

$$\text{우선순위 계산식} = \frac{\text{대기 시간} + \text{서비스를 받을 시간}}{\text{서비스를 받을 시간}}$$

- A 작업 : (5+5)/5 = 2
- B 작업 : (10+4)/4 = 3.5
- C 작업 : (5+3)/3 = 2.6
- D 작업 : (20+2)/2 = 11
- 작업 순서 : D → B → C → A

70 ④

결합도 종류(약 → 강)

- 데이터 결합도 → 스탬프 결합도 → 제어 결합도 → 공통 결합도 → 내용 결합도
- 데이터 결합도(Data Coupling) : 한 모듈이 파라미터나 인수로 다른 모듈에게 데이터를 넘겨주고 호출받은 모듈은 받은 데이터에 대한 처리 결과를 다시 돌려주는 경우의 결합도
- 스탬프 결합도(Stamp Coupling) : 두 모듈이 동일한 자료 구조를 조회하는 경우의 결합도
- 제어 결합도(Control Coupling) : 한 모듈이 다른 모듈의 내부 논리 조직을 제어하기 위한 목적으로 제어 신호를 이용하여 통신하는 경우의 결합도
- 외부 결합도(External Coupling) : 한 모듈에서 외부로 선언한 변수를 다른 모듈에서 참조할 경우의 결합도
- 공통 결합도(Common Coupling) : 한 모듈이 다른 모듈에게 제어 요소를 전달하고 여러 모듈이 공통 자료 영역을 사용하는 경우의 결합도
- 내용 결합도(Content Coupling) : 한 모듈이 다른 모듈의 내부 기능 및 그 내부 자료를 참조하는 경우의 결합도

71 ②

논리형 (true/false) 변수 선언

boolean false;

72 ④

세션 계층(Session Layer)

- 회화 구성, 동기 제어, 데이터 교환 관리, 프로세스 간에 대한 연결을 확립, 관리, 단절시키는 수단을 제공한다.
- 통신 단말기 사이의 세션을 구축하고 유지하며 종료시키는 역할을 한다.

73 ③

FIFO(First In First Out)

- 가장 먼저 적재된 페이지를 먼저 교체하는 기법이다.
- 빈 프레임에 순서대로 페이지를 채우고 프레임이 모두 찬 경우 현재 메모리에 입력된 페이지 중 가장 먼저 입력된 프레임의 값을 교체한다.
- 음영 프레임이 페이지 교체된 프레임을 의미한다.

요청 페이지	2	3	2	1	5	2	4	5	3
페이지 프레임	2	2	2	2	5	5	5	5	3
		3	3	3	3	2	2	2	2
				1	1	1	4	4	4
페이지 부재	O	O		O	O	O	O		O

74 ①

시분할 시스템(Time Sharing System)

- 단말 장치 사용자가 일정한 시간 간격(Time Slice) 동안 CPU를 사용함으로써 단독으로 중앙처리 장치를 이용하는 것과 같은 효과를 가지는 시스템이다.
- 각 사용자가 각자 독립된 컴퓨터를 사용하는 느낌을 갖는 시스템이다.
- 응답 시간을 최소화할 수 있다.

75 ①

CSMA/CD(Carrier Sensing Multiple Access/Collision Detection)

- 전송 중에 충돌이 감지되면 패킷의 전송을 즉시 중단하고 충돌이 발생한 사실을 모든 스테이션이 알 수 있도록 간단한 통보 신호를 송신한다.
- 스테이션의 수가 많아지면 충돌이 많아져서 효율이 떨어진다.
- 어느 한 기기에 고장이 발생하여도 다른 기기의 통신에 전혀 미치지 않는다.
- 버스 또는 트리 토폴로지에서 가장 많이 사용된다.
- 전송하는 스테이션이 전송 매체의 상태를 감지하다가 유휴(idle) 상태면 데이터를 전송하고, 전송이 끝난 후에도 계속 매체의 상태를 감지하여 다른 스테이션과의 충돌 발생 여부를 감시한다.
- IEEE 802의 표준 규격 : IEEE 802.3

76 ②

전송 제어 문자

- ENQ(ENQuiry) : 상대국에 데이터 링크 설정 및 응답 요구
- DLE(Data Link Escape) : 데이터 투과성을 위해 삽입되며, 전송 제어 문자 앞에 삽입하여 전송 제어 문자임을 알림
- ACK(Acknowledge) : 수신측에서 송신측으로 보내는 긍정 응답
- NAK(Negative Acknowledge) : 수신측에서 송신측으로 보내는 부정 응답

77 ④

코드	설명
`public class Test {` `static void func(int a, int b) {`	• Test 클래스를 정의 • func 메소드를 정의(int형 매개 변수 a와 b를 받음)
`try {` `System.out.println("결과 : " + a / b);`	• try 블록에서는 예외가 발생할 수 있는 코드를 실행 • a / b 계산 결과를 출력
`}catch(NumberFormatException e) {` `System.out.println("정수 변환 불가");`	• catch 블록을 사용하여 예외를 처리 • NumberFormatException 예외를 처리(즉, a 또는 b가 정수로 변환할 수 없는 경우 해당 예외가 발생) • 이 경우 "정수변환 불가"를 출력
`} catch(ArithmeticException e) {` `System.out.println("나눗셈 불가");`	• catch 블록을 사용하여 예외를 처리 • ArithmeticException 예외를 처리(즉, b가 0일 때 나눗셈을 수행하는 경우 해당 예외가 발생) • 이 경우 "나눗셈 불가"를 출력
`} catch(ArrayIndexOutOfBoundsException e) {` `System.out.println("배열 범위 초과");`	• catch 블록을 사용하여 예외를 처리 • ArrayIndexOutOfBoundsException 예외를 처리(즉, 배열 인덱스 범위를 초과하는 경우 해당 예외가 발생) • 이 경우 "배열 범위 초과"를 출력
`} finally {` `System.out.println("프로그램 종료");` `}` `}`	• finally 블록은 예외 발생 여부와 관계없이 항상 실행되는 블록 • 이 블록에서는 "프로그램 종료"를 출력 • func 메소드 정의 마침
`public static void main(String[] args) {` `func(30, 0);` `}`	• main() 메소드를 정의 • 프로그램의 시작점 • func 메소드를 호출하고 인수로 30과 0을 전달

func(30, 0)을 호출하고, 0으로 나누는 나눗셈 연산이 발생하므로 ArithmeticException 예외가 발생한다.
이 예외를 catch 블록에서 처리하고 "나눗셈 불가"를 출력하고 finally 블록에서 "프로그램 종료"를 출력한다.

78 ④

map 함수

- 주어진 함수를 순회 가능한(iterable) 객체의 모든 요소에 적용하여 새로운 이터레이터(iterator)를 반환하는 함수이다.

형식
map(function, iterable)

- function : 적용할 함수로 순회 가능한 객체의 각 요소를 받아 처리한다.
- iterable : 순회 가능한 객체로 list, tuple, set, dict 등과 같은 여러 형태의 컬렉션을 포함한다.

split 함수

string을 delimiter를 기준으로 분리한 후 분리된 각 부분을 원소로 가지는 리스트를 반환한다.

형식
string.split(delimiter, maxsplit)

오답 피하기

문자열 입력으로 받은 12a34를 'a' 기준으로 분할하고 정수형으로 a, b에 각각 할당한다.

79 ②

C언어 변수명 작성 규칙

- 영문 대소문자(A~Z, a~z), 숫자(0~9), '_'를 혼용하여 사용할 수 있다.
- 첫 글자는 영문자나 '_'로 시작해야 한다.
- 영문자는 대소문자를 구분한다.
- 공백을 포함할 수 없다.
- 예약어(Reserved Word)를 사용할 수 없다.
- 예약어 : auto, beak, case, char, const, continue, default, do, double, else, enum, extern, float, for, goto, if, int, long, register, return, short, signed, sizeof, static, struct, switch, typedef, union, unsigend, void, volatile, while

80 ②

임계 구역(Critical Section)

- 다중 프로그래밍 운영체제에서 여러 개의 프로세스가 공유하는 자원이나 데이터에 대하여 어느 한 시점에서 하나의 프로세스만 사용할 수 있도록 지정된 공유 자원을 의미한다.
- 하나의 프로세스만 사용할 수 있으므로 다른 프로세스들은 대기하게 된다.
- 임계 영역에서의 작업은 최대한 빠른 속도로 수행되어야 한다.

5과목 정보 시스템 구축 관리

81 ③

중단된 프로세스와 닫힌 포트가 아니라, 활성화된 프로세스와 열린 포트를 중심으로 취약점 관리를 수행한다.

82 ④

PLCP(Physical Layer Convergence Procedure, 물리 계층 수렴 처리)

- 논리적인 802.11 MAC 부계층과 물리적인 특성을 연결하는 역할이다.
- 802.11 MAC 부계층이 물리적 특성에 관계없이 동작하도록 한다.

Traffic Distributor

네트워크 통신 간에 트래픽을 분배해주는 솔루션이다.

DPI(Deep Packet Inspection)

- OSI 7계층까지 전 계층의 프로토콜과 패킷 내부의 콘텐츠를 파악하여 침입 시도, 해킹 등을 탐지하고 트래픽을 조정하기 위한 패킷 분석 기술이다.
- 유해 정보 차단, 해킹 차단, 다양한 탐지/분석 모델이다.
- 네트워크 보안, 관리, 콘텐츠 관리 등의 목적을 갖는다.

SPI(Shallow Packet Inspection)

- OSI 7계층 중 하위 4계층까지의 패킷을 분석한다.
- IP Packet, TCP Segment, 네트워크를 관리한다.
- DPI 대비 콘텐츠 보호가 미흡하다.

83 ②

XSS(=CSS, Cross Site Scripting)

- 검증되지 않는 외부 입력값에 의해 웹 브라우저에서 악의적인 코드가 실행되는 보안 취약점이다.
- 웹 페이지에 악의적인 스크립트를 포함시켜 사용자 측에서 실행되게 유도함으로써, 정보 유출 등의 공격을 유발할 수 있는 취약점이다.
- 외부 입력값에 스크립트가 삽입되지 못하도록 문자열 치환 함수를 사용하거나 JSTL이나 크로스사이트스크립트 방지 라이브러리를 사용함으로써 방지할 수 있다.

84 ②

증강 현실(AR) : 사용자가 눈으로 보는 현실 화면이나 실제 영상에 문자나 그래픽과 같은 가상의 3차원 정보를 실시간으로 겹쳐 보여주는 새로운 멀티미디어 기술이다.

85 ②

대칭키(비밀키 암호화 기법)

- 동일한 키로 암호화하고 복호화하는 기법으로 키 개수는 N(N-1)/2개 필요하다.
- 대칭 암호 알고리즘은 처음 통신 시 비밀키를 전달해야 하므로, 키 교환 중 키가 노출될 수 있다.
- 암호화/복호화 속도가 빠르고 알고리즘이 단순하다.
- 종류 : DES, AES, ARIA, SEED, IDEA, RC4

비대칭키(공개키 암호화 기법)

- 메시지를 암호화할 때와 복호화할 때 사용되는 키가 서로 다르다.
- 대표적으로 RSA(Rivest Shamir Adleman)가 있으며 비대칭 키 또는 이중키 암호 기법이라고도 한다.
- 데이터를 암호화할 때 사용되는 키(공개키)는 공개하고, 복호화할 때의 키(비밀키)는 비밀로 한다.
- 키 분배가 비밀키 암호화 기법보다 쉽고, 암호화/복호화 속도가 느리며 알고리즘이 복잡하다.

86 ③

SQL Injection 공격 기법은 DBMS의 종류에 따라 다양하다.

87 ①

DES(Data Encryption Standard)

- 1970년대 초 IBM이 개발한 알고리즘이다.
- 16라운드 Feistel 구조를 가진다.
- 평문을 64비트로 블록화하고, 실제 키의 길이는 56비트를 이용한다.
- 전사 공격(Brute-Force Attack)에 취약하다.

RSA(Rivest Shamir Adleman)

- 비대칭 암호화 알고리즘 중에서 가장 많은 지지를 받으면서 오늘날 산업 표준으로 사용되는 방법이다.
- 큰 숫자를 소인수분해하기 어렵다는 기반하에 1978년 MIT에 의해 제안된 공개키 암호화 알고리즘이다.
- MIT의 로널드 리베스트(Ronald Rivest), 아디 샤미르(Adi Shamir), 레오나르도 애들먼(Leonard Adleman)이 고안하였다.

88 ①

MapReduce

- HADOOP의 핵심 구성 요소로서 대용량 데이터를 분산 처리하기 위한 목적으로 개발된 프로그래밍 모델이다.
- Google에 의해 고안된 기술로써 대표적인 대용량 데이터 처리를 위한 병렬 처리 기법을 제공한다.
- 임의 순서로 정렬된 데이터를 분산 처리하고 이를 다시 합치는 과정을 거친다.

89 ④

VPN(Virtual Private Network, 가상 사설망)

- 이용자가 인터넷과 같은 공중망에 사설망을 구축하여 마치 전용망을 사용하는 효과를 가지는 보안 솔루션이다.
- 안전하지 않은 공용 네트워크를 이용하여 사설 네트워크를 구성하는 기술이다.

90 ②

해시(HASH) 암호화 방식

- 임의 길이의 메시지를 입력으로 하여 고정된 길이의 출력값으로 변환하는 기법이다.
- 주어진 원문에서 고정된 길이의 의사난수를 생성하며, 생성된 값을 해시값이라고 한다.
- 해시 함수라고도 한다.
- 디지털 서명에 이용되어 데이터 무결성을 제공한다.
- 블록체인에서 체인 형태로 사용되어 데이터의 신뢰성을 보장한다.
- SHA, SHA1, SHA256, MD4, MD5, RMD160, HAS-160, HAVAL 기법 등이 있다.

오답 피하기

공개키 암호화 방식이 아니라 대표적인 해싱 암호화 기법이다.

91 ②

접근 통제(Access Control)의 개념

- 비인가자가 컴퓨터 시스템에 액세스하지 못하도록 하는 것이다.
- 시스템의 자원 이용에 대한 불법적인 접근을 방지하는 과정이다.
- 크래커(Cracker)의 침입으로부터 보호한다.
- 종류 : 강제적 접근 통제, 임의적 접근 통제, 역할 기반 접근 통제

92 ①

A* 알고리즘

- 가중치 그래프에서 시작 노드에서 목표 노드까지의 최단 경로만 구하려 하는 그리드 알고리즘이다.
- 시작 노드와 목표 노드, 그리고 각 노드 사이의 가중치를 입력으로 사용하고, 시작 노드에서 시작하여 각 노드에 대한 비용을 계산한다. 이 비용은 이동 거리와 휴리스틱 함수의 합이다.
- 휴리스틱 함수 : 현재 노드에서 목표 노드까지의 예상 이동 거리를 추정한다.
- 비용을 기준으로 노드를 정렬하고 비용이 가장 낮은 노드부터 탐색한다.
- 목표 노드에 도달할 때까지 이 과정을 반복한다.
- 다익스트라 알고리즘과 유사하지만, 휴리스틱 함수를 사용한다는 점이 다르다.
- 로봇 경로 탐색, 도로 네트워크 내의 최단 경로 찾기, 8-퍼즐 문제와 같은 다양한 문제에 사용된다.

93 ③

LAND Attack(Local Area Network Denial Attack)

- IP 주소 스푸핑과 ICMP 패킷을 이용하여 시스템 리소스를 고갈시키는 데 초점을 맞춘 공격 기법이다.
- 공격자는 피해자의 IP 주소를 탈취해 패킷의 출발지 주소와 목적지 주소로 변경하고 피해자의 컴퓨터에 연결을 시도한다.
- 피해자의 컴퓨터는 자신의 IP 주소로 인식하고 연결을 수락하고 응답하지만, 공격자가 출발지와 목적지 주소를 동일하게 설정했기 때문에 컴퓨터는 자신에게 응답하도록 하는 공격 기법이다. 이에 따라 컴퓨터가 응답을 무한히 반복하거나 무의미한 연결 상태를 생성하여 컴퓨터가 마비될 수 있다.

94 ②

스니핑(Sniffing) : 네트워크 주변을 지나다니는 패킷을 엿보면서 계정과 패스워드 등의 정보를 가로채는 행위로 이때 사용하는 프로그램을 스니퍼라고 한다.

95 ③

Honeypot

- 1990년대 David Clock이 처음 제안하였다.
- 비정상적인 접근의 탐지를 위해 의도적으로 설치해 둔 시스템이다.
- 침입자를 속여 실제 공격을 당하는 것처럼 보여줌으로써 크래커를 추적 및 공격 기법의 정보를 수집하는 역할을 한다.
- 쉽게 공격자에게 노출되어야 하며 쉽게 공격이 가능한 것처럼 취약해 보여야 한다.

96 ①

프로젝트 수행 시 예상되는 변화를 감안하여 정밀하게 진행한다.

97 ②

나선형 모형(Spiral Model)

- Boehm이 제시하였으며, 반복적인 작업을 수행하는 모형으로 점증적 모형, 집중적 모형이라고도 한다. 완성도 높은 소프트웨어를 만들 수 있다.
- 여러 번의 개발 과정을 거처 완벽한 최종 소프트웨어를 개발하는 점진적 모형이다.
- 가장 큰 장점인 위험 분석 단계에서 기술과 관리의 위험 요소들을 하나씩 제거해 나감으로써 위험성 평가에 크게 의존하기 때문에 이를 발견하지 않으면 문제가 발생할 수 있다.
- 위험 분석(Risk Analysis)은 반복적인 매주기 마다 수행해야 한다.
- 대규모 시스템의 소프트웨어 개발에 적합하다.

98 ③

COCOMO 프로젝트 유형

Organic Mode 유기적 모드	일괄 자료 처리나 과학 기술 계산용, 비즈니스 자료 처리용의 5만 라인 이하의 중소 규모 소프트웨어를 개발하는 유형
Semi-Detached Mode 반결합 모드	트랜잭션 처리 시스템이나 운영체제, 데이터베이스 관리 시스템 등의 30만 라인 이하의 소프트웨어를 개발하는 유형
Embedded Mode 내장 모드	초대형 규모의 트랜잭션 처리 시스템이나 운영체제 등의 30만 라인 이상의 소프트웨어를 개발하는 유형

99 ②

프레임워크(Framework)

- 프레임워크는 뼈대나 기반 구조를 뜻하고, 제어의 역전 개념이 적용된 대표적인 기술이다.
- 프로그래밍을 진행할 때 필수적인 코드, 알고리즘 등과 같이 어느 정도의 구조를 제공해주기 때문에 프레임워크를 사용하는 프로그래머는 이 프레임워크의 뼈대 위에서 코드를 작성하여 프로그램을 개발하면 된다.

라이브러리(Library)

- 단순 활용 가능한 도구들의 집합을 말한다.
- 프로그래머가 어떠한 기능을 수행하기 위해서 도움을 주는 또는 필요한 것을 제공해 주는 역할을 한다.

프레임워크와 라이브러리의 차이점

- 흐름에 대한 제어 권한을 누가 지니고 있냐의 차이이다.
- 프레임워크는 전체적인 흐름을 자체적으로 가지고 있어 프로그래머는 그 안에서 필요한 코드를 작성하는 반면에 라이브러리는 프로그래머가 전체적인 흐름을 가지고 있어 라이브러리를 자신이 원하는 기능을 구현하고 싶을 때 가져다 사용할 수 있다.

오답 피하기

라이브러리와는 달리 사용자 코드에서 프레임워크를 호출해서 사용하고, 그에 대한 제어도 프레임워크가 가지는 방식이다.

100 ①

- tcp wrapper : 어떤 외부 컴퓨터가 접속되면 접속 인가 여부를 점검해서 인가된 경우에는 접속이 허용되고, 그 반대의 경우에는 거부할 수 있는 접근 제어 유틸리티이다.
- trace checker : 측정 데이터를 자동으로 면밀히 분석하는 도구이다.

최신 기출문제 04회 163p

01 ②	02 ②	03 ②	04 ①	05 ②
06 ④	07 ④	08 ②	09 ④	10 ④
11 ②	12 ①	13 ④	14 ①	15 ③
16 ④	17 ①	18 ④	19 ④	20 ④
21 ②	22 ④	23 ②	24 ①	25 ③
26 ③	27 ①	28 ①	29 ②	30 ②
31 ②	32 ④	33 ①	34 ①	35 ②
36 ①	37 ②	38 ②	39 ③	40 ①
41 ③	42 ③	43 ③	44 ②	45 ①
46 ④	47 ②	48 ①	49 ④	50 ①
51 ③	52 ②	53 ③	54 ②	55 ①
56 ①	57 ②	58 ④	59 ④	60 ①
61 ③	62 ①	63 ③	64 ①	65 ④
66 ①	67 ③	68 ④	69 ④	70 ②
71 ③	72 ③	73 ④	74 ①	75 ①
76 ②	77 ④	78 ④	79 ②	80 ②
81 ②	82 ②	83 ②	84 ①	85 ①
86 ④	87 ④	88 ①	89 ②	90 ①
91 ①	92 ④	93 ③	94 ①	95 ①
96 ③	97 ④	98 ④	99 ③	100 ③

1과목 소프트웨어 설계

01 ②

정형 기술 검토 지침사항

- 의제와 그 범위를 유지하라.
- 참가자의 수를 제한하라.
- 각 체크 리스트를 작성하고, 자원과 시간 일정을 할당하라.
- 개발자가 아닌 제품의 검토에 집중하라.
- 논쟁과 반박을 제한하라.
- 검토 과정과 결과를 재검토하라.

02 ②

GoF 디자인 패턴

- 구조 : Adapter, Bridge, Composite, Decorator, Facade, Flyweight, Proxy
- 행위 : Chain of Responsibility, Iterator, Command, Interpreter, Memento, Observer, State, Strategy, Visitor, Template Method, Mediator
- 생성 : Factory Method, Singleton, Prototype, Builder, Abstraction Factory

03 ②

- Fan-In : 주어진 한 모듈을 제어하는 상위 모듈 수 → 3
- Fan-Out : 주어진 한 모듈이 제어하는 하위 모듈 수 → 2

04 ①

파이프 필터 : 상태 정보 공유를 위해 비용이 소요되며 데이터 변환에 오버헤드가 발생할 수 있다.

05 ②

액터(Actor) : 서비스를 이용하는 외부 객체이다. 시스템이 특정한 사례(Use Case)를 실행하도록 요구할 수 있는 존재이다.

06 ④

요구사항 분석

- 요구사항 간 상충되는 것을 해결하고, 소프트웨어의 범위를 파악한다.
- 명확하지 못하거나 모호한 부분을 걸러 내기 위한 과정이다.
- 소프트웨어가 환경과 어떻게 상호 작용하는지 이해한다.
- 중복되는 내용을 통합하고, 서로 상충되는 요구사항을 해결한다.
- 시스템 요구사항을 정제하여 소프트웨어 요구사항을 도출한다.
- 도출된 사항을 분석하고 소프트웨어 개발 범위를 파악하여, 비용과 일정에 대한 제약을 설정한다.
- 타당성 조사를 수행한다.
- 요구사항 정의를 문서화한다.

오답 피하기

설계 명세서 작성은 요구사항을 바탕으로 시스템의 설계를 구체화하고 문서로 만드는 작업이다.

07 ④

객체지향의 구성 요소

- Class : 유사한 객체를 정의한 집합으로 속성+행위를 정의한 것으로 일반적인 Type을 의미한다.
- Object : 데이터와 함수를 묶어 캡슐화하는 대상이 된다.
- Message : Object 간에 서로 주고받는 통신을 의미한다.

08 ②

개발 비용이 가장 많이 소요되는 단계는 유지보수 단계이다.

09 ④

개체 관계도(ERD : Entity-Relationship Diagram)

- 데이터베이스 설계 단계에서 데이터 구조들과 그들 간의 관계를 표현하는 방법이다.
- 구성 : 개체(Entity), 속성(Attribute), 관계(Relationship)

10 ④

다형성(Polymorphism)

- 많은 상이한 클래스들이 동일한 메소드명을 이용하는 능력을 의미한다.
- 한 메시지가 객체에 따라 다른 방법으로 응답할 수 있는 것이다.
- 메시지에 의해 객체가 연산을 수행하게 될 때 하나의 메시지에 대해 각 객체가 가지고 있는 고유한 방법으로 응답할 수 있는 능력이다.

오답 피하기

메소드 오버로딩(Overriding)의 경우 메소드명은 동일하지만, 매개변수 타입을 다르게 함으로써 구현, 구분할 수 있다.

11 ②

디자인 패턴은 자주 사용하는 설계 형태를 정형화하여 유형별로 설계 템플릿을 만들어 두고 소프트웨어 개발 중 나타나는 과제를 해결하기 위한 방법 중 한 가지이므로 개발 프로세스를 무시할 수 없다.

12 ①

CASE(Computer-Aided Software Engineering)

- 개발을 신속하게 할 수 있고, 오류 수정이 쉬워 S/W 품질이 향상된다.
- 소프트웨어 생명주기의 전체 단계를 연결해 주고 자동화시켜 주는 통합된 도구를 제공해 주는 기술이다.
- 소프트웨어 시스템의 문서화 및 명세화를 위한 그래픽 기능을 제공한다.
- S/W 개발 단계의 표준화를 기할 수 있으며 자료 흐름도 작성 기능을 제공한다.
- 모델들 사이의 모순 검사 기능을 제공하며 다양한 소프트웨어 개발 모형을 지원한다.
- 원천 기술 : 구조적 기법, 프로토타이핑 기술, 정보 저장소 기술이다.

13 ④

럼바우 객체지향 분석 기법에서 E-R Diagram, Data Flow Diagram(자료 흐름도), UML을 사용한다.

오답 피하기

AVL 트리

- 균형 이진 검색 트리(Balanced Binary Search Tree)로서, 노드의 삽입 또는 삭제가 발생할 때마다 트리의 균형을 유지하는 자료 구조이다.
- Adelson-Velsky와 Landis에 의해 개발되었다.
- 각 노드의 왼쪽 서브 트리와 오른쪽 서브 트리의 높이 차이(균형 인수)를 이용하여 균형을 조정한다.

14 ①

Coad와 Yourdon 방법 : 객체지향 분석 방법론에서 E-R 다이어그램을 사용하여 객체의 행위를 모델링한다.

15 ③

Bridge Pattern은 기능 클래스 계층과 구현 클래스 계층을 연결하고, 구현부에서 추상 계층을 분리하여 각자 독립적으로 변형할 수 있도록 해주는 패턴이다.

오답 피하기

③번은 Adapter 패턴에 대한 설명이다.

16 ④

NUI는 음성 인식, 제스처 인식, 터치 인터페이스와 같은 방식을 사용하여 사용자와 컴퓨터 간 상호 작용이 이루어진다.

17 ①

② 응집도에 대한 설명이다.
③ 결합도가 낮으면 시스템 구현 및 유지보수 작업이 쉽다.
④ 자료 결합도의 결합도가 가장 낮다.

18 ④

상향식 설계는 가장 기본적인 컴포넌트를 먼저 설계한 뒤 이것을 사용하는 상위 수준의 컴포넌트를 설계하므로 기능 추가가 어렵다.

19 ④

CASE가 제공하는 기능

- 개발을 신속하게 할 수 있다.
- 소프트웨어 생명주기의 전체 단계를 연결시켜 주고 자동화시켜 주는 통합된 도구를 제공해 주는 기술이다.
- 소프트웨어 시스템의 문서화 및 명세화를 위한 그래픽 기능을 제공한다.
- 오류 수정이 쉬워 S/W 품질이 향상된다.
- S/W 개발 단계의 표준화를 기할 수 있다.
- 모델들 사이의 모순 검사 기능을 지원한다.
- 다양한 소프트웨어 개발 모형을 지원한다.
- 자료 흐름도 작성 기능을 지원한다.

20 ④

XP(eXtremeProgramming)

- 빠른 개발을 진행하면서 매 반복에서 테스트를 진행한다.
- 요구사항을 모두 정의해 놓고 작업을 진행하는 것이 아니라, 요구사항이 변경되는 것을 적용하는 방식으로 예측성보다는 적응성에 더 높은 가치를 부여한 방법이다.

2과목 소프트웨어 개발

21 ②

① 콘텐츠 제공자, ③ 클리어링 하우스, ④ 보안 컨테이너

22 ④

이식성(Portability)
- 소프트웨어를 한 환경에서 다른 환경으로 쉽게 이동하거나 재사용할 수 있는 능력을 의미한다.
- 여러 가지 세부 특성으로 구성되어 있으며, 적응성, 이식 용이성, 호환성이 이러한 특성에 해당한다.

적응성(Adaptability)
- 소프트웨어가 다양한 환경에 대해 적응할 수 있는 능력을 의미한다.
- 소프트웨어가 다른 운영체제, 하드웨어 또는 네트워크 환경에서 작동할 수 있도록 적응할 수 있는 유연성을 갖추어야 한다.

이식 용이성(Portability)
- 소프트웨어가 한 환경에서 다른 환경으로 쉽게 이동하거나 재사용될 수 있는 능력을 의미한다.
- 특정 플랫폼에 종속되지 않고 여러 플랫폼에서 작동할 수 있는 소프트웨어의 이동성을 나타낸다.

호환성(Compatibility)
- 소프트웨어가 다른 시스템, 플랫폼 또는 응용 프로그램과 원활하게 상호 작용할 수 있는 능력을 의미한다.
- 데이터 형식, 프로토콜, API 등의 호환 가능성을 포함한다.

오답 피하기

사용자 편의성은 다른 소프트웨어 품질 특성인 사용성(Usability)의 세부 특성이다.

23 ②

재공학의 과정
- 분석(Analysis) : 소프트웨어 재공학 활동 중 기본 소프트웨어의 명세서를 확인하여 소프트웨어의 동작을 이해하고 재공학 대상을 선정하는 것이다.
- 재구성(Restructuring) : 소프트웨어 구조를 향상시키기 위해 코드를 재구성하는 것이다.
- 역공학(Reverse Engineering) : 소프트웨어 재공학 활동 중 원시 코드를 분석하여 소프트웨어 관계를 파악하고 기존 시스템의 설계 정보를 재발견하고 다시 제작하는 작업이다.
- 이식(Migration) : 소프트웨어 재공학의 주요 활동 중 기존 소프트웨어 시스템을 새로운 기술 또는 하드웨어 환경에서 사용할 수 있도록 변환하는 작업이다.

24 ①

테스트는 오류를 찾는 작업이고 디버깅은 오류를 수정하는 작업이다.

25 ③

EAI(Enterprise Application Integration, 기업 애플리케이션 통합)
- 기업 내의 컴퓨터 애플리케이션들을 현대화하고, 통합하고, 조정하는 것을 목표로 세운 계획, 방법 및 도구 등을 일컫는 비즈니스 컴퓨팅 용어이다.
- 기업의 비즈니스와 애플리케이션의 새롭고 통합적인 시각을 개발하고, 기존의 애플리케이션들이 새로운 시각 내에 어떻게 맞춰지는지를 확인한다.

오답 피하기
- BPR(Business Process Reengineering) : 기업 활동에 관한 어떤 목표(매상, 수익률 등)를 설정하여, 그것을 달성하기 위해 업무 내용, 업무 흐름/조직 구조 분석, 최적화를 하는 것이다.
- ERP(Enterprise Resource Planning) : 기업 활동을 위해 사용되는 기업 내의 모든 인적, 물적 자원을 효율적으로 관리하여 궁극적으로 기업의 경쟁력을 강화해 주는 역할을 하는 통합 정보 시스템이다.

26 ③

알고리즘 설계 기법 : 분할 정복법(Divide & Conquer), 동적 계획법(Dynamic Programming), 탐욕법(Greedy Method), 퇴각 검색법(Backtracking), 분기 한정법(Branch & Bound), 근사 해법(Approximation Algorithm)

27 ①

- 방향성 그래프에서 방향 간선이 존재하면 1, 존재하지 않으면 0으로 표현한다.
- 각 노드별 방향 간선을 분석해서 행/열을 구성한다.

28 ①

오답 피하기

테스트 드라이버는 상향식 통합 테스트에서 사용한다.

29 ②

ABC-/DEF+*+	← 후위
(A(BC-))/DEF+*+	← 괄호 1
(A(BC-))/(D(EF+)*)+	← 괄호 2
((A(BC-))/(D(EF+)*)+)	← 괄호 3
	← 연산자 이동
A/(B-C)+D*(E+F)	← 정규화

연산자는 피연산자 2개 단위로 묶는다.

30 ②

순서도 : 알고리즘을 시각적으로 표현하는 도구로, 기본적으로 입출력, 선택, 반복의 기본 구조를 가지고 있다.

오답 피하기

입력(Input)과 출력(Output)

- 입력은 사용자로부터의 입력이나 외부 데이터의 획득을 나타낸다.
- 출력은 결과의 출력이나 외부로의 데이터 전송을 나타낸다.

선택(Selection)

- 조건에 따라 프로그램의 흐름을 분기하는 요소로 사용된다.
- 주어진 조건에 따라 다른 경로를 선택하여 다른 동작을 수행하도록 한다.

반복(Iteration)

- 특정 조건이 만족하는 동안 일련의 동작을 반복적으로 실행하는 요소로 사용된다.
- 주어진 조건이 참이면 반복적으로 동작을 수행하며, 조건이 거짓이 되면 반복이 종료된다.

31 ②

목적에 따른 테스트

안전 (Security)	소프트웨어가 불법적인 침입으로부터 시스템을 보호할 수 있는지 확인한다.
강도 (Stress)	소프트웨어에 과도하게 부하를 가하여도 소프트웨어가 정상적으로 실행되는지 확인한다.
병행 (Parallel)	변경된 소프트웨어와 기존 소프트웨어에 동일한 데이터를 입력하여 두 결과를 비교 확인한다.

32 ④

단위 테스트 지원 도구(xUnit)

- JUnit : Java 프로그래밍 언어에 사용되는 테스트 도구로 데이터를 테스트한 다음 코드에 삽입한다.
- NUnit : 모든 .net 언어에 널리 사용되는 단위 테스트 프레임워크이다. 병렬로 실행할 수 있는 데이터 중심 테스트를 지원한다.
- JMockit : 오픈소스 단위 테스트 도구로서, 기록 및 검증 구문으로 API를 Mocking할 수 있다.
- EMMA : 코드 분석 오픈소스 툴 킷으로서 Java 기반이므로 외부 라이브러리 종속성이 없으며 소스 코드에 액세스할 수 있다.
- PHPUnit : PHP 프로그래머를 위한 단위 테스트 도구이다.
- HttpUnit : HtmlUnit은 Java 프로그램용 GUI가 없는 브라우저를 포함하는 오픈소스 Java 라이브러리이다.
- DBUnit : 데이터베이스 단위 테스트를 지원하는 프레임워크이다.

33 ①

리팩토링(Refactoring) : 소프트웨어를 더 쉽게 이해할 수 있고, 적은 비용으로 수정할 수 있도록 겉으로 보이는 동작의 변화 없이 내부 구조를 변경하는 것을 의미한다.

34 ①

DRM 요소 기술

구성	내용
콘텐츠 제공자 (Contents Provider)	콘텐츠를 제공하는 저작권자
콘텐츠 분배자 (Contents Distributor)	쇼핑몰 등으로서 암호화된 콘텐츠 제공
패키저(Packager)	콘텐츠를 메타 데이터와 함께 배포 가능한 단위로 묶는 기능
보안 컨테이너 (Security Container)	원본을 안전하게 유통하려는 전자적 보안 장치
DRM Controller	배포된 콘텐츠의 이용 권한을 통제
Clearing House	키 관리 및 라이선스 발급 관리

35 ②

테스트 드라이버(Test Driver)

- 하위 → 상위 모듈로 통합하면서 테스트하는 상향식 테스트에서 사용한다.
- 테스트 대상을 제어하고 동작시키는 데 사용되는 도구를 의미한다.
- 시스템 및 컴포넌트를 시험하는 환경의 일부분으로 시험을 지원하는 목적하에 생성된 코드와 데이터이다.
- 순차적 실행을 지원하는 프로그램이나 명령들이 묶여 있는 배치 파일이다.

36 ①

하향식 통합 검사(Top Down Integration Test)

- 상위 컴포넌트를 테스트하고 점증적으로 하위 컴포넌트를 테스트한다.
- 주요 제어 모듈 기준으로 아래로 통합하며 진행한다.
- 하위 컴포넌트 개발이 완료되지 않은 경우 스텁(Stub)을 사용하기도 한다.
- 우선 통합법, 깊이 우선 통합법, 너비 우선 통합법 등이 있다.

37 ②

오름차순 선택 정렬의 경우 1pass마다 가장 작은 값이 맨 앞으로 이동한다.

Original	37	14	17	40	35
1Pass	14	37	17	40	35
2Pass	14	17	37	40	35
3Pass	14	17	35	40	37
4Pass	14	17	35	37	40

38 ②

N-S 차트(Nassi-Schneiderman Chart)

- 구조적 프로그램의 순차, 선택, 반복의 구조를 사각형으로 도식화하여 알고리즘을 논리적 기술에 중점을 둔 도형식 표현 방법이다.
- 조건이 복합되어 있는 곳의 처리를 시각적으로 명확히 식별하는 데 적합하다.
- 제어 구조 : 순차(Sequence), 선택 및 다중 선택(If~Then~Else, Case), 반복(Repeat~Until, While, For)
- 박스 다이어그램이라고도 한다.
- 연속, 선택, 반복 등의 제어 논리 구조를 표현한다.

오답 피하기

사각형 박스로 선택, 조건, 반복 조건을 구조적 흐름으로 표현한다.

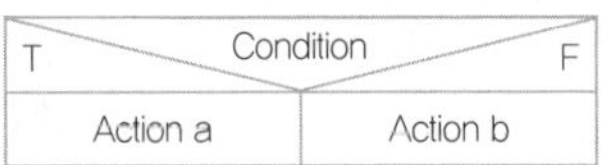

39 ③

인스펙션(Inspection)

- 소프트웨어 요구, 설계, 원시 코드 등의 작성자 외의 다른 전문가 또는 팀이 검사하여 오류를 찾아내는 공식적 검토 방법이다.
- 요구 분석서, 원시 코드 등의 문서 검토를 진행하는 정적 테스트 시에 활용하는 기법이다.

40 ①

결합도 종류(약 → 강) : 데이터 결합도 → 스탬프 결합도 → 제어 결합도 → 공통 결합도 → 내용 결합도

오답 피하기

결합도를 최소화하고 응집도를 최대화해야 하므로, 결합도가 가장 높은 내용 결합도를 낮추는 것이 재사용성이 좋은 모듈 설계이다.

3과목 데이터베이스 구축

41 ③

데이터베이스 설계 단계에서의 트랜잭션 설계

- 개념 설계 : 트랜잭션 모델링
- 논리 설계 : 트랜잭션 인터페이스 설계
- 물리 설계 : 트랜잭션 세부설계

42 ③

병행 제어의 목적

- 데이터베이스 공유 최대화
- 데이터베이스 일관성 최대화
- 시스템 활용도 최대화
- 사용자에 대한 응답 시간 최소화

43 ③

- Cartesian Product(교차곱)의 결과 릴레이션은 두 릴레이션의 속성의 개수는 더하고 각 튜플의 개수는 곱한 크기의 결과 릴레이션이 생성된다.
- 릴레이션 R : 차수 3, 카디널리티 3
- 릴레이션 S : 차수 4, 카디널리티 4

- 결과 릴레이션 : 차수 7, 카디널리티 12

44 ②

순수 관계 연산자의 종류

- Select(σ) : 튜플 집합을 검색한다.
- Project(π) : 속성 집합을 검색한다.
- Join(⋈) : 두 릴레이션의 공통 속성을 연결한다.
- Division(÷) : 두 릴레이션에서 특정 속성을 제외한 속성만 검색한다.

45 ①

- 〈제품〉이 입고되면 그 〈제품〉이 〈판매〉된다고 볼 수 있다.
- 하위 테이블인 〈판매〉 테이블은 〈제품〉 테이블의 [제품코드]를 참조한다. 즉 상위 테이블 〈제품〉의 [제품코드] 필드가 외래키가 된다.

46 ④

데이터베이스 분할

- 수평 분할 : 효율성, 지역의 최적화, 보안 향상을 위해 행 단위로 분할 한다. 종류에는 라운드로빈, 해시 분할, 영역 분할, 이용자 정의 분할 방식 등이 있다.
- 수직 분할 : 열 단위로 분할 한다. 응용 프로그램에 따라 컬럼을 그룹화하는 방법과 분열하는 방법이 있다.

47 ②

무결성(Integrity)

- 개체 무결성 : 기본키의 값은 널 값이나 중복 값을 가질 수 없다는 제약 조건
- 참조 무결성 : 참조할 수 없는 외래키 값을 가질 수 없다는 제약 조건

48 ①

외부 스키마(External Schema)

사용자나 응용 프로그래머가 접근할 수 있는 정의를 기술한다.

개념 스키마(Conceptual Schema)

- 모든 응용 시스템들이나 사용자들이 필요로 하는 데이터를 통합한 조직 전체의 데이터베이스를 정의한다.
- 범기관적 입장에서 데이터베이스를 정의한다.
- 개체 간의 관계와 제약 조건을 나타내고, 데이터베이스 접근 권한, 보안 및 무결성 규칙 명세가 있다.

내부 스키마(Internal Schema)

- 데이터의 실제 저장 방법을 기술한다.

• 물리적 저장 장치의 입장에서 본 데이터베이스 구조로써 실제로 데이터베이스에 저장될 레코드의 형식을 정의하고 저장 데이터 항목의 표현 방법, 내부 레코드의 물리적 순서 등을 나타낸다.

49 ④

논리적 설계

• 목표 DBMS에 종속적인 논리적 스키마 설계 및 스키마의 평가 및 정제이다.
• 논리적 데이터 모델로 변환 및 트랜잭션 인터페이스 설계이다.

물리적 설계

• 목표 DBMS에 종속적인 물리적 구조 설계이다.
• 저장 레코드 양식 설계와 레코드 집중의 분석/설계, 액세스 경로 인덱싱, 클러스터링, 해싱 등의 설계가 포함된다.

오답 피하기

트랜잭션의 인터페이스 설계는 논리적 설계 단계에서 진행한다.

50 ①

스택 입력 및 출력 문제를 해결할 때는 우선 보기의 첫 번째 문자까지 스택에 입력해 보고 순서대로 Push와 POP을 진행해서 보면 된다. 예를 들어

②번의 경우 : A, B, C, D 입력 → D 출력 → C 출력 → B 출력 → A 입력 → A 출력이므로 순서가 맞다.

①번의 경우 : A 입력 → A 출력 → B, C, D 입력 → D, C, B 순으로 출력되어야 한다.

오답 피하기

스택(Stack)

• 리스트의 한쪽 끝에서만 자료의 삽입과 삭제가 이루어지는 선형 자료 구조로 인터럽트 처리, 서브루틴 호출 작업 등에 응용된다.
• 가장 나중에 삽입된 자료가 가장 먼저 삭제되는 후입선출(LIFO : Last In First Out) 방식이다.

51 ③

트랜잭션의 특성

• 원자성(Atomicity) : 완전하게 수행 완료되지 않으면 전혀 수행되지 않아야 한다.
• 일관성(Consistency) : 시스템의 고정 요소는 트랜잭션 수행 전 후에 같아야 한다.
• 격리성(Isolation, 고립성) : 트랜잭션 실행 시 다른 트랜잭션의 간섭을 받지 않아야 한다.
• 영속성(Durability, 지속성) : 트랜잭션의 완료 결과가 데이터베이스에 영구히 기억된다.

52 ②

• Concurrency Control(동시성 제어) : 여러 사용자 또는 프로세스가 동시에 데이터베이스에 접근할 때 일관성을 유지하고 충돌을 방지하기 위한 제어 메커니즘을 의미한다.
• Normalization(정규화) : 데이터베이스 설계 과정에서 중복을 최소화하고 데이터의 일관성을 유지하기 위해 테이블을 구조화하는 작업이다.
• Transaction(트랜잭션) : 데이터베이스에서 하나의 논리적 작업 단위를 의미하며, 일련의 데이터 조작 작업을 원자적(Atomic), 일관적(Consistent), 고립적(Isolated), 영구적(Durable)으로 수행하는 것을 보장한다.

오답 피하기

장비 고장 또는 기타 재해 발생 시 데이터베이스를 보존하기 위한 데이터베이스 복사 활동을 의미하는 용어는 "Backup"이다.

53 ③

BCNF(보이스/코드) 정규형

• 1, 2, 3정규형을 만족하고, 결정자가 후보키가 아닌 함수 종속 제거되면 보이스/코드 정규형에 속한다.
• 후보키를 여러 개 가지고 있는 릴레이션에서 발생할 수 있는 이상 현상을 해결하기 위해 3정규형보다 좀 더 강력한 제약 조건을 적용한다.
• 보이스/코드 정규형에 속하는 모든 릴레이션은 3정규형에 속하지만, 3정규형에 속하는 모든 릴레이션이 보이스/코드 정규형에 속하지는 않는다.

54 ②

DDL(데이터 정의어)의 종류

• CREATE : 스키마, 도메인, 테이블, 인덱스, 뷰 정의
• ALTER : 테이블 정의 변경
• DROP : 스키마, 도메인, 테이블, 인덱스, 뷰 삭제

55 ①

SELECT 명령문의 정렬

• SELECT 명령문에서는 튜플 간 정렬을 위해 ORDER BY 절을 추가하여 사용한다. 정렬의 기준 속성명의 값들을 오름차순 또는 내림차순으로 튜플 단위로 정렬하여 결과 테이블을 생성한다.
• ASC는 오름차순, DESC는 내림차순을 지정하는 옵션이다.
• SELECT 속성명1, 속성명2 FROM 테이블명 WHERE 조건식 ORDER BY 정렬 기준 속성명 [ASC|DESC];

판매실적 테이블을 읽어 서울지역에 한하여 판매액 내림차순으로 지점명과 판매액을 출력

SELECT 지점명, 판매액 FROM 판매실적 WHERE 도시 = '서울' ORDER BY 판매액 DESC;

56 ①

트랜잭션의 연산

• Commit 연산 : 트랜잭션 실행이 성공적으로 종료되었음을 선언한다.
• Rollback 연산 : 트랜잭션 실행이 실패하였음을 선언한다.
• Recovery 연산 : 트랜잭션을 수행하는 도중 장애로 인해 손상된 데이터베이스를 손상되기 이전의 정상적인 상태로 복구시키는 작업이다.

57 ②

SELECT문 기본 구조

```
SELECT 속성명 [ALL | DISTINCT]
FROM 릴레이션명
WHERE 조건;
[GROUP BY 속성명1, 속성명2,…]
[HAVING 조건]
[ORDER BY 속성명 [ASC | DESC]];
```

· ALL : 모든 튜플을 검색(생략 가능)
· DISTINCT : 중복된 튜플 생략
· IN(a, b) : where 절에 작성하는 포함 조건

SELECT ENAME FROM TBL WHERE DNO IN ('D1', 'D2', 'D3');

58 ④

이상(Anomaly) 현상 : 데이터 중복으로 인해 릴레이션 조작 시 예상하지 못한 곤란한 현상이 발생하는 것을 의미한다.

59 ④

집합 연산자	연산자 의미
UNION	합집합 결과 중복된 행은 하나의 행으로 출력
UNION ALL	합집합 결과 중복된 행도 그대로 결과로 출력
INTERSECT	교집합 결과 중복된 행은 하나의 행으로 출력
EXCEPT	차집합 결과 중복된 행은 하나의 행으로 출력

60 ①

분산 처리 시스템의 투명성

- 투명성(Transparency) : 사용자가 분산된 여러 자원의 위치 정보를 알지 못하고 마치 하나의 커다란 시스템을 사용하는 것처럼 인식하도록 하는 것이다.
- 위치(Location) 투명성 : 하드웨어와 소프트웨어의 물리적 위치를 사용자가 알 필요가 없다.
- 이주(Migration) 투명성 : 사용자나 응용 프로그램의 동작에 영향을 받지 않고 시스템 내에 있는 정보 객체를 이동할 수 있게 한다.
- 복제(Replication) 투명성 : 사용자에게 통지할 필요 없이 시스템 안에 파일들과 자원들의 부가적인 복사가 자유롭다.
- 병행(Concurrency) 투명성 : 다중 사용자들이 자원들을 자동으로 공유할 수 있다.

4과목 프로그래밍 언어 활용

61 ③

코드	설명

`#include <stdio.h>`
`#include <string.h>`
`int main()`
	• 헤더 파일 정의
	• main() 함수 시작

`{`
`    printf("%d", strlen("Hello World"));`
`    return 0;`
`}`
	• strlen("Hello World") 부분이 호출되어 "Hello World" 문자열의 길이인 11을 반환
	• printf 함수를 사용하여 출력
	• 함수 종료

62 ①

코드	설명

`#include <stdio.h>`
`int main()`
`{`
	• 헤더 파일 정의
	• main() 함수 시작

`int a = 3, b = 5, c = -1;` `int t1, t2, t3;`	• a, b, c 정수형 변수 초기화 • t1, t2, t3 정수형 변수 초기화

`t1 = a>b && a<b;`
`t2 = a>b || a<b;`
`t3 = !c;`
	• 3>5(F) && 3<5(T) → F(0)
	• 3>5(F) || 3<5(T) → T(1)
	• !-1 → F(0)

`printf("%d", t1 + t2 + t3);`
`return 0;`
`}`
	• 0+1+0 = 1 출력
	• 함수 종료

63 ③

코드	설명

`#include <stdio.h>`
`int main()`
`{`
	• 헤더 파일 정의
	• main() 함수 시작

`int value;` `scanf("%d", &value);`	• 정수형 변수 value 선언 • value 값 입력 받아 value에 저장

`switch (value)`
`{`
`case 1: printf("one");`
`case 2: printf("two");`
`case 3: printf("three"); break;`
`case 4: printf("four");`
`case 5: printf("five");`
`}`
	• value가 1일 경우 "onetwothree"를 출력
	• 2일 경우 "twothree"를 출력
	• 3일 경우 "three"를 출력하고 switch문을 빠져나감(break문이 없을 경우 아래의 case문들도 실행).
	• 4일 경우 "four five"를 출력
	• 5일 경우 "five"를 출력

`return 0;` `}`	함수 종료

64 ①

코드	설명
#include <stdio.h> int main() {	• 헤더 파일 정의 • main() 함수 시작

int x, y;
 	
for(x = 0; x < 2; x++)
{
for(y = 0; y < 2; y++)
{
printf("%d", !x || !y);
}
}
	• 정수형 변수 x, y 선언
	• x는 0~1까지 +1씩 반복
	• y는 0~1까지 +1씩 반복
	• !0 → 1, !1 → 0으로 보수 처리
	• a||b : a, b 둘 중 1개만 1이어도 1 출력 (or 연산)

return 0; }	main() 함수 종료

x		y	결과
!0(1)	||	!0(1)	1
!0(1)	||	!1(0)	1
!1(0)	||	!0(1)	1
!1(0)	||	!1(0)	0

오답 피하기

!(x && y)

x		y	x && y	!
0	&&	0	0	1
0	&&	1	0	1
1	&&	0	0	1
1	&&	1	1	0

65 ④

코드	설명

class TestClass {
int t = 1;
public void print() {
System.out.print("AA");
}
}
	• TestClass 클래스 선언
	• t 멤버 변수 선언하고 1로 초기화
	• print() 메소드를 정의
	• "AA"를 출력

public class Test extends TestClass {
public void print() {
System.out.print("BB");
}
	• Test 클래스 선언
	• Test 클래스는 TestClass 클래스를 상속받아서 print라는 이름의 메소드를 재정의(오버라이딩)
	• "BB"를 출력

public static void main (String[] args) { int t = 2;	• main() 메소드 정의(String 배열 args를 매개 변수로 가지고 있음) • t 정수형 변수를 선언하고 초깃값으로 2를 할당

TestClass tt = new Test();
tt.print();
System.out.print(t);
}
}
	• TestClass 타입의 tt라는 이름의 변수를 선언(상속받은 Test 클래스의 객체로 초기화)
	• tt 객체의 print() 메소드를 호출(실제로 실행되는 print() 메소드는 Test 클래스에서 재정의한 메소드임)
	• 따라서 "BB"가 출력
	• t 변수의 값을 출력(main() 메소드 내에서 선언된 변수이므로 초깃값인 2가 출력)

66 ①

IPv6의 패킷 헤더는 40바이트의 고정된 길이를 가지므로 IPv4처럼 Header Length Field가 필요 없다.

67 ③

서브네팅

- 192.168.1.0/24란 1의 개수가 24개를 의미한다.
- 11111111 11111111 11111111 00000000
- 255.255.255.0의 C클래스를 서브넷으로 사용하는 것을 의미한다.
- FLSM 방식으로 4개의 서브넷을 나누라고 지시했으나 2의 승수 단위로만 나눌 수 있으므로 2^2 = 4이며, 즉 4개로 Subnetting하여야 한다.
- 256/4=64이므로 각 Subnet에 할당되는 IP는 대역별로 64개가 된다.

No	대역
1	192.168.1.0~63
2	192.168.1.64~127
3	192.168.1.128~191
4	192.168.1.192~256

- 각 대역의 첫 번째 IP(192.168.1.192)는 네트워크 ID, 마지막 IP는 브로드캐스트 주소로 할당된다.
- 4번째 : 193, 194, 195, 196로 196번이다.

68 ④

malloc() 함수(메모리 동적 할당)

- malloc() 함수는 프로그램이 실행 중일 때 사용자가 직접 힙 영역에 메모리를 할당할 수 있게 해준다.
- malloc() 함수의 실행 시간에 힙 메모리를 할당받는다.
- malloc() 함수를 실행하여 메모리를 할당받지 못하면 널 값이 반환된다.
- malloc() 함수로 할당받은 메모리는 free() 함수를 통해 해제시킨다.
- 예를 들어, malloc(10)을 호출하면 10바이트의 메모리가 할당된다.

오답 피하기

[형식]

```
#include <stdlib.h> // malloc() 함수가 포함된 헤더 파일
void* malloc(size_t size)
```

69 ④

우선순위를 계산하여 그 숫자가 가장 큰 것부터 높은 순으로 우선순위가 부여된다.

HRN 계산

$$\text{우선순위 계산식} = \frac{\text{대기 시간} + \text{서비스를 받을 시간}}{\text{서비스를 받을 시간}}$$

- A 작업 : (5+20)/20 = 1.25
- B 작업 : (40+20)/20 = 3
- C 작업 : (15+45)/45 = 1.3
- D 작업 : (40+10)/10 = 5
- 작업 순서 : D → B → C → A

70 ②

백도어 탐지 방법

- 무결성 검사
- 로그 분석
- SetUID 파일 검사
- 현재 동작 중인 프로세스 및 열린 포트 확인
- 바이러스 및 백도어 탐지 툴 사용

71 ③

표준 라이브러리는 프로그래밍 언어가 기본적으로 가지고 있는 라이브러리를 의미하며, 외부 라이브러리는 별도의 파일 설치를 필요로 하는 라이브러리를 의미한다.

72 ③

OSI 7계층의 기능

- 세션 계층(Session Layer) : 회화 구성, 동기 제어, 데이터 교환 관리, 프로세스 간에 대한 연결을 확립, 관리, 단절시키는 수단을 제공한다.
- 표현 계층(Presentation Layer) : 코드 변환, 암호화, 압축, 구문 검색한다.
- 응용 계층(Application Layer) : 사용자에게 서비스 제공하며, 네트워크 가상 터미널(network virtual terminal)이 존재하여 서로 다른 프로토콜에 의해 발생하는 호환성 문제를 해결하는 계층이다.

73 ④

FIFO(First In First Out)는 가장 먼저 적재된 페이지를 먼저 교체하는 기법이다.

요청 페이지	1	2	1	0	4	1	3
페이지 프레임	1	1	1	1	4	4	4
		2	2	2	2	1	1
				0	0	0	3
페이지 부재	O	O		O	O	O	O

74 ①

프로세스(Process)

- 프로세스는 주소 공간에 실행 스택(Stack)을 가지고 있다.
- 비동기적 행위를 일으키는 주체로 정의할 수 있다.
- 실행 중인 프로그램을 말한다.
- 프로세스는 각종 자원을 요구한다.

스레드(Thread)

- 프로세스 내에서의 작업 단위로서 시스템의 여러 자원을 할당받아 실행하는 프로그램의 단위를 의미한다.
- 하드웨어, 운영체제의 성능과 응용 프로그램의 처리율을 향상시킬 수 있다.
- 한 개의 프로세스는 여러 개의 스레드를 가질 수 있다.

75 ①

데이터 링크 계층(Data Link Layer)

- 인접한 두 개의 통신 시스템 간에 신뢰성 있는 효율적인 데이터를 전송하는 계층이다.
- 링크의 설정과 유지 및 종료를 담당한다.
- 전송 데이터의 흐름 제어, 프레임 동기, 오류 제어 등을 수행한다.
- 링크의 효율성을 향상시킨다.
- 프로토콜 종류 : HDLC, PPP, LLC, LAPB, LAPD, ADCCP

76 ②

C언어 연산자

산술 연산자	*, /, %
	+, -
시프트 연산자	<<, >>
관계 연산자	<, <=, >, >=
	==, !=
할당 연산자	=, +=, -=, *=, /=, %=, <<=, >>=

77 ④

코드	설명

`public class Test`
`{`
`static void func(int a, int b) throws ArithmeticException {`
	Test 클래스 선언, 매개 변수 a,b를 갖는 func정적 메소드 정의

`if (b == 0) {`
`throw new ArithmeticException("나눗셈 불가");`
`}`
	b가 0인 경우, 즉 0으로 나누는 상황에서는 ArithmeticException를 발생시킨다.
	예외를 발생시키는 throw를 사용하여 새로운 ArithmeticException 객체를 생성하고 메시지 "나눗셈 불가"를 함께 전달한다.

`System.out.println("결과 : " + a / b);`	b가 0이 아닌 경우 a를 b로 나눈 결과를 출력한다.
`public static void main(String[] args) {`	명령행 인수를 문자열 배열로 받는 매개 변수를 갖는 main 메소드 선언한다.

`try {`
`func(30, 0);`
`} catch (ArithmeticException e) {`
`System.out.println(e.getMessage());`
`} finally {`
`System.out.println("프로그램 종료");`
`}`
	• try-catch 블록으로 예외 처리를 한다.
	• try 블록 내에서는 예외가 발생할 수 있는 코드를 실행한다.
	• func(30, 0)을 호출하는데, func 메소드에서 0으로 나누는 상황에서 ArithmeticException이 발생할 수 있다.
	• 만약 예외가 발생하면 catch 블록으로 이동하여 해당 예외를 받아서 처리한다.
	• ArithmeticException e는 catch 블록에서 ArithmeticException 예외를 받아올 때 사용할 변수이고, 예외 객체는 e에 저장된다.
	• System.out.println(e.getMessage())는 예외 객체에 저장된 메시지를 출력한다. 이 경우 "나눗셈 불가" 메시지가 출력된다.
	• finally : 예외 발생 여부와 상관없이 항상 실행된다.
	• "프로그램 종료" 메시지를 출력한다.

[결과]

나눗셈 불가
프로그램 종료

78 ④

- range(0, len(text), 2)를 사용하여 0부터 text 문자열의 길이까지 2의 간격으로 숫자를 생성한다.
- text 문자열의 짝수 인덱스에 해당하는 값을 추출하기 위한 인덱스 범위를 정의하는 것이다.

H	e	l	l	o	,		W	o	r	l	d	!

79 ②

C언어 변수명 작성 규칙

- 영문 대소문자(A~Z, a~z), 숫자(0~9), '_'를 혼용하여 사용할 수 있다.
- 첫 글자는 영문자나 '_'로 시작해야 한다.
- 영문자는 대소문자를 구분한다.
- 공백을 포함할 수 없다.
- 예약어(Reserved Word)를 사용할 수 없다.
- 예약어 : auto, beak, case, char, const, continue, default, do, double, else, enum, extern, float, for, goto, if, int, long, register, return, short, signed, sizeof, static, struct, switch, typedef, union, unsigend, void, volatile, while

80 ②

모듈화(Modularity)

- 모듈화는 거대한 문제를 작은 조각의 문제로 나누어 다루기 쉽도록하는 과정으로, 작게 나누어진 각 부분을 모듈이라고 한다.
- 소프트웨어의 모듈은 프로그래밍 언어에서 Subroutine, Function 등으로 표현될 수 있다.
- 모듈화는 시스템을 지능적으로 관리할 수 있도록 해주며, 복잡도 문제를 해결하는 데 도움을 준다.
- 모듈화는 시스템의 유지보수와 수정을 용이하게 한다.

5과목 정보 시스템 구축 관리

81 ②

MQTT(Message Queuing Telemetry Transport)

- IBM이 주도하여 개발한 기술로 사물 통신, 사물 인터넷과 같이 대역폭이 제한된 통신 환경에 최적화하여 개발된 푸시 기술 기반의 경량 메시지 전송 프로토콜이다.
- TCP/IP 기반 네트워크에서 동작하는 발행-구독 기반의 메시징 프로토콜로 최근 IoT 환경에서 자주 사용되고 있는 프로토콜이다.

82 ②

Ping Flood

- 네트워크의 정상 작동 여부를 확인하기 위해 사용하는 Ping 테스트를 공격자가 공격 대상 컴퓨터를 확인하기 위한 방법으로 사용하는 공격 방법이다.
- 특정 사이트에 매우 많은 ICMP Echo를 보내면, 이에 대한 응답(Respond)을 하기 위해 시스템 자원을 모두 사용해 버려 시스템이 정상적으로 동작하지 못하도록 하는 공격 방법이다.

83 ②

IBN(Intent-Based Networking)

- 네트워크 관리를 더 효율적이고 자동화된 방식으로 수행하기 위해 인공 지능과 머신러닝을 활용하는 개념이다.
- 네트워크 운영자가 의도(Intention)를 기반으로 네트워크 동작을 설정하고 제어할 수 있는 방식을 제공한다.
- 네트워크의 상태를 실시간으로 모니터링하고 예측하여 문제를 사전에 감지하고 조치할 수 있다.
- 네트워크 구성을 최적화하고 필요한 변경을 자동으로 제안하며, 네트워크 운영을 간소화하고 자동화할 수 있다.

84 ①

하둡(Hadoop)

- 오픈소스를 기반으로 한 분산 컴퓨팅 플랫폼이다.
- 일반 PC급 컴퓨터들로 가상화된 대형 스토리지를 형성한다.
- 다양한 소스를 통해 생성된 빅데이터를 효율적으로 저장하고 처리한다.

멤리스터(Memristor)

- 메모리(Memory)+레지스터(Resistor)의 합성어이다.
- 전류의 흐름과 시간의 변화에 따라 저항의 강도가 바뀌는 새로운 전기소자로 이전의 상태를 모두 기억하는 메모리이다.

비컨(Beacon)

- 블루투스 4.0(BLE) 프로토콜 기반의 근거리 무선 통신 장치로 최대 70m 이내의 장치들과 교신할 수 있는 차세대 스마트폰 근거리 통신 기술이다.
- 저전력으로 모바일 결제 등을 가능하게 해주는 스마트폰 근거리 통신 기술이다.
- NFC보다 가용 거리가 길고 5~10cm 단위 구별이 가능해 정확성이 높다.

포스퀘어(Foursquare)

- 스마트폰에 탑재된 GPS를 활용해 위치 정보를 수집한다.
- 쇼핑 관광 등에 활용하는 위치 기반 소셜네트워크 서비스이다.
- 위치 기반의 지역 검색 및 추천 서비스로, 사용자로 하여금 현재 위치를 지속적으로 갱신하면서 친구들과 공유하게끔 하는 서비스이다.

85 ①

구분	DSA	RSA
알고리즘	비대칭 암호화	비대칭 암호화
키의 종류	개인키, 공개키	개인키, 공개키
키 생성	더 작은 개인키와 공개키 생성	큰 개인키와 공개키 생성
안정성	안정적	안정적
속도	상대적으로 빠름	상대적으로 느림
사용 사례	디지털 서명	암호화, 디지털 서명
암호화 알고리즘	이산대수	소인수분해

86 ④

Nmap(Network mapper) : 고든 라이온(Gordon Lyon)이 작성한 보안 스캐너로 컴퓨터와 서비스를 찾을 때 쓰이며, 네트워크 "지도"를 함께 만들어 서버에 열린 포트 정보를 스캐닝해서 보안 취약점을 찾는 데 사용한다.

87 ④

ECB(Electronic Codebook Mode)

평문 블록을 독립적으로 암호화하는 가장 간단한 모드이다.

CBC(Cipher Block Chaining Mode)

- 이전 암호문 블록과의 연결을 통해 암호화를 진행하는 모드이다.
- 초기화 벡터(IV)를 사용하여 암호화의 무작위성을 추가한다.

CFB(Cipher Feedback Mode)

- 암호문의 일부를 피드백으로 사용하여 다음 평문 블록을 암호화하는 모드이다.
- 암호문 블록이 평문 블록과의 연결로 사용된다.

OFB(Output Feedback Mode)

- 암호문 블록의 일부를 피드백으로 사용하여 다음 암호문 블록을 생성하는 모드이다.
- 암호문 블록과 평문 블록은 연결되지 않는다.

CTR(Counter Mode)

- 암호문 블록을 생성하기 위해 카운터 값을 사용하는 모드이다.
- 각 평문 블록은 카운터 값을 증가시키며, 암호화와 복호화에 동일한 카운터 값이 사용된다.

오답 피하기

ECC(Elliptic Curve Cryptography) : 대칭키 암호화 모드가 아닌 암호화 기술인 "타원 곡선 암호화(Elliptic Curve Cryptography)"를 나타내는 용어이다.

88 ①

직접 연결 저장 장치(DAS : Direct-attached storage)

- 하드 디스크와 같은 데이터 저장 장치를 호스트 버스 어댑터에 직접 연결하는 방식이다.
- 저장 장치와 호스트 기기 사이에 네트워크 디바이스가 있지 말아야 하고 직접 연결하는 방식으로 구성된다.

89 ②

COCOMO 개발 유형

- Organic Mode(유기적 모드) : 일괄 자료 처리나 과학 기술 계산용, 비즈니스 자료 처리용의 5만 라인 이하의 중소 규모 소프트웨어를 개발하는 유형이다.
- Semi-Detached Mode(반 결합 모드) : 트랜잭션 처리 시스템이나 운영체제, 데이터베이스 관리 시스템 등의 30만 라인 이하의 소프트웨어를 개발하는 유형이다.
- Embedded Mode(내장 모드) : 최대형 규모의 트랜잭션 처리 시스템이나 운영체제 등의 30만 라인 이상의 소프트웨어를 개발하는 유형이다.

90 ①

정보 보안의 3요소

- 무결성(Integrity) : 시스템 내의 정보는 오직 인가된 사용자만 수정할 수 있는 보안 요소이다.
- 기밀성(Confidentiality) : 인가되지 않는 사용자가 객체 정보의 내용을 알 수 없도록 하는 보안 요소이다.
- 가용성(Availability) : 정보 시스템 또는 정보에 대한 접근과 사용이 요구 시점에 완전하게 제공될 수 있는 상태를 의미하는 보안 요소이다.

91 ①

데이터마이닝(Data Mining)

- 대량의 자료에서 유용한 정보를 찾아내어 그 데이터 사이의 연관관계를 분석해 미래에 대한 예측을 가능하게 하는 것이다.
- 데이터웨어하우스와 데이터마이닝을 적용해 고객의 개인적 성향을 분석하여 고객관리와 마케팅의 효율성을 극대화할 수 있다.

92 ④

간트 차트(Gantt Chart)

- 각 작업들의 일정을 막대로 표시하는 기법이다.
- 이정표, 작업 기간, 작업 일정 등을 나타낸다.
- 시간선(Time-Line) 차트라고도 한다.
- 막대로 표시하며, 수평 막대의 길이는 각 태스크의 기간을 나타낸다.

93 ③

컴포넌트 기반 개발 방법론(CBD : Component Based Development)

- 재사용이 가능한 컴포넌트의 개발 또는 상용 컴포넌트들을 조합하여 애플리케이션 개발 생산성과 품질을 높이고, 시스템 유지보수 비용을 최소화할 수 있는 개발 방법 프로세스이다.
- 컴포넌트 단위의 개발 및 조립을 통하여 정보 시스템의 신속한 구축, 변경, 확장의 용이성과 타 시스템과의 호환성을 달성하고자 하는 소프트웨어 공학 프로세스, 방법론 및 기술의 총체적 개념이다.

94 ①

V-모델

- 폭포수 모델에 시스템 검증과 테스트 작업을 강조한 모델이다.
- 세부적인 프로세스로 구성되어 있어서 신뢰도 높은 시스템 개발에 효과적이다.
- 개발 단계의 작업을 확인하기 위해 테스트 작업을 수행한다.
- 생명주기 초반부터 테스트 작업을 지원한다.

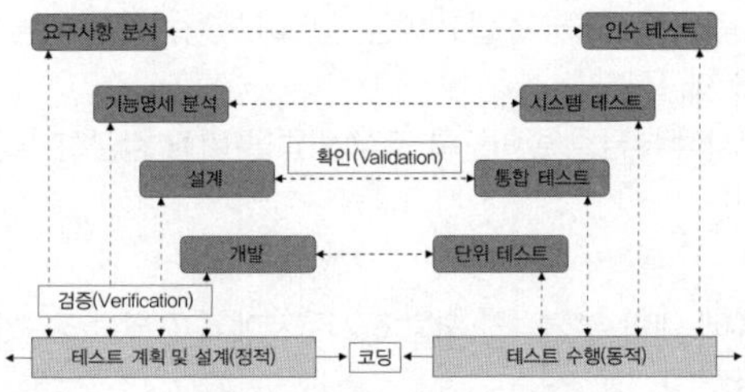

▲V-모델과 테스트 단계

95 ①

고가용성 솔루션(HACMP : High Availability Cluster Multi Processing)

- AIX(AIXadvanced interactive executive, IBM 운영체제)를 기반으로 Solution, Resource의 중복 또는 공유를 통해 Application의 보호를 가능하게 해준다.
- 두 대 이상의 시스템을 하나의 Cluster로 묶어 Cluster 내의 한 시스템에서 장애가 발생할 경우 다른 시스템이 장애가 발생한 시스템의 자원을 인수할 수 있도록 하여 서비스의 중단을 최소화하도록 도와주는 솔루션이다.
- 각 시스템 간에 공유 디스크를 중심으로 클러스터링으로 엮여 다수의 시스템을 동시에 연결할 수 있다.
- 조직, 기업의 기간 업무 서버 등의 안정성을 높이기 위해 사용된다.

오답 피하기

스턱스넷(Stuxnet)은 2010년 6월에 발견된 웜 바이러스이다.

96 ③

소프트웨어 공학의 궁극적 목표는 최소의 비용으로 계획된 일정보다 이른 시일 내에 소프트웨어를 개발하는 것이다.

97 ④

CMMI 5단계(소프트웨어 프로세스 성숙도)

- 초기(Initial) : 예측/통제 불가능
- 관리(Managed) : 기본적인 프로젝트 관리 체계 수립
- 정의(Defined) : 조직 차원의 표준 프로세스를 통한 프로젝트 지원
- 정량적 관리(Quantitatively Managed) : 정량적으로 프로세스가 측정/통제됨
- 최적화(Optimizing) : 프로세스 개선 활동

98 ④

COCOMO 개발 유형

- Organic Mode(유기적 모드) : 일괄 자료 처리나 과학 기술 계산용, 비즈니스 자료 처리용의 5만 라인 이하의 중소규모 소프트웨어를 개발하는 유형이다.
- Semi-Detached Mode(반 결합모드) : 트랜잭션 처리 시스템이나 운영체제, 데이터베이스 관리 시스템 등의 30만 라인 이하의 소프트웨어를 개발하는 유형이다.
- Embedded Mode(내장 모드) : 최대형 규모의 트랜잭션 처리 시스템이나 운영체제 등의 30만 라인 이상의 소프트웨어를 개발하는 유형이다.

99 ③

벨라파듈라 모델 (BLP : Bell-LaPadula Confidentiality Model) : 군대의 보안 레벨처럼 정보의 기밀성에 따라 상하 관계가 구분된 정보를 보호하기 위해 사용하며, 자신의 권한보다 낮은 보안 레벨 권한을 가진 경우에는 높은 보안 레벨의 문서를 읽을 수 없고 자신의 권한보다 낮은 수준의 문서만을 읽을 수 있다.

100 ③

해싱 함수의 종류 : 제산 방법(Division Method), 중간 제곱 방법(Mid -Square Method), 중첩 방법(폴딩, Folding Method), 기수 변환 방법(Radix Conversion Method), 무작위 방법(Random Method), 계수 분석 방법(Digit Analysis Method)

최신 기출문제 05회 179p

01 ④	02 ②	03 ④	04 ②	05 ③
06 ④	07 ③	08 ③	09 ④	10 ②
11 ①	12 ③	13 ②	14 ②	15 ②
16 ③	17 ①	18 ④	19 ②	20 ①
21 ③	22 ①	23 ③	24 ①	25 ③
26 ④	27 ②	28 ④	29 ①	30 ②
31 ③	32 ④	33 ②	34 ①	35 ③
36 ①	37 ③	38 ③	39 ④	40 ③
41 ①	42 ①	43 ③	44 ④	45 ③
46 ④	47 ③	48 ②	49 ③	50 ④
51 ②	52 ①	53 ③	54 ①	55 ③
56 ④	57 ②	58 ③	59 ①	60 ④
61 ③	62 ②	63 ③	64 ①	65 ③
66 ③	67 ①	68 ④	69 ③	70 ④
71 ②	72 ③	73 ②	74 ①	75 ①
76 ②	77 ①	78 ④	79 ②	80 ②
81 ②	82 ④	83 ④	84 ③	85 ④
86 ①	87 ①	88 ③	89 ③	90 ④
91 ④	92 ①	93 ④	94 ②	95 ④
96 ③	97 ①	98 ④	99 ①	100 ④

1과목 소프트웨어 설계

01 ④

정형 기술 검토(FTR) 지침 사항
- 의제와 그 범위를 유지하라.
- 참가자의 수를 제한하라.
- 각 체크 리스트를 작성하고, 자원과 시간 일정을 할당하라.
- 개발자가 아닌 제품의 검토에 집중하라.
- 논쟁과 반박을 제한하라.
- 검토 과정과 결과를 재검토하라.

02 ②

객체는 사물의 가장 기본적인 단위이다.

03 ④

간트 차트 작성 시 고려 사항
- 작업의 순서 : 작업의 선후 관계를 명확히 해야 한다.
- 작업의 기간 : 작업이 완료되기까지 소요되는 시간을 산정해야 한다.
- 작업의 종속성 : 작업 간의 선후 관계를 파악해야 한다.
- 작업의 진행 현황 : 작업의 진행 현황을 파악하고, 필요에 따라 일정을 조정해야 한다.

04 ②

단일 책임 원칙 : 각 객체가 단 하나에 대한 책임만을 가져야 한다.

05 ③

UI 설계 지침
- 사용자 중심 : 실사용자의 이해를 바탕으로 쉽게 이해하고, 쉽게 사용할 수 있는 환경을 제공한다.
- 일관성 : 사용자가 기억하기 쉽고 빠른 습득이 가능하도록 버튼이나 조작법을 제공한다.
- 단순성 : 인지적 부담을 줄이도록 조작 방법을 가장 간단히 작동하도록 한다.

오답 피하기

치명적인 오류에 대한 부정적인 사항도 사용자에게 정확한 정보를 제공해야 한다.

06 ④

- SOA(Service-Oriented Architecture) : 서비스 지향 아키텍처를 의미한다.
- EAI(Enterprise Application Integration) : 기업 내의 애플리케이션과 시스템을 통합하는 것을 목적으로 하는 기술이다.

오답 피하기

SOA는 EAI의 구현 방법 중 하나일 뿐이며, EAI의 구성 요소는 아니다.

07 ③

객체지향 개념 중 데이터와 데이터를 처리하는 함수를 캡슐화한 하나의 모듈을 의미하는 것은 객체(Object)이다.

08 ③

DFD는 시스템의 데이터 흐름을 표현하는 다이어그램으로, 시간 흐름의 개념을 명확하게 표현하는 데에는 적합하지 않다.

오답 피하기

시간 흐름을 명확하게 표현할 수 있는 것은 시퀀스 다이어그램이다.

09 ④

추상화 방법
- 제어 추상화 : 시스템의 제어 흐름을 단순화하는 방법
- 기능 추상화 : 시스템의 기능을 단순화하는 방법
- 데이터 추상화 : 시스템의 데이터를 단순화하는 방법

10 ②

기능적 요구사항 vs 비기능적 요구사항

- 기능적 요구사항 : 시스템이 실제로 어떻게 동작하는지에 관점을 둔 요구사항
- 비기능적 요구사항 : 시스템 구축에 대한 성능, 보안, 품질, 안정성 등으로 실제 수행에 보조적인 요구사항

오답 피하기

'차량 대여 시스템이 제공하는 모든 화면이 3초 이내에 사용자에게 보여야 한다'는 성능에 관한 요구사항에 해당하므로 비기능적 요구사항에 해당한다.

11 ①

- 클래스 다이어그램(Class Diagram) : 시스템 내 클래스의 정적 구조를 표현하고 시스템을 구성하는 클래스들 사이의 관계를 표현한다.
- 상태 머신 다이어그램(State Machine Diagram) : 객체의 생명주기를 표현한다. 동적 행위를 모형화하지만, 특정 객체만을 다룬다(예 실시간 임베디드 시스템, 게임, 프로토콜 설계에 이용).
- 활동 다이어그램(Activity Diagram) : 업무 처리 과정이나 연산이 수행되는 과정을 표현한다.

12 ③

MVC 모델

- Model : 데이터와 비즈니스 로직을 관리한다(사용자가 편집하길 원하는 모든 데이터를 가지고 있어야 한다).
- View : 모델(Model)에 있는 데이터를 사용자 인터페이스에 보이는 역할(UI)을 담당한다(모델이 가지고 있는 정보를 따로 저장해서는 안 된다).
- Controller : 모델(Model)에 명령을 보냄으로써 모델의 상태를 변경할 수 있다. 사용자의 요청을 받아서 그 요청을 분석하고, 필요한 업무 처리 로직(모델)을 호출한다(모델이나 뷰에 대해서 알고 있어야 한다).

13 ②

Selenium : 다양한 브라우저 지원 및 개발 언어를 지원하는 웹 애플리케이션 테스트 프레임워크이다.

14 ②

나선형 모형(Spiral Model)

- Boehm이 제시하였으며, 반복적인 작업을 수행하는 모형으로 점증적 모형, 집중적 모형이라고도 한다. 완성도 높은 소프트웨어를 만들 수 있다.
- 여러 번의 개발 과정을 거쳐 완벽한 최종 소프트웨어를 개발하는 점진적 모형이다.
- 가장 큰 장점인 위험 분석 단계에서 기술과 관리의 위험 요소들을 하나씩 제거해 나감으로써 위험성 평가에 크게 의존하기 때문에 이를 발견하지 않으면 문제가 발생할 수 있다.
- 대규모 시스템의 소프트웨어 개발에 적합하다.

15 ②

Bridge Pattern은 기능 클래스 계층과 구현의 클래스 계층을 연결하고, 구현부에서 추상 계층을 분리하여 각자 독립적으로 변형할 수 있도록 해주는 패턴이다.

16 ③

자료 흐름도는 데이터 흐름을 표현하는 다이어그램으로, 기능 모델링에서 프로세스 간의 데이터 흐름을 기술하는 데 사용된다.

17 ①

애자일(Agile) 방법론

- 날렵한, 재빠른 이란 사전적 의미와 같이 소프트웨어 개발 중 설계 변경에 신속히 대응하여 요구사항을 수용할 수 있다.
- 절차와 도구보다 개인과 소통을 중요시하고 고객과의 피드백을 중요하게 생각한다.
- 소프트웨어가 잘 실행되는데 가치를 둔다.
- 소프트웨어 배포 시차를 최소화할 수 있다.
- 특정 방법론이 아닌 소프트웨어를 빠르고 낭비 없이 제작하기 위해 고객과의 협업에 초점 두고 있다.
- 특징 : 짧은 릴리즈와 반복, 점증적 설계, 사용자 참여, 문서 최소화, 비공식적인 커뮤니케이션, 변화
- 종류 : 익스트림 프로그래밍(eXtreme Programming), 스크럼(SCRUM), 린(Lean), DSDM, FDD, Crystal

18 ④

COCOMO 프로젝트 유형

Organic Mode (유기적 모드)	일괄 자료 처리나 과학 기술 계산용, 비즈니스 자료 처리용의 5만 라인 이하의 중소 규모 소프트웨어를 개발하는 유형
Semi-Detached Mode (반 결합모드)	트랜잭션 처리시스템이나 운영체제, 데이터베이스 관리 시스템 등의 30만 라인 이하의 소프트웨어를 개발하는 유형
Embedded Mode (내장 모드)	최대형 규모의 트랜잭션 처리 시스템이나 운영체제 등의 30만 라인 이상의 소프트웨어를 개발하는 유형

19 ②

객체지향 기법에서 데이터와 데이터를 조작하는 연산을 하나로 묶어 하나의 모듈 내에서 결합 되도록 하는 것은 캡슐화이다.

20 ①

통합 테스트(Integration Test) : 서로 다른 모듈들이 연결되거나 인터페이스를 통해 통신하는 경우, 이러한 상호 작용이 예상대로 이루어지는지 확인하며 모듈 간의 호환성과 통합 과정에서 발생할 수 있는 문제를 찾는 것이 목적이다.

2과목 소프트웨어 개발

21 ③

오류-부재의 궤변(Absence of Errors Fallacy) : 사용자의 요구사항을 만족하지 못하는 오류를 발견하고 그 오류를 제거하였다 해도, 해당 애플리케이션의 품질이 높다고 말할 수 없다.

22 ①

- 기능성(Functionlity)의 하위 특성은 적합성, 정확성, 상호운용성, 보안성, 기능성 준수성이다.
- 적응성은 유지보수성이다.

23 ③

Big-O 표기

- O(1) : 상수형으로, 분제 해결 시 오직 힌 단계만 치리한다.
- O(logn) : 로그형으로, 문제를 해결하는데 필요한 단계들이 연산마다 특정 요인에 의하여 줄어든다.
- O(n) : 선형으로, 문제를 해결하기 위한 단계의 수와 입력값 n이 1:1 관계를 가진다.
- O(nlogn) : 로그 선형으로, 문제를 해결하기 위한 단계의 수가 n*(logn) 번만큼의 수행 시간을 가진다.
- $O(n^2)$: 2차형으로, 문제를 해결하기 위한 단계의 수는 입력값 n의 제곱이 된다.

24 ①

ZHTML은 존재하지 않는 데이터 포맷이다. CSV, XML, REST는 모두 인터페이스 간의 통신을 위해 이용되는 데이터 포맷이다.

25 ③

N-S 차트(Nassi-Schneiderman Chart)

- 구조적 프로그램의 순차, 선택, 반복의 구조를 사각형으로 도식화하여 알고리즘의 논리적 기술에 중점을 둔 도형식 표현 방법이다.
- 조건이 복합되어있는 곳의 처리를 시각적으로 명확히 식별하는 데 적합하다.
- 제어 구조 : 순차(Sequence), 선택 및 다중 선택(If~Then~Else, Case), 반복(Repeat~Until, While, For)
- 박스 다이어그램이라고도 한다.

26 ④

문제는 힙 정렬에 관한 내용이다.

27 ②

- 순환 복잡도 : V(G) = E − N + 2 = 6 − 4 + 2 = 4
- E은 화살표 수, N은 노드 수(점)

28 ④

ISO/IEC 25000

- 기존 소프트웨어 품질 평가 모델과 소프트웨어 평가 절차 모델인 ISO/IEC 9126과 ISO/IEC 14598을 통합하였다.
- 2500n, 2501n, 2502n, 2503n, 2504n의 다섯 가지 분야로 나눌 수 있고, 확장 분야인 2505n이 있다.
- 2501n(9126-2, 품질 모형) : 품질 모델 및 품질 사용
- 2503n(9126-3, 품질 측정) : 매트릭을 통한 측정 방법 제시

29 ①

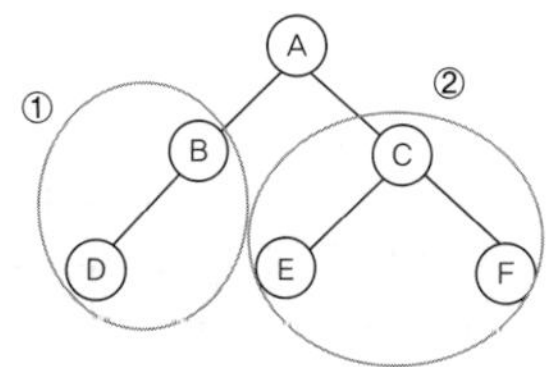

전위(Preorder) 운행 : Root → Left → Right

- A ① ②
- A B D ②
- A B D C E F

30 ②

힙 정렬, 병합 정렬, 퀵 정렬의 평균 시간 복잡도는 O(nlogn)이다.

31 ③

작업 분해(WBS : Work Breakdown Structure)

- 프로젝트의 작업을 계층적으로 분해하고 구조화한 것을 의미한다.
- 프로젝트 관리자는 작업의 세부 항목을 파악하고, 프로젝트 일정과 예산을 관리할 수 있다.

32 ④

IDE 도구의 기능

기능	설명
개발 환경 지원	프로그래밍 언어를 가지고 컴퓨터 프로그램을 작성할 수 있는 환경을 제공
컴파일(Compile)	문법에 어긋나는지 확인하고 기계어로 변환하는 기능 제공
디버깅(Debugging)	프로그래밍 과정에 발생하는 오류 및 비정상적인 연산 제거
외부 연계	외부 형상, 배포 관리 기능과 연계되어 자동 배포 등이 가능
DB 연동	JDBC, ODBC 등을 통한 데이터베이스 연동 기능
배포(Deployment)	소프트웨어를 최종 사용자에게 전달하기 위한 기능

33 ②

형상 관리

- 구성 관리(Software Configuration Management)라고도 한다.
- 소프트웨어의 변경 사항을 체계적으로 관리하기 위하여 추적하고 통제하는 것이다.
- 단순 버전 관리 기반의 소프트웨어 운용을 좀 더 포괄적인 학술 분야의 형태로 넓히는 근간을 의미한다.

- 작업 산출물을 형상 항목(Configuration Item)이라는 형태로 선정하고, 형상 항목 간의 변경 사항 추적과 통제 정책을 수립하고 관리한다.

34 ①

해시는 데이터가 키와 값의 쌍으로 저장되는 자료 구조이다.

35 ③

테스트 드라이버(Test Driver)

- 하위 → 상위 모듈로 통합하면서 테스트하는 것으로 상향식 테스트에서 사용한다.
- 테스트 대상을 제어하고 동작시키는데 사용되는 도구를 의미한다.
- 시스템 및 컴포넌트를 시험하는 환경의 일부분으로 시험을 지원하는 목적하에 생성된 코드와 데이터이다.
- 순차적 실행을 지원하는 프로그램이나 명령들이 묶여 있는 배치 파일이다.

36 ①

테스트 커버리지에 관한 설명이다.

37 ③

삽입 정렬은 두 번째 값을 키값으로 지정해 키값 앞의 값과 비교하면서 정렬을 진행한다. 이후 세 번째, 네 번째, 다섯 번째 순으로 키값을 지정해 반복한다.

- 1pass : 5, 4, 3, 2, 1 → 4, 5, 3, 2, 1
- 2pass : 4, 5, 3, 2, 1 → 3, 4, 5, 2, 1
- 3pass : 3, 4, 5, 2, 1 → 2, 3, 4, 5, 1
- 4pass : 2, 3, 4, 5, 1 → 1, 2, 3, 4, 5

38 ③

순차 파일은 파일을 논리적 처리 순서에 따라 연속된 물리 공간에 기록하기 때문에 중간에 새로운 레코드를 삽입하거나 삭제할 경우 전체를 복사하여 순차적으로 정렬해야 한다.

39 ④

화이트박스(White-Box) 테스트는 소프트웨어 내부의 코드와 구조를 검토하여 테스트하는 방법이며, 내부 로직의 동작 여부와 코드 커버리지를 확인하는 데 중점을 두는 테스트이지만, 확인 시험(Validation Test)은 외부 사용자 관점에서 소프트웨어가 실제로 요구사항을 충족시키는지 확인하는 것을 의미한다.

40 ③

응집도 정도(강 〉 약)

기능적 응집도 〉 순차적 응집도 〉 교환적 응집도 〉 절차적 응집도 〉 시간적 응집도 〉 논리적 응집도 〉 우연적 응집도

3과목 데이터베이스 구축

41 ①

관계 해석 자유변수

- ∀ : for all(모든 것에 대하여), 전칭 정량자(Universal Quantifier)
- ∃ : "There exists", "For Some", 존재 정량자(Existential Quantifier)

42 ①

후보키(Candidate Key)

- 모든 튜플을 유일하게 식별할 수 있는 하나 또는 몇 개의 속성 집합을 의미한다.
- 유일성과 최소성 모두 만족한다.

43 ③

열에 있는 값들의 합 – SUM

44 ④

관계 해석은 원하는 정보만을 명시하고 "어떻게(How) 질의를 해석하는가"에 대해 언급이 없는 선언적인 언어이므로, 관계 해석은 절차적 특성을 가진다고 할 수 없다.

45 ③

WHERE 절은 조건절로 선택적 구문이다.

SELECT문 기본 구조

```
SELECT 속성명 [ALL | DISTINCT]
FROM 릴레이션명
[WHERE 조건];
[GROUP BY 속성명1, 속성명2,…]
[HAVING 조건]
[ORDER BY 속성명 [ASC | DESC]];
```

- ALL : 모든 튜플을 검색(생략 가능)
- DISTINCT : 중복된 튜플 생략

46 ④

데이터베이스 분할의 종류

- 범위 분할(Range Partition) : 연속적인 값을 기준으로 분할하는 방법이다. 예를 들어, 날짜를 기준으로 분할할 수 있다.
- 목록 분할(List Partition) : 이산적인 값을 기준으로 분할하는 방법이다. 예를 들어, 국가를 기준으로 분할할 수 있다.
- 해시 분할(Hash Partition) : 해시 함수를 사용하여 분할하는 방법이다. 예를 들어, 고객 ID를 기준으로 분할할 수 있다.
- 합성 분할(Composite Partition) : 두 가지 이상의 분할 방법을 결합하여 사용하는 방법이다. 예를 들어, 날짜를 기준으로 Range Partition하고, 국가를 기준으로 List Partition할 수 있다.

47 ③

DBA) REVOKE SELECT ON STUDENT FROM U1 CASCADE;에서 U1에 대한 검색 권한이 해제되면서 CASCADE 옵션으로 인해 하위 권한인 U2에 대한 검색 권한도 해제된다.

48 ②

시스템 카탈로그(System Catalog)

- 시스템 자신이 필요로 하는 여러 가지 객체(기본 테이블, 뷰, 인덱스, 데이터베이스, 패키지, 접근 권한 등)에 관한 정보를 포함하고 있는 시스템 데이터베이스이다.
- 데이터 사전(Data Dictionary), 메타 데이터(Meta Data)라고도 한다.
- 시스템 카탈로그 자체도 시스템 테이블로 구성되어 있어 SQL문을 이용하여 내용 검색이 가능하다.
- 사용자가 시스템 카탈로그를 직접 갱신할 수는 없으나 SQL문으로 여러 가지 객체에 변화를 주면 시스템이 자동으로 갱신된다.

49 ③

스키마 3계층

- 외부 스키마(External Schema) : 사용자나 응용 프로그래머가 접근할 수 있는 정의를 기술한다.
- 개념 스키마(Conceptual Schema) : 범기관적 입장에서 데이터베이스를 정의한 것으로 개체 간의 관계와 제약조건을 나타내고, 데이터베이스 접근 권한, 보안 및 무결성 규칙에 대한 명세가 있다.
- 내부 스키마(Internal Schema) : 데이터의 실제 저장 방법을 기술한다.

50 ④

BcN(Broadband convergence Network) : 데이터베이스의 상태를 변화시키기 위한 하나의 논리적 작업 단위를 Trans + Action = Transaction이라 한다.

51 ②

릴레이션의 특징

- 튜플의 유일성 : 모든 튜플은 서로 다른 값을 갖는다.
- 튜플의 무순서성 : 하나의 릴레이션에서 튜플의 순서는 없다.
- 속성의 원자성 : 속성값은 원자값을 갖고, 논리적으로 더 이상 분해될 수 없는 최소 단위이다.
- 속성의 무순서성 : 각 속성은 릴레이션 내에서 유일한 이름을 가지며, 속성의 순서는 큰 의미가 없다.

52 ①

- Concurrency Control(병행 제어, 동시성 제어) : 여러 사용자 또는 프로세스가 동시에 데이터베이스에 접근할 때 일관성을 유지하고 충돌을 방지하기 위한 제어 메커니즘을 의미한다.
- Normalization(정규화) : 데이터베이스 설계 과정에서 중복을 최소화하고 데이터의 일관성을 유지하기 위해 테이블을 구조화하는 작업이다.
- Transaction(트랜잭션) : 데이터베이스에서 하나의 논리적 작업 단위를 의미하며, 일련의 데이터 조작 작업을 원자적(Atomic), 일관적(Consistent), 고립적(Isolated), 영구적(Durable)으로 수행하는 것을 보장한다.

53 ③

외래키를 포함하는 릴레이션이 참조하는 릴레이션이 되고, 대응되는 기본키를 포함하는 릴레이션이 참조 릴레이션이 된다.

54 ①

ALTER, DROP은 DDL, GRANT는 DCL에 해당한다.

55 ③

- WHERE 절에서 PNO IN (1, 2, 3)을 사용하여 프로젝트 번호가 1, 2, 3인 행을 조회한다.
- IN (값1, 값2, 값3) : IN 다음에 나열된 값은 (값1 OR 값2 OR 값3)의 형태와 같이 값1, 값2, 값3 중에서 하나 이상 일치하는 조건을 모두 포함한다.

56 ④

- 트랜잭션이 부분 완료 상태에 도달하였다가 실패 상태로 가는 경우는 트랜잭션이 데이터베이스에 반영되기 직전에 장애가 발생한 경우이다.
- 디스크 출력 도중의 하드웨어 장애는 트랜잭션의 데이터베이스 반영을 방해할 수 있는 장애이므로, 트랜잭션이 부분 완료 상태에 도달하였다가 실패 상태가 되는 경우에 해당한다.

57 ②

UPDATE

- 튜플의 내용을 변경하는 명령어이다.
- 기본 구조

```
UPDATE 테이블명
SET 속성명 = 데이터
WHERE 조건;
```

58 ③

- 뷰는 가상 테이블이기 때문에 데이터베이스에 물리적으로 존재하지 않는다.
- 뷰는 일반 사용자가 수정할 수 없고 DBA에 의해 수정될 수 있다.

59 ①

2NF에서 이행 함수 종속을 제거하면 3NF가 된다.

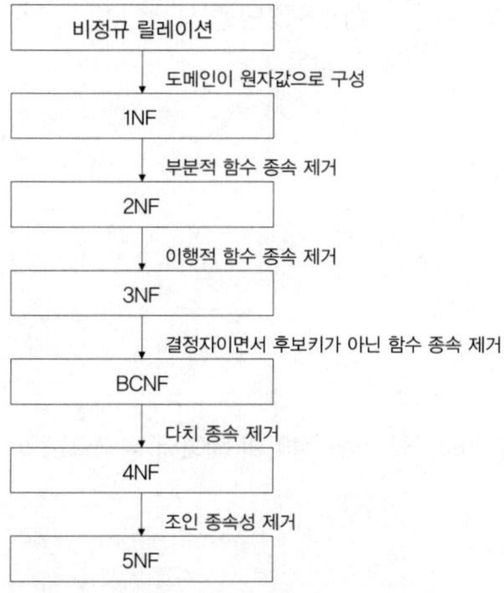

60 ④

분산 처리 시스템의 특징

- 다수의 사용자들이 데이터를 공유할 수 있다.
- 점진적인 확장이 가능하지만 보안 문제가 발생할 수 있다.
- 개발 난도가 높아 개발 비용이 많이 소요된다.
- 시스템 전체의 정책을 결정하는 통합적인 제어 기능이 필요하다.
- 집중형(Centralized) 시스템에 비해 소프트웨어의 개발이 어렵다.
- 종류 : 클라이언트/서버 모델, 프로세서 풀 모델, 혼합 모델

4과목 프로그래밍 언어 활용

61 ③

헤더 파일 선행 처리 지시자는 #include이다.

62 ②

<table>
<tr><td>#include <stdio.h></td><td>〈stdio.h〉 헤더 파일 포함</td></tr>
<tr><td>int main()
{
  int d = 55;
  int r = 0, q = 0;
  r = d;</td><td>• main() 함수가 시작
• d에 55를 할당
• r과 q를 선언
• r에 d의 값인 55를 할당</td></tr>
<tr><td> while(r >= 4) {
    r = r - 4;
    q++;
  }</td><td>• r이 4 이상일 때 while 루프 실행
• r에서 4를 빼고, q를 1 증가시킴(4로 나눈 몫을 계산하는 과정)
• 루프가 실행되는 동안 q는 13이 되며, r은 3이 남음(55 / 4 = 13…3)</td></tr>
<tr><td> printf("%d 그리고 ", q);
  printf("%d", r);</td><td>• 몫 q를 출력하고 " 그리고 "를 출력
• printf 함수는 나머지 r을 출력</td></tr>
<tr><td> return 0;
}</td><td>main 함수 종료</td></tr>
</table>

63 ③

<table>
<tr><td>#include <stdio.h></td><td>〈stdio.h〉 헤더 파일 포함</td></tr>
<tr><td>struct data
{
  int a;
  int c[10];
};</td><td>• data 이름의 구조체 정의
• int 타입의 a 변수와 길이가 10인 int 배열 c를 멤버로 가짐</td></tr>
<tr><td>int main()
{
  struct data d;
  int i;</td><td>• main() 함수 시작
• data 구조체 타입의 변수 d와 int 타입의 변수 i를 선언</td></tr>
<tr><td> for(i = 0; i < 10; i++)
  {
    d.c[i] = i * 2;
  }</td><td>• for 문을 사용하여 구조체 d의 멤버 배열 c의 각 원소를 i의 값의 두 배로 초기화
• c 배열은 [0, 2, 4, 6, 8, 10, 12, 14, 16, 18]이 됨</td></tr>
<tr><td> for(i = 0; i < 10; i += 2)
  {
    d.a += d.c[i];
  }</td><td>• for문을 사용하여 c 배열의 짝수 인덱스에 해당하는 원소들을 d.a에 더함
• i의 초깃값은 0이며, for 문이 반복될 때마다 i에 2씩 더해짐
• d.c[0] + d.c[2] + d.c[4] + d.c[6] + d.c[8]의 합이 d.a에 저장.
• 결과 : 0 + 4 + 8 + 12 + 16 = 40</td></tr>
<tr><td> printf("%d", d.a);</td><td>구조체 d의 a 멤버인 40을 출력.</td></tr>
<tr><td> return 0;
}</td><td>main 함수 종료</td></tr>
</table>

64 ①

<table>
<tr><td>#include <stdio.h>
int main()
{</td><td>• 〈stdio.h〉 헤더 파일 포함
• main() 함수 시작</td></tr>
<tr><td> int x, y;

  for(x = 0; x < 2; x++)
  {
    for(y = 0; y < 2; y++)
    {
      printf("%d", !x ||
      !y);
    }
  }</td><td>• 정수형 변수 x, y 선언
• x는 0 ~ 1까지 +1씩 반복
• y는 0 ~ 1까지 +1씩 반복
• !0 → 1, !1→0으로 보수처리
• a||b : a, b 둘 중 1개만 1이어도 1 출력 (or 연산)
<table><tr><td>x</td><td></td><td>y</td><td>결과</td></tr><tr><td>!0(1)</td><td>||</td><td>!0(1)</td><td>1</td></tr><tr><td>!0(1)</td><td>||</td><td>!1(0)</td><td>1</td></tr><tr><td>!1(0)</td><td>||</td><td>!0(1)</td><td>1</td></tr><tr><td>!1(0)</td><td>||</td><td>!1(0)</td><td>0</td></tr></table></td></tr>
<tr><td> return 0;
}</td><td>main 함수 종료</td></tr>
</table>

X	0	0	1	1
Y	0	1	0	1

을 각 명령에 대입하면

① !(0 0 0 1) = 1 1 1 0

② !(0 1 1 1) = 1 0 0 0

③ (1 1 0 0) || y = 1 1 0 1

④ (1 1 0 0) && y = 0 1 0 0

65 ③

Java에서 << 연산자는 피연산자의 비트를 n만큼 왼쪽으로 산술 시프트 한다.

- 왼쪽 시프트 : $\times 2^n$
- 오른쪽 시프트 : $\div 2^n$
- 예를 들어, a가 10인 경우, a << 2는 다음과 같이 계산된다.
- 00000000 00000000 00000000 00001010
- 00000000 00000000 00000000 00101000

66 ③

TCP(Transmission Control Protocol)

- 신뢰성 있는 연결 지향형 전달 서비스를 제공한다.
- 순서 제어, 에러 제어, 흐름 제어 기능을 제공한다.
- 전이중 서비스와 스트림 데이터 서비스를 제공한다.
- 메시지를 캡슐화(Encapsulation)와 역캡슐화(Decapsulation)한다.
- 서비스 처리를 위해 다중화(Multiplexing)와 역다중화(Demultiplexing)를 이용한다.

67 ①

- 192.168.1.0/24에서 /24란 진수 IP주소에서 1의 개수가 24개를 의미한다.

– 11111111 11111111 11111111 00000000

– 10진수 표기시 255.255.255.0이므로 C 클래스를 서브넷으로 사용한다.

- FLSM 방식으로 4개의 서브넷을 나누라고 지시했으나 2의 제곱수 단위로만 나눌 수 있으므로 $2^2 = 4$, 즉 4개로 Subneting할 수 있다.
- 256 ÷ 4 = 64이므로 각 Subnet에 할당되는 IP는 대역별로 64개가 된다.

No	대역
1	192.168.1.0 ~ 192.168.1.63
2	192.168.1.64 ~ 192.168.1.127
3	192.168.1.128 ~ 192.168.1.191
4	192.168.1.192 ~ 192.168.1.256

- 각 대역의 첫 번째 IP는 네트워크 ID, 마지막 IP는 브로드캐스트 주소로 할당된다. 따라서 두 번째 네트워크의 네트워크 ID는 192.168.1.64, 브로드캐스트 주소는 192.168.1.127이다.

68 ④

break 명령문은 가장 가까운 반복문이나 switch ~ case 구문을 탈출하는 역할을 한다.

69 ③

HRN(Highest Response-ratio Next)

- 우선순위 계산식 = $\frac{\text{대기 시간} + \text{서비스를 받을 시간}}{\text{서비스를 받을 시간}}$
- A : (5 + 10) ÷ 10 = 1.5
- B : (10 + 15) ÷ 15 = 1.66
- C : (10 + 30) ÷ 30 = 1.33
- D : (20 + 5) ÷ 5 = 5
- 작업 순서 : D → B → A → C

70 ④

ICMP 메시지는 4바이트의 헤더와 가변 길이의 데이터 영역으로 나뉜다.

71 ②

A클래스의 IP 주소 범위는 0.0.0.0에서 127.255.255.255까지이므로, 첫 번째 Octet 값이 0~127 사이인 IP 주소를 찾으면 된다.

72 ③

exec()는 주어진 명령어를 실행하기 위해 기존 프로세스의 메모리 공간을 교체하는 명령어로 새로운 프로세스를 생성하지 않고, 쉘 프로세스를 대체한다.

오답 피하기

- exit() : 쉘 프로세스를 종료
- fork() : 새로운 프로세스를 생성
- wait() : 종료된 자식 프로세스를 대기

73 ②

기억 장치 교체 전략

주기억 장치의 모든 페이지 프레임이 사용 중일 때 어떤 페이지 프레임을 교체할 것인지 결정하는 전략이다.

OPT (OPTimal replacement)	• 이후에 가장 오랫동안 사용되지 않을 페이지를 먼저 교체하는 기법이다. • 실현 가능성이 희박하다.
FIFO (First In First Out)	• 가장 먼저 적재된 페이지를 먼저 교체하는 기법이다. • 구현이 간단하다.
LRU (Least Recently Used)	각 페이지마다 계수기나 스택을 두어 현시점에서 가장 오랫동안 사용하지 않은 페이지를 교체하는 기법이다.
LFU (Least Frequently Used)	참조된 횟수가 가장 적은 페이지를 먼저 교체하는 기법이다.

오답 피하기

SSTF는 디스크 스케줄링 기법이다.

74 ①

로킹(Locking)

로킹 단위가 커지면 로크의 수가 적어 관리가 쉬워지지만, 병행성 수준이 낮아지고, 로킹 단위가 작으면 로크의 수가 많아 관리가 어려워지지만, 병행성 수준이 높아진다.

75 ①

게이트웨이는 한 네트워크에서 다른 네트워크로 들어가는 입구 역할을 하는 장치로, 근거리 통신망과 같은 하나의 네트워크를 다른 네트워크와 연결할 때 사용되는 장치이다.

76 ②

kor total은 공백을 포함하고 있으므로 파이썬의 변수명으로 사용할 수 없다.

파이썬의 변수명 규칙

- 문자, 숫자, 언더바(_)로 구성되어야 한다.
- 처음 시작으로 숫자는 올 수 없다.
- 공백을 포함할 수 없다.
- 예약어(Reserved Word)를 사용할 수 없다.

77 ①

코드	설명

class TestClass {
    void exe(int[] arr) {
        System.out.println(func(func(5, 5), 5, func(arr)));
    }
    int func(int a, int b) {
        return a + b;
    }
    int func(int a, int b, int c) {
        return a - b;
    }
    int func(int[] c) {
        int s = 0;
        for(int i = 0; i < c.length; i++) {
            s += c[i];
        }
        return s;
    }
}
	• TestClass 클래스 선언
	• exe 메서드 : int 배열 arr을 인자로 받아서 연산을 수행하고 결과를 출력하는 메서드
	• func(int a, int b) : 두 개의 정수 a와 b를 인자로 받아 더한 값을 반환하는 메서드
	• func(int a, int b, int c) : 세 개의 정수 a, b, c를 인자로 받아 a − b의 값을 반환하는 메서드
	• func(int[] c) : 정수 배열 c를 인자로 받아 배열의 모든 요소를 더한 값을 반환하는 메서드

public class Test {
    public static void main(String[] args) {
        int[] a = {1, 2, 3, 4, 5};
        TestClass t = new TestClass();
        t.exe(a);
    }
}
	• Test 클래스 선언 : main() 메서드를 갖는 클래스로, 프로그램의 시작점
	• main() 메서드 정의 : 배열 a를 초기화하고, TestClass의 인스턴스를 생성한 후, exe 메서드를 실행
	• func(5, 5)는 5와 5를 더한 결과로써 10을 반환
	• func(arr)는 배열 a의 원소인 1, 2, 3, 4, 5를 모두 더한 결과로써 15를 반환
	• func(10, 5, 15)는 10에서 5를 빼서 5를 반환
	• System.out.println으로 결과를 출력하면 5 출력

78 ④

코드	설명
import turtle n = int(input("몇 각형을 그리시겠습니까?"))	turtle 그래픽 라이브러리 임포트 3 이상의 값을 입력받음

if n < 3:
    print("3 이상의 n 값 입력")
else:
	3 이상의 값인지 확인

t = turtle.Turtle()	새로운 turtle 객체 t를 생성
def ngak(distance, n): angle = 360 / n	한변 길이 distance와 변의 수 n을 받아서 도형을 그림 n 값에 따라 내각을 계산

for i in range(n):
            t.forward(distance)
            t.left(angle)
	• n 번 반복하는 루프 시작
	• 앞으로 이동시키며 변의 길이 distance만큼 이동
	• 틀을 왼쪽으로 회전

ngak(100, n) turtle.done()	ngak 함수를 호출하여 n–각형 그림(변의 길이는 100) 그림을 그린 후 터틀 그래픽 창을 열어둠

79 ②

지역 변수는 블록 내부에서만 유효하다.

80 ②

교착상태의 발생 조건

- 상호배제(Mutual Exclusion) : 한 번에 한 개의 프로세스만이 공유 자원을 사용할 수 있다.
- 점유와 대기(Hold and Wait) : 이미 자원을 가진 프로세스가 다른 자원의 할당을 요구하는 동안 가진 자원을 계속 점유한다.
- 비선점(Non–Preemption) : 프로세스에 할당된 자원은 사용이 끝날 때까지 강제로 빼앗을 수 없다.
- 환형 대기(Circular Wait) : 이미 자원을 가진 프로세스가 앞이나 뒤의 프로세스의 자원을 요구한다.

5과목 **정보 시스템 구축 관리**

81 ②

TCP SYN Flooding : Denial-of-Service(DoS) 공격의 한 종류로, TCP/IP 연결을 설정하는 과정에서 발생하는 취약점을 이용하여 공격 대상의 서비스를 마비시키는 공격이다.

오답 피하기

DDoS 공격 유형

프로토콜 계층 공격	애플리케이션 계층 공격
• TCP SYN Flooding • UDP Flooding • ICMP Flooding • NTP Flooding • DNS Flooding • Slow HTTP Attack	• HTTP Flooding • SQL Injection • Cross-Site Scripting (XSS) • Command Injection • Botnet Attack

82 ④

반사공격(Reflection Attack) : 공격자들은 전 세계 어느 곳으로도 통상적인 UDP 서비스를 이용하여 대규모 트래픽을 보낼 수 있게 된다.

83 ④

경로 조작 및 자원 삽입 : 검증되지 않은 외부 입력값이 시스템 자원 접근 경로를 조작하거나 시스템 자원에 삽입되어 공격할 수 있는 보안 약점이다.

84 ③

AAA(Authentication Authorization Accounting, 인증 권한 검증 계정 관리)

- 시스템의 사용자가 로그인하여 명령을 내리는 과정에 대한 시스템의 동작을 Authentication(인증), Authorization(권한 부여), Accounting(계정 관리)으로 구분한다.
- 인증 : 망, 시스템 접근을 허용하기 전에 사용자의 신원을 검증한다.
- 권한 부여 : 검증된 사용자에게 어떤 수준의 권한과 서비스를 허용한다.
- 계정 관리 : 사용자의 자원에 대한 사용 정보를 모아서 과금, 감사, 용량 증설, 리포팅 등을 한다.

85 ④

대칭키(비밀키 암호화 기법)

- 동일한 키로 암호화하고 복호화하는 기법으로 키 개수는 N(N-1)/2개 필요하다.
- 대칭 암호 알고리즘은 처음 통신 시에 비밀키를 전달해야 하므로, 키 교환 중 키가 노출될 수 있다(키 교환에는 시간과 비용이 소요됨).
- 암호화/복호화 속도가 빠르고 알고리즘이 단순하다.
- 종류 : DES, AES, ARIA, SEED, IDEA, RC4

86 ①

WPAN(Wireless Personal Area Network)

- 사용자를 중심으로 작은 지역에서 블루투스 헤드셋, 스마트 워치 등과 같은 개인화 장치들을 주로 연결시키는 무선 통신 규격이다.
- IEEE 802.15 규격의 범주에 속한다.

87 ①

TELNET 프로토콜의 Well Known Port 번호는 23이다.

88 ③

APT 공격의 특징

- 특정 기업이나 조직을 대상으로 장기간에 걸쳐 지속적으로 공격한다.
- 사회 공학적 방법을 사용하여 피해자의 신뢰를 얻는다.
- 다양한 첨단 보안 위협을 이용하여 공격을 수행한다.
- 공격 대상을 명확히 지정하고, 시스템의 특성을 파악하여 공격한다.
- 정치적, 경제적, 군사적 이익을 위해 수행되는 경우가 많다.

89 ③

CSMA/CA(Carrier Sense Multiple Access with Collision Avoidance)

- 무선 LAN에서 사용되는 무선전송 다원 접속 방식이다.
- 전송 전에 캐리어 감지를 통해 매체가 사용 중인지 확인하고, 사용 중이라면 일정 시간 기다렸다가 다시 전송하는 방식이다.

90 ④

테이블 이름, SQL 구조 등이 외부 HTML에 포함되어 나타나도록 하는 것은 사용자가 SQL 명령을 실행할 기회를 제공하기 때문에 SQL인젝션 공격에 취약해진다.

91 ④

HSM(Hardware Security Module)

암호키(Master Key)를 안전하게 저장하는 역할과 Server CA의 Private Key를 저장하는 역할을 하는 전용 하드웨어 장치이다.

92 ①

비밀번호 정책은 정보 보안을 위한 조치이지만, 정보 보안 3요소에 포함되지는 않는다.

오답 피하기

정보 보안의 3요소

무결성(Integrity)

시스템 내의 정보는 오직 인가된 사용자만 수정할 수 있는 보안 요소이다.

기밀성(Confidentiality)

- 인가되지 않는 사용자가 객체 정보의 내용을 알 수 없도록 하는 보안 요소이다.
- 접근 제어, 암호화와 관련된 보안 요소이다.

가용성(Availability)

- 정보 시스템 또는 정보에 대한 접근과 사용이 요구 시점에 완전하게 제공될 수 있는 상태를 의미하는 보안 요소이다.
- 백업과 관련된 보안 요소이다.

93 ④

DMZ(Demilitarized Zone)에는 IDS를 설치할 수 있다.

94 ②

STP(Spanning Tree Protocol)

- 네트워크 루프를 방지하기 위한 프로토콜이다.
- 네트워크에 연결된 스위치 중에서 하나를 루트 브리지로 선택하고, 루트 브리지에서 멀리 떨어진 스위치들로 가는 경로를 차단하여 네트워크 루프를 방지한다.

95 ④

Wi-SUN

- IEEE 802.15.4g 표준을 기반으로 한 근거리 무선 통신 기술로, 넓은 커버리지와 더불어 빠른 속도를 지원한다.
- 스마트그리드 등 HAN/NAN 활용에 적합한 기술이다.

96 ③

SIP(Session Initiation Protocol) : 인터넷상에서 통신하고자 하는 지능형 단말들이 서로를 식별하여 그 위치를 찾고, 그들 상호 간에 멀티미디어 통신 세션을 생성하거나 삭제 또는 변경하기 위한 절차를 명시한 시그널링 프로토콜이다.

97 ①

IPSec(IP Security)

- 통신 세션의 각 IP 패킷을 암호화하고 인증하는 안전한 인터넷 프로토콜(IP) 통신을 위한 인터넷 프로토콜으로 양방향 암호화를 지원한다.
- ESP는 발신지 인증, 데이터 무결성, 기밀성 모두를 보장한다.
- 운영 모드는 Tunnel 모드와 Transport 모드로 분류된다.
- AH는 발신지 호스트를 인증하고, IP 패킷의 무결성을 보장한다.

98 ④

COCOMO 프로젝트 유형

- Organic Mode(유기적 모드) : 일괄 자료 처리나 과학 기술 계산용, 비즈니스 자료 처리용의 5만 라인 이하의 중소 규모 소프트웨어를 개발하는 유형
- Semi-Detached Mode(반결합 모드) : 트랜잭션 처리 시스템이나 운영체제, 데이터베이스 관리 시스템 등의 30만 라인 이하의 소프트웨어를 개발하는 유형
- Embedded Mode(내장 모드) : 최대형 규모의 트랜잭션 처리 시스템이나 운영체제 등의 30만 라인 이상의 소프트웨어를 개발하는 유형

99 ①

프로토타이핑 모형

- 최종 결과물이 만들어지기 전에 의뢰자가 최종 결과물의 일부 또는 모형을 볼 수 있으므로 개발 초기에 오류 발견이 가능하다.
- 프로토타이핑 모형은 발주자나 개발자 모두에게 공동의 참조 모델을 제공한다.
- 사용자의 요구사항을 충실히 반영할 수 있다.

100 ④

해시(Hash) 암호화 방식

- 임의 길이의 메시지를 입력으로 하여 고정된 길이의 출력값으로 변환하는 기법이다.
- 주어진 원문에서 고정된 길이의 의사 난수를 생성하며, 생성된 값을 해시값이라고 한다.
- 해시 함수는 주로 검색, 데이터 무결성, 인증, 암호화 등 다양한 용도로 사용된다.
- 블록체인에서 체인 형태로 사용되어 데이터의 신뢰성을 보장한다.
- SHA, SHA1, SHA256, MD5, RMD160, HAS-160, HAVAL 기법 등이 있다.

오답 피하기

해시 함수는 해시값을 통해 본래 입력값을 찾는 것이 어려워야 하므로 일방향 함수(One-way Function)이다.

최신 기출문제 06회 194p

01 ④	02 ③	03 ②	04 ④	05 ①
06 ①	07 ②	08 ④	09 ①	10 ②
11 ①	12 ③	13 ④	14 ②	15 ②
16 ③	17 ④	18 ②	19 ②	20 ④
21 ①	22 ④	23 ③	24 ④	25 ④
26 ①	27 ③	28 ③	29 ④	30 ③
31 ③	32 ③	33 ③	34 ③	35 ①
36 ①	37 ④	38 ③	39 ②	40 ③
41 ②	42 ①	43 ①	44 ①	45 ③
46 ①	47 ④	48 ②	49 ①	50 ③
51 ③	52 ②	53 ④	54 ③	55 ①
56 ③	57 ①	58 ③	59 ③	60 ③
61 ③	62 ②	63 ③	64 ②	65 ④
66 ④	67 ②	68 ④	69 ②	70 ②
71 ③	72 ①	73 ④	74 ①	75 ④
76 ②	77 ②	78 ③	79 ③	80 ④
81 ④	82 ④	83 ④	84 ③	85 ①
86 ②	87 ②	88 ①	89 ②	90 ④
91 ①	92 ④	93 ①	94 ④	95 ②
96 ③	97 ③	98 ②	99 ③	100 ①

1과목 소프트웨어 설계

01 ④

정형 기술 검토(FTR)의 지침 사항

- 의제와 그 범위를 유지하라.
- 참가자의 수를 제한하라.
- 각 체크리스트를 작성하고, 자원과 시간 일정을 할당하라.
- 개발자가 아닌 제품의 검토에 집중하라.
- 논쟁과 반박을 제한하라.
- 검토 과정과 결과를 재검토하라.

02 ③

디자인 패턴(Design Pattern)

생성 패턴	팩토리 메소드 패턴(Factory Method Pattern), 추상 팩토리 패턴(Abstract Factory Pattern), 빌더 패턴(Builder Pattern), 프로토타입 패턴(prototype Pattern), 싱글턴 패턴(Singleton Pattern) 등
구조 패턴	어댑터 패턴(Adapter Pattern), 브리지 패턴(Bridage Pattern), 컴포지트 패턴(Composite Pattern), 데코레이터 패턴(Decorator Pattern), 퍼싸드 패턴(Facade Pattern), 플라이 웨이트 패턴(Fly wight Pattern), 프록시 패턴(Porxy Pattern) 등
행위 패턴	책임 연쇄 패턴(Chain of Responsibility Pattern), 명령 패턴(Command Pattern), 반복자 패턴(Iterator Pattern), 기록 패턴(Mememto Pattern), 상태 패턴(State Pattern), 전략 패턴(Strategy Pattern), 템플릿 메서드 패턴(Template Method Pattern), 해석자 패턴(interpreter Pattern), 감시자 패턴(Observer Pattern), 방문자 패턴(Visitor Pattern), 중재자 패턴(Mediator Pattern) 등

03 ②

액터(Actor)는 서비스를 이용하는 외부 객체이며, 시스템이 특정한 사례(Use Case)를 실행하도록 요구할 수 있는 존재이다.

04 ④

파이프 필터(Pipe–Filters)

- 데이터 흐름(Data Stream)을 생성하고 처리하는 시스템을 위한 구조이다.
- 필터는 파이프를 통해 받은 데이터를 변경시키고 그 결과를 파이프로 전송한다.
- 각 처리 과정은 필터(filter) 컴포넌트에서 이루어지며, 처리되는 데이터는 파이프(pipes)를 통해 흐른다. 이 파이프는 버퍼링 또는 동기화 목적으로 사용될 수 있다.
- 장점 : 필터 교환과 재조합을 통해서 높은 유연성을 제공한다.
- 단점 : 상태정보 공유를 위해서 큰 비용이 소요되며 데이터 변환에 과부하가 걸릴 수 있다.
- 컴파일러, 연속한 필터들은 어휘 분석, 파싱, 의미 분석 그리고 코드 생성을 수행한다.
- 생물정보학에서의 워크플로우 등에 활용된다.

05 ①

HIPO(Hierarchy Input Process Output)

- 하향식 기법으로 절차보다는 기능 중심이다.
- 도형 목차의 내용을 입력, 처리, 출력 관계로 도표화한 것이 총괄 도표이다.
- 체계적인 문서 작성이 가능하며, 보기 쉽고 알기 쉽다.
- 기능과 자료의 의존 관계를 동시에 표현할 수 있다.
- HIPO 차트 종류에는 가시적 도표, 총체적 도표, 세부적 도표가 있다.
- 프로그램 구조와 데이터 구조나 데이터 구조 간의 관계를 표현할 수 없다.

06 ①

럼바우(Rumbaugh) 객체지향 분석 기법

- 소프트웨어 구성 요소를 그래픽 표기법을 이용하여 모델링하는 객체지향 분석(Object-oriented Analysis) 기법이다.
- 객체 모델링 → 동적 모델링 → 기능 모델링 순서로 진행된다.

객체 모델링 (Object Modeling)	객체 다이어그램, 정보 모델링이라고도 하며 시스템에서 요구하는 객체를 찾고 객체들 간의 관계를 정의, 가장 중요하며 선행되어야 함
동적 모델링 (Dynamic Modeling)	상태 다이어그램, 시간의 흐름에 따라 객체들 사이의 제어 흐름, 동작 순서 등의 동적인 행위를 표현
기능 모델링 (Functional Modeling)	자료 흐름도(DFD), 프로세스들의 자료 흐름을 중심으로 처리 과정 표현

07 ②

JAVA에서 정보은닉(InformationHiding)을 표기할 때 private는 외부에서 클래스 내부 정보에 접근하지 못하도록 하는 '접근금지'의 의미이다.

08 ④

SWEBOK에 따른 요구사항 개발 프로세스 : 도출(Elicitation) → 분석(Analysis) → 명세(Specification) → 확인(Validation)

09 ①

애플리케이션 패키징

- 개발이 완료된 소프트웨어를 고객에 인도하기 위해 패키징하고, 설치 매뉴얼, 사용 매뉴얼 등을 작성하는 일련의 배포용 설치 파일을 만드는 작업을 의미한다.
- 향후 관리 편의성을 위해 모듈화하여 패키징한다.
- 사용자를 중심으로 진행하며, 사용자의 다양한 환경에서 설치할 수 있도록 패키징한다.
- 사용자의 불편함을 줄이고 사용자의 편의성을 먼저 고려한다.
- 주의 사항 : 전체 내용을 포함, 고객 중심, 모듈화, 버전 관리 및 릴리즈 노트 관리

10 ②

UI 설계 도구

- 와이어프레임 : UI 중심의 화면에 대한 개략적인 레이아웃이나 UI 요소 등에 대한 뼈대를 설계
- 목업 : 와이어프레임보다 좀 더 실제 화면과 유사하게 만든 정적인 형태의 모형
- 스토리보드 : 와이어프레임 콘텐츠에 대한 설명, 페이지 간 이동 흐름 등을 추가한 문서
- 프로토타입 : 실제 구현된 것처럼 테스트가 가능한 동적인 형태의 모형
- 유스케이스 : 사용자가 원하는 목표를 달성하기 위해 수행할 내용을 기술

11 ①

JSON(JavaScript Object Notation)

- 속성-값 쌍(Attribute-Value Pairs)으로 이루어진 데이터 오브젝트를 전달하기 위해 사용하는 개방형 표준 포맷이다.
- AJAX(Asynchronous Javascript and XML)에서 많이 사용되고 XML을 대체하는 주요 데이터 포맷이다.
- 언어 독립형 데이터 포맷으로 다양한 프로그래밍 언어에서 사용되고 있다.

12 ③

CASE가 제공하는 기능

- 개발을 신속하게 할 수 있고, 오류 수정이 쉬워 S/W 품질이 향상된다.
- 소프트웨어 생명 주기의 전체 단계를 연결해 주고 자동화시켜 주는 통합된 도구를 제공해주는 기술이다.
- 소프트웨어 시스템의 문서화 및 명세화를 위한 그래픽 기능을 제공한다.
- S/W 개발 단계의 표준화를 기할 수 있으며 자료 흐름도 작성 기능을 제공한다.
- 모델들 사이의 모순검사 기능을 제공하며 다양한 소프트웨어 개발 모형을 지원한다.
- 원천 기술 : 구조적 기법, 프로토타이핑 기술, 정보 저장소 기술

13 ④

추상화(Abstraction)

- 시스템 내의 공통 성질을 추출한 뒤 추상 클래스를 설정하는 기법이다.
- 현실 세계를 컴퓨터 시스템에 자연스럽게 표현할 수 있다.
- 종류 : 기능 추상화, 제어 추상화, 자료 추상화

14 ②

모델링은 소프트웨어 개발 전단계에 사용된다.

15 ②

- Fan-In : 주어진 한 모듈을 제어하는 상위 모듈 수(해당 모듈로 들어오는 화살표의 개수) → 3
- Fan-Out : 주어진 한 모듈이 제어하는 하위 모듈 수(해당 모듈에서 나가는 화살표의 개수) → 2

16 ③

N-S 차트(Nassi-Schneiderman Chart)

- 구조적 프로그램의 순차, 선택, 반복의 구조를 사각형으로 도식화하여 알고리즘을 논리적 기술에 중점을 둔 도형식 표현 방법이다.
- 박스 다이어그램이라고도 한다.
- 조건이 복합되어 있는 곳의 처리를 시각적으로 명확히 식별하는 데 적합하다.
- 제어 구조 : 순차(Sequence), 선택 및 다중 선택(If~Then~Else, Case), 반복(Repeat~Until, While, For)

오답 피하기

NS Chart에서는 GOTO문을 사용하지 않으며, 화살표는 단순히 도형 간의 연결을 나타낼 때 사용한다.

17 ④

스크럼 마스터는 방해 요소를 찾아 해결하는 역할을 맡지만, 완료 작업시간을 기록하는 것은 프로덕트 오너(Product Owner)나 팀 자체의 일이다. 또한 소멸 차트는 스프린트 기간 동안의 남은 작업을 시각적으로 보여주는 도구이다.

18 ②

"Z"는 정형 명세 기법 중 하나이다.

오답 피하기

정형 명세 기법은 수학적인 원리와 표기법을 사용하여 요구사항을 표현하는 반면, 비정형 명세 기법은 자연어와 같은 형식이 없는 방법으로 요구사항을 기술한다.

19 ②

UML 관계의 종류

- 연관(Association) 관계 : 2개 이상의 사물이 서로 관련되어 있는 관계
- 집합(Aggregation) 관계 : 하나의 사물이 다른 사물에 포함되어 있는 관계
- 포함(Composition) 관계 : 포함하는 사물의 변화가 포함되는 사물에게 영향을 미치는 관계
- 일반화(Generalization) 관계 : 하나의 사물이 다른 사물에 비해 더 일반적이거나 구체적인 관계
- 의존(Dependency) 관계 : 서로에게 영향을 주는 짧은 시간 동안만 연관을 유지하는 관계
- 실체화(Realization) 관계 : 사물이 할 수 있거나 해야 하는 기능으로, 서로를 그룹화할 수 있는 관계

20 ④

XP(eXtremeProgramming)

- 대표적인 Agile 방법론이다.
- 1999년 Kent Beck이 제안하였으며, 개발 단계 중 요구사항이 시시각각으로 변동이 심한 경우에 적합한 방법론이다.
- 빠른 개발을 진행하면서 매 반복에서 테스트를 진행한다.
- 요구사항을 모두 정의해 놓고 작업을 진행하는 것이 아니라, 요구사항이 변경되는 것을 적용하는 방식으로 예측성보다는 적응성에 더 높은 가치를 부여한 방법이다.
- 사용자의 요구사항은 언제든지 변할 수 있다.
- 고객과 직접 대면하며 요구사항을 이야기하기 위해 사용자 스토리(User Story)를 활용할 수 있다.
- 기존의 방법론에 비해 실용성(Pragmatism)을 강조한 것이라고 볼 수 있다.

2과목 소프트웨어 개발

21 ①

인터페이스 구현 검증 도구

Watir	• Ruby 기반 웹 애플리케이션 테스트 프레임워크이다. • 모든 언어 기반의 웹 애플리케이션 테스트와 브라우저 호환성을 테스트할 수 있다.
xUnit	• java(Junit), C++(Cppunit), .Net(Nunit) 등 다양한 언어를 지원하는 단위 테스트 프레임워크이다. • 함수, 클래스 등 다른 구성 단위의 테스트를 도와준다.
FitNesse	• 웹 기반 테스트 케이스 설계/실행/결과 확인 등을 지원하는 테스트 프레임워크이다. • 테스트 케이스 테이블을 작성하면 자동으로 빠르고 쉽게 작성한 테스트를 수행할 수 있다.
STAF	• 서비스 호출, 컴포넌트 재사용 등 다양한 환경을 지원하는 테스트 프레임워크이다. • 데몬을 사용하여 테스트 대상 분산 환경에서 대상 프로그램을 통하여 테스트를 수행하고 통합하는 자동화 검증 도구이다.

22 ④

전체 노드 수 = 루트 노드 수 + 간 노드의 자식 노드 수 + 단말 노드 수(자식이 없는 노드) + 트리의 차수(한 노드가 가질 수 있는 최대 자식 수)

23 ③

색인 순차 파일(Indexed Sequential Access File)

- 기본 영역, 색인 영역, 오버플로우 영역으로 구성된다.
- 레코드를 참조할 때 색인을 탐색한 후 색인이 가리키는 포인터를 사용하여 직접 참조할 수 있다.
- 레코드를 추가 및 삽입하는 경우, 파일 전체를 복사할 필요가 없다.
- 인덱스를 저장하기 위한 공간과 오버플로우 처리를 위한 별도의 공간이 필요하다.
- 색인 구역은 트랙(Track) 색인 영역, 실린더(Cylinder) 색인 영역, 마스터(Master) 색인 영역으로 구성된다.

24 ④

검증(Verification) 테스트	• 제품이 명세서대로 완성되었는지 검증하는 단계이다. • 개발자의 시각에서 제품의 생산 과정을 테스트하는 것을 의미한다.
확인(Validation) 테스트	• 소프트웨어가 고객의 요구사항과 기대를 충족하는지 확인하는 단계이다. • 사용자의 요구사항을 잘 수행하고 있는지 사용자의 시각에서 생산된 제품의 결과를 테스트하는 것을 의미한다.

25 ④

소프트웨어 품질의 분류

품질 품질의 세부 속성들은 관계자의 관점에 따라 다르다.

사용자 관점	제품의 신뢰성, 효율성, 사용 용이성, 간결성 등
개발자 관점	검증가능성, 유지보수성, 이식성, 무결성, 사용성 등
프로젝트 관리자 관점	프로세스의 생산성과 제어 용이성 등

26 ①

알파 테스트	베타 테스트 전에 프로그램 개발 시 내부에서 미리 평가하고 버그를 찾아 수정하기 위해 시험해 보는 검사이다.
베타 테스트	정식으로 프로그램을 공개하기 전에 한정된 집단 또는 일반인에게 공개하여 기능을 시험하는 검사이다.

27 ③

해싱 함수의 종류

제산법 (Division Method)	나머지 연산자(%)를 사용하여 테이블 주소를 계산하는 방법
제곱법 (Mid-Square Method)	레코드 키값을 제곱한 후에 결과값의 중간 부분에 있는 몇 비트를 선택하여 해시 테이블의 홈 주소로 사용하는 방법
중첩법 (폴딩법, Folding Method)	레코드 키를 여러 부분으로 나누고, 나눈 부분의 각 숫자를 더하거나 XOR한 값을 홈 주소로 사용하는 방법
기수 변환법 (Radix Conversion Method)	키 숫자의 진수를 다른 진수로 변화시켜 주소 크기를 초과한 높은 자릿수를 절단하고, 이를 다시 주소 범위에 맞게 조정하는 방법
계수 분석법 (Digit Analysis Method)	레코드 키를 구성하는 수들이 모든 키들 내에서 각 자리별로 어떤 분포인지를 조사하여 비교적 고른 분포를 나타내는 자릿수를 필요한 만큼 선택하여 레코드의 홈 주소로 사용하는 방법
무작위법 (Random Method)	난수를 발생시킨 후 그 난수를 이용해 각 키의 홈 주소를 산출하는 방법

28 ③

소프트웨어 버전 관리 도구

공유 폴더 방식	• 버전 관리 자료가 로컬 컴퓨터의 공유 폴더에 저장되어 관리되는 방식이다. • 개발자들은 개발이 완료된 파일을 약속된 공유 폴더에 매일 복사하고, 담당자는 공유 폴더의 파일을 자기 PC로 복사한 후 컴파일 하여 이상 유무를 확인한다. • 이상 유무 확인 과정에서 파일의 오류가 확인되면 해당 파일을 등록한 개발자에게 수정을 의뢰하고, 파일에 이상이 없다면 다음날 각 개발자들이 동작 여부를 다시 확인한다. • 파일을 잘못 복사하거나 다른 위치로 복사하는 것에 대비하기 위해 파일의 변경사항을 데이터베이스에 기록하여 관리한다. • 종류에는 SCCS, RCS, PVCS, QVCS 등이 있다.
클라이언트/서버 방식	• 버전 관리 자료가 중앙 시스템(서버)에 저장되어 관리되는 방식이다. • 서버의 자료를 개발자별로 자신의 PC(클라이언트)로 복사하여 작업한 후 변경된 내용을 서버에 반영한다. • 모든 버전 관리는 서버에서 수행된다. • 하나의 파일을 서로 다른 개발자가 작업할 경우 경고 메시지를 출력한다. • 서버에 문제가 생기면, 서버가 복구되기 전까지 다른 개발자와의 협업 및 버전 관리 작업은 중단된다. • 종류에는 CVS, SVN(Subversion), CVSNT, Clear Case, CMVC, Perforce 등이 있다.
분산 저장소 방식	• 버전 관리 자료가 하나의 원격 저장소와 분산된 개발자 PC의 로컬 저장소에 함께 저장되어 관리되는 방식이다. • 개발자별로 원격 저장소의 자료를 자신의 로컬 저장소로 복사하여 작업한 후 변경된 내용을 로컬 저장소에서 우선 반영(버전 관리)한 다음 이를 원격 저장소에 반영한다. • 로컬 저장소에서 버전 관리가 가능하므로 원격 저장소에 문제가 생겨도 로컬 저장소의 자료를 이용하여 작업할 수 있다. • 종류에는 Git, GNU arch, DCVS, Bazaar, Mercurial, TeamWare, Bitkeeper, Plastic SCM 등이 있다.

오답 피하기

RCS(Revision Control System)

- 소스 파일의 수정을 한 사람만으로 제한한다는 점이 CVS와의 차이점이다.
- 다수의 사용자가 동시에 파일 수정을 할 수 없도록 파일 잠금 방식으로 버전을 관리하는 도구이다.
- 다른 방향으로 진행된 개발 결과를 합치거나 변경 내용을 추적할 수 있다.

29 ④

중위 순회(In-order)는 LEFT → ROOT → RIGHT 순으로 진행된다.

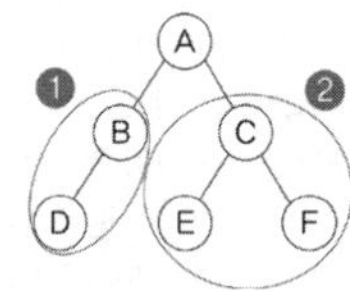

❶A❷ → DBA❷ → DBAECF 순서로 진행된다.

30 ③

오답 피하기

- Brooks의 법칙 : 지체되는 소프트웨어 개발 프로젝트에 인력을 더하는 것은 개발을 늦출 뿐이다.
- Boehm의 법칙 : 소프트웨어 프로젝트 중에 버그를 찾아 수정하는 비용은 시간이 지날수록 높아진다.
- Jackson의 법칙은 없다.

31 ③

형상 통제 과정에서 형상 목록의 변경 요구의 경우 변경 통제 위원회를 통하여 변경 통제가 이루어져야 한다.

32 ③

ISO/IEC 25000

- 기존 소프트웨어 품질 평가 모델과 소프트웨어 평가 절차 모델인 ISO/IEC 9126과 ISO/IEC 14598을 통합하였다.
- 2500n, 2501n, 2502n, 2503n, 2504n의 다섯 가지 분야로 나눌 수 있고, 확장 분야인 2505n이 있다.

2501n(9126-2, 품질 모형)	품질 모델 및 품질 사용
2503n(9126-3, 품질 측정)	매트릭을 통한 측정 방법 제시

33 ③

소스 코드 품질 분석 도구

정적 분석 도구	• 소프트웨어를 분석하는 방법의 하나로 소프트웨어를 실행하지 않고 코드 레벨에서 분석하는 방법이다. • 종류 : pmd, cppcheck, SonarQube, checkstyle, ccm, cobertura, FindBugs 등
동적 분석 도구	• 애플리케이션을 실행하여 코드에 존재하는 메모리 누수 현황을 발견하고, 발생한 스레드의 결함 등을 분석하기 위한 도구이다. • 종류 : Avalanche, Valgrind, valMeter 등

34 ③

디지털 저작권 관리(DRM, Digital Right Management)

- 저작권자가 배포한 디지털 콘텐츠가 저작권자의 의도한 용도로만 사용되도록 디지털 콘텐츠의 생성, 유통, 이용까지의 전 과정에 걸쳐 사용되는 디지털 콘텐츠 관리 및 보호 기술이다.
- 구성 요소

클리어링 하우스 (Clearing House)	저작권에 대한 사용 권한, 라이선스 발급, 사용량에 따른 관리 등을 수행하는 곳
콘텐츠 제공자 (Contents Provider)	콘텐츠를 제공하는 저작권자
패키저 (Packager)	콘텐츠를 메타 데이터와 함께 배포 가능한 형태로 묶어 암호화하는 프로그램
콘텐츠 분배자 (Contents Distributor)	암호화된 콘텐츠를 유통하는 곳이나 사람
콘텐츠 소비자 (Customer)	콘텐츠를 구매해서 사용하는 주체
DRM 컨트롤러 (DRM Controller)	배포된 콘텐츠의 이용 권한을 통제하는 프로그램
보안 컨테이너 (Security Container)	콘텐츠 원본을 안전하게 유통하기 위한 전자적 보안 장치

- 기술 요소

암호화 (Encryption)	콘텐츠 및 라이선스를 암호화하고 전자 서명을 할 수 있는 기술
키 관리 (key Management)	콘텐츠를 암호화한 키에 대한 저장 및 분배 기술
암호화 파일 생성 (Pakager)	콘텐츠를 암호화된 콘텐츠로 생성하기 위한 기술
식별 기술 (Identification)	콘텐츠에 대한 식별 체계 표현 기술
저작권 표현 (Right Expression)	라이선스의 내용 표현 기술
정책 관리 (Policy Management)	라이선스 발급 및 사용에 대한 정책 표현 및 관리 기술
크랙 방지 (Tamper Resistance)	크랙에 의한 콘텐츠 사용 방지 기술
인증 (Authentication)	라이선스 발급 및 사용의 기준이 되는 사용자 인증 기술

35 ①

상향식 통합 테스트 절차

- 하위 모듈을 클러스터로 결합 : 가장 낮은 수준의 모듈들을 기능적으로 묶어 클러스터를 구성한다.
- 상위 모듈에서 데이터 입출력을 확인하기 위해 더미모듈인 드라이버를 작성 : 상위 모듈과의 인터페이스를 구현하는 드라이버를 만들어 상위 모듈의 기능을 시뮬레이션한다.
- 통합된 클러스터 단위로 테스트를 수행 : 드라이버를 통해 클러스터에 데이터를 입력하고 출력 결과를 검증하여 클러스터의 기능을 테스트한다.
- 테스트가 완료되면 클러스터는 프로그램 구조의 상위로 이동하여 결합하고 드라이버는 실제 모듈로 대체 : 테스트를 통과한 클러스터는 상위 모듈과 결합되고 드라이버는 실제 모듈로 교체된다.

36 ①

통합 테스트 수행 방법

통합 테스트 (Intergration Test)	점진적 통합 방식(빅뱅)	모든 모듈이 결합된 프로그램 전체가 테스트 대상이다.
	비점진적 통합 방식	• 상향식 : 하위→상위로 통합해 가면서 테스트한다. • 하향식 : 상위→하위로 통합해 가면서 테스트한다.
혼합식 테스트 (Sandwich Test)	• 상향식과 하향식의 장점을 이용하는 방식(상향식+하향식)이다. • 스텁(Stub)과 드라이버(Driver)의 필요성이 매우 높은 방식이다.	
회귀 시험 (Regression Test)	• 수정한 부분이 소프트웨어의 다른 부분에 영향을 미치는지 테스트하여 소프트웨어 수정이 새로운 오류를 발생시키지 않았는지 확인한다. • 유형 : Retest All, Selective, Priority 기법	

37 ④

- 오름차순 선택 정렬은 pass마다 앞쪽의 값들이 가장 작은 값이 위치하게 된다. 즉 2회전 시에는 두 번째 값까지 정렬이 완성된 것을 찾으면 된다.
- 앞으로 이동한 값을 제외한 나머지 값들은 위치가 변하지 않는다.

1pass	8, 3, 4, 9, 7 → 3, 8, 4, 9, 7
2pass	3, 8, 4, 9, 7 → 3, 4, 8, 9, 7
3pass	3, 4, 8, 9, 7 → 3, 4, 7, 9, 8
4pass	3, 4, 7, 9, 8 → 3, 4, 7, 8, 9

38 ③

무방향 그래프의 최대 간선수 : n(n−1)/2

오답 피하기

방향 그래프의 최대 간선수 : n(n−1)

39 ②

IDE 도구의 기능

Coding	프로그래밍 언어를 가지고 컴퓨터 프로그램을 작성할 수 있는 환경을 제공
Compile	소스 코드를 기계어나 중간 코드로 변환하는 역할
Debugging	프로그램에서 발견되는 버그를 찾아 수정할 수 있는 기능
Deployment	소프트웨어를 최종 사용자에게 전달하기 위한 기능

40 ③

화이트박스 테스트	• 모듈의 원시 코드를 오픈시킨 상태에서 코드의 논리적 모든 경로를 테스트한다. • Source Code의 모든 문장을 한 번 이상 수행함으로써 진행된다. • 종류 : 기초 경로 검사, 조건 검사, 제어 구조 검사, 데이터 흐름 검사, 루프 검사 등
블랙박스 테스트	• 사용자의 요구사항 명세를 보면서 구현된 기능에 중점을 두는 테스트이다. • 소프트웨어가 수행할 특정 기능을 알기 위해 각 기능이 완전히 작동되는 것을 입증하는 테스트(=기능 테스트)이다. • 종류 : 동치 분할 검사, 원인 효과 그래프 검사, 비교 검사 등

3과목 데이터베이스 구축

41 ②

이행 종속 규칙

- 릴레이션에서 속성 A가 B를 결정하고(A→B), 속성 B가 C를 결정하면(B→C) 속성 A가 C도 결정한다는(A→C) 종속 규칙이다.
- 정규화 과정에서 이행 종속을 해소하는 단계를 '3차 정규형'이라고 한다.

42 ①

무결성(Integrity)

개체 무결성	기본키의 값은 널(Null)값이나 중복 값을 가질 수 없다는 제약조건
참조 무결성	참조할 수 없는 외래키 값을 가질 수 없다는 제약조건
도메인 무결성	릴레이션의 하나의 속성은 반드시 원자값이어야 한다는 것을 보장하는 제약조건

43 ①

- 모든 속성의 도메인 값을 곱하면 최대 튜플 수가 계산된다.
- 3×2×4 = 24(개)

44 ①

CREATE TABLE문

```
( { 열이름 데이터_타입 [NOT NULL], [DEFALUT 값] }
    [PRIMARY KEY(열이름_리스트)]
    [UNIQUE(열이름_리스트,...)]
    { [FOREIGN KEY(열이름_리스트)]
       REFERENCES 기본테이블[(기본키_열이름)]
       [ON DELETE 옵션]
       [ON UPDATE 옵션] }
    [CHECK(조건식)] );
```

- { }는 중복 가능한 부분, [ ]는 생략 가능한 부분
- NOT NULL은 특정 열에 대해 널(Null) 값을 허용하지 않을 때 기술
- PRIMARY KEY는 기본키를 구성하는 속성을 지정할 때
- FOREIGN KEY는 외래키로 어떤 릴레이션의 기본키를 참조하는지를 기술

오답 피하기

속성의 타입 변경은 ALTER문을 사용한다.

45 ③

키(Key)의 종류

기본키(Primary Key)	• 후보키들 중에서 하나를 선택한 키로, 테이블에서 기본키는 오직 1개만 지정할 수 있다. • NULL 값을 절대 가질 수 없고, 중복된 값을 가질 수 없다.
후보키(Candidate Key)	• 테이블에서 각 행을 유일하게 식별할 수 있는 최소한의 속성들의 집합이다. • 기본키가 될 수 있는 후보들이며, 유일성과 최소성을 동시에 만족시켜야 한다.
슈퍼키(Super Key)	• 테이블에서 각 행을 유일하게 식별할 수 있는 하나 또는 그 이상의 속성들의 집합이다. • 유일성은 만족시키지만 최소성은 만족시키지 못한다.
대체키(Alternate Key)	• 후보키가 두 개 이상일 경우 그 중에서 어느 하나를 기본키로 지정하고 남은 후보키들이다. • 기본키로 선정되지 않은 후보키이다.
외래키(Foreign Key)	• 테이블이 다른 테이블의 데이터를 참조하여 테이블 간의 관계를 연결하는 것이다. • 참조되는 테이블의 기본키와 동일한 키 속성을 가진다.

46 ①

물리적 설계	• 목표 DBMS에 종속적인 물리적 구조 설계 • 저장 레코드 양식 설계 • 레코드 집중의 분석/설계 • 엑세스 경로 인덱싱 • 클러스터링, 해싱 등의 설계
논리적 설계	• 목표 DBMS에 종속적인 논리적 스키마 설계 • 스키마의 평가 및 정제 • 논리적 데이터 모델로 변환 • 트랜잭션 인터페이스 설계

47 ④

이상(Anomaly) 현상

- 릴레이션 조작 시 데이터들이 불필요하게 중복되어 예기치 않게 발생하는 곤란한 현상을 의미한다.
- 종류 : 삽입 이상, 삭제 이상, 갱신 이상

48 ②

반정규화(De-Normalization)

- 정규화된 엔티티, 속성, 관계에 대해 시스템의 성능 향상과 개발(Development)과 운영(Maintenance)의 단순화를 위해 중복, 통합, 분리 등을 수행하는 데이터 모델링의 기법을 의미한다.
- 정규화를 통하여 정합성과 데이터 무결성이 보장되지만, 테이블의 개수가 증가함에 따라 테이블 간의 조인이 증가하여 조회 성능이 떨어질 수 있다.
- 즉, DB의 성능 향상을 목적으로 정규화를 통해 분할된 테이블을 다시 합치는 과정을 의미한다.

오답 피하기

- 정규화(Normalization) : 관계형 데이터베이스의 설계에서 데이터 중복을 줄이고 데이터 무결성을 개선하기 위해 데이터를 정규형에 맞도록 구조화하는 것
- 집단화(Aggregation) : 관련 있는 객체들을 묶어 하나의 상위 객체를 구성하는 것
- 머징(Merging) : 두 객체를 병합하는 것

49 ①

로킹 단위	커짐	작아짐
로크 수	적어짐	많아짐
관리 난이도	쉬움	어려움
병행 제어	단순해짐	복잡해짐
로킹 오버헤드	감소	증가
병행성 수준	낮아짐	높아짐
데이터베이스 공유도	감소	증가

오답 피하기

로킹의 대상이 되는 객체(파일, 테이블, 필드, 레코드)의 크기를 로킹 단위라고 한다.

50 ③

함수적 종속(Functional Dependency)

- 어떤 릴레이션 R에서, X와 Y를 각각 R의 속성(Attribute) 집합의 부분 집합일 경우, 속성(Attribute) X의 값 각각에 대해 시간에 관계없이 항상 속성(Attribute) Y의 값이 오직 하나만 연관되어 있을 때 Y는 X에 함수 종속이라 하고, X → Y로 표기한다.
- 종류

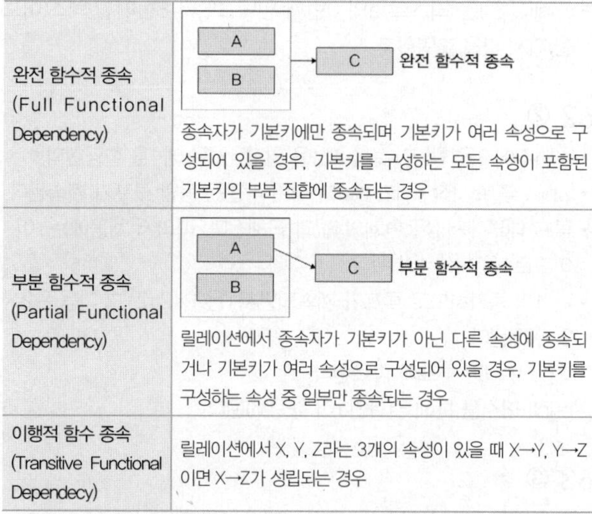

완전 함수적 종속 (Full Functional Dependency)	A, B → C 완전 함수적 종속 종속자가 기본키에만 종속되며 기본키가 여러 속성으로 구성되어 있을 경우, 기본키를 구성하는 모든 속성이 포함된 기본키의 부분 집합에 종속되는 경우
부분 함수적 종속 (Partial Functional Dependency)	A → C 부분 함수적 종속 릴레이션에서 종속자가 기본키가 아닌 다른 속성에 종속되거나 기본키가 여러 속성으로 구성되어 있을 경우, 기본키를 구성하는 속성 중 일부만 종속되는 경우
이행적 함수 종속 (Transitive Functional Dependecy)	릴레이션에서 X, Y, Z라는 3개의 속성이 있을 때 X→Y, Y→Z 이면 X→Z가 성립되는 경우

51 ③

파일의 구조

순차 파일 (Sequential File)	입력되는 데이터들을 논리적인 순서에 따라 물리적 연속 공간에 순서대로 기록하는 방식(=순서 파일)
색인 순차 파일 (Indexed Sequential File)	레코드들을 키값 순으로 정렬시켜 기록하고 레코드의 키 항목만을 모은 색인(인덱스)을 구성하여 편성하는 방식
직접 파일 (Direct File)	파일을 구성하는 레코드들을 특정 순서 없이 임의의 물리적 저장 공간에 기록하는 방식(=랜덤 파일, DAM 파일)
역 파일 (Inverted File)	특정 항목(Field)을 여러 개의 색인으로 만들어 항목별 특성에 맞게 작업할 수 있도록 하는 방식
다중 리스트 파일 (Multi-List File)	각 키에 대하여 색인을 만든 다음 각 데이터 레코드들 간에 다중 리스트를 구축하여 구성하는 방식
다중 링 파일 (Multi-Ring File)	같은 특성을 가진 레코드들을 일련의 포인터로 연결하여 구성하는 방식

52 ②

타임 스탬프 기법

- 동시성 제어를 위한 직렬화 기법으로 트랜잭션 간의 순서를 미리 정하는 방법이다.
- 트랜잭션이 DBMS로부터 유일한 타임 스탬프(시간 허가 인증 도장)를 부여받는다.

53 ④

파티션(Partition)의 종류

범위(Range) 파티션	• 데이터를 지정한 범위에 따라 분할하는 방식이다. • 예를 들어, 날짜 범위에 따라 데이터를 분할할 수 있다. • 데이터의 연속성과 접근 패턴을 기반으로 분할하는 데 적합하다.
목록(List) 파티션	• 특정 열 값의 목록에 따라 데이터를 분할하는 방식이다. • 예를 들어, 특정 지역의 데이터를 분할할 때 해당 지역의 목록을 사용할 수 있다. • 명시적인 값 목록을 기반으로 분할하는 데 유용하다.
해시(Hash) 파티션	• 해시 함수를 사용하여 데이터를 분할하는 방식이다. • 데이터의 고르고 균형 잡힌 분할을 위해 사용된다. • 해시 파티션은 데이터의 분산을 극대화하기 위해 사용된다.
컴포지트(Composite) 파티션	• 두 개 이상의 파티션 유형을 조합하여 데이터를 분할하는 방식이다. • 범위와 목록을 조합하여 데이터를 분할할 수 있다. • 다양한 분할 기준을 조합하여 더 세부적인 데이터 분할을 수행할 때 사용된다.

54 ③

```
DROP TABLE 테이블_이름 [CASCADE | RESTRICT];
```

- CASCADE : 삭제할 요소가 다른 개체에서 참조 중이라도 삭제가 수행된다.
- RESTRICT : 삭제할 요소가 다른 개체에서 참조 중일 경우 삭제가 취소된다.

55 ①

```
UPDATE 테이블명
  SET 속성명=값
    WHERE 조건;
```

56 ③

```
ALTER TABLE 회원
ADD COLUMN 주소 VARCHAR(255);
```

57 ①

- R1, R2 테이블에서 학번이 같으면서, R1의 학과가 '전자공학'이면서 '강남길'인 항목의 과목번호, 과목이름을 조회하는 SQL문이다.
- R1, R2 테이블을 학번으로 조인하고, '전자공학'이면서 '강남길'인 레코드 중에서 과목번호, 과목이름 필드를 조회한다.

58 ③

뷰(View)의 특징

- 뷰의 생성 시 CREATE문, 검색 시 SELECT문을 사용한다.
- 뷰의 정의 변경 시 ALTER문을 사용할 수 없고 DROP문을 이용한다.
- 뷰를 이용한 또 다른 뷰의 생성이 가능하다.
- 하나의 뷰 제거 시 그 뷰를 기초로 정의된 다른 뷰도 함께 삭제된다.
- 뷰에 대한 조작에서 삽입, 갱신, 삭제 연산은 제약이 따른다.
- 뷰가 정의된 기본 테이블이 제거되면 뷰도 자동적으로 제거된다.

오답 피하기

뷰의 삽입, 삭제, 갱신 연산 시 ALTER문을 사용할 수 없다는 제약이 있다.

59 ③

데이터 사전(Data Dictionary)

- 시스템 자신이 필요로 하는 여러 가지 객체(기본 테이블, 뷰, 인덱스, 데이터베이스, 패키지, 접근 권한 등)에 관한 정보를 포함하고 있는 시스템 데이터베이스이다.
- 시스템 카탈로그(System Catalog), 메타 데이터(Meta Data)라고도 한다.
- 시스템 카탈로그 자체도 시스템 테이블로 구성되어 있어 SQL문을 이용하여 내용 검색이 가능하다.
- 사용자가 시스템 카탈로그를 직접 갱신할 수 없으며, SQL문으로 여러 가지 객체에 변화를 주면 시스템이 자동으로 갱신한다.

60 ③

인덱스(Index)

- 데이터베이스 성능에 많은 영향을 주는 DBMS의 구성 요소로 테이블과 클러스터에 연관되어 독립적인 저장 공간을 보유하며, 데이터베이스에 저장된 자료를 더욱 빠르게 조회하기 위하여 별도로 구성한 순서 데이터를 말한다.
- 대부분의 데이터베이스에서 테이블을 삭제하면 인덱스도 같이 삭제된다.
- 인덱스는 수정이 불가능하며 생성은 CREATE 명령문, 삭제는 DROP 명령문을 사용한다.

4과목 프로그래밍 언어 활용

61 ③

- a[3:7:2]는 리스트 a의 3번째 인덱스부터 7번째 인덱스(미포함)까지 2칸씩 건너뛸 때 값을 추출하는 슬라이싱 연산이다.
- = 연산자를 사용하여 추출된 값을 문자열 'd'와 'f'로 대체한다.
- print(a[:8])은 리스트 a의 0번째 인덱스부터 8번째 인덱스(미포함)까지 값을 출력한다.

62 ②

- n 변수에 3을 할당, r 변수에 1을 할당, i 변수에 1을 할당한다.
- while 루프 시작 → i가 n보다 작거나 같은 동안 루프가 계속된다.
- 루프 내부에서 r은 현재의 i값과 곱해진다. 따라서 처음에는 r이 1이므로 r은 1×1=1이 된다.
- i는 1씩 증가하므로 루프가 계속되면서 r은 1×2=2, 그 다음은 2×3=6이 된다.
- i가 3이 되면 루프가 종료된다.
- printf 함수를 통해 결과인 r이 출력(6)된다.

63 ③

- a에 97을 할당, b에 'a'를 할당, c에 3.14를 할당한다.
- %c, %d, %d 형식 문자열을 사용하여 a, b, c의 값을 출력한다.

오답 피하기

- c에 3.14를 할당하면 실수값이 아니라 정수값인 3만 저장된다.
- %c 형식 지시자는 문자를 출력하는데, a는 97이라는 정수값이므로 문자 'a'가 아닌 ASCII 코드값인 'a'가 출력된다.

64 ②

- function 함수 정의
  - 두 개의 정수 매개변수 x와 y를 받아서 조건 연산자를 사용하여 값을 반환한다.
  - 만약 x가 y보다 크다면 10*x*y를 반환하고, 그렇지 않으면 10*x+y를 반환한다.
- main 함수 정의
  - main 함수 내에서 function(3, 7)을 호출하여 결과를 얻는다.
  - 여기서 x는 3이고 y는 7이다.
  - 3 > 7은 거짓이므로 두 번째 표현식 10*x+y가 실행된다.
- 따라서 10*3+7을 계산하여 37이 반환되며, printf 함수를 사용하여 결과를 출력한다.

65 ④

다형성(Polymorphism)

- 많은 상이한 클래스들이 동일한 메소드명을 이용하는 능력을 의미한다.
- 한 메시지가 객체에 따라 다른 방법으로 응답할 수 있는 것이다.
- 메시지에 의해 객체가 연산을 수행하게 될 때 하나의 메시지에 대해 각 객체가 가지고 있는 고유한 방법으로 응답할 수 있는 능력이다.

오답 피하기

메소드 오버라이딩(Overriding)의 경우 상속 관계의 두 클래스의 메소드명과 매개 변수 개수와 타입을 동일하게 함으로써 재정의를 구현할 수 있다.

66 ④

- 10K 크기의 프로그램이 할당되려면 사용하지 않는 메모리인 NO.1, NO.2, NO.5 중에서 메모리 크기가 10K 이상인 NO.2, NO.5에 할당될 수 있다.
- NO.2에 할당되면 내부 단편화가 2K 발생하고, NO.5에 할당되면 내부 단편화가 6K 발생한다.
- 최악 적합(Worst-Fit)은 적재 가능한 공간 중에서 가장 큰 공백이 남는 부분에 배치하는 기법이므로, NO.5에 할당된다.

67 ②

- 10.0.0.0 네트워크는 A클래스에 해당한다.
- 서브넷은 255.240.0.0/12이므로, 11111111. 11110000. 00000000. 00000000이다.
- 유효한 서브네트 ID

- 10.0.0.0
- 10.16.0.0
- 10.32.0.0
- 10.48.0.0
- 10.64.0.0
- 10.80.0.0
- 10.96.0.0
- 10.112.0.0
- 10.128.0.0
- 10.144.0.0
- 10.160.0.0
- 10.176.0.0
- 10.192.0.0
- 10.208.0.0
- 10.224.0.0
- 10.240.0.0

오답 피하기

서브넷 마스크

- 현재 사용 중인 네트워크의 범위를 설정하는 것이다.
- 서브넷 ID는 설정된 범위의 첫 번째 IP로 서브넷을 식별하는 역할을 한다.

68 ④

결합도(Coupling)

(약함) 자료 결합도(Data Coupling) → 스탬프 결합도(Stamp Coupling) → 제어 결합도(Control Coupling) → 외부 결합도(External Coupling) → 공통 결합도(Common Coupling) → 내용 결합도(Content Coupling) **(강함)**

구분	설명
자료 결합도 (Data Coupling)	한 모듈이 파라미터나 인수로 다른 모듈에게 데이터를 넘겨주고 호출받은 모듈은 받은 데이터에 대한 처리 결과를 다시 돌려주는 경우의 결합도
스탬프 결합도 (Stamp Coupling)	두 모듈이 동일한 자료구조를 조회하는 경우의 결합도
제어 결합도 (Control Coupling)	한 모듈이 다른 모듈의 내부 논리 조직을 제어하기 위한 목적으로 제어신호를 이용하여 통신하는 경우의 결합도
외부 결합도 (External Coupling)	한 모듈에서 외부로 선언한 변수를 다른 모듈에서 참조할 경우의 결합도
공통 결합도 (Common Coupling)	한 모듈이 다른 모듈에게 제어 요소를 전달하고 여러 모듈이 공통자료 영역을 사용하는 경우의 결합도
내용 결합도 (Content Coupling)	한 모듈이 다른 모듈의 내부 기능 및 그 내부 자료를 참조하는 경우의 결합도

69 ②

트랜잭션의 상태

상태	설명
활동(Active)	초기 상태로, 트랜잭션이 Begin_Trans에서부터 실행을 시작하였거나 실행 중인 상태
부분 완료 (Partially Commited)	트랜잭션의 마지막 연산이 실행된 직후의 상태로, 모든 연산의 처리는 끝났지만 트랜잭션이 수행한 최종 결과를 데이터베이스에 반영하지 않은 상태
철회(Aborted)	트랜잭션이 실행에 실패하여 Rollback 연산을 수행한 상태
완료(Committed)	트랜잭션이 실행을 성공적으로 완료 연산을 수행한 상태

70 ②

전송 계층(Transport Layer)

- 통신 양단 간(End-to-End) 투명한 데이터 전송을 제공한다.
- 에러 제어 및 흐름 제어를 담당한다.
- 표준 : TCP, UDP

71 ③

Java 출력 함수

- System.out.print() : 괄호 안을 출력하고 줄 바꿈을 안 한다.
- System.out.println() : 괄호 안을 출력하고 줄 바꿈을 한다.
- System.out.printf() : 변환 문자를 사용하여 출력한다.

72 ①

OSI 7계층의 기능

- 물리 계층(Physical Layer) : 전기적, 기능적, 절차적 기능을 정의한다.
- 데이터 링크 계층(Data Link Layer) : 흐름 제어, 에러 제어, 두 노드 간을 직접 연결하는 링크 상에서 프레임의 전달을 담당한다. 흐름 제어와 오류 복구를 통하여 신뢰성 있는 프레임 단위의 전달을 제공한다.
- 네트워크 계층(Network Layer) : 경로 설정 및 네트워크 연결 관리하며 통신망을 통한 목적지까지 패킷 전달을 담당한다.
- 전송 계층(Transport Layer) : 통신 양단 간(End-to-End)의 에러 제어 및 흐름 제어, 다중화/역다중화한다.
- 세션 계층(Session Layer) : 회화 구성, 동기 제어, 데이터 교환 관리, 프로세스 간에 대한 연결을 확립, 관리, 단절시키는 수단을 제공한다.
- 표현 계층(Presentation Layer) : 코드 변환, 암호화, 압축, 구문 검색한다.
- 응용 계층(Application Layer) : 사용자에게 서비스 제공하며, 네트워크 가상 터미널(network virtual terminal)이 존재하여 서로 다른 프로토콜에 의해 발생하는 호환성 문제를 해결하는 계층이다.

73 ④

NUR(Not Used Recently)

- 최근에 사용하지 않은 페이지를 먼저 교체하는 기법이다.
- 매 페이지마다 두 개의 하드웨어 비트인 참조 비트(호출비트, Reference Bit)와 변형 비트(Modified Bit)가 필요하다.

오답 피하기

페이지 교체 기법

FIFO(First In First Out)	가장 먼저 들어온 페이지 교체
LRU(Least Recently Used)	가장 오랫동안 사용되지 않은 페이지 교체
LFU(Least Frequently Used)	참조 횟수가 가장 작은 페이지 교체
MFU(Most Frequently used)	참조 횟수가 가장 많은 페이지 교체
OPT(Optimal)	앞으로 가장 오랫동안 사용되지 않을 페이지 교체
NUR(Not Used Recently)	최근에 사용하지 않은 페이지 교체

74 ①

IPv6(Internet Protocol version 6)

- 16비트씩 8 부분으로 총 128비트로 구성된다.
- 주소의 한 부분이 0으로만 연속되는 경우 연속된 0은 '::'으로 생략하여 표시할 수 있다.
- 주소 체계는 유니캐스트(Unicast), 애니캐스트(Anycast), 멀티캐스트(Multicast) 등 세 가지로 나뉜다.

75 ④

uname 명령어 옵션

- − a : 모든 시스템 정보를 출력
- − r : 커널 버전을 출력
- − s : 운영체제 이름을 출력
- − m : CPU 아키텍처를 출력

오답 피하기

- ls : 현재 디렉터리에 있는 파일과 디렉터리 목록을 출력
- cat : 파일 내용을 출력
- pwd : 현재 작업 디렉터리의 절대 경로를 출력

76 ②

메모리 구조

스택(Stack)	• 함수 호출 시 자동으로 할당되고 함수 종료 시 자동으로 해제되는 메모리 영역이다. • LIFO(Last In First Out) 방식으로 작동한다. • 변수의 크기가 미리 알려져 있어야 한다.
힙(Heap)	• 프로그램에서 직접적으로 할당하고 해제해야 하는 메모리 영역이다. • malloc() 함수를 사용하여 할당하고 free() 함수를 사용하여 해제한다. • 동적 메모리 할당에 사용된다.
버퍼(Buffer)	• 데이터를 일시적으로 저장하는 메모리 영역이다. • 입출력 작업에 주로 사용된다. • 프로그램 종료 시 자동으로 해제된다.
스풀(Spool)	• 프린터와 같은 입출력 장치와 데이터를 주고받는 데 사용되는 메모리 영역이다. • 데이터를 일시적으로 저장하여 입출력 작업을 효율적으로 처리한다. • 프로그램 종료 시 자동으로 해제된다.

77 ②

클래스 정의

```
public class Test
{    // 메인 메서드 정의
}
```

메인 메서드

```
public static void main(String[] args) {
    // for 루프
}
```

for 루프

```
for(int i = 0; i <10; i++) {
    if(i % 5 == 0)
        System.out.print("O");
    else
        System.out.print("X");
}
```

- 루프는 변수 i를 0부터 9까지 증가시키면서 총 10번 반복
- if(i % 5 == 0) : i가 5로 나누어떨어지면, "O" 출력
- else : i가 5로 나누어떨어지지 않으면, "X" 출력
- 0~9까지 수열 i를 생성하고 I의 값이 5의 배수일 때 O를 출력한다.

78 ③

이 코드는 2×2×2 크기의 3차원 리스트를 생성한다.

```
[[0]*2 for y in range(2)]
```

- [0, 0]이라는 1차원 리스트를 두 번 반복하여 2×2 크기의 2차원 리스트를 생성한다.
- 예를 들어, y가 0일 때 [0, 0]이 생성되고, y가 1일 때도 [0, 0]이 생성된다.
- 결과적으로 [[0, 0], [0, 0]]이라는 2차원 리스트를 생성한다.

```
for x in range(2)
```

- 위에서 생성된 2차원 리스트를 두 번 반복하여 2×2×2 크기의 3차원 리스트를 생성한다.
- 예를 들어, x가 0일 때 [[0, 0], [0, 0]]이 생성되고, x가 1일 때도 동일한 [[0, 0], [0, 0]]이 생성된다.
- 결과적으로 [[[0, 0], [0, 0]], [[0, 0], [0, 0]]]이라는 3차원 리스트를 생성한다.

79 ③

sizeof : 자료형의 크기를 바이트 단위로 구하는 연산자

오답 피하기

- strlen : 문자열의 길이를 구하는 함수
- length : 자료형의 길이를 구하는 함수(C++에서 사용)
- type : 자료형을 출력하는 함수(파이썬에서 사용)

80 ④

세그먼테이션 기법에서는 논리적 크기가 제각기 다르기 때문에 할당되지 못하고 외부 단편화가 발생할 수 있고, 페이징 기법에서는 일정한 크기로 나누어져 있기 때문에 내부 단편화가 발생할 수 있다.

5과목 정보 시스템 구축 관리

81 ④

PERT(Program Evaluation and Review Technique)는 프로젝트 완성에 필요한 작업들의 상호 관계를 표시하는 기법으로, 프로젝트 일정 관리 차트이다.

82 ④

라빈(Rabin)은 RSA 암호보다 빠른 연산 속도를 가지지만 선택 공격에 취약하다는 단점이 있다.

오답 피하기

- 엘가말(El Gamal) : RSA 암호와 유사하지만, 암호화 및 복호화 속도가 느림
- 타원곡선(ECC) : RSA 암호보다 짧은 키 길이로 동일한 보안 수준 제공, 하지만 특허 문제가 존재함

83 ④

오답 피하기

- 사물인터넷(IoT) : 다양한 물건에 센서와 통신 기능을 탑재하여 인터넷에 연결하는 기술
- 디지털 컨버전스(Digital Convergence) : 다양한 매체와 기술의 통합
- 블루투스(Bluetooth) : 단거리 무선 통신 기술

84 ③

오답 피하기

- APNIC : 아시아-태평양 지역의 IP 주소 할당 및 정보 서비스 제공 업무를 수행하는 비영리기관
- Topology : 컴퓨터 네트워크의 요소들(링크, 노드 등)을 물리적으로 연결해 놓은 방식
- SDB : 등록 장치

85 ①

구분	DSA	RSA
알고리즘	비대칭 암호화	비대칭 암호화
키의 종류	개인키, 공개키	개인키, 공개키
키 생성	더 작은 개인키와 공개키 생성	큰 개인키와 공개키 생성
안정성	안정적	안정적
속도	상대적으로 빠름	상대적으로 느림
사용 사례	디지털 서명	암호화, 디지털 서명
암호화 알고리즘	이산대수	소인수분해

86 ②

Zing : 기기를 키오스크에 갖다 대면 원하는 데이터를 바로 가져올 수 있는 기술로 10cm 이내 근접 거리에서 기가급 속도로 데이터 전송이 가능한 초고속 근접무선통신(NFC, Near Field Communication) 기술

오답 피하기

- BcN(Broadband Convergence Network) : 음성·데이터, 유·무선 등 통신·방송·인터넷이 융합된 품질 보장형 광대역 멀티미디어 서비스를 언제 어디서나 끊김없이 안전하게 이용할 수 있는 차세대 통합 네트워크
- Marine Navi : LTE와 지능형 CCTV, 인공지능(AI) 등을 활용한 KT의 통합 선박 안전 솔루션
- C-V2X(Cellular Vehicle To Everything) : 이동통신망을 통해 차량과 차량, 차량과 보행자, 차량과 인프라 간 정보를 공유하는 기술

87 ②

클라우드 컴퓨팅 서비스

IaaS (Infrastructure as a Service)	서버, 스토리지, 네트워크 등 기반 인프라를 클라우드 서비스 모델로 제공
PaaS (Platform as a Service)	운영체제, 개발 도구, 데이터베이스 등 플랫폼 환경을 클라우드 서비스 모델로 제공
SaaS (Software as a Service)	응용 소프트웨어를 클라우드 서비스 모델로 제공

88 ①

SDN의 특징

네트워크 제어와 데이터 전달 분리	네트워크를 제어하는 소프트웨어(Control Plane)와 데이터를 전달하는 하드웨어(Data Plane)를 분리하여 관리 효율성을 높인다.
소프트웨어 기반 제어	기존 하드웨어 중심의 네트워크 관리에서 벗어나 소프트웨어를 통해 네트워크를 유연하고 효율적으로 제어한다.
중앙 집중 관리	중앙 집중 관리 시스템을 통해 전체 네트워크를 통합적으로 관리하고 제어한다.
프로그래밍 가능성	네트워크를 소프트웨어 코드로 정의하고 변경하여 다양한 요구에 맞게 네트워크를 구성하고 관리할 수 있다.

오답 피하기

- NFS(Network File System) : 분산 환경에서 파일 공유를 위해 사용되는 클라이언트–서버 모델의 파일 시스템
- Network Mapper : 네트워크 상의 호스트 정보를 수집하고 분석하는 보안 도구
- AOE Network : 이더넷 프로토콜을 사용하는 디스크 저장장치 기술

89 ②

BYOD(Bring Your Own Device) 환경에서 주요 보안 강화 기술

MDM (Mobile Device Management)	기기 자체를 관리하는 방식
MAM (Mobile Application Management)	기기 내 특정 애플리케이션만 관리하는 방식

90 ④

Smurfing : IP 또는 ICMP의 특성을 악용하여 특정 사이트에 집중적으로 데이터를 보내 네트워크 또는 시스템의 상태를 불능으로 만드는 공격 방법

오답 피하기

- TearDrop : 네트워크나 서버에 요청과 데이터를 Flooding하여 컴퓨터 리소스를 사용할 수 없도록 만들려는 공격
- Smishing : IP와 인터넷 제어 메시지 프로토콜(ICMP)의 특성을 이용하여 고성능 컴퓨터를 통하여 대량의 접속 신호를 집중적으로 보냄으로써 상대 컴퓨터의 서버를 접속 불능 상태로 만들어버리는 해킹 수법
- Qshing : QR코드(Quick Response Code)를 통해 악성 앱을 내려받도록 유도하거나 악성 프로그램을 설치하게 하는 금융사기 기법 중 하나

91 ①

- TLS(Transport Layer Security)의 특징
  - SSL의 후속 프로토콜 : SSL의 보안 취약점을 개선하여 더욱 안전하고 강력한 프로토콜
  - 다양한 응용 프로그램 지원 : 웹 브라우징, 이메일, 파일 전송 등 다양한 응용 프로그램에서 사용
  - 인증, 암호화, 무결성 보장 : 서버 및 클라이언트 인증, 데이터 암호화, 데이터 무결성 보장
  - 다양한 암호화 알고리즘 지원 : 다양한 암호화 알고리즘 지원으로 상황에 맞는 보안 수준 설정 가능
- TLS 사용 예시
  - HTTPS : 웹 사이트의 보안 연결
  - IMAP/POP3 : 이메일 서버와 클라이언트 간의 보안 연결
  - FTPS : 파일 전송 프로토콜(FTP)의 보안 버전

오답 피하기

- IPSec : 장치 간 연결을 보호하기 위한 프로토콜 그룹
- SET : 안전한 전자상거래를 할 수 있도록 보장해주는 지불 프로토콜
- Kerberos : 사용자나 호스트의 ID를 확인하는 데 사용되는 인증 프로토콜

92 ④

Mesh Network

- 기존 무선 랜의 한계 극복을 위해 등장하였으며, 대규모 디바이스의 네트워크 생성에 최적화되어 차세대 이동통신, 홈네트워킹, 공공 안전 등의 특수목적을 위한 새로운 방식의 네트워크 기술이다.
- 통신량이 많은 비교적 소수의 국 사이에 구성될 경우 경제적이며 간편하지만, 다수의 국 사이에는 회선이 세분화되어 비경제적일 수도 있다.
- 해당 형태의 무선 네트워크의 경우 대용량을 빠르고 안전하게 전달할 수 있어 행사장이나 군 등에서 많이 활용된다.

오답 피하기

- Software Defined Perimeter(SDP, 소프트웨어 정의 경계) : 신원이 확인된 사용자만 리소스에 접근할 수 있는 인증 절차를 밟는 네트워크 접근 시스템
- Virtual Private Network(VPN, 가상사설망) : 공중 네트워크를 통해 한 회사나 몇몇 단체가 내용을 바깥 사람에게 드러내지 않고 통신할 목적으로 쓰이는 사설 통신망
- Local Area Network(LAN, 근거리 통신망) : 가까운 지리적 범위 내의 컴퓨터 및 기타 장치들을 연결하여 통신하고 자원을 공유할 수 있는 네트워크

93 ①

나선형 모형(Spiral Model)

- Boehm이 제시하였으며, 반복적인 작업을 수행하는 점증적 생명 주기 모형이다.
- 점증적 모형, 집중적 모형이라고도 한다.
- 개발 단계(이 과정을 추가 수정 요구사항이 없을 때까지 반복) : 계획 수립(Planning) → 위험 분석(Risk Analysis) → 개발 및 검증(Development) → 고객 평가(Customer Evaluation)

계획 수립(Planning)	위험 요소와 타당성을 분석하여 프로젝트의 추진 여부를 결정한다.
위험 분석(Risk Analysis)	개발 목적과 기능 선택, 제약 조건 등을 결정하고 분석한다.
개발 및 검증(Development)	선택된 기능을 수행하는 프로토타입을 개발한다.
고객 평가(Customer Evaluation)	개발된 프로토타입을 사용자가 확인하고 추가 및 수정될 요구사항이 있으면 이를 반영한 개선 프로토타입을 만든다.

94 ④

CMMI 5단계(소프트웨어 프로세스 성숙도)

1. 초기(initial)	예측/통제 불가능
2. 관리(managed)	기본적인 프로젝트 관리 체계 수립
3. 정의(defined)	조직 차원의 표준 프로세스를 통한 프로젝트 지원
4. 정량적 관리(quantitatively managed)	정량적으로 프로세스가 측정/통제됨
5. 최적화(optimizing)	프로세스 개선 활동

95 ②

Docker : 컨테이너 응용 프로그램의 배포를 자동화하는 오픈소스 엔진으로 SW 컨테이너 안의 응용 프로그램들을 배치시키는 일을 자동화해 주는 오픈소스 프로젝트이자 소프트웨어이다.

오답 피하기

- StackGuard : 메모리상에서 프로그램의 복귀 주소와 변수 사이에 특정 값을 저장해 두었다가 그 값이 변경되었을 경우 오버플로우 상태로 가정하여 프로그램 실행을 중단하는 기술
- Cipher Container : 조직이 동적 컨테이너 환경 내에서 데이터를 보호하기 위한 규정 준수, 규정 및 모범 사례 요구사항을 충족할 수 있도록 중요한 암호화, 액세스 제어 및 데이터 액세스 감사 로깅 제공
- Scytale : 암호화 기법으로 단순하게 문자열의 위치를 바꾸는 방법

96 ③

보안 인증 방법

Something You Know (알고 있는 것)	• 사용자가 알고 있는 정보를 사용하여 인증하는 방법 • 패스워드나 PIN(개인식별번호)과 같은 비밀 정보를 사용하여 인증
Something You Have (가지고 있는 것)	• 사용자가 소유하고 있는 물리적인 장치나 객체를 사용하여 인증하는 방법 • 스마트 카드, USB 토큰, 휴대폰 앱 등을 사용하여 인증
Something You Are (자신의 특징)	• 사용자의 생체적인 특징이나 생체 인식 기술을 사용하여 인증하는 방법 • 지문, 홍채, 음성, 얼굴 등 개인의 생체 특징을 사용하여 인증하는 바이오메트릭 인증
Somewhere You Are (있는 곳)	• 사용자가 특정한 위치에 있는지를 확인하여 인증하는 방법 • IP 주소나 지리적 위치를 이용하여 인증

97 ③

SSO(Single Sign-On)

- 한 번의 시스템 인증을 통하여 여러 정보 시스템에 재인증 절차 없이 접근할 수 있는 통합 로그인 기능이다.
- 사용자당 비밀번호 수를 최소화하여 사용자 액세스 감사를 용이하게 하고 모든 유형의 데이터에 대한 강력한 액세스 제어를 제공한다.
- 사용자 입장에서는 한 번의 인증으로 여러 서비스를 이용할 수 있어 편리할 뿐만 아니라 비밀번호 분실 및 관리에 대한 위험도 줄일 수 있다.

98 ②

소프트웨어 개발 유형

Organic Mode (단순형)	• 5만 라인 이하의 소프트웨어를 개발하는 유형 • 기관 내부에서 개발된 중소규모의 소프트웨어로 일괄 자료 처리나 과학기술 계산용, 비즈니스 자료 처리 등 • 노력(MM) = 2.4 × (KDSI)1.05
Semi-detached Mode (중간형)	• 30만 라인 이하의 소프트웨어를 개발하는 유형 • 트랜잭션 처리 시스템이나 운영체제, 데이터베이스 관리 시스템 등 • 노력(MM) = 3.0 × (KDSI)1.12
Embedded Mode (임베디드형)	• 30만 라인 이상의 소프트웨어를 개발하는 유형 • 초대형 규모의 트랜잭션 처리 시스템이나 운영체제 등 • 노력(MM) = 3.6 × (KDSI)1.20

99 ③

- 페르소나(Persona)의 특징
  - 가상의 사용자 유형 : 실제 사용자를 기반으로 하지만, 특정 사용자 그룹을 대표하는 가상의 인물
  - 상세한 정보 포함 : 인구 통계, 성격, 목표, 습관, 고통점 등 사용자에 대한 상세 정보 포함
  - 사용자 중심 설계 : 사용자 중심의 제품 및 서비스 설계를 위한 도구
  - 공감 형성 : 개발팀 내 사용자에 대한 공감 형성 및 이해 증진
- 페르소나 활용 분야
  - 마케팅 : 타깃 고객층 설정 및 마케팅 전략 수립
  - 디자인 : 사용자 요구에 맞는 제품 및 서비스 디자인
  - 판매 : 고객과의 효과적인 커뮤니케이션 및 영업 전략 수립
  - 개발 : 사용자 중심의 기능 개발 및 UI/UX 디자인

100 ①

오답 피하기

- trace checker : 측정 데이터를 자동으로 자세히 분석하는 도구
- token finder : 특정 문자열이나 패턴을 검색하는 도구
- change detector : 파일이나 디렉터리 등에서 변경사항을 감지하고 알려주는 도구

최신 기출문제 07회 209p

01 ②	02 ③	03 ①	04 ①	05 ④
06 ②	07 ②	08 ②	09 ③	10 ③
11 ③	12 ③	13 ②	14 ①	15 ③
16 ①	17 ②	18 ③	19 ③	20 ④
21 ④	22 ③	23 ③	24 ①	25 ②
26 ④	27 ④	28 ②	29 ②	30 ②
31 ③	32 ①	33 ④	34 ②	35 ①
36 ②	37 ④	38 ②	39 ②	40 ④
41 ③	42 ①	43 ①	44 ③	45 ①
46 ②	47 ②	48 ①	49 ④	50 ④
51 ④	52 ③	53 ②	54 ④	55 ②
56 ①	57 ②	58 ③	59 ③	60 ④
61 ④	62 ③	63 ③	64 ②	65 ②
66 ③	67 ④	68 ①	69 ④	70 ③
71 ①	72 ④	73 ②	74 ③	75 ①
76 ①	77 ④	78 ①	79 ①	80 ④
81 ②	82 ④	83 ④	84 ④	85 ②
86 ①	87 ②	88 ①	89 ②	90 ④
91 ①	92 ①	93 ②	94 ②	95 ①
96 ①	97 ④	98 ②	99 ②	100 ①

1과목 소프트웨어 설계

01 ②

HIPO(Hierarchy Input Process Output)

- 프로그램의 기능을 계층 구조로 도식화함으로써 개발 순서를 논리적으로 전개할 수 있는 수단이다.
- 하향식 중심이며 표준화된 문서 작성 기법을 사용하므로 의사 전달 착오 가능성이 매우 적다.
- 구성 요소 : Input, Process, Output

02 ③

디자인 패턴(Design Pattern)

생성 패턴	팩토리 메소드 패턴(Factory Method Pattern), 추상 팩토리 패턴(Abstract Factory Pattern), 빌더 패턴(Builder Pattern), 프로토타입 패턴(prototype Pattern), 싱글턴 패턴(Singleton Pattern) 등
구조 패턴	어댑터 패턴(Adapter Pattern), 브리지 패턴(Bridage Pattern), 컴포지트 패턴(Composite Pattern), 데코레이터 패턴(Decorator Pattern), 퍼싸드 패턴(Facade Pattern), 플라이 웨이트 패턴(Fly wight Pattern), 프록시 패턴(Porxy Pattern) 등
행위 패턴	책임 연쇄 패턴(Chain of Responsibility Pattern), 명령 패턴(Command Pattern), 반복자 패턴(Iterator Pattern), 기록 패턴(Mememto Pattern), 상태 패턴(State Pattern), 전략 패턴(Strategy Pattern), 템플릿 메서드 패턴(Template Method Pattern), 해석자 패턴(Interpreter Pattern), 감시자 패턴(Observer Pattern), 방문자 패턴(Visitor Pattern), 중재자 패턴(Mediator Pattern) 등

03 ①

추상화 메커니즘의 종류

- 자료 추상화 : 컴퓨터 내부의 자료 표현을 추상화한다.
- 제어 추상화 : 몇 개의 기계 명령어를 모아 이해하기 쉬운 추상 구문으로 만드는 것이다.
- 기능 추상화 : 입력 데이터를 출력 데이터로 변환하는 과정을 추상화하는 방법이다.

04 ①

개체 관계도(ERD, Entity-Relationship Diagram)

- 1976년에 Peter Chen이 제안한 방식이다.
- 개념적 설계에 가장 많이 사용되는 모델로 개체 관계도(ERD)가 가장 대표적이다.
- 데이터를 개체(entity), 관계(relationship), 속성(attribute)과 같은 개념으로 표시한다.
- 개체 타입은 사각형, 관계 타입은 다이아몬드, 속성은 타원, 그리고 이들을 연결하는 링크로 구성된다.
- 데이터베이스 설계 단계에서 데이터 구조들과 그들 간의 관계를 표현하는 방법이다.
- 현실 세계의 자료가 데이터베이스로 표현될 수 있는 개념적 구조를 기술하는 것이다.
- 개체 집합과 관계 집합으로 나누어서 개념적으로 표시하는 방식으로, 특정 데이터베이스 관리 시스템(DBMS)을 고려한 것은 아니다.

05 ④

CASE(Computer Aided Software Engineering)

- 개발을 신속하게 할 수 있다.
- 소프트웨어 생명 주기의 전체 단계를 연결시켜 주고 자동화시켜 주는 통합된 도구를 제공해주는 기술이다.
- 소프트웨어 시스템의 문서화 및 명세화를 위한 그래픽 기능을 제공한다.
- 오류 수정이 쉬워 S/W 품질이 향상된다.
- S/W 개발 단계의 표준화를 기할 수 있다.
- CASE가 제공하는 기능 : 모델들 사이의 모순 검사 기능, 다양한 소프트웨어 개발 모형 지원, 자료 흐름도 작성 기능

06 ②

MVC 모델

- Model : 데이터와 비즈니스 로직을 관리한다(사용자가 편집하길 원하는 모든 데이터를 가지고 있어야 한다).
- View : 레이아웃과 화면을 처리한다(모델이 가지고 있는 정보를 따로 저장해서는 안 된다).
- Controller : 명령을 모델과 뷰 부분으로 라우팅한다(모델이나 뷰에 대해서 알고 있어야 한다).

07 ②

UML 실체화 관계(Realization Relation)

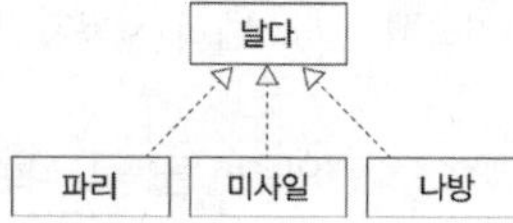

- 인터페이스와 실제 구현된 일반 클래스 간의 관계로 존재하는 행동에 대한 구현을 표현한다.
- 한 객체가 다른 객체에게 오퍼레이션을 수행하도록 지정하는 의미적 관계이다.

08 ②

인터페이스 연계 기술

- DB Link : DB에서 제공하는 DB Link 객체를 이용하는 것이다. 수신 시스템의 DB에서 송신 시스템에서 접근 가능한 DB Link를 생성한 뒤 송신 시스템에서 DB Link로 직접 참조하여 연계하는 것이다.
- Socket : 서버에서 통신을 위한 소켓(Socket)을 생성, 포트를 할당한 뒤 클라이언트의 통신 요청 시 클라이언트와 연결하는 방식이다.

09 ③

오답 피하기

- GUI(Graphical User Interface) : 그래픽을 이용하여 사용자와 소통하는 방식
- OUI(Organic User Interface) : 자연 그대로의 상태 특성들을 반영한 장치 제어 방식
- CLI(Command Line Interface) : 글자의 입출력으로 사용자와 컴퓨터 간 소통하는 방식

10 ③

주/종(Master/Slave) 처리기

- 하나의 프로세서를 Master(주 프로세서)로 지정하고, 나머지들은 Slave(종 프로세서)로 지정하는 구조이다.
- 주 프로세서가 고장나면 전체 시스템이 다운된다.
- 주 프로세서만 입출력을 수행하므로 비대칭 구조를 갖는다.
- 일반적으로 실시간 시스템에서 사용된다.

구분	내용
주 프로세서의 역할	• 연산, 통신, 조정을 책임진다. • 운영체제를 수행한다. • 슬레이브 프로세스들을 제어할 수 있다.
종 프로세서의 역할	• 자료 수집과 연산만 담당한다. • 입출력 발생 시 주 프로세서에게 서비스를 요청한다. • 사용자 프로그램만 담당한다.

11 ③

오답 피하기

- 유스케이스 다이어그램 : 시스템과 사용자의 상호작용을 표현한 것
- 액티비티 다이어그램 : 일련의 활동들을 도식화하여 표현한 것
- 시퀀스 다이어그램 : 특정 행동이 어떠한 순서로 어떤 객체와 어떻게 상호작용을 하는지 표현한 것

12 ③

시스템의 구성 요소

- 입력(Input) : 처리 방법, 제어조건, 처리할 데이터를 시스템에 투입하는 요소
- 출력(Output) : 처리된 결과를 시스템에서 출력하는 요소
- 처리(Process) : 입력된 자료를 처리 조건에 따라 변환 및 가공하는 요소
- 제어(Control) : 시스템의 기본 요소들이 각 과정을 올바르게 행하는지 감독하는 요소
- 피드백(Feedback) : 처리된 결과를 측정하고 목표에 도달되었는지를 검사하며 불충분할 경우 다시 입력하는 요소

13 ②

FEP(Front-End Processor, 전위처리기)

- 입력 데이터를 프로세서가 처리하기 전에 미리 처리하여 프로세서가 처리하는 시간을 줄여주는 프로그램이나 하드웨어이다.
- 여러 통신 라인을 중앙 컴퓨터에 연결하고 터미널의 메시지(Message)가 보낼 상태로 있는지 받을 상태로 있는지 검색한 후, 통신 라인의 에러를 검출한다.
- 각 처리 과정은 필터 컴포넌트에서 이루어지며, 처리되는 데이터는 파이프를 통해 흐른다. 이 파이프는 버퍼링 또는 동기화 목적으로 사용될 수 있다.

14 ①

객체지향 언어의 특징

캡슐화(Encapsulation)	데이터와 코드의 형태를 외부로부터 알 수 없도록 하고, 데이터의 구조와 역할 및 기능을 하나의 캡슐 형태로 만드는 것
상속(Inheritance)	상위 클래스의 모든 속성을 하위 클래스가 모두 이어받는 것
다형성(Polymorphism)	한 객체가 다른 여러 형태(객체)로 재구성되는 것
추상화(abstraction)	객체의 공통적인 속성과 기능을 추출하여 표현하는 것

15 ③

표의 숫자 코드(Significant Digit Code, 유효 숫자 코드)

- 코드화 대상 항목의 길이, 넓이, 부피, 무게 등을 나타내는 문자나 숫자, 기호를 그대로 코드로 사용하는 코드이다.
- 코드의 추가 및 삭제가 용이하다.
- 같은 코드를 반복 사용하므로 오류가 적다.
- 예

코드	의미
127-890-1245	두께 127mm, 폭 890mm, 길이 1245mm의 강판

16 ①

협약에 의한 설계(Design by Contract)

- 클래스에 대한 여러 가정을 공유하도록 명세한 것이다.
- 3가지 타입

선행조건	오퍼레이션이 호출되기 전 참이 되어야 할 조건
결과조건	오퍼레이션이 수행된 후 만족하여야 하는 조건
불변조건	클래스 내부가 실행되는 동안 항상 만족하여야 하는 조건

17 ②

유스케이스(Use Case) Diagram 요소

확장 관계 (Extends Association)	• 기준 유스케이스와 확장 대상 유스케이스 사이에 형성되는 관계로, 해당 유스케이스에 부가적인 유스케이스를 실행할 수 있을 때의 관계이다. • 확장 대상 유스케이스를 수행할 때 특정 조건에 따라 확장 기능 유스케이스를 수행하는 경우에 적용한다.
사용 관계 (Uses Association)	여러 개의 유스케이스에서 공통으로 수행해야 하는 기능을 모델링하기 위해 사용한다.
접속 관계 (Communication Association)	• 액터/유스케이스 또는 유스케이스/유스케이스 사이에 연결되는 관계이다. • 액터나 유스케이스가 다른 유스케이스의 서비스를 이용하는 상황을 표현한다.

18 ③

UML 다이어그램의 분류

구조적(Structural) 다이어그램(정적)	• 클래스 다이어그램(Class Diagram) • 객체 다이어그램(Object Diagrma) • 컴포넌트 다이어그램(Componet Diagram) • 배치 다이어그램(Deployment Diagram) • 복합체 구조 다이어그램(Composite Structure Diagram) • 패키지 다이어그램(Package Diagram)
행위(Behavioral) 다이어그램(동적)	• 유스케이스 다이어그램(Use Case Diagram) • 시퀀스 다이어그램(Sequence Diagram) • 커뮤니케이션 다이어그램(Communication Diagram) • 상태 다이어그램(State Diagram) • 활동 다이어그램(Activitiy Diagram) • 상호작용 개요 다이어그램(Interaction Overview Diagram) • 타이밍 다이어그램(Timing Diagram)

19 ③

- 워크스루(Walkthrough)는 교육적 목적이나 문서의 이해, 문제의 식별 등에 목적이 있으며, 발견된 오류의 문제 해결 자체에 중점을 두지는 않는다. 또한 문제 해결은 보통 후속 단계에서 진행된다.
- 인스펙션(Inspection)은 오류 발견과 수정에 중점을 둔 공식적인 검토 방법이다.

오답 피하기

워크스루(Walkthrough, 검토회의)	• 소프트웨어 검토를 위해 미리 준비된 자료를 바탕으로 정해진 절차에 따라 평가하는 방법 • 오류 조기 검출이 목적임 • 검토 자료를 회의 전에 배포하여 사전 검토한 후 짧은 시간 동안 회의 진행
인스펙션(Inspection)	• 저작자 외의 다른 전문가 또는 팀이 검사하여 오류를 찾아내는 공식적 검토 방법 • 워크스루를 발전시킨 형태

20 ④

캡슐화(Encapsulation)
- 속성과 관련된 연산(Operation)을 클래스 안에 묶어서 하나로 취급하는 것을 의미한다.
- 결합도가 낮아져 소프트웨어 개발에 있어 재사용성이 높아진다.
- 정보은닉을 통하여 타 객체와 메시지 교환 시 인터페이스가 단순해진다.
- 변경 발생 시 오류의 파급효과가 적다.

2과목 소프트웨어 개발

21 ④

소프트웨어 품질 목표(품질평가 기준항목)
- 정확성(Correctness) : 사용자가 요구하는 기능을 충족시키는 정도
- 신뢰성(Reliability) : 요구된 기능을 오류 없이 수행하는 정도
- 효율성(Efficiency) : 요구된 기능을 수행하기 위한 시스템의 능력과 자원의 소요 정도
- 이식성(Portability) : 다양한 하드웨어 환경에서 운용 가능하도록 쉽게 수정할 수 있는지의 정도
- 무결성(Integrity) : 허용되지 않는 사용이나 자료의 변경을 제어하는 정도
- 유용성(Usability) : 쉽게 사용할 수 있는 정도
- 유연성(Flexibility) : 새로운 요구사항에 맞게 얼마큼 쉽게 수정할 수 있는지의 정도
- 재사용성(Reusability) : 이미 만들어진 프로그램을 다른 목적으로 사용할 수 있는지의 정도
- 상호운용성(Interoperability) : 다른 소프트웨어와 정보를 교환할 수 있는 정도

22 ③

형상 관리 도구에는 Git, SVN(Subversion), CVS(Concurrent Version System) 등이 있다.

오답 피하기

Ant, Maven, Gradle은 빌드 자동화 도구이다.

23 ③

JSON(JavaScript Object Notation)
- 속성-값 쌍(Attribute-Value Pairs)으로 이루어진 데이터 오브젝트를 전달하기 위해 사용하는 개방형 표준 포맷이다.
- AJAX(Asynchronous Javascript and XML)에서 많이 사용되고 XML을 대체하는 주요 데이터 포맷이다.
- 언어 독립형 데이터 포맷으로 다양한 프로그래밍 언어에서 사용되고 있다.

24 ①

패키징 도구 활용 시 고려 사항
- 사용자에게 배포되는 소프트웨어임을 고려하여 반드시 내부 콘텐츠에 대한 암호화 및 보안을 고려한다.
- 다양한 이기종 콘텐츠 및 단말기 간 DRM 연동을 고려한다.
- 사용자 편의성을 위한 복잡성 및 비효율성 문제를 고려한다.
- 반드시 내부 콘텐츠에 대한 암호화 및 보안을 고려한다.
- 제품 소프트웨어에 적합한 암호화 알고리즘을 적용하여 범용성에 지장이 없도록 고려한다.

25 ②

결함 관리 프로세스는 '결함 관리 계획 → 결함 기록 → 결함 검토 → 결함 수정 → 결함 재확인 → 최종 분석 및 보고서 작성' 순으로 진행한다.

26 ④

④번은 테스트 Stub에 관한 설명이다.

27 ④

인수 테스트(Acceptance Test)
- 일반적인 테스트 레벨의 가장 마지막 상위 레벨로, SW 제품에 대한 요구사항이 제대로 이행되었는지 확인하는 단계이다.
- 테스팅 환경을 실사용자 환경에서 진행하며 수행하는 주체가 사용자이다.
- 테스트 단계 중 SW 제품에 대한 요구사항이 제대로 이행되었는지 점검하는 것이 주요 목적이므로 알파, 베타 테스트와 가장 밀접한 연관이 있다.

오답 피하기
- 통합 테스트(Integration Test) : 모듈 통합 과정에서 각 모듈 간의 인터페이스 결함 검증
- 단위 테스트(Unit Test) : 모듈의 동작 검증
- 시스템 테스트(System Test) : 전체 시스템의 기능 검증

28 ②

- 오름차순 선택 정렬은 pass마다 앞쪽의 값들이 가장 작은 값이 위치하게 된다. 즉 2회전 시에는 두 번째 값까지 정렬이 완성된 것을 찾으면 된다.
- 앞으로 이동한 값을 제외한 나머지 값들은 위치가 변하지 않는다.

1pass	8, 3, 4, 9, 7 → 3, 8, 4, 9, 7
2pass	3, 8, 4, 9, 7 → 3, 4, 8, 9, 7
3pass	3, 4, 8, 9, 7 → 3, 4, 7, 9, 8
4pass	3, 4, 7, 9, 8 → 3, 4, 7, 8, 9

29 ②

분산 저장소 방식

- 버전 관리 자료가 원격 저장소와 로컬 저장소에 함께 저장되어 관리된다.
- 로컬 저장소에서 버전 관리가 가능하므로 원격 저장소에 문제가 생겨도 로컬 저장소의 자료를 이용하여 작업할 수 있다.
- 개발자별로 원격 저장소의 자료를 각자의 로컬 저장소로 복사하여 작업 후 변경사항을 로컬 저장소에서 우선 적용하여 로컬 버전 관리가 가능하다.
- 개발 완료한 파일을 수정한 다음에 로컬 저장소에 먼저 커밋(Commit)한 이후, 다시 원격 저장소에 반영(Push)하는 방식이다.
- 종류 : Git, Bazaar, Mercurial, TeamWare, Bitkeeper, Plastic SCM, GNU arch

30 ②

오답 피하기

- xUnit : 다양한 언어를 지원하는 단위 테스트 프레임워크
- FitNesse : 웹 기반 테스트 케이스 설계/실행/결과 확인 등을 지원하는 테스트 프레임워크
- RubyNode : Ruby(프로그래밍 언어) 내부 노드 구조에 읽기 전용 접근을 허용하는 라이브러리

31 ③

ISO/IEC 25000

- 기존 소프트웨어 품질 평가 모델과 소프트웨어 평가 절차 모델인 ISO/IEC 9126과 ISO/IEC 14598을 통합하였다.
- 2500n, 2501n, 2502n, 2503n, 2504n의 다섯 가지 분야로 나눌 수 있고, 확장 분야인 2505n이 있다.

2501n(9126-2, 품질 모형)	품질 모델 및 품질 사용
2503n(9126-3, 품질 측정)	매트릭을 통한 측정 방법 제시

32 ①

V-모델

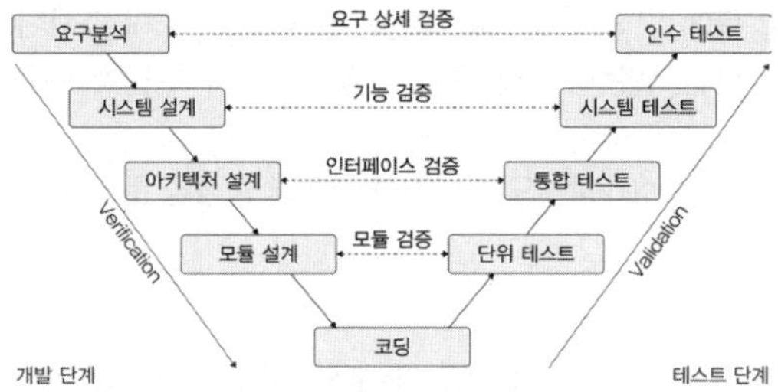

- 폭포수 모델에 시스템 검증과 테스트 작업을 강조한 모델이다.
- 세부적인 프로세스로 구성되어 있어서 신뢰도 높은 시스템 개발에 효과적이다.
- 개발 단계의 작업을 확인하기 위해 테스트 작업을 수행한다.
- 생명주기 초반부터 테스트 작업을 지원한다.

33 ④

화이트박스 테스트에서 기본 경로(Basis Path)란 제어 흐름 그래프를 분석하여 선형 독립 실행 경로 집합을 찾는다. Mccabe의 순환 복잡도를 사용하여 선형 독립 경로 수를 결정한 다음 얻어진 각 경로에 대한 테스트 사례를 생성한다.

34 ②

- 순환복잡도 : V(G) = E−N+2 = 6−4+2 = 4
- E는 화살표 수, N은 노드 수(점)

35 ①

블랙박스 테스트의 종류

동치 분할 검사 (Equivalence Partitioning Testing)	입력 자료에 초점을 맞춰 테스트 케이스를 만들고 검사하는 방법(=동등 분할 기법)
경계값 분석 (Boundary Value Analysis)	입력 조건의 중간값보다 경계값에서 오류가 발생할 확률이 높다는 점을 이용하여, 입력 조건의 경계값을 테스트 케이스로 선정하여 검사하는 방법
원인-효과 그래프 검사 (Cause-Effect Graphing Testing)	입력 데이터 간의 관계와 출력에 영향을 미치는 상황을 체계적으로 분석한 다음, 효용성이 높은 테스트 케이스를 선정하여 검사하는 방법
오류 예측 검사 (Error Guessing)	과거의 경험이나 확인자의 감각으로 검사하는 방법
비교 검사 (Comparison Testing)	여러 버전의 프로그램에 동일한 테스트 자료를 제공하여 동일한 결과가 출력되는지 검사하는 방법

36 ②

외계인 코드(Alien Code) : 아주 오래되거나 참고문서 또는 개발자가 없어 유지보수 작업이 어려운 코드

오답 피하기

나쁜 코드(Bad Code)

- 다른 개발자가 로직(Logic)을 이해하기 어렵게 작성된 코드를 의미한다.
- 종류

– 처리 로직의 제어가 정제되지 않고 복잡하게 얽혀 있는 스파게티 코드
– 변수나 메소드에 대한 이름 정의를 알 수 없는 코드
– 동일 로직이 중복되게 작성된 코드 등

37 ④

Subversion(SVN) 주요 명령어

Import	아무것도 없는 서버의 저장소에 맨 처음 소스 파일을 저장
Check-in	체크아웃으로 가져온 파일을 수정 후 저장소(Repository)에 새로운 버전으로 갱신
Check-out	타 개발자가 수정 작업을 위하여 저장소(Repository)에 저장된 파일을 자신의 작업공간으로 인출
Commit	체크인 시 이전 갱신 사항이 있는 경우 충돌(conflict)이 발생하면 알림을 표시하고 diff(코드 비교) 도구를 이용하여 수정한 뒤 Commit(예치) 과정 수행
Diff	새로운 개발자가 추가된 파일의 수정 기록(Change Log)을 보면서 기존 개발자가 처음 추가한 파일과 이후 변경된 파일의 차이 확인(Diff)

38 ②

폭포수 모델(Waterfall Model)

- 보헴(Boehm)이 제안한 고전적 생명 주기 모형으로, 선형 순차적 모형이라도 한다.
- 타당성 검토, 계획, 요구사항 분석, 구현, 테스트, 유지보수의 단계를 통해 소프트웨어를 개발하는 모형이다.
- 순차적인 접근 방법을 이용하여 단계적 정의와 산출물이 명확하다.
- 각 단계의 결과가 확인되어야지만 다음 단계로 넘어간다.
- 폭포수 모델의 순서 : 계획 → 요구사항 정의 → 개략 설계 → 상세 설계 → 구현 → 통합 시험 → 시스템 실행 → 유지보수

39 ②

- Postfix(전위 표기법)를 Infix(중위 표기법)로 변환 후 계산한다.
- 계산 과정

→ 3 4 * 5 6 * +
→ ((3 4) * (5 6) *) + : 연산자 앞 피연산자 2개를 괄호( )로 묶는다.
→ (3 * 4) + (5 * 6) : 연산자를 괄호( ) 안의 피연산자 사이로 이동한다.
→ 12 + 30 = 42

40 ④

(88, 74, 63, 55, 37, 25, 33, 19, 26, 14, 9)를 이진 트리에 입력하면 다음 그림과 같다.

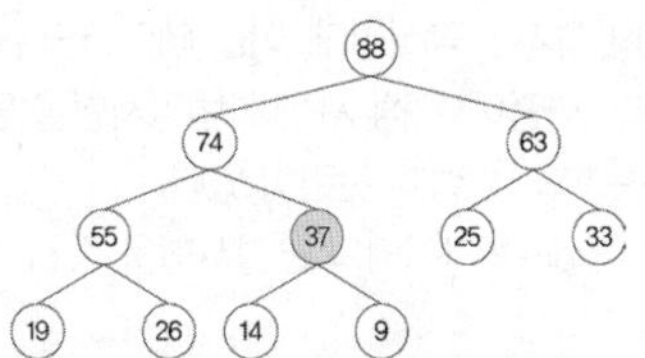

3 과목 데이터베이스 구축

41 ③

Cartesian Product(교차곱)의 결과 : 릴레이션의 속성의 개수는 더하고, 튜플의 개수는 곱함

- 릴레이션 R : 차수 4, 카디널리티 5
- 릴레이션 S : 차수 6, 카디널리티 7

→ 결과 릴레이션 : 차수 10, 카디널리티 35

42 ①

시스템 카탈로그(System Catalog)

- 시스템 자신이 필요로 하는 여러 가지 객체(기본 테이블, 뷰, 인덱스, 데이터베이스, 패키지, 접근 권한 등)에 관한 정보를 포함하고 있는 시스템 데이터베이스이다.
- 데이터 사전(Data Dictionary), 메타 데이터(Meta Data)라고도 한다.
- 시스템 카탈로그 자체도 시스템 테이블로 구성되어 있어 SQL문을 이용하여 내용 검색이 가능하다.
- 사용자가 시스템 카탈로그를 직접 갱신할 수는 없으나 SQL문으로 여러 가지 객체에 변화를 주면 시스템이 자동으로 갱신된다.

43 ①

순수 관계 연산자의 종류

select	σ	튜플 집합을 검색한다.
project	π	속성 집합을 검색한다.
join	⋈	두 릴레이션의 공통 속성을 연결한다.
division	÷	두 릴레이션에서 특정 속성을 제외한 속성만 검색한다.

44 ③

Recovery(복구)

- Deferred Modification : 변경된 데이터를 실제로 디스크에 반영하는 것을 지연시키는 방식이다. 이는 데이터의 논리적인 수정 작업을 기록하고, 나중에 특정 시점에 변경사항을 일괄적으로 디스크에 반영하는 복구 기법과 관련이 있다.
- Immediate Update : 데이터의 변경사항을 즉시 디스크에 반영하는 방식이다.
- Shadow Paging : 복구를 위해 일부 페이지를 원래의 페이지와 별도의 그림자 페이지로 유지하는 방식이다.
- Checkpoint : 특정 시점에서의 상태를 기록하는 것이다.

45 ①

- R1, R2 테이블에서 학번이 같으면서, R1의 학과가 '전자공학'이면서 '강남길'인 항목의 과목번호, 과목이름을 조회하는 SQL문이다.
- R1, R2 테이블을 학번으로 조인하고, '전자공학'이면서 '강남길'인 레코드 중에서 과목번호, 과목이름 필드를 조회한다.

46 ②

후보키(Candidate Key)

- 모든 튜플들을 유일하게 식별할 수 있는 하나 또는 몇 개의 속성 집합을 의미한다.
- 유일성과 최소성을 모두 만족시킨다.

오답 피하기

슈퍼키(Super Key)

- 두 개 이상의 속성으로 구성된 기본키이다.
- 유일성은 만족시키지만, 최소성은 만족시키지 못한다.

47 ②

SELECT문 기본 구조

```
SELECT 속성명 [ALL | DISTINCT]
FROM 릴레이션명
WHERE 조건;
[GROUP BY 속성명1, 속성명2,…]
[HAVING 조건]
[ORDER BY 속성명 [ASC | DESC]];
```

- ALL : 모든 튜플을 검색(생략 가능)
- DISTINCT : 중복된 튜플 생략

48 ①

BCNF(보이스/코드) 정규형

- 1, 2, 3정규형을 만족하고, 결정자가 후보키가 아닌 함수 종속 제거되면 보이스/코드 정규형에 속한다.
- 후보키를 여러 개 가지고 있는 릴레이션에서 발생할 수 있는 이상 현상을 해결하기 위해 제3정규형 보다 좀 더 강력한 제약조건을 적용한다.
- 보이스/코드 정규형에 속하는 모든 릴레이션은 3정규형에 속하지만, 3정규형에 속하는 모든 릴레이션이 보이스/코드 정규형에 속하지는 않는다.

49 ④

그룹 함수의 종류(집계 함수)

COUNT	• 테이블의 행의 수를 계산할 때 • 표현식 : COUNT(*)
SUM	• 하나 또는 여러 개의 열 합계를 구할 때 • 표현식 : SUM(열 이름)
AVG	• 하나 또는 여러 개의 열 평균을 구할 때 • 표현식 : AVG(열 이름)
MAX	• 해당 열의 최댓값을 구할 때 • 표현식 : MAN(열 이름)
MIN	• 해당 열의 최솟값을 구할 때 • 표현식 : MAN(열 이름)

50 ④

교차곱(Cartesian Product)

- 두 릴레이션에 있는 튜플들의 순서쌍을 구하는 연산이다.
- 교차곱의 결과 속성의 개수는 더하고 듀플의 개수는 곱한 결과 릴레이션이 생성된다.

51 ④

릴레이션 R, S에서 속성 A를 기준으로 합집합(UNION ALL) 연산을 수행하면 릴레이션 R, S의 속성 A 값 모두가 검색된다.

52 ③

트리의 차수(Degree)는 트리 노드 수가 가장 많은 차수이므로 3이다.

53 ②

두 테이블의 중복 레코드는 학번 : 20202222이므로 ②번이 답이 된다.

오답 피하기

Intersection(교집합)

- Intersection(교집합)은 연관성이 있는 두 개의 릴레이션에서 중복되는 레코드를 선택하여 릴레이션을 생성한다.
- 연산자의 기호는 ∩를 사용한다.

54 ④

- 디그리(Degree) : 속성의 수(차수)
- 카디널리티(Cardinality) : 튜플의 수(기수)

55 ②

DELETE문은 테이블 내의 튜플들만 삭제하지만, DROP문은 테이블 자체를 삭제한다.

오답 피하기

SQL 데이터베이스 조작어

SELECT	튜플을 검색	DELETE	튜플을 삭제
INSERT	튜플을 삽입	UPDATE	튜플의 내용을 변경

56 ①

고가용성 솔루션(HACMP, High Availability Cluster Multi Processing)

- AIX(AIXadvanced interactive executive, IBM 운영체제)를 기반으로 Solution, Resource의 중복 또는 공유를 통해 Application의 보호를 가능하게 해준다.
- 각 시스템 간에 공유 디스크를 중심으로 클러스터링으로 엮여 다수의 시스템을 동시에 연결할 수 있다.
- 조직, 기업의 기간 업무 서버 등의 안정성을 높이기 위해 사용될 수 있다.
- 여러 가지 방식으로 구현되며 2개의 서버를 연결하는 것으로 2개의 시스템이 각각 업무를 수행하도록 구현하는 방식이 널리 사용된다.

오답 피하기

- 점대점 연결 방식(Point-to-Point Mode) : 두 컴퓨터를 직접 연결하는 방식
- 스턱스넷(Stuxnet) : 슈퍼 산업시설 웜 바이러스
- 루팅(Rooting) : 최상위 권한(루트 권한)을 얻는 것

57 ②

```
DROP TABLE 테이블_이름 [CASCADE | RESTRICT];
```

- CASCADE : 삭제할 요소가 다른 개체에서 참조 중이라도 삭제가 수행된다.
- RESTRICT : 삭제할 요소가 다른 개체에서 참조 중일 경우 삭제가 취소된다.

58 ③

트랜잭션의 특성

격리성(Isolation, 고립성)	둘 이상의 트랜잭션이 동시에 병행 실행되는 경우 어느 하나의 트랜잭션 실행 중에 다른 트랜잭션의 연산이 끼어들 수 없다.
원자성(Atomicity)	트랜잭션의 연산은 데이터베이스에 모두 반영되든지, 아니면 전혀 반영되지 않아야 한다.
일관성(Consistency)	트랜잭션이 그 실행을 성공적으로 완료하면 언제나 일관성 있는 데이터베이스 상태로 변환한다.
영속성(Durability, 지속성)	트랜잭션에 의해서 생성된 결과는 계속 유지되어야 한다.

오답 피하기

Commit, Rollback에 의해 보장받는 트랜잭션의 특성은 원자성이다.

59 ③

무결성(Integrity)

개체 무결성	기본키의 값은 널(Null)값이나 중복 값을 가질 수 없다는 제약조건
참조 무결성	참조할 수 없는 외래키 값을 가질 수 없다는 제약조건
도메인 무결성	릴레이션의 하나의 속성은 반드시 원자값이어야 한다는 것을 보장하는 제약조건

60 ④

E-R 다이어그램

기호	기호 이름	의미
▭	사각형	개체(Entity)
◇	마름모	관계(Relationship)
⬭	타원	속성(Attribute)
―	선	개체 타입과 속성 연결

4과목 프로그래밍 언어 활용

61 ④

페이징(Paging) 기법

- 가상기억장치에 보관된 프로그램과 주기억장치의 영역을 동일한 크기로 나눈 후, 나눠진 프로그램을 동일하게 나눠진 주기억장치의 영역에 적재시켜 실행하는 기법이다.
- 가상기억장치에서 주기억장치로 주소를 조정하기 위해 페이지의 위치 정보를 가진 페이지 맵 테이블이 필요하다.
- 페이지의 크기가 클수록 페이지 맵 테이블의 크기가 작아지고, 단편화가 증가하고, 디스크 접근 횟수가 감소하며, 전체 입출력 시간이 감소한다.

62 ③

- C언어에서 서로 다른 데이터 타입을 묶은 자료 구조를 구조체(structure)라고 한다.
- 구조체를 사용하여 데이터를 처리하려면 키워드 struct를 사용해야 한다.

63 ③

`for i in range(10)`	i는 0부터 9까지의 숫자 생성
`if i%2==0`	i가 짝수인 경우에만 리스트에 포함
`10*i`	짝수 i에 10을 곱한 값이 새로운 리스트에 추가

오답 피하기

파이썬의 리스트 컴프리헨션(List Comprehension) 기본 구조

```
[표현식 for 요소 in 반복 가능한 객체 if 조건]
```

- 표현식(Expression) : 각 요소에 대해 실행될 코드로서, 이 표현식의 결과가 새로운 리스트에 추가된다.
- 요소(Element) : 반복 가능한 객체(iterable)의 각 항목을 의미한다.
- 조건(Optional) : 선택적으로 요소를 필터링할 수 있는 조건이다. 이 조건이 참일 때만 해당 요소가 리스트에 포함된다.

64 ②

- 27은 32bit의 2진수 IP 주소 중 27bit가 네트워크 ID인 1비트의 개수이고 나머지 5(32-27)bit가 호스트 ID인 0비트의 개수이다.
- 서브넷 마스크 : 11111111.11111111.11111111.11100000
- 10진수 표기법 : 255.255.255.224

오답 피하기

서브넷 마스크(Subnet Mask)

- 네트워크를 작은 내부 네트워크로 분리하여 효율적으로 네트워크를 관리하기 위한 수단이다.
- 서브넷 마스크는 32bit의 값으로 IP 주소를 네트워크와 호스트 IP 주소를 구분하는 역할을 한다.
- 네트워크 ID에 해당하는 모든 비트를 1로 설정하며 호스트 ID에 해당하는 모든 비트를 0으로 설정한다.
- CIDR 표기 형식 : 10진수의 IP/네트워크 ID의 1비트의 개수

65 ②

②번은 데이터링크 계층에 대한 설명이다.

66 ③

- char 자료형은 한 개의 문자 상수를 1byte의 공간에 ASCII 코드값으로 저장한다.
- 대문자 'A'의 ASCII 코드값은 01000001으로 10진수 65이다.
- a = 'A' + 1; : 대문자 'A'의 ASCII 코드값(65)과 1을 덧셈한 결과 66을 char형 변수 a에 대문자 'B'의 ASCII 코드값으로 저장한다.
- 출력 결과는 "%d"의 출력 형식 지정문자에 의해 10진 정수로 변환되어 콘솔에 66이 출력된다.

67 ④

FIFO(First In First Out)는 가장 먼저 적재된 페이지를 먼저 교체하는 기법이다.

요청 페이지	1	2	1	0	4	1	3
페이지 프레임	1	1	1	1	4	4	4
		2	2	2	2	1	1
				0	0	0	3
페이지 부재	○	○		○	○	○	○

68 ①

오답 피하기

- 프레임워크는 기본 구조가 잡혀 있지만 내부에서 사용하는 기능과 코드는 개발자가 변경할 수 있다.
- 프레임워크는 소프트웨어 개발에 필요한 기본 구조와 기능을 제공하는 반면, 소프트웨어 아키텍처는 소프트웨어의 전체적인 구조와 기능을 정의한다.
- 프레임워크는 소프트웨어를 모듈화하여 개발하는 것을 가능하게 한다.

69 ④

malloc() 함수

- 인수로 바이트 단위의 정수를 전달받아 메모리를 할당한다.
- 할당하고자 하는 메모리의 크기를 바이트 단위로 지정해야 한다.

70 ③

- % : 나머지 연산자
- if문의 기본 구조

```
if (조건1) {
   // 조건1이 참일 때 실행될 코드
   if (조건2) {
       // 조건1과 조건2가 모두 참일 때 실행될 코드
   } else {
       // 조건1은 참이지만 조건2는 거짓일 때 실행될 코드
   }
} else {
   // 조건1이 거짓일 때 실행될 코드
}
```

71 ①

(강함) 기능적 응집도(Functional Cohension) 〉 순차적 응집도(Sequential Cohension) 〉 통신적(교환적) 응집도(Communication Cohension) 〉 절차적 응집도(Procedural Cohesion) 〉 시간적 응집도(Temporal Cohension) 〉 논리적 응집도(Logical Cohension) 〉 우연적 응집도(Coincidental Cohension) **(약함)**

72 ④

- 우선순위 계산식 = 대기시간+서비스시간/서비스시간

작업	우선순위
A	(5+20)/20 = 1.25
B	(40+20)/20 = 3
C	(15+45)/45 = 1.3
D	(40+10)/2 = 25

- 작업순서 : D → B → C → A

73 ②

교착상태의 해결 방법

예방(Prevention)	• 교착상태가 발생하지 않도록 사전에 시스템을 제어하는 방법이다. • 일반적으로 자원의 낭비가 가장 심한 것으로 알려진 기법이다.
회피(Avoidance)	• 교착상태 발생 가능성을 인정하고 교착상태가 발생하려고 할 때, 교착상태 가능성을 피해가는 방법이다. • 주로 은행원 알고리즘(Banker's Algorithm)을 사용한다.
발견(Detection)	교착상태가 발생했는지 검사하여 교착상태에 빠진 프로세스와 자원을 발견하는 방법이다.
회복(Recovery)	교착상태에 빠진 프로세스를 종료하거나 해당 프로세스가 점유하고 있는 자원을 선점하여 다른 프로세스에게 할당하는 기법이다.

74 ③

- 변수 a와 b의 4, 7을 (2진수)비트 연산자 |(OR)로 연산한다.
- 비트 연산자는 2진수로 변환 후 계산한다.
- OR 연산자는 두 비트 중 1개라도 1이면 1이 출력된다.

```
     0100  (4)
OR ) 0111  (7)
    ..........
     0111  (7)
```

- 변수 0111는 "%d" 출력 형식 지정문자에 의해 10진수로 변환되어 7이 출력된다.

75 ①

JAVA 접근 제한자(접근 제어자)

public	모든 접근을 허용한다.
private	같은 패키지에 있는 객체와 상속 관계의 객체들만 허용한다.
default	같은 패키지에 있는 객체들만 허용한다.
protected	현재 객체 내에서만 허용한다.

76 ①

Python 예외 처리 구조

```
try:
    # 오류가 발생할 수 있는 코드
except 예외타입:
    # 예외가 발생했을 때 실행할 코드
else:
    # 예외가 발생하지 않았을 때 실행할 코드(optional)
finally:
    # 예외 발생 여부와 상관없이 항상 실행할 코드(optional)
```

77 ④

class TestClass {
  int t = 1;
  public void print() {
      System.out.print("AA");
  }
}
	• TestClass 클래스를 정의
	• t 멤버 변수 선언하고 1로 초기화
	• print 메소드를 정의
	• "AA"를 출력

public class Test extends TestClass {
      public void print() {
      System.out.print("BB");
  }
	• Test 클래스를 정의
	• Test 클래스는 TestClass 클래스를 상속받아서 print라는 이름의 메소드를 재정의(오버라이딩)
	• "BB"를 출력

public static void main(String[] args) { int t = 2;	• main 메소드 정의(String 배열 args를 매개변수로 가지고 있음) • t 정수형 변수를 선언하고 초기값으로 2를 할당

TestClass tt = new Test();
      tt.print();
      System.out.print(t);
  }
}
	• TestClass 타입의 tt라는 이름의 변수를 선언(상속받은 Test 클래스의 객체로 초기화)
	• tt 객체의 print 메소드를 호출(실제로 실행되는 print 메소드는 Test 클래스에서 재정의한 메소드임)
	• 따라서 "BB"가 출력
	• t 변수의 값을 출력(main 메소드 내에서 선언된 변수이므로 초기값인 2가 출력)

78 ①

컨텍스트 스위칭(Context Switching)이란, 다중 프로그래밍 시스템에서 운영체제에 의하여 CPU가 할당되는 프로세스를 변경하기 위하여 현재 CPU를 사용하여 실행되고 있는 프로세서의 상태 정보를 저장하고, 앞으로 실행될 프로세스의 상태 정보를 설정한 다음에 중앙 처리 장치를 할당하여 실행이 되도록 하는 작업이다.

79 ①

TCP(Transmission Control Protocol)

- 신뢰성 있는 연결 지향형 전달 서비스를 제공한다.
- 순서 제어, 에러 제어, 흐름 제어 기능을 제공한다.
- 전이중 서비스와 스트림 데이터 서비스를 제공한다.
- 메시지를 캡슐화(Encapsulation)와 역캡슐화(Decapsulation)한다.
- 서비스 처리를 위해 다중화(Multiplexing)와 역다중화(Demultiplexing)를 이용한다.

오답 피하기

①번은 데이터링크 계층에 관한 내용이다.

80 ④

자동 반복 요청(ARQ, Automatic Repeat reQuest)

- 통신 경로에서 오류 발생 시 수신측은 오류의 발생을 송신측에 통보하고, 송신측은 오류가 발생한 프레임을 재전송하는 오류 제어 방식이다.
- 종류

<table>
<tr><td>정지-대기 ARQ
(Stop-and-Wait ARQ)</td><td colspan="2">송신측에서 하나의 블록을 전송한 후 수신측의 응답을 기다리는 방식</td></tr>
<tr><td rowspan="2">연속 ARQ
(Continuous ARQ)</td><td>Go-back-N ARQ</td><td>오류가 발생한 블록 이후의 모든 블록을 재전송하는 방식</td></tr>
<tr><td>선택적 재전송 ARQ
(Selective Repeat ARQ)</td><td>오류가 발생한 블록만 재전송하는 방식</td></tr>
<tr><td>적응적 ARQ
(Adaptive ARQ)</td><td colspan="2">데이터 블록의 길이를 채널의 상태에 따라 유동적으로 변경하는 방식</td></tr>
</table>

5과목 정보 시스템 구축 관리

81 ②

오답 피하기

- 하둡(Hadoop) : 상용 하드웨어의 클러스터에 방대한 데이터 세트를 분산할 수 있는 프레임워크
- 포스퀘어(Foursquare) : 위치 기반 소셜 네트워크 서비스
- 맴리스터(Memristor) : 메모리(memory)+레지스터(resistor)의 합성어이며, 전류의 흐름과 시간의 변화에 따라 저항의 강도가 바뀌는 새로운 전기소자로 이전의 상태를 모두 기억하는 메모리

82 ④

정보보안의 3요소(CIA)

기밀성(Confidentiality)	인가되지 않는 사용자가 객체 정보의 내용을 알 수 없도록 하는 보안 요소
무결성(Integrity)	시스템 내의 정보는 오직 인가된 사용자만 수정할 수 있는 보안 요소
가용성(Availability)	정보 시스템 또는 정보에 대한 접근과 사용이 요구 시점에 완전하게 제공될 수 있는 상태를 의미하는 보안 요소

83 ④

코드 오류의 종류

필사 오류 (Transcription Error)	입력 시 한 자리를 잘못 기록하는 오류	예 1234 → 1235
전위 오류 (Transposition Error)	입력 시 좌우 자리를 바꾸어 발생하는 오류	예 1234 → 1243
이중 오류 (Double Transposition Error)	전위 오류가 두 개 이상 발생하는 오류	예 1234 → 2143
생략 오류 (Missing Error)	입력 시 한 자리를 빼고 기록하는 오류	예 1234 → 123
추가 오류 (Addition Error)	입력 시 한 자리를 추가해서 기록하는 오류	예 1234 → 12345
임의 오류 (Random Error)	두 가지 이상의 오류가 결합해서 발생하는 오류	예 1234 → 21345

84 ④

오답 피하기

- Bucket : 하나의 주소를 갖는 파일의 한 구역
- Opcode : 프로세서가 이 명령어를 통해 수행해야 할 일의 종류를 명시하는 필드

85 ②

오답 피하기

- WWW(World Wide Web) : 인터넷에 연결된 컴퓨터를 통해 사람들이 정보를 공유할 수 있는 전 세계적인 정보 공유 시스템
- WBSEC(WiBro Security) : 와이브로용 보안 프로세서
- ITU(International Telecommunication Union) : 국제전기통신연합

86 ①

오답 피하기

- Bridge : OSI 모델의 데이터 링크 계층에 있는 여러 개의 네트워크 세그먼트를 연결함
- ASLR : 주소를 매번 실행할 때마다 무작위화시켜 공격을 방해하는 정보보호 기법
- FIN : 사용자를 식별하기 위해 사용하는 보통 4~8자리의 짧은 숫자로 이루어진 비밀번호

87 ②

보안 인증 방법

Something You Know (알고 있는 것)	• 사용자가 알고 있는 정보를 사용하여 인증하는 방법 • 패스워드나 PIN(개인식별번호)과 같은 비밀 정보를 사용하여 인증
Something You Have (가지고 있는 것)	• 사용자가 소유하고 있는 물리적인 장치나 객체를 사용하여 인증하는 방법 • 스마트 카드, USB 토큰, 휴대폰 앱 등을 사용하여 인증
Something You Are (자신의 특징)	• 사용자의 생체적인 특징이나 생체 인식 기술을 사용하여 인증하는 방법 • 지문, 홍채, 음성, 얼굴 등 개인의 생체 특징을 사용하여 인증하는 바이오메트릭 인증
Somewhere You Are (있는 곳)	• 사용자가 특정한 위치에 있는지를 확인하여 인증하는 방법 • IP 주소나 지리적 위치를 이용하여 인증

88 ①

TCP 세션 하이재킹

- 서버와 클라이언트 통신 시에 TCP의 3way handshake 단계에서 발생하는 취약점을 이용한 공격 기법으로 서버와 클라이언트가 TCP를 이용하여 통신하고 있을 때 RST 패킷을 전송하여 일시적으로 TCP 세션을 끊고 시퀀스 번호를 새로 생성하여 세션을 탈취하고 인증을 회피하는 공격 기법이다.
- 비동기화 상태와 동기화 상태 2가지가 존재한다.
- 세션 하이재킹 탐지기법 : 비동기화 상태 감지, ACK STORM 탐지, 패킷의 유실 및 재전송 증가 탐지, 예상치 못한 접속의 리셋 탐지
- SSH 같은 세션 인증 수준이 높은 프로토콜 사용을 통해 방어하도록 한다.

89 ②

OSPF는 링크 상태 방식을 사용하며, 거리 벡터 라우팅 프로토콜을 사용하는 방식은 RIP이다.

90 ④

효과적인 프로젝트 관리를 위한 3대 요소

- 사람(People) : 인적 자원
- 문제(Problem) : 문제 인식
- 프로세스(Process) : 작업 계획

91 ①

TELNET 프로토콜의 Well Known Port 번호는 23이다.

92 ①

개발 기간 = 50000 / (10 × 200) = 25

오답 피하기

LOC(Line Of Code)

- 노력(인월) = 개발 기간(월) × 투입 인원(인)
- 개발 비용 = 개발 기간(월) × 투입 인원(인) × 단위 비용(1인당 월평균 인건비)
- 개발 기간 = 예측된 LOC / (투입 인원 × 1인당 월평균 생산 LOC)
- 생산성 = 개발된 LOC / (투입 인원 × 개발 기간)

93 ②

오답 피하기

- Zigbee : 저전력, 저비용 무선 메쉬 네트워크 프로토콜로, 스마트 홈과 IoT 디바이스 간의 무선 통신에 많이 사용된다.
- MQTT(Message Queueing Telemetry Transport) : ISO 표준 발행-구독 기반의 메시징 프로토콜이다.
- BLE(Bluetooth Low Energy) : 저전력 무선 통신 기술로, 주로 짧은 거리에서의 통신을 필요로 하는 IoT 디바이스에서 사용된다.

94 ②

오답 피하기

- 포맷 스트링(Format String) : ret 또는 dtors 값을 쉘 코드의 주소 값으로 덮어 공격용 쉘을 실행시키는 공격
- 버퍼 오버플로(Buffer overflow) : 메모리를 다루는 데에 오류가 발생하여 잘못된 동작을 하는 프로그램 취약점
- 애드웨어(Adware) : 특정 소프트웨어를 실행하거나 설치 후 자동적으로 광고가 표시되는 프로그램

95 ①

공개키(Public Key) 암호화 기법

- 암호키와 해독키가 서로 다른 기법으로 키 개수는 2N개가 필요하다.
- 비대칭키 암호화 기법 또는 공중키 암호화 기법이라고도 한다.

96 ①

IPSec(IP security)은 통신 세션의 각 IP 패킷을 암호화하고 인증하는 안전한 인터넷 프로토콜(IP)로, 양방향 암호화를 지원한다.

97 ④

Nmap(Network mapper)

- 고든 라이온(Gordon Lyon)이 작성한 보안 스캐너이다.
- 네트워크 "지도"를 함께 만들어 서버에 열린 포트 정보를 스캐닝해서 보안 취약점을 찾는 데 사용한다.

98 ②

Vaporware	출시가 지연되거나 취소될 가능성이 높은 제품
Hypeware	과도한 홍보로 인해 소비자의 기대감을 부풀리는 제품
Wishware	개발되기를 바라는 제품이지만 현실성이 낮은 제품
Unicorn	혁신적이지만 실현 가능성이 낮은 제품
Blue Sky	미래 지향적인 아이디어나 기술

99 ②

해시(HASH) 암호화 방식

- 임의의 길이의 메시지를 입력으로 하여 고정된 길이의 출력값으로 변환하는 기법이다.
- 주어진 원문에서 고정된 길이의 의사난수를 생성하며, 생성된 값을 해시값이라고 한다.
- 해시 함수라고도 한다.
- 디지털 서명에 이용되어 데이터 무결성을 제공한다.
- 블록체인에서 체인 형태로 사용되어 데이터의 신뢰성을 보장한다.
- SHA, SHA1, SHA256, MD5, RMD160, HAS-160, HAVAL 기법 등이 있다.

오답 피하기

공개키 암호화 방식이 아니라 대표적인 해싱 암호화 기법이다.

100 ①

접근 통제 방법

강제적 접근 통제(MAC, Mandatory Access Control)	중앙에서 정보를 수집하고 분류하여 보안 레벨을 결정하고 정책적으로 접근 제어를 수행하는 방식으로 다단계 보안 모델이라고도 한다.
임의적 접근 통제(DAC, Discretionary Access Control)	정보의 소유자가 보안 레벨을 결정하고 이에 대한 정보의 접근 제어를 설정하는 방식이다.
역할 기반 접근 통제(RBAC, Role Based Access Control)	사람이 아닌 직책에 대해 권한을 부여함으로써 효율적인 권한 관리가 가능하다.

최신 기출문제 08회 224p

01 ①	02 ③	03 ②	04 ④	05 ①
06 ②	07 ④	08 ④	09 ③	10 ④
11 ④	12 ②	13 ④	14 ②	15 ④
16 ④	17 ④	18 ③	19 ④	20 ④
21 ②	22 ④	23 ③	24 ②	25 ①
26 ③	27 ④	28 ③	29 ①	30 ③
31 ②	32 ①	33 ④	34 ②	35 ②
36 ②	37 ①	38 ②	39 ②	40 ②
41 ④	42 ③	43 ①	44 ②	45 ②
46 ②	47 ④	48 ④	49 ③	50 ④
51 ③	52 ②	53 ③	54 ④	55 ①
56 ④	57 ①	58 ④	59 ③	60 ①
61 ③	62 ④	63 ③	64 ②	65 ③
66 ④	67 ④	68 ①	69 ①	70 ④
71 ①	72 ①	73 ①	74 ①	75 ②
76 ③	77 ④	78 ②	79 ④	80 ②
81 ④	82 ③	83 ③	84 ③	85 ①
86 ②	87 ③	88 ④	89 ②	90 ②
91 ②	92 ②	93 ①	94 ④	95 ③
96 ④	97 ①	98 ③	99 ④	100 ②

1과목 소프트웨어 설계

01 ①

XP(eXtreme Programming) 12 실천사항

- Pair Programming
- Planning Game
- Test Driven Development
- Whole Team
- Continuous Integration
- Design Improvement
- Small Releases
- Coding Standards
- Collective Code Ownership
- Simple Design
- System Metaphor
- Sustainable Pace

02 ③

럼바우(Rumbaugh) 객체지향 분석 기법

- 소프트웨어 구성 요소를 그래픽으로 모형화하였다.
- 객체 모델링 기법(OMT, Object Modeling Technique)이라고도 한다.
- 객체 모델링 : 객체를 다이어그램으로 표현한다.
- 동적 모델링 : 상태를 시간 흐름에 따라 상태 다이어그램으로 표현한다.
- 기능 모델링 : 자료흐름도를 이용하여 여러 프로세스 간의 자료 흐름을 표현한다.

03 ②

모듈의 결합도와 응집도

- 바람직한 소프트웨어 설계는 응집도는 강하게, 결합도는 약하게 설계하여 모듈의 독립성을 확보할 수 있도록 한다.
- 유지보수가 수월해야 하며 복잡도와 중복을 피한다.
- 입구와 출구는 하나씩 갖도록 한다.

04 ④

객체지향 기법의 캡슐화(Encapsulation)

- 서로 관련성이 높은 데이터(속성)와 그와 관련된 기능(메소드, 함수)을 묶는 기법이다.
- 결합도가 낮아져 소프트웨어 개발에 있어 재사용성이 높아진다.
- 정보은닉을 통하여 타 객체와 메시지 교환 시 인터페이스가 단순해진다.
- 변경 발생 시 오류의 파급효과가 적다.

오답 피하기

상위 클래스의 모든 속성과 연산을 하위 클래스가 물려받는 것은 상속(Inheritance)이라고 한다.

05 ①

객체지향 설계 원칙(SOLID)

단일책임의 원칙(SRP, Single Responsibility Principle)	모든 클래스는 단일 목적으로 생성되고, 하나의 책임만 가져야 한다.
개방-폐쇄의 원칙(OCP, Open Closed Principle)	소프트웨어 구성 요소는 확장에 대해서는 개방되어야 하나 수정에 대해서는 폐쇄적이어야 한다.
리스코프치환 원칙(LSP, LiskovSubstitution Principle)	부모 클래스가 들어갈 자리에 자식 클래스를 대체하여도 계획대로 작동해야 한다.
인터페이스 분리 원칙(ISP, Interface Segregation Principle)	클라이언트는 자신이 사용하지 않는 메서드와 의존관계를 맺으면 안 되며, 클라이언트가 사용하지 않는 인터페이스 때문에 영향을 받아서는 안 된다.
의존 역전 원칙(DIP, Dependency Inversion Principle)	의존 관계를 맺으면 변하기 쉽고 변화 빈도가 높은 것보다 변하기 어렵고 변화 빈도가 낮은 것에 의존한다.

06 ②

파이프 필터(Pipe–Filters)

- 데이터 흐름(Data Stream)을 생성하고 처리하는 시스템을 위한 구조이다.
- 필터는 파이프를 통해 받은 데이터를 변경시키고 그 결과를 파이프로 전송한다.
- 각 처리 과정은 필터(filter) 컴포넌트에서 이루어지며, 처리되는 데이터는 파이프(pipes)를 통해 흐른다. 이 파이프는 버퍼링 또는 동기화 목적으로 사용될 수 있다.
- 장점 : 필터 교환과 재조합을 통해서 높은 유연성을 제공한다.
- 단점 : 상태정보 공유를 위해서 큰 비용이 소요되며 데이터 변환에 과부하가 걸릴 수 있다.
- 컴파일러, 연속한 필터들은 어휘 분석, 파싱, 의미 분석 그리고 코드 생성을 수행한다.
- 생물정보학에서의 워크플로우 등에 활용된다.

오답 피하기

④번은 MVC 모델에 대한 설명이다.

07 ④

AJAX(Asynchronous Javascript And Xml)

- JavaScript를 사용한 비동기 통신 기술로, 클라이언트와 서버 간에 XML 데이터를 주고받는 기술이다.
- 브라우저가 가지고 있는 XMLHttpRequest 객체를 이용해서 전체 페이지를 새로 고치지 않고도 페이지의 일부만을 위한 데이터를 로드하는 기법이다.

08 ④

디자인 패턴을 사용할 때의 장 · 단점

장점	• 개발자 간의 원활한 의사소통을 지원한다. • 소프트웨어 구조 파악이 쉽다. • 재사용을 통한 개발 시간을 단축할 수 있다. • 설계 변경 요청에 대해 유연하게 대처할 수 있다. • 객체지향 설계 및 구현의 생산성을 높이는 데 적합하다.
단점	• 객체지향 설계/구현 위주로 사용된다. • 초기 투자 비용이 부담된다.

09 ③

데이터(자료) 흐름도(DFD, Data Flow Diagram)

- 시스템 내의 모든 자료 흐름을 4가지의 기본 기호(처리, 자료 흐름, 자료 저장소, 단말)로 기술하고 이런 자료 흐름에 중심한 분석용 도구이다.
- DFD의 요소는 화살표, 원, 사각형, 직선(단선/이중선)으로 표시한다.
- 시스템이나 프로그램 간의 총체적인 데이터 흐름을 표시할 수 있으며, 기본적인 데이터 요소와 그들 사이의 데이터 흐름 형태로 기술된다.
- 시간의 흐름을 명확하게 표시하지는 못한다.
- 다차원적이며 자료 흐름 그래프 또는 버블(bubble)차트라고도 한다.
- 구조적 분석 기법에 이용된다.
- 그림 중심의 표현이고 하향식 분할 원리를 적용한다.

10 ④

소프트웨어 개발에서는 적절한 인력 배치와 효율적인 협업이 중요하며, 무조건 많은 인력을 투입하는 것이 항상 좋은 해결책은 아니다.

11 ④

UML 다이어그램의 분류

구조적(Structural) 다이어그램	• 클래스 다이어그램(Class Diagram) • 객체 다이어그램(Object Diagrma) • 컴포넌트 다이어그램(Componet Diagram) • 배치 다이어그램(Deployment Diagram) • 복합체 구조 다이어그램(Composite Structure Diagram) • 패키지 다이어그램(Package Diagram)
행위(Behavioral) 다이어그램	• 유스케이스 다이어그램(Use Case Diagram) • 시퀀스 다이어그램(Sequence Diagram) • 커뮤니케이션 다이어그램(Communication Diagram) • 상태 다이어그램(State Diagram) • 활동 다이어그램(Activitiy Diagram) • 상호작용 개요 다이어그램(Interaction Overview Diagram) • 타이밍 다이어그램(Timing Diagram)

12 ②

소프트웨어 설계의 분류

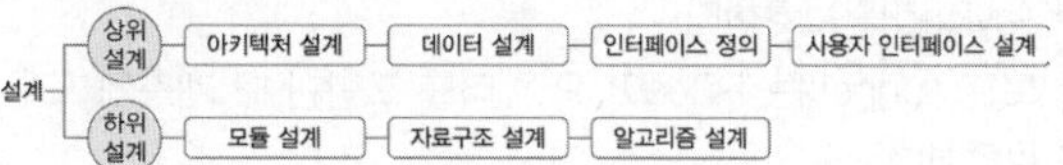

13 ④

UI(User Interface)에서 사용자 동작

- 클릭(Click) : 마우스나 터치스크린을 사용하여 특정 버튼, 링크, 아이콘 등을 선택할 때 발생하는 동작
- 탭(Tap) : 터치스크린에서 손가락으로 화면을 가볍게 누르는 동작
- 더블 클릭/더블 탭(Double Click/Double Tap) : 짧은 시간 내에 동일한 위치를 두 번 클릭하거나 탭하는 동작
- 드래그(Drag) : 마우스 버튼을 누른 상태로 이동하거나, 터치스크린에서 손가락을 눌러 끌어 이동하는 동작
- 스와이프(Swipe) : 터치스크린에서 손가락을 빠르게 밀어 올리거나, 옆으로 이동시키는 동작
- 핀치(Pinch) : 두 손가락을 사용하여 화면을 확대하거나 축소하는 동작

14 ②

HIPO(Hierarchy Input Process Output)

- 프로그램의 기능을 계층 구조로 도식화함으로써 개발 순서를 논리적으로 전개할 수 있는 수단이다.
- 하향식 중심이며 표준화된 문서 작성 기법을 사용하므로 의사 전달 착오 가능성이 매우 적다.
- 구성 요소 : Input, Process, Output

15 ④

요구사항 모델링이나 UML 다이어그램 중 단계 다이어그램은 포함되지 않는다.

16 ④

현행 시스템 분석의 절차

- 1단계 : 시스템 구성 파악 – 시스템 기능 파악 – 시스템 인터페이스 현황 파악
- 2단계 : 아키텍처 파악 – 소프트웨어 구성 파악
- 3단계 : 시스템 하드웨어 현황 파악 – 네트워크 구성 파악

17 ④

IPSec(IP security)

- 통신 세션의 각 IP패킷을 암호화하고 인증하는 안전한 인터넷 프로토콜(IP) 통신을 위한 인터넷 프로토콜으로 양방향 암호화를 지원한다.
- ESP는 발신지 인증, 데이터 무결성, 기밀성 모두를 보장한다.
- 운영 모드는 Tunnel 모드와 Transport 모드로 분류된다.
- AH는 발신지 호스트를 인증하고, IP 패킷의 무결성을 보장한다.
- 전송 모드(Transport)는 전송 계층과 네트워크 계층 사이에 전달되는 payload를 보호한다.
- 터널 모드(Tunnel)는 IPSec이 IP 헤더를 포함한 IP 계층의 모든 것을 보호한다.

18 ③

사용자 인터페이스(UI) 요소

라디오 버튼	○ Radio1 ○ Radio2 ◉ Radio3	선택 영역에서 어느 하나를 선택할 때 사용하는 버튼이다. 항목 중 1개만 선택할 수 있다.
체크박스	☐ 정보처리 ☑ 정보보안 ☑ 빅데이터 ☑ 리눅스마스터	라디오 버튼과 달리 동시에 여러 항목을 선택할 수 있다.
토글 버튼		항목을 on/off하는 경우에 사용된다.
드롭다운 리스트 (목록상자)	드롭다운메뉴 ▼ 수정 삭제 차단 비활성화	기본값이 보이는 디폴트 값을 가지고 있다가 드롭다운 버튼을 누르면 선택 항목이 표시된다.

19 ④

GoF(Gang of Four) 디자인 패턴

- 에릭 감마(Eric Gamma), 리처드 헬름(Richard Helm), 랄프 존슨(Ralph Johnson), 존 브리시데스(John Vlissides)가 제안하였다.
- 객체지향 설계 단계 중 재사용에 관한 유용한 설계를 디자인 패턴화하였다.
- 생성 패턴, 구조 패턴, 행위 패턴으로 분류한다.

20 ④

코드 오류의 종류

필사 오류 (Transcription Error)	입력 시 한 자리를 잘못 기록하는 오류	예 1234 → 1235
전위 오류 (Transposition Error)	입력 시 좌우 자리를 바꾸어 발생하는 오류	예 1234 → 1243
이중 오류 (Double Transposition Error)	전위 오류가 두 개 이상 발생하는 오류	예 1234 → 2143
생략 오류 (Missing Error)	입력 시 한 자리를 빼고 기록하는 오류	예 1234 → 123
추가 오류 (Addition Error)	입력 시 한 자리를 추가해서 기록하는 오류	예 1234 → 12345
임의 오류 (Random Error)	두 가지 이상의 오류가 결합해서 발생하는 오류	예 1234 → 21345

2과목 소프트웨어 개발

21 ②

연결 리스트

- 노드들이 순차적으로 연결되어 있어, 임의의 노드에 빠르게 접근하기 어렵다.
- 배열처럼 인덱스를 이용하여 바로 접근할 수 없기 때문에, 원하는 노드를 찾기 위해서는 연결된 노드를 따라 순차적으로 탐색해야 한다.
- 연결 리스트는 검색 속도가 배열에 비해 느리다는 단점을 가지고 있다.

22 ④

컴파일러가 독창적이면 타 시스템 호환성 등의 문제가 생길 수 있다.

23 ③

소스 코드 품질 분석 도구

정적 분석 도구	pmd, cppcheck, SonarQube, checkstyle, ccm, cobertura, FindBugs 등
동적 분석 도구	Avalanche, Valgrind 등

24 ②

a/b+c−d*e → (((a/b)+c)−(d*e)) → ab/c+de*−

오답 피하기

연산자 우선순위에 따라 괄호로 묶어준 뒤 괄호 뒤로 연산자를 이동시키면 된다.

25 ①

SPICE 모델의 레벨

레벨 5	최적(optimizing) 단계	정의된 프로세스와 표준 프로세스가 지속적으로 개선되는 단계이다.
레벨 4	예측(predictable) 단계	표준 프로세스 능력에 대하여 정량적인 이해와 성능이 예측되는 단계이다.
레벨 3	확립(established) 단계	표준 프로세스를 사용하여 계획되고 관리된 단계이다.
레벨 2	관리(managed) 단계	프로세스가 정해진 절차에 따라 이루어져 산출물을 내며, 모든 작업이 계획되고 추적되는 단계이다.
레벨 1	수행(performed) 단계	해당 프로세스의 목적은 달성하지만 계획되거나 추적되지 않은 단계이다.
레벨 0	불완전(incomplete) 단계	프로세스가 구현되지 않거나 프로세스 목적을 달성하지 못한 단계이다.

26 ③

브룩스(Brooks)의 법칙

소프트웨어 개발 일정이 지연된다고 해서 말기에 새로운 인원을 투입하면 작업 적응 기간과 부작용으로 인해 일정은 더욱 지연된다는 법칙이다.

27 ④

0pass	8, 3, 4, 9, 7
1pass	3, 8, 4, 9, 7
2pass	3, 4, 8, 9, 7
3pass	3, 4, 8, 9, 7
4pass	3, 4, 7, 8, 9

오답 피하기

삽입 정렬(Insertion Sort)은 정렬된 파일에 2번째 값을 첫 번째 킷값으로 설정하고 킷값 앞쪽 배열과 비교해 정렬한다. 각 pass 결과를 유추해보면 선택 정렬은 1pass 때마다 가장 작은 값이 맨 앞으로 배치되고, 버블 정렬은 가장 큰 값이 맨 뒤에 배치되는 공식을 알고 있다면 쉽게 답을 찾을 수 있다.

28 ③

소프트웨어 품질 목표(Software Quality And Goals)

정확성(Correctness)	사용자의 요구 기능을 충족시키는 정도를 의미한다.
신뢰성(Reliability)	정확하고 일관된 결과를 얻기 위해 요구된 기능을 오류 없이 수행하는 정도를 의미한다.
효율성(Efficiency)	요구되는 기능을 수행하기 위해 필요한 자원의 소요 정도나 자원의 낭비 정도를 의미한다.
무결성(Integrity)	허용되지 않는 사용이나 자료의 변경을 제어하는 정도를 의미한다.
이식성(Portability)	다양한 하드웨어 환경에서도 운용이 가능하도록 쉽게 수정될 수 있는 정도를 의미한다.

29 ①

시간 복잡도 Big-O(빅-오) 표기법

O(1)	상수 시간의 복잡도를 의미하며 입력값 n이 주어졌을 때, 문제를 해결하는데 오직 한 단계만 거친다.	해시 함수
O(log_2n)	로그 시간의 복잡도를 의미하며 입력값 n이 주어졌을 때, 문제를 해결하는데 필요한 단계들이 연산마다 특정 요인에 의해 줄어든다.	이진 탐색
O($Nlog_2n$)	선형 로그 시간의 복잡도를 의미하며 문제 해결을 위한 단계수는 $nlog_2n$번의 수행시간을 갖는다.	퀵 정렬, 병합(합병) 정렬
O(n)	선형 시간의 복잡도를 의미하며 문제를 해결하기 위한 단계의 수와 입력값 n이 1:1 관계이다.	순차 탐색
O(n^2)	제곱 시간의 복잡도를 의미하며 문제를 해결하기 위한 단계의 수는 입력값 n의 제곱근이다.	버블 정렬, 삽입 정렬, 선택 정렬
O(C^n)	지수 시간의 복잡도를 의미하며 문제를 해결하기 위한 단계의 수는 주어진 상수값 C의 n제곱이다.	

30 ③

알고리즘 설계 기법에는 분할 정복법(Divide&Conquer), 동적 계획법(Dynamic Programming), 탐욕법(Greedy Method), 퇴각 검색법(Backtracking), 분기 한정법(Branch&Bound), 근사해법(Approximation Algoritm) 등이 있다.

31 ②

외계인 코드(Alien Code)는 아주 오래되거나 참고문서 또는 개발자가 없어 유지보수 작업이 어려운 프로그램을 의미한다.

32 ①

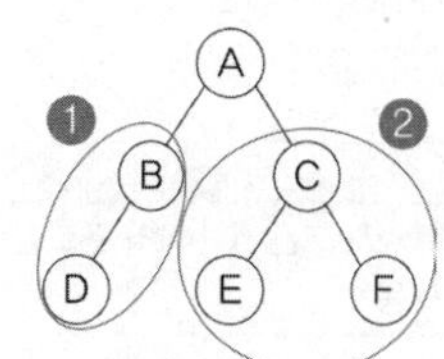

- 중위 순회(Inorder) 방법은 Left → Root → Right 순서로 진행된다.
- ❶ A ❷ → D B A ❷ → D B A E C F

33 ④

단위 테스트 지원 도구(xUnit)

- JUnit : Java 프로그래밍 언어에 사용되는 테스트 도구로서, 데이터를 테스트한 다음 코드에 삽입한다.
- NUnit : 모든 .net 언어에 널리 사용되는 단위 테스트 프레임워크로서, 병렬로 실행할 수 있는 데이터 중심 테스트를 지원한다.
- JMockit : 오픈소스 단위 테스트 도구로서, 기록 및 검증 구문으로 API를 Mocking 할 수 있다.
- EMMA : 코드 분석 오픈소스 툴 킷으로서, JAVA 기반이므로 외부 라이브러리 종속성이 없으며 소스 코드에 액세스할 수 있다.
- PHPUnit: PHP 프로그래머를 위한 단위 테스트 도구이다.
- HttpUnit : HtmlUnit은 Java 프로그램용 GUI가 없는 브라우저를 포함하는 오픈소스 Java 라이브러리이다.
- DBUnit : 데이터베이스 단위 테스트를 지원하는 프레임워크이다.

34 ②

코드 인스펙션 과정

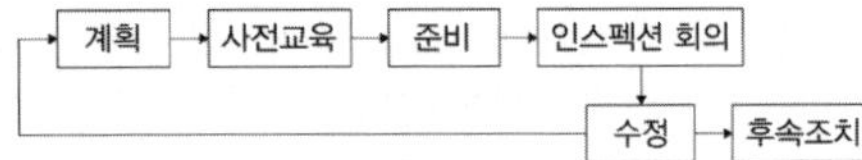

35 ②

소프트웨어 테스트의 원리

- 테스팅은 결함이 존재함을 밝히는 활동이다. : 소프트웨어의 잠재적인 결함을 줄일 수 있지만, 결함이 발견되지 않아도 결함이 없다고 증명할 수 없음을 나타낸다.
- 완벽한 테스팅은 불가능하다. : 무한 경로, 무한 입력 값, 무한 시간이 소요되어 완벽하게 테스트할 수 없으므로 리스크 분석과 우선순위를 토대로 테스트에 집중할 것을 의미한다.
- 테스팅은 개발 초기에 시작해야 한다. : 애플리케이션의 개발 단계에 테스트를 계획하고 SDLC(Software Development Life Cycle)의 각 단계에 맞춰 전략적으로 접근하는 것을 고려해야 한다.
- 결함 집중(Defect Clustering) : 애플리케이션 결함의 대부분은 소수의 특정한 모듈에 집중되어 존재한다. 파레토 법칙이 좌우한다.
- 살충제 패러독스(Presticide Paradox) : 동일한 테스트 케이스로 반복 테스트시 결함을 발견할 수 없으므로 주기적으로 테스트 케이스를 리뷰하고 개선해야 한다.

36 ②

오답 피하기

콘텐츠를 메타 데이터와 함께 배포 가능한 단위로 묶는 기능을 하는 것은 패키져(Packager)이다.

37 ①

화이트박스 테스트	기초 경로 검사, 조건 검사, 제어 구조 검사, 데이터 흐름 검사, 루프 검사 등
블랙박스 테스트	동치 분할 검사, 원인-효과 그래프 검사, 비교 검사 등

38 ②

해싱 함수의 종류

제산법 (Division Method)	나머지 연산자(%)를 사용하여 테이블 주소를 계산하는 방법
제곱법 (Mid-Square Method)	레코드 키값을 제곱한 후에 결과값의 중간 부분에 있는 몇 비트를 선택하여 해시 테이블의 홈 주소로 사용하는 방법
중첩법 (폴딩법, Folding Method)	레코드 키를 여러 부분으로 나누고, 나눈 부분의 각 숫자를 더하거나 XOR한 값을 홈 주소로 사용하는 방법
기수 변환법 (Radix Conversion Method)	키 숫자의 진수를 다른 진수로 변화시켜 주소 크기를 초과한 높은 자릿수를 절단하고, 이를 다시 주소 범위에 맞게 조정하는 방법
계수 분석법 (Digit Analysis Method)	레코드 키를 구성하는 수들이 모든 키들 내에서 각 자리별로 어떤 분포인지를 조사하여 비교적 고른 분포를 나타내는 자릿수를 필요한 만큼 선택하여 레코드의 홈 주소로 사용하는 방법
무작위법 (Random Method)	난수를 발생시킨 후 그 난수를 이용해 각 키의 홈 주소를 산출하는 방법

39 ②

클린 코드의 작성 원칙

가독성	• 누구나 코드를 쉽게 읽을 수 있도록 작성한다. • 이해하기 쉬운 용어 사용하고 들여쓰기 등을 활용한다.
단순성	• 한 번에 한 가지 기능만 처리한다. • 클래스/메소드/함수는 최소 단위로 분리한다.
의존성 배제	다른 모듈에 미치는 영향 최소화하여 코드 변경 시 다른 부분에 영향 없도록 작성한다.
중복성 최소화	중복된 코드는 삭제하여 공통된 코드로 사용한다.
추상화	상위 클래스/메소드/함수에서 간략하게 애플리케이션 특성을 나타내고, 상세 내용은 하위 클래스/메소드/함수에서 구현한다.

40 ②

DRM 기술 요소에는 암호화, 키 관리, 암호화 파일 생성, 식별 기술, 저작권 표현, 정책 관리, 크랙 방지, 인증, 인터페이스, 이벤트 보고, 사용 권한 등이 있다.

3 과목 데이터베이스 구축

41 ④

트랜잭션의 특성(ACID)

원자성(Atomicity)	완전하게 수행 완료되지 않으면 전혀 수행되지 않아야 함
일관성(Consistency)	시스템의 고정 요소는 트랜잭션 수행 전후에 같아야 함
격리성(Isolation, 고립성)	트랜잭션 실행 시 다른 트랜잭션의 간섭을 받지 않아야 함
영속성(Durability, 지속성)	트랜잭션의 완료 결과가 데이터베이스에 영구히 기억되어야 함

42 ③

CRUD Matrix

- 데이터베이스에 영향을 주는 생성, 읽기, 갱신, 삭제 연산으로 프로세스와 테이블 간에 매트릭스를 만들어서 트랜잭션을 분석하는 도구이다.
- 업무 프로세스와 데이터 간의 상관관계 분석을 위한 것으로 업무 프로세스와 엔티티 타입을 행과 열로 구분하여 행과 열이 만나는 교차점에 이용에 대한 상태를 표시한다.

43 ①

즉각 갱신법

- 데이터를 갱신하면 트랜잭션이 완료되기 전에 실제 데이터베이스에 반영하는 방법이다.
- 회복 작업을 위해서 갱신 내용을 별도의 Log로 기록해야 한다.
- Redo, Undo 모두 사용 가능하다.

44 ②

두 테이블의 중복 레코드는 학번 : 20202222이므로 ②번이 답이 된다.

오답 피하기

Intersection(교집합)

- Intersection(교집합)은 연관성이 있는 두 개의 릴레이션에서 중복되는 레코드를 선택하여 릴레이션을 생성한다.
- 연산자의 기호는 ∩를 사용한다.

45 ②

정규화의 목적

- 데이터 구조의 안정성 최대화
- 중복 데이터의 최소화
- 수정 및 삭제 시 이상 현상의 최소화
- 테이블 불일치 위험의 최소화

46 ②

E-R 다이어그램

기호	기호 이름	의미
▭	사각형	개체(Entity)
◇	마름모	관계(Relationship)
⬭	타원	속성(Attribute)
──	선	개체 타입과 속성 연결

47 ④

분산 데이터베이스의 목표

위치 투명성 (Location Transparency)	하드웨어와 소프트웨어의 물리적 위치를 사용자가 알 필요가 없다.
중복(복제) 투명성 (Replication Transparency)	사용자에게 통지할 필요 없이 시스템 안에 파일들과 자원들의 부가적인 복사를 자유롭게 할 수 있다.
병행 투명성 (Concurrency Transparency)	다중 사용자들이 자원들을 자동으로 공유할 수 있다.
장애 투명성 (Failure Transparency)	사용자들은 어느 위치의 시스템에 장애가 발생했는지 알 필요가 없다.

48 ④

릴레이션의 특징

- 테이블의 열(Column)에 해당하며 모든 속성값은 원자값이다.
- 한 릴레이션의 속성은 원자값이며, 속성 간 순서가 없다.
- 모든 튜플은 서로 다른 값을 가지며, 튜플 사이에는 순서가 없다.

49 ③

HAVING절은 GROUP BY절에 의해 선택된 그룹의 탐색 조건을 지정할 수 있으며 SUM, AVG, COUNT, MAN, MIN 등의 그룹 함수와 함께 사용할 수 있다.

50 ④

관계대수(Relational Algebra)

- 원하는 정보와 그 정보를 어떻게 유도하는가를 기술하는 절차적인 방법이다.
- 주어진 릴레이션 조작을 위한 연산의 집합이다.
- 일반 집합 연산과 순수 관계 연산으로 구분된다.
- 질의에 대한 해를 구하기 위해 수행해야 할 연산의 순서를 명시한다.

51 ③

SELECT 과목이름 FROM 성적 WHERE EXISTS

성적 테이블에서 아래 하위 테이블에서 검색된 2000, 4000에 해당하는 학생의 과목이름을 출력한다.

학번	과목번호	과목이름	학점	점수
1000	A100	자료구조	A	91
2000	A200	DB	A+	99
3000	A100	자료구조	B+	88
3000	A200	DB	B	85
4000	A200	DB	A	94
4000	A300	운영체제	B+	89
5000	A300	운영체제	B	88

(SELECT 학번 FROM 학생 WHERE 학생.학번 = 성적.학번 AND 학생.학과 IN ('전산', '전기') AND 학생.주소 = '경기');

[하위 질의] 학생 테이블과 성적 테이블의 학번 필드가 같은 학생 중 학생 테이블의 학과 필드가 전산, 전기이면서 학생 주소가 경기인 학생의 학번 필드를 검색한다. → 2000, 4000

학번	이름	학년	학과	주소
1000	김철수	1	전산	서울
2000	고영준	1	전기	경기
3000	유진호	2	전자	경기
4000	김영진	2	전산	경기
5000	정현영	3	전자	서울

오답 피하기

하위 질의의 경우 하위 질의를 먼저 처리하고 그 결과를 상위 질의 조건에 입력한다.

52 ②

로킹(Locking)의 특징

- 로킹 단위가 커지면 로크의 수가 적어 관리가 쉬워지지만 병행성 수준은 낮아진다.
- 로킹 단위가 작으면 로크의 수가 많아 관리가 어려워지지만 병행성 수준은 높아진다.

53 ③

REVOKE 명령은 데이터베이스 사용자로부터 사용 권한을 취소한다.

오답 피하기

기본 구조

```
REVOKE [GRANT OPTION FOR] 권한 ON 데이터 객체 FROM 사용자 [CAS-CADE];
```

- GRANT OPTION FOR : 다른 사용자에게 권한을 부여할 수 있는 권한 취소한다.
- CASCADE : 권한을 부여받았던 사용자가 다른 사용자에게 부여한 권한도 연쇄 취소한다.
- 부여 가능한 권한 : Update, delete, Insert, Select

54 ④

- BETWEEN은 구간값 조건식이다.
- BETWEEN 170 AND 180은 170~180까지의 범위를 의미하며, where >= 170 and <= 180으로 표현할 수 있다.

55 ①

SAN(Storage Area Network)은 네트워크상에 광채널 스위치의 이점인 고속 전송과 장거리 연결 및 멀티 프로토콜 기능을 활용하여 각기 다른 운영체제를 가진 여러 기종들이 네트워크상에서 동일 저장장치의 데이터를 공유하게 함으로써, 여러 개의 저장 장치나 백업 장비를 단일화시킨 시스템이다.

56 ④

BCNF 정규형

- 1, 2, 3정규형을 만족하고, 결정자가 후보키가 아닌 함수적 종속을 제거한다.
- 강력한 3정규형이라고도 한다.

57 ①

- 모든 속성의 도메인 값을 곱하면 최대 튜플 수가 계산된다.
- 3×2×4 = 24개

58 ④

물리적 설계

- 목표 DBMS에 종속적인 물리적 구조 설계
- 저장 레코드 양식 설계
- 레코드 집중의 분석/설계
- 접근 경로 설계
- 트랜잭션 세부 설계

59 ③

제시된 릴레이션의 스키마(속성)가 4개이므로 차수는 4가 된다.

오답 피하기

속성(Attribute)

- 테이블의 열(Column)에 해당하며 파일 구조의 항목(Item), 필드(Field)와 같은 의미이다.
- 차수(Degree) : 속성의 수(차수)

60 ①

OLAP(on-line analytical processing) 연산 종류 : roll-up, drill-down, dicing, slicing

4과목 프로그래밍 언어 활용

61 ③

오답 피하기

- ls : 현재 디렉터리 내의 모든 파일을 표시한다.
- cat : 파일의 내용을 화면에 표시한다.
- chmod : 파일의 사용 권한을 지정한다.

62 ④

Java 정수 데이터 타입

- byte : 1Byte
- short : 2Byte
- int : 4Byte
- long : 8Byte

63 ③

JAVA의 if~else와 삼항 연산자(조건 연산자)

- 삼항 연산자의 문법

```
조건식 ? 참값 : 거짓값
```

- 변수 mx의 값을 구한 후 if~else문을 실행하여 변수 mm의 값을 구하여 출력하는 프로그램이다.

코드	설명
mx = a < b ? b : a;	조건식 1<2의 결과는 '참'이므로 변수 mx에는 변수 b 값인 2가 대입된다.
if(mx == 1) {	3 = = 1의 결과는 '거짓'이므로
mn = a > mx ? b : a;	
}	
else {	'거짓'인 경우 else 블록을 실행한다. 조건식 2>2의 결과는 '거짓'이므로 변수 mn에는 변수 c 값인 3이 대입된다.
mn = b < mx ? d : c;	
}	

64 ②

브리지

- 두 개의 근거리통신망(LAN) 시스템을 이어주는 접속장치이다.
- 양쪽 방향으로 데이터의 전송만 해줄 뿐 프로토콜 변환 등 복잡한 처리는 불가능하다.

65 ③

파일 디스크립터(File Descriptor)

- 파일을 관리하기 위해 필요한 파일에 대한 정보를 갖고 있는 제어 블록이다.
- 파일 제어 블록(FCB, File Control Block)이라고도 한다.
- 파일마다 독립적으로 존재하며, 시스템에 따라 다른 구조를 가질 수 있다.
- 보조기억장치에 저장되어 있다가 해당 파일이 열릴(Open) 때 주기억장치로 옮겨진다.
- 파일 시스템이 관리하므로 사용자가 직접 참조할 수 없다.
- 파일 디스크립터의 내용 : 파일 구조, 파일 유형, 파일 크기, 파일 이름, 파일 생성 시간, 수정 시간, 파일에 대한 접근 횟수, 보조 기억 장치 정보, 접근 제어 정보

66 ④

map 함수	• 주어진 함수를 순회 가능한(iterable) 객체의 모든 요소에 적용하여 새로운 이터레이터(iterator)를 반환하는 함수이다. • 형식 : map(function, iterable) – function : 적용할 함수. 순회 가능한 객체의 각 요소를 받아 처리한다. – iterable : 순회 가능한 객체로 list, tuple, set, dict 등과 같은 여러 형태의 컬렉션을 포함한다.
split 함수	• string을 delimiter를 기준으로 분리한 후 분리된 각 부분을 원소로 가지는 리스트를 반환한다. • 형식 : string.split(delimiter, maxsplit)

오답 피하기

문자열 입력으로 받은 12a34를 'a' 기준으로 분할하고 정수형으로 a, b에 각각 할당한다.

67 ④

while문의 조건식 부분에 입력된 'y– –'는 참이나 거짓을 판단하는 조건식이 아니기 때문에 오류가 발생한다.

오답 피하기

다음과 같이 코드를 수정하여 실행하면 'x=7 y=0'이 출력된다.

```
int x=1, y=6;
while (y>0) {
x++;
y--;
}
```

68 ①

`a = 0` `b = 0`	전역 변수 a와 b를 선언하고 0으로 초기화

`def func1():`
`    a = 10`
`    b = a`
`    return b`
	• func1 함수 선언
	• 함수 내에 지역 변수 a를 10으로 초기화
	• 함수 내에 지역 변수 b에 a의 값 할당
	• 함수의 반환값으로 b 값을 반환

`def func2():`
`    global a`
`    b = a`
`    return b`
	• func2 함수 정의
	• a 변수를 전역 변수로 사용하기 위해 선언
	• 지역 변수 b에 전역 변수 a의 값을 할당
	• 함수의 반환값으로 b 값을 반환

`a = 20`
`b = 20`
`print(func1())`
`print(func2())`
	• 전역 변수 a에 20 할당
	• 전역 변수 b에 20 할당
	• func1 함수를 호출하고 반환된 값 10을 출력
	• func2 함수를 호출하고 반환된 값 20을 출력

`a = a + 20`
`b = b + 20`
`print(func1())`
`print(func2())`
	• 전역 변수 a(20)에 20을 더한 값을 할당
	• 전역 변수 b(20)에 20을 더한 값을 할당
	• func1 함수를 호출하고 반환된 값을 출력
	• func2 함수를 호출하고 반환된 값을 출력

69 ①

- 10.0.0.0 네트워크는 A클래스에 해당한다.
- 서브넷은 255.240.0.0/12이므로, 11111111. 11110000. 00000000. 00000000이다.
- 유효한 서브네트 ID

– 10.0.0.0	– 10.128.0.0
– 10.16.0.0	– 10.144.0.0
– 10.32.0.0	– 10.160.0.0
– 10.48.0.0	– 10.176.0.0
– 10.64.0.0	– 10.192.0.0
– 10.80.0.0	– 10.208.0.0
– 10.96.0.0	– 10.224.0.0
– 10.112.0.0	– 10.240.0.0

오답 피하기

서브넷 마스크

- 현재 사용 중인 네트워크의 범위를 설정하는 것이다.
- 서브넷 ID는 설정된 범위의 첫 번째 IP로 서브넷을 식별하는 역할을 한다.

70 ④

실행시간이 가장 짧은 P4가 가장 먼저 처리된다.

오답 피하기

SJF(Shortest Job First)

- 비선점 스케줄링 기법의 일종이다.
- 준비상태 큐에서 기다리고 있는 프로세스들 중에서 실행 시간이 가장 짧은 프로세스에게 먼저 CPU를 할당하는 스케줄링 기법이다.

71 ①

참조 페이지	1	2	3	1	2	4	5	1
프레임 1	1	1	1	1	1	1	5	5
프레임 2		2	2	2	2	2	2	1
프레임 3			3	3	3	3	3	3
프레임 4						4	4	4
페이지 부재	●	●	●			●	●	●

오답 피하기

FIFO(First In First Out, 선입선출) 알고리즘

- 가장 먼저 적재된 페이지를 먼저 교체하는 기법이다.
- 구현이 간단하다.

72 ①

```
class TestClass {
    void exe(int[] arr) {
        System.out.println(func(func(5, 5), 5, func(arr)));
    }
    int func(int a, int b) {
        return a + b;
    }
    int func(int a, int b, int c) {
        return a - b;
    }
    int func(int[] c) {
        int s = 0;
        for(int i = 0; i < c.length; i++) {
            s += c[i];
        }
        return s;
    }
}
```

- TestClass 클래스 정의
- exe 메서드 : int 배열 arr을 인자로 받아서 연산을 수행하고 결과를 출력하는 메서드
- func(int a, int b) : 두 개의 정수 a와 b를 인자로 받아 더한 값을 반환하는 메서드
- func(int a, int b, int c) : 세 개의 정수 a, b, c를 인자로 받아 a−b의 값을 반환하는 메서드
- func(int[] c) : 정수 배열 c를 인자로 받아 배열의 모든 요소를 더한 값을 반환하는 메서드

```
public class Test {
    public static void main(String[] args) {
        int[] a = {1, 2, 3, 4, 5};
        TestClass t = new TestClass();
        t.exe(a);
    }
}
```

- Test 클래스의 정의 : main 메서드를 가지는 클래스로, 프로그램의 시작점임
- main 메서드 : 배열 a를 초기화하고, TestClass의 인스턴스를 생성한 후, exe 메서드를 실행
- func(5, 5)는 5와 5를 더한 결과로서 10을 반환
- func(arr)는 배열 a의 원소인 1, 2, 3, 4, 5를 모두 더한 결과로서 15를 반환
- func(10, 5, 15)는 10에서 5를 빼서 5를 반환
- System.out.println으로 결과를 출력하면 5 출력

73 ①

umask

- 파일이나 디렉터리 생성 시 초기 접근 권한을 설정할 때 사용한다.
- 초기 파일의 권한은 666이고 디렉터리는 777이며 여기에 umask 값을 빼서 초기 파일 권한을 설정할 수 있다.
- 파일 초기 권한 666 − ? = 644

소유자			그룹			사용자		
r	w	x	r	w	x	r	w	x
4	2	1	4	2	1	4	2	1

- rwx(7)은 모든 권한을 갖는다.
- − − −(0)은 모든 권한이 해제된 상태이다.
- 644는 소유자(읽기+쓰기), 그룹(읽기), 사용자(읽기) 권한이 부여된 상태이다.

74 ①

SSH의 기본 네트워크 포트는 22번을 사용한다.

75 ②

교착상태의 해결 방법

예방 (Prevention)	• 교착상태가 발생하지 않도록 사전에 시스템을 제어하는 방법이다. • 일반적으로 자원의 낭비가 가장 심한 것으로 알려진 기법이다.
회피 (Avoidance)	• 교착상태 발생 가능성을 인정하고 교착상태가 발생하려고 할 때, 교착상태 가능성을 피해가는 방법이다. • 주로 은행원 알고리즘(Banker's Algorithm)을 사용한다.
발견 (Detection)	교착상태가 발생했는지 검사하여 교착상태에 빠진 프로세스와 자원을 발견하는 방법이다.
회복 (Recovery)	교착상태에 빠진 프로세스를 종료하거나 해당 프로세스가 점유하고 있는 자원을 선점하여 다른 프로세스에게 할당하는 기법이다.

76 ③

UDP(User Datagram Protocol)

- 비연결형, 비신뢰성 전송 서비스를 제공한다.
- TCP에 비해 헤더 구조가 간단하고 오버헤드가 적다.
- 흐름 제어나 순서 제어가 없어 전송 속도가 빠르다.
- 수신된 데이터의 순서 재조정이나 복구 기능을 지원하지 않는다.

77 ④

- 변수의 값을 반복문 안에 위치하면 반복 시마다 변수값이 초기화된다.
- While문의 기본 구조

```
#include <stdio.h>
int main() {
    int i = 1;
    while (i <= 5) {
        printf("%d\n", i);
        i++;
    }
    return 0;
}
```

78 ②

- ARP(Address Resolution Protocol) : 논리 주소(IP 주소)를 물리 주소(MAC 주소)로 변환하는 프로토콜이다.
- RARP(Reverse Address Resolution Protocol) : 호스트의 물리 주소(MAC 주소)로부터 논리 주소(IP 주소)를 구하는 프로토콜이다.

79 ④

break 명령문은 가장 가까운 반복문이나 switch~case 구문을 탈출하는 역할을 한다.

80 ②

OSI 7 Layer PDU

Layer	PDU	Protocol
Application	Data(Message)	FTP, HTTP
Presentation	Data(Message)	JPEG,MPEG
Session	Data(Message)	NetBIOS
Transport	Segment	TCP, UDP
Network	Packet	IP
Data Link	Frame	MAC, PPP
Physical	Bit	Ethernet, RS232c

5과목 정보 시스템 구축 관리

81 ④

휴리스틱 탐색(Heuristic Search)

- 문제를 해결하기 위해 경험적 규칙이나 추정치를 사용하여 탐색 공간을 효율적으로 줄이는 방법이다.
- 주로 최적화 문제나 인공지능 분야에서 많이 사용된다.
- 종류 : Heuristic Function, A Algorithm, Consistent Heuristic, Greedy Search, Beam Search, Hill Climbing, Simulated Annealing, Best First 등

82 ③

CMMI 5단계(소프트웨어 프로세스 성숙도)

1. 초기(initial)	예측/통제 불가능
2. 관리(managed)	기본적인 프로젝트 관리 체계 수립
3. 정의(defined)	조직 차원의 표준 프로세스를 통한 프로젝트 지원
4. 정량적 관리 (quantitatively managed)	정량적으로 프로세스가 측정/통제됨
5. 최적화(optimizing)	프로세스 개선 활동

83 ③

폭포수 모형(Waterfall Model)

- Boehm이 제시한 고전적 생명주기 모형으로, 소프트웨어 개발 과정의 각 단계가 순차적으로 진행되는 모형이다.
- 선형 순차적 모델이라고도 한다.
- 개발 단계 : 타당성 검사 → 계획 → 요구 분석 → 설계 → 구현 → 시험(검사) → 운용 → 유지보수

84 ③

SOA에서 일반적으로 사용되는 층

- 표현 층 : 사용자 인터페이스 제공
- 비즈니스 로직 층 : 비즈니스 로직 구현
- 데이터 액세스 층 : 데이터베이스 등의 데이터 저장소와의 상호작용

85 ①

메타버스(Metaverse)

- 그리스어로 '초월'이나 '가공'을 뜻하는 '메타(Meta)'와 '현실 세계' 또는 '우주'를 뜻하는 '유니버스(Universe)'의 합성어이다.
- ICT 기술이 현실같이 구현한 가상 세계를 의미한다.

오답 피하기

- 증강현실(AR, Augmented Reality) : 현실 공간에 2D 또는 3D로 표현되는 가상의 물체를 겹쳐 보이게 하면서 상호작용하는 환경
- 혼합현실(MR, Mixed Reality) : 현실을 기반으로 가상 정보를 부가하는 증강현실(AR) + 가상 환경에 현실 정보를 부가하는 증강가상(AV)
- 디지털 트윈(Digital Twin) : 컴퓨터에 현실 속 사물의 쌍둥이를 만들고, 현실에서 발생할 수 있는 상황을 컴퓨터로 시뮬레이션함으로써 결과를 미리 예측하는 기술

86 ②

소프트웨어 개발 프레임워크 적용 시 장점

- 개발 용이성 : 패턴 기반 개발과 비즈니스 로직에만 집중한 개발 가능하며, 공통 기능은 프레임워크가 제공함
- 운영 용이성 : 변경이 용이하고, 비즈니스 로직과 아키텍처 파악이 용이함
- 시스템 복잡도의 감소 : 복잡한 기술은 프레임워크에 의해 숨겨지고, 미리 잘 정의된 기술 셋을 적용할 수 있음
- 개발 코드의 최소화 : 반복 개발을 제거하여 공통 컴포넌트와 서비스 활용이 가능함
- 이식성 : 플랫폼 비의존적인 개발이 가능하며, 플랫폼과의 연동은 프레임워크가 제공함
- 변경 용이성 : 잘 구조화된 아키텍처 적용이 가능하며, 플랫폼에 비의존적임
- 품질 보증 : 검증된 개발 기술과 패턴에 따른 개발이 가능하며, 고급 개발자와 초급 개발자의 차이를 줄일 수 있음
- 설계와 코드의 재사용성 : 프레임워크의 서비스 및 패턴의 재사용이 가능하며, 사전에 개발된 컴포넌트의 재사용이 가능함

87 ③

짧은 작업보다 긴 작업을 선택해서 계산해야 그 시간 안에 모든 일을 처리할 수 있으므로, 모든 작업을 거치려면 2일 + 3일 + 5일 + 4일 = 14일이 필요하다.

88 ④

XP 핵심가치

- 소통(Communication) : 개발자, 관리자, 고객 간의 원활한 소통을 지향한다.
- 단순성(Simplicity) : 부가적 기능 또는 미사용 구조와 알고리즘은 배제한다.
- 피드백(Feedback) : 소프트웨어 개발에서 변화는 불가피하며, 이러한 변화는 지속적 테스트와 통합, 반복적 결함수정 등을 빠르게 피드백한다.
- 용기(Courage) : 고객 요구사항 변화에 능동적으로 대응한다.
- 존중(Respect) : 개발 팀원 간의 상호 존중을 기본으로 한다.

89 ②

접근통제 정책의 비교

정책	MAC	DAC	RBAC
권한 부여	시스템	데이터 소유자	중앙 관리자
접근 결정	보안등급(Label)	신분(Identity)	역할(Role)
정책 변경	고정적(변경 어려움)	변경 용이	변경 용이
장점	안정적, 중앙 집중적	구현 용이, 유연함	관리 용이

90 ②

나선형 모형(Spiral Model)

- Boehm이 제시하였으며, 반복적인 작업을 수행하는 점증적 생명주기 모형이다.
- 점증적 모형, 집중적 모형이라고도 한다.
- 개발 단계(이 과정을 추가 수정 요구사항이 없을 때까지 반복) : 계획 수립(Planning) → 위험 분석(Risk Analysis) → 개발 및 검증(Development) → 고객 평가(Customer Evaluation)

계획 (Planning)	위험 요소와 타당성을 분석하여 프로젝트의 추진 여부를 결정한다.
위험 분석 (Risk Analysis)	개발 목적과 기능 선택, 제약 조건 등을 결정하고 분석한다.
개발 및 검증 (Development)	선택된 기능을 수행하는 프로토타입을 개발한다.
고객 평가 (Customer Evaluation)	개발된 프로토타입을 사용자가 확인하고 추가 및 수정될 요구사항이 있으면 이를 반영한 개선 프로토타입을 만든다.

- 장단점

장점	• 위험 분석 단계에서 기술과 관리의 위험 요소들을 하나씩 제거해나감으로써 완성도 높은 소프트웨어 개발이 가능하다. • 비용이나 시간이 많이 소요되는 대규모 프로젝트나 큰 시스템 구축 시 유리하다.
단점	• 위험 분석 단계에서 발견하지 못한 위험 요소로 인해 문제가 발생할 수 있다. • 적용 경험이나 성공 사례가 많지 않다.

오답 피하기

폭포수 모형(Waterfall Model)

- Boehm이 제시한 고전적 생명주기 모형으로, 소프트웨어 개발 과정의 각 단계가 순차적으로 진행되는 모형이다.
- 선형 순차적 모델이라고도 한다.
- 개발 단계 : 타당성 검사 → 계획 → 요구 분석 → 설계 → 구현 → 시험(검사) → 운용 → 유지보수

91 ②

ECC(타원 곡선 암호)는 타원 곡선 위에서의 이산대수 문제의 난해성을 기반으로 하고, RSA는 소인수분해 문제의 난해성을 기반으로 한다.

92 ②

②번은 CSMA/CD 방식의 특징이다.

93 ①

파장 분할 다중(Wavelength Division Multiplexing)

- 레이저 빛의 다른 파장(다른 색)을 사용하여 여러 반송파 신호를 단일 광섬유에 적용하는 기술이다.
- 광섬유를 이용한 통신 기술의 하나를 의미한다.
- 파장이 서로 다른 복수의 광신호를 동시에 이용하는 것으로 광섬유를 다중화하는 방식이다.
- 빛의 파장 축과 파장이 다른 광선은 서로 간섭을 일으키지 않는 성질을 이용한다.

94 ④

크로스사이트 스크립트(XSS)

- 웹페이지에 악의적인 스크립트를 포함시켜 사용자 측에서 실행되게 유도함으로써, 정보 유출 등의 공격을 유발할 수 있는 취약점이다.
- 외부 입력값에 스크립트가 삽입되지 못하도록 문자열 치환 함수를 사용하거나 JSTL이나 크로스사이트 스크립트 방지 라이브러리를 사용함으로써 방지할 수 있다.

95 ③

TCP header 구조

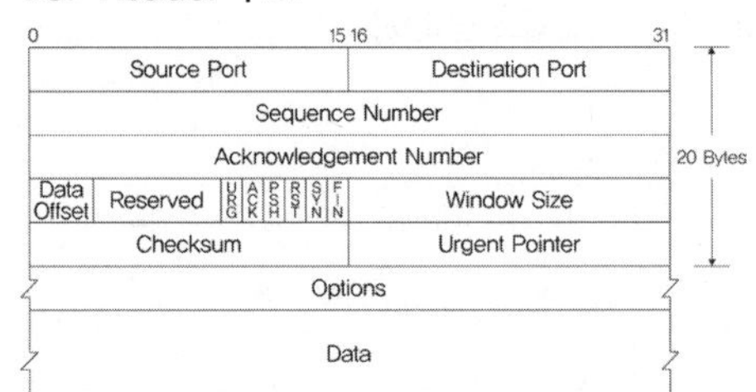

오답 피하기

IPv4의 헤더 구조 중, 도착한 패킷에 대한 오류 여부를 체크하기 위해 존재하는 요소는 체크섬(Checksum)이다.

96 ④

소프트웨어 정의 데이터 센터(SDDC, Software Defined Data Center)

- 가상 데이터 센터(virtual data center, VDC)라고도 하며, 추상화, 풀링(Pooling), 자동화 등을 통해 인프라를 가상화하는 데이터 센터를 의미한다.
- 컴퓨팅, 네트워킹, 스토리지, 관리 등을 모두 소프트웨어로 정의한다.
- 인력 개입 없이 소프트웨어 조작만으로 자동 제어 관리한다.
- 데이터 센터 내 모든 자원을 가상화하여 서비스한다.

97 ①

CBC(Cipher Block Chaining)

- 블록 암호화 알고리즘의 한 종류로, 각 블록을 암호화하기 전에 이전 블록의 암호화 결과와 XOR 연산을 수행하는 방식이다.
- 각 블록의 암호문이 이전 블록의 암호문에 의존하게 되어, 동일한 평문이라도 서로 다른 암호문이 생성된다.

98 ③

N-S 차트(Nassi-Schneiderman Chart)

- 구조적 프로그램의 순차, 선택, 반복의 구조를 사각형으로 도식화하여 알고리즘을 논리적 기술에 중점을 둔 도형식 표현 방법이다.
- 박스 다이어그램이라고도 한다.
- 조건이 복합되어 있는 곳의 처리를 시각적으로 명확히 식별하는 데 적합하다.
- 제어 구조 : 순차(Sequence), 선택 및 다중 선택(If~Then~Else, Case), 반복(Repeat~Until, While, For)

99 ④

오답 피하기

- SATAN(Security Administrator Tool for Analyzing Networks) : 네트워크 취약점 스캐너로, 시스템의 보안 설정을 점검하고 취약점을 찾는 데 사용
- Klaxon : 네트워크 트래픽을 분석하여 침입 탐지를 수행하는 시스템
- Watcher : 일반적인 감시 시스템으로, 특정 이벤트나 상태 변화를 감시하는 데 사용

100 ②

IPv6(Internet Protocol version 6)

- 128비트 길이의 IP 주소이다.
- 16비트씩(16진수) 8개의 필드로 분리 표기된다.
- 인증 및 보안 기능을 포함하고 있어 IPv4보다 보안성이 강화되었다.

자격증은
이기적!